國家古籍整理出版專項經費資助項目

長安鳳栖原韋氏家族墓地墓誌輯考

戴應新 編著

陝西新華出版傳媒集團
三秦出版社

圖書在版編目（CIP）數據

長安鳳栖原韋氏家族墓地墓誌輯考 / 戴應新編著．—西安：三秦出版社，2020.8

ISBN 978-7-5518-2204-6

Ⅰ．①長…　Ⅱ．①戴…　Ⅲ．①家族－墓誌－研究－長安區　Ⅳ．① K877.45

中國版本圖書館 CIP 資料核字（2020）第 155910 號

長安鳳栖原韋氏家族墓地墓誌輯考

戴應新　編著

出版發行	陝西新華出版傳媒集團　三秦出版社
社　　址	西安市雁塔區曲江新區登高路 1388 號
電　　話	（029）81205236
郵遞區號	710061
责任編輯	甄仕優
編輯助理	郝海波
責任校對	趙　煒　王昱聰
印　　刷	陝西龍山海天藝術印務有限公司
開　　本	787mm × 1092mm　1/8
印　　張	65.25
插　　頁	2
字　　數	512 千字
版　　次	2021 年 3 月第 1 版
	2021 年 3 月第 1 次印刷
標準書號	ISBN 978-7-5518-2204-6
定　　價	678.00 圓
網　　址	http://www.sqcbs.cn

編輯説明

一、本《長安鳳栖原韋氏家族墓地墓誌輯考》（以下簡稱《輯考》）爲竪排式繁體字。《輯考》體例：首爲緒論；後簡報考古發掘時間、地點、經過及收獲；例舉説明諸誌在史籍文獻的重大價值；對全書做一綜述。

二、六十三方墓誌，以鄖公房之祖韋孝寬爲首，其餘以時間先後爲序。孝寬之弟子遷早喪，列孝寬後；夫婦關係，夫誌排前，婦誌隨後，不在此限。

三、文以方立，每誌一文。如韋孝寬与其四子：揔、諶、壽、津及他們的配偶等均屬之。豐寧公主和駙馬韋圓照、盧之翰夫婦、劉應道夫婦，以及陳國太妃與沅陵王則爲兩方墓誌合爲一文。

四、每文首述墓誌來歷，出土狀況，次墓誌録文，次爲考釋。釋文半文半白，與原文渾然一體。

五、墓誌録文，忠實于原誌形貌，依樣照録，一如原字形狀。繁體字、簡體字、异體字、碑別字（右上角標*），以及武則天臨朝稱制時期的新造字，皆如是，以葆其真，讓讀者能看到誌刻原貌，并于括弧内注以對應的繁體字。

六、遵照古籍整理規範，對原誌文予以標點、斷句，以符合今人之閲讀習慣，并俾有助于原文的理解與領會。爲醒目起見，根據需要，另行提行，將誌文分段。

七、原誌文在皇帝、聖賢、祖先、天、神等字前空一、二或三字，表示尊崇。録文時則一概不留空格。如此，既符合現代行文規則，且杜割裂文義之弊。

八、爲使讀者更好地閲讀誌文和鑒賞誌文書法藝術之美，特將字數較多的誌石拓本照片分爲上下闕印出。

九、凡誌文模糊不清或殘損缺漏的字，概以『□』符標出，依文義推斷當爲某字者，爲審慎計，標注在其後括弧内，而不貿然徑改。因漫漶筆畫不全的字，對其形似隸定的字尚存疑義者，則于其下括以疑問號，提請讀者注意。

十、考釋文先解讀典故、詞語，弄通文義；次爲撰文人職官、履歷及與誌主關係；再次誌主之官職、權責、品級、升遷、事功，以及誌主和誌列各人與史籍對照，摘其异同，闡述意義。史無此人，亦予指明，以免讀者複檢之勞。

十一、職官、典故、引文等，首出已解者，原則上後文不再重複，以節篇幅。

十二、本《輯考》特將誌文所見之簡體字、异體字和武周時期特有之生造字、錯别字，『緒論』中辟一節介紹。簡化字在前，被簡化之繁體字標注在其後的括弧内。簡化字有不同寫法者，統一排列于此（）内繁體字前，异體字亦如是。

目録

長安鳳栖原韋氏家族墓地墓誌輯考

壹　緒論

長安韋氏家族是一部傳奇，《舊唐書·韋述傳》：『議者云，自唐以來，氏族之盛，無踰於韋氏。』其實，早在北魏末年，韋氏已世爲三輔著姓。韋孝寬之祖直善，爲魏馮翊、扶風二郡守。父旭，武威郡守。建義（五二八）初，爲大行臺右丞，加輔國將軍、雍州大中正。永安二年（五二九），拜右將軍、南豳州刺史。孝寬更克紹箕裘，先後取得玉璧城保衛戰勝利，和消滅尉遲迥勢力（《周書·韋孝寬傳》），從而爲韋氏在北周和隋、唐葆有高顯地位奠定基礎。韋氏家族，源遠流長，位顯族大，聲勢烜赫，出將入相，人才輩出，甚至與皇室互婚，參與朝樞，在北周、隋、唐歷史上留下濃墨重彩的篇章。

韋家宗族繁盛，有東眷、西眷、逍遥公房（韋敻）與鄖公房，及南陂公房（韋見素）、龍門公房（韋執誼）、駙馬房（韋璋）、小逍遥公房和京兆韋氏諸支系。僅唐一代韋氏諸房就産出宰相十四人（見《新唐書》卷七十四《宰相世系表》上）。鄖公房以仕于北魏、西魏和北周的韋孝寬爲始祖。筆者因緣際會，于二十世紀八十年代末九十年代初的四五年間，將鄖公房一系墓地，次第發掘。

一、韋家墓地方位、發掘區塊、時間與墓葬分布

改革開放進入第十個年頭的一九八八年，西安城區向外擴張的波次，在南郊已然到達潏河北岸的鳳栖原上。鳳栖原，位于韋曲鎮北，又名北原、辟原、畢原，辟與畢皆『北』字之訛。又名少陵原，明趙崡《游城南》云：『蓋由曲江達張曲，地漸高，望之，自東南一帶，迤邐過長安西南，皆所謂少陵原也。本鳳栖原，以宣帝葬許后起少陵，遂曰少陵原。少陵在司馬村東。其地皆（明）秦王葬地，松柏森蔚，華表、翁仲數十里相望焉。』由此可知，鳳栖原自漢宣帝築少陵後就有了少陵原的別名。衆多唐墓誌證明，唐人常將鳳栖原、少陵原、韋曲北原、辟原、畢原名稱互用。該原東西横亘，高于潏河水面約五六十米，亦高于西安城區，是一處秦嶺作屏、俯望樊川、北偎神京，地勢高敞的風水寳地。唐人權德輿有詩云：『韋曲冠蓋里，鮮原鬱青葱』。可見當時這兒就已是蒼松翠柏的墓地了。

爲配合基建，本着考古爲基建服務之方針，進行文物搶救性發掘清理。我們按建設單位的工程先後次序，在以下的基建工地開展發掘工作：省地質七隊、武警黃金十四支隊、省地質測試中心、長安縣糧食局、長安縣交通稽查所、長安酒廠及航空航天部七〇六七廠職工宿舍區和長安開發辦。這些單位彼此相鄰或靠近成片，其總體方位在西安至韋曲的長安南路之西，南至西韋村北鳳栖原邊，北臨西部

大道，西到長興北路。

各基建場地均爲沃壤良田，土地平衍，無封樹，無墳壠，地面没有任何古迹古存留物。依考古程序，我們首先逐塊進行鏟探普查，先摸清遺迹現象、類别、形狀、範圍、大小與深淺。發現這裏是古代墓葬集中地，然後按鑽探圖紙逐單位、墓葬次第發掘，并按各單位區塊墓口露出時間順序統一編號。

省地質七隊基建工地（現陝西地質礦産勘查開發院）

北爲西部大道，南臨鳳栖西路，南北長二百七十六米，東西寬一百二十三米，面積三萬三千九百四十八平方米。鑽出并發掘古墓五十七座，其中以五十四號（韋孝寬）墓最宏大，當是該墓群的中心所在，亦即某誌文所指的大墓。該基建工地計出土墓誌二十四方，及許多珍貴文物（圖一）。一九八九年四月至一九九〇年五月發掘。

武警黄金十四支隊基建工地

北臨鳳栖西路，南到鳳栖原邊，西到興北路。南北長一百三十二米，東西寬二百五十五米，總面積三萬三千六百六十平方米。鑽出并發掘四十一座墓，計出土墓誌十二方，和陶俑、陶器多件（圖二）。一九八八年八月至一九八九年三月發掘。

長安縣糧食局基建工地

北臨鳳栖西路，西鄰地方病防治所。東西長一百六十二米，南北寬一百零八米，面積一萬七千四百九十六平方米。這裏是磚室漢墓群，共六座，最大的兩座平面呈中字形（圖三、四、五）。依陶器銘記，墓主姓杜。此地距秦漢杜城很近。一九九〇年秋季發掘。

省地質測試中心基建工地

東鄰省地質七隊，南臨鳳栖西路，西南與西韋村四户新民居相鄰。南北長一百二十米，東西寬四十六點五米，面積五千五百八十平方米。一九九一年春季發掘，共有墓葬十座，其中十號（于謙）墓最大，與八號（左擴）墓各出土墓誌一方（圖六）。

長安酒廠基建工地

東臨長興北路，北鄰變電站，南接養鷄場。南北長九十四點五米，東西長二百零一米，面積一萬八千九百九十四點五平方米。一九九三年發掘，多爲小型墓，共五十一座。其中，十號（王陵）墓和三十九號（趙爽）墓，三十七號（趙敏）墓各出土墓誌一方（圖七）。

航空航天七〇六七廠職工宿舍區基建工地

南臨鳳栖西路，東至長安南路，西鄰木材公司家屬院。東西長一百二十米，南北寬七十二米，面積八千八百八十平方米。一九九四年清理殘墓十八座，殘破太甚，僅存基址，文物散亂流失殆盡。一號墓出土宋代程樞墓誌一方。據傳，詩人盧綸父母盧之翰與韋夫人兩方墓誌出土于此（圖八）。

長安縣交通稽查所基建工地

東臨長安南路，北臨西部大道，西鄰省地質七隊。南北長七十點五米，東西寬三十四點五米，面積兩千四百三十二平方米。一九九四年清理墓葬五座，第五號（韋楷）墓出土墓誌一方（圖九）。此外，我們還在長安開發辦基建工地清理十多座殘墓，其中二號（韋中孚）墓和十一號（徐夫人）墓各出土墓誌一方。

上述各區塊古墓，無論大小都曾被盜掘，甚至不只一次。如韋孝寬墓一盜洞從靠甬道的天井下挖，破壞甬道口磚砌封墻而進入墓室。另一盜洞在墓室内右前方。于謙墓碩大厚重的石棺被撬開解體，此需數人合力纔能辦到。地質七隊十二號韋虔晃夫人墓室内，竟掘出礦泉水瓶和手電電池，當爲新近盜賊遺留物。墓内文物均被盜掠、破壞殆盡。惟獨于質量笨重的石頭墓誌無法帶走，但有的誌蓋搬動位移甚或被砸爛。儘管如此，劫後遺珠仍有不少，我們在許多墓葬中，還是發現了金、銀、銅、鐵、玉和陶器、瓷器、石墓誌等，珍貴文物以千百計，發掘工作成果頗多。

二、豐碩收獲舉例

配合基建時，既要按考古程序精細作業，提取完整發掘資料，及時妥善保護文物；又要儘快爲基建施工排除障礙。所幸工作順利，收獲豐碩，除墓誌外，其他文物，兹舉幾件精品標本説明之：

韋孝寬墓，四系青黄釉瓷罐，方唇直口，長圓腹，短圈足，高二十五點五厘米（圖版一1）。

豐寧公主墓出土白瓷長頸瓶，喇叭口，亞腰形長頸，腹長圓形，短圈足外侈，釉色光潔有象牙般質感。火候高，滿布冰裂紋。素雅周正，有處子幽静冷艷之美，爲邢窑極品。高二十四點八厘米（圖版一2）。

緑釉博山爐，由豆形底座、雙龍立柱爐身和印蓮瓣爐蓋三件壘砌組合而成。底座作豆形，侈口、淺盤、平底，下有倒喇叭形圈足。爐身爲兩條糾纏人立的蒼龍，擎托着仰蓮形香鉢，龍頭下屈外轉各用後腦并舉一爪托住鉢底，另一爪下屈撑于腰際，肌肉暴突，作努力狀，似不勝重壓者，後肢與尾部稍舒成一圓形平底基座。香鉢敞口，有十二蓮瓣，中脊微突。博山形蓋，中央有塔式把，蘑菇形鈕，下爲兩層印花瓣若山巒，呈蓮花紋，各瓣印祥雲紋，通高四十二厘米。氣魄壯偉，設計精奇，通體表面遍施緑釉。惟立柱底與豆盤中央、爐蓋口沿及其下的鉢口内沿都不施釉，庶不至于滑脱（圖版二1）。同式薰爐存世僅三件，另兩件一在香港，一在韓國。

緑釉薰爐，籠形圓頂，中央一孔，弧肩以下呈桶狀，平底内凹。從頂至底渾然一體。肩及上腹部二周弦紋間透雕窗棂式長條形和渦輪式鏤孔各兩個，兩兩相對，距離相等。窗棂式各有長條形孔五個，渦輪式孔各六葉，葉片分叉并有弧形曲度，中央的孔竅若軸然，給人以迎風轉動之感。通高二十一點五厘米，底徑十九點六厘米（圖版二2）。

緑釉罐，厚唇短頸，鼓肩深腹，肩以下漸内收，至下腹成直壁，底部微外侈，平底，敦厚大方。通高二十一厘米（圖版三1）。八弧葵花形銅鏡，牛鼻形鈕，鈕外浮雕鳳、鳥紋，雙鳳相對起舞，二鳥作飛翔狀。在凸弦紋外飾雲、草、蝶八幅以應八弧，窄楞緣。直徑十六點五厘米，厚零點六厘米（圖版三2）。

金杯，侈口圜底，倒喇叭形高圈足，腹部和足沿各加焊一圓環，起加厚器壁和裝飾作用。圈足中部施一周凸起粗弦紋。高三點四厘米，口徑三點一厘米（圖版四1）。

韋諶墓出東羅馬金幣壹枚，周邊不太圓，直徑二點一厘米，重四點五克。陽面是王公正面半身像，戴頭盔，兩耳垂條帶，身穿交領鎧甲。右手執十字架，左執盾牌。深目突眉，面相英俊，上下各鑽一孔。由于磨損，王口鼻部已磨平。拉丁字銘文，存字爲：（JU）STNi AN V SPPA V E（圖版四2）。陰面圖像是一有雙翅的女神立像，豐冠長衫，下達足部，身微右傾，體瘦。右手執杖柱地，左手持鳥狀物，其下有一八角形飾。女神左足下近沿處飾一短十字架和八角星。右起銘文爲：VICT（ORIA）AVGGI（圖版四2）。由圖像特徵、殘存銘文（補缺的字母用括弧標明之）和金幣重量看，當爲東羅馬皇帝查士丁尼（五二七—五六五）時所鑄。東羅馬帝國又名拜占廷，即我國隋唐史籍記載的拂菻國，地跨歐、亞、非三洲要衝，疆域包括巴爾幹半島、小亞細亞、兩河流域和北非。在中國和西亞、歐洲、非洲商貿及文化交流中起過重要作用。國都君士坦丁堡，乃絲綢之路上的商業中心，素有東西方金橋的美譽。

東羅馬皇帝查士丁尼鑄造的金幣在長安這座隋墓出土，是當時兩國商貿往來的見證。墓主韋諶死于開皇九年（五八九），十八年（五九八）冬埋葬。其死年上距查士丁尼駕崩只有二十四年，從金幣磨損程度可見使用的時間頗不短，有理由認爲鑄造不久便流入中國了。貨幣流通的迅捷，説明中國與東羅馬帝國之間商務關係相當密切，交往非常頻繁。

韋壽墓出醬釉瓷唾壺，盤口圓唇，口壁外侈，亞腰形頸，溜肩，圓腹下垂，豐底假圈足，底外光平。盤口外壁和肩部各飾凹弦紋一周。通體内外掛醬色釉，有黑黄色斑點，釉質瑩潤。假圈足外近底部無釉，瓷胎灰青色。高十二點五厘米，口徑六點八厘米，底徑七點一厘米（圖版四４）。唾壺之設，體現了良好的衛生習慣和貴族生活品質。

蝙蝠形玉佩四件，扁平片狀，蝙蝠形，青白玉，質細膩，有土沁，面光滑無紋飾。頂部爲三連弧形，兩腰呈弧形外侈，至底部内收成勾狀，底正中突出或作兩岐如燕尾。頂部中央透鑽一孔，底部平列三孔，大小以次繼增，在上者小，横長四點八厘米，高一點五厘米。在下者最大，横九點五厘米，高五點二厘米（圖版四３）。

銅鏡，圓鈕，座飾突弦紋。座外主紋飾爲朱雀、玄武、青龍和白虎四神，皆作行走奔騰之狀。外圍以三周突弦紋間兩重雙綫三角紋。廓邊鋭突，直徑十三點八厘米（圖版四５）。

三彩水盂，武警黄金十四支隊基建工地四號墓出土。圓唇斂口，平肩鼓腹，平底。施柔和美麗的绿、赭、黄、白釉（圖版四６）。

所出文物，因有同出墓誌的明確紀年，故都可作爲斷代標準器，以資比照。

三、韋氏家族墓地墓誌的歷史文獻價值

墓誌，記載着誌主的家族淵源閥閲，一生的作爲事功，命運跌宕，際遇否泰，遷官履歷，婚姻關係及子孫衍慶。是當時人記當時事，自家人説自家人，鮮活、真實、詳細，可視爲歷史人物檔案，是無與倫比的第一手史料。既使名不見史傳品級低的官員或親屬，以及普通人的墓誌，也能反映社會現實的某些側面，所以墓誌爲歷代所珍重。何况這是長安鳳栖原這神京寶地考古發掘出土之物，更何况是顯赫重臣韋氏家族及其親眷人等的墓誌銘，自然就身價百倍，不同凡響呢！

這批墓誌銘的撰文者與書寫者，如長于文史的紀王李慎、文史學家和圖書館學家韋述、文學家及詩人盧之翰和盧綸父子、劉禕之等，都是有學問享時望的文化人，作品難能可貴。有的雖未署名，但從誌文水平看，其學養功夫了得。至于誌石精湛的雕刻，美麗的裝璜，更不待言。所以，它們的意義是多方面的，是祖先饋贈給我們最爲珍貴的文化遺産的一部分。

這批墓誌銘，極大地豐富了歷史文獻寶庫，使某些歷史人物的傳記得以充實，若干歷史事件更爲明晰、厘清：

如鄖公房之首名將韋孝寬，《周書》、《北史》、《通志》本傳頗詳，與其墓誌銘互校印證，多所發明。其弟宇文遷，『先在山東，又鎖至城下，臨以白刃，云不早降，便行大戮。孝寬慷慨激揚，略無顧意』。兹讀《宇文子遷墓誌銘》：『君及嫂姪俱淪燕趙，…

早摧異域。周齊和睦，禮送還鄉，不似智瑩之還，欲同襄老之反。』可知由于孝寬守城彌堅，不爲所動，弟遂遇害，及至周齊修好，才將屍體送還。而且和子遷同時被俘的，還有其嫂侄諸人。而孝寬在後魏、北周和隋的職官封贈，以其曾孫《韋愔墓誌》羅列最全。出自家乘，當無疑義。

孝寬世子韋摠，史傳言其『五年，從武帝東征。摠每率麾下，先驅陷敵，遂於并州戰殁。』對比《韋摠墓誌》：『屬三齊不賓，六師稱伐，公援桴誓旅，擁鐸拱稽，志存殉節，晋陽之陣，是實門焉。迫以凶徒，義無苟免。建德五年十二月十六日薨於并州。』戰况之激烈，可以概見，陣亡的時間，于此瞭然。因其爲國犧牲，獲厚贈美謚，致其墳墓的規模之大，類同乃父。

至于韋諶、韋壽、韋津的墓誌文，都洋洋千言，較史傳簡略之三言兩語，自然要豐滿詳細充實多多。

孝寬孫輩，韋摠之子韋圓成、韋匡伯史籍無聞。今據其墓誌，圓成于建德六年（五七七），襲乃父職，隋文帝開皇四年（五八四）襲祖爵鄖國公，生前任陳、沈二州刺史。韋匡伯年十二封黄瓜縣開國侯，開皇十一年（五九一）追入宿衛，從此『入侍紫宫，出陪黄屋』。大業六年（六一〇）封舒國公。十一年（六一五）授尚衣奉御，成煬帝親信，從幸江都，死于行在。初葬洛陽，後遷于祖塋。

《于謙墓誌》除證其先世漢丞相于定國、曹魏名將于禁、周燕國公于謹等，皆史有專傳和《新唐書·宰相世系表》所列誌主與其父德威，都信而有徵，斑斑可考外，還謂其祖父象賢尚周高祖女義陽公主，爲駙馬都尉，儀同大將軍，仕隋爲左領軍武賁郎將，補充了文獻的疏略。至于誌主『年二十四，起家東宫左親衛…魏都形勝，蜀國名邦，養育合宜，郊境晏清。遷汴、代二州司馬…』等作爲，克紹箕裘，遂使鼎族聲業，『緒接先功』。

《唐曹州刺史韋府君夫人王婉墓誌》文，系高宗皇帝之弟，長于文史的紀王李慎所撰。謂誌主才貌出衆，育有一女六子。五子韋繹任『交州交阯、潭州衡山縣令』。韋繹爲交阯行政長官，是古代中越關係的經營者。交州，古地名。東漢時期，交州包括今中國廣西、廣東、越南北部和中部，治所在番禺。東漢末改爲交州。越南于十世紀獨立建國後，宋亦稱其國爲交阯。這通墓誌，是唐代領域包括了越南大部領土，實行管轄治理之歷史見證。還有，《唐火井丞韋君夫人杜氏墓誌》：有『受律專征，晋代命樓船之將』句，這是追述夫人祖先晋杜瑗、慧度、慧期父子功德。本京兆人，後居交阯，瑗爲太守，命二子斷絶水陸要衝，收斬作亂的李遜等人，州境獲寧之史實。

關于大曆十才子之首詩人盧綸生年，學術界争論已久，迄無定論。及至《盧之翰夫婦墓誌銘》的出土，遂砉然解决。綸母韋夫人，是德宗朝宰相韋渠牟堂妹，她的墓誌是丈夫、綸之父盧之翰撰文，有『結姻五年，生子一人』，此一子非綸莫屬。她于天寶四載（七四五）

三月，死于與夫逃難途中，年十九歲。在綸爲父撰墓誌銘中有『府君扶挈幼艾』句，此幼艾即綸，可推定綸當生于天寶二年或三載（七四三或七四四）。盧綸的生年既定，則可知《舊唐書・盧簡辭傳》：『父綸，天寶末舉進士，遇亂不第』的記載失實。《新唐書・盧綸傳》：『大曆初，數舉進士不入第』，比較可信。再讀其詩作，如《晚次鄂州》小注『至德中作』，當爲『廣德』之誤。『唐故魏州臨黄縣尉范陽盧府君玄堂記。嗣子朔方河中副元帥判官、文林郎、檢校尚書刑部員外郎兼侍御史，賜緋魚袋綸述。』此文爲詩作以外，盧綸存世的唯一一篇墓誌銘散文。

盧綸有《秋中野望寄舍弟綬兼令呈上西川尚書舅》詩，而綬不見于史。盧綬與妻張氏墓的兩方墓誌，亦于此墓地發掘得之，其對盧綸一族之家世、家學、政治背景等，都有重要記述，從而對研究盧綸詩作與唐代文化史，也大有助益，其直接匡正于史籍者，如《新唐書・盧簡方傳》：『盧簡方，失其世系，不知所以進。』今據此兩方墓誌文，這位官做到檢校工部尚書、振武軍節度使的盧簡方，籍貫世系爲：祖籍范陽，他是寶鼎縣尉盧綬之子，詩人盧綸之侄，邠寧慶節度使、郎寧郡王張獻甫外孫。

《柏元封墓誌》記載誌主與梟帥王承宗、田季安折衝樽俎，片言安邦的功勞，使這個未入史傳人物，賡續了祖與父彪炳史册的柏造、柏良器與安禄山及藩鎮勢力堅決鬥争的光榮傳統，成爲維護國家統一的一門忠烈。

《舊唐書・肅宗紀》：『至德二載（七五七）春二月，丙寅，武威郡九姓商胡安門物等叛，殺節度使周佖。判官崔稱等討平之。』佖子《周曉墓誌》之補充于史者，是叛匪『更爲詭謀，詐欲歸降，請公（誌主周曉）爲質。初謂不信，刺血以盟…竟以其年正月十九日爲胡賊所害，春秋一十有七』。朝廷以其死于王事，贈使持節、都督原州諸軍事、原州刺史。

《秘書少監劉應道墓誌銘》：『又奉敕兼知國史事。府君兄之子給事中景先，姊之子左史李仁實俱荷朝恩，與府君同預修國史。儀鳳調露之際，筆削於史官專其事者，府君及甥侄三人而已，古今未有此比，文學者用爲美談。尋又奉勅掌御集，朝廷以府君文章高絶，儀鳳中降勅與中書令薛君及當時文匠數人，製郊廟樂章。府君所製祀黄帝青哥，并編樂官，奏於郊祀。俄又奉勅於門下省檢校《四部群書》，廣召四方碩學之士，刊定舛訛，而進御焉。』

這是有關我國文化史最重要的一段歷史文獻，湮没于歷史長河一千三百多年。一、劉應道與侄景先，甥李仁實同修國史，且一度僅此三人專司其事。二、奉皇帝命掌編御集，所製祭祀黄帝青歌，宣付樂官，奏于郊祀。三、召集學者多人檢校《四部群書》，刊定訛舛，進呈皇帝。于此，可知他是修史、編輯宫廷文書、音樂藝術和整理古籍文獻、檢校《四部群書》這部大類書的主編，是古典文獻的大功臣。

劉應道夫人李氏系高祖孫女，隱太子建成之次女。二墓誌銘于史籍多有匡補外，且對于有唐一代之婚姻關係，及玄武門之變後建成遺屬情況，平添許多新的資料。

《濟州長史韋虔晃墓誌銘》：『公又纂輯本系，撰《韋氏官歷譜》十三卷，（韋氏）《宗泒圖》一卷，斯亦敦叙之深旨，胎厥之素業也。』這是隋、唐之世，民間盛行私修族譜之風，和自南北朝以來門閥制度實行不衰的顯例。族譜文獻，是歷史文獻重要的組成部分。該誌文末，寫明撰文者乃誌主侄孫韋述。他是韋弘機曾孫，韋景駿之子，年少舉進士，爲考工郎宋之問器重，累官集賢學士，工部侍郎。封方城縣侯。典掌圖書四十年。任史官二十年。儲書兩萬卷，皆手自校定。又撰《開元譜》二十篇，撰武德以來國史。文約事詳，時以爲譙周、陳壽之流。安禄山之亂，述抱國史藏南山。身陷賊，汙僞官。賊平，流放渝州，爲刺史所困，不食死（《中國人名大辭典》）。此公和誌主，其叔祖父韋虔晃一樣，對豐富和保護我國的歷史文獻卓有貢獻，而其熱愛典籍，抱國史藏之南山以避戰亂的作爲，很感人，是應該載入史册的。

四、韋氏墓葬排列與昭穆之制

古人重視尊卑、長幼、與輩分墳墓的排序，如《周禮・春官・冢人》：『先王之葬居中，以昭穆爲左右』。地質七隊基建工地五十四號墓是鄖襄公韋孝寬與夫人鄭毗羅合葬墓，其東三十八號是其續弦元幼娥墓，再東三十七號爲孝寬弟宇文子遷墓，三墓相鄰，方向一致，規模分別爲五天井、三天井和兩天井墓。其北第一、二、三、四號墓，分別是孝寬四個兒子：韋揔、韋諶、韋壽、韋津與其夫人合葬墓。再北即第三排由西往東五十二、五十五、五十三號墓，分別是韋匡伯、韋圓成與其配偶獨孤具足、楊智度，以及韋圓照與豐寧公主楊静徽的合葬墓。第四排則因現代建築物占壓和辟爲大馬路未發掘。

如此，最南第一排是鄖公房第一代，其北第二排墓是第二代，再北第三排是第三代。韋氏這三代人物的墳墓，東西横向排列者爲同輩人，南北縱向排列者爲父子關係。它們排行有序，輩分清楚，尊卑長幼，整齊劃一。尤以韋孝寬墓規模最大，在整個墓地無出其右者，突出體現了它是鄖公房之首的地位。似此『縱看爲嶺側成峰』的嚴整布局，當是北周隋唐時期喪葬昭穆之制的典型，顯而易見，這與周禮所謂的昭穆制度已大不相同了（圖十，圖一局部放大）。

詩人盧綸弟盧綬夫婦第四十和四十一號墓，因其母出自韋家，他們遂得葬外家韋氏墓地，兩墓很小，在孝寬墓南百米開外。盧綸父母盧之翰夫婦墓還偏遠些。

五、韋氏各代姻親關係例證

中古之世，人們重視門第閥閱，結親講究門當户對，要雙方的社會地位和經濟狀況相當。那麽，韋氏家族配偶的家庭出身與社會背景會是怎樣的呢？

上柱國鄖襄公韋孝寬妻鄭毗羅，自稱古農官后稷、鄭武公後裔，魏末改姓賀蘭。祖父鄭祖育，豫州刺史。父僧覆，儀同三司。外祖父元誘，州刺史，《魏書》卷十九有傳。寬續娶元幼娥，北魏貴族，常山王元淑孫女。

京兆尹韋揔夫人達奚氏，北魏皇族。祖達奚武，北周杜國鄭桓公。父名震，上柱國。正如誌銘所言：『元承天族，韋實鼎門。帝王分派，公侯子孫。』

州刺史韋壽妻史世貴，荆州總管史寧之女。

州刺史韋津妻元咳女，北魏帝裔。祖父乃雍州牧、安昌平王元均，見于《北史》卷十七。父元孝方，州刺史、金紫光禄大夫。

州刺史韋圓成，娶上柱國、雍州牧、趙國公獨孤信孫女，早逝。續弦楊智度，祖楊寬，周使持節驃騎大將軍、梁州總管。父楊紀，隋禮部尚書、荆州總管，爵隆五等，位重二朝。

韋揔第三子河南郡公韋圓照，尚隋文帝孫女豐寧公主楊静徽，隨葬品多而珍貴。

濟州長史韋虔晃，官雖不大，但其韋氏家族『自翊商命氏，輔漢稱家，四牡龍旂，世爲卿族』。且其曾祖父、祖父官至州刺史、洺州别駕，故他娶名門閨秀、隴西成紀人李氏。夫人曾祖父李襲志，衛尉卿，贈兵部尚書，《舊唐書》卷五十九、《新唐書》卷九十一有傳。祖父李玄藴，趙王府司馬。父處一，杭州刺史。夫人承累世耿光，玉問昭裕，詩禮在己，鼓鐘于庭。韋李聯姻，頡頏名家。

綜上諸例可見，韋家姻親們也都是名門望族，官宦人家，皇親國戚，皆爲富貴榮顯的統治階級。世家門閥彼此以婚姻爲紐帶，結成利益共同體，官官相護，拉幫結派的政治集團，自然地强化了他們的政治地位和經濟利益。門閥制度、門當户對，在封建社會既有皇朝維穩的作用，是帝國梁柱，積久也成爲一種社會觀念。《敦煌變文集·不知名變文》：『彼此赤身相奉侍，門當户對恰相當。』元無名氏《隔江鬥智》第一折：『你把俺成婚作配何人氏，也則要門當户對該如此。』這種落伍的舊觀念流毒至今，有時還會影響一些人的自由結合呢。

六、女性早婚與近親結婚

早婚，即未到一定年齡而婚。結婚年齡，不同國家、不同民族和不同地域，有着不同的年齡定位。根據人體發育狀況，我國現在規定，十六歲以下女子爲少女，生理、心智與生活能力還不成熟，不宜結婚。準此，把隋唐在十六歲以前結婚的女子視爲早婚。這種現象，在這批墓中還真不少。如：毛州刺史韋壽之妻史世貴，『年十有三，作嬪夫氏。婦功婦德，絶世表於當年，彤管彤闈，佳麗稱於獨步。幽閑之業有聞，字愛之情斯重』。女子十三歲就結婚了，而且古記虛歲，實際衹有十二周歲，懂得什麼情愛呢！史氏三十一歲去世，生有三男五女。唐大理評事韋縱母李氏，十三歲嫁朗州刺史、贈左常侍韋府君，生韋縱等三男二女。實行早婚，可能與獎勵生育的人口政策有關。

尚書令、大司馬、雍州牧、趙國公獨孤信孫女獨孤具足，十三歲與韋圓成『始結褘縭，便銷蘭桂，曾無舉案之歡，遂致傷神之苦。…以開皇七年六月十七日薨于內寢，春秋十有四。』褘縭，是指女子出嫁時所繫的美麗佩巾，喻示其與圓成完婚，但不久香銷玉殞，十四歲便過早地去世了。

隋文帝楊堅孫女楊靜徽『年十五，以開皇十七年封豐寧公主，其年降嬪于河南公京兆韋圓照』。以公主的尊貴，也得早早嫁人，可見女子早婚，是其時習俗使然，相當普遍。

盧綸之母韋夫人，于天寶四載三月廿四日，終于洛陽永豐里弟，春秋一十有九。其誌文云：『結姻五年，生子一人。』則其出嫁時也衹有十四歲。從綸父盧之翰卒年推算，其時他廿四歲，夫婦年差十歲。綸弟綬，續弦郎寧郡王張獻甫十五歲女兒爲妻。盧綬元和五年（八一〇）六十歲死于邠州私宅，張夫人死于開成二年（八三七），六十一歲。妻少于夫二十六歲。

墓誌資料還記載有另一婚俗，即近親結婚。唐秘書少監、辰州刺史韋士伋，改名士文，娶姑臧縣令、博陵人崔藏潤與夫人韋氏所生之女崔氏爲妻，而韋夫人是士伋的從姑，即他的堂姑母，是爲堂表兄妹婚。《韋士文墓表》作者宣德郎、行大理評事裴埙，是韋士文的外甥，又是他的女婿（稱士文子韋鋏爲內兄，可證），是又一代舅姑表兄妹婚。

鄉貢進士韋暎娶伯舅之女河東薛氏，是表兄妹近親結婚的又一樁例證。再如，武則天朝大理少卿徐有功孫女，與夫大理寺丞韋府君生的二女兒，『適尚書都郎官中兼侍御史東海徐珽，以親實外姻，義兼子婿』。滎陽世家女鄭霞士，嫁給屯田員外郎韋端符，也同樣是姑舅表親關係。

近親結婚因血緣太近的遺傳關係，產生殘障子女的概率很高。當然，這種惡果在墓誌銘裏是看不到的。近世，由于科學普及，這種所謂親上加親的舊婚俗，已越來越少見了。

七、親族傳染病與各誌主壽命統計

薛氏長殤女與次殤女，這可憐的姐妹倆，分别在大中十三年（八五九）八月十三日和九月五日，相繼而亡，時年二十二歲和十六歲，都還没有出閣。她們正值青春年華，又生長在官宦家庭，吃穿不愁，營養良好，究何原因竟不能享受其愛情與天年呢！長女誌云：『女生及笄，方議良配，不幸丁其外艱，至性自哀，銜哀於内，水漿杜口，號叫無時，苫塊未除，柴毁已甚。…由是氣息緼慀，疾病大侵，報本遺形，終期迫□。』次女誌云：『女未及笄，丁其外艱，未幾而又喪其愛姊，銜哀靡訴，晝夜悲啼…久嬰宿疾，遂至彌留。』可知她倆都是因喪親人哀傷過度，以致疾病大侵而至死亡。兩人本都有病，姐姐二十二歲還没有嫁人，這在當時已是少有的大齡了，可能與纏綿疾病有關。次女也是『久嬰宿疾』，體質衰弱，經不起連失親人的刺激。總之，該姐妹之死，極有可能是罹患了某種傳染病。

韋端符和妻鄭霞士夫婦，是姑舅表親，生養一子五女。兒子有文學才能，考中進士，年青青就去世了。長女和次女、三女也都賢惠而命不長，過早地去世了。四女、五女更是没有結婚就夭折了。七年不到，誌主的六個子女相繼死亡，有相互感易，罹患某種家族傳染病的可能，演成白髮人送黑髮人的悲劇。

檢視本集六十三名誌主，除宇文子遷、韋揔、韋匡伯和周曉，由于戰争非正常死亡外，其餘各人的自然壽命，計韋虔晃八十二歲、韋楷八十一歲，最爲長壽。其次，韋傑七十七歲，韋孝寬七十二歲，韋士文七十歲，韋端符妻鄭氏六十九歲，韋津六十八歲，元幼娥六十七歲，韋虔晃妻李氏六十五歲，王陵六十三歲，韋縱母李氏六十二歲，盧綬妻張氏六十一歲，盧綬、左揆各六十歲，陳臨賀王國太妃五十九歲，韋大理寺丞徐夫人、馬元瑒五十五歲，楊智度、李宇符、韋圓照五十二歲，李彦回五十一歲，趙敏四十九歲，于謙四十五歲，元咳女、韋匡伯四十四歲，盧之翰四十一歲，韋諶、李晃三十九歲，達奚氏三十八歲，陳叔興三十五歲，裴損三十四歲，韋壽三十二歲，史世貴三十一歲，杜妻潘氏三十歲，韋師素妻崔氏二十九歲，韋圓成、楊静徽二十八歲，鄭毗羅二十四歲，盧綸母韋氏十九歲，獨孤具足十四歲。韋師素與趙爽享年不詳，據二人經歷與親族關係判斷，韋師素至少有五十歲左右，趙爽可能還未成年。宋人程樞二十六歲。

總之，這批墓誌于史籍文獻、圖書資料、文學詩學、社會文化、門第閥閲、軍事政治、中外關係、民族關係、風俗習尚、人情世道方方面面，意義十分重大。不同行當、職業都能從中萃取到營養的。

八、墓誌文所見的簡體字、异體字與武周朝生造字

我國文字，從圖畫象形發展而來，到商周時期，已相當成熟，兼具形聲和會意，字形美觀雅致，波磔生動。從刻在龜甲和獸骨上的甲骨文，鑄在銅器上的鐘鼎文，到秦始皇統一六國文字的書同文，歷秦篆漢隸，及魏晋南北朝以來，隨着社會文化的進步和實際需要，人們不斷創造出新字，字數的增多，無疑使每字的使用效能更爲細化和專一。但繁體字筆畫煩瑣，書寫不易和難于記憶辨識。于是，我們聰明的祖先又將其簡化爲簡體字。

墓誌銘是莊重的紀念文書，大多級別很高，最能反映書體流變與文字簡化的趨勢。本《輯考》收録的六十多方北周、隋、唐墓誌可見，簡體字共計七十五字，异體字有一百八十九字。有的簡體字、异體字有兩個或兩個以上寫法者，統按其對應的那個繁體以一個字計。兹據其在誌文中出現的先後，羅列如下〔簡體字在前，被簡化的繁體字標注在（）内，异體字亦如是〕：

繁簡异體七十五字如下：

經（経）、涇（涇）、汗（漢）簡、匈（胸）、乱（亂）、捴（總）、属（屬）、頋（顧）、号（號）、劲（勁）、啚（圖）、刾（刺）、玥（朔）、賛（贊）、屢、廔（廔）、弥（彌）、兾（冀）、継（繼）、弃（棄）、断（斷）、䋄（網）、緫（總）、万（萬）、軽（輕）、篋（篋）、叶（葉）、殗（殲）、纒（纏）、塩（鹽）、辞、辝、辤（辭）、硖（硤）、驥（驥）、与（與）、来（來）、盻（盼）、屖（犀）、侯（侯）、谋（謀）、诈（詐）、将（將）、诗（詩）、诚（誠）、栖（棲）、悪（惡）、歳（歲）、冈（罔）絕、穢（穢）、鑾（鑾）、稱（稱）、⿰扌哀（哀）、曺（曹）、頪（類）、懿、懿（懿）、御（御）、㔞（勁）、粋（粹）、庄（莊）、遣（遣）、㤙（恩）、灭、滅（滅）、缼（缺）、歯（齒）、蕙（蕙）、覩（覩）、状（狀）、畆（畝）、嬰（嬰）、卆（卒）、遷（遷）、祢（禰）、頋（願）、七（乇）、恵（惠）、翆（翠）、嫡（嫡）。

异體字，指和通用規定的正體字，同音同義而寫法不同的字。誌文中統計共一百八十九字如下：

儀（儀）、皷（鼓）、亐、乎（兮）、筭（算）、綱（綱）、俶（俶）、椒（椒）、悳（德）、督（督）、裔（裔）、㠯（以）、秊（年）、淛（浙）、軆（體）、隟（隙）、塟（葬）、卋（世）、淑（淑）、喪（喪）、皃、貌（貌）、荆（荊）、瑩（瑩）、海（海）、叔（叔）、齓（齡）、祗（祇）、邸（邸）、婉（婉）、鴈（雁）、寂（寂）、叢（叢）、壑（壑）、霸（霸）、久（久）、糺（糾）、桒（桑）、殷（殷）、諴（誠）、邑（邑）、⿰禾逢（盧）、叅（參）、燮（燮）、頴（穎）、劉（劉）、席（席）、洓、涞（漆）、置（置）、逆（逆）、盟（盟）、

叻（功）、軄（職）、㒋（孺）、㝠（冥）、蘂（蕊）、邉（邊）、裛（裹）、虧（虧）、皐（皋）、昛（眄）、勍（勁）、兕（兕）、
襲（襲）、刋（刊）、嫱（嬙）、乹（乾）、俻、俻（備）、藻（藻）、彪（彪）、篤（篤）、仾（低）、慙（慚）、獦（獵）、寬（寬）、
戎（戒）、扸（折）、趍（趨）、竒（奇）、瓶（瓶）、竸（兢）、碎（碎）、爽（爽）、鷰（燕）、鄒（鄒）、遼（遼）、濇（濇）、
菜（葉）、庿（廟）、姊（姊）、窓（窗）、牀（床）、勑（勅）、崎嶇（崎嶇）、檝（楫）、輩（輩）、連（連）、冈（罔）、剛（剛）、
鄒（鄒）、纘（纘）、聯（聯）、兆（兆）、咲（笑）、搆（構）、昔（昔）、薛（薛）、舅（舅）、歡（歡）、孺（孺）、獻（獻）、
缺（缺）、旅（旅）、京（京）、莊（莊）、欝（欝）、冣（最）、朋（朋）、護（護）、對（對）、稷（稷）、坐（坐）、虎（虎）、
斃（斃）、害（害）、矣（矣）、寢（寢）、鸞（鸞）、欒（欒）、變（變）、嗟（嗟）、雄（雄）、殲（殲）、賔（賓）、鼎（鼎）、
籍（籍）、肅、肅（肅）、夷（夷）、巇（巇）、膝（膝）、處（處）、爰（爰）、衆（衆）、換（換）、聯（聯）、嬰（嬰）、戲、戲（戲）、
秉（秉）、學（學）、淵（淵）、號、號（號）、靈（靈）、就（就）、宦（宦）、魚（魚）、播（播）、鳌（鳌）、革（革）、柄（柄）、
壇（壇）、啓（啓）、履（履）、歸、歸（歸）、商（商）、嚴（嚴）、蔓（蔓）、寤寐（寤寐）、號（號）、隔（隔）、冠（冠）、夭（夭）、
嬪（嬪）、奪（奪）、權、權（權）、疆（疆）、明（明）、耕（耕）、遘、遘（遘）、居（居）、美（美）。

從上可見，簡體字不衹是簡單的減少繁體字的筆畫而已，它既要脱胎于繁體易于辨識，又要結構美觀，并與其他字有明顯差异，不至弄混。上列的部分簡體字，因有這些優點，而被新中國文字改革委員會採用，正式公佈爲新的簡化字。所以，新公佈的幾批簡化字，其中有着古人的智慧，是對優秀歷史文化的尊重和傳承，而非完全是新的創造。

墓誌銘還有些簡化字，如宇文瓘墓誌的『繐帳虚網（網）的『網』字，容易與新公布的簡化字『冈』混淆，未被文改委採用。再如王婉墓誌的『冈違』的冈（罔），成『罔』字的新簡化字。唐代簡體字，以前僅在敦煌石室唐遺文中見到過，以爲衹流行于民間。現在典重的墓誌銘中看到有這麽多，再證以法門寺地宫出土的唐皇帝供奉的佛像銘款上有『万』字，始知簡體字在唐代社會使用的相當普遍，蔚爲風氣了。

誌文還有些异體字，如『流』，寫成㳅，三點水左邊一『不』字。『赫』字寫成兩十字并排，其下一横筆，下面加四點。『貌』字，白字下加八。叔字寫作『升』字内加三點。

栢元封墓誌爲避唐太宗李世民諱，『世』字寫如廿，『民』字少最後一筆。這是封建帝王至高無上，禮俗當如此寫的例證。

武則天篡唐建周，標新立异，生造出一批新字，如『人』字爲一横下加個『生』字，『星』字爲一圓圈。『月』字爲匚内嵌一『出』字。山、水、土疊加爲『地』字，等等。它們不但筆畫多，難寫難認，形狀怪异，殊失原字象形和美的韵味，純屬政治操弄，是對文字簡化潮流的反動，没有任何文化意義。所以，本書武周時期幾方墓誌文，所見的那些怪模怪樣的新造字，隨着女皇的退位而消滅，是很自然的事。注釋中有列表可資對照，這裏就不一一列舉了。

九、錯别字

誌文作者或書寫人，因粗心、獵奇或對某些字的部分結構不够清楚，加減筆劃，致成錯字，而成别字或叫白字。對于誌文中的所有錯别字，在此次標點斷句時都一一訂正，將通用的正確繁體字標注在其後括弧内。某些簡體字或异體字嚴格地説，也屬錯字。

垂（垂），最末一平劃兩端上折成基座形，實爲蛇足。儀（儀）、使（使）、僕（僕），左傍單立人錯成雙立人。官（官）、寑、寝（寢）、寤（寤）、寐（寐），也都把寶蓋宀，誤認爲穴字蓋了。嫡（嫡）、秉（秉）、亂（亂）、商（商）、潘（潘）、怨（怨）、乇（屯）、奪

盥（盥）、邑（邑）、置（置）、冥（冥）、溝（溝）、覆（覆）、辟（辟）、梓（梓）、棘（棘）、御（御）、趨（趨）、邊（邊）、鼓（鼓）、鬱（鬱）、聘（聘）、廢（廢）、篤（篤）、懿（懿）、莊（莊）、昏（昏）、祥（祥）、筐（筐）、隙（隙）、牀（牀）、戢（戢）、寬（寬）、哉（哉）、節（節）、凌（凌）、髮（髮）、彤（彤）、襲（襲）、驕（驕）、曼（曼）、竟（竟）、擅（擅）、赫（赫）、傑（傑）、姬（姬）、籥（籥）、飄（飄）、連（連）、戒（戒）、侔（侔）、歸（歸）、㪚（㪚）、翠（翠）、代耕（耕）、雜（卒）官、穎晤（悟）、兵柄（柄）、遠窺（窺）、音徽（徽）、豫（豫）、徙居（居）、栖（凄）苦、初暘（揚）梗概，應弦而斃（斃），罔（罔）韋，網（網）、擇壻（婿），義兼子壻（婿），同菴（掩）泉臺，『學宄（究）啚（圖）史』，宄意爲作亂或盗竊的壞人。《尚書·舜典》：『蠻夷猾夏，寇賊奸宄。』孔傳：『在外曰奸，在内曰宄。』孔穎達疏：『寇賊奸宄，皆是作亂害物之名也。』《國語·晋語六》：『亂在内爲宄，在外爲奸。御宄以德，御奸以刑。』又《魯語上》：『竊寶者爲宄。』宄可不是好字眼，誌文撰寫人在宀下少寫兩筆，把究作宄，就鬧笑話了。學究圖史，是贊揚誌主學問博洽，淹貫群書，歷史、地理、地圖都在他追求、涉獵與研究的範圍之内呢！

十、誌文普遍用典

六十三方墓誌中，有近乎五十方誌主或誌文中的有關人物，『焕乎史籍』，事功卓著，身份高貴。作者要寫出典雅的誌文，追求

辭藻的華麗，文體的對仗和聲韵的鏗鏘，喜歡借用歷史典故，甚至一篇誌文，連用多個典故，用以烘托誌主的才智、成就、境遇或不幸。如韋孝寬弟《宇文子遷墓誌》：『不似智罃之還，欲同襄老之反。』用晉楚之戰晉國以襄老尸體換回智罃的故事，把誌主不幸經歷和悲慘結局，韋家人不忍言的隱痛，巧妙地表述出來，貼切、莊重、典雅，若無豐富的歷史知識與高超的文學素養，不能爲也。

《韋孝寬墓誌》：『申韓富强之術，存于度内；孫吴鉦鼓之教，得自胸中。』以及『大風起猛士之歌，屬車異威邊之寶。』作者用這些精煉的詞語與典實，把這位叱風雲人物的軍功建樹，表現得淋灕盡致。

《宇文揔墓誌》：『去病功重秦中，特加戎號；叔則聲高洛下，爰崇祀秩。』借西漢霍去病和魏晉裴楷故事，表彰誌主這位年青將軍的功勛。

《韋圓成墓誌》：『王珣黑頭爲公，荀羡少年方伯。』用晉朝這兩位年青時就有建樹登上高位人物形象，以表彰二十八歲早逝誌主早熟、有成就。

《韋津墓誌》：『范宗童子，决策彰于夷竈；謝氏兒曹，凌江遂能破賊。』也都借古人年輕有爲故事，比喻誌主年紀青青就有不俗的表現了。

《韋匡伯墓誌》：『尹京張敞未足擬其威聲，常伯應璩詎可同其詞令。』是説誌主的威望超過了窮治群盗的漢朝京兆尹張敞，而他的詞令可比美作諷諫詩、典著作的三國魏散騎常侍應璩。

《于謙墓誌》：『漢則丞相，立功儷蕭曹而馳譽；魏則將軍，樹績媲仁遼以騰聲。』作者用這些精煉鏗鏘的語言，揭示誌主先人漢丞相于定國的功勞，與蕭何、曹參不相上下。曹魏大將于禁的成就，可與其同時名將曹仁、張遼媲美。

《劉應道墓誌》：『馬鄭洪儒，楊班敏藝。貞猷浸遠，令範斯紀。』由于誌主擔任史官，與甥、侄預修國史，勅掌御集，檢校《四部群書》，在文化建設的卓越貢獻，誌文作者評價他功侔漢朝的大學問家馬融、鄭康成、揚雄和班彪父子，千古流芳。

《左撗墓誌》：『西蜀播題輿之風，北闕留政聲之頌。』巧妙地將東漢刺史周景辟陳蕃爲別駕典故入文，彰顯誌主作過幾個州的別駕，政績卓著，名聞朝廷（北闕）。

《李彦回墓誌》：『才超賈馬，業懋王楊。』稱譽誌主才能超過漢朝的賈誼與司馬相如，事業比王褒和揚雄還要繁榮昌茂。

《周曉墓誌》：『終童英妙之年，吕蒙即戎之歲。』以漢朝人十八歲上書言事的英童和三國吴將十五六歲隨鄧當擊賊的吕蒙，烘托誌主的早慧有大志。

盧之翰妻韋氏墓誌：『仁能馴翟，政比閑由。』翟，乃古代對少數民族的蔑稱。閑由，當爲巢由之誤，即巢父和許由，二人皆堯時隱士。緣之翰爲妻撰誌時，哀傷心亂，又在旅途，不遑查書所致吧。

總之，這許許多多典故，是誌文的精彩之筆，爲誌主增色，值得玩味，也可窺見作者的學養功夫，《考釋》都一一予以解讀。

但也有些誌文，作者爲求得文章的飽滿華麗，托名古人，踵事增華，虚構故事，與史不盡契合。如唐高宗弟紀王李慎撰寫的《王婉墓誌》：『衛太子之早逝，恭姜守義而賦詩；魯大夫之云亡，敬姜處喪而識禮。』史雖有漢武帝衛皇后生戾太子，因巫蠱之禍自殺早死，但并無『恭姜守義而賦詩』之事。魯大夫不知何人，哀姜故事與誌文取典亦不甚符合。

十一、雖遠必反葬，埋骨于祖塋

人懷故土，狐死首丘。《禮記・檀弓上》：『太公封於營丘比及五世，皆反葬於周。』自兹以降，歷代世家大族，無不把死于外地親人的靈柩運回，安葬于家族墳墓，相沿成俗。長安畢原韋氏家族墓地，于北周静帝大定年間（五八一）葬鄖國公韋孝寬于萬年縣壽貴里後，畢原遂成其子孫及戚屬神聖的歸宿埋骨之處。逝于京第，埋葬于此自不待言，逝于外地，反葬于此的，有如其弟子遷，被齊神武帝俘虜殺害，交涉屍回；世子揔并州陣亡，皆歸葬于其近旁。揔子匡伯，死于江都，回鄉途中，道阻，權瘞洛陽，復葬祖塋。儘管關山迢遞，路途遥遠，歷經艱難，也要千里迢迢地運回棺木，埋葬斯土。就連嫁出的女兒如盧綸之母韋氏，死于洛陽，也要和後死的夫君之翰，及死在邠州的盧綬夫婦，都來葬在這韋家墓園了。

宇文（韋）瓘，建德六年（五七七）十月，病逝隋州（今湖北随州），宣政元年（五七八）四月反葬此墓地。

韋壽妻史世貴，開皇五年（五八五）六月，逝于毛州（今河北省館陶縣）之官舍，次年正月歸葬于此。

韋圓成，開皇十八年（五九八）六月逝于今河南東南淮陽官舍，同年十一月葬于舊（祖）塋，牛馬車行近兩千里路，當用兩三個月以上。

韋津貞觀三年（六二九）四月，卒于陵州（四川仁壽縣）官廨，次年五月安厝于萬年縣洪固鄉之舊（祖）塋。妻元咳女，大業六年（六一〇）三月終于河南郡政俗里（在今洛陽市）第，同年七月遷窆舊（祖）塋。

渭州刺史李晃，以開皇十一年（五九一）八月薨于揚州，貞觀八年（六三四）十二月與夫人閻氏合葬于雍州萬年縣洪固鄉小陵原。

韋中孚，十四歲死于兄任所陝州硤石縣（今河南省三門峽市）之官舍，垂拱元年（六八五）二月殯于洪固鄉畢原。

盧之翰妻（綸母）韋氏，于天寶四載（七四五）三月二十四日終于洛陽，同年八月五日遷葬畢原。盧之翰以至德二載（七五七）三月病逝于河南告成縣，貞元十二年（七九六）十月遷祔于妻族韋家墓地。其子媳綬與張氏，死于邠州，亦遷葬斯塋。

李夫人（韋縱母）十三歲嫁給朗州刺史韋某，及夫薨于武陵，夫人提挈孤兒幼女，綿歷阻險，歸葬長安。

韋士伋夫人崔氏，于永泰二年（七六六）逝于澧州（今湖南省常德市），貞元七年（七九一）遷歸安厝畢原。

大理寺丞韋光弼徐夫人，以貞元二年（七八六）十一月終于揚州高郵縣，貞元二十年（八〇四）十一月啟自洛師，遷厝于長安韋家墓地。

江陵府司録參軍韋鋏，以元和十四年（八一九）七月，終于鄧州穰城里（今河南省鄧州市東南），次年閏正月歸窆于萬年縣洪固鄉先塋。

中散大夫、衛尉卿柏元封于大（太）和六年（八三二）六月死于河南縣履信里（今河南省洛陽市西），同年十一月在其兩個兒子護送下，歸葬萬年縣洪固卿畢陌原先人墓地。在其生前，曾啓三代之殯歸于故鄉。

分司東都韋師素，于大中十年（八五六）二月逝于洛陽尊賢里，兒子貞等護送靈柩由洛赴長安，于同年七月葬于京兆府萬年縣先夫人崔氏之塋。妻崔氏于開成四年（八三九）正月廿一日逝于洛陽，同年二月八日歸葬畢原先塋之次，誌文描述靈柩轉運艱難狀況：『良人自護，望日西轅，旅櫬飄飄，歸魂千里。』費時半個多月，才到達長安安葬。

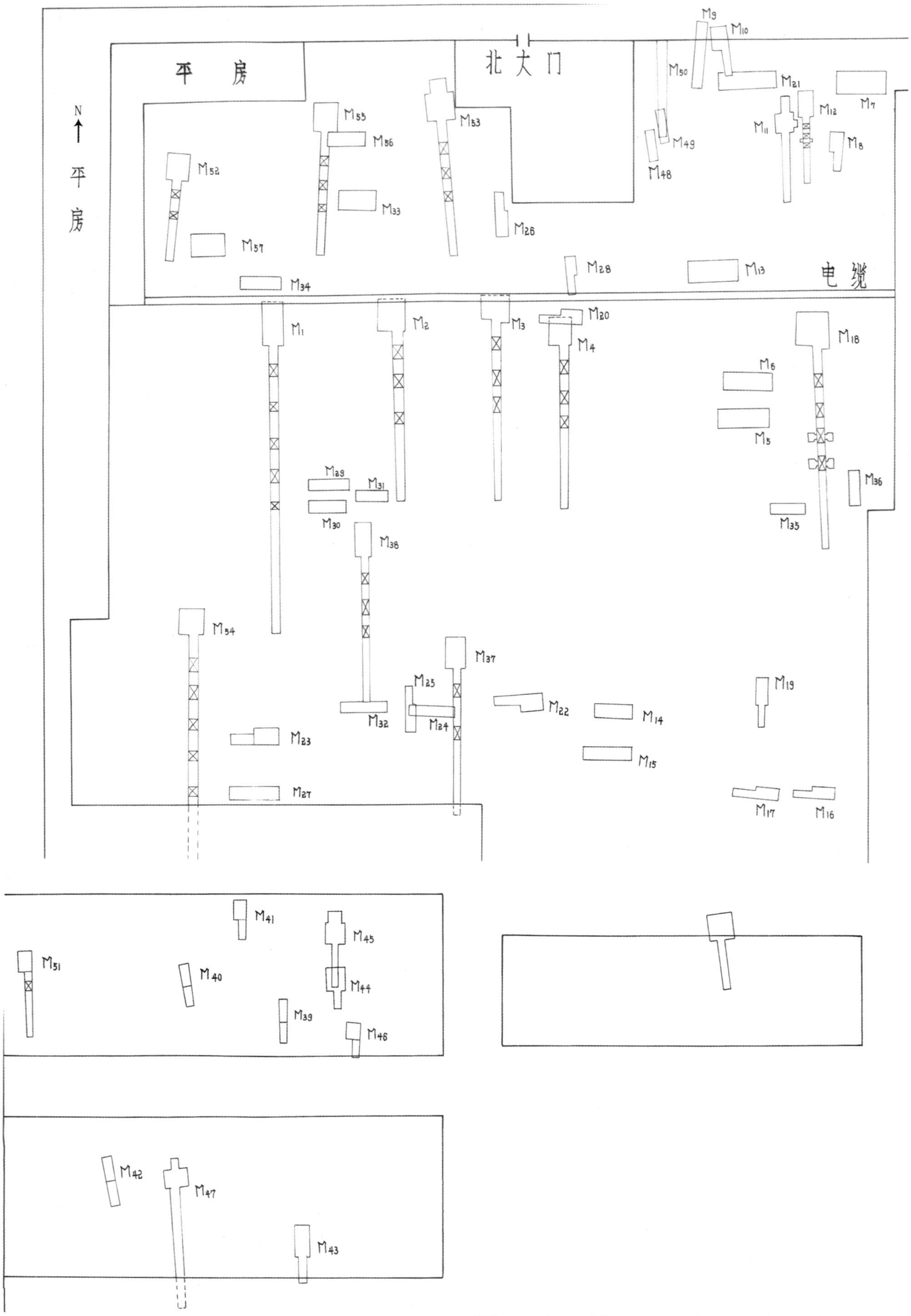
平房
北大门
N
平房
电缆
M1
M2
M3
M4
M5
M6
M7
M8
M9
M10
M11
M12
M13
M14
M15
M16
M17
M18
M19
M20
M21
M22
M23
M24
M25
M26
M27
M28
M29
M30
M31
M32
M33
M34
M35
M36
M37
M38
M39
M40
M41
M42
M43
M44
M45
M46
M47
M48
M49
M50
M51
M52
M53
M54
M55
M56
M57

圖一 省地質七隊基建工地古墓葬分布圖

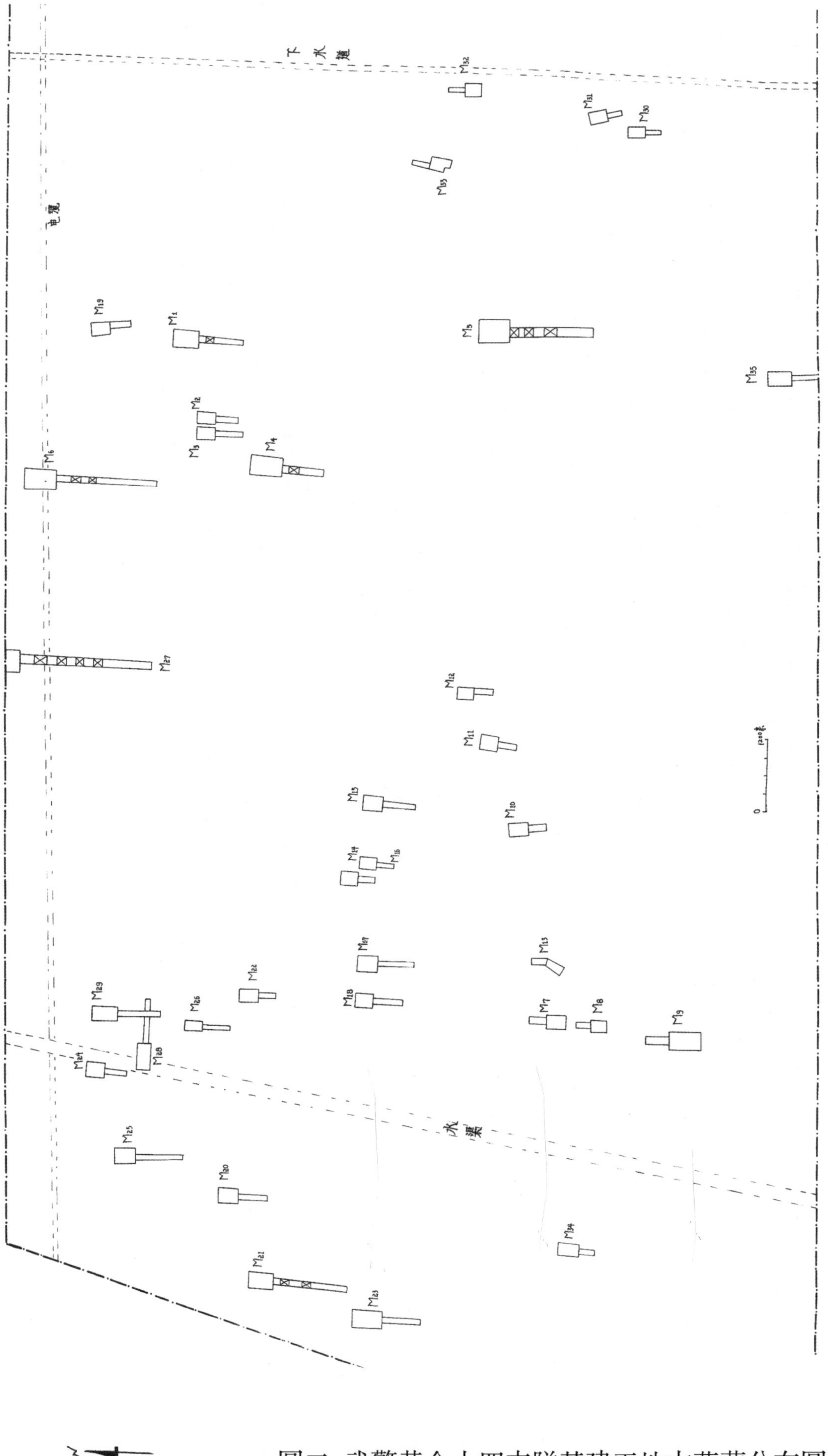
下水道
电缆
水渠

圖二 武警黃金十四支隊基建工地古墓葬分布圖

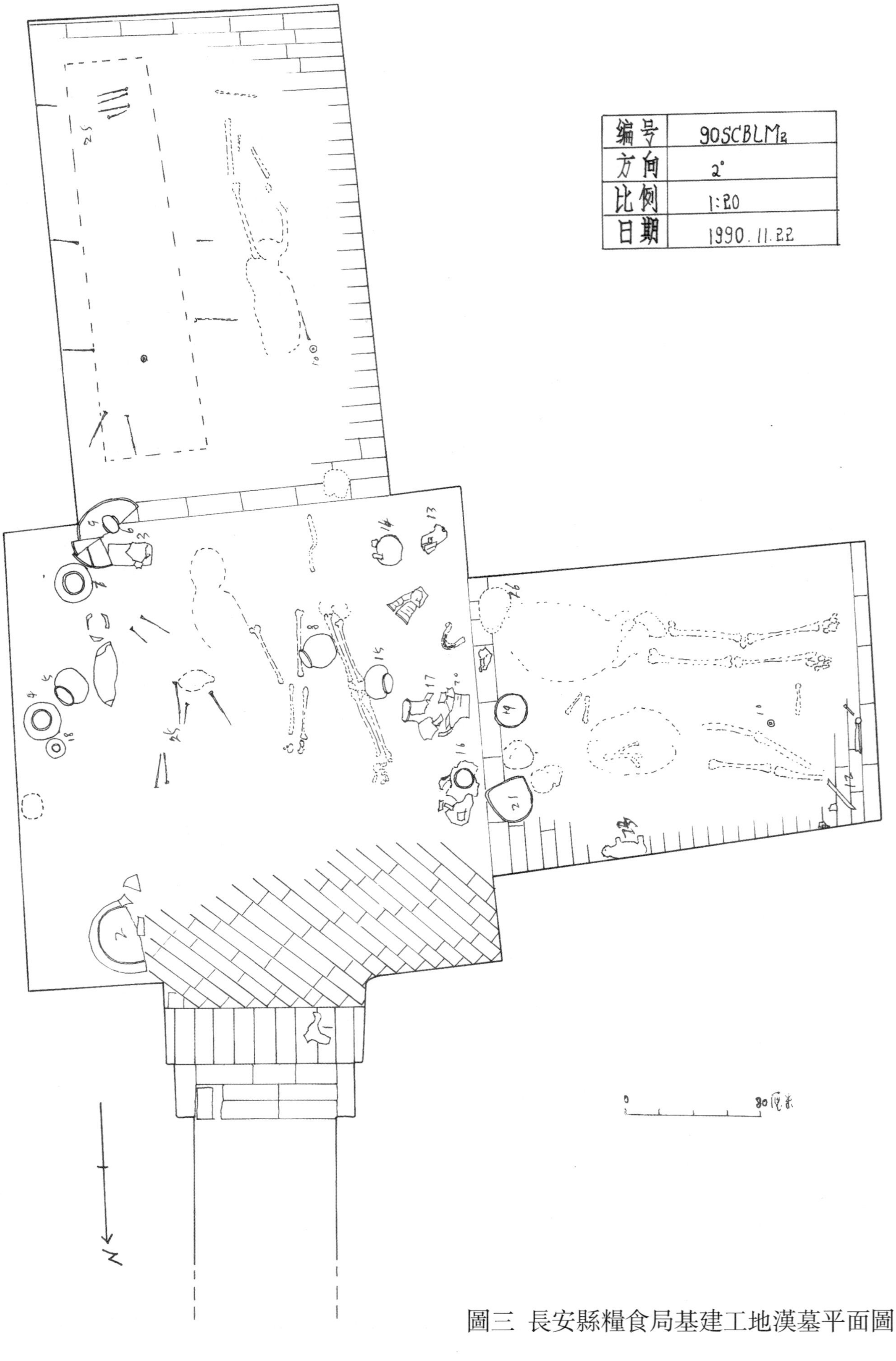
编号 90SCBLM2
方向 2°
比例 1:20
日期 1990.11.22
0 80厘米
N

圖三 長安縣糧食局基建工地漢墓平面圖

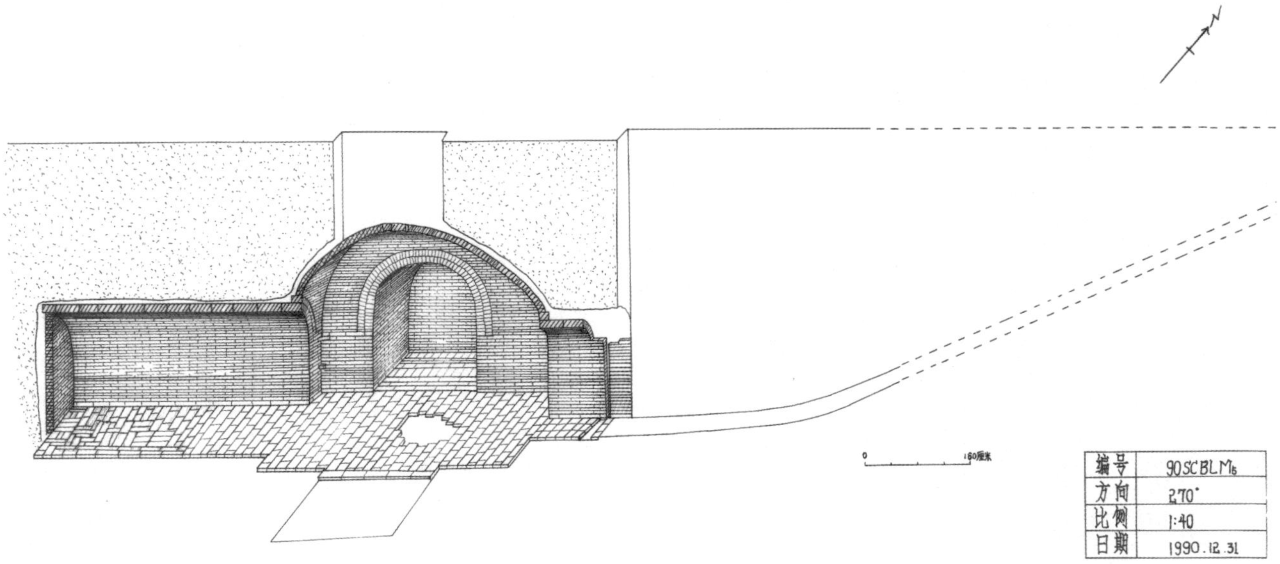
0
160厘米
编号 90SCBLM6
方向 270°
比例 1:40
日期 1990.12.31

圖四 長安縣糧食局基建工地漢墓縱剖透視圖

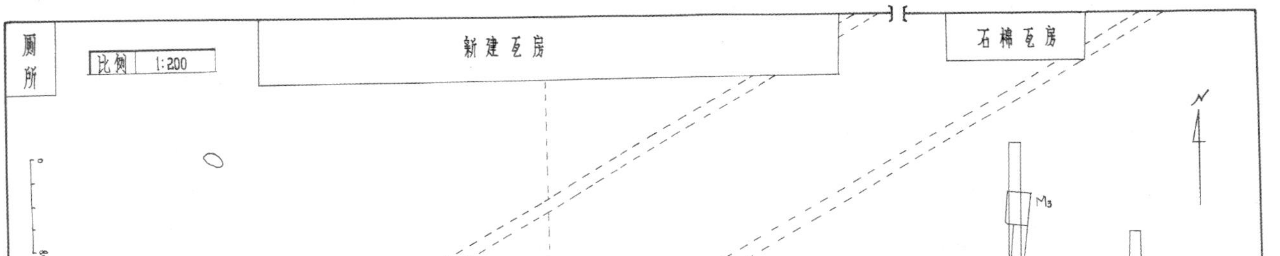
廁所
比例 1:200
新建瓦房
石棉瓦房
电缆
电缆
坑
沟
坑
坑
坑
M3
M4
M1
M2
M5
新建瓦房
M6
新建樓房

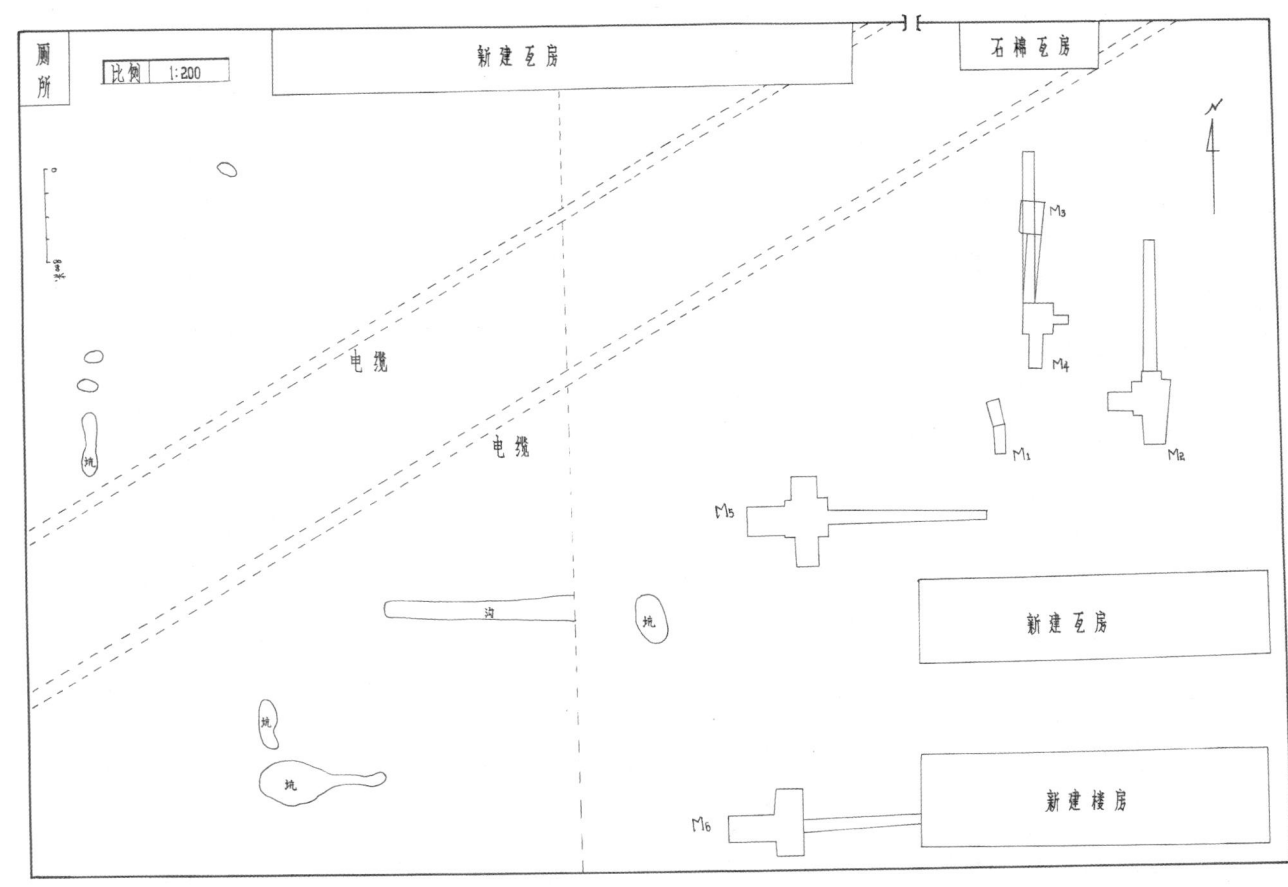

圖五 長安縣糧食局基建工地古墓葬分布圖

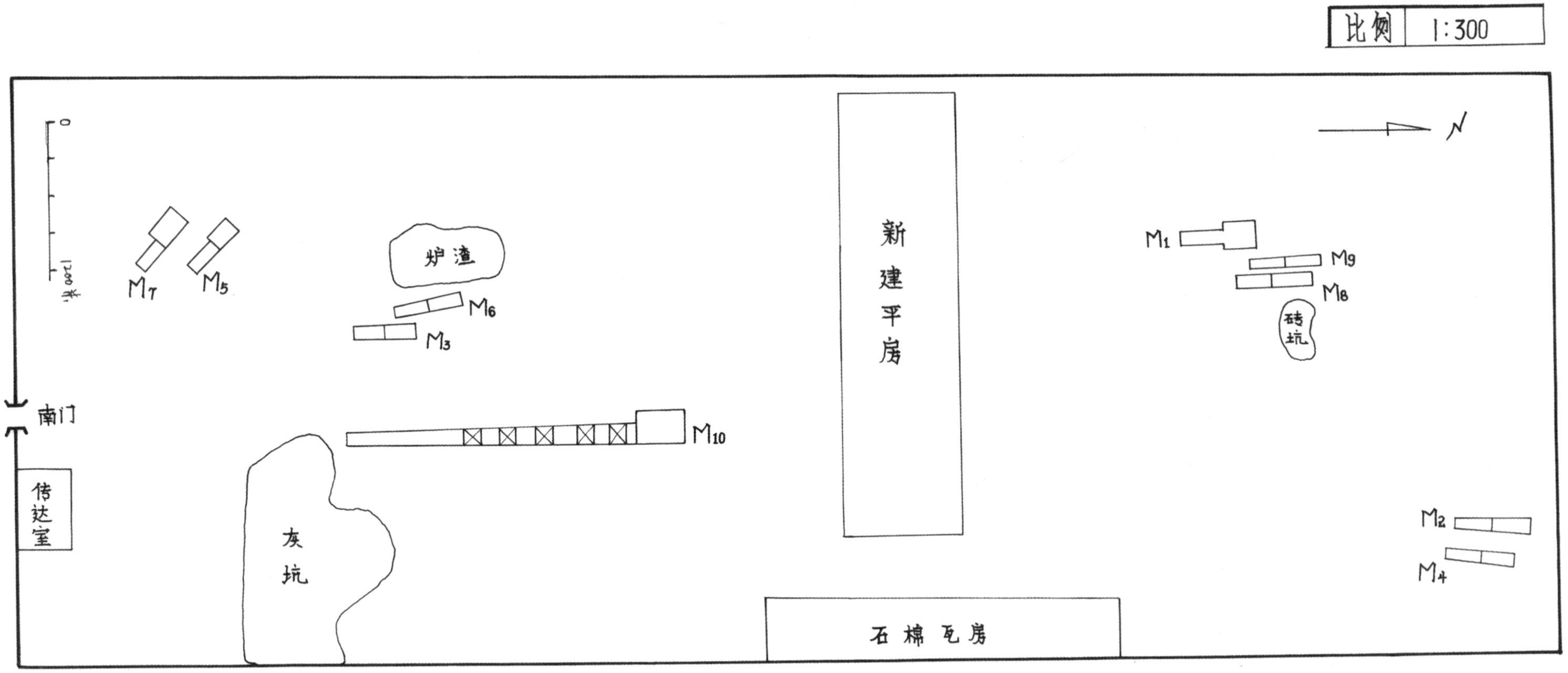
比例 1:300
N
M_1
M_9
M_8
砖坑
新建平房
石棉瓦房
M_2
M_4
M_{10}
炉渣
M_6
M_3
M_5
M_7
灰坑
0
1200米
南门
传达室

圖六 地質測試中心基建工地古墓葬分布圖

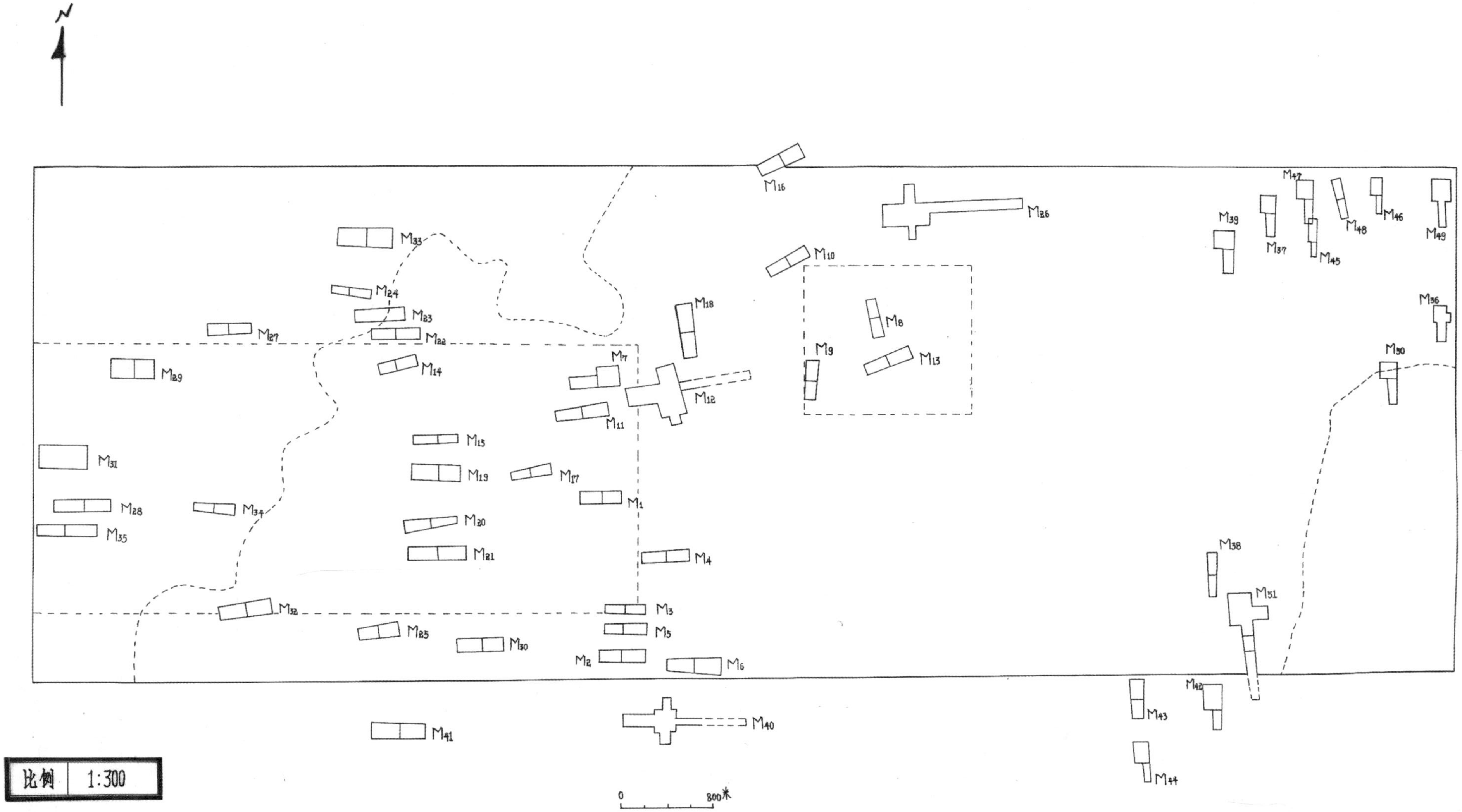
N
M1
M2
M3
M4
M5
M6
M7
M8
M9
M10
M11
M12
M13
M14
M15
M16
M17
M18
M19
M20
M21
M22
M23
M24
M25
M26
M27
M28
M29
M30
M31
M32
M33
M34
M35
M36
M37
M38
M39
M40
M41
M42
M43
M44
M45
M46
M47
M48
M49
M50
M51
比例 1:300
0
800米

圖七 長安酒廠基建工地古墓葬分布圖

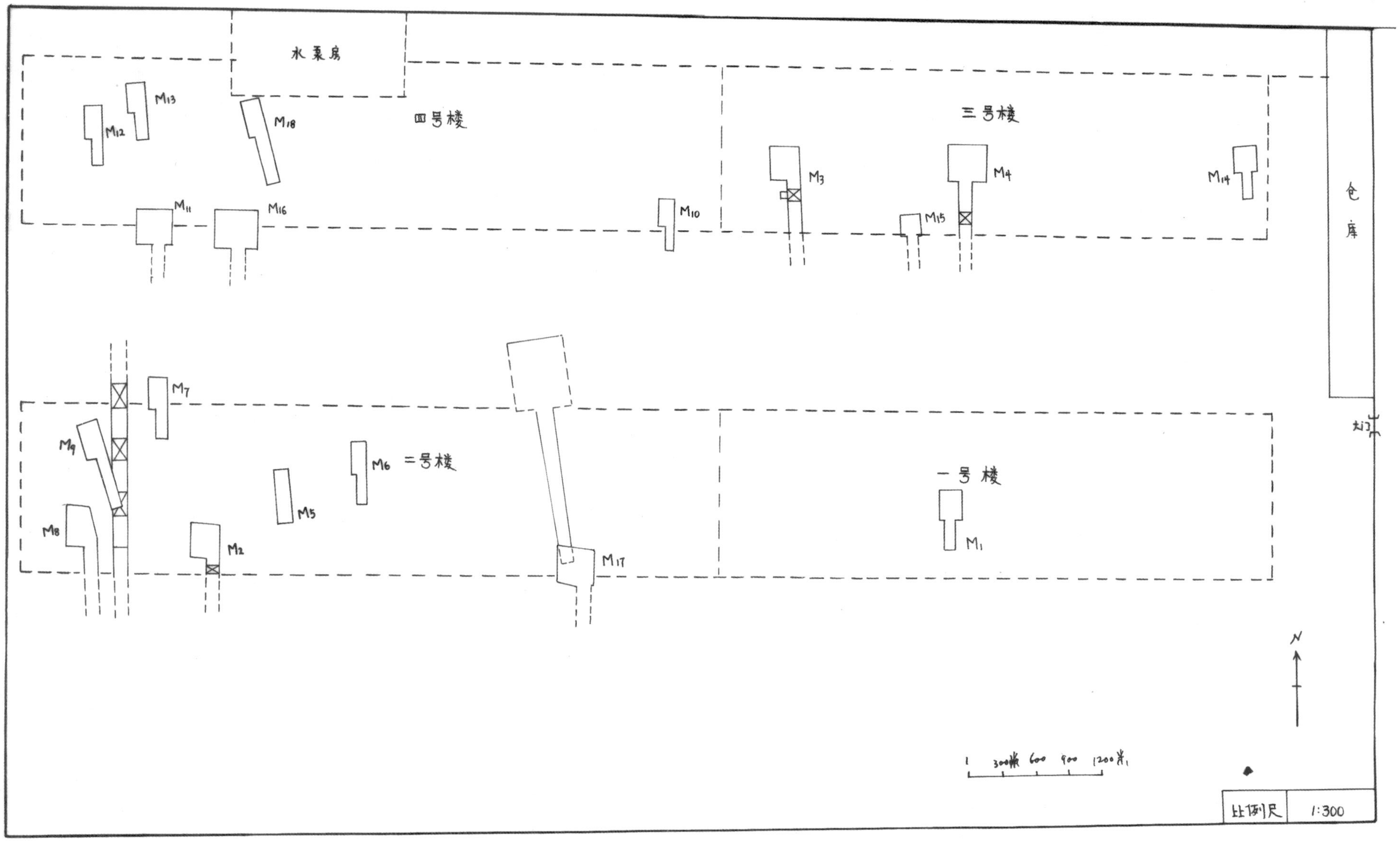
水泵房
四号楼
三号楼
仓
库
大门
二号楼
一号楼
M1
M2
M3
M4
M5
M6
M7
M8
M9
M10
M11
M12
M13
M14
M15
M16
M17
M18
N
300米 600 900 1200米
比例尺
1:300

圖八 航空航天七〇六七廠職工宿舍區基建工地古墓葬分布圖

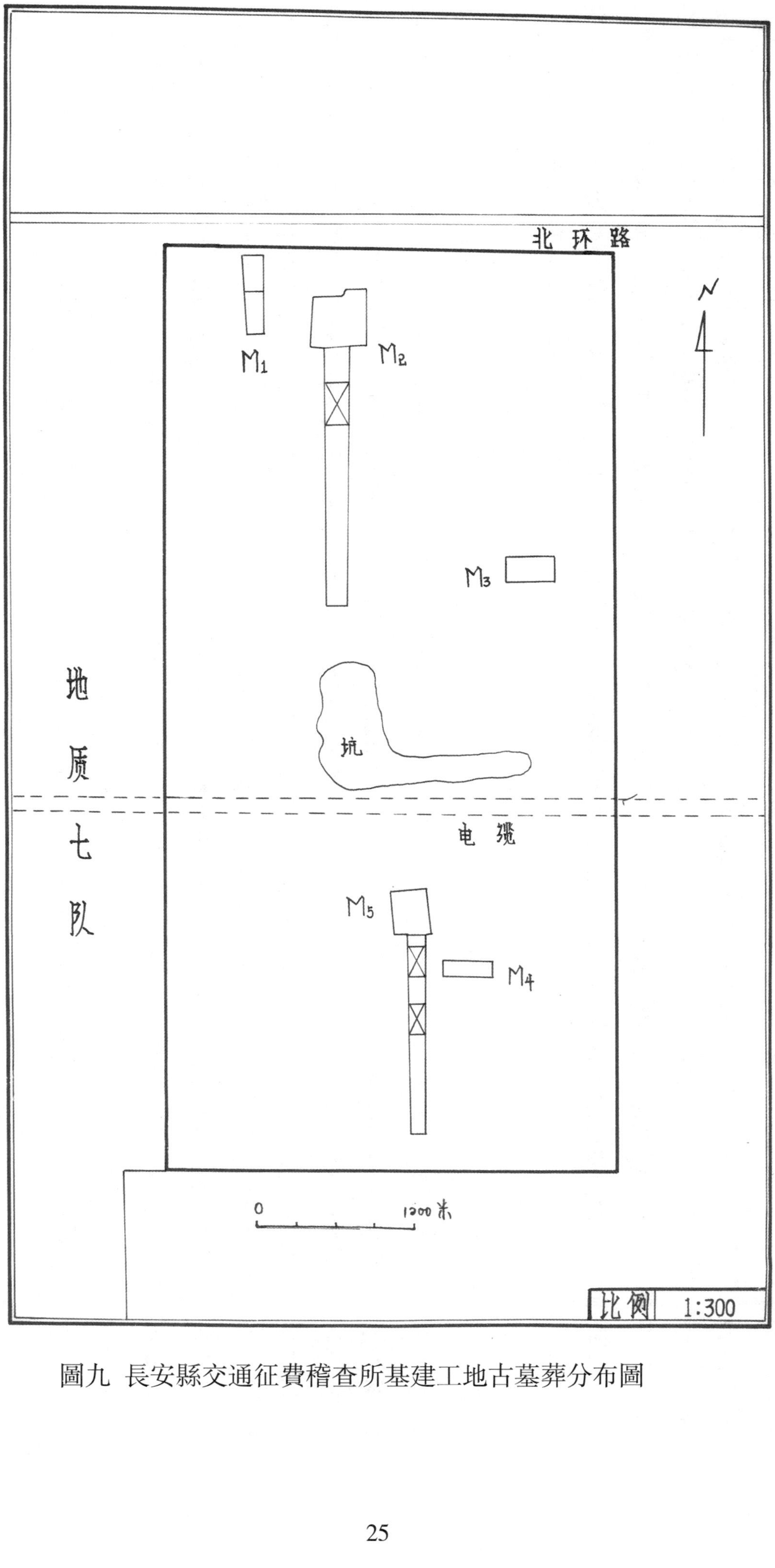
北环路
N
M1
M2
M3
地质七队
坑
电缆
M5
M4
0
1200米
比例 1:300

圖九 長安縣交通征費稽查所基建工地古墓葬分布圖

周大傅上柱國雍州牧鄖襄公韋孝寬墓誌（五八一）

概述

韋孝寬、鄭毗羅、賀蘭毗羅三方墓誌，同出自省地質七隊基建工地五十四號墓。竪坑斜坡形墓道土洞式墓，方向一百八十二度，墓口上距地表一點二米，寬一點四至一點八米。斜坡墓道長四十一點七米，寬一點八米。有五個天井，均寬一點三米，然其長度頗不一致，由三點四米至三點六米不等，天井間距離二點九米至三點七米。墓道洞和甬道高二點二米。最後一個天井與甬道連通處砌築磚墻，以阻絶進入甬道和墓室之路，墻高二點二米，寬一點八米，厚半米。甬道長二點六米，寬一點八米。墓深十點四五米。墓室平面近梯形，前寬四點二米，後寬與長各三點八米。墓道、甬道、墓室平面長四十八點一米。墓頂坍塌，墓壁殘高二米。甬道封墻有盗洞，系沿第五天井後壁掘下來的。另一盗洞在墓室頂部，從現耕土層下直穿墓室，填土黄褐色，與周圍生黄土迥异。墓道和天井填五花土，經粗夯。墓室棺木朽没，尸骨與隨葬品散亂，出瓷、陶、玉器七十件。鄭毗羅墓誌位甬道内，韋孝寬墓誌和賀蘭毗羅墓誌位于墓室内（圖十）。

韋孝寬墓誌，青石質正方形，蓋作平頂覆斗式，右上角殘缺，刻篆體陽文三行九字：周上柱國鄖襄公墓誌。誌石每邊長六十九厘米，厚十厘米。刻文四十行，每行滿格四十字，每字一點三厘米見方。筆力瘦勁整密，高俊秀逸，富魏晋風韵。惟最後五行字擠而小，每兩格刻三字，字迹亦甚潦草。

誌文

大周使持莭*（節）大傅上柱國雍州牧鄖襄公之墓誌

公諱寛（寬），字孝寛（寬），本姓韋氏，亰（京）兆杜陵人。商丘盛玄帝之緒，相圡（土）隆肜弓之業，二相聲高，騰芬汗蕳*（簡）；三君德懋，流曜緜*（綿）啚。衣纓之盛，羽儀當世矣。祖真憙，清䂓（規）雅量，見重縉*（縉）紳，歷馮翊、扶風二郡守，贈涇州刾（刺）史。父旭，道風素望，蔚為世範*（範），官至尚書右丞，豳州刾（刺）史，贈司空公，謚曰文惠。公兩儀降氣，五緯垂精，膺大德之期，踐通人之會，峩（峨）然与崐閬同仁，浩乎（兮）與江河合智，風聲傑出，器望孤標，材兼（兼）將相，藝備文武，申韓富强之術，存於度内；孫吴鉦皷（鼓）之教，得自匈（胸）中。屬魏歷初屯，中原*（原）方割，西夏肆逆，東王出討。公弱冠從戎，立功秦地。建儀初，拜國子博士，仍轉通直散騎*（騎）侍郎，山北縣開國男。太祖龍飛百二，虎據三分，折勝藉帷幄之謀，扞城資腹心之用，委質策名，順風縱豁，竭在三之節，懷靡二之誠，除大行臺左丞。自是東征西伐，必預行閒，契闊艱虞，櫛沐風雨。時兩河未静，三川大乱，公出軍陽城，亟摧惡黨，治兵陰地，屢折凶徒，授恒農郡守。尋轉持節鎮東將軍，帶宜陽郡事。俄遷（遷）車騎*（騎）大將軍，南兖州刺（刺）史，進爵為侯。又加通直散*（散）騎*（騎）常侍，尋授大都督（督），晋（晋）、建、汾三州正平郡諸軍事，晋（晋）州刺（刺）史。東秦放命，敢肆穿窬，駈率犬羊，攻圍城雉，儛梯衝於天上，飛鋒鏑於地中。公外仗朝威，内揚神筭（算），随方捍御（御），緜*（綿）歷*（歷）六旬，流血成川，積屍如莽。既而妖徒力屈，元惡計窮，泉水不枯，便看乱轍；箭竹未盡，已覩投衡。建此殊功，用隆賞典，封建忠郡開國公，邑一千五百户。尋除驃騎*（騎）大將軍，開府儀同三司，加侍中，又為雍州刺（刺）史。宣條布政，導悳（德）齊礼，變（變）六輔之風，正五方之俗，遷（遷）使持節大將軍。江陵之伇*（役），功有勳焉，師還，別封一子穰縣開國公，又轉尚書右僕射，鈐品之寄*（寄），才望是歸，授小司徒。

有周御（御）曆*（曆），賜姓宇文氏，又為延州揔（總）管，風行狄玉（土），威稜（棱）沙塞，折膠絶埃塵*（塵）之急，囊書息烽燧之驚，轉為勳州揔（總）管，俄遷（遷）柱國，定封鄖國公，邑五千户。大風起猛士之哥（歌），属車異威邊之寶。公再鎮汾隅，實宣聲略，拜大司空，水玉（土）載平，棘木斯蔚，尋遷（遷）上柱國，式遏為重，居中更輕，除徐（徐）州揔（總）管。時句吴未賔（賓），洞庭負固，桐栢之南，剪為異域。授公行軍元帥，委之経（經）計，運開山之術，申鼇樓之勇，百誠霧卷，千里霜摧。別封一子滑國公，邑五千户。宣皇宴駕，嗣主幼沖，布恵（惠）宣威，實資朝彦，授公相州揔（總）管。尉遅（遲）迥志啚（圖）問鼎，岨兵作乱，天子廼心東顧，聽朝不怡，公武略夙標，英啚（圖）横厲，仍授以元帥，揔（總）兵薄伐，一麾而清沁渚，再皷（鼓）而廓漳濱，沴氣克消，地有武丘之号，妖精載蕩，縣有聞喜之名。飲至礼成，策勳未賞，天不慭（憖）遺，良木云壞，春秋七十有二，以大象二年十一月廿七日薨于京第。縣官興徹懸之感，上宰輟奔車之悼，詔贈使持節大傅上柱國，懷、衛、黎、相、趙、洺、貝、滄、瀛、魏、冀（冀）十一州諸軍事，雍州牧，謚襄公，礼也。

惟公命世降生，含和挺質，立行成則，出言有章，三德聿脩，九思無爽，莁*（筮）仕遇群飛之日，結*（結）髪值龍戰之秋，徇義忘躬，識貞心於勁（勁）草；推誠奉國，表高節於後彫。棟幹之望有歸（歸），謨明之寄*（寄）攸在。至如析（料）敵出竒（奇），舉不失德，安邊（邊）定遠，計無遺筭（算）。及道隆四履，業冠五侯，居高而能撝損，處（處）貴而不驕怢，求仁履（履）信，風雨不已，趣賢愛士，吐握忘疲，身不怨於天下，行無忤於一物，故能保兹盛德，令此榮聲；同臧（臧）文於立言，並孫僑（僑）於遺愛。越其年十二月九日歸（歸）葬於萬年之壽貴里，屬國列玄甲之兵；輕（輕）車陣五營之騎*（騎），賔門哀次，空悲即遠之及，山栭解駕，更悼如疑之還，丘陵若徙，芳猷不墜。其詞曰：

昭*（昭）昭*（昭）胤緒，既濬且崇。居相以德，佐*（作）伯由功。世傳盛業，門嗣高風。山川秀氣，寔生我公。鳳曆*（曆）基初，龍圖運併（倂）。載驅金陣，實勤韎服。吴鄧謀猷，良平心腹。望隆軒冕*（冕），寄*（寄）深符竹。金章去里，玉節*（節）臨封。狡焉肆毒，逼我崇墉。百樓禦侮，九地折衝。妖徒棄（弃）甲，令績刊鐘。五湖叛換，兩河跋*（跋）扈。揔勒驍雄，驅馳貔（貔）虎。大風染鍔，長虵釁（釁）鼓。地紐還維，天經（綱）重補。功（功）名不已，人世忽而。遺愛千葉，立言一時。山門晝泠（冷），松庭夜悲。佳城或啓（啓），清塵在兹。

夫人華陰楊氏*（氏），生長子那羅，長女長英。夫人滎陽鄭氏*（氏）改姓賀蘭，生世子揔，次子壽。夫人河南拓拔氏*（氏），生子齊。長子那羅早喪，贈使持節儀同三司中平縣開國。次子諶，字奉忠，使持節儀同大將軍，陵蓬二州刺（刺）史，褱縣開國公，繼第四弟子遷（遷）後。世子揔，字善會，使持節開府京兆尹，殞於王事，贈柱國，蒲、陜、熊、中、義五州刺（刺）史，河南郡開國公，謚曰貞。次子壽。字世齡，使持節上開府儀同大將軍京（京）兆尹滑國公。次子齊，字開雲，使持節開府儀同大將軍，安邑縣開國伯。次子津，字悉達，使持節儀同大將軍，武陽郡開國公。次子無漏，永安縣開國侯。揔子世孫圓成，使持節開府儀同大將軍，長女普安郡公主，適開府少保新蔡郡開國公解斯恢。

考釋

誌文未寫明撰書人姓名，然遺詞古奥，典故頗多，爲便于了解誌文内容，兹擇要逐次詮釋如下。

兩儀降氣，五緯垂精。兩儀，指天地。《易·繫辭上》：『易有太極，是生兩儀』。五緯，即五星，指金、木、水、火、土五大行星。古人認爲此五種物質（五行）構成天地萬物。

膺大德之期，踐通人之會。大德，謂天地生物之德，《易·繫辭傳》：『天地之大德曰生』。《禮記·中庸》：『故大德必得其位』。大德之人謂上賢也。通人，指博覽古今者。《論衡·超奇》：『通書千篇以上，萬卷以下，弘暢雅言，審定文讀，而以教授爲人師者，通人也。』

申韓富强之術，存于度内，孫吴鉦鼓之教，得自匈（胸）中。申，指申不害；韓，即韓非。《史記·老子韓非列傳》：『申不害者，京人也。故鄭之賤臣。學術以干韓昭侯，十五年，終申子之身，無侵韓者。』韓非乃韓之諸公子，喜刑名法術之學，數諫韓王，不能用，遂作《孤憤》、《説難》等文，秦王見而奇之，急攻韓，韓遣非使秦，秦王大悦，欲委以重任，但爲李斯所嫉而遇毒手。孫吴，指孫武和吴起，古代著名軍事家，其事功見《史記·孫子吴起列傳》。孫子著兵法十三篇，風靡世界，至今猶爲戰争中必不可少的教科書。鉦鼓，原系指揮軍隊進退的號令，後泛指軍事學。《漢書・東方朔傳》：『十九學孫吴兵法，戰陣之具，鉦鼓之教。』

屬魏歷初屯，中原方割

指北魏分裂爲東西魏。五三五年，改元大統元年，這就是西魏文帝紀年的開始。東魏政權操之于高歡，西魏政權則爲宇文泰所把持，二魏名存而實亡矣。爾後高洋篡東魏，是爲北齊。宇文覺篡西魏，是爲北周，魏亡。

西夏肆逆，東王出討

西夏，泛指秦隴農民起義軍，五二四年（正光五年）夏州曹阿各拔，高平胡琛，秦州莫折大提紛紛起義，多次打敗魏軍。

太祖龍飛百二，虎據三分

太祖，即周太祖宇文泰。龍飛，指帝王御極。《易・乾卦》之『飛龍在天』，疏『飛龍在天，猶聖人之在王位。』宇文泰實未踐祚，而是以大冢宰的身份總攬百揆，把持西魏朝政。五三四年（永熙三年）七月，魏孝武帝元修爲高歡所逼，西走關中，泰迎入長安，旋酖死而另立南陽王寶炬，是爲西魏文帝。百二，指關中。《史記・高祖紀》：『秦形勝之國，帶河山之險，懸隔千里，持戟百萬，秦得百二焉。』《集解》引蘇林曰：『秦地險固，二萬人足當諸侯百萬人。』虎據三分，謂三分天下而雄據其一，即東魏、西魏和江淮以南的蕭梁政權。五五六年（西魏恭帝三年）宇文泰死，子覺隨即篡位稱帝，即周閔帝，是爲北周王朝之始。然誌文稱太祖（宇文泰的廟號）御極者，乃毫無掩飾的坦率，説明西魏文帝衹不過是一個傀儡的事實。

委質策名

《史記・仲尼弟子列傳》：『儒服委質』。《索隱》引服虔注《左傳》云：『古者始仕，必先書其名于君，然後爲臣，示必死節于其君也。』《左傳・僖公二十三年》：『策名委質』，疏『質，形體也。拜則屈膝而委身于地。』此與『資腹心之用』、『懷靡二之城』，都在説明死者對宇文泰的忠誠和關係的密切。

在三之節

《國語・晋語一》：『民生於三，事之如一。父生之，師教之，君食之。非父不生，非食不長，非教不知，生之族也，故壹事之，唯其所在，則致死焉。』韋昭注：『三，君、父、師也。』後以『在三』爲禮敬君、父、師的典故。

治兵陰地

陰地，古地名，春秋屬晋。《左傳・哀公四年》：『蠻子赤奔晋陰地』。今河南省三門峽市陝州區至嵩縣及陝西省商洛市商州區一帶皆古陰地，陰地故城在盧氏縣東。

東秦放命，敢肆穿窬

東秦，指秦以東地，《史記・高祖本紀》：『秦形勝之國，…秦得百二焉。…夫齊…齊得十二焉，故此東西秦也。』此處指東魏（北齊）政權。放命，放弃教命之謂。《漢書・傅喜傳》：『同心背畔，放命圮族。』應劭注：『放命教令，毀其族類。』穿窬，謂穿壁踰墻以行竊。《論語・陽貨》：『其猶穿窬之盜也歟。』

折膠絶塵埃之急

折膠，指秋天。膠至秋，始可折。《漢書・晁錯傳》：『欲立威者，始于折膠。』蘇林曰：『秋氣至，膠可折，弓弩可用。匈奴常以爲候而出軍。』秋絶塵埃之急謂北方游牧民族當秋天馬肥之時也不敢入犯。

大風起猛士之歌，屬車异威邊之寶

《大風猛士歌》，漢高祖劉邦所作。《史記・高祖本紀》：『高祖還歸，過沛，留。…自爲歌詩曰：「大風起兮雲飛揚，威加海内兮歸故鄉，安得猛士兮守四方」』。屬車，侍從之車，又叫副車。《漢書・司馬相如傳》：『犯屬車之清塵』。

三德聿修，九思無爽

三德，《書・洪範》：『三德，一曰正直，二曰剛克，三曰柔克』。九思，《論語・季氏》：『君子有九思，視思明，聽思聰，色思温，貌思恭，言思忠，事思敬，疑思問，忿思難，見得思義。』這兩句是説死者具有三德的品質，九思的才幹。

筮仕遇群飛之日，結髮值龍戰之秋

古以蓍草占卜曰筮。筮仕謂將仕而占其吉凶。群飛，齊飛之意。《文選・潘岳射雉賦》：『樂羽族之群飛』。龍戰，即紛争不已，《易・乾卦》：『龍戰于野，其血玄黄』。《文選・班固答賓客》云：『七雄…龍戰而虎争』。此二句的意思是孝寬成年入仕適值群雄紛争的戰亂時代。

𣂑敵出奇

𣂑同料，𣂑敵即判斷敵情，做出正確的决策。出奇謂出其不意，以奇兵制勝。

道隆四履，業冠五侯

四履，四方所踐之界，謂四境所至。五侯，《漢書・元后傳》：『上悉封舅（王）譚爲平阿侯，商成都侯，根曲陽侯，逢時高平侯，五人同日封，故世謂之五侯。』

趣賢愛士，吐握忘疲

趣，同趨，赴也。吐握，《史記・魯周公世家》：『周公誡伯禽曰：…然我一沐三捉髮，一飯三吐哺，起以待士，猶恐失天下之賢人。』此喻死者禮賢下士，深得人心。

韋孝寬的生平事功

寬，字孝寬（本傳云名叔裕），以大象二年（五八〇）十一月死，享年七十二歲，由知其生于北魏宣帝永平二年（五〇九）。誌文很概括，年代都略去不書。不過，誌傳合參，其事功經歷還是比較清楚的。如誌：『公弱冠從戎，立功秦地。』本傳：『弱冠，屬蕭寶夤作亂關右，乃詣闕，請爲前驅。』蕭寶夤原爲魏軍將領，因鎮壓秦隴農民起義連吃敗仗，『内不自安，朝廷頗亦疑阻①』。派御史中尉酈道元（《水經注》作者）入關査察，寶夤以爲酈來代己。遂叛變，殺道元，自稱齊帝，年號隆緒，時在孝昌三年（五二七）。次年爲魏將長孫道生所敗，投奔義軍首領万俟醜奴，關中一帶都成了義軍的天下。永安三年（五三〇）蕭寶夤與万俟醜奴兵敗被俘，殺于洛陽，孝寬從軍立功秦地，當在此時，其拜官國子博士，本傳未明確紀年，誌云在建義初（五二八），則其從軍應在此前，時年一十九至二十歲。

孝寬的官階所以扶搖直上，除作戰勇果外，亦得力于他與北周的創建者宇文泰的密切關係。魏孝武帝初年（五三二），泰從原州（寧夏固原）赴雍州（西安），命鎮守彭原（固原東）縣的孝寬隨軍東行，收爲腹心，他對泰亦甚忠誠，繼泰爲大行臺右丞，東征西伐，及泰把持西魏政權，與操縱東魏的高歡相抗衡。歡遣竇泰領軍入寇潼關（五三七），寬隨周太祖擊擒之，升爲弘農太守，與獨孤信并力攻克洛陽，進取豫州②。

考孝寬最輝煌的成績，當推其在晋州刺史任上玉壁保衛戰的勝利，高歡即因這一惡戰的失敗而憂憤死，斯役孝寬本傳，《周書・文帝下》和《北齊書・帝紀神武下》都有記載。玉壁城，在山西省稷山縣西南，五三八年西魏東道行臺王思政所築，乃成坐鎮晋陽的高歡進窺關中的嚴重障礙。五四六年（大統十二年，東魏武定四年）九月，高歡傾山東之衆，親圍玉壁，連營數十里至于城下，于城北堆土山，城周挖數十地道，晝夜攻城不息，又壅汾水改流，使城中無水可汲。孝寬奪回土山，掘長塹邀其地道，捕殺從地道攻城的敵軍，塹外積柴火用皮排鼓風灌烟于地道内，致敵多窒死，并做長鐵鈎割斷敵方攻城火竿，竪木柵補修坍塌的城垣缺口，苦戰兩月，巋然不動。高歡在此損失兵員七萬，反間與要挾無效的狀態下③，只得撤退，發疾而死。誌云：『妖徒力屈，元惡計窮。』即指此言。孝寬建此殊功，遷爲驃騎大將軍，開府儀同三司，晋爵建忠郡公。

五五四年（恭帝元年），西魏遣大將軍于謹圍攻江陵（湖北江陵），俘盤據江陵兩年的小朝廷梁元帝蕭繹，并驅江陵男女數萬人入長安。次年立蕭詧爲梁帝，作爲附庸。孝寬躬與斯役，以功封穰縣公、尚書右僕射。

『有周御歷，賜姓宇文氏。』顯見其受姓于宇文覺（周閔帝）取代西魏皇位（五五七）之後，而本傳言在平江陵還歸周文（宇文泰）尚在之時，有悖情理，誌文是符合實際的。

保定（五六一—五六五）初年，于玉壁城置勛州，任孝寬爲總管，遂得『再鎮汾隅』。五七五年（建德四年）周武帝準備伐齊，孝寬上疏進獻三策，武帝采其第一策派兵分道大舉進攻，順利攻占河陰（洛陽東北），但未克金墉城而還。次年，改攻晋州（山西臨汾），下之，五七七年破鄴，滅北齊。

誌云『時句吴未賓，洞庭負固』系指代蕭梁割據江淮以南的陳朝，五七九年（大象元年）孝寬爲徐州總管，行軍元帥，徇地淮南，攻克壽陽，周遂盡有淮南之地。

五七九年周宣帝死，嗣主年幼，大司馬楊堅輔政，令孝寬代對楊堅專權不滿的尉遲迥爲相州（州治在河北臨漳縣西）總管，迥拒代興兵反，堅以寬爲元帥，與迥軍激戰于鄴城南，迥敗自殺。這是六月間事。

五八〇年（大象二年）十一月，寬死于京弟。詔贈十一州諸軍事，謚襄公。極生榮死哀之典。

孝寬自青年時期從軍到去世（五二七—五八〇）的五十多年間，值北魏衰亡，中原分裂，和北周滅北齊的『龍戰之秋』，其先後追隨宇文泰和楊堅竭盡全力，南征北戰，屢建軍功，并爲尔後隋文帝楊堅的滅陳和統一中國，創造了條件。因而，也就爲其韋氏家族在隋唐兩代繼續保持高顯地位奠定了基礎。

孝寬妻華陰楊氏，乃其老上司原都督楊侃女④，侃後爲尔朱天光殺害，《魏書》卷五八和《北史》卷四一有傳。楊氏生長子那羅與長女長英，而誌未記其卒年，墓亦未見楊氏墓誌。與寬誌同出的夫人鄭氏墓誌共兩方，一方稱鄭氏，乃五五三年（西魏廢帝二年）埋葬時所刻。另一方稱賀蘭氏，云『夫人諱毗羅，本姓鄭氏，魏末改爲賀蘭』，則是後來遷葬于夫墓而刻的。鄭氏（賀蘭）死于五五三年六月，年廿四，十七歲嫁寬，則時在五四七年。誌云鄭氏爲滎陽開封人，鄭武公之後。祖父諱祖育，見于《魏書》卷五十六《鄭羲傳》，父僧覆，不見于史。魏以忠貞爲賀蘭⑤，鄭氏于魏必有大功，然傳未及。

國子博士

國子博士，學官名。晉武帝咸寧四年（二七八）立國子學，始立國子博士，始置一員，限取學行清淳，通明經義者擔任，如散騎常侍、中書侍士。南朝宋不置學，亦常置二員。南齊建元四年（四八二）置國學，設二員，位比中書郎。梁國學沿置，位九班。陳四品、秩千石。北魏太和十七年（四九三）定爲從五品上，二十三年升爲五品上。北齊國子寺國子學置五員，五品。隋代國子寺國子學置五靈，正五品上，仁壽元年（六〇一）罷，大業三年（六〇七）置一員，正五品。唐代國子監國子學置五員，正五品上。隋唐以後，國子學隸國子監。

通直散騎侍郎

東晉元帝太興元年（三一八），使員外散騎侍郎二人與散騎侍郎通員當值，故名。後增至四人，屬散騎省。職同散騎侍郎，參平尚書奏事，兼掌傳從、諷諫，地位較高。南朝屬集書省，宋以後地位漸低，常援衰老之士，多爲加官，不被人重。梁六班，陳八品，秩千石。北魏孝文帝太（大）和十五年（四九一）亦置，屬集書省，員六人。初定四品中，太和二十三年改從五品上。北齊沿置，除集書省置六員外，集書省所轄起居省亦置一員，從五品上。隋初屬門下省，掌陪從值朝，員四人，從五品上，煬帝大業三年（六〇七）罷。唐高祖武德七年（六二四）置爲從五品上，文散官，太宗貞觀元年（六二七）廢。參見『散騎侍郎』。

通直散騎常侍

散騎常侍，官名。入則規諫過失，備皇帝顧問，出則騎馬散從。秦漢時，散騎爲皇帝侍從，與中常侍性質相同。東漢省散騎，又以宦官任中常侍。曹魏初年，并散騎、中常侍爲一，故稱散常侍，以士人任職。入則規諫過失，備皇帝顧問，出則騎馬散從。資深者稱祭酒散騎常侍。曹魏末年，增加此官名額，新增者爲員外散常侍。東晉以員外散騎常侍二人，與散騎常侍共同輪流值理，稱通直散騎常侍。後經南北朝至隋唐，漸成散官，無實權。宋不常置。金、元以後無此官職。

大行臺左丞

即大行臺尚書左丞，官名。北魏、東魏、西魏置。多省稱爲大行左丞，屬大行臺，職掌同尚書左丞。多由大行臺郎中或大行臺尚書右丞進任。唐初陜東道大行臺尚書省置，一人，掌分司糾正省內，正四品下。高祖武德八年（六二五）罷。參見『大行臺』。

持節鎮東將軍

東漢獻帝時置，張濟、曹操、劉備皆曾任之。三國魏時，與鎮西、鎮南、鎮北將軍合稱四鎮將軍，多授持節都督，出鎮方面，二品。

位在征東書軍下，一般不與征東將軍并置。

車騎大將軍

車騎將軍，古代的高級將軍官名。漢制，金印紫綬，位僅次于大將及驃騎將軍，而在衛將軍及前、後、左、右將軍之上，位次上即或比三公。典京師兵衛，掌官衛，第二品，是戰車部隊的統帥。漢時，車騎將軍主要掌管征伐背叛，有戰事時乃拜官出征，事成之後便罷官。東漢末年開始，成爲常設的將軍官名。

大都督正平諸軍事

都督，對軍事長官或領兵將帥之稱，漢末始有此稱。魏晋南北朝稱『都督中外諸軍事』或『大都督』者，即爲全國最高之軍事統帥。南宋時，亦偶有用都督、同都督，督視各路兵馬等，爲執政官出任臨時統帥之稱。元代之大都督府大都督，則專領『欽察親軍』。又地方軍政長官，亦有稱都督者。魏晋以後，有『都督諸州軍事』銜者，往往兼任駐在州之刺史，總攬本區軍政民政。至北周及隋，改稱『總管』。唐代又恢復『都督』之稱，于各州按等級分別置大、中、小都督府，各設都督。唐中期以後，以節度使或觀察使爲地方最高長官，都督遂名存實亡。明代置『五軍都督府』，爲最高軍事機關。五軍爲中軍、左軍、右軍、前軍、後軍，各爲一府，各有左右都督及都督同知，都督僉事。原爲統轄京衛及外衛。

驃騎大將軍

驃騎大將軍，是古代武散官名。西漢始置，歷代沿置。唐宋爲從一品，爲武官最高階，宋徽宗政和年間改定武官官階，最高爲太尉，下分別用大夫、郎爲官名。金有驃騎衛上將軍，正三品下，居武官第十一階，元升正二品，屬武官第三階。明廢。

開府儀同三司

開府儀同三司，魏晋南北朝時期的一種高級官位，隋唐至元文散官的最高官階，從一品。開官府，在指定的地方建立辦公之地。當事人有了固定的辦公場所。官府開到什麼級別，用什麼級別的儀仗，明確了同三司。三司，即三公三師。太師、太傅、太保，是爲三師；太尉、司徒、司空，是爲三公。皆正一品。三師，天子所師法，無所總職，非其人則闕。三公，佐天子理陰陽、平邦國，無所不統。親王拜者不親事，祭祀闕則攝。

晋州刺史

晋州歷史悠久，春秋爲晋地，北魏置晋州因以爲州名。至北宋政和間升爲平陽府，晋州建制存在時間長達五百多年（期間短暫廢更）。

南北朝時期晋州爲一級行政區，轄境廣大，轄郡、縣衆多，其轄境大致在今山西省臨汾市轄區及其周邊廣大地域。

唐、宋時期，晋州降爲地級行政區，隸屬河東道和河東路，下轄九縣，轄境大致與今臨汾市轄區相當。晋州治所白馬城，即明、清平陽府治，在今臨汾市老城區。刺史，又稱刺使，職官。『刺』是檢核問事的意思，即監察之職。『史』爲『御史』之意。秦制，每郡設御史，任監察之職，稱監御史（監郡御史）。漢初省，旋復置。文帝以御史多失職，命丞相另派人員出刺各地，不常置。漢武帝繼廢諸郡監察御史後，又于元封五年（前一〇六）分全國爲十三部（州），各部始置刺史一人。刺史制度在西漢中後期得到進一步發展，對維護皇權、澄清吏治、促使昭宣中興局面的形成起着積極的作用。漢成帝綏和元年（前八年）刺史改稱州牧，職權進一步擴大，由監察官變爲地方軍事行政長官。

建忠郡開國公

建忠郡，北魏永安元年（五二八）設置，治所在三原。開國公，北周初置開國公、開國侯、開國伯、開國子、開國男五等爵，後據《周禮》改制，置親王、郡王、縣王、國公、郡公、縣公、縣侯、縣伯、縣子、縣男、鄉男十一等。

尚書右僕射

尚書僕射，爲尚書令之副。尚書令闕，僕射便是尚書臺（後稱省）的長官。漢武帝至元帝時，兼用士人與宦官爲僕射。宣帝時，宦官弘恭爲中尚書令，宦官石顯爲僕射；元帝時石顯爲令，牢梁爲僕射。均專權用事。至成帝時，罷宦官專用士人，置尚書五人，以一人爲僕射。僕射『掌授廪、假、錢、谷』。大約當時尚書的機構較爲簡單，所以僕射主管具體事務較多。東漢時，尚書臺稱爲『中臺』，主管全國機要政務。組織擴大後，僕射與尚書令同爲臺中長官，與六曹尚書臺合稱八座，臺中具體事務遂移歸尚書左右丞及諸曹尚書侍郎。僕射初置一人，至漢獻帝建安四年（一九九）始分置左右僕射。自此以後，或二或一，置二人則分左右。左右僕射分領尚書諸曹，左僕射又有糾彈百官之權，權力大于右僕射。尚書令闕，則左右僕射爲省主。魏晋以後，僕射已處于副相地位，號稱端副（尚書令稱端右）。例如，東晋謝安、北魏李衝、北齊楊遵彦等，都是以僕射分掌或專掌朝政。但自魏晋至南北朝，僕射之上還有録尚書事、尚書令，至陳時，因其權重，此二職已基本不置，僕射的權力獨重。

隋文帝時，廢録尚書事，尚書令雖置而常缺。于是，尚書左僕射成爲朝廷首相。高熲爲左僕射達十九年，楊素爲右僕射，與高熲共掌朝政。楊素代高熲爲左僕射後，隋文帝以其權重，對之疑忌，命他三五日一至尚書省評論大事，表面對他體恤和尊崇，實則削奪他的權力。隋煬帝時，楊素進位尚書令，實不問事；楊素死後，尚書令位闕。大業三年蘇威被罷官後，尚書僕射也不再補授。

唐初，大抵繼承隋文帝時制度，尚書省置令而虚其位，僕射總領省事，與中書令、侍中同掌相權，而左僕射爲首相。房玄齡爲左僕射前後達二十年，號稱賢相。但唐太宗李世民也曾以僕射當求訪賢爲理由，命令尚書省細務悉由左右丞處理，有寃濫大故才呈報僕射，這就限制了僕射全面綜理政務的權力。貞觀二十三年（六四九），唐高宗李治即位後，李績爲左僕射復加同中書門下三品的稱號。自此，僕射入政事堂議事，就例加此號，表明僕射已不是當然宰相。中宗、睿宗時，還有不加同中書門下三品，也不參加議政的僕射。唐玄宗以後，僕射不再加此號。從此僕射就被排除于家相行列之外。

小司徒

小司徒是爲大司徒配置的副職，主管全國土地田亩、人口户籍，并按土地分等徵收貢賦事宜。大司徒屬官有載師、閭師、縣師、遂人、均人等職官，分司不同范圍内賦税徵收管理事宜。

延州總管

延州，延安。《禹貢》雍州之域，春秋時白翟所居。秦置三十六郡，屬上郡。在漢爲上郡高奴縣之地，今州理即上郡高奴縣之域也。項羽三分秦地，以董翳爲翟王，都高奴，即其地也。魏省上郡，至晋陷戎狄，其後屬赫連勃勃。後魏滅赫連昌，以屬統萬鎮。孝文帝金明郡，宣武帝置東夏州，廢帝改爲延州，以界内延水爲名，置總管，管丹、延、綏三州。隋開皇八年廢總管，但爲延州總管，爲地方高級軍政長管、軍事長官或管理專門事務的行政長官的職稱。三國魏黄初年間始置都督諸州軍事，北周武成元年（五五九）改爲總管。周武帝以王謙爲益州總管，總管之名始于此。隋于各州置總管，重鎮要州置大總管。唐初猶然。北宋馬步軍都總管或兵馬管由知府、知州等各級地方長官兼任，掌管路或府、州的兵馬。遼金各總管府的兵馬總管、兵馬都總管，以及元諸路總管府的達魯花赤、都總管，或總管，或兼管軍民。

大司空

司空，官名。西周始置，位次三公，與六卿相當，與司馬、司寇、司士、司徒并稱五官。掌水利、營建之事，金文皆作司工。春秋、戰國時沿置，是周代掌管當時代表最先進科學技術水平的工部之手工業制造官員。漢朝本無此官，成帝時改御史大夫爲大司空，但職掌與周代的司空不同。司空亦爲中國姓氏之一。

上柱國

上柱國原義自春秋起爲軍事武裝的高級統帥，引申義爲功勛的榮譽稱號，戰國時楚、趙置，位受尹、相國下，甚尊。原爲保衛國都之官。柱國原爲國都之意。

行軍元帥

行軍元帥，官名。北周臨時設置的最高統兵官，統一道或數道行軍總管，兵停則罷，多以親王或重臣爲之。隋朝、唐朝前期用兵，亦多沿置。

相州總管

相州，古州名。北魏置，北魏天興四年（四〇一）以鄴行臺所轄六郡（魏郡、陽平、廣平、汲郡、頓丘、清河）改設爲相州，位于今河南省北部安陽市與河北省臨漳縣一帶。隋以前州治在鄴城（今河北省臨漳縣西南），隋以後州治在安陽（今河南省安陽市）。

贈使持節

贈以代表皇帝行令的一種權杖。

太傅

太傅，古職官。始于西周，最初由周公旦擔任太傅，爲朝廷的輔佐大臣與帝王老師（輔弼官，帝王年幼或缺位時他們可以代爲管理國家），掌管禮法的制定和頒行，三公之一；在戰國時期的齊國和楚國也設有太傅。秦朝時期被廢止。西漢曾兩度短暫復置該職位；東漢則長期設立。以後各朝代都有設置，但多爲虛銜。

雍州牧

雍州，是中國古九州之一，一般是指今陝西中部和北部、甘肅省（除去東南部）、青海省的東北部和寧夏回族自治區一帶地方。唐代雍州僅轄明堂、萬年兩縣，即今西安市區。雍州牧即該州的行政長官。

注釋

①《魏書》卷五六《蕭寶夤傳》。

②《周書》卷二《文帝紀下》。

③《北史·韋孝寬傳》：『弟先在山東，又鎖至城下，臨以白刃云「若不早降，便行大戮」，孝寬慷慨激揚，略不顧意。』

④見《北史·韋孝寬傳》。

⑤《元和姓纂》卷九《賀蘭》條。

⑥《周書》稱直善。

韋孝寬世系

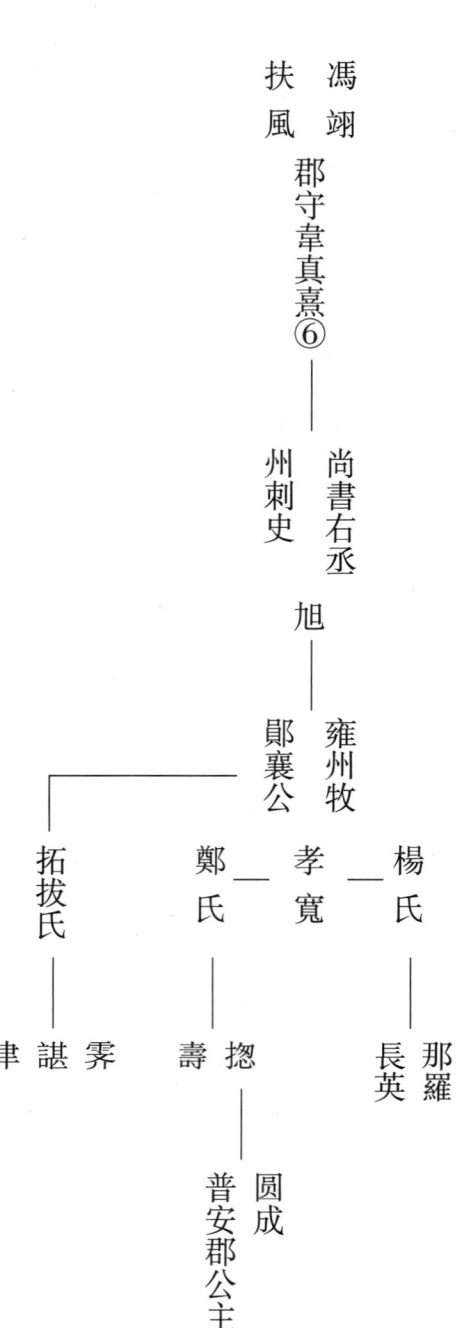

- 馮翊、扶風郡守韋真熹⑥
  - 尚書右丞、州刺史旭
    - 雍州牧、鄖襄公孝寬
      - 楊氏
        - 那羅
        - 長英
      - 鄭氏
        - 摠
          - 圓成
          - 普安郡公主
        - 壽
      - 拓拔氏
        - 霁
        - 諶
        - 津

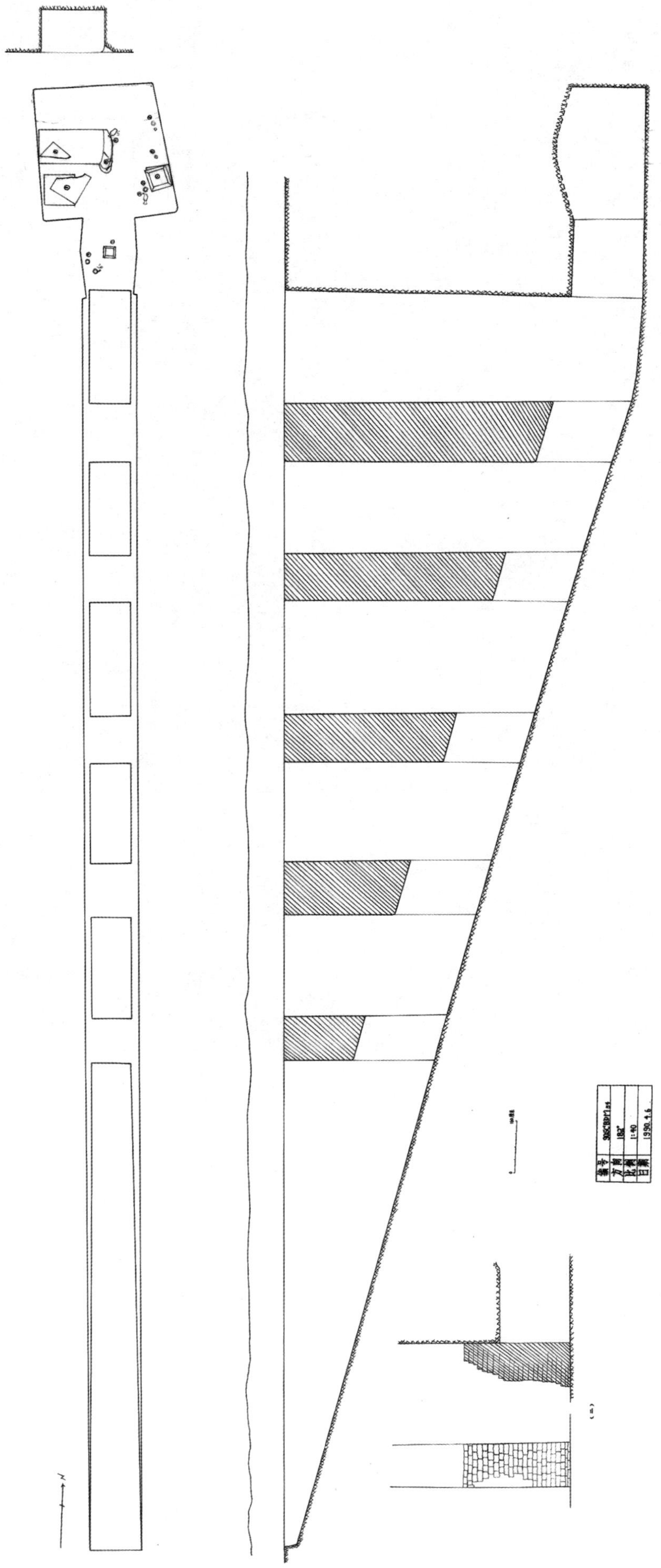

圖十　韋孝寬墓平面剖面圖

周上柱國鄖襄公墓誌 蓋

大周使持節大傅上柱國雍州牧鄖襄公之墓誌

大周使持節大傅上柱國譙州牧郎簽公之墓誌
公諱寬字孝寬本弉弖陔人商丘盛𠡠帝之緒相土隆形弓之葉二相憑高騰芳汗蘭臣君徳
道風蒙譁熊雷衣纓流曜之盛明儀當晉仁澤吳祖慶古冬曉冠爲世勳𠡠仁當譽古盛祖慶
陵通人之會義然与綿延自匈奴中屬魏州刺史贈司空公諡曰文惠公
術於受內之用變真通第自魏歷初中𠡠出器謹西夏龍馭百二𠡠王出相蕓五緯秉精
地建載貞頃心轉洎顒兔名郡仁智風聲傑方剝東玉席禀討公弱
謀州城賓國子博士餘轉通鄉雅量見重繢紳揠馮兩儀降氣踰
行伊議士之幇中爲沐風顧譯㑾中藉方𠡠西夏龍飛逾柱束玉將相藝陷武翊
太宰誓晉汾城東公外郎雨河未輕騎詔鄭厯初中厯方剖西夏𠡠除大衍百二陪公弱
守尋轉晉陽中東諸車綏侍山北縣㤙三𠡠祖龍飛逾栢束玉將相藝陷武翊
飛雄支帶都郡軍騎大靜調謂左二大祖龍飛逾栢束玉將相藝陷武翊
泉水不諸陽晉將軍陽乱之大討除 龍飛柱玉將相藝陷贈武
鎰交開岂時軍州刺駸二大討除 龍飛柱玉將相藝階贈武
鎮灰枯揚神用儀竹史東誡祖 散凶徙渡酒州功惟
撝大梁闓朝觀五司加進將軍浙軍 凶徙渡酒州功功
大軍副有仗已𠡠竹侍雍南黨𠡠率 散徙渡酒州功
都軍廊司奸㓙宛加中討喿州州率 騎徒渡酒州功
司復之竟神亥州加朗州兵五 都當侍酒 富𠡠
小司𠡠有爲公侯别卦賞欵之州率 騎當侍酒卧
特空徒周魏逶柱剌建集坊軍 健侍渡酒德
將拜有府國尹拯另州遷功又 僑渡酒
篤勳同遷公延別州牧建用加 力於
𠡠州𠡠運邑巡封剌宣加通驛 屈天
擢軍管戒柱有五管史忠州 之山
略爲戎遷公國豊一安以益 俗尋
轉勲周土豈公豊子翠州斯 再討
聲拜𠡠戴邑定爵大峰冊功 鎮除
固衏大旌五封一檀𣈘禮既 汾使
桐司同徵千風子尙縣成乃 煩除
柏空水上户起大書𣨼州圍 偶尋
之拜土柱大猶風右功抜城 寶除
南柱木國風居起丞未積 宣尋
蠻國斯公起水沙仐封殹 是蔾𠡠
爲式虞邑沙麦塞翊國𪒠 歸授
異過尉五塞折屯國公如 授𠡠
域爲尋千轉除違吴之萁
授重遷户屬徐尋國公邑
公稜上大徐州咸公之時
行輕柱過州僔邉食農公
軍車國度鎰之邑之於
元徐式過管時務品農
帥州國爲 異公
孷於公重 彙再
之管邑
經時
計吳
開來
山寶
之潼
術關
審之
彞險
樓殿
之勇
勇百
里
里餇
稠
雜雑
別
封
一

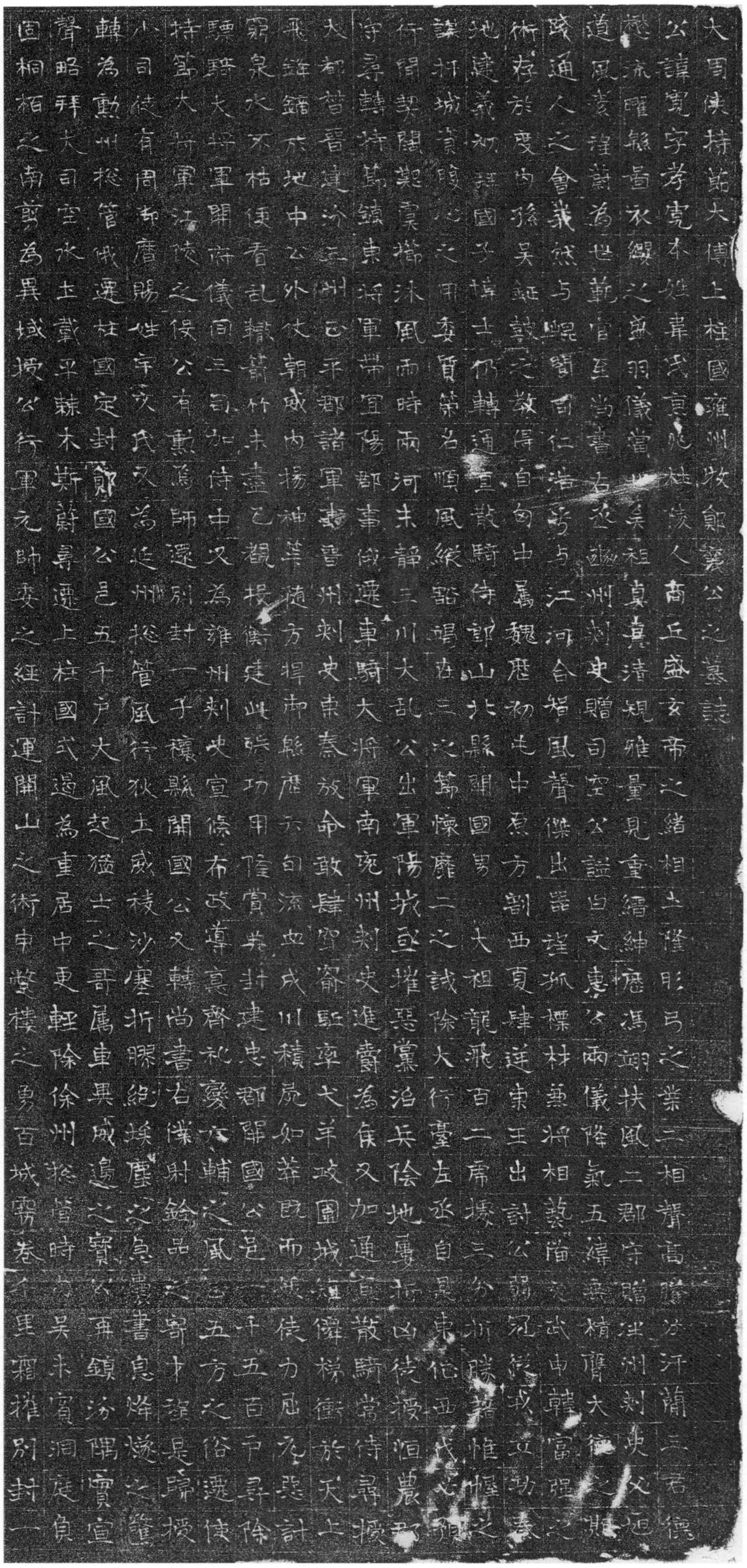

子滑國公皀玉千戶宣皇宴駙馬嗣主勳沖布惠宣威實資朝彦援公相州捴管尉譯遵追閱鼎岨兵
誠奉國可麼莱高節五等謹德葉隋傳七十有二以大象二年十一月廿七日薨于京次軒車之悼上宰輅車之詔贈使持節大
道隆奉國可麼莱高節五等謹德葉隋行成則出言有章三德兼備居高而能下處貴而能賓德合山林誕疏伊洛曰倉頡曰史佚
於萬年之靈賁里屍國列玄中之兵韜緗之望有歸焉思無邪仕遇羣飛在呈結駟聯鑣上輦躬命世惟公擁卷秋詞立
還丘陵者德芳武文歟其詞曰昭倍緒飴濟且崇居相以德作伯由功世傳盛葉門嗣高風山川秀氣寔生我公鳳華基初龍圖建
載九金陣貫勳默限冕卸謀歃民平心腹慤鋒鐸冤軍深沖金章玉節陂封駁驚邁長
百樓滄海九地祈衝妖徒棄甲令續刊鐘五湖拔換兩河跋扈雄駞邊帶夫威起
地紐邃維天綱重補功名不已人世忽而遺愛千葉立言一時山門連洩松遠悲佳城 哉督清
夫人華陰楊氏 生長子那羅 長安長英 夫人滎陽鄭氏改姓賀蘭 生世子摠 次子壽哥 夫人河南拓拔氏 生芳露
長子那羅早喪贈使持節儀同三司中牟縣開國 一次子諶字奉忠使持節儀同大將軍陵蓮三州刺史襖縣開國公繼第四弟子運後
次世摠字善會使持節開府兒卅殞於里事贈柱國蒲陂熊中蔵五州刺史河南郡開國公謚曰貞 次子津字志連使持節儀同大將軍武陽郡開國侯
摠子世孫圜成使持節開府儀同大將軍 長女普安郡主適開府保新蔡都開國公帥其悋 次子无漏冰狀顯開國

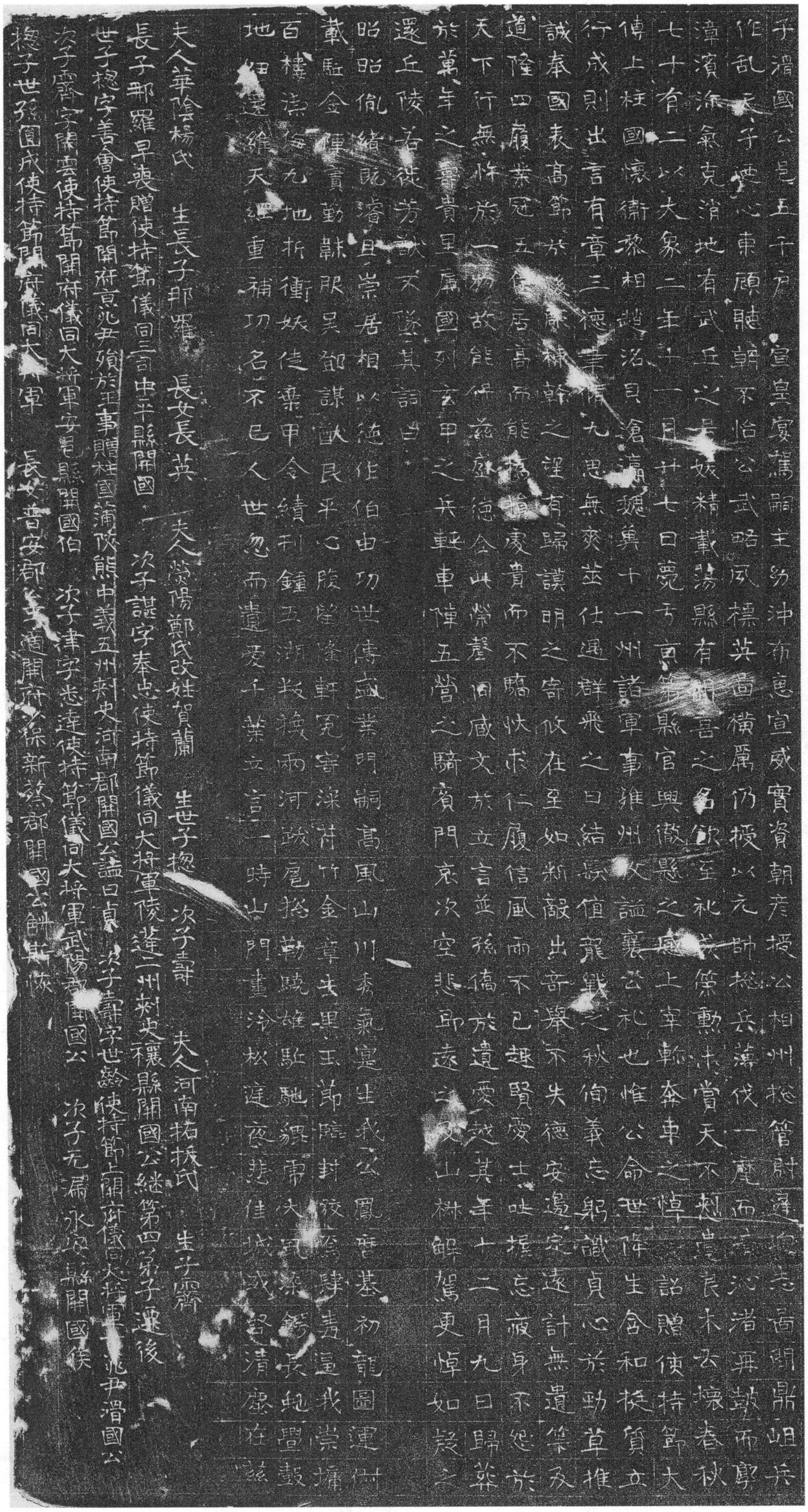

韋孝寬妻安樂郡君鄭毗羅墓誌（五五三）

概述

地質七隊基建工地第五十四號墓，是韋孝寬與其妻鄭毗羅的合葬墓，隨葬墓誌三方，除孝寬誌外，毗羅誌有兩方，一稱鄭毗羅，另一誌稱賀蘭毗羅，兩毗羅系同一人。該鄭誌石小薄且樸素，製作草率，無蓋。正方形誌石每邊長三十四點五厘米，左上角殘缺，損三字。四側面素面。銘文十六行，每行滿格十六字。

誌文

魏使持節、驃騎*（騎）大將軍、開府儀*（儀）同三司、王（玉）璧大都督（督）、晋（晋）州、建州、汾州、正平諸軍事、南汾州剌（刺）史、侍中、建忠公韋孝寛（寬）妻安樂郡君鄭墓誌銘

祖祖育，使持節安東將軍、豫（豫）州剌（刺）史。父僧覆，儀*（儀）同三司、顯親縣開國男。母河南元氏*（氏），父誘，車騎*（騎）大將軍、開府儀*（儀）同三司、安憙縣開國伯。郡君諱毗羅，司州熒（滎）陽人也。后稷之苖裏（裔），鄭武公之後。郡君秊（年）十七嫡（嫡）韋氏*（氏），女悳（德）柔順，内外咸稱之。春秋廿有四，二秊（年）春太歳（歲）癸酉遘疾，曁乎季夏弗瘳，以六月壬辰朔（朔）廿六日丁巳薨於永康寺。𠂤（以）其秊（年）十一月庚申，朔（朔）一日庚申窆于洪固鄉之北原也。郡君有三子，長子奉忠，懷悳（德）縣□□□。世子盧訶，小子李宜。

考釋

毗羅自稱后稷、鄭武公之後，然其祖父祖育，父親僧覆，史籍無名。姥爺元誘（其母之父），《魏書》卷十九下有傳，字惠興。自員外郎稍遷通直郎、太子中庶子、征虜將軍、衛尉少卿，出爲右將軍、南秦州刺史。又斬之于岐州，妻子得不坐。追贈車騎大將軍、雍州刺史，後贈儀同三司，追封都昌縣開國伯…謚曰恭。誌主年十七歲時嫁給韋孝寬爲妻，于西魏廢帝二年癸酉歲（五五三）遘疾，六月廿六日薨于永康寺，年僅二十四歲。同年十一月一日窆于洪固鄉北原。而其墓誌在孝寬墓中發現，可知五八〇年埋葬孝寬時，又把她的靈柩遷出再行合葬的。她雖英年早逝，却爲韋氏生育了三個兒子，即奉忠、盧訶、李宜，可謂勞苦功高。也許正因爲此，她才比只生養一個兒子的楊夫人、元夫人幸運，得到與夫合葬的榮寵。參照韋孝寬墓誌銘：『夫人華陰楊氏，生長子那羅，長女長英。夫人滎陽鄭氏，改姓賀蘭，生世子揔，次子壽。夫人河南拓拔氏，生子霽，次子諶，字奉忠』。盧訶和李宜，即揔與壽。那羅早逝。

永康寺，查史籍與考古資料集大成者的李健超《增訂唐兩京城坊考》（修訂版）（三秦出版社，二〇〇六年）未見著録，可見此寺爲首次見于出土墓誌。此誌石的刻製，時在西魏廢帝元欽二年（五五三）的六月二十六日誌主病逝以後，至同年十一月一日庚申下葬以前。其時，只永康寺能夠接待、領受鄭毗羅這樣的貴婦人在此養病、告終，則其規模、安保、環境與設施當是一流的。然而，永康寺却不見于隋唐豐厚的史籍與文學作品。那麽，它是否毁滅于北周，或是改易寺名了呢？其故址何處？這是值得研究西安歷史文化與宗教史的學人們留意和關注的。

侍中，官名。秦始置，兩漢沿置，爲正規官職外的加官之一。因侍從皇帝左右，出入宫廷，與聞朝政，逐漸變爲親信貴重之職。此誌載韋孝寬爲汾州刺史、侍中，是其被賦予在刺史任上，有出入宫廷與聞朝政的權力。

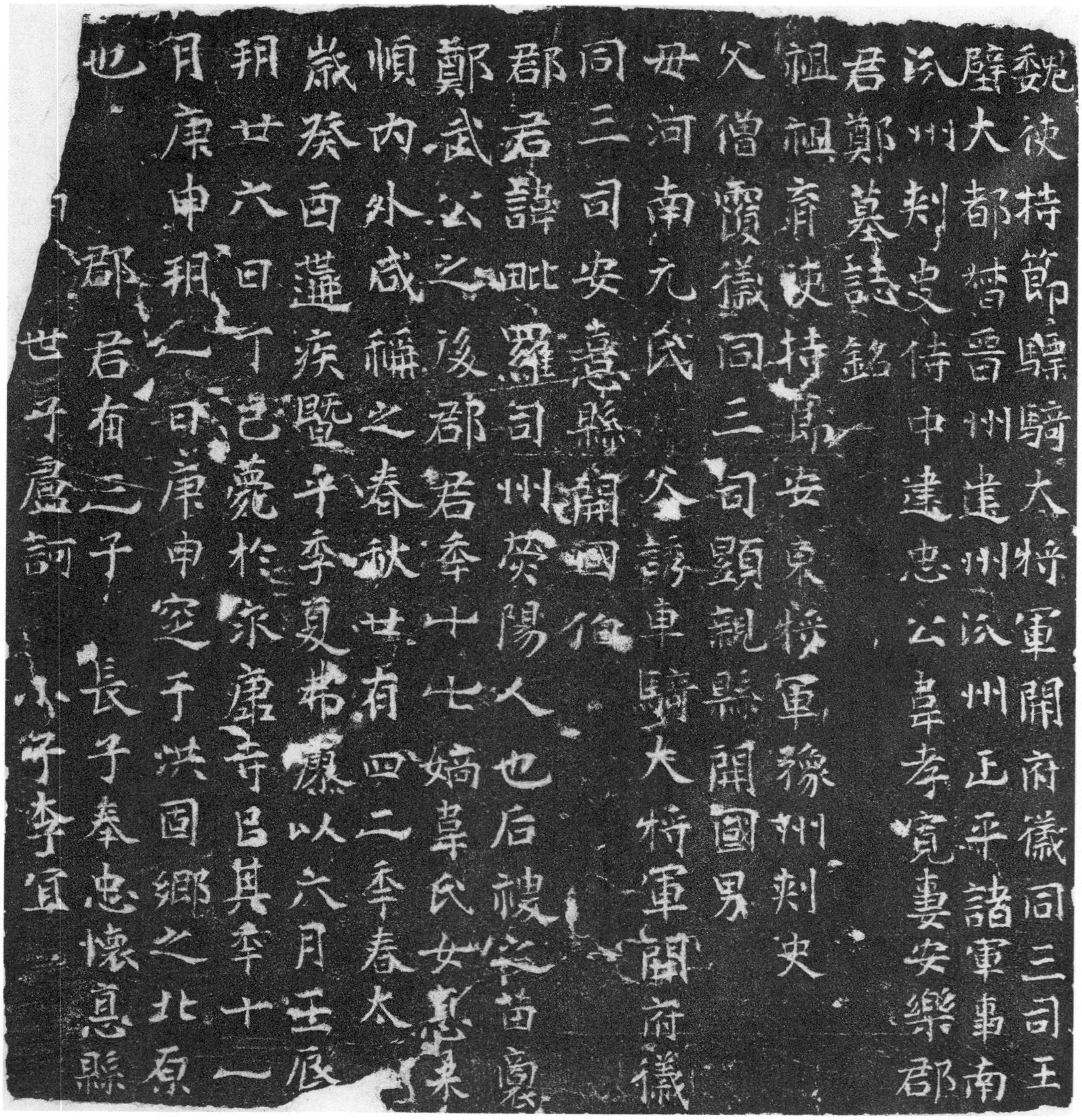
魏使持節驃騎大將軍開府儀同三司玉
璧大都督晉州建州汾州正平諸軍事南
汾州刺史侍中建忠公韋孝寬妻安樂郡
君鄭墓誌銘
祖祖育使持節安東將軍豫州刺史
父僧賢儀同三司顯親縣開國男
母河南元氏　公諱車騎大將軍開府儀
同三司安喜縣開國伯
郡君諱毗羅司州滎陽人也后稷之苗裔
鄭武公之後郡君年十七嫡韋氏女惠柔
順內外咸稱之春秋廿有四二年春太
歲癸酉遘疾暨乎季夏希癒以六月壬辰
朔廿六日丁巳薨於永康寺呂其年十一
月庚申朔二日庚申窆于洪固鄉之北原
也　郡君有三子　長子奉忠懷惠縣
世子盧訶　小子李宜

魏使持節驃騎大將軍開府儀同三司玉璧大都督晉州建州汾州正平
諸軍事南汾州刺史侍中建忠公韋孝寬妻安樂郡君鄭墓誌銘

周柱國大司空鄖國公夫人賀蘭毗羅墓誌（五七七）

概述

該墓誌出自地質七隊基建工地第五十四號墓。覆斗式誌蓋，頂部每邊長四十二點二厘米，蓋面篆書陽文四行十六字：周柱國大司空鄖國公夫人賀蘭氏墓誌。四殺部素面。誌石每邊長五十八厘米，厚十厘米。銘文二十五行，每行滿格二十六字。書法莊重秀美，有隸體韵味。

誌文

周柱國大司空鄖國公宇文寬（寬）夫人賀蘭氏*（氏）墓誌銘 并叙

夫人諱毗羅，本姓鄭氏*（氏），魏末改為賀蘭，熒（滎）陽開封人。邠岐*（岐）徙邑，是導（導）洪源，𧦬（號）鄶移邦，爰稱堂搆（搆）。累德之基斯遠，積人之慶攸長，至扵漢丗（世）尚書，以履（履）聲見識，晋（晉）朝光禄，以共載標名。衣冠礼樂之華，天爵（爵）人龍之羙（美），故亦羽儀上國，領袖齊州。祖育，器望有聲，聲業不墜，官至散騎*（騎）常侍、北豫州剌（刺）史。父僧覆*（覆），風標秀立，績重當時，位歴（歷）淛（浙）州剌（刺）史、開府儀同三司。

夫人承世載之基，軆（體）中和之氣，孝慈寘（冥）至，仁恵（惠）自然。水鏡齊明，松筠比節，虔恭在性。既表金燧之儀，逸豫去情；詎待荆萁之誡，十七有行，言歸*（歸）鄖國，恪勤*（勤）婦道，𣞤*（無）違宫事。施衿之義有屬，如賔（賓）之礼自彰*（彰）。鄖國公以鴻才盛略，出藩入輔，望隆朝肆，玏（功）茂扞城，有資憂賛（贊）之勤*（勤），實藉晨興之助。大統末授安樂郡君，象服是宜，謙（謙）光踰遠，至扵紘綖纂組之玏（功），醴酏（酏）澄漠之度，故以作範*（範）閫闈，稱高當世者矣。義方有訓，堦蘭斯逈，方期福履，以享遐齡，而與善𣞤*（無）徵，奄同過*（過）隟（隙）。春秋廿有四，以魏*（魏）廢帝二年六月廿六日薨于京（京）兆郡壽貴里苐*（第）。

長子老身，既畱（留）恵（惠）施之恨，傷風感樹，弥切仲由之心。粤建德六年歲次丁酉十一月庚午玥（朔）十五日甲申，㘸（葬）扵京（京）兆洪固鄉舊塋*（塋）之左，但日月相代扵前，陵（陵）谷遷（遷）移扵後，載勒芳猷，式昭*（昭）不朽。乃為銘曰：

嵩山吐*（吐）秀，洛水含精。儒風繼起，素業連聲。長源餘慶，仁賢降生。蘭芬桂馥，玉潤珠*（珠）明。幽情婉㝘（屢），沖心貞吉*（吉）。悳（德）備組紃，礼從榛栗。終温且恵（惠），宜*（宜）其家室。處（處）盈能損，居安誡逸。折蔞成訓，徙里流輝。聲高圖史，道睦閨闈。但光易落，閱水難追。一朝怛化，万古長歸*（歸）。及服申哀，焚荆定兆。寒原寂寂，孤墳眇眇。秋月空明（明），春梅自標。

穸帳長深，幽泉蕪*（無）曉。

亡子揔，字善會。鄖國世子，柱國、河南貞公。

次子壽，字世齡。儀同大將軍，御伯安邑伯。

揔長子圓成，次子匡伯。次子方就。

壽長子竇鸞。

考釋

誌主祖父鄭育，官至散騎常侍，北豫州刺史。父親鄭僧覆，淅州刺史，開府儀同三司，史籍無名。毗羅本姓鄭氏，魏末改爲賀蘭。其姓來源有二：一是出自古北方鮮卑族姓氏；二是出自賜姓。西魏賜大臣裴文舉姓賀蘭、東魏武定年間賜大臣蘇綽之弟蘇椿姓賀蘭、北周賜大臣梁臺姓賀蘭，其子孫後裔皆襲之，稱賀蘭氏。本誌主即屬第二類型，是西魏統治者的拉攏手段。

器望有聓。聓，同聞，聽到之意。南朝梁陸倕《除詹事表》：『送珥抱薪，未聓成績。』唐虞世南《孔子廟堂碑》：『怡然動色，似聓簫韶之響。』

水鏡，指司馬徽（？—二〇八），字德操，潁川陽翟（今河南禹州）人。東漢末年名士，精通道學、奇門、兵法、經學。有『水鏡先生』之稱。司馬徽爲人清雅，學識廣博，有知人之明，并向劉備推薦了諸葛亮、龐統等人，受到世人的敬重。

金燧，古代人在日下取火的用具。用金屬制成的尖底杯，放在太陽光下，使光綫聚在杯底尖處，杯底放艾絨之類，遇光馬上能燃燒起來。還有一種説法是，用銅制的凹面鏡對着太陽取火。

施衿之義，施衿結褵，漢語成語，本指古代女子出嫁，母親將五彩絲繩和佩巾結于其身。後比喻父母對子女的教訓。出自《詩·豳風·東山》。

惠施，惠子（前三九〇—前三一七），惠氏，名施，即惠子，戰國中期宋國（今河南商丘）人。著名的政治家、哲學家，他是名家學派的開山鼻祖和主要代表人物，也是文哲大師莊子的至交好友。惠子是合縱抗秦的最主要的組織人和支持者，他主張魏國、齊國和楚國聯合起來對抗秦國，并建議齊、魏互尊爲王。

仲由（前五四二—前四八〇），字子路，又字季路，魯國卞人（今山東省濟寧市泗水縣泉林鎮卞橋村）。『孔門十哲』之一，受儒家祭祀。

纮綖纂組之功。纮綖，古代冠冕上裝飾的繩帶。《國語・魯語下》載公父文伯勸其母勿績，其母教訓文伯應勤織不怠，并謂『王后親織玄紞，公侯之夫人加之以紘、綖…男女效績，愆則有辟，古之制也。』後因以『紘綖』爲貴顯人家婦女具有勤儉美德的典故。組，組紃，學女事，以共衣服。孔穎達疏：『組、紃俱爲條也…然則薄闊爲組，似繩者爲紃。』北齊顔之推《顔氏家訓・治家》：『河北婦人，織紝組紃之事，黼黻錦綉羅綺之工，大優於江東也。』唐楊巨源《古意贈王常侍》詩：『組紃常在佳人手，刀尺空揺寒女心。』古指婦女從事的女紅。唐白居易《封太和長公主制》：『第四妹端明成性，和順稟教。静無違禮，故組紃有常訓；動必中節，故環珮有常聲。』宋王禹偁《平陽公主贊并序》：『余觀文母之下，修蘋藻之禮，組紃之事者，世則有之，及其立命世之勛，與武臣之列者，未之見也。』明朱鼎《玉鏡臺記・刺綉》：『爲婦人女子呵，惟勤組紃。』清唐孫華《暮春雜詩》之六：『春日誰羅綺，秋燈但組紃。』

本誌記誌主賀蘭毗羅『以魏廢帝二年六月廿六日薨于京兆郡壽貴里第』。而鄭毗羅墓誌則説『二年春太歲癸酉遘疾，曁乎季夏弗瘳，以六月壬辰朔廿六日丁巳薨於永康寺。以其年十一月庚申朔一日庚申窆于洪固鄉之北原』。前已述及，這兩誌主人賀蘭毗羅與鄭毗羅系同一人，既如此，她怎麼可能死在兩個地方呢？死亡的日期則二誌無异。鄭誌是當時人記當時事，而且更精確、具體，有日期，有時辰。應是真實可靠的。鄭誌刻製于五五三年，賀蘭誌則在五七七年，晚出二十四年，其『薨于壽貴里第』之説，顯系矯飾，至于爲什麼要這樣做，就不好推斷了。

北周建德六年（五七七）十一月十五日，韋家連辦兩喪，一是安葬一年前在并州陣亡的青年將軍韋揔。與此同時，在他的生母青年早逝，爲韋家生養三個兒子的鄭毗羅的墳墓，植入新製的賀蘭毗羅墓誌銘，其規格氣魄，比鄭誌要好很多。此時，毗羅的丈夫、將軍的父親柱國、鄖國公韋孝寬還健在。在大象二年（五八〇）十二月九日安葬韋孝寬時，才將毗羅的靈柩和其兩方墓誌，一并遷移葬入此五十四號墓中，實行夫妻合葬。

還有一個問題，鄭誌説郡君有三子：奉忠、盧訶、李宜（楊夫人子早逝，元夫人子即韋津）。前文已考證這三子分别爲韋揔、韋諶和韋壽。賀蘭誌僅述及揔與壽二子，未提韋諶，是因爲他已過繼給叔父宇文子遷爲嗣了。因爲此時韋諶不但健在，且正是他如日中天、青春奮發之時。在孝寬四個兒子揔、諶、壽、津中，他是唯一單身，無妻子合葬，墓誌銘也没有記録其子嗣，這一狀況，令人費解。

本誌載，揔之長子圓成，次子匡伯，次子方就。方就當是圓照小名，後來尚隋豐寧公主者。

周柱國大司空鄖國公夫人賀蘭氏墓誌 蓋

周柱國大司空鄖國公宇文寬夫人賀蘭氏墓誌銘并敘

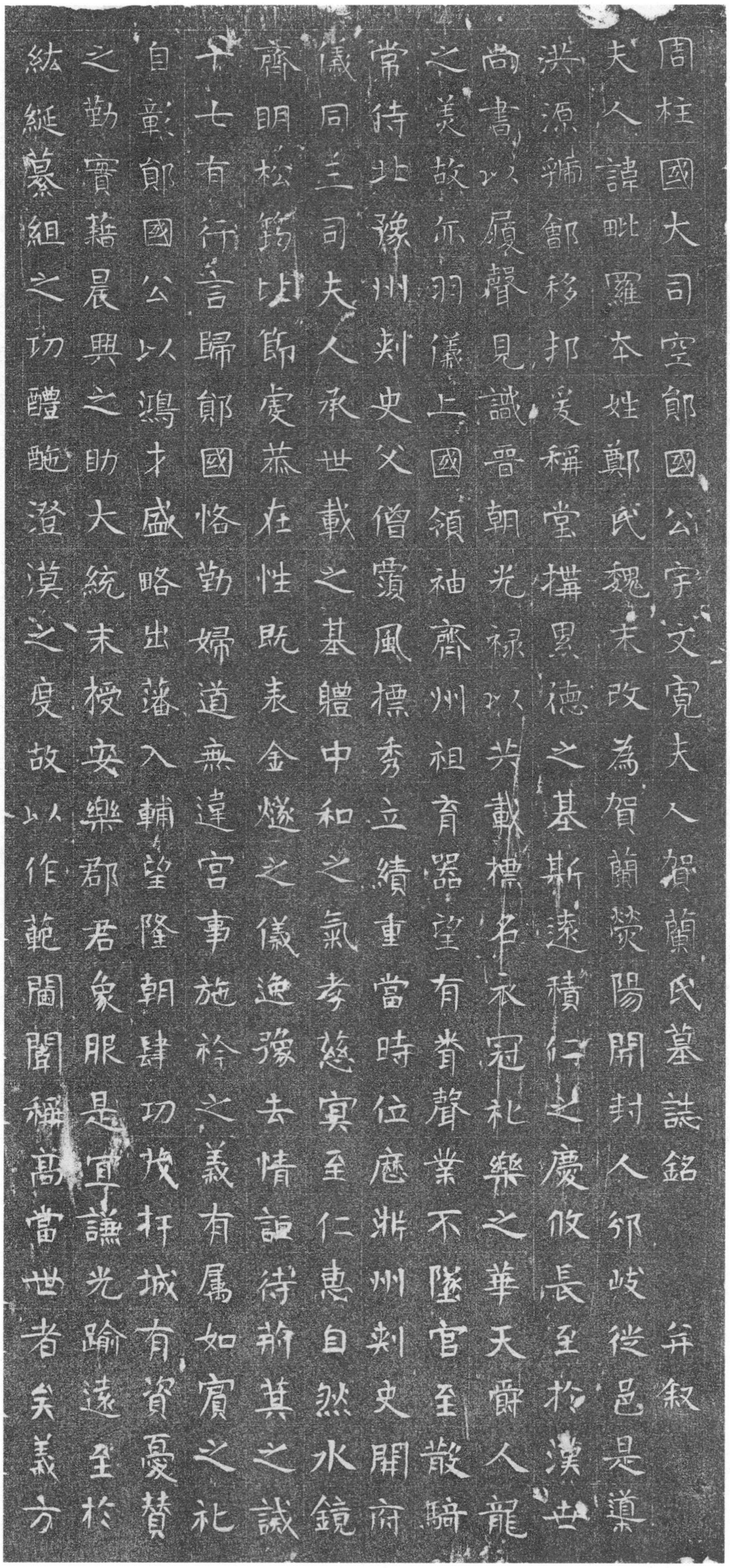
周柱國大司空鄭國公宇文寬夫人賀蘭氏墓誌銘　并叙
夫人諱毗羅本姓鄭氏魏末改為賀蘭滎陽開封人邠岐從邑是導
洪源彌郁移邦爰稱堂構累德之基斯遠積仁之慶攸長至於漢世
尚書以履聲見識晉朝光祿以芳載標名衣冠礼樂之華天爵人龍
之美故亦羽儀上國領袖齊州祖育器望有眷聲業不墜官至散騎
常侍北豫州刺史父僧賓風標秀立績重當時位歷兆州刺史開府
儀同三司夫人承世載之基體中和之氣孝慈寔至仁惠自然水鏡
齊明松筠比節處燕在性既表金燧之儀逸豫去情詎待荊箕之誡
十七有行言歸鄭國恪勤婦道無違宮事施衿之義有屬如賓之礼
自彰鄭國公以鴻才盛略出藩入輔望隆朝肆功茂扞城有資憂贊
之勤實藉晨興之助大統末授安樂郡君象服是宜謙光踰遠至於
紘綖纂組之功禮酏澄漠之度故以作範閫闈稱高當世者矣義方

上半闕

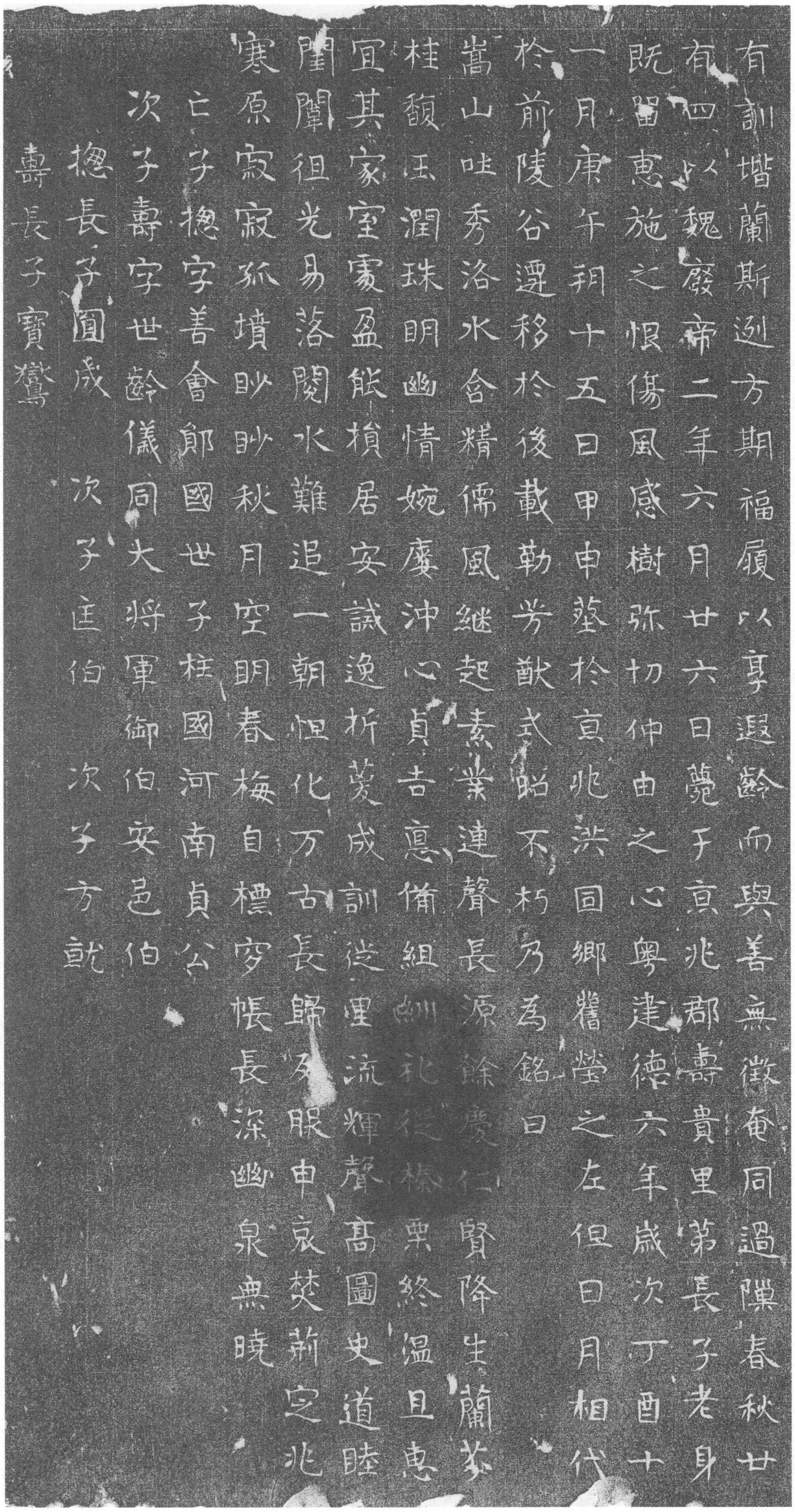

有訓增蘭斯迴方期福履以享遐齡而與善無徵奄同過隙春秋廿
有四以魏廢帝二年六月廿六日薨于京兆郡壽貴里第長子老身
既留惠施之恨傷風感樹弥切仲由之心粵建德六年歲次丁酉十
一月庚午朔十五日甲申葬於京兆洪固鄉[illegible]塋之左但日月相代
於前陵谷遷移於後載勒芳猷式昭不朽乃為銘曰
嵩山吐秀洛水含精儒風繼起素業連聲長源餘慶仁賢降生蘭芬
桂馥珪潤珠明幽情婉孌沖心貞吉悳備組紃礼從榛栗終溫且惠
宜其家室處盈能損居安識逸析蔓成訓從里流輝聲高圖史道睦
閨闈徂光易落閱水難追一朝但化万古長歸反服申哀楚荊定兆
寒原寂寂孤墳眇眇秋月空明春梅自標穸帳長深幽泉無曉
亡子揔字善會郎國世子柱國河南貞公
次子壽字世齡儀同大將軍御伯安邑伯
揔長子圓成　次子匡伯　次子方就
壽長子寶鸞

下半闕

隋郿襄公韋府君夫人元幼娥墓誌（六一〇）

概述

元夫人與夫孝寬不同穴，葬在距夫墓附近的第三十八號墓。方向一百八十二度，斜坡墓道長三十八米，寬一點二米，三個天井。墓室平面呈梯形。隨葬物破碎，遺骨無存。墓誌位于墓室内近墓口處（圖十一），呈正方形，青石質，覆斗式蓋。頂部每邊長二十點五厘米，蓋面篆刻陽文三行九字：隋郿襄公夫人元墓誌。周飾蔓草花紋。四殺部飾長體四神動物及陰綫紋飾。誌石每邊長三十九點五厘米，厚七點八厘米。有銘文十一行，每行滿格十一字。四側面雕刻十二生肖像，均作奔跑狀，并以雲朵紋烘托之。

誌文

大隋上柱國、太傅、司空、雍州牧、郿襄公韋府君夫人元氏*（氏）墓誌銘

夫人諱幼娥，河南雒陽人也。祖魏使持節、開府儀同三司、大宗正卿、常山王渊（淑）。夫人以開皇七年三月二十三日寑（寢）疾，薨於洪固鄉第*（第），春秋六十有七。以大業六年七月二十三日，遷窆於洪固鄉疇貴里舊塋。

考釋

元氏，原爲鮮卑拓跋氏，後改此姓。見《魏書·官氏誌》及《姓纂》二十二元，《廣韵》十九鐸，《氏族略》五等文獻。《魏書·序紀》：『昔黄帝有子二十五人，或内列諸華，或外分荒服。昌意少子，受封北土，因有大鮮卑山，因以爲號。…黄帝以土德王，北俗謂土爲托，謂后爲跋，故以爲氏』。拓跋氏自稱鮮卑，認黄帝爲始祖。後改姓元氏，北魏皇族。元夫人的祖父元淑，魏之宗室，《北史》卷十五有傳，常山王元遵的後代，字買仁。善騎射，孝文帝時爲河東太守，地多商賈，淑課勸農桑，二年間家給人足。卒于平城鎮將，謚曰静。誌主元幼娥于開皇七年（五八七）病逝，享年六十七歲。而夫孝寬已于六年前與鄭夫人實行合葬。元氏遂于大業六年（六一〇）另墓安葬。

元夫人，其夫韋孝寬墓誌稱『河南拓跋氏，生子霽』，而本誌未及。

编号	89SCBDM38
方向	180°
比例	1:20
日期	1989.12.18

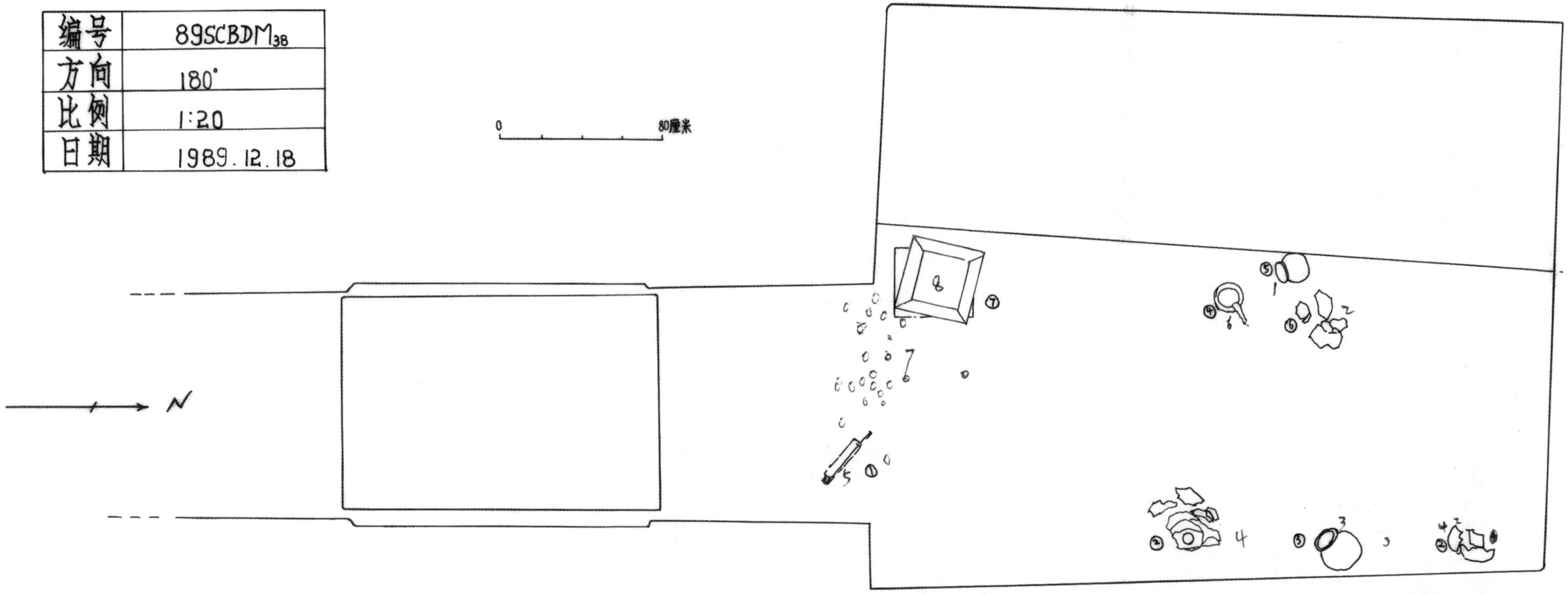

0
80厘米
N

圖十一 元幼娥墓室平面圖

隋鄖襄公夫人元墓誌 蓋

大隋上柱國太傅司空雍州
牧鄖襄公韋府君夫人元氏
墓誌銘
夫人諱多娥河南雒陽人也
祖魏使持節開府儀同三司
太宗正卿常山王洲夫人以
開皇七年三月二十三日寢
疾薨於洪固鄉苐春秋六十
有七以大業六年七月二十
三日遷窆於洪固鄉疇貴里
舊塋

大隋上柱國太傅司空雍州牧鄖襄公韋府君夫人元氏墓誌銘

周儀同洛州刺史安定鄉男宇文子遷墓誌（五七二）

概述

周儀同洛州刺史宇文子遷墓誌，于一九八九年冬在省地質七隊基建工地三十七號墓出土。斜坡墓道，方向一百八十二度。兩個天井墓，墓室近梯形。墓誌位于甬道内（圖十二）。青石質，横長四十七厘米，縱寬四十二厘米，素面覆斗式蓋。誌厚七厘米，刻文十八行，另四行無字，每行滿格十八字。書法有漢隸風骨，質樸渾厚，結構恢宏。

誌文

周儀同洛州剌（刺）史安定鄉男宇文子迁（遷）墓誌銘

君諱子迁（遷），字季舉，京（京）兆杜陵（陵）人。本姓韋，出自顓頊，漢相扶陽之後。雲露垂條，洎迁（遷）十七世。祖馮翊，歴*（歷）任勱*（勤）王，父司空，世傳風雅，蟬聯烏（烏）弈，可略而言。君雄（雄）氣果决，武貌（貌）絶倫，弱冠（冠）登朝，早年（年）從事，初解巾特補都督（督），以永熙之年（年）尋授*（授）泾（涇）州安定縣開國鄉男一百户。屬中原喪（喪）乱（亂），海（海）水群飛，君及嫂姪俱淪燕趙，方冀（冀）混一車書，共清伊洛。三荆*（荆）還意，四鳥無悲。豈謂昊天不弔，春秋三十九，早摧異域。周齊和睦，礼送歸*（歸）鄉，不似智瑩（瑩）之還，欲同襄老*（老）之反。蒙贈儀同三司洛州剌（刺）史。謚曰，礼也。以大周建德元年十一月十一日迁（遷）窆城南舊*（舊）墓。將恐（恐）韋編易絶，丹青難久，是以勒斯玄石，寄*（寄）之銘尔。

源自高陽，聲傳炎漢。挺兹英秀，才多雄扞。村（叔）姪（侄）燕趙，遂逢離（離）乱。淪逝他鄉，還途眇漫（漫）。兩輀雙引，二輅俱蹤。鐸聲凄隴，薤唱哀松。魂歸*（歸）古墓，骸掩新封。送啼無罷*（罷），悲滿填胸。

考釋

宇文子遷，即周、隋名將韋孝寬的胞弟，因孝寬軍功卓著，宇文周賜其皇姓。隋文帝楊堅執掌周政後，才復本姓韋氏。韋家各誌每于起首皆記其姓氏源流與先世閥閲，詞采雖异而事實則一，此誌亦不例外，如『本姓韋，出自顓頊，漢相扶陽之後』。

祖馮翊，歷任勤王，父司空，世傳風雅。

子遷祖父名真憙，官北魏馮翊、扶風二郡太守。父旭，建義（五二八）初為大行臺右丞，卒贈司空。誌諱其名而記其官①。

子遷其人，史籍無傳，其事曾見于《北史》卷六十四《韋孝寬傳》中，那是他作爲人質出現在乃兄守衛的要塞——玉壁城（山西省稷山縣西南）下的。文太簡略，才數十字：『孝寬弟子遷，先在山東，又鎖至城下，臨以白刃，云若不早降，便行大戮。孝寬慷慨激揚，略無顧意』。今據誌文，其甫成年即登朝入仕，魏末永熙年間（五三二—五三四）授涇州安定縣安國鄉男，不久『中原喪亂，𣴎（海）水群飛』——魏分裂成東西兩個政權并進而演爲齊周的對峙，當此戰亂不息，政治形勢就像海水翻騰一樣險惡之際，子遷和嫂子、侄兒『倶淪燕趙』，身陷山東，那裡是東魏的領土，因而被把持東魏政權的高歡（即齊神武帝）擄作人質，成爲向孝寬要挾的籌碼。

接著，誌文引用幾個典故暗示子遷的境遇與結局。『三荆還意，四烏無悲』。三荆，指同株三枝的荆樹，比喻同胞手足的兄弟情誼。四烏，必然分飛，以喻别離之情。《文選》陸機《豫章行》：『三荆歡同樹，四鳥悲異林』。誌文反其意而用之，『四烏無悲』那種『成大事者不顧其親』的豪俠氣概躍然石上，這與《傳》文：『孝寬慷慨激揚，略無顧意』不爲親情動摇的驚險情形可謂遥相呼應，异曲同工，留待後面解釋。『昊天不弔，春秋三十九，早摧異域，周齊和睦，禮送歸鄉，不似智瑩之還，欲同襄老之反』。智瑩，即知瑩，又稱荀瑩，晋将荀林父之侄，父荀首采邑在知，因以爲氏。元前五九七年，晋楚交戰于邲（鄭地，在今河南省滎陽縣東北），晋师败績，知瑩成了楚軍的俘虜。襄老，仕楚莊王爲連尹之官。邲之戰，楚大夫熊負羈囚知瑩，其父荀首反身来救，射殺襄老，俘公子穀臣和襄老之尸以還。越十年，晋以穀臣和襄老的屍體與楚交易，换取知瑩歸國。誌引這個典故，説明子遷没有像知瑩那様生還故土，而是如同襄老一様以屍歸來。但誌未書明其死期，僅説以三十九齡『早摧異域』，莫非是忌諱其被害的事實罷！

如果説誌文含蓄隐晦，不太明瞭的話，那麽对照《韋孝寬傳》，二者互觀，就很能説明問題了。《傳》説：『大統十二年（五四六），齊神武（高歡）倾山東之衆，志圖西入，以玉壁衝要，先命攻之。…城外盡其攻擊之術，孝寬咸拒破之。神武無如之何，…孝寬弟子遷，先在山東，又鎖至城下，臨以白刃云『若不早降，便行大戮。孝寬慷慨激揚，略無顧意。』高歡的這一惡毒的要挾，對于一代名將韋孝寬當然不可能奏效，他不爲所動，『四烏無悲』，守城不懈，終把犯敵擊潰，高歡『因此忿恚』而死。至于子遷的命運，傳雖未言，玆據誌文用典和諱其死期而用一『摧』字與追贈洛州刺史諸情况判斷，他是被高歡殺害的，儘管不一定就死在玉壁陣前。可惜他的墓早年曾遭盗擾，屍骨狼藉，不然我們便可驗其骨傷，判斷其是怎麽死的。

子遷的靈柩，誌云是在『周齊和睦，禮送歸鄉』的，按五五〇年高歡次子洋簒奪東魏帝位，國號齊，五五七年西魏恭帝禪位于宇文覺，國号周，但二者未曾和睦相處過，而不時的发生爭端，北周處心積慮在做伐齊的準備，建德四年（五七五），韋孝寬向周武帝進獻伐齊三策②，雙方關係日趨緊張。據此，靈柩之還殆其時在北齊感受到周的巨大威脅，即建德元年（五七二）其葬于長安之前不久，齊为缓和周的壓力而「禮送」回来的。本誌的發现，不僅爲史籍文献增添了新資料，且由于子遷等倶淪燕趙被作人質的事，證明傳文關于玉壁之戰的记載是真實可信的。

在孝寬兄弟中，子遷排行老四，無後。孝寬以其次子諶過繼給他爲嗣③。

注釋

①《北史》卷六十四《韋孝寬傳》。

②同①。

③見《韋孝寬墓誌》文。

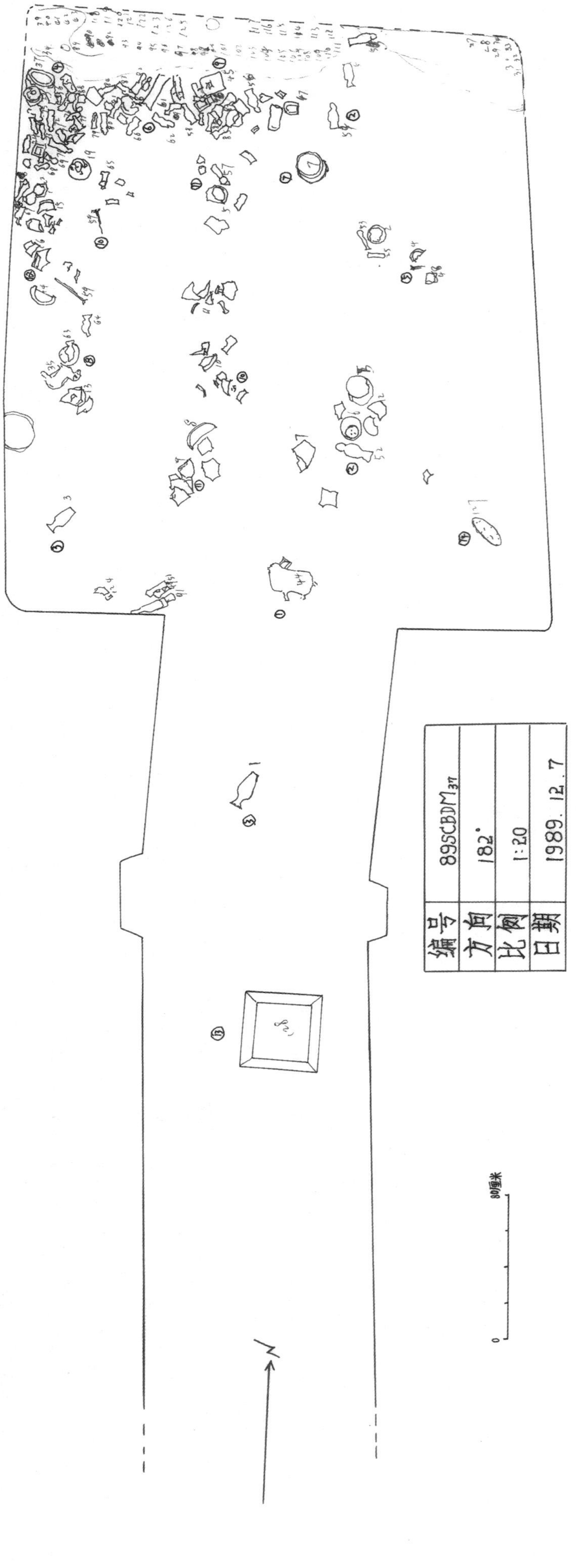

编号 89SCBDM37
方向 182°
比例 1:20
日期 1989.12.7

圖十二 宇文子遷墓平面圖

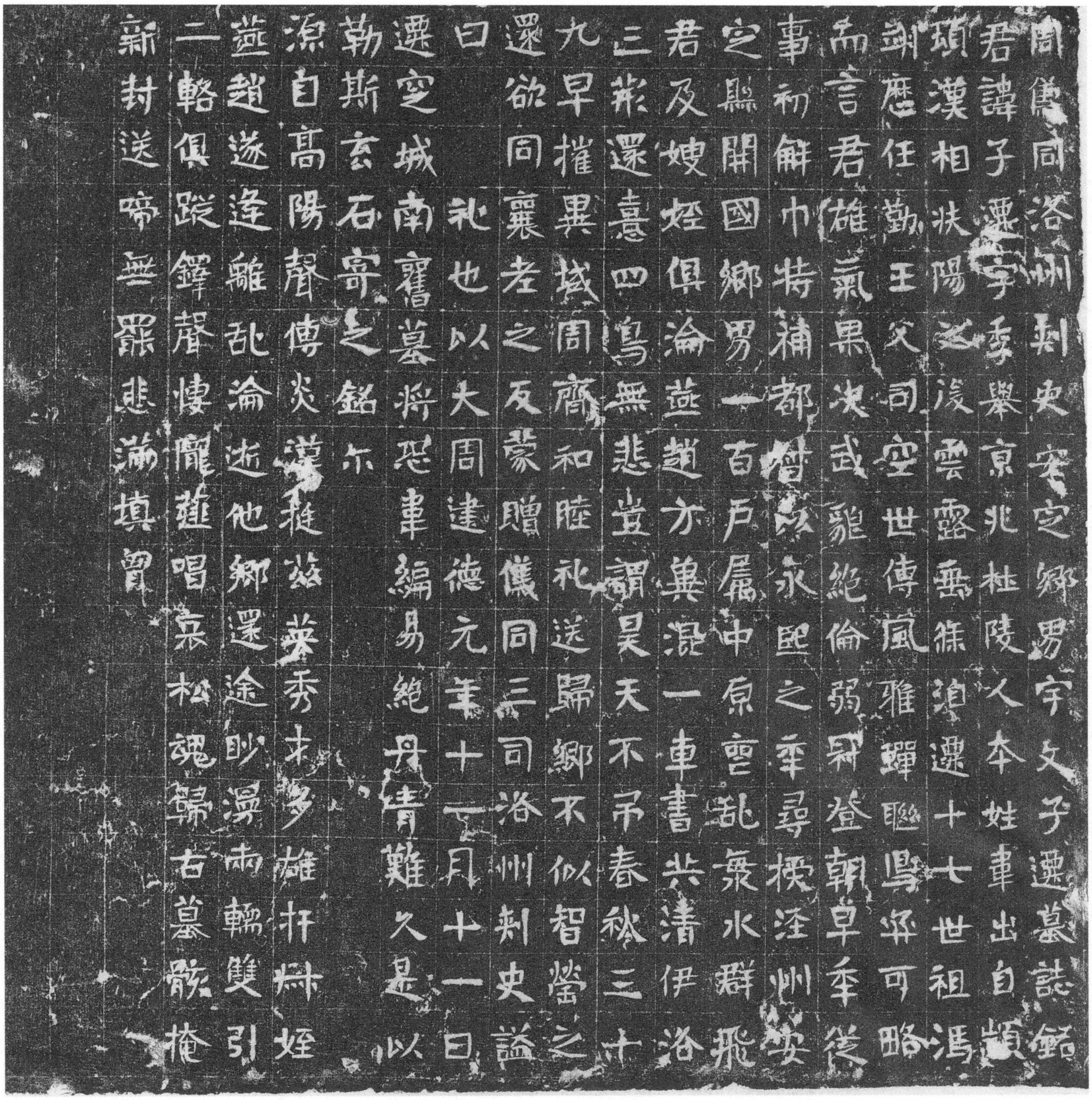
周儀同洛州刺史安定鄉男宇文子遷墓誌銘
君諱子遷字季舉京兆杜陵人本姓車出自顓
頊漢相狀陽之後雲露垂條追遷十七世祖馮
翊歷任勤王又司空世傳風雅躍聰烏乎可略
而言君雄氣果決武貌絕倫弱冠登朝早年從
事初解巾特補都督以永熙之年尋授涇州安
定縣開國鄉男一百戶屬中原雲亂象水群飛
君及嫂姪俱淪燕趙方與混一車書共清伊洛
三秋還憙四鳥無悲豈謂昊天不弔春秋三十
九早摧異域周齊和睦禮送歸鄉不似智罃之
還欲同襄老之反蒙贈儀同三司洛州刺史謚
曰　禮也以大周建德元年十一月十一日
遷窆城南舊墓將恐韋編易絕丹青難久是以
勒斯玄石寄之銘爾
源自高陽聲傳炎漢挺茲英秀本多雄杆烋姪
燕趙遂逢離亂淪逝他鄉還途眇漫兩輀雙引
二輅俱蹤鐸聲悽儱薤唱哀松魂歸古墓骸掩
新封送啼無罷悲滿塡貿

周儀同洛州刺史安定鄉男宇文子遷墓誌銘

周使持節柱國河南貞公宇文揔墓誌（五七七）

概述

宇文揔墓誌和達奚字權瘞誌、達奚字墓誌，出自地質七隊基建工地一號墓。方向一百八十二度。墓口長十四點五米，寬一點二至一點六米，深四點三米。斜坡式墓道，長四十米，深七點六米。五個天井，天井長四點二米至四點三五米，寬一點二四米至一點六米，長二點八米至三點六米。墓道洞和甬道高二點一米。甬道長二點三米，甬道口有半米厚磚墻封閉。各天井下前方有一幅壁畫，脱落不全（圖十三）。墓室近方形，頂坍塌，墓壁殘高二米，每邊長三點六米，墓誌位于墓室左前方（圖十四）。

宇文揔墓誌，青石質正方形，每邊長五十六厘米。覆斗式蓋，蓋頂面鎸刻陽文篆體四行十六字：周使持節柱國河南貞公宇文使君墓誌。四殺部素面無紋飾。誌石厚十二厘米，誌面陰刻小楷三十二行，每行滿格三十二字。書法圓熟勁奇而方正，隱含波磔，有隸體遺風。

誌文

周使持節、柱國、蒲、陜、熊*（熊）、中、義五州刺（刺）史，河南貞公宇文使君墓誌銘 并叙

公諱揔，字善會，本姓韋氏，京（京）兆杜*（杜）陵（陵）人也。資高陽而吐*（吐）胄，纂商伯以開源，覆匱斯崇，濫觴攸遠。至如扶陽作相，家起嬴金之謡，清河共治，世有輂車之号。風猷继軌（軌），蟬冕相輝。亡祖旭，司空，幽、巢（冀）二州刺（刺）史，文惠（惠）公，清覑（規）素業，領袖時人。父寛（寬），柱國、大司空，鄖國公，道勳德望，具瞻攸属。皇周肇運，賜姓宇文。公則鄖公之世子，禀靈山岳，擅*（擅）氣風雲。髫齓標竒（奇），綺（綺）紈㳅（流）譽。孝友*（友）之情，不藉教扵師氏*（氏）；祗（祗）庸之德，無待正於樂人。加以遊*（游）息三墳，耕耘六藝，言成表綴，行為模楷，故徽猷傍洽，風聲藉甚者焉。初，除大都督（督）左侍上士，期門在漢，既曰良家，遊*（游）倅（卒）居周，實稱諸子。鶺鳴已表，鴻翼方升，轉使持莭*（節）車騎*（騎）大將軍，儀同三司，戎右下大夫。尋除小司右，後改授小武伯内侍，典鶡毛之兵司，階當虍（虎）戟之重。事深巡警，任切腹心。天和中遷（遷）驃騎*（騎）大將軍，開府儀同三司。去病功（功）重秦中，特加戎号；尗（叔）則聲高洛下，爰崇祀秩。公榮同二代，高步一時，加左武伯中大夫，尋為右宫伯，又轉左前衛，俄除左勲（勛）胄，仍掌六戎，𣞤*（無）違八舍。恪居著稱，忠績式彰*（彰），澓（復）捘*（授）納言，又改為御伯。曳蒼玉而侍青蒲，執華珪（圭）而踐文石。既標拾遺之德，信有獻可之功（功）。但三輔殊風，五方異俗，撥煩理劇，寔資才彦，除京（京）兆尹，即公之本邑。威恩兼（兼）洽，聲化翕然，無勞鉤（鈎）距，物情已照*（照）。詎待赭衣，姧（奸）徒*（徒）自息，

信亦（矣）超張王於前，邁邊延於後矣。屬三齊未賓，六師稱伐，公援桴誓旅，已自忘躬，擁鐸拱稽，志存殉莭*（節），晋（晉）陽之陣，是實門焉。迨以凶徒*（徒），義蕪*（無）苟免。建德五年十二月十六日薨於并州，春秋廿有九。痛極皇情，哀深百辟，桃莂降三禭（隧）之恖（恩），逌*（追）榮逾二*等（等）之重，贈使持莭*（節）上大將軍，封河南郡開國公，食邑二千户。重贈柱國、蒲、陜、熊*（熊）、中、義五州刾（刺）史，謚曰貞，礼也。惟公性託不群，標寄*（寄）孤遠，軆（體）昭*（昭）明之上略，有文武之妙才。立行必依於仁，出言蕪*（無）違於信，温良之度，由少及長；恭儉*（儉）之懷，自家形國，悳（德）雖輊（輕）而必舉，道蕪*（無）小而不覿。事上未伐其勞，接下遂忘其貴。故雄圖奭（爽）莭*（節），見重於一時，令問美（美）談，獨高於當世。方登玉鉉之望，以導*（導）金繩之儀。而三泉忽遠，百身無贖，悲夫！粤建德六年歲次丁酉十一月庚午玥（朔）十五日甲申，葬於京（京）兆洪固鄉舊塋之左。賔（賓）門俻（備）哀次之礼，祁連布屬國之兵，將恐（恐）天逥*（迴）地遊*（游），暑來寒往，陵（陵）陂秀表，海水成桒（桑）。所以留（留）銘隧道，永播遺芳，其詞曰：

源自豕韋，朱紱（黻）龍旂。三君道茂，二相聲飛。蟬聯卋（世）悳（德），冠冕中徽。誕惟君子，夙檀*（檀）英輝。

珪（圭）璋特達，黄中通理。惠性川流，高情岳峙。沉潛礼藝，優遊*（游）文史。價重十城，才超千里。

賔王發響，結綬流聲。鉤（鈎）陳堂衛，蘭錡*（錡）司兵。寶瑟不犯，鈆筑蕪*（無）警。化沠（流）皇邑，風宣帝城。

燕趙强梁，并汾割據。秣馬東臨，揮戈北鶩。兵号漂姚，軍稱大樹。既曰爪牙，寔為跦（疏）附。

雄同具玉，勇冠埋輪。誠存為主，莭*（節）表捐身。刋刅（功）鼎鼐，寫狀麒麟。龜謀已褻*（襲），祖載有辰。

金鐸夜嚴，龍幌曉發。永即幽途，長辝（辭）城闕。寒野明霜，踈松度月。陵（陵）谷有移，風聲無歇。

世子圓成，次子匡伯，次子方就，長女纖婉，次女纖恵（惠），次女連珮，次女纖備，次女纖直。

次女纖慎。

考釋

髫齔。齔同齓，兒童换齒，即脱去乳齒，長出恒齒。《國語·鄭語》：『府之童妾未既齓而遭之。』韋昭注：『毁齒曰齓』。

祗庸，釋義爲敬而有常；謹嚴而用。

三墳：伏羲、神農、黄帝之書，謂之以《三墳》，可作古書解釋。《左傳·昭公十二年》：『是能讀三墳、五典、八索、九丘。』

杜預注：『皆古書名。』『三墳』，三皇之書，也有認爲系指天、地、人三禮，或天、地、人三氣的，均見孔穎達疏引。近人章炳麟《檢論・尚書故言》則謂：『墳、丘十二，宜即夷吾所記泰山刻石十有二家也。』今存《三墳書》，分山墳、氣墳、形墳，以《連山》爲伏羲作，《歸藏》爲神農作，《乾坤》爲黄帝作，各衍爲六十四卦，系之以傳，且雜以《河圖》，實系宋人僞造。

六藝，周朝的貴族教育體系，開始于公元前一〇四六年的周王朝，周王官學要求學生掌握的六種基本才能，即禮、樂、射、御、書、數。出自《周禮・保氏》：『養國子以道，乃教之六藝：一曰五禮，二曰六樂，三曰五射，四曰五御，五曰六書，六曰九數。』這就是所説的『通五經貫六藝』的『六藝』。

徽猷，美善之道。猷，道。指修養、本事等。旁洽爲普遍沾被之意。

戎右下大夫，官名。西魏恭帝三年（五五六）仿《周禮・戎右》置，北周沿置。夏官府司右中大夫屬官，正四命。隋文帝開皇元年（五八一）罷。

小司右，官名。西魏恭帝三年置，北周沿置。夏官府司右中大夫屬官，正三命。北周武帝建德二年（五七三），省六府諸司中大夫，以下大夫爲長官，遂成爲司右司次官。宣帝即位，復置六府諸司中大夫後，仍爲屬官。隋文帝開皇元年（五八一）罷。

車騎將軍，是中國古代的高級將軍官名。漢制，金印紫綬，位僅次于大將軍及驃騎將軍，而在衛將軍及前、後、左、右將軍之上，位次上卿，或比三公。典京師兵衛，掌宫衛，第二品，是戰車部隊的統帥。漢時，車騎將軍主要掌管征伐背叛，有戰事時乃拜官出征，事成之後便罷官。東漢末年開始成爲常設的將軍官名，唐朝之後廢除。

驃騎大將軍，是古代武散官名。西漢始置，歷代沿置。唐宋爲從一品，爲武官最高階，宋徽宗政和年間改定武官官階，最高爲太尉，下分别用大夫、郎爲官名。金有驃騎衛上將軍，正三品下，居武官第十一階，元升正二品，居武官第三階。明廢。

左武伯中大夫，官名。西魏恭帝三年置，北周沿置。夏官府左武伯司長官，省稱爲『左武伯』，員一人，與右武伯中大夫共掌皇宫内外宿衛禁令，兼統虎賁、旅賁、射聲、驍騎、羽林、游擊等六率禁衛軍士。皇帝臨軒，則備三仗于庭，立于殿上東、西階之側。皇帝出行則列兵于帝之左右。下設左小武伯下大夫、左小武伯上士以佐其職，領左虎賁率上士、左旅賁率上士、左射聲率上士、左驍騎率上士、左羽林率上士、左游擊率上士等官屬。北周武帝建德二年（五七三）省。宣帝即位後復置，正五命。隋文帝開皇元年（五八一）罷。

右宫伯，官名。西魏恭帝三年置，北周沿置。天官府宫伯司長官，分置左、右，皆正五命。其屬有左、右小宫伯下大夫，左、右宫伯都上士，左、右中侍上士，左、右侍上士、中士，左、右前侍中士，左右後侍中士，左、右騎侍下士，左、右宗侍下士，左、右庶侍下士，左、右勛侍下士。掌管宮寢的侍衛、輪換在宮中值勤并負責臨朝及出行的警衛。臨朝時在前侍之首，金甲，執龍環金飾長刀。出行時衛護在路車兩側，由于是總管宮廷的警衛，在發生宮廷政變時，能起到很關鍵的作用。隋文帝開皇元年（五八一）廢。

『去病功重秦中，特加戎號；叔則聲高洛下，爰崇衪秩。』去病，霍去病，河東平陽（今山西省臨汾西南）人。西漢中期名將、軍事家、外戚，是我國歷史上著名的民族英雄，官至大司馬驃騎將軍，封冠軍侯。漢武帝皇后衛子夫和大將軍衛青的外甥，權臣霍光异母兄。霍去病用兵靈活，注重方略，不拘古法，善于長途奔襲、快速突襲和大迂迴、大穿插、殲滅戰。

裴楷，字叔則。河東聞喜（今山西省聞喜縣）人。三國曹魏及西晋時期大臣、名士，東漢尚書令裴茂之孫，曹魏冀州刺史裴徽之子，西晋司空裴秀的堂弟。

裴楷出身著名世族『河東裴氏』，年少時就有名于世，擅談《老子》、《易經》。最初被鍾會推薦給司馬昭，任相國掾。爲定科郎時，與賈充等共同制定《晋律》。歷任吏部郎、散騎常侍、侍中等職，他雖與外戚楊駿結親，但素來輕視楊駿，在楊駿執政後，他以閑職避禍。楊駿被殺後，裴楷被牽連收押，經侍中傅祗救護得以免禍。經太保衛瓘及汝南王司馬亮推薦，受封臨海侯，再遷北軍中侯，因畏懼楚王司馬瑋而不敢上任。他擔憂時局混亂，便請求外出，但還未上任，又遭遇司馬瑋矯詔殺衛瓘等人，裴楷單車奔往岳父王渾家，一夜之間遷徙八次才獲免。司馬瑋伏誅後，任中書令，加侍中，與張華、王戎等共掌機要。性寬厚，與物無忤。亦淡退不樂處世要。卒謚號『元』。袁宏在《名士傳》中以裴楷等人爲『中朝名士』。

八舍，指古代庶子宿衛王宮的八處休沐之所。後借指皇帝近臣宮内住處。

納言，古官名。主出納王命。《書·舜典》：『命汝作納言，夙夜出納朕命，惟允。』孔傳：『納言，喉舌之官，聽下言納於上，受上言宣於下，必以信。』按，秦漢不置，王莽依古制，改大司農爲納言，有納言將軍嚴尤。北周初有御伯中大夫，掌出入侍從。保定四年改御伯爲納言。宣帝末又置侍中。隋避文帝父楊忠諱，改侍中爲納言，煬帝大業十二年又改納言爲侍内。唐初爲納言，唐武德四年改爲侍中。參閲《通典·職官三》。

三輔，泛稱京城附近地區爲三輔。明何景明《送張元德侍御巡畿内》詩：『三輔自來多寇盜，五陵今日更豪雄。』清黄遵憲《天津紀亂》詩之一：『何堪三輔地，棼亂遂如絲。』

京兆尹，漢代官名，爲三輔（治理京畿地區的三位官員，即京兆尹、左馮翊、右扶風）之一。主管今西安及其附近地區，在西漢時期相當于今日首都的市長。

信亦超張王於前，邁邊延於後矣！依文義，張王、邊延當指前人政績卓著者。查張王，指漢張耳。項羽分封諸侯王時被封爲常山王，後歸劉邦，又改立爲趙王。《文選・劉孝標〈廣絶交論〉》：『伍員灌溉於宰嚭，張王撫翼於陳相。』李善注：『陳餘因張耳撫翼而奮飛。』至于邊延，不知何人？韋揔以前見于史籍的邊姓人物，僅有後漢的邊讓、邊韶，皆文士，與此典無涉。

百辟桃茢，百辟，即百官。桃茢，古代用以辟邪除穢。《周禮・夏官・戎右》：『贊牛耳桃茢。』鄭玄注：『桃，鬼所畏也，茢，掃帚，所以掃不祥。』《禮記・檀弓下》：『君臨臣喪，以巫祝桃茢執戈，惡之也。』陳澔集説：『桃性辟惡，鬼神畏』。

玉鉉之望，南朝梁任昉《丞相長沙宣武王碑》：『玉映藍田，金鉉之望已集。』唐劉禹錫《爲淮南杜相公佑修讓同平章事表》：『至於銀青貴服，金鉉重名。』

資高陽而吐胄，…蟬冕相輝。韋氏家族墓誌，起首皆有此内容，以表其姓氏淵源，列祖榮耀，自矜伐閱。

宇文（韋）揔是名將韋孝寬的長子，公元五五七年周閔帝賜孝寬以皇姓爲宇文氏，以示榮寵。故揔隨父爲宇文姓。揔于建德五年（五七六）十二月十六日在周齊晋陽之戰中陣亡，但《北史》卷六十四《韋孝寬傳》附揔傳亦不過百餘字。誌文謂：『晋陽之陣，…迫以凶徒，義無苟免，建德五年十二月十六日薨於并州，春秋二十有九』。説明揔身陷重圍，以至戰死，戰況是相當激烈的，此與史籍記載相吻合。《資治通鑒》卷一百七十二《陳紀六》記述説：『周師圍晋陽，四合如黑雲。（齊）安德王（高）延宗命莫多婁敬顯，韓骨胡拒城南，和阿幹子，段暢拒城東，自帥衆拒齊王憲於城北。延宗…奮大矛往來督戰，勁捷若飛，所向無前，和阿幹子，段暢以千騎奔周軍，周主攻東門，際昏，遂入之，進焚佛寺。延宗、敬顯自門入，擊之，周師大亂，争門，相填壓，塞路不得進。齊人從後斫刺，死者二千餘人。周主左右略盡，自拔無路。…僅得免』。是役，周師先敗後勝。揔隨周武帝征戰，『每率麾下，先驅陷敵』②，遂戰死疆場。

揔生命雖然短暫，祇活到二十九歲，但其年輕得志，死得壯烈，生榮死哀，備極尊榮。初仕即爲大都督左侍上士，天和（五六六—五七二）中剛剛二十出頭便遷驃騎大將軍，開府儀同三司，後升至京兆尹。死後追贈柱國，五州刺史。

揔之子名圓成，後襲祖孝寬爵鄖國公，隋封給食邑三千户⑥。

注釋

①《文博》一九九一年第五期。

②⑥《北史》卷六十四本傳。

③《魏書》卷一百一十三《官氏志》。

④《北史》卷六十五。

⑤見武伯綸《古城集》第一〇五頁。

韋揔世系

韋旭—寬—揔—達奚氏

揔—圓成、匡伯、方就（圓照）、纖婉、纖惠、連珮、纖備、纖直

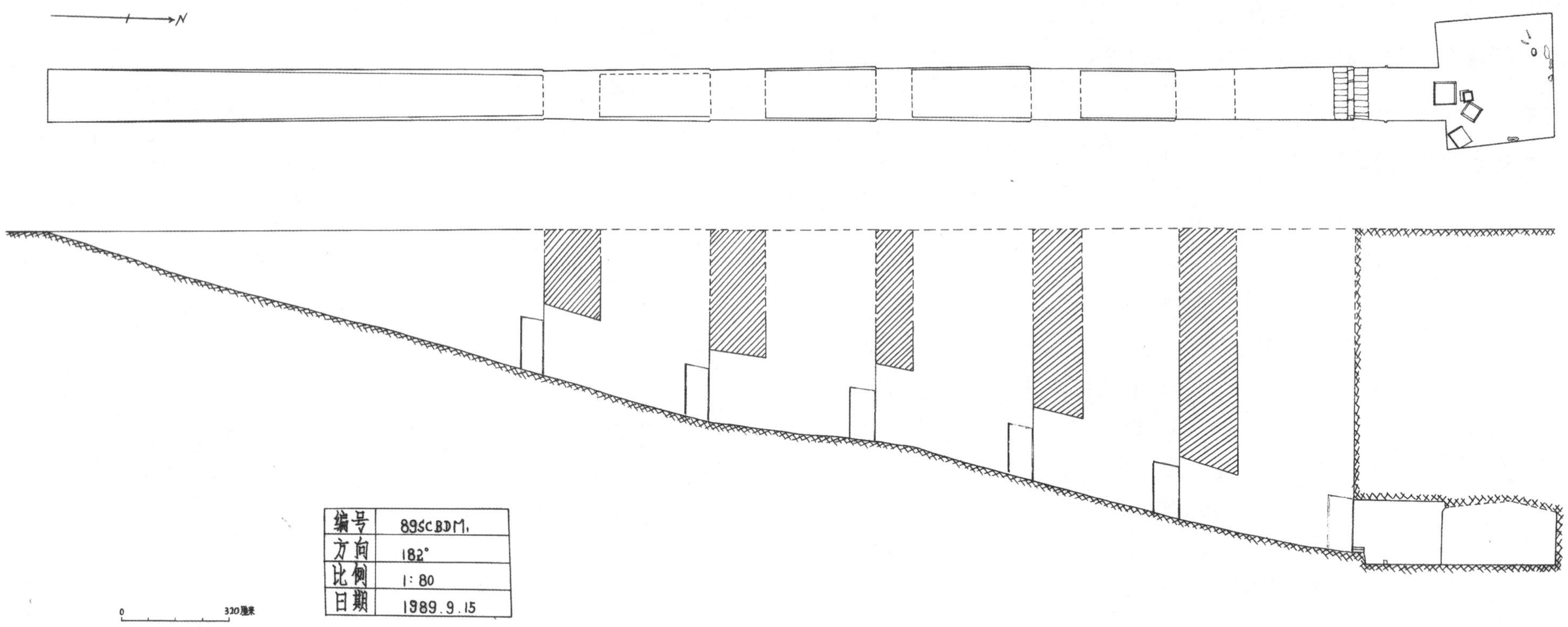
N
编号 89SCBDM1
方向 182°
比例 1:80
日期 1989.9.15
0 320厘米

圖十三 宇文愬達奚字合葬墓平面剖面圖

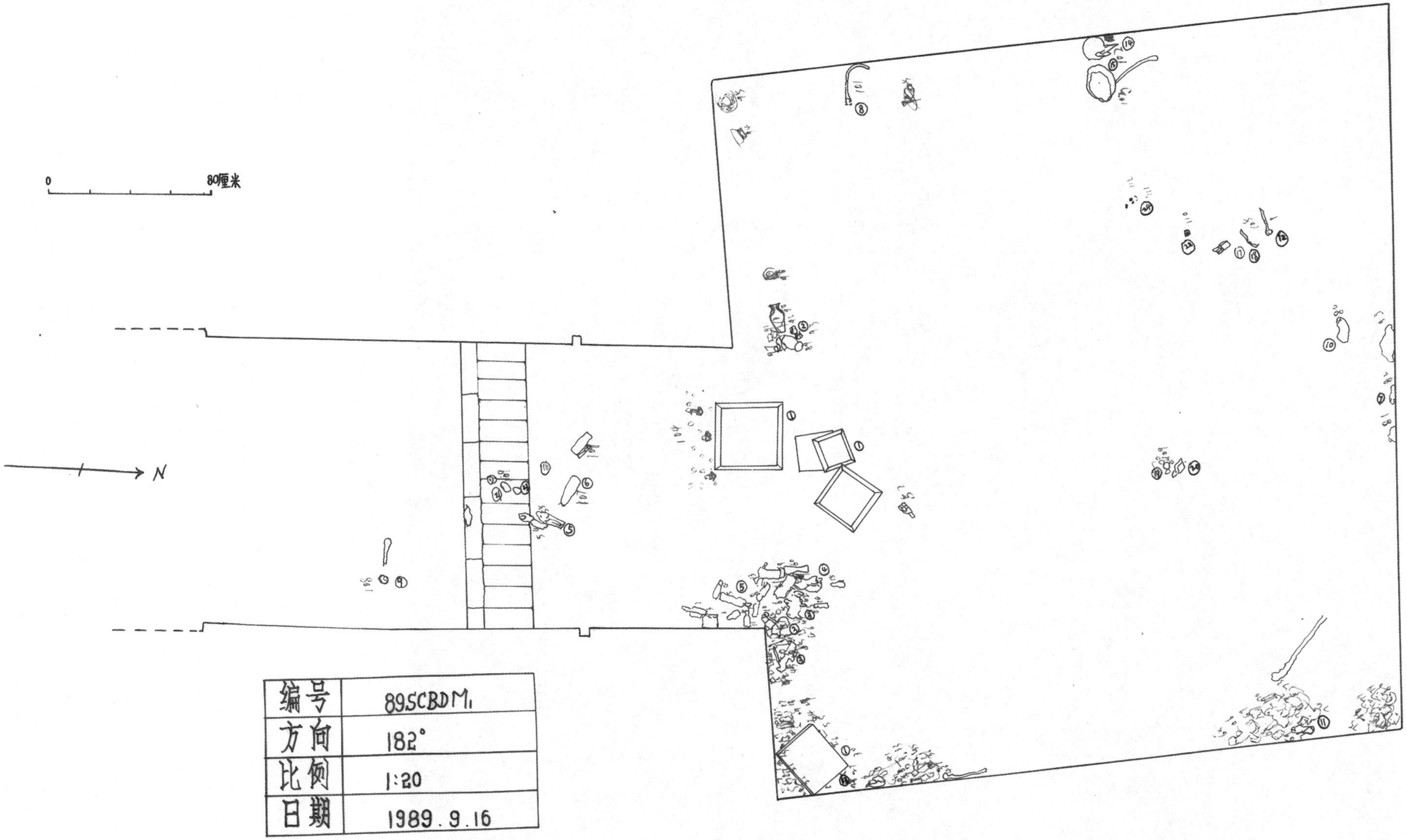
0
80厘米
N
编号 89SCBDM1
方向 182°
比例 1:20
日期 1989.9.16

圖十四 宇文揌逹奚宇墓室平面圖

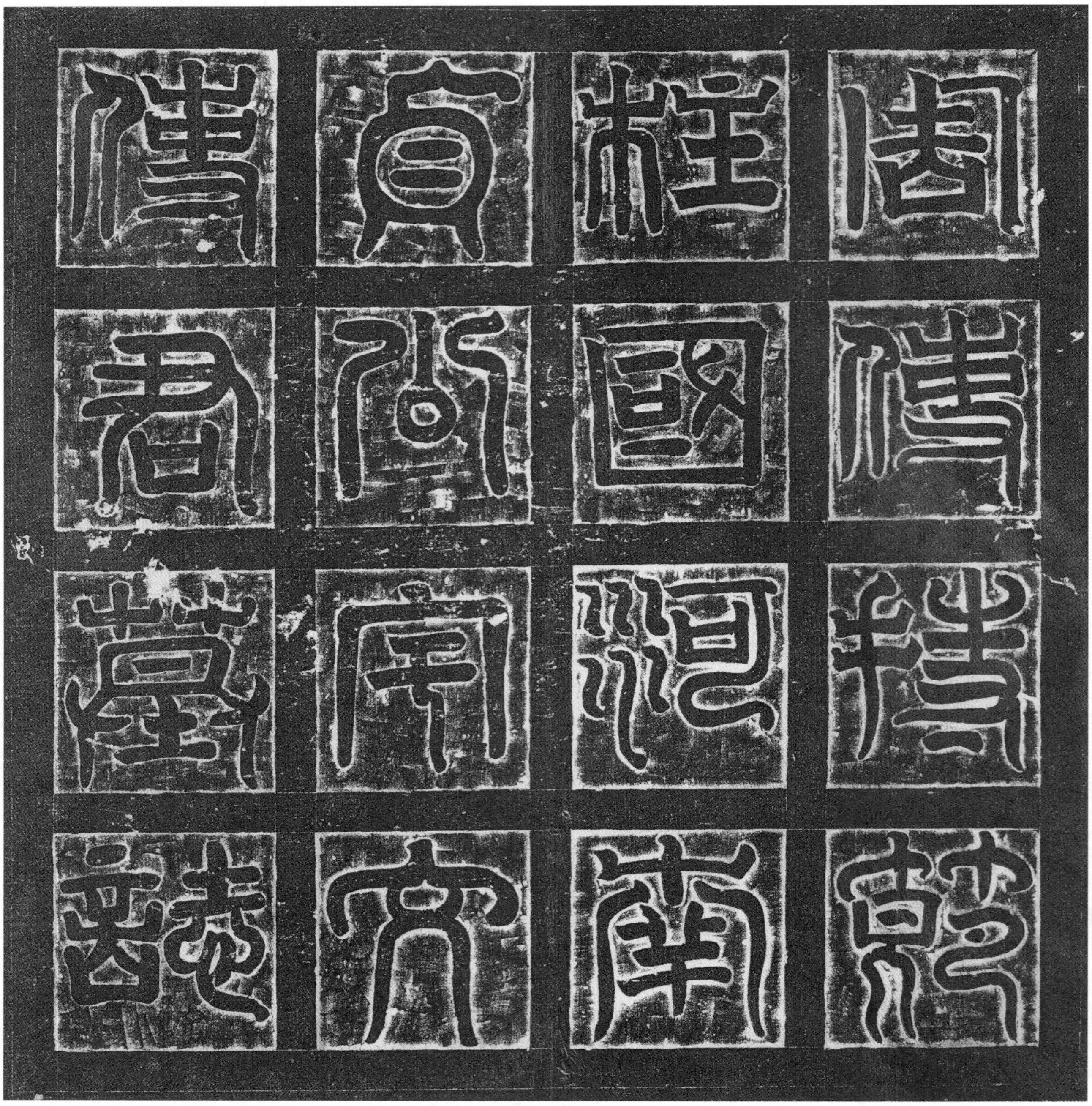

周使持節柱國河南貞公宇文使君墓誌 蓋

周使持節柱國蒲陜熊中義五州刺史河南貞公宇文使君墓誌銘并叙

周使持節柱國蒲陝熊中義五州刺史河南貞公宇文使君墓誌銘并敘
公諱摠字善會本姓韋氏京兆杜陵人也資高陽而吐胄纂商伯以開源霞賈斯崇
濫觴攸遠至如扶陽作相家起嬴金之謠清河共治世有葷車之號風猷繼軌蟬冕
相輝之祖旭司空幽冀二州刺史文惠公清規素業領袖時人父寬柱國大司空鄖
國公道勳德望具瞻攸屬 皇周肇運賜姓宇文公則鄖公之世子稟靈山岳擅氣
風雲髫齔標奇綺紈沉譽孝友之情不藉教於師氏祗膚之德無待正於樂人加以
遊息三墳耕耘六藝言成表綴行為模楷故徽猷備洽風聲藉甚者焉初除大都督
左侍上士期門在漢既曰良家遊俠居周實稱諸子鵷鳴已表鴻翼方升轉使持節
車騎大將軍儀同三司戎右下大夫尋除小司右後改授小武伯內侍典鶡毛之兵
司階當帝戟之重事深巡警任切腹心天和中遷驃騎大將軍開府儀同三司去病
功重秦中特加戎號對則聲高洛下爰嘗祀秩公榮同二代高步一時加左武伯中
大夫尋為右宮伯又轉左前衛戟除左勳胄仍掌六戎無違八舍恪居著稱忠績式
彰滇楔納言又改為御伯曳蒼玉而侍青蒲執華珪而踐文右既標拾遺之德信有
獻可之功但三輔殊風五方異俗撥煩理劇寔資才彥除京兆尹郎公之本邑咸思
無洽聲化翕然無勞鉤距物情已照詎待諸衣軒俟自息信然趙張王於前邁遑延
於後矣屬三齊未賓六師稱伐公授桴誓旅已自忘躬擁鐸拱楷志存殉節晉陽之

上半闕

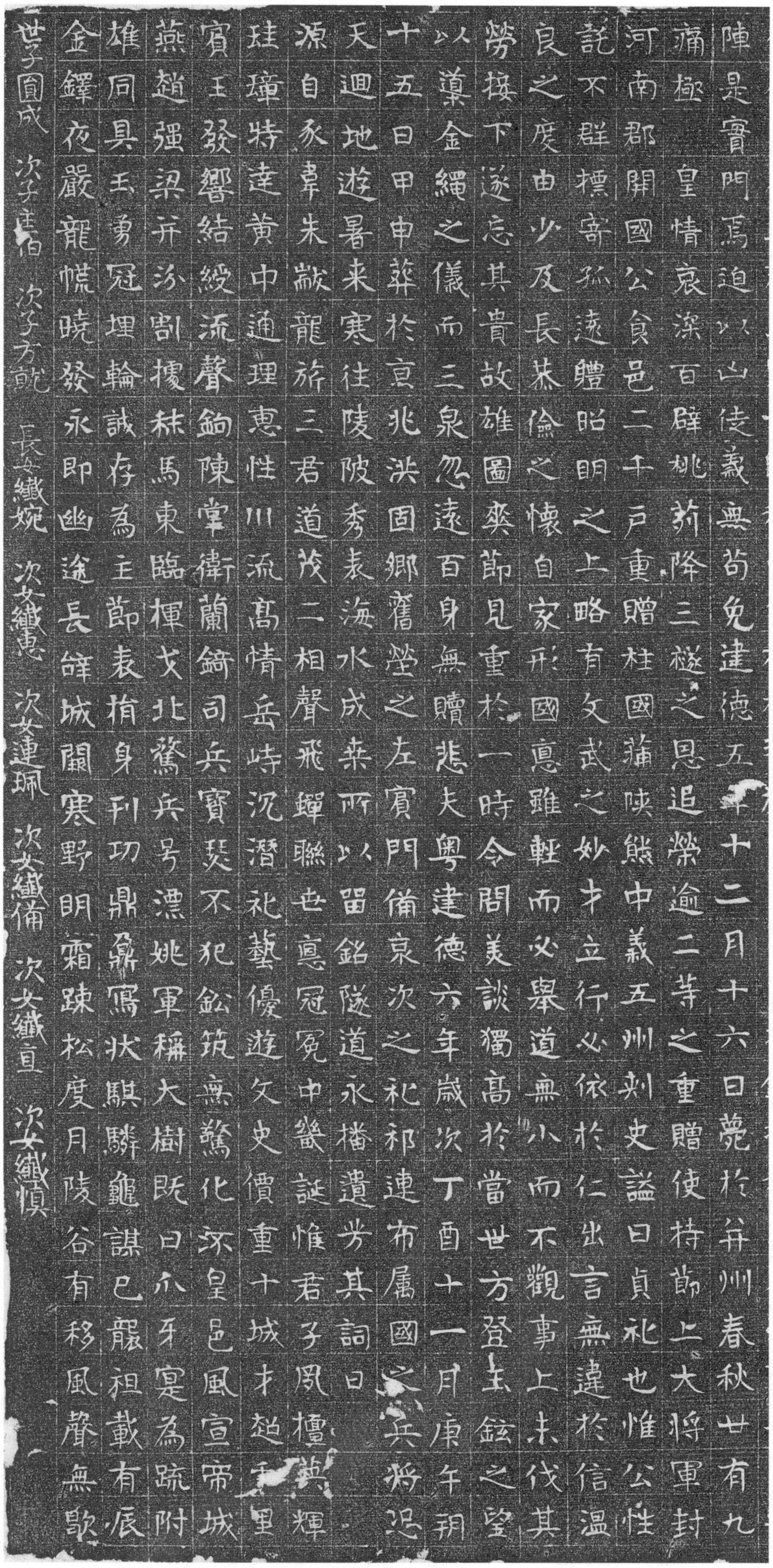

陳是實門爲迫以山徒義無苟免建德五年十二月十六日薨於并州春秋卅有九
痛極　皇情哀深百辟桃莂降三謚之恩追榮逾二等之重贈使持節上大將軍封
河南郡開國公食邑二千戶重贈柱國蒲陝熊中義五州刺史謚曰貞礼也惟公性
託不群標寄孤遠體昭明之上略有文武之妙才立行必依於仁出言無違於信溫
良之度由少及長恭儉之懷自家形國惪雖輕而必舉道無小而不觀事上未伐其
勞接下遂忘其貴故雄圖奕節見重於一時令問美談獨高於當世方登玉鉉之望
以導金繩之儀而三泉忽遠百身無贖悲夫粤建德六年歲次丁酉十一月庚午朔
十五日甲申葬於京兆洪固鄉舊塋之左實門備哀次之礼祁連布屬國之兵將迎
天迴地遊暑來寒往陵陂秀表海水成桑所以留銘隧道永播遺芳其詞曰
源自豕韋朱紱龍旂三君道茂二相聲飛蟬聯也惪冠冕中畿誕惟君子風擅黃輝
珪璋特達黃中通理惠性川流高情岳峙沉潛礼藝優遊文史價重十城才超千里
賓王發響結綬流聲鉤陳掌衛蘭錡司兵寶瑟不犯鉛筑無驚化深皇邑風宣帝城
燕趙強梁并汾剽擾秣馬東臨揮戈北鶩兵号漂姚軍稱大樹既曰爪牙寔為疏附
雄同具玉勇冠埋輪誠存為主節表捐身刊功鼎彝寫狀騏驎龜謀已襲祖載有辰
金鐸夜嚴龍幌曉發永即幽途長辭城闕寒野明霜踈松度月陵谷有移風聲無歇
世子圓成　次子[illegible]伯　次子方乾　長女纖婉　次女纖惠　次女蓮珮　次女纖備　次女纖亘　次女纖慎

下半闕

隋柱國五州刺史京兆尹河南懷公韋揔夫人達奚字墓誌（五九五、五九八）

概述

北周淪亡，隋朝肇造，韋氏遂弃宇文姓而復其本姓。揔妻達奚氏誌石有兩方，均出自地質七隊基建工地第一號墓。

一、青石質正方形，每邊長二十九厘米。面刻陰文楷書七行共四十八字：大隋開皇十五秊（年）歲次乙卯正月十三日壬申柱國京（京）兆尹河南懷（懷）公夫人達奚氏權瘞（瘞）於大興城南義陽鄉貴安里。

二、達奚氏墓誌。

覆斗式蓋，蓋面每邊長四十點五厘米，篆書陽文四行十六字：大隋柱國、河南懷公夫人達奚氏㞢（之）墓誌。四殺部素面無紋飾。誌石每邊長四十八點五厘米，誌面刻文二十二行，每行二十二字。書法莊重瘦勁，大氣俊美。

誌文

大隋*（隋）柱國，蒲、陝、熊*（熊）、中、義五州剌（刺）史，京（京）兆尹河南懷公韋君夫人達奚氏墓誌

夫人達奚氏，諱字，河南洛陽人也。昔天棄金德，龍興代邛（邸），神元誕其靈貺*（貺），受命惟新；孝文尅服中原，光宅赤*（赤）縣。及定鼎郟（郟）鄏，修貢三川，枝隆磐石，分為十姓，達奚氏即其一也。地居近戚，冑美（美）望華，冠蓋連暉，欝（欝）為鼎族*（族）。祖武，周太傅、太保、柱國鄭桓公。師*（師）範*（範）人倫，雄材冠世，位遇隆重，高步當時。考震，上柱國、鄭國公。器曰民英，德稱朝望，有光弈葉，無忝家風。

夫人體*（體）質淳和，音儀閑婉（婉），因心孝友，天情敏慧。時遊*（游）筆硯，不廢（廢）針縷（縷）之功（功），乍弄梳臺，無妨纂組之業。六行咸舉，四德允備（備），礼成鳴鴈（雁），聲諧黃鳥。閨闈展箕箒之勤，宗廟盡蘋蘩之敬。能和尗（叔）妹，善事諸姑。貞順稱扵二門，謙*（謙）恭著*（著）扵九族。霜彫蕙（蕙）葉，風敗蘭叢（叢），非神仚*（仙）之變化，同雲雨之消滅。以開皇十四年五月十八日薨於京（京）第*（第），春秋卌有八。以十八年十一月十七日合塟（葬）扵懷公之墓，乃作銘曰：

元承天族，韋實鼎門。帝王分派，公侯子孫。秦晉（晋）本匹，潘*（潘）楊舊婚（婚）。在名俱重，處（處）位齊尊。彼（彼）美（美）一人，才高罕對。匪伊令淑（淑），誰能*（能）作配？風範*（範）妍華，心神静退。學究（究）圖*（圖）史，功（功）殫藻繪。皎皎麗質，灼灼脩容。貞侔勁（勁）篠，操比寒松。接下惟恵（惠），奉上斯恭。世推高潔，家稱肅雍。母儀婦道，嘉聲遠布。陰教嬪風，方流軌（軌）

度。眞（冀）因積善，長蒙天祚。飈逐夜舟，俄隨朝露。黄壚寐（寂）寞，泉室幽深。霜封宿草，霧擁荒林。恒娥月落，織女星沉。唯餘彤管，永播徽音。

考釋

太傅，古代職官。始于西周，最初由周公旦擔任太傅，爲朝廷的輔佐大臣與帝王老師（輔弼官，帝王年幼或缺位時他們可以代爲管理國家），掌管禮法的制定和頒行，三公之一；在戰國時期的齊國、楚國也設有太傅。

太保，是古代官職名。清代爲正一品——（文官）太師、太傅、太保、大學士。西周始置，最初由召公奭擔任太保，監護與輔弼國君之官。在漢代又重新設立，世代延續，位列三公之一。明代時位居正一品，也爲輔導太子之官，是治國興邦的重要官職。

上柱國，原義爲自春秋起爲軍事武裝的高級統帥，引申義爲功勛的榮譽稱號，戰國時楚、趙置，位令尹、相國下，甚尊。原爲保衛國都之官。柱國原爲國都之意。

鄭國公，一等公爵。歷朝封鄭國公者凡三十一人，其中出名者有李神通、李光弼、王世充、魏徵、富弼、完顔雍等。

龍興代邸。龍興，喻王者興起。漢揚雄《劇秦美新》：『臣伏惟陛下以至聖之德，龍興登庸。』

代邸，漢高祖劉邦之子劉恒封代王，所居曰代邸。又，代指北魏。西晋末年，拓跋猗盧受封爲代王。後其曾孫拓跋珪改國號爲魏，遷都代郡平城（今山西省大同市），是爲北魏，又稱大代。故後世或以代北稱之。龍興代邸是説北魏興起于代北平城。此代邸可理解爲平城宫闕。

靈貺，神靈賜福。范曄《後漢書・光武帝贊》：『世祖誕命，靈貺自甄。』

定鼎郟鄏，指魏孝文帝由平城遷都洛陽。《水經谷水注》引京相璠曰：『郟，山名，鄏，邑名』。郟山即邙山，郟鄏即洛邑。

枝隆磐石，分爲十姓，達奚氏即其一也。

據《魏書・官氏志》：『魏氏本居朔壤，地遠俗殊，賜姓命氏…獻帝以…弟爲達奚氏，後改爲奚氏。』

誌主祖父武，見《北史・達奚武傳》，字成興，代人。少倜儻好馳射，賀拔岳征關右，引爲別將。齊三路來侵，周文帝欲并兵擊，諸將多異議，武則與帝同，遂擒之。沙苑之戰，進爵郡公。閔帝踐祚，授柱國、大司寇。武成（五五九—五六〇）初，轉大宗伯，鄭國公。

父名震，字猛略，少驍勇。明帝初，拜司右中大夫，驃騎大將軍。天和六年（五七一），拜柱國。頗有政術，建德（五七二—五七八）初，襲爵鄭國公（《北史》本傳）。

達奚氏，北魏宗族十姓之一。據《魏書·官氏志》：『獻帝時七分國人，使諸兄弟各攝領之，乃分其氏。以兄爲紇骨氏，後改爲胡氏。次兄爲普氏，後改爲周氏。次兄爲拓跋氏，後改爲長孫氏。弟爲達奚氏，後改爲奚氏…』有着北魏皇族血統的韋揔夫人達奚字，于開皇十四年（五九四）五月十八日去世。次年正月十三日，權瘞于大興城南，義陽鄉貴安里。十八年（五九八）十一月十七日與夫懷公韋揔合葬于該一號墓中〔北周武帝建德六年（五七七）十一月十五日安葬韋揔時建造〕。

誌主夫誌稱宇文揔爲河南貞公，朝廷封謚貞。此誌則稱韋揔河南懷公，同一個人爲何有此兩個稱謂呢？

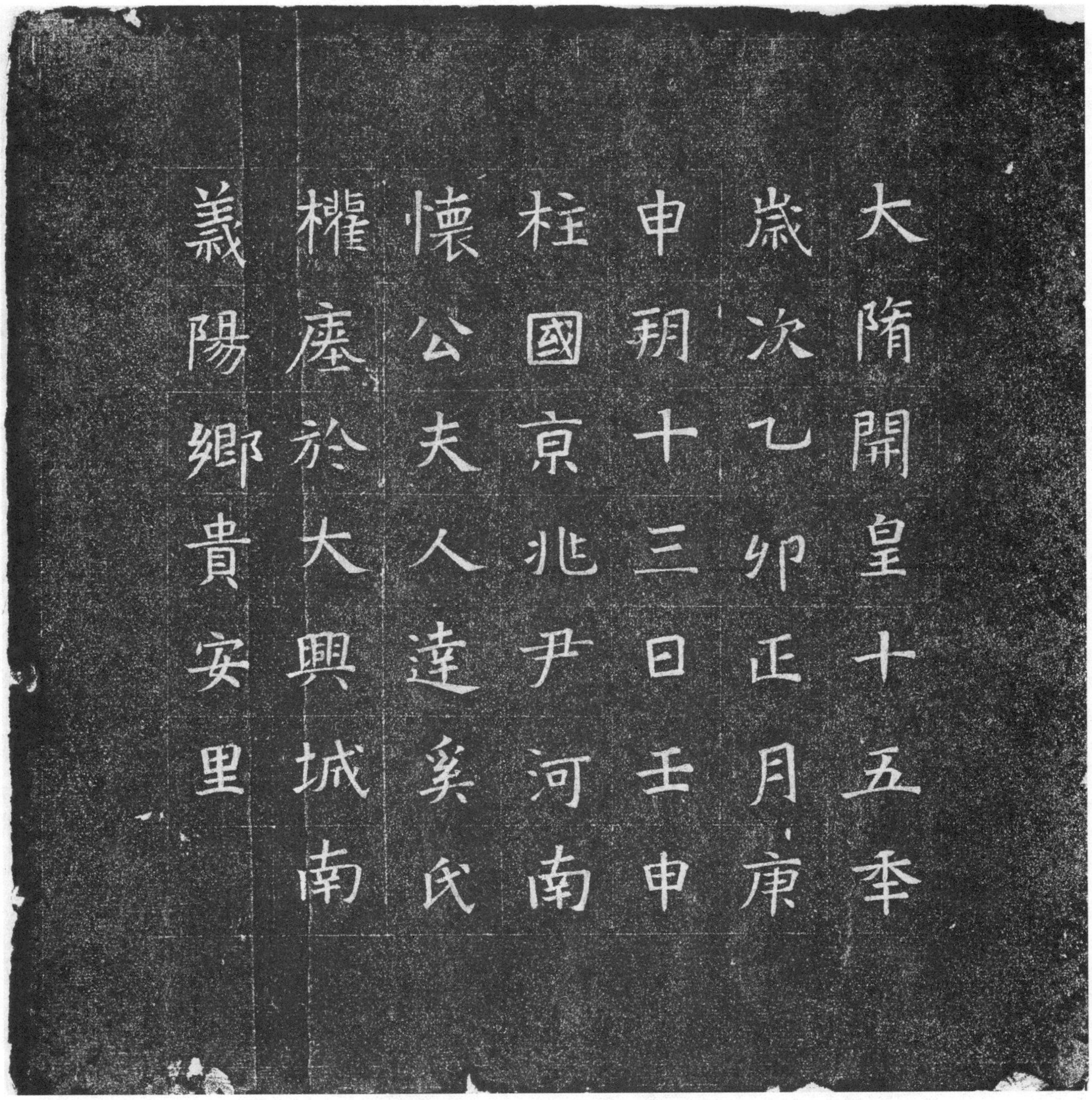
大隋開皇十五季
歲次乙卯正月庚
申朔十三日壬申
柱國京兆尹河南
懷公夫人達奚氏
權瘞於大興城南
義陽鄉貴安里

韋揔妻達奚氏權瘞誌

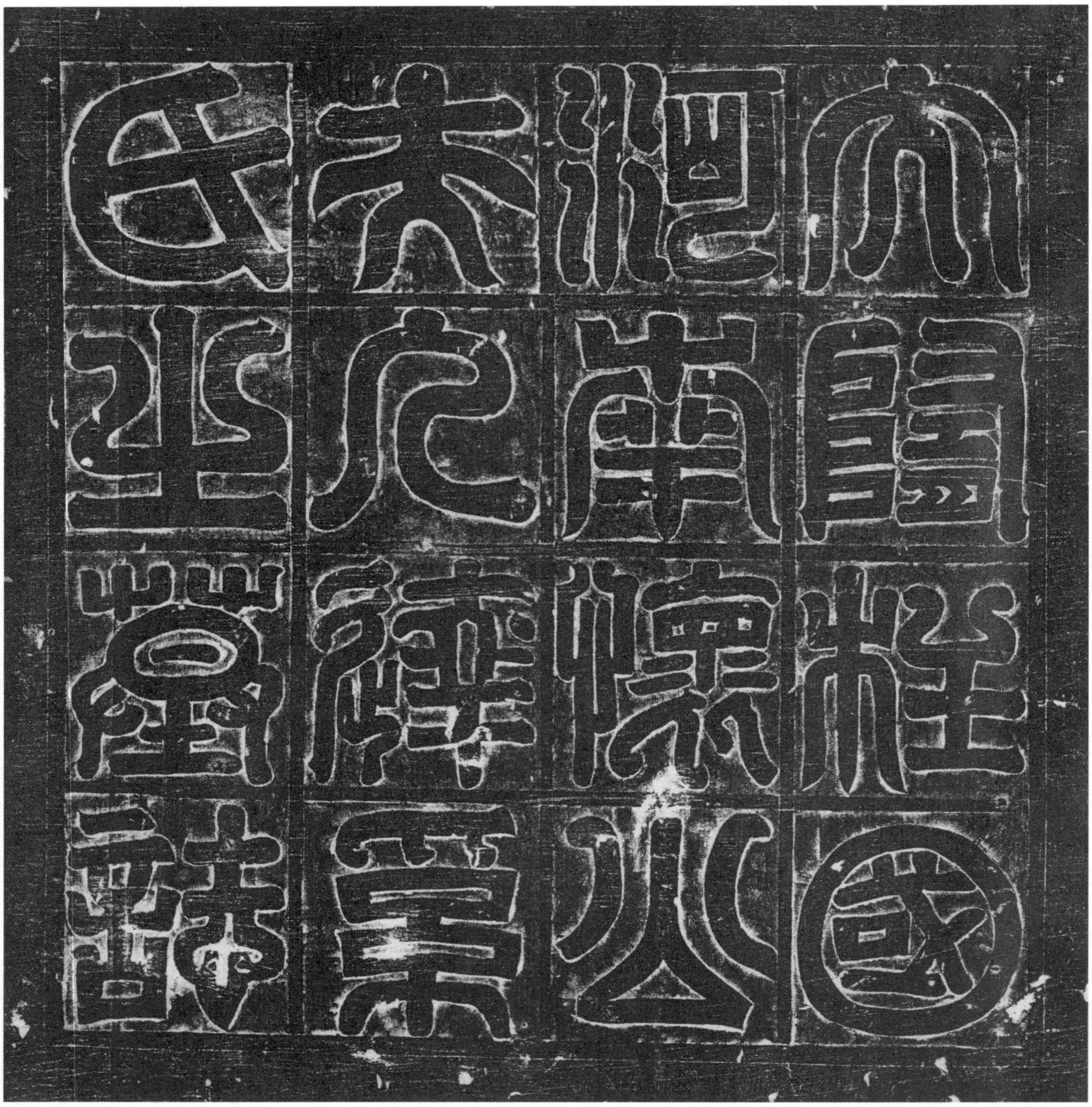

大隋柱國河南懷公夫人達奚氏之墓誌 蓋

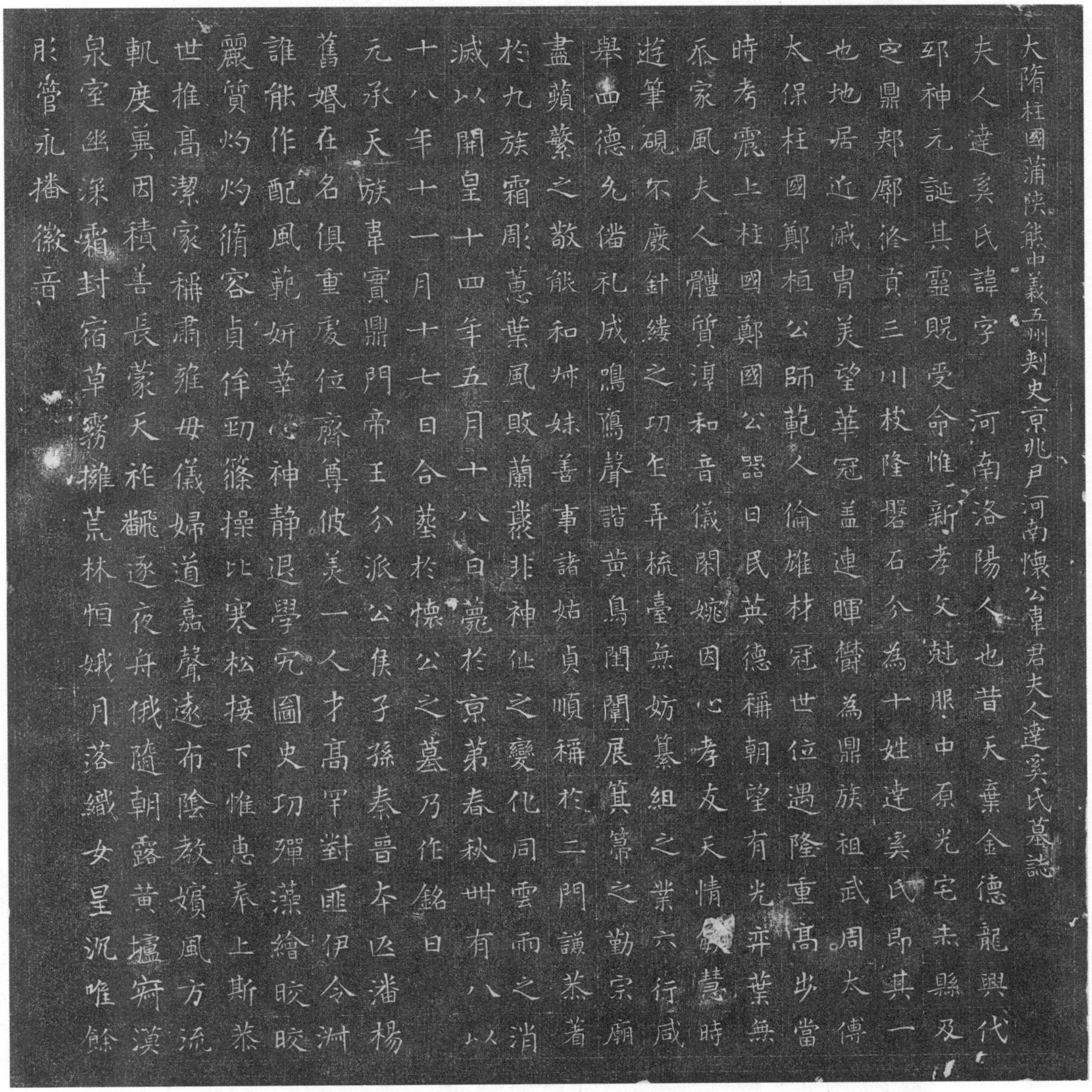

大隋柱國蒲陝熊中義五州刺史京兆尹河南懷公韋君夫人達奚氏墓誌

夫人達奚氏諱字　河南洛陽人也昔天棄金德龍興代邳神元誕其靈既受命惟新孝文馳服中原光宅赤縣及定鼎郟鄏洛貢三川枝隆磐石分為十姓達奚氏即其一也地居近戚胄美望華冠蓋連暉簪纓為鼎族祖武周太傅太保柱國鄭桓公師範人倫雄材冠世位遇隆重高步當時考震上柱國鄭國公器日民英德稱朝望有光弈葉無忝家風夫人體質淳和音儀閑婉因心孝友天情敏慧時遊筆硯不廢針縷之功生弄梳臺無妨纂組之業六行咸舉四德允備礼成鳴鶴聲諧黃鳥閨闈展箕箒之勤宗廟盡蘋蘩之敬能和娣妹善事諸姑貞順稱於二門譲恭著於九族霜彫蕙葉風敗蘭叢非神仙之變化同雲雨之消滅以開皇十四年五月十八日薨於京第春秋卌有八以十八年十一月十七日合葬於懷公之墓乃作銘曰

元承天族韋實鼎門帝王分派公侯子孫秦晉本匹潘楊舊婚在名俱重處位齊尊彼美一人才高罕對匪伊令淑誰能作配風範妍華心神靜退學究圖史功殫藻繪皎皎麗質灼灼脩容貞侔勁篠操比寒松接下惟惠奉上斯恭世推高潔家稱肅雍母儀婦道嘉聲遠布陰教嬪風方流軌度冀因積善長蒙天祐翻逐夜舟俄隨朝露黃壚寂漠泉室幽深霜封宿草霧擁荒林恒娥月落織女星沉唯餘形管永播徽音

大隋柱國蒲陝熊中義五州刺史京兆尹河南懷公韋君夫人達奚氏墓誌

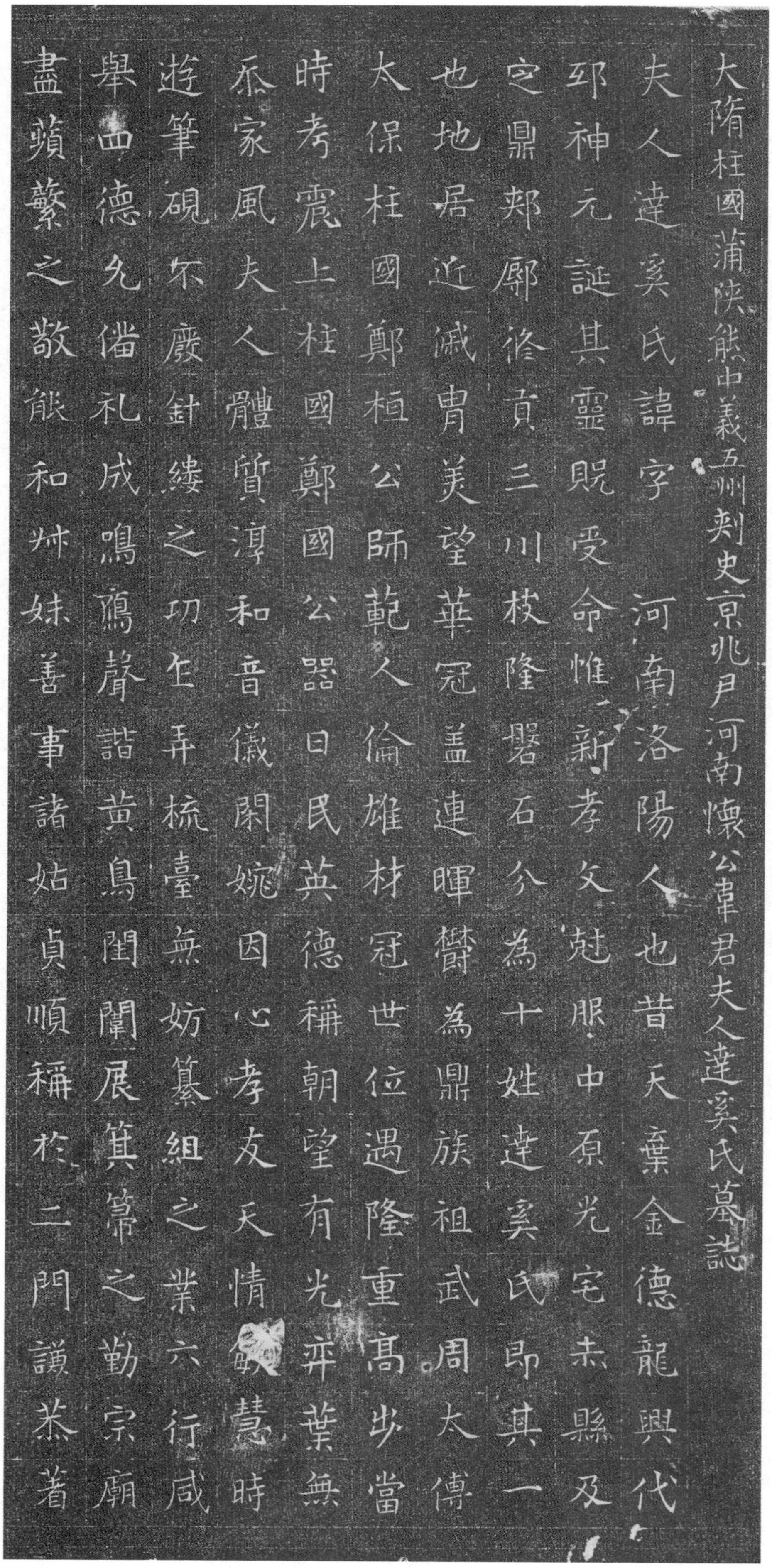
大隋柱國蒲陝熊中義五州刺史京兆尹河南懷公韋君夫人達奚氏墓誌
夫人達奚氏諱字 河南洛陽人也昔天棄金德龍興代
邛神元誕其靈既受命惟新孝文尅服中原光宅赤縣及
定鼎郟鄏徭貢三川枝隆磐石分為十姓達奚氏即其一
也地居近戚胄美望華冠蓋連暉簪為鼎族祖武周太傅
太保柱國鄭桓公師範人倫雄材冠世位遇隆重高步當
時考震上柱國鄭國公器日民英德稱朝望有光弈葉無
忝家風夫人體質淳和音儀閑婉因心孝友天情敏慧時
遊筆硯不廢針縷之功乍弄梳臺無妨纂組之業六行咸
舉四德允備礼成鳴鳳聲諧黄鳥閨閫展箕帚之勤宗廟
盡蘋蘩之敬能和娣妹善事諸姑貞順稱於二門謙恭著

上半闕

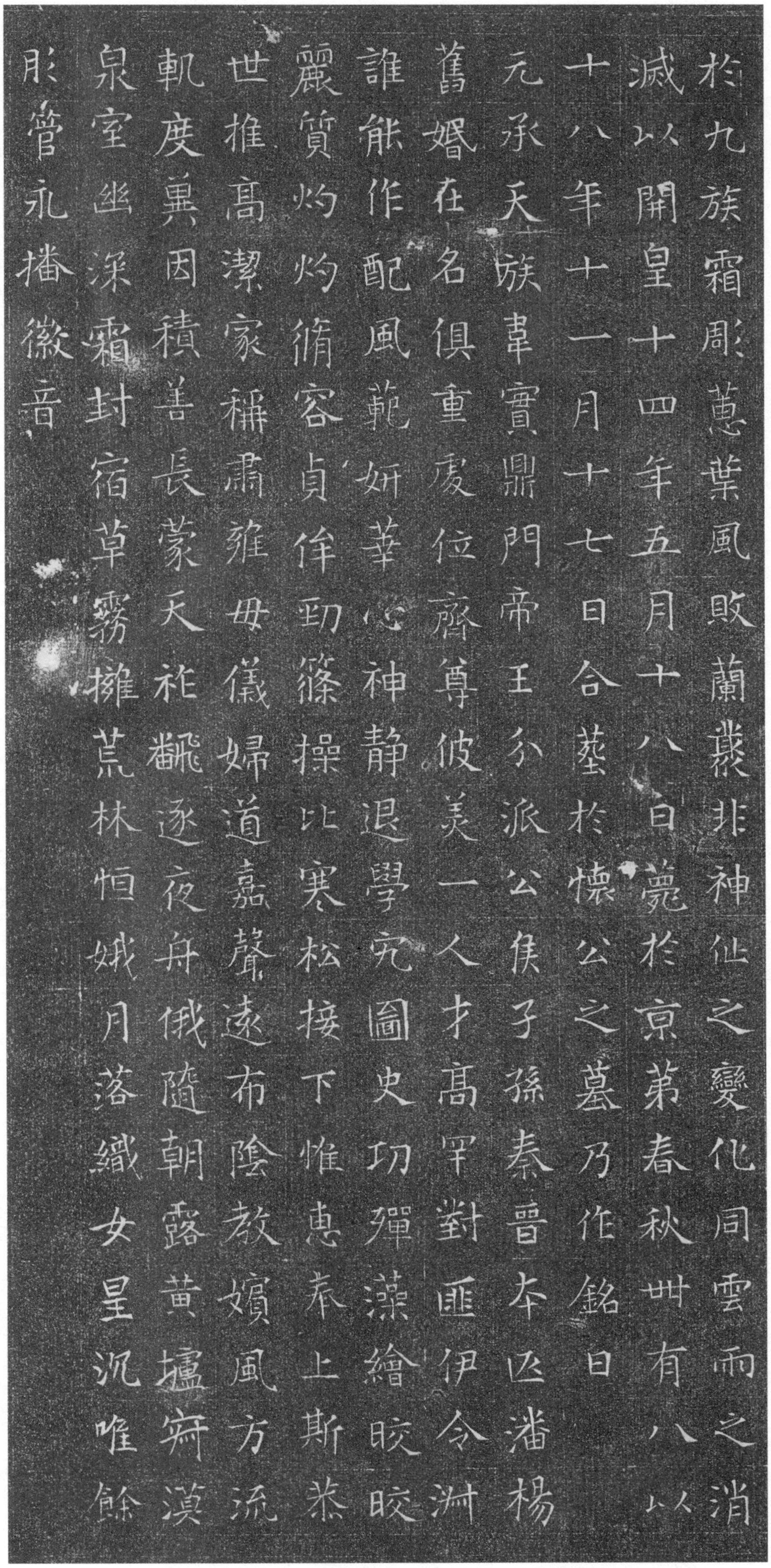
於九族霜彫蕙葉風敗蘭叢非神仙之變化同雲雨之消
滅以開皇十四年五月十八日薨於京第春秋卅有八以
十八年十一月十七日合塟於懷公之墓乃作銘曰
元承天族聿實鼎門帝王分派公侯子孫秦晉匹潘楊
舊婚在名俱重處位齊尊彼美一人才高罕對匪伊令淑
誰能作配風範妍華心神靜退學究圖史功殫藻繪晈晈
麗質灼灼脩容貞侔勁篠操比寒松接下惟恵奉上斯恭
世推高潔家稱肅雍母儀婦道嘉聲遠布陰教嬪風方流
軌度冥因積善長蒙天祚飈逐夜舟俄隨朝露黄壚窮漠
泉室幽深霜封宿草霧擁荒林恒娥月落織女星沉唯餘
彤管永播徽音

下半闕

周儀同建安子宇文瓘墓誌（五七八）

概述

該誌出自長安畢原韋氏墓地。覆斗式蓋，蓋頂部每邊長四十七厘米。蓋面鐫篆書陽文三行九字：大周儀同建安子之銘。四殺部素面。誌石每邊長五十六厘米，有銘文三十行，每行滿格三十二字。書法秀氣，有隸體筆意。

誌文

大周使持莭*（節）、儀同大將軍、安州捴（總）管府長史、治陏州刾（刺）史、建安子宇文瓘墓誌

公諱瓘，字世恭，亰（京）兆萬年人也。本姓韋氏，後魏末改焉。若乃電影含星，軒轅所以誕聖，蜺光繞月，顓頊扵是降靈。霸（霸）迹隆基，則詩歌朱黻（黻）。儒宗继相，則德貴黄金。□（累）世卿族，必復其始，七葉珥貂，抑鍾餘慶。亡祖旭，司空文恵（惠）公，悳（德）茂天爵，位崇□器。亡考處士府君，高蹈絶俗，幽貞無悶，巢許不遠，禽尚何人。公即處士之苐三子也。季父孝固，吏部郎中，贈雍州刾（刺）史，安平恭子。同奉孝之早殁，類伯道之無兒。以公傍继小宗，義昭*（昭）猶子。公幼（幼）而秀異，風神閑綽，資忠履（履）孝，遊*（游）藝依仁，學窮書府，則百遍留（留）目，詞逸翰林，則千賦在手，比之曾子、張霸（霸），恧其高蹤；譬以顔生、黄憲，慙其實録。釋褐大將軍、中山公府賓曺（曹）參軍。俄轉中外府記室曺（曹），雖石苞位重，而孫楚氣高，託意南山，遂紆東海。襲爵安平縣開國子，俄授帥都督（督）、御伯下大夫，又轉小御正。職（職）是絲綸，明（明）其糺（糾）察，非藉俊異，疇能*（能）兩之。除大都督（督），又遷（遷）車騎*（騎）大將軍、儀同三司。韓增麾號，鄧騭臺衮，輝映兩亰（京），莫此為盛，改封建安縣開國子，仍除安州捴管府長史，此州控陏鄖之沃壤，揚汚（沔）漢之清波，民半右夏、地隣壃埸，僚端所寄*（寄），才望是資。公断决如流，提翊有序，鎮南聲績，盖有助云。俄治陏州刾（刺）史。方秉德勵精，該十部之使。褰帷承寵，佇三公之服。而天流十日，悲谷之影無迴，地紀百川，焦壑（壑）之波長瀉。建德六年，歲次丁酉，十月十七日遘疾，薨于陏州，春秋卌三。宣政元年，歲次戊戌，四月戊戌朔（朔）廿四日辛酉，反葬扵萬年縣洪固鄉壽貴里。公言行兼*（兼）脩，榮辱罕累，好善無倦，奉九言而弗失。談何容易，酬三語而見知。嘉以儀表藴藉，志情夷蕳*（簡），素氣与風雲共遠，雅趣与丘壑（壑）俱深。雖復才為世出，學殊為己，見維纓紱，非其好焉。前妻萬春縣君范陽盧氏，開府容城伯柔之女，靖恭閑令，翫閲詩史，當春早落，厚夜方同。將恐地毀成湖，桒（桑）沉作海，式憑鐫勒，永播*（播）芳猷。乃為銘曰：

源導峿崍（崍），基宗崐閬。商資兩伯，漢尊二相。胤緒斯分，風流可尚。守衛作台，登萁有讓。顯允君子，含章*（章）挺生。麗川含璗，藍岫開瓊。率由孝敬，藉甚聲名。徐楡屢下，蔡履頻迎。賤璧恡（恡）陰，師逸叻（功）倍。談窮理窟，情摛筆海。訪獸辯牙，夢禽驚采。持滿慎逸，知足戒殆。爰初觀國，名超擇宫。記曺（曹）舊藻，糺（糾）正聞風。招携江表，剋舉漢東。博宣風化，載緝民戎。天道芒昧，人途飄忽。一息長謝，百齡何夂（久）。徒馭如歸，生靈已没。繐（繐）帳虚網（網），書帷空月。焚荊（荊）命兆，樹櫝開阡。哀鐸緩節*（節），悲驟（驟）不前。風鳴隧草，雲沒*（没）山田。紀兹令德，寄此貞堅。

長子萬頃，世子勇力，次子恵（惠）尚。

長女適滎陽毛氏宜君侯，次女適安定梁氏，次女適隴西文氏。

考釋

使持節儀同大將軍，官名。北周武帝建德四年（五七五）改儀同三司置。主要授予有軍勛的功臣及北齊降官，無具體職掌，九命。初加使持節、大都督、車騎大將軍、散騎常侍，静帝大象元年（五七九）罷其制，唯總管、刺史及行兵者加持節。下設長史、司馬、司録、中郎、掾、屬、參軍等府僚。隋文帝開皇元年罷。

總管府長史，品級高下視所屬機構而异，從三品至七品不等。宋州府無長史，僅親王府、都督府有此官。後各代王府也設長史，總管府内事務，其他政府機構，僅元儲政院設。

七葉珥貂，源見《金張許史》。借指世代顯貴。《漢書》謂金日磾七世爲皇帝近臣。珥貂，貂尾，漢代侍中、中常侍等官插于冠上爲飾。唐駱賓王《上齊州張司馬啓》：『千年御鶴，振仙氣于帝鄉；七葉珥貂，襲榮光于戚里。』

巢許不遠，巢許，亦作『巢由』，是巢父和許由的并稱。巢父、許由都是上古傳説時期的隱逸之士。後來這一并稱成爲隱士的代稱，或用來稱頌高潔的志向。

禽尚何人？禽，即伯禽；尚，即尚父。伯禽，姬姓，名禽。伯是其排行，尊稱禽父，周文王姬昌之孫，周公旦長子，周武王姬發之侄，周朝諸侯國魯國第一任國君。尚父，亦作尚甫，指周朝時期吕望，即姜尚姜子牙，意爲可尊敬的父輩。後世用以尊禮大臣的稱號。姜子牙是齊國第一任國君。

吏部郎中，就是分掌各司事務，其職位僅次于丞相、尚書、侍郎的高級官員。郎中本是官名，即帝王侍從官的通稱。其職責原爲護衛、陪從，隨時建議，備顧問及差遣。戰國始有，秦漢沿置。後世遂以侍郎、郎中、員外郎爲各部要職。

同奉孝之早殁。奉孝，三國魏陽翟人郭嘉的字。少有遠量，深通籌略。曹操召見論天下事，曰：『使孤成大業者，必此人也。』表爲司空軍祭酒。屢從征伐有功，年不滿四十而卒，謚貞。

類伯道之無兒，晋人鄧攸，字伯道，少孤。居喪以孝聞。永嘉（三〇七—三一三）末没於石勒，勒過泗水，攸擔其兒及其從子綏以逃。數遇賊，度不能兩全，以其弟早亡，特全其從子，乃弃其子而去。至江東，爲太子中庶子。出爲吴郡太守，累遷尚書左僕射。攸弃子之後，竟無嗣。時人義而哀之曰：『天道無知，使鄧伯道無兒。』

曾子，名參，孔子弟子。張霸，西漢東萊人，成帝時求古文《尚書》，霸以能爲『百兩篇』徵。霸分析合二十九篇以爲數十，又采《左氏傳》、《書叙》爲作首尾。

顔生，即顔回，孔子弟子。

黄憲（一〇九—一五六），字叔度，號徵君。東漢著名賢士，汝南慎陽人。世貧賤，父爲牛醫，而憲以學行見重于時。延光元年（一二二），太守王龔以袁閬爲功曹，舉陳蕃、黄憲等爲孝廉。黄憲時年十四，潁川荀叔遇之于逆旅，與語移日不能去，以之爲師表，稱之爲顔子；同郡戴良才高倨傲，及見憲歸，茫然若有失，自愧不及。周子居常云：『吾時月不見黄叔度，則鄙吝之心已復生矣。』及蕃爲三公，臨朝嘆曰：『叔度若在，吾不敢先佩印綬矣。』郭泰謂其汪汪若千頃波，澄之不清，淆之不濁，不可量也。憲初舉孝廉，又辟公府，暫到京師而還，竟無所就。漢桓帝永壽二年歲次丙申，年四十八終，天下號曰徵君。

中外府記室曹，公府諸曹之一。東漢公府置記室令史，掌章表書記文檄。三國時單稱記室。東晋初，晋元帝鎮東丞相府始置記室參軍，南朝宋以後以記室爲公府諸曹之一。《宋書·百官志上》説：『今諸曹則有録事、記室、右户、墨曹，凡十八曹參軍。』南齊公府與北魏北齊三師、二大、三公府均置記室參軍，北周大丞相府與都督中外諸軍事府亦置記室參軍。

石苞位重，石苞（？—二七三），字仲容，渤海南皮（今河北南皮東北）人。三國時曹魏至西晋重要將領，西晋開國功臣。西晋建立後，歷任大司馬、侍中、司徒等職，封樂陵郡公，卒後謚號武。

孫楚氣高。孫楚，晋朝人，年輕時看不慣世俗的凡庸無聊，欲隱退山水間，過隱居生活。漱石枕流典故出自此公。

帥都督，官名。西魏、北周與隋文帝時，府兵各軍府，以帥都督統旅。其官秩，西魏、北周爲正七命，隋爲從六品。隋煬帝時，改稱旅帥。

御伯下大夫，官名。北周改侍中爲御伯，設御伯中大夫、下大夫等官，爲駕部之長，屬天官府，掌出入侍從。武帝保定四年改爲納言，相當于歷代侍中之職。

小御正，即御正下大夫，官名。西魏恭帝三年（五五六）置，北周沿之。亦作小御正下大夫。天官府御正司次官，佐御正中大夫掌本司事務，正四品。周武帝建德二年（五七三）省中大夫，遂成爲長官，宣帝大象元年（五七九）復置中大夫後，仍爲副貳。隋文帝開皇元年（五八一）廢。

大都督，魏晋南北朝稱『都督中外諸軍事』或『大都督』者，即爲全國最高之軍事統帥。南宋時亦偶有用都督、同都督，督視各路兵馬等，爲執政官出任臨時統帥之稱。

車騎大將軍，是中國古代的高級將軍官名。漢制，金印紫綬，位次于大將軍及驃騎將軍，而在衛將軍及前、後、左、右將軍之上，位次上卿，或比三公。典京師兵衛，掌宫衛，第二品，是戰車部隊的統帥。漢時，車騎將軍主要掌管征伐背叛，有戰事時乃拜官出征，事成之後便罷官。東漢末年開始成爲常設的將軍官名，唐朝之後廢除。

儀同三司，官名，始于東漢。本意指非三公（司馬、司徒、司空）而給以與三公同等的待遇。魏晋以後，將軍開府置官屬者稱開府儀同三司。

韓增麾號，韓增（？—前五十六），韓王信玄孫、按道侯韓説之子、韓嫣之侄。韓説被太子劉據所殺後，長子韓興嗣爵，後因巫蠱被殺。

鄧騭臺衮。鄧騭，後漢人，字昭伯。以后兄累遷車騎將軍，儀同三司，定策立安帝，封上蔡侯。不受，西羌叛，受詔將兵討平之，拜大將軍。騭輔政，崇節儉，罷力役，推進賢士楊震等，天下以安。以母病，上書乞養還第，詔令有大議與公卿參謀。建元初復封上蔡侯，位特進。尋被誣絶食死。順帝立，平反，録用其子孫。臺衮，猶臺輔。衮，古代帝王及上公的禮服。

兹從韋孝寬、宇文子遷和韋瓘這三方墓誌可知，韋旭至少有四個兒子，即孝寬、子遷、處士府君和韋孝固。处士府君是韋瓘生父，瓘又过繼给季父孝固爲嗣，故其世系爲：（見下一頁）

女：長女適滎陽毛氏宜春侯、次女適安定梁氏、三女適隴西文氏。

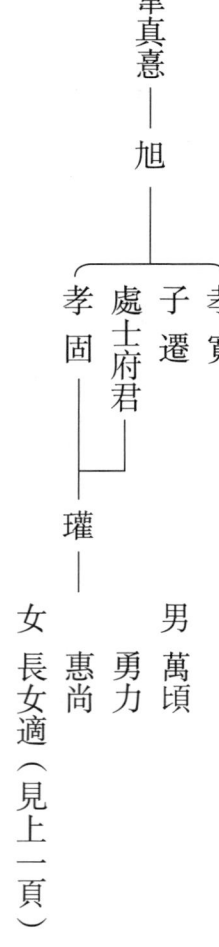

韋真憙—旭—孝寬
　　　　　　子遷
　　　　　　處士府君
　　　　　　孝固—瓘—男　萬頃
　　　　　　　　　　　　勇力
　　　　　　　　　　　　惠尚
　　　　　　　　　　女　長女適（見上一頁）

誌主宇文瓘之父，誌稱處士府君而諱其名，與孝寬、孝固、子遷系兄弟行。因其季父孝固無子，乃以誌主過繼爲嗣，『傍繼小宗，義昭猶子』。猶子，侄子也。

誌主的職務、官級、封號升遷軌迹爲：

大將軍中山公府賓曹參軍—中外府記室曹、襲爵安平縣開國子—帥都督御伯下大夫—小御正—大都督—車騎大將軍、儀同三司、改封建安縣開國子—安州總管府長史—隋（隋）州刺史。

建德六年（五七七）十月十七日，誌主病逝隋州，享年四十三歲。宣政元年（五七八）四月廿四日，歸葬于萬年縣洪固鄉壽貴里。

誌文贊揚他『奉九言而弗失』、『酬三語而見知』。九言，九句格言。指春秋時鄭國子大叔告誡趙簡子的九句話。《左傳·定公四年》：（鄭子大叔卒）晋趙簡子爲之臨，甚哀，曰：『黄父之會，夫子語我九言，曰：「無始亂，無怙富，無恃寵，無違同，無敖禮，無驕能，無復怒，無謀非德，無犯非義。」』唐杜牧《歸融册贈左僕射制》：『太叔九言，服以行之，終身不倦。』清錢謙益《父季兆原任工部司務贈中憲大夫》：『奉九言於太叔，守以終身。』

三語，晋王衍向阮修問老莊與儒教异同内容。自意語、隨他意語、隨自他意語，爲《佛學常見詞匯》如來所説的三種語，即隨。隨自意語就是佛隨自己的意思而説自己親證的實相法；隨他意語是佛隨順衆生的根機而説種種的方便法；隨自他意語是佛在爲衆生説法時，一方面隨著自己的意思，一方面又順着衆生的根機。

宇文瓘前妻范陽盧氏，封萬春縣君，是開府容城伯盧柔的女兒，知詩書，青春早逝。誌主本人事功，史籍不載。

大周儀同建安子之銘 蓋

大周使持節儀同大將軍安州總管府長史治隋州刺史建安子宇文瓘墓誌

大周使持節儀同大將軍安州總管府長史治隨州刺史建安子宇文瓘墓誌
公諱瓘字世恭京兆萬年人也本姓韋氏後魏末改爲若乃電影含星虹輈所
誕聖蜺光繞月嶽瑣於是降靈寵遊隆則詩歌未紱德宗繼相則德貴黃金
世錫族又慎其始七葉珥貂抑鍾餘慶曾祖旭司空文惠公惠茂天爵位崇
□亡者處士府君高蹈絕俗幽貞無悶單詩不速肴尚何人公即處士之第三
子也季父孝固吏部郎中贈雍州刺史安平恭子同春孝之早殁類伯道之無兒
以公嗣繼小宗義昭猶子公幼而秀異風神閑綽資忠履孝遊藝依仁學窮書府
則西逕西目詞逸翰林則千賦在手比之曹子張霸思其高蹤譬以福生黃憲軌
起家□□□將軍中山公府賓曹參軍俄轉中外府記室書雖石色位重而孫
楚氣□而□高南山遂紆東海襲爵安平縣開國子俄授帥都督御伯下大夫之轉
以□□是絲綸明其紀察非諸後異晴餘雨之除大都督又遷車騎大將軍儀
同三司□□摩號鄧□台□輝映兩京莫此爲盛改封建安縣開國子仍除安州
總管府長史洲州控隋鄖之浚壤楊漢之清波民半右負地隣□揚□□所寄
才□是資公斷決如流提綱有序鎮南聲績孟有助公儀治隋州刺史方東德勵
精誠十部之使□帷承寵□三公之服而天流十日悲谷之影無迴地紀百川
上半闕

瑩之波長馮建傳六年歲次丁酉十月十七日遘疾薨于隨州春秋卅三宣政元
王歲次戊戌四月戊戌朔廿四日辛酉友甤於萬年縣洪固鄉壽貴里公旦行載
佐情前妻與風雲共逝奉九言談向客易酬三語而見知嘉以儀頽
寺歲簡妻萬表九言談向客易酬三語而見知嘉以儀頽
表早歿方同將恐地賢成胡蘆沈開府密雖侠卅為世出馭殊為己見維
議道幼君子今童從生廣州伯漢鳥二相沈作海岫眾風流鏡勤氷悄茫闌令玄
源道九岷岑岫間菊貞兩范陽盧開府窘亞之女靖恭閨合玄
窆嗣表若沒夜將將知駿戍胡範沈開府密雖侠卅為世出馭殊為己見
迎啟月名童陰鶯漢寫二監岫開瓊密緒由眾風流鏡勤氷悄茫闌令玄
义適歎月糟陰師逆提擇官宮記察理曹蕎藻紀正聞風
民天啟觀名超擇宮記密情橋筆海訪數辭不夢命
愛芳風雨逐橫閑一息長錚綬節悲曝不前佩
迎民愛芳隨槓閑忽一息長錚綬節悲曝不前佩
書帷戒月焚菜合 長項 世子勇 次女適安定梁氏
令長女適燉陽毛氏宜君集 次子勇
念忠寫此貞醫 兆 次女適隴西李尚武

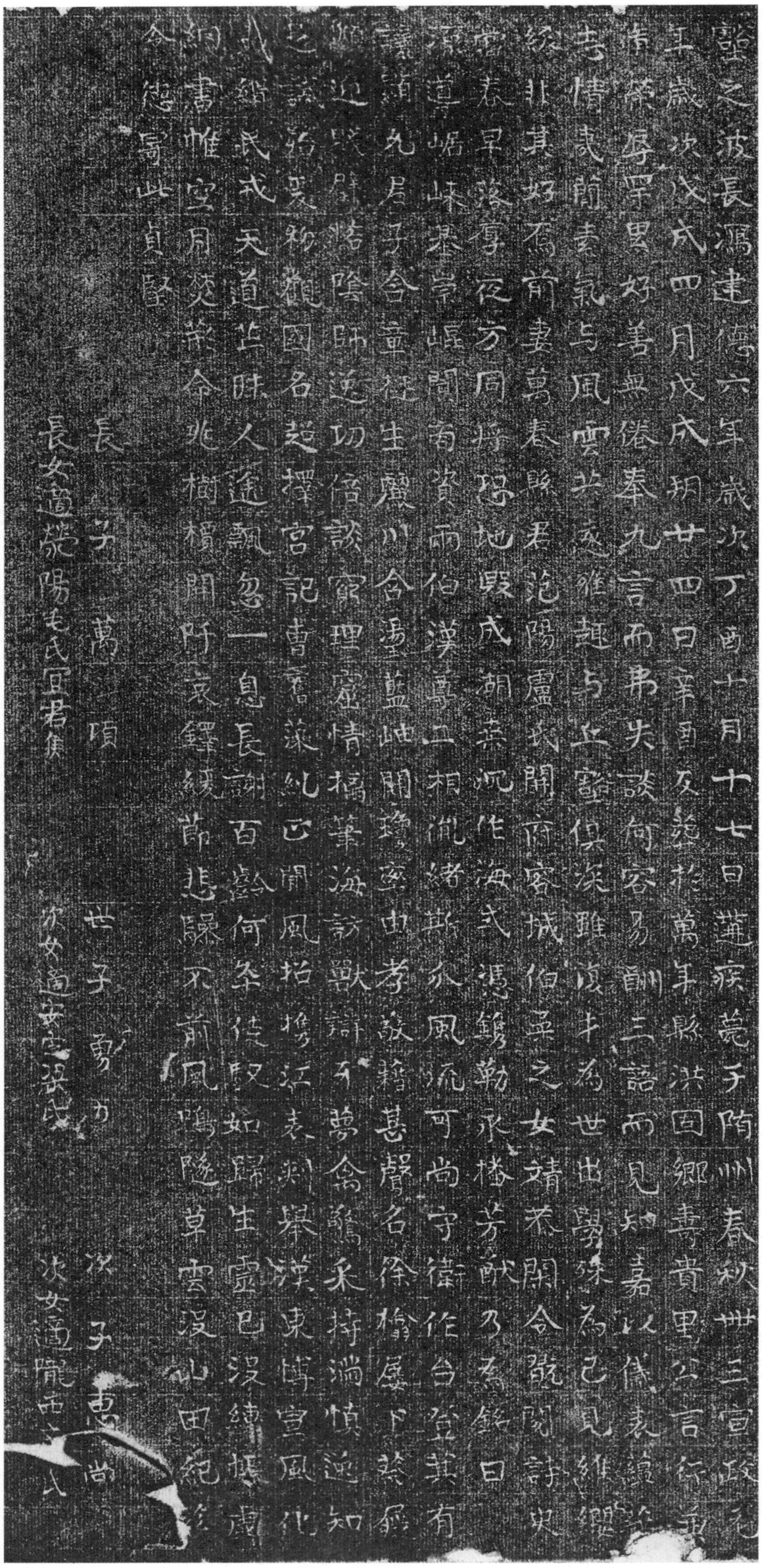

下半闕

隋儀同陵蓬普三州刺史平桑公韋諶墓誌（五九八）

概述

韋諶墓誌出自地質七隊基建工地二號墓。形制結構同一號墓，規模略小，方向一百八十度。墓道口長九點四一米，寬一點八八米至一點七八米，深三點二〇米。三個天井，分别長二點〇七米、二點四五米和二點七八米，寬度亦不一樣。斜坡墓道長二十三點二米，寬一點八米。墓道洞和甬道高二點二四米。各天井下前方壁畫武士像，高一點二米，柱劍而立，惜很快剥落。甬道長一點七米。墓深八點二米。墓頂坍塌，墓室近方形，每邊長三點一米，墓壁殘高一點四米。盗擾太甚，墓誌位墓室内右前方，誌蓋不扣在誌石上（圖十五）。該誌系青石質正方形，覆斗式蓋，頂部每邊長四十三點五厘米。面刻篆書陽文四行十六字：大隋儀同陵蓬普弎州刺史平桑公墓誌。四殺部無紋飾。誌石每邊長五十二厘米，厚十二厘米。誌面陰刻銘文二十八行，每行滿格二十八字。書法莊重規整，遒勁秀美。四側面無紋飾。

誌文

大隋*（隋）儀同三司、陵（陵）、蓬、普三州剌（刺）史、平桒（桑）郡開國公，故韋君墓誌銘

公諱諶，字奉誠，京（京）兆杜*（杜）陵（陵）人也。叚*（殷）伯啓（啓）其洪緒，楚（楚）傅纂其世業，西京（京）丞相，家有讓爵之高，東漢徵君，門延玉帛之禮。太學石經（經），驚鴻之巧未滅，雲臺榜題，飛鷰（燕）之妙猶存。祖旭，司空文恵（惠）公，雅量清規，人倫模楷。考，雍州牧，大司空、太傅上柱國鄖襄公。道賛（贊）三光，聲超四海，太常銘德，王府書切（功）。君資川嶽之英靈*（靈），感星象之秀氣，孝友發扵天性，聡（聰）慧受扵自然。早得通理之名，幻（幼）負高明（明）之譽。從遊入室，唯淶*（染）芝蘭，趍（趨）步過逰（庭），但言詩礼。學通經（經）史，藝兼弓劔（劍）。皷（鼓）鍾之響外聞，鳴鸖（鶴）之聲遠徹。且勳賢之胤（胤），才地兼舉，䟽爵酬庸*（庸），寔允時望。魏大統十六年，以公子王命，封懷德縣開國佰（伯）。周二年，改封穰縣開國公。保定四年，除大都督。

既建社*（社）扵南蕃，又司兵扵北闕。張唐拒相，設*（設）權（權）文信之侯，吕后不哀，即晤陳平之策。天和元年，除使持節*（節）平東將軍、都督陵州諸軍事，陵（陵）州剌（刺）史。五年拜使持節*（節）車騎*（騎）大將（軍）儀同三司。四郊多壘，杜*（杜）元凱扵是陳謀，三河未清，竇王孫遂加戎袟。六年降普州剌（刺）史。大象二年轉蓬州剌史。開皇啓運，銓録勳賢，二年進封平桒（桑）郡

開國公。合邑一千四百户。公器宇沉邃，識度恢遠，當官以仁恕為本，立志以謙*（謙）撝在念。□未忤時，性不傷物，朋友重其廉*（廉）讓，僚類稱其温謹。分茅*（茅）錫圡（土），頻膺利建。班絛（條）擁莭*（節），屢踐名蕃。清静以對小鮮，嚴羈而御黠*（黠）馬。惸獨歸而繈負，姦豪退而屏跡。愛冬日威厲秋霜，始有来晚之謡，終聞去思之詠。徒言輔順，遂乖與善，云胡不㴬（淑），曽（曾）莫憖遺。開皇九年十二月十八日遘（遘）疾，薨扵京（京）苐*（第），春秋卌（四十）有九。以十八年十一月十七日厝扵大興縣洪固鄉舊塋之内。善*（善）人天地之紀，君子邽*（邦）家之基，朝*（朝）野追以傷心，行路聞而灑泣。雖上先賢之傳，且載耆舊（舊）之書，汙竹有煙爐之理，縑*（縑）素有縢囊之慮。敬陳茂實，其詞曰：

三輔衣冠，八川鼎族。業傳弓冶，家承世禄。玄冕（冕）繡裳，朱輪華轂*（轂）。跡垂漢簡，聲流魏牘。扶風良守，司空恵（惠）主。前賢後哲，重規疊矩。襄公命世，秉文經（經）武。在舟為檝（楫），居堂作柱。海生珠貝，山挺琳球。君之載誕，還復公侯。入司禁衛，出撝（據）方州。刑清訟息，民安吏休。逸（逸）羽將飛，駿足始步。未上赤霄，寧窮長路。燭風難久，隟（隙）駒易度。忽以小年，俄從大暮。朝辤（辭）華屋，夕宿荒垧。桐闇遂寝（寢），凡犬無聲。曲池方涸，高臺日傾。孰云不朽，所貴楊名。

考釋

太學石經，即《熹平石經》。刻于東漢靈帝熹平四年（一七五）至東漢光和六年（一八三），刻成後立于當時的漢魏洛陽城開陽門外洛陽太學所在地。東漢時期漢靈帝爲了維護統治地位，下令校正儒家經典著作，派蔡邕等人把儒家七經（《魯詩》、《尚書》、《周易》、《春秋》、《公羊傳》、《儀禮》、《論語》）抄刻成石書，一共刻了八年，刻成四十六塊石碑。每塊石碑高三米多，寬一米多。太學，就是當時的國立大學，所以人們又稱這部書爲《太學石經》。這部中國歷史上最早的官定儒家經本，是用隸書一體寫成，字體方平正直、中規入矩，極爲有名，故也稱爲《一字石經》。

熹平石經後因戰亂毁壞。自宋代以來，偶爾有石經殘石出土，歷代總共發掘和收集了八千八百多字，共四十六石，殘石主要分藏西安碑林博物館（四百九十一字），部分藏于洛陽博物館（二十四字）及北京圖書館。

雍州牧，雍州的最高官員。古雍州又稱凉州，今武威市，又稱雍凉之都。古代以九州之長爲『牧』，是管理人民之意。漢武帝時設十三州部，每部設一刺史，漢成帝時，改刺史爲州牧。後廢置無常。東漢靈帝時，爲鎮壓農民起義，再設州牧，并提高其地位，居郡守之上，掌一州之軍政大權。如漢末劉表爲荆州牧，袁紹爲冀州牧，都等于割據政權。以後歷代設都督、總管、節度使等，州牧之名即廢。

唐宋時，惟京師或陪都地方最高長官以親王充任者，尚稱爲『牧』，其他州牧之名均廢。清代，往往借作知州的别稱，實際上遠非東漢州牧之比了。

平東將軍，武官名，『四平將軍』之一。始見于三國魏政權時期，秩二品，晋與南朝時爲優禮大臣虚號，南朝宋時秩三品，南齊亦有開府置僚屬者，梁陳時秩第二十班，加『大』者位進一班，優者加同三公，北朝亦置，用以褒奬勛庸。兩晋南北朝時期的平東將軍多爲擁兵方鎮，在諸將軍品位中地位較高。

陵州爲四川古地名，北周始置，隋廢，唐復置。故治在今仁壽縣境。唐初轄五縣：仁壽、貴平、隆山、始建、井研。貞觀元年，割隆山屬眉州。永徽四年，分貴平置籍縣，仍轄五縣。熙寧五年，廢州爲陵井監。

晋州，今隸屬于河北省石家莊市，地處河北省中南部。

蓬州北周天和四年（五六九）置縣，縣治安固縣（今四川省營山縣安固鄉）。領義安、伏虞、隆城等。

州刺史，古代地方官名。西漢劃分全國爲十三部（州），每部設刺史，主管巡察，官階低于郡守。東漢末將一部分刺史改爲州牧，居郡守之上。魏晋後一般稱刺史。隋唐改州爲郡時稱太守，改郡爲州時稱刺史。宋以後廢，但習慣上仍用作知州的别稱。誌主韋諶先後任以上三州刺史。

張唐拒相，典出《戰國策》張唐拒絶文信侯吕不韋入燕爲相的安排。

文信侯，即吕不韋，在秦爲相十三年。乃戰國後期著名政治家。著作《吕氏春秋》，後被流放于蜀，死之。

杜元凱，即杜預，字元凱，西晋杜陵人。政治家，軍事家，學者。滅吴統一戰争統帥之一，著有《春秋左氏經傳集解》。

竇王孫，即杜嬰，清河觀津人，西漢政治家、軍事家，平定七國之亂大功臣。

繈負，用布幅包裹小兒而負于背。

弓冶，謂父子世代相傳的事業。語本《禮記・學記》：『良冶之子，必學爲裘；良弓之子，必學爲箕。』《北史・魏收魏季景等傳論》：『季景父子，雅業相傳，抑弓冶之義。』唐陳子昂《臨邛縣令封君遺愛碑》：『陳其弓冶，戴其簪纓。』明無名氏《運甓記・剪髮延賓》：『孩兒陶洪，詩書勤習，堪承弓冶之傳。』清龔鼎孳《吴郎南征賦别》詩：『國士知弓冶，家聲薄鼎鐘。』

誌主韋諶，史無其名。《北史・韋孝寬傳》載有六子，總、壽、霽、津知名。而無諶名。《周書・韋孝寬傳》記載與北史無异。《隋書·韋世康傳》載有從弟韋壽和韋霽、韋津，亦不見韋諶。湮没在歷史塵埃中的這位人物，今天被我們的考古發掘給復活了。

據誌文，韋諶于開皇九年（五八九）十二月十八日病逝，春秋四十有九，則其生當在五四一年（西魏文帝大統七年），大統十六年（五五〇）以公子王命封懷德縣開國伯，年僅十歲。北周保定二年（五六二）改封穰縣開國公。保定四年（五六四）任大都督，成爲軍事長官，時年二十四歲，正是英姿勃發，鋭意進取的大好年華。天和元年（五六六）成爲平東將軍、陵州刺史。建德五年（五七六）拜爲車騎大將軍，六年（五七七）轉任晋州（今河北省石家莊市）刺史。大象二年（五八〇）轉蓬州（今四川省營山縣安固鄉，領義安、伏虞、隆城等郡）刺史。隋文帝開皇啟運，銓録勛賢，二年（五八二）進封其爲平桑郡開國公，食邑一千四百户。開皇九年（五八九）去世于京第，十八年（五九八）十一月十七日厝葬于祖塋。

誌文没有提及韋諶的妻室與子嗣，耐人尋味，像他這個歷西魏、北周以迄隋唐出將入相、聲勢烜赫的簪纓世族，聯姻本身就是一場政治結盟，冀以壯大和鞏固他們在朝廷的權力。何况在以韋孝寬爲首的鄖公房的這處墓地，誌主的墳墓處于中心地位，西鄰兄長揔墓，東鄰依次爲弟壽、津墓，兄弟四墓一字排列，與南面的乃父孝寬墓呈『品』字形布局。五座墓規模宏大，方向一致，一律墓道在南，墓室在北。除諶孑然一身外，其餘四墓都是夫妻合葬。更何况諶在四兄弟中，享齡僅次于四弟津的六十八歲，而超過兄揔的二十九歲和弟壽的四十二歲，達四十九歲。墓地内也没有發現他的妻室和子女墓，難道他是個獨身主義者？此問題，使人困惑。

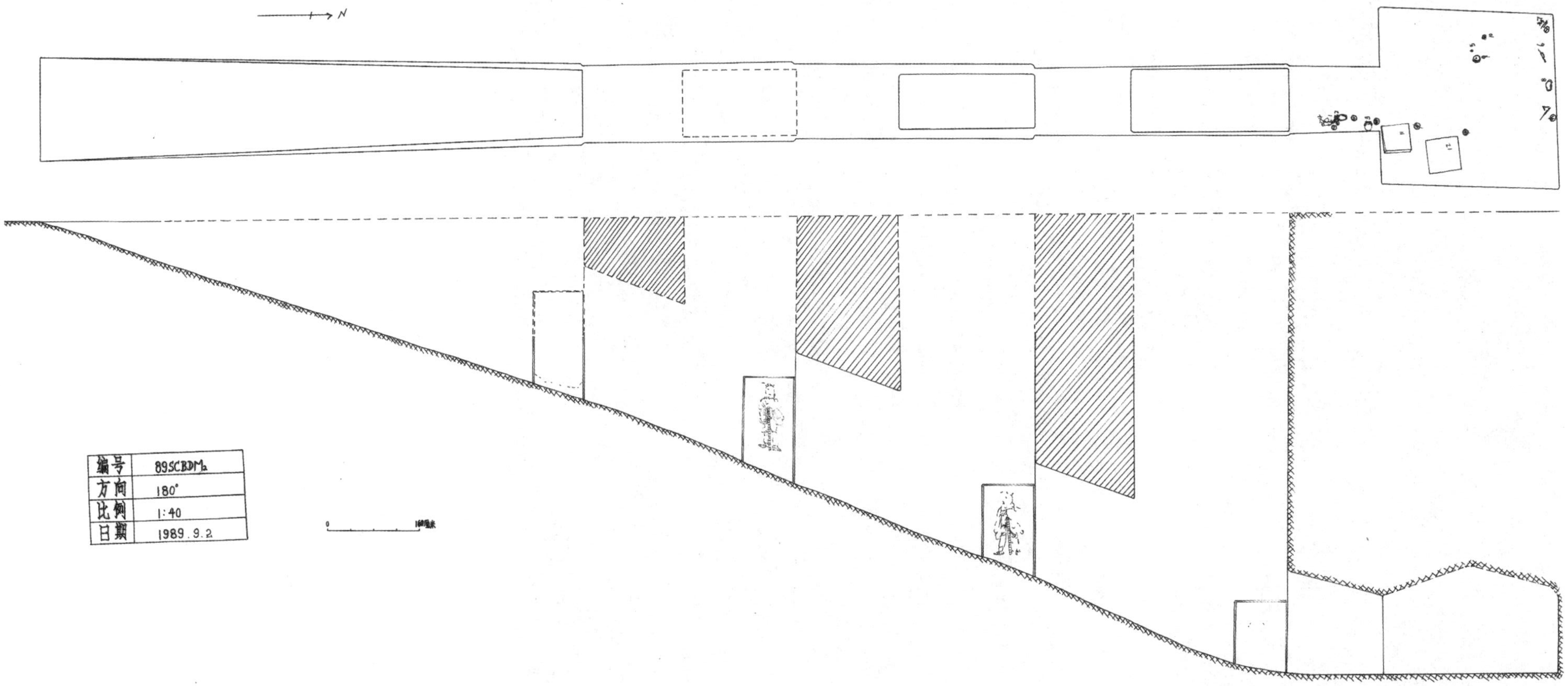
N
编号 89SCBDM2
方向 180°
比例 1:40
日期 1989.9.2

圖十五 韋諶墓平面剖面圖

大隋儀同陵蓬普弎州刺史平桑公墓誌 蓋

大隋儀同三司陵蓬普三州刺史平桑郡開國公故韋君墓誌銘

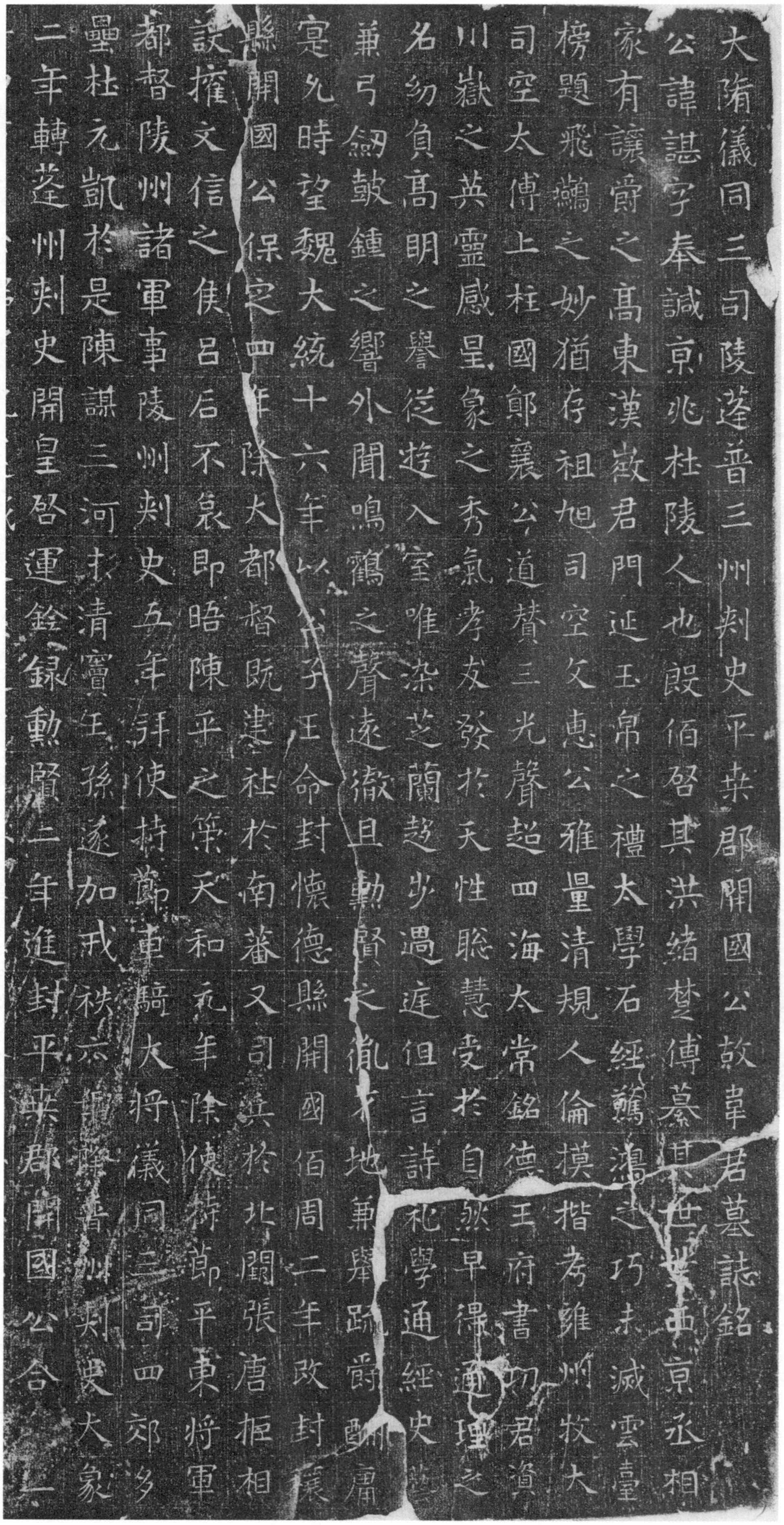
大隋儀同三司陵蓬普三州刺史平桒郡開國公故韋君墓誌銘
公諱諶字奉誠京兆杜陵人也殷佰留其洪緒楚傅纂其世業西京丞相
家有讓爵之高東漢嶽君門延玉帛之禮太學石經鐫鴻之巧未滅雲臺
榜題飛鸞之妙猶存祖旭司空文惠公雅量清規人倫摸楷考雍州牧大
司空太傅上柱國鄖襄公道賛三光聲超四海太常銘德王府書功君資
川嶽之英靈感星象之秀氣孝友發於天性聰慧受於自然早得通理之
名幼負高明之譽從遊入室唯染芝蘭趍步過庭但言詩禮學通經史藝
兼弓劍鼓鍾之響外聞鳴鶴之聲遠徹且勳賢之胤本地兼聲蹈爵酬庸
寔允時望魏大統十六年以公子王命封懷德縣開國佰周二年改封襄
縣開國公保定四年除大都督既建社於南蕃又司兵於北闕張唐拒相
設權文信之使呂后不梟即晤陳平之策天和元年除使持節平東將軍
都督陵州諸軍事陵州刺史五年拜使持節車騎大將儀同三司四郊多
壘杜元凱於是陳謀三河擾清竇王孫遂加戎袟六擢蓬普州刺史大象
二年轉蓬州刺史開皇啓運銓錄勳賢二年進封平桒郡開國公合

上半闕

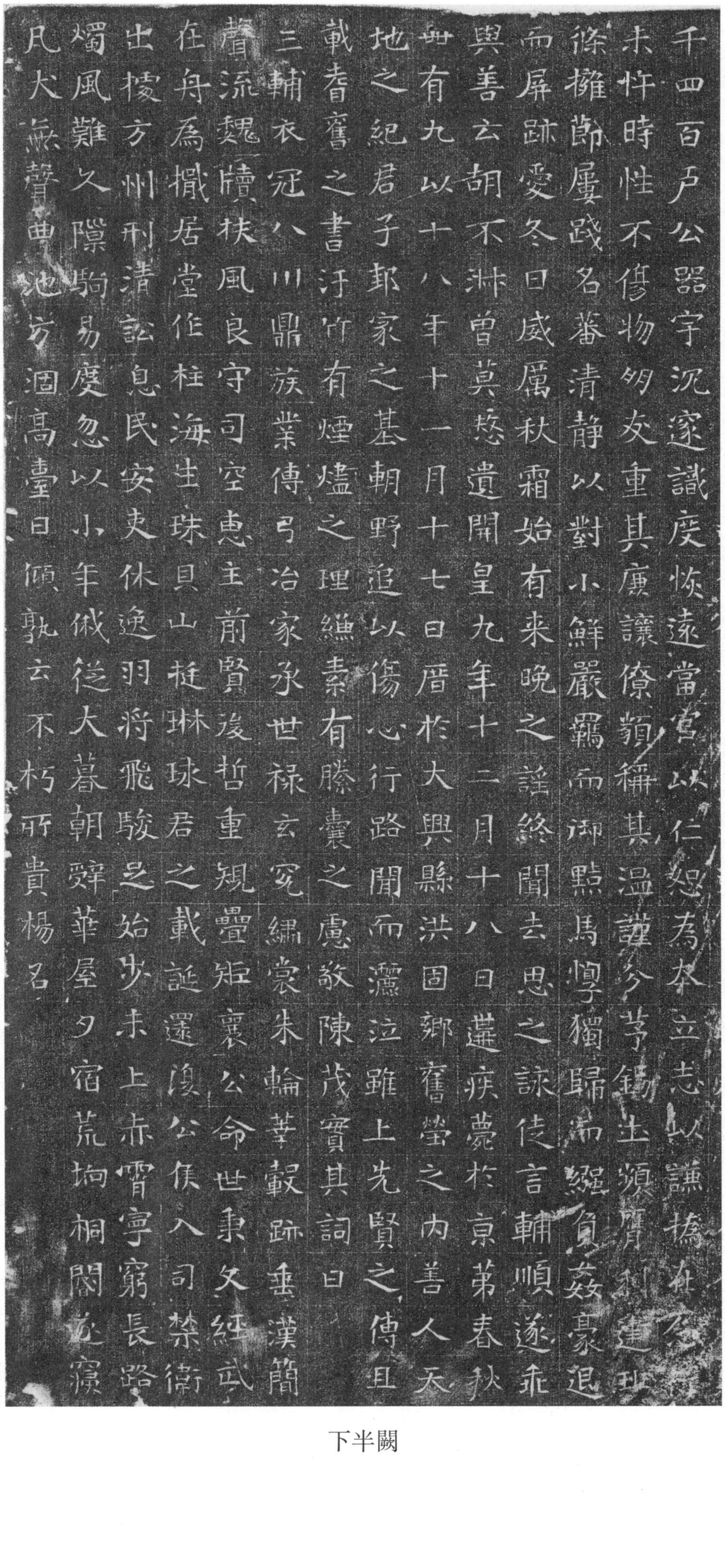
千四百戶公器宇沉邃識度恢遠當官以仁恕為本立志以謙撝在公
未忤時性不傷物朋友重其廉讓僚類稱其溫謹兮茅錫土頒胄列建社
絛攡節屢踐名蕃清靜以對小鮮嚴羈而御黠馬學獨歸而縲負姦豪退
而屏跡愛冬日威屬秋霜始有來晚之謠終聞去思之詠佞言輔順遂乖
與善云胡不淋曾莫慭遺開皇九年十二月十八日遘疾薨於京第春秋
卌有九以十八年十一月十七日厝於大興縣洪固鄉舊塋之內善人天
地之紀君子邦家之基朝野追以傷心行路聞而灑泣雖上先賢之傳且
載耆舊之書汗竹有煙燼之理緗素有縢囊之慮敬陳茂實其詞曰
三輔衣冠八川鼎族業傳弓冶家承世祿玄冕繡裳朱輪華轂跡垂漢簡
聲流魏牘扶風良守司空惠主前賢後哲重規疊矩襄公命世秉文經武
在舟為檝居堂作柱海生珠貝山挺琳球君之載誕還復公侯入司禁衛
出援方州刑清訟息民安吏休逸羽將飛駿足始步未上赤霄寧窮長路
燭風難久隙駒易度忽以小年俄從大暮朝辭華屋夕宿荒垧桐闕迷寢
凡犬無聲曲池方涸高臺日傾孰云不朽所貴楊名

下半闕

隋上開府毛州刺史滑國定公韋壽墓誌（五九二）

概述

韋壽墓誌與妻史世貴墓誌，出自地質七隊基建工地三號墓。方向一八五度。墓道口長七點七六米，寬一點三二米，深二點四米。斜坡墓道長二十點五米，寬一點二八米，深五點五米。三個天井，分别長一點二米、一點三二米和三點六米。有壁畫四幅。墓道洞和甬道高一點六五米，甬道長一點六八米。墓室平面呈梯形，前寬三點四米，後寬三米，兩腰各長二點九二米，墓頂坍塌，墓壁殘高一點六米。兩方墓誌位于墓室洞口（圖十六）。

韋壽墓誌爲正方形，覆斗式蓋，蓋頂部每邊長四十八厘米，蓋面刻減地陽文，篆書四行十六字：大隋上開府毛州刺史滑國定公墓誌銘。四殺部素面。誌石碩大，每邊長五十六厘米，厚十厘米。誌面銘文二十九行，每行二十九字。其中，末尾四行字小且擠，行達三十七字，尚有一行十多字容納不下而刻在左側面上。其餘三側面爲素面。誌文總計近一千字。

誌文

大隋*（隋）使持莭*（節）、上開府、京（京）兆尹、毛州刾（刺）史、滑國定公韋君墓誌銘

公諱壽，字世齡，京（京）兆杜*（杜）陵（陵）人也。盖司空文恵（惠）公之孫，太傅大司空鄖國襄公之苐（第）三子也。五陵（陵）冠冕（冕），俱推丞相之尊，三輔高名，共歎*（嘆）瀛金之誡（誡）。豈唯上相之府，絛（絛）侯則継世重光，中台之任，莊（莊）公則善*（善）扵其職（職）。是知陳完之後，八世唯京（京），畢萬之家，初封即大。公擅（擅）嶽瀆*（瀆）之精靈*（靈），感風雲之苻瑞，神衿（衿）開爽（爽），慧識清華，佰（伯）父逍遥公甞（嘗）撫而歎（嘆）曰：『此兒似父，當継吾宗，恨不見其冨*（富）貴耳』。周二年八歲，以公子王命，封安邑（邑）縣開國佰（伯）。天和三年，年十七，詔授右侍上士。爰騰茂實，啓國光家，尅賛（贊）英聲，来叅（參）近衛，除都督遷（遷）右宗衛上士。建德（德）元年，轉司右上士。旣（既）而地望勳隆，才高德懋，千牛之重，允属英賢。九重之禁，寔資旄（髦）彦，加帥*（師）都督。趙王以帝弟之親，牧兹赤*（赤）縣，召公為主簿，民之望也。又詔遷（遷）少御佰（伯），軄（職）典兵符，兼司璽籥，慱（博）陸侯未能*（能）相屈，夷維子不敢開關。蹇蹇匪躬，公之謂矣。尋除大都督*（督）。曁乎問罪商郊，倍戎効勳。建德六年，詔授使持莭*（節）儀（儀）同大將軍，封永安縣開國侯，邑（邑）八百户。又轉（轉）少御*（御）佰（伯）下大夫。宣政元年，又遷（遷）少司右下大夫，其年轉（轉）司右大夫。既同台鉉之儀（儀），方階爕（燮）理之舉。然公問望俱遠，聲實優隆，

輦轝之任，事資才幹。大象二年，除京（京）兆尹，即公之本邑（邑）也。襄公昔牧雍州，八川申桒（桑）梓*（梓）之敬，懷公前蕃（蕃）此任，陸海致神明（明）之謡。豈獨星曜潁（潁）川，乃識元方父子，官稱萬石，始見内史尊卑而已乎！

詔又以襄公勠（戮）三晋（晋）之鯨（鯨）鯢，剪九江之封豕，其年七月進封滑國公，邑（邑）五千户。仍拜上開府儀（儀）同大將軍，尹如故。安豊（豐）侯師期之請，平陽侯絶漠之功（功），施及子孫，斯之謂矣。

皇上舊（舊）赤帝而駈馳，雄傑（傑）登紫極而光宅。神州側席（席）求賢，以弘（弘）庶*（庶）政。居喪（喪）礼奪，復起臨郡，其年八月除吴州刺（刺）史。未及之任，轉（轉）恒州刺（刺）史。能*（能）更其礼，若曲阜之移風；因民所習，同營丘之返政。四年，遷（遷）毛州刺（刺）史，情同寇（寇）恂之請，帝不許留（留）。化有卧治之能*（能），方敦*（敦）礼教。既而寝（寢）疾不悆，桒（桑）公之術無施，奄棄（弃）光陰（陰）。元里之方無効，以開皇十二年十一月廿九日薨於京（京）第*（第），春秋卌（卌）有二。以十八年十一月十七日歸（歸）葬（葬）於大興縣洪固鄉舊塋*（塋）之内，詔謚定公，礼也。唯公理識，叅（叁）才對日，早班朝命，無隔雲煙。慮佳城之再曉，庶*（庶）播於三千。其詞曰：

高陽啓*（啓）胄，殷*（殷）佰揚名。八凱匡翼，二相阿衡。西河鼎氣，東漢風清。蟬聯*（聯）世載，誰之与京（京）？襄公蔚起，英風獨振。豹變兩河，虒（虎）視三晋（晋）。帝曰功（功）格，天唯留（留）慭*（憖）。綬結青絲，龜傳金币（幣）。唯公挺秀，降茲明德。師範*（範）冠冕*（冕），人倫士則。賛（贊）務皇畿，叅*（參）謀輦職（職）。入輔出蕃，燕南趙北。推轂*（轂）布政，郊躍命友。掛揄欽賢，虛罇（尊）礼酒。德（德）流棠樹，仁同惠（惠）柳。奄忽飛魂，空延驤首。千尋（尋）高掌，万里長城。中河落月，文昌墜星。朝辭（辭）帝闕，夜落荒坰（坰）。留連隨會，□玄堪德。

考釋

誌主韋壽，《隋書》卷四十七、《北史》卷六十四有傳。

伯父逍遥公，即鄖國公韋孝寬的胞兄韋夐，字敬遠。志尚夷簡。弱冠召拜雍州中從事，謝疾去，不就徵辟。所居枕帶林泉，蕭然自樂。明帝時敕有司日給河東酒一斗，賜號逍遥公。夐雅好名義，虛襟善誘，晚年惟以體道會真爲務。宣政（五七八）初卒。

右侍上士，官名。西魏、北周時天官府宫伯中大夫屬官，正三命。與左侍上士共同負責皇帝寢宫的安全。皇帝臨朝及出行時，亦随侍左右。皆披銀甲，執麟環長刀，刀用銀飾。北周多作爲起家官，周武帝即位初期，宇文孝伯任職，常陪侍武帝讀書。隋文帝開皇元年（五八一）廢。

右宗衛上士，司右上士，官名。西魏恭帝三年（五五六）置，北周沿置。夏官府『司右中大夫』屬官，正三命。北周武帝建德二年（五七三），省六府諸司中大夫，以下大夫爲長官，遂成爲司右司次官。宣帝即位，復置六府諸司中大夫後，仍爲屬官。隋文帝開皇元年（五八一）罷。

帥都督，官名。西魏、北周與隋文帝時，府兵各軍府，以帥都督統旅。其官秩，西魏、北周爲正七命，隋爲從六品。隋煬帝時，改稱旅帥。

少御伯，官名。御伯，西魏恭帝三年（五五六）置，天官府屬官，員二人，正五命。《大唐六典》卷八《侍中》：『後周天官府，置御伯中大夫二人，天子出入，則侍于左右，大祭祀盥洗，則授巾，武帝改御伯爲納言，蓋侍中之職也。』北周武帝保定四年（五六四）改稱納言中大夫。少御伯，即御伯之副。

少司右下大夫，官名。西魏恭帝三年（五五六）置，北周沿置。夏官府司右司次官，佐司右中大夫掌皇帝出行、田獵的護衛。北周武帝建德二年（五七三），省六府諸司中大夫，遂成爲司右司長官，稱司右下大夫。宣帝即位，復置六府諸司中大夫後，仍爲次官。正四命。隋文帝開皇元年（五八一）罷。

司右大夫，官名。西魏恭帝三年（五五六）仿《周禮》司右置，北周沿置。夏官府司右司長官，掌皇帝出行、田獵時的護衛。下設小司右下大夫、小司右上士、小司右中士以佐其職，領戎右下大夫、齋右下大夫、賓右上士、道右上士、田右上士等官屬。北周武帝建德二年（五七三）省。宣帝即位後，復置，正五命。隋文帝開皇元年（五八一）罷。

京兆尹，官名。漢代管京兆地區的行政長官，職權相當于郡太守。後因以稱京都地區的行政長官。《漢書・百官公卿表上》：『内史，周官，秦因之，掌治京師。景帝二年分置左（右）内史。右内史，武帝太初元年更名京兆尹。』唐韓愈《司徒許國公神道碑銘》：『其葬物，有司給之，京兆尹監護。』亦省稱『京兆』。

國公衹是一種身份、地位，并不是官職，一般是對國家有重大貢獻或是皇親國戚才有的，所以不能和現在的官職比。類似于建國初期的國家榮譽主席。所以他是地位高，而没有實權的，如果皇帝要讓他辦什麼事的話要另外任命官職的，比如欽差大臣。唐代封滑國公的有皇甫無逸、韋壽等人。

上開府儀同大將軍，勛官名。北周武帝建德四年（五七五）置，位在開府儀同大將軍上。主要授予有軍勛的功臣及北齊降官，無具體職掌。九命。初任此職者加使持節、大都督、驃騎大將軍、侍中，静帝大象元年（五七九）罷此制，唯任總管、刺史及行兵者加使持節。下置有長史、司馬、司録、中郎、掾、屬、參軍等。

毛州刺史。毛州，北周大象二年（五八〇）置毛州，與陽平郡同治館陶縣（今山東省冠縣東古城鎮）。隋大業二年（六〇六）廢州。唐武德五年（六二二）復置毛州，領館陶、冠氏、堂邑、臨清、清水、沙丘六縣。貞觀元年（六二七）又廢毛州。

刺史，職官。原爲朝廷所派督察地方之官，後沿爲地方官職名稱。漢武帝時，分全國爲十三部（州），部置刺史。成帝改稱州牧，哀帝時復稱刺史。魏晋于要州置都督兼領刺史，職權益重。隋煬帝、唐玄宗兩度改州爲郡，改稱刺史爲太守。後又改郡爲州，稱刺史，此後太守與刺史互名。宋于州置知州，而無刺史職任，刺史之名僅爲武臣升遷之階。元明廢名，清僅用爲知州之别稱。

條侯，西漢周亞夫的封號。《史記·絳侯周勃世家》：『文帝擇絳侯勃子賢者河内守亞夫，封爲條侯，續絳侯後。』明尹耕《秋興》詩之三：『條侯自靖中州變，竇憲曾銘塞外勛。』

中臺，在古代指内臺，天子會諸侯時，爲諸侯所設的臺，分内外臺，内臺比外臺尊貴。《逸周書·王會》：『中臺之外，其左泰士，臺右彌士。』朱右曾校釋：『中臺即内臺，其外則下等也。』魯莊公二十一年（前六七三）夏，鄭、虢二國聯軍攻洛陽，送周惠王閬復位，殺王子頹及五大夫。原伯原莊公説：『鄭伯效尤，其亦將有咎。』

陳完之后。陳完（前七〇五—？），春秋時陳國公族，陳厲公嬀躍之子，字敬仲（一説敬是謚號）；是戰國時期田氏齊國的始祖；其後裔中有中國古代著名軍事家田穰苴，孟嘗君田文，吴孫子孫武，齊孫子孫臏，新朝皇帝王莽等。

畢萬之家。畢萬，武王之弟，名高。封于畢，遂以畢爲姓。畢公高之裔曰畢萬。《史記·魏世家》：『畢萬之世彌大。』指其人丁興旺，支派流衍，家大業大。

博陸侯，漢昭帝始元二年（前八五），漢昭帝根據漢武帝遺詔，封大將軍霍光爲博陸侯，博陸侯國都在今北京市平谷區大興莊鎮北城子村東。地節二年（前六八），霍光死，子霍禹承襲。四年（前六六），霍氏陰謀廢宣帝，事泄，霍禹被殺，侯國廢除。

襄公昔牧雍州，懷公前釐此任。誌主之父鄖襄公韋孝寬，與其長子韋摠，三子韋壽，父子三人都做過京兆尹，這在幾千年歷史上是絶無僅有的，故視爲莫大榮光。

星曜潁川，乃識元方父子。陳元方，名紀，字元方，潁川許昌（今河南省許昌東）人，陳寔之子。與弟陳諶俱以至德稱，兄弟孝養，閨門雍和。與父親陳寔和弟弟陳諶在當時并稱爲『三君』。遭父喪，哀痛嘔血，豫州刺史表上尚書，繪象百城，以勵風俗。遭黨錮後，累辟不就。董卓入洛陽，就家拜五官中郎將。紀不得已而到京師，累遷尚書令。建安元年（一九六），袁紹爲太尉，欲讓于紀，紀不受。拜太鴻臚，卒于官。紀子群嘗諶子忠各譽其父功德，相争不決，質于祖父寔。寔道：『元方難爲兄，季方（諶字）難爲弟。』紀于遭黨錮後，發憤著書，號曰《陳子》，凡數萬言。

安豐侯。《封竇融爲安豐侯詔》出自《東觀記》。行河西五郡大將軍、凉州牧、張掖屬國都尉竇融，執志忠孝，扶微救危，仇疾反虜隗囂，率厲五郡精兵，羌胡畢集，兵不血刃，而虜土崩瓦解，功既大矣。篤意分明，斷之不疑吾甚之，其以安豐、陽泉、蓼、安風凡四縣，封融爲安豐侯。

平陽侯，曹參，字敬伯，江蘇沛縣人，西漢開國功臣，名將，是繼蕭何後的漢代第二位相國。秦二世元年（前二〇九），跟隨劉邦在沛縣起兵反秦，身經百戰，屢建戰功，攻下二國和一百二十二個縣。劉邦稱帝後，對有功之臣論功行賞，曹參功居第二。前二〇二年，封平陽侯。

寇恂之請。寇恂，東漢昌平人。初爲郡公曹。説太守耿況，南迎光武，遂拜恂偏將軍。從破群賊，及南定河内，拜河内太守。行大將軍事。既至則率厲士馬，轉輸不絶。又擊敗蘇茂，復拜潁川太守。討平盗賊，郡中悉定，封雍奴侯。後潁川盗起，恂從帝出征，賊平，百姓遮道曰：『願從陛下復借寇君一年。』乃留鎮撫。

據誌文，誌主韋壽于北周二年（五五八），以祖蔭，貴公子，封安邑縣開國伯，年僅八歲。天和三年（五六八），十七歲爲右侍上士、千牛備身、都督、右宗伯。建德元年（五七二），轉司左上士，加帥都督。帝弟趙王爲雍州牧，聘爲主簿，從民望也。又詔遷少御伯。『暨乎問罪商郊，倍戎効勛』。《隋書·韋壽傳》：『（周）武帝親征高氏，拜京兆尹，委以後事』。《周書·武帝紀》：建德四年秋『帝親率六軍，衆六萬，直指河陰。』壽之『倍戎効勛』，當在斯役。宣政元年（五七八），遷少司右下大夫，轉司右大夫。大象二年（五八〇）爲京兆尹。是繼乃父孝寬和長兄揔之後，又榮膺此官職的韋氏人物，父子三京兆，實爲罕見，其顯耀堪比漢朝權要博陸侯霍光。

其年，以父平尉遲迥，封滑國公，儀同三司。

『皇上舊赤帝而馳驅…側席求賢…』，指隋文帝受禪建隋，壽丁父喪去職後，起令視事，遷恒州刺史。開皇四年（五八四）遷毛州刺史。開皇十二（五九二）年十一月廿九日薨于京第，年四十二歲。十八年（五九八）十一月十七日歸葬于洪固鄉大塋之內。

韋壽，兩部史籍有其專傳，但史文簡約，都不及本誌文的豐厚詳實。史載仁壽（六〇一—六〇四）中，隋文帝爲晉王楊昭納壽之女爲妃。

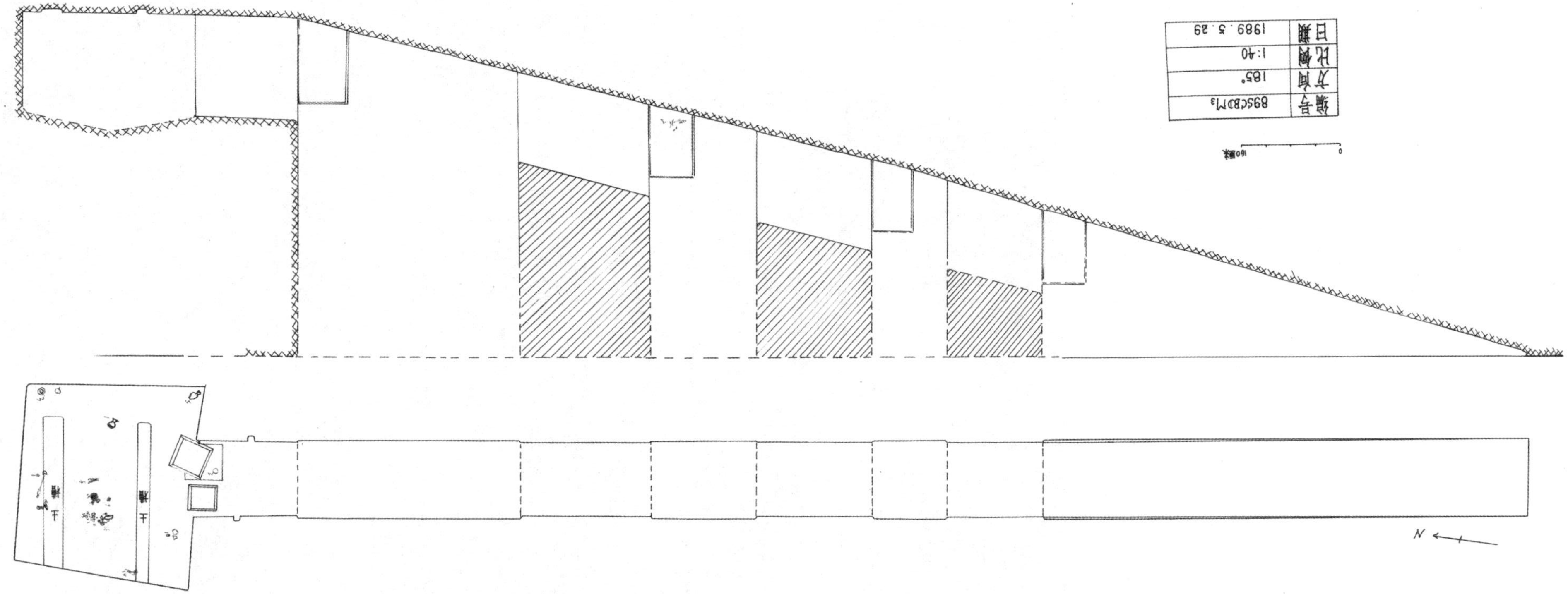
编号 89SCBDM3
方向 185°
比例 1:40
日期 1989.5.29

圖十六 韋壽夫婦墓平面剖面圖

大隋上開府毛州刺史滑國定公墓誌銘 蓋

大隋使持節上開府京兆尹毛州刺史滑國定公韋君墓誌銘

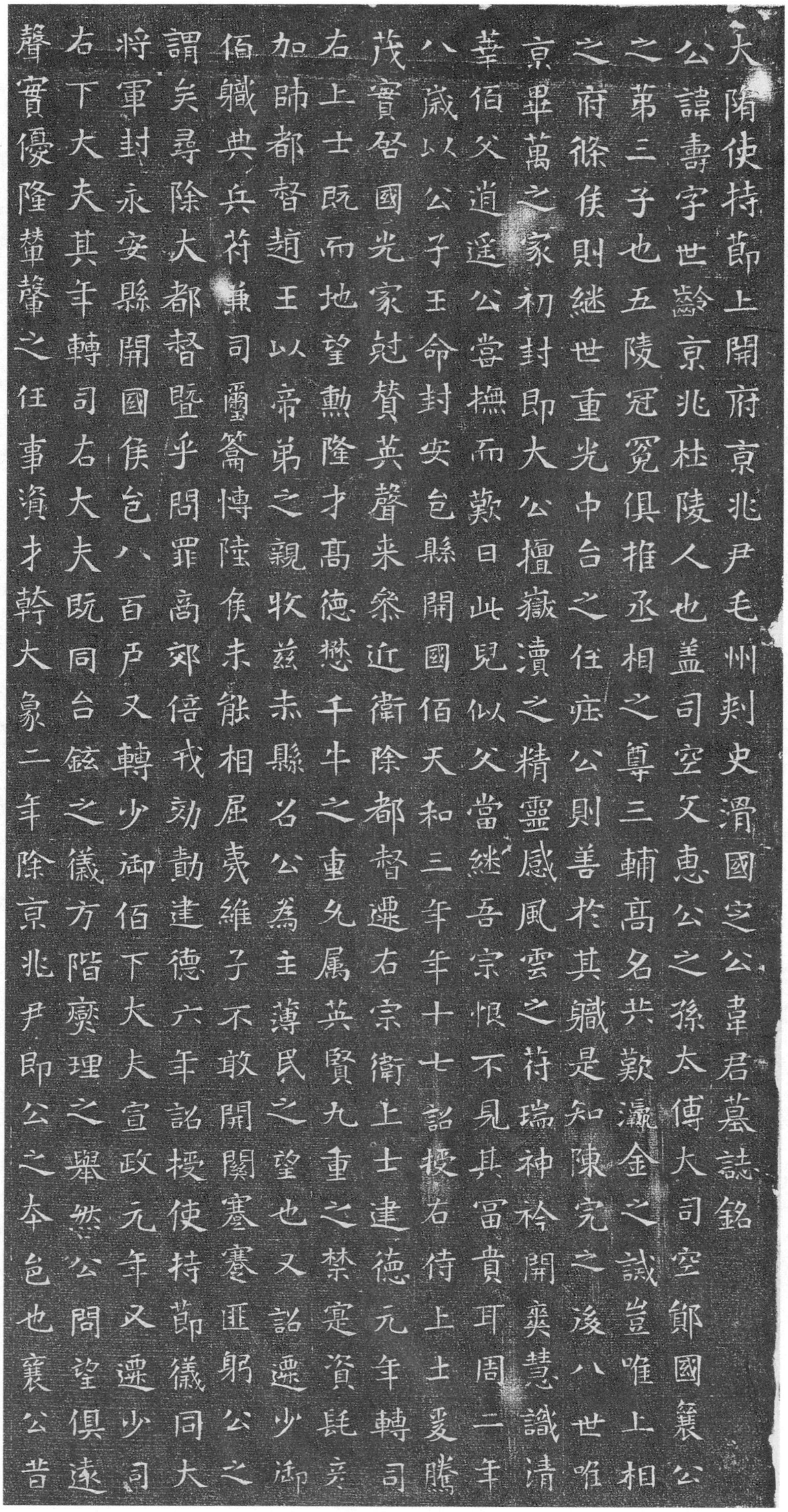

大隋使持節上開府京兆尹毛州刺史滑國定公韋君墓誌銘
公諱壽字世齡京兆杜陵人也蓋司空文惠公之孫太傅大司空鄖國襄公
之第三子也五陵冠冕俱推丞相之尊三輔高名共歎瀛金之識豈唯上相
之府徐侯則継世重光中台之任庄公則善於其職是知陳完之後八世唯
京畢萬之家初封即大公擅嶽瀆之精靈感風雲之符瑞神衿開爽慧識清
華伯父逍遥公嘗撫而歎曰此兒似父當継吾宗恨不見其富貴耳周二年
八歲以公子王命封安邑縣開國伯天和三年年十七詔授右侍上士爰騰
茂實啓國光家尅贊英聲来參近衛除都督遷右宗衛上士建德元年轉司
右上士既而地望勲隆才高德懋千牛之重允屬英賢九重之禁寔資旣亲
加帥都督趙王以帝弟之親牧茲赤縣名公為主薄民之望也又詔遷少御
伯職典兵符兼司璽篙博陸侯未能相屈袁維子不敢開關蹇蹇匪躬公之
謂矣尋除大都督暨乎問罪高郊倍我効勳建德六年詔授使持節儀同大
将軍封永安縣開國侯邑八百户又轉少御伯下大夫宣政元年又遷少司
右下大夫其年轉司右大夫既同台鉉之儀方階燮理之舉然公問望俱遠
聲實優隆輦轂之任事資才幹大象二年除京兆尹即公之本邑也襄公昔

上半闕

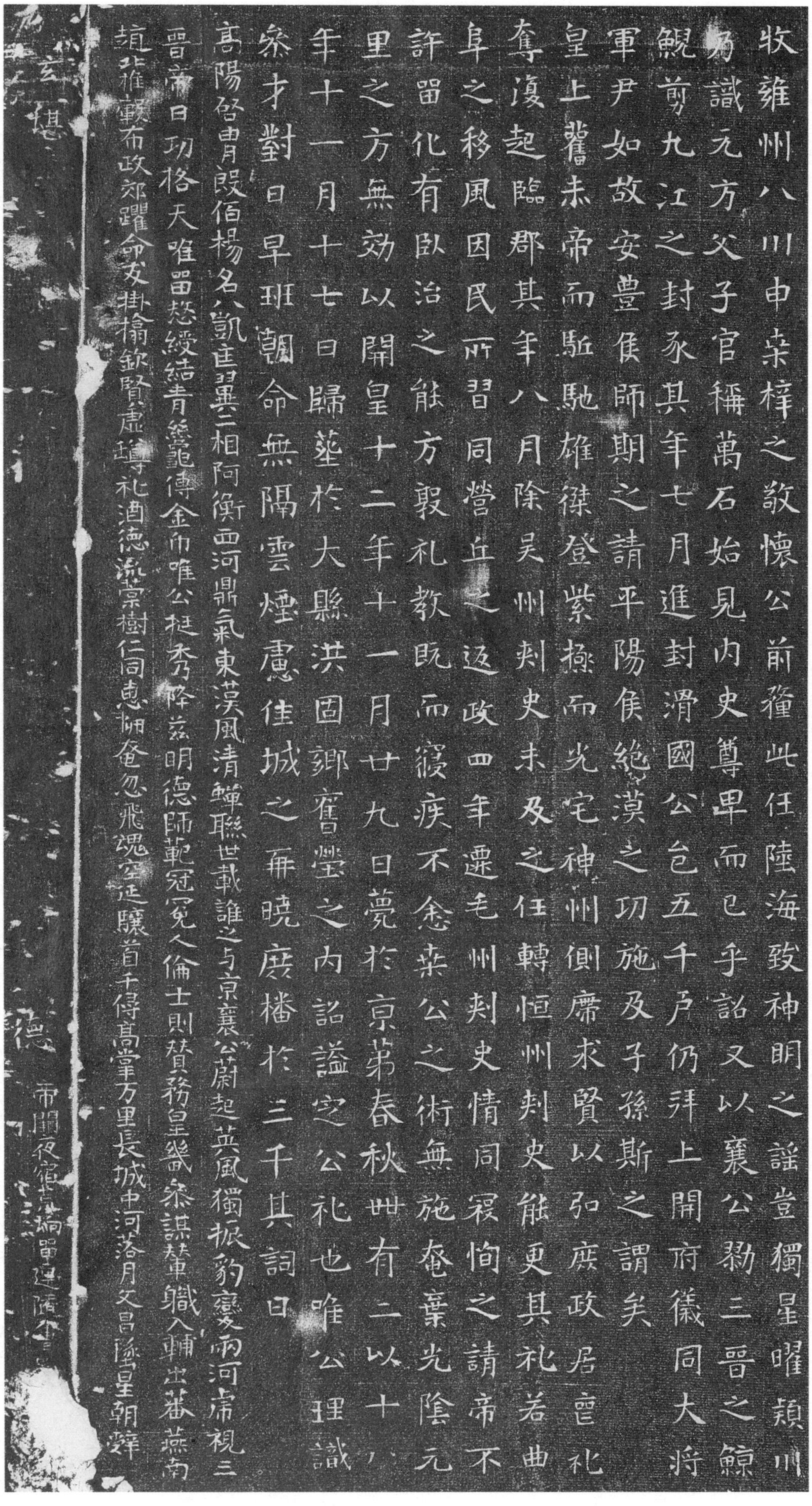

牧雍州八川申桑梓之敬懷公前蒞此任陸海致神明之謠豈獨星曜潁川
以識元方父子官稱萬石始見内史尊卑而已手詔又以襄公勳三晉之鯨
鯢剪九江之封豕其年七月進封滑國公邑五千户仍拜上開府儀同大將
軍尹如故安豐侯師期之請平陽侯絶漠之功施及子孫斯之謂矣
皇上膺未帝而駈馳雄藩登紫極而光宅神州側席求賢以弘庶政居喪礼
奪復起臨郡其年八月除吴州刺史未及之任轉恒州刺史能吏其礼若曲
阜之移風因民所習同營丘之返政四年遷毛州刺史情同寢恤之請帝不
許留化有卧治之能方敦礼教既而寢疾不念桑公之術無施奄棄光陰元
里之方無効以開皇十二年十一月廿九日薨於京第春秋卌有二以十八
年十一月十七日歸塟於大縣洪固鄉舊塋之内謚謚曰恭公礼也唯公理識
參才對曰早班飄命無陽雲煙處佳城之無曉庶播於三千其詞曰
高陽啓胄毁佰揚名八凱連翼二相阿衡西河鼎氣東漢風清蟬聯世載誰之与京襄公蔚起英風獨振豹變兩河虎視三
晉帝曰功格天唯留愁綬結青鸞龍傳金帛唯公挺秀降茲明德師範冠冕人倫士則賛務皇畿參謀鞏職入輔出蕃燕南
埴北推轂布政郊躍命友掛榆欽賢虚尊礼酒德流棠樹仁同惠柳奄忽飛魂空延贖首千得高掌万里長城中河落月文昌隕星朝辞

下半闕

隋滑國公韋壽夫人史世貴墓誌（五八五）

概述

該誌出自地質七隊基建工地第三號墓。覆斗式蓋，頂部每邊長三十二點五厘米，頂面篆書陽文三行九字：大隋滑國夫人之墓誌。四殺部素面。誌石每邊長四十三點三厘米，有銘文二十三行，每行二十三字。

誌文

大隋*（隋）使持莭*（節）、上開府、毛州諸軍事、毛州刾（刺）史、滑國公韋壽之妻、滑國夫人史氏*（氏）之墓誌

夫人諱世貴，扶風莫西人也。使持莭*（節）、柱國、大將軍、東南道□十六州諸軍事、荊（荆）州揔（總）管、荊（荆）州刾（刺）史、安政烈公史寧之苐*（第）□女也。昔河陽縣内，既作賦而神傷，𣾰（漆）園樹下，雖扣盆而猶□。信万恨之不追，何百年之太早。夫人生居甲舘（館），地本良家，用玆（兹）積善*（善），誕此英媛。含章秉德（德），直*（直）𦋐（置）精神，柔情濯態*（態），自然風采。飛繡轂*（轂）於玉臺，敞朱簾*（簾）於金穴，既及摽*（摽）梅之時，實致*（致）桃夭之義。承筐（筐）委贄，蕳*（簡）賢配德（德），宗卿致*（致）逆（逆）女之期，諸娣有盈門之送。年十有三，作嬪夫氏*（氏）。婦功（功）婦德，絶世表於當年，肜（彤）管肜（彤）闈，佳麗稱於獨步。幽閑之業有聞，字愛之情斯重。以開皇元年詔授滑國夫人，以申小君之貴。既而寒暑推移，人事飄忽，終成亳社*（社）之灾，遂致*（致）泉臺之禍。天不輔仁，奄見徂歿*（殁），春秋卌（卅）有一。以開皇五年六月十五日薨于毛州之官舍，嗚呼哉*（哉）！六年歲次敦牂（祥）正月廿五日，權瘗（瘞）于大興縣小陵（陵）南洪固鄉壽貴里。悲龍燭之不歸，愴魚軒之空反。眷然遺事歎息之際，万途撫*（撫）存，悼亡傷心者非一。式題令範（範），乃為銘曰：

猗*（猗）歟令淑（淑），公族公孫。禮成保姆，德（德）重閨門。含章*（章）内朗，幽閑外温。紘綖嗣職（職），酒醴司存。承巾沃*（沃）盥（盥），舉案陪飧。如何飄忽，遽掩營魂。恨由傷錦，悲生扣盆。松風夜急，隴霧朝昏（昏）。如何天*（天）逝，天道寧論。長息寶鸞，滑國世子。苐*（第）二息寶鸞（鸞），阿陽縣男。苐*（第）三子三岳。苐*（第）四子寶安。長女寶質。苐*（第）二女寶越。苐*（第）三女寶殿。苐*（第）四女桃苻（符）。苐*（第）五女寶意。

考釋

昔河陽縣内，既作賦而神傷。河陽縣，春秋晉河陽邑，戰國屬魏。漢置縣，故城在今河南省孟縣西。西晉時潘安任河陽令，作賦感嘆縣令的卑微，官署的簡陋。

漆園樹下，雖扣盆而猶□。

據《史記·老子韓非列傳》：莊子，蒙人，名周。爲蒙漆園吏，與梁惠王、齊宣王同時。著《莊子》，大抵率寓言也。扣盆，當作鼓盆。鼓盆而歌表示對生死的樂觀態度，也表示喪妻的悲哀。莊子妻子死了，莊子失去了相依爲命的伴侶，親人亦餘悲戚，生者惟長歌當哭，安慰兒女鼓盆而歌。歌曰：『生死本有命，氣形變化中。天地如巨室，歌哭作大通。』再後來，莊子覺得自己真的要與造化者相游了，他的心情很平靜。五十二篇古本《莊子》佚文説：『莊周病劇，弟子對泣之。』應曰：『我今死，則誰先？更百年生，則誰後？先不得免，何貪于須臾？』弟子們又想厚葬老師，莊子倒覺得難過了：看來弟子們在這關鍵時刻并没有勘破生死關。于是他説：『我以天地爲棺椁，以日月爲（陪葬的）美玉，以星辰爲珍珠，天地用萬物來爲我送行，我的葬物還不齊備嗎？』弟子們不覺垂淚，説：『我們怕烏鴉和老鷹吃老師您的遺體。』莊子笑道：『天上有烏鴉和老鷹來吃，地上也有螻蟻來吃啊，要是奪了前者的食物給後者享用，不是太偏頗了嗎？』莊子終于悠然而去，很有詩意。

亳社之災。亳社，古代建國必先立社。殷都亳，故稱。《春秋·哀公四年》：『六月辛丑，亳社災。』杜預注：『亳社，殷社，諸侯有之，所以戒亡國。』《穀梁傳·哀公四年》：『亳社者，亳之社也。亳，亡國也。亡國之社以爲廟屏戒也。』范寧注：『亳，即殷也。殷都于亳，故因謂之亳社。』

泉臺之禍。泉臺，墓穴，指陰間。唐駱賓王《樂大夫挽辭》之五：『忽見泉臺路，猶疑水鏡懸。』

悲龍燭之不歸。龍燭，詞語。意指燭龍神所銜之燭，指太陽，以龍爲飾之燭。出自三國魏曹植《芙蓉賦》：『焜焜韡韡，爛若龍燭。』劉逵《山海經》曰：『鐘山之神，名曰燭龍，視爲晝，瞑爲夜。』

愴魚軒之空反。魚軒，古代貴族婦女所乘的車。用魚皮爲飾。《左傳·閔公二年》：『歸夫人魚軒。』杜預注：『魚軒，夫人車，以魚皮爲飾。』唐王維《故南陽夫人樊氏挽歌》之一：『錦衣餘翟茀，綉轂罷魚軒。』清和邦額《夜譚隨録·柴四》：『見綵旂前導，華轂後隨，鮮衣花帽，簇擁魚軒。』

紘綖嗣職。紘綖，《國語·魯語下》載公父文伯勸其母勿績，其母教訓文伯應勤織不怠，并謂『王后親織玄紞，公侯之夫人加之以紘、綖：男女效績，愆則有辟，古之制也。』後因以『紘綖』爲貴顯人家婦女具有勤儉美德的典故。北周庾信《周大都督陽林伯長孫瑕夫人羅氏墓誌銘》：『蘋藻維敬，紘綖是勤。』明張居正《祭封一品嚴太夫人文》：『肅肅母訓，煌煌令儀，紘綖蘋藻，筐筥枲絲。』王闓運《常公神道碑》：『夫人同縣劉氏，孝敬夙聞，貧修鹿車之敬，貴習紘綖之禮。』

長息寶鸞。息，兒子。《戰國策・趙策四》：『老臣賤息舒祺，最少不肖。』南朝梁徐防《長安有狹邪行》：『大息登金馬，中息謁承明，小息偏愛幸，走馬曳長纓。』

據誌文，誌主史世貴之父，是使持節柱國大將軍、荆州刺史史寧，《北史》卷六十一、《周書》卷二十八有傳。字永和，曾祖豫，仕北凉沮渠氏爲臨松令，魏平凉州，祖灌隨例遷於撫寧鎮，因家焉。誌文説：『扶風莫西人也。』其因有自。寧少以軍功，拜别將。遷直閣將軍，宿衛禁中。隨荆州刺史賀拔勝平荆蠻有功，爲南郢州刺史。後隨勝奔梁。西魏大統二年（五三六）自梁歸闕（西魏），進爵爲侯，遷車騎將軍、行涇州事。十二年（五四六）轉凉州刺史，前刺史宇文仲和據州作亂，寧討平之，加車騎大將軍、儀同三司、大都督，不久加侍中，進爵爲公。及北周孝閔帝踐阼，拜小司徒，出爲荆襄淅郢等五十二州諸軍事，荆州刺史。保定三年（五六三）卒，謚曰烈。與誌文吻合。

誌主十三歲嫁給韋壽，開皇五年（五八五）逝于毛州（今河北省館陶縣）官舍，得年僅三十一歲。開皇六年（五八六）正月廿五日權瘞于洪固鄉壽貴里。六年後起出與夫韋壽合葬。

茲據韋壽夫婦的這兩方墓誌，列其世系如下：

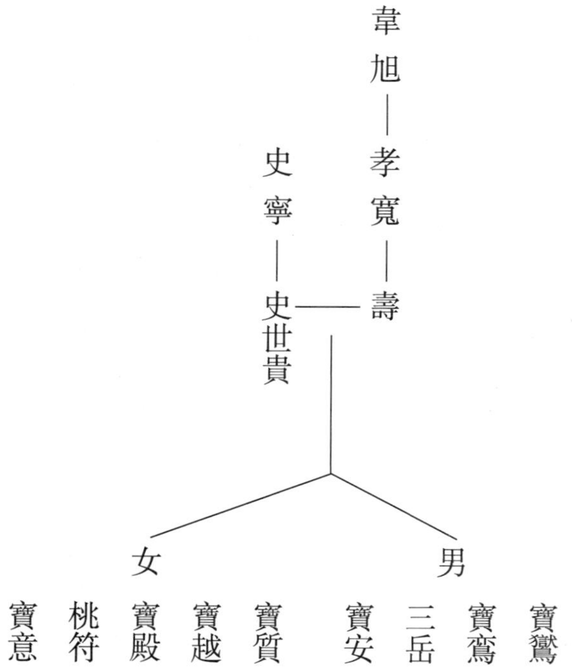

韋旭
孝寬
壽
史寧
史世貴
男
女
寶鸞
寶鳶
三岳
寶安
寶質
寶越
寶殿
桃符
寶意

大隋滑國夫人之墓誌 蓋

大隋使持節上開府毛州諸軍事毛州刺史滑國公韋壽之
妻滑國夫人史氏之墓誌
夫人諱世貴扶風莫西人也使持節柱國大將軍東南道
十六州諸軍事荊州揔管荊州刺史安政烈公史寧之孫
女也昔河陽縣內既作賦而神傷涑園樹下雖扣盆而猶
信万恨之不退何百年之太早夫人生居甲館地本良家用
茲積善誕此英媛含章秉德宣畐精神兼情濯態自然風采
飛纚鼓於玉臺敬珠簾於金穴既及摽梅之時實致桃夭之
義承蓮委贄蘭賢配德宗卿致送女之期諸娣有盈門之送
年十有三作嬪夫氏婦功婦德絕世表於當年彤管彤闈佳
麗稱於獨步幽閑之業有聞字愛之情斯重以開皇元年詔
授滑國夫人以中小君之貴既而寒暑推移人事飄忽終成
亳社之災遂致泉臺之禍天不輔仁奄見徂後春秋世有一
以開皇五年六月十五日薨于毛州之官舍嗚呼哀哉六年
歲次敦牂正月廿五日權瘞于大興縣小陵南洪固鄉壽貴
里悲龍燭之不歸愴魚軒之空反眷然遺事歎息之際万途
撫存悼亡傷心者非一式題令範乃為銘曰
猗歟令淑公族公孫禮成保姆德重閨門含章內朗幽閑外
溫紘綖嗣職酒醴司存承巾浽盥舉案陪饋如何飄忽遽掩
營魂恨由傷錦悲生扣盆松風夜急隴霧朝昏如何夭逝天
道寧論 長息寶鸞滑國世子 第二息寶鷟阿陽縣男
第三子三岳 第四子寶安 長女寶質 第二女寶越
第三女寶殿 第四女桃荷 第五女寶意

大隋使持節上開府毛州諸軍事毛州刺史滑國公韋壽之妻滑國夫人史氏之墓誌

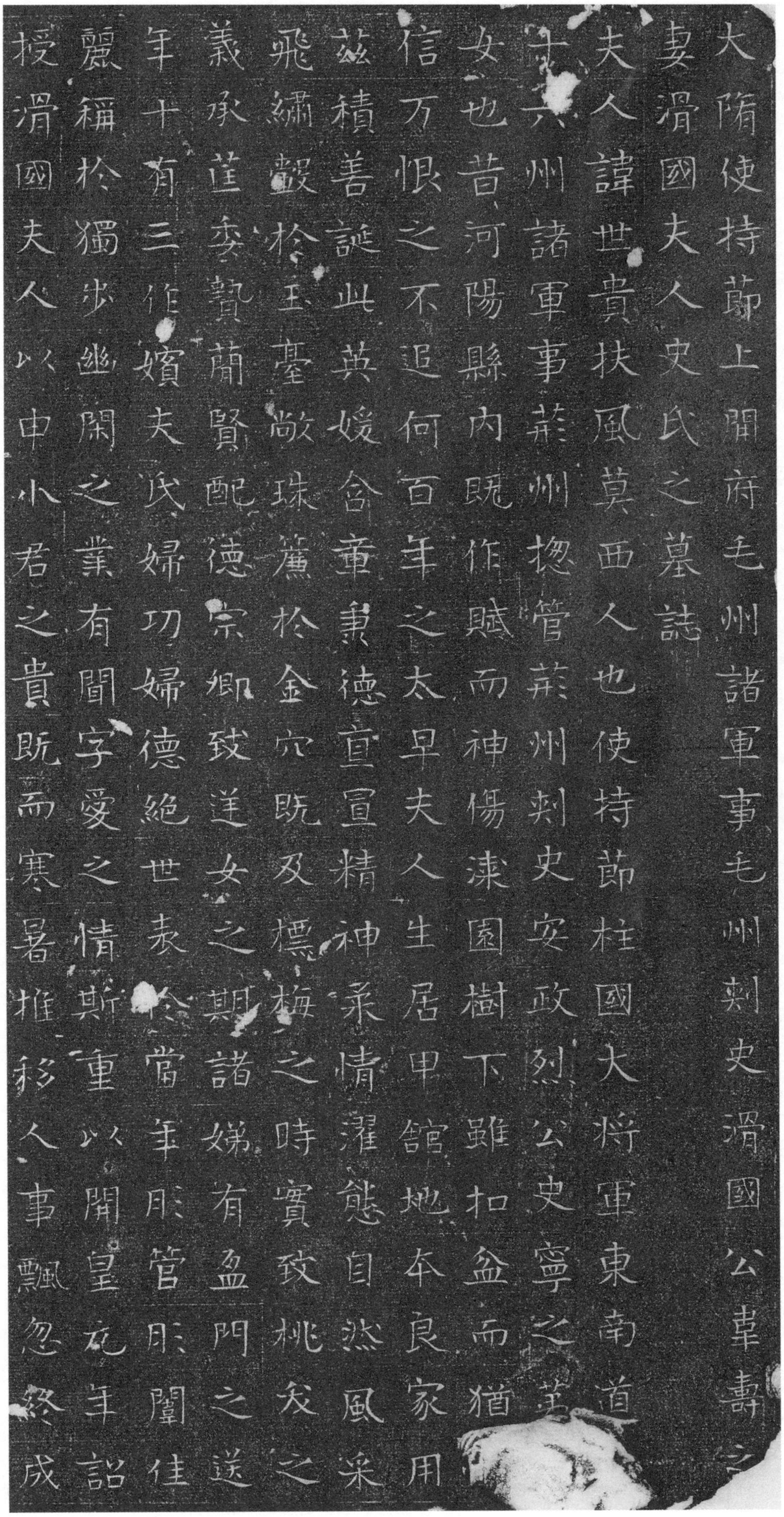
大隋使持節上開府毛州諸軍事毛州刺史滑國公韋壽之
妻滑國夫人史氏之墓誌
夫人諱世貴扶風莫西人也使持節柱國大將軍東南道
十六州諸軍事華州揔管華州刺史安政烈公史寧之第
女也昔河陽縣內既作賦而神傷涑園樹下雖扣盆而猶[illegible]
信万恨之不追何百年之太早夫人生居甲館地本良家用
茲積善誕此英媛含章秉德亶亶精神柔情濯態自然風彩
飛繡轂於玉臺散珠簾於金穴既及摽梅之時實致桃夭之
義承蓮委贄蘭賢配德宗卿致送女之期諸娣有盈門之送
年十有三作嬪夫氏婦功婦德絕世表於當年肜管肜闈佳
麗稱於獨步幽閑之業有聞字愛之情斯重以開皇元年詔
授滑國夫人以中小君之貴既而寒暑推移人事飄忽終成

上半闕

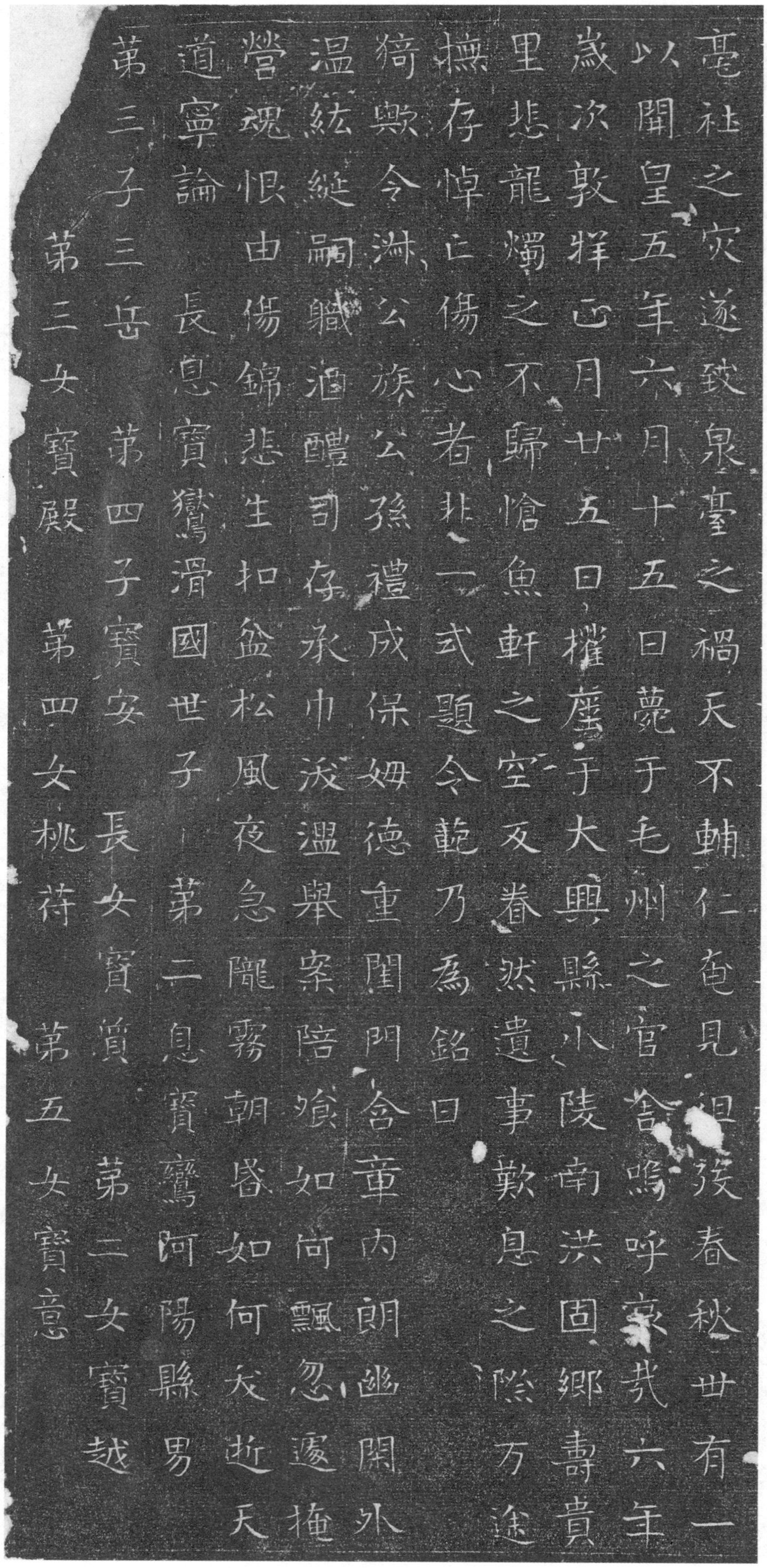

亳社之災遂致泉臺之禍天不輔仁奄見徂歿春秋卌有一
以開皇五年六月十五日薨于毛州之官舍嗚呼哀哉六年
歲次敦牂正月廿五日權厝于大興縣小陵南洪固鄉壽貴
里悲龍燭之不歸愴魚軒之空反眷然遺事歎息之際万途
撫存悼亡傷心者非一式題令範乃爲銘曰
猗歟令淑公族公孫禮成保姆德重閨門含章内朗幽閑外
溫紘綖嗣職酒醴司存承巾汲盥舉案陪飧如何飄忽遽掩
營魂恨由傷錦悲生扣盆松風夜急隴霧朝昏如何夭逝天
道寧論　長息寶鸞滑國世子　第二息寶鸞河陽縣男
第三子三岳　第四子寶安　長女寶質　第二女寶越
第三女寶殿　第四女桃苻　第五女寶意

下半闕

隋開府陳沈二州刺史鄖静公韋圓成墓誌（五九八）

概述

韋圓成與其配偶獨孤具足、楊智度的三方墓誌，出自地質七隊基建工地五十五號墓。斜坡墓道長二十米，三個天井，墓深八點八米。墓室平面近方形，每邊長三點一五米至三點二五米，頂部坍塌，墓壁殘高近二米。三方墓誌分别位于墓門洞和墓室内右前方（圖十七）。

韋圓成墓誌青石質，正方形，一九八九年春季發掘。覆斗式蓋，頂部每邊長四十厘米。頂面鎸刻篆書陽文四行十六字：大隋開府陳沈二州刺史鄖静公墓誌銘。四殺部爲素面。誌石每邊長四十九厘米，厚十厘米。有銘文二十八行，每行滿格二十七字。最後一行刻在誌石左側面。書法規整潤朗。

誌文

大隋*（隋）使持莭*（節）開府陳沉（沈）二州剌（刺）史鄖國静公墓誌銘

公諱圓成，字天保，京（京）兆杜*（杜）陵（陵）人也。叚*（殷）王啓（啓）伯豕韋，開命氏之源。漢帝求賢，丞相建光家之美（美）。三君德茂，先上邳卿之録，雙珠價重，果入文舉之書。榮慶相暉，蟬聯*（聯）世載，衣冠之緒無替，儒（儒）素之風斯在。曾（曾）祖旭，巽（冀）州剌（刺）史、司空公，宇量沉深，望重當世。祖諱雍州牧、大司空、太傅、上柱國、鄖襄公。命世挺生，應期秀出，有柱石之力，帶王佐之才，建洪勳扵兩代，振高名扵四海。考諱納言，蒲、陜、能*（熊）中義五州剌（刺）史、京（京）兆尹、柱國、河南懷公。風韻開奭（爽），神衿（衿）雅正，伐齊之伇*（役），奉衛乘輿，佝莭*（節）忘身，奮（奮）不顧命。事叨*（切）由于痛均紹。公生孝義之門，處（處）礼教之𠈁*（俗），蘭蕙桂薄，本有芳芬之性；玉田珠浦，自含明（明）潤之姿。加以行必處（處）仁，心恒復礼，見賢思齊，聞善*（善）顛（願）及。年七歲，以懷公感儀（義）之誡，建德六年，勑嗣先職（職），除開府儀（儀）同三司。開皇四年，詔襲祖爵鄖國公，食邑（邑）一万户，仍以顯州江夏縣爲鄖國。十六年除陳州剌（刺）史。王珣黑頭為公，荀羨少年方伯，眷言二美（美），我實兼*（兼）之。十七年除沉（沈）州剌（刺）史，胡牀將挂，懷恵（惠）者戀以攀轅，赤*（赤）帷始開，懼罪者聞而解币（幣）。政以廉*（廉）平，化唯清蔄，邑無驚犬，野有餘糧。方應高步三槐，用調鼎餗。条（參）賛（贊）百揆，收切（功）廊廟。豈謂飛皂促日，劲矢催年，美（美）志未申，忽隨化往。以開皇十八年六月廿五日，奄然遘（遘）疾，薨扵官舍，春秋廿八。唯公童孺（孺）標（標）

奇（奇），無忝高門之業；夙糸（參）纓帶，望重京（京）輦之華。故能*（能）尅嗣洪基，守而勿失，光丞土宇，不墜嘉猷。所以頻牧名蕃*（蕃），再揚美（美）政，善（善）終令始，其此之謂乎？昔賈誼*（誼）騰魂悽傷於漢后，顔回慼（厭）世悲對於魯侯。是以特降皇情，爰發明（明）詔，謚曰静公，礼也。即以其年十一月十七日厝於大興縣洪固鄉舊瑩*（塋）之左，然恐（恐）地久天長，山浮海涸，勒銘幽燧（隧），庶乎不朽。其詞曰：

眇*（眇）尋洪族，肇自殷*（殷）商。爰在盛漢*（漢），二葉重光。降茲（玆）厥後，嗣美傳*（傳）芳。分茅錫瑞，結紫懷黃。襄公亮拔，立勳兩代。建國開家，受斯大賚。河南英果，誠節*（節）慷慨。重義輕（輕）生，丹磨玉碎。君之生矣，童歲稱神。能*（能）成堂搆（構），剋荷遺薪。建旟擁節*（節），班條字民。恩同慈*（慈）母，恵（惠）若陽春。稍入龍津，方攀鳳翼。擊水將高，搏風未極。東川忽遠，西光奄昃（冥）。捕影難期，繇車無力。冥冥長夜，穿（寂）荒丘。仰看天井，俯聽陰（陰）溝（溝）。枝摧松栢，葉落行楸。徒思故里，歸路何由。

考釋

陳州，是淮陽縣古稱。淮陽，位于河南省東南部，周口市八縣一市一區腹心，西臨川滙區、西華縣，北倚太康縣、鹿邑縣，東接鄲城縣、沈丘縣，南鄰項城市、商水縣。距省會鄭州市二百一十四公里。

邠卿之録。趙岐，字邠卿，京兆長陵縣（今陝西省咸陽市）人。東漢末年經學家、畫家，年少時即有才藝。漢桓帝時，因得罪宦官而逃至北海賣餅，被孫嵩救至家中，藏于復壁内數年，後被赦出。延熹九年（一六六），應司徒胡廣辟命。後拜并州刺史，又因黨錮遭禁十餘年。光和七年（一八四），拜議郎。累遷敦煌太守，赴任途中遭劫持，經詭辯才幸免于難，輾轉返回長安。漢獻帝遷都長安時，再拜趙岐爲議郎，不久遷太僕。李傕、郭汜掌權時，命趙岐與太傅馬日磾出使關東。獻帝東遷時，趙岐又説服劉表助董承修理宫殿，于是留在荆州，朝廷就地拜趙岐爲太常。

趙岐善畫，《歷代名畫記》提及他曾自畫四賢像于自己的墓中。趙岐對《孟子》的研究，對後世有一定影響。《十三經注疏》中《孟子注疏》的注本即是趙岐所作。

文舉之書，裴文舉，字道裕，河東聞喜人，從小忠誠謹慎。大統十年（五四四）被徵用。當時，常與周文帝宇文泰的兒子們交游，相處彬彬有禮，互相尊敬，又遷任爲著作郎、中外府參軍。

齊公宇文憲剛建立幕府，任裴文舉爲司録。宇文憲出使劍南，又任文舉爲總管府中郎。武成二年（五六〇），任使持節、車騎大將軍、儀同三司。蜀地田畝肥沃，經商會有百倍的利益，有人勸他借機求利。他回答説：『利益中最貴重的，不如身心安穩，身心安穩則道德昌隆，遠非財貨可比。我所以不孜孜求利。不是厭惡財富啊！』宇文憲可憐他的貧窮，常想資助他，他總是推辭，拒絶得多，接受得少。保定三年（五六三），遷任絳州刺史。他的父親裴邃曾任正平郡太守，能以廉潔簡約自守。每次視察春耕，了解民俗，都是單車獨騎。文舉到絳州任上，完全遵循父親的做法，百姓都贊美他并受他的感化。總管韋孝寬對他十分器重，每次與他談論，都不知不覺地膝行移到他面前。文舉從小喪父，他的兄長又在山東，衹與兄弟裴璣相依爲命，兩人情誼深厚。裴璣又早地去世，文舉精心撫育他的遺孤，超過自己的孩子，被人們所稱道。

王珣黑頭爲公

王珣（三四九—四〇〇），字元琳。弱冠與陳郡謝玄俱爲桓温掾，温甚敬重之。嘗曰：『謝掾年四十必擁旄仗節。王掾當作黑頭公。皆未易才也。』轉主簿，後爲尚書右僕射。領吏部。以才學文章見昵于武帝。嘗夢人以大筆如椽與之。既覺，語人曰：此當有大手筆事。俄而帝崩。哀册謚議，皆珣所草。初珣與謝安有隙，聞安卒，詣而哭之甚哀，時論韙之。封東亭侯，累官散騎常侍。卒謚獻穆。

荀羨少年方伯

荀羨（三二二—三五九），字令則，潁川郡潁陰縣（今河南省許昌市）人。東晋大臣，東漢侍中荀彧六世孫、光禄大夫荀崧之子。荀羨拜秘書丞、義興太守，遷征北將軍褚裒長史。永和四年（三四八），揚州刺史殷浩以荀羨的良好名聲，擢升荀羨爲建威將軍、吴國内史，與王羲之作爲黨羽，共同抗衡桓温。永和五年（三四九）十二月，當時兼領徐州刺史的褚裒逝世，殷浩以他有才幹的名聲，擔任北中郎將、徐州刺史、假節、監徐、兖二州及揚州之晋陵諸軍事，鎮守京口（今江蘇省鎮江市）。當時，荀羨以二十八歲（《中興書》亦言羨二十八爲徐、兖二州。《南史·謝澹傳》又作二十七。《御覽》引《晋中興書》作時年二十）之齡擔當此重任，亦是東晋以來最年輕擔任一州刺史的人。荀羨到任後，便派徐、兖二州兵讓參軍鄭襲守戍淮陰。

永和六年（三五〇），荀羨入朝，當時領司徒蔡謨三年以來堅拒接受司徒一職，終被彈劾，蔡謨亦到廷尉等待判罪。當時，殷浩打算加蔡謨死刑，并詢問荀羨意見。荀羨説：『蔡公一旦遭遇不測，明天就一定會出現齊桓公、晋文公那樣舉兵問罪的行動（指桓温借故稱兵犯闕）。』殷浩聽後，才打消念頭。

方應高步三槐

三槐，相傳周代宮廷外種有三棵槐樹，三公朝天子時，面向三槐而立。後因以三槐喻三公。

用調鼎餗

鼎餗，鼎中食物，借喻政事。調以用之，指執政行令，治理國家。

昔賈誼騰魂博傷於漢后

賈誼（前二〇〇—前一六八），漢族，洛陽（今河南省洛陽市東）人，字太傅。《史記》卷八十四、《漢書》卷四十八有傳。西漢初年著名的政論家、文學家。十八歲即有才名，年輕時由河南郡守吴公推薦，二十餘歲被文帝召爲博士。不到一年被破格提爲太中大夫。但是，在二十三歲時，因遭群臣忌恨，被貶爲長沙王的太傅。後被召回長安，爲梁懷王太傅。梁懷王墜馬而死後，賈誼深自歉疚，直至三十三歲憂傷而死。其著作主要有散文和辭賦兩類。散文如《過秦論》、《論積貯疏》、《陳政事疏》等都很有名，辭賦以《吊屈原賦》、《鵩鳥賦》最著名。

西漢初年，儒生陸賈與叔孫通等人便在總結秦亡教訓的基礎上，提出了用儒家治國的設想，但因當時尚有干戈四海未平，高祖劉邦并未來得及把他們的設想付諸政治實踐，便去世了。實際上，在西漢初期真正將儒家學説推到政治前臺的是漢文帝時的著名儒者賈誼。他以清醒的歷史意識和敏鋭的現實眼光，衝破文帝時甚囂塵上的道家、黄老之學的束縛，不顧當朝元老舊臣的誹謗與排擠，接過陸賈與叔孫通等人的行仁義、法先聖、制禮儀、別尊卑的儒家主張，爲漢家王朝制定了仁與禮相結合的政治藍圖，引起了當時的最高統治者漢文帝的重視，在歷史上留下了深刻的影響。

賈誼一生雖然短暫，但他是騷體賦的代表作家，著有《新書》十卷。在西漢政論散文的園地中，賈誼的散文也堪稱文采斐然。劉勰《文心雕龍·奏啓》稱其奏疏是『理既切至，辭亦通暢，可謂識大體矣。』其最爲人稱道的政論作品是《過秦論》、《治安策》和《論積貯疏》。其文説理透辟，邏輯嚴密，氣勢洶涌，詞句鏗鏘有力，對後代散文影響很大。魯迅曾説，他與晁錯的文章『皆爲西漢鴻文，沾溉後人，其澤甚遠。』

顔回厭世悲對於魯侯

顔回，春秋魯人，字子淵。孔子弟子，天資明睿，貧而好學。列孔門德行科，于弟子中最賢。孔子稱其不遷怒，不貳過。年二十九，髮盡白，三十二卒。孔子哭之慟。後世稱爲復聖。至于其悲對魯侯，及賈誼悽傷漢后事，于史無徵。

誌文展示的誌主韋圓成世系爲：

韋旭，冀州刺史、司空公——韋孝寬，雍州牧、大司空、太傅、上柱國、鄖襄公——韋揔，納言、五州刺史、京兆尹、柱國、河南懷公——韋圓成，使持節、開府、二州刺史、鄖國静公。

據誌文，誌主于開皇十八年（五九八）去世，年二十八歲。則其生當在五七九年。北周建德六年（五七七），奉皇帝命，承襲乃父職，除開府儀同三司。隋文帝開皇四年（五八四）襲祖爵鄖國公，食邑一萬户；十六年（五九六）任陳州（今河南省東南部淮陽縣）刺史，年方二十六歲。比之于王珣、荀羡，兼二美而有之。開皇十七年（五九七）兼沉（沈）州刺史。正當官運亨通，再上官階時，不幸病亡。于開皇十八年十一月十七日安葬于大興縣洪固鄉舊塋（祖父韋孝寬墓）之左。

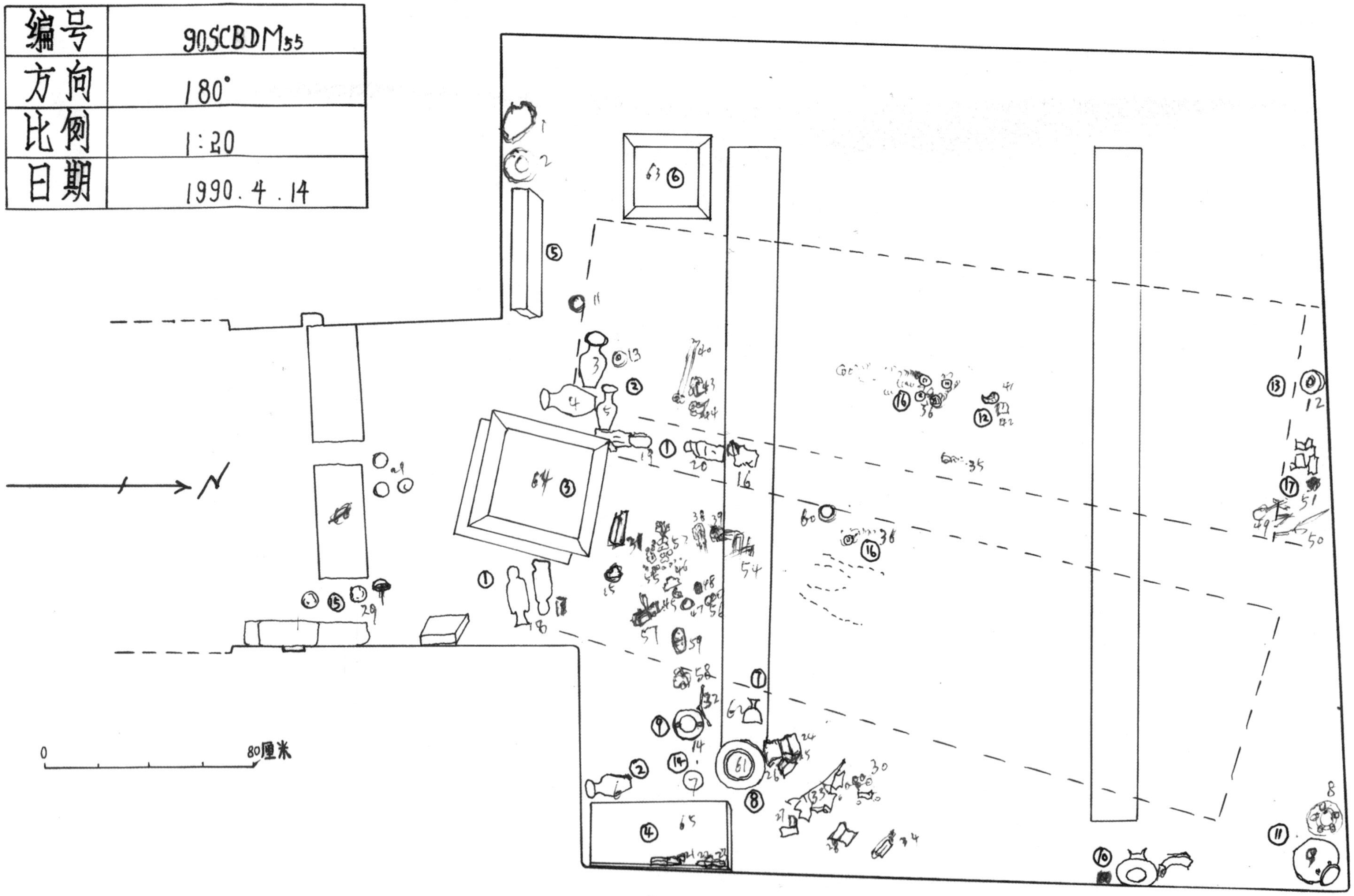
编号 90SCBDM55
方向 180°
比例 1:20
日期 1990.4.14
0
80厘米

圖十七 隋韋圓成墓室平面圖

大隋開府陳沈弍州刺史郎静公墓誌銘 蓋

大隋使持節開府陳沈二州刺史鄖國静公墓誌銘
公諱圓成字天保京兆杜陵人也殷王啓伯豕韋開命氏之源漢帝求
賢丞相建光家之美三君德茂先上邠卿之錄雙珠價重果入文舉之
書榮慶相暉蟬聯世載衣冠之緒無替儒素之風斯在曾祖旭冀州刺
史司空公宇量沉深望重當世祖諱雄州牧大司空太傅上柱國鄖襄
公命世挺生應期秀出有柱石之力帶王佐之才建洪勳於兩代振高
名於四海考諱納言蒲陝能中義五州刺史京兆尹柱國河南懷公風
韻開爽神衿雅正伐齊之役奉衛乘輿侚節忘身奮不顧命事切由于
痛均紹公生孝義之門處禮教之俗蘭蕙桂薄本有芬芳之性玉田珠
浦自含明潤之姿加以行必處仁心恒復禮見賢思齊聞善願及年七
歲以懷公感義之誠建德六年敕嗣先職除開府儀同三司開皇四年
詔襲祖爵鄖國公食邑一万戶仍以顯州江夏縣為鄖國十六年除陳
州刺史王珣黑頭為公荀羨少年方伯眷言二美我實兼之十七年除
沈州刺史胡林將挂懷惠者戀以攀轅未惟始開懼罪者聞而解印政
以廉平化唯清簡邑無驚犬野有餘糧方應高步三槐用調鼎餗參贊
百揆收功廊廟豈謂飛梟促日動矢催年美志未申忽隨化往以開皇
十八年六月廿五日奄然遘疾薨於官舍春秋廿八唯公童烏擲奇無
忝高門之業夙參纓帶望重京輦之華故能剋嗣洪基守而勿失光丞
土宇不墜嘉猷所以頻牧名藩再揚美政善終令始其此之謂乎昔賈
誼騰魂懷傷於漢后顏回廕世悲對於魯侯是以特降 皇情爰發明
詔謚曰静公禮也即以其年十一月十七日厝於大興縣洪固鄉舊塋
之左然恐地久天長山浮海迴勒銘幽壙庶乎不朽其詞曰
眇尋洪族肇自殷商爰在盛漢二葉重光降茲厥後嗣美傳芳分茅錫瑞
結紫懷黄襄公亮拔立勳兩代建國開家受斯大賚河南英果誠節慷
慨重義輕生丹磨玉碎君之生矣童歲稱神能成堂構剋荷遺薪建旟
擁節班條字民恩同慈母惠若陽春稍入龍津方攀鳳翼轡水將
風未極東川忽遠西光奄景捕影難期翩車無力冥冥長夜
仰若天井俯聽陰潚枝摧松栢葉落行楸徒思故里不歸路何

大隋使持節開府陳沈二州刺史鄖國静公墓誌銘

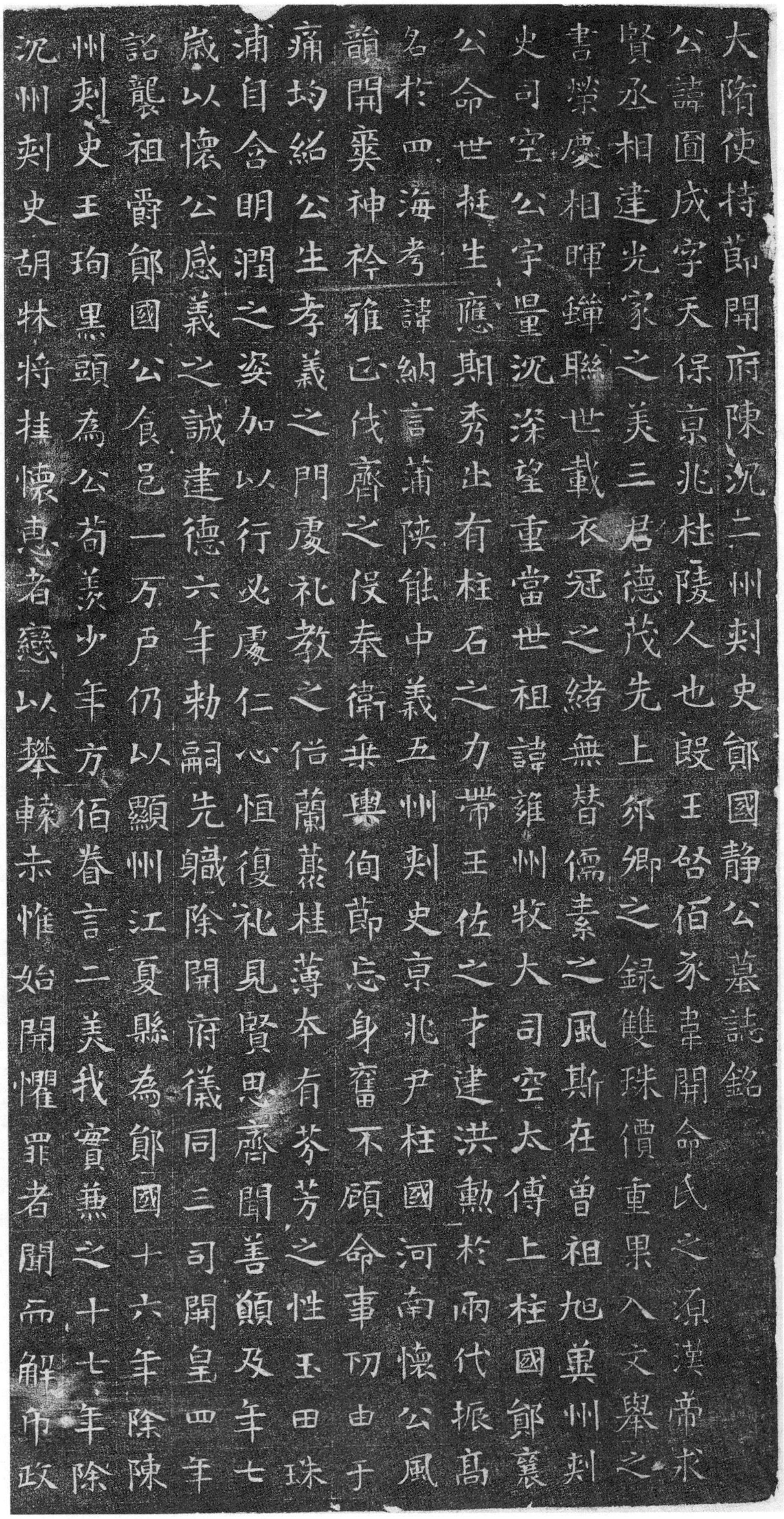

大隋使持節開府陳沉二州刺史鄖國靜公墓誌銘
公諱圓成字天保京兆杜陵人也殷王啓佰豕韋開命氏之源漢帝求
賢丞相建光家之美三君德茂先上邠鄉之録雙珠價重果入文舉之
書榮慶相暉蟬聯世載衣冠之緒無替儒素之風斯在曾祖旭冀州刺
史司空公宇量沉深望重當世祖諱雍州牧大司空太傅上柱國鄖襄
公命世挺生應期秀出有柱石之力帶王佐之才建洪勲於兩代振高
名於四海考諱納言蒲陝能中義五州刺史京兆尹柱國河南懷公風
韻開爽神衿雅正伐齊之役奉衛乘輿徇節忘身奮不顧命事切由于
痛均絡公生孝義之門處礼教之俗蘭蕙桂薄本有芬芳之性玉田珠
浦自含明潤之姿加以行必處仁心恒復礼見賢思齊聞善願及年七
歲以懷公感義之誠建德六年勅嗣先職除開府儀同三司開皇四年
詔襲祖爵鄖國公食邑一万戶仍以顯州江夏縣為鄖國十六年除陳
州刺史王珣黑頭為公荀羨少年方佰眷言二美我實兼之十七年除
沉州刺史胡林將挂懷惠者戀以攀轅赤惟始開懼罪者聞而解巾政

上半闕

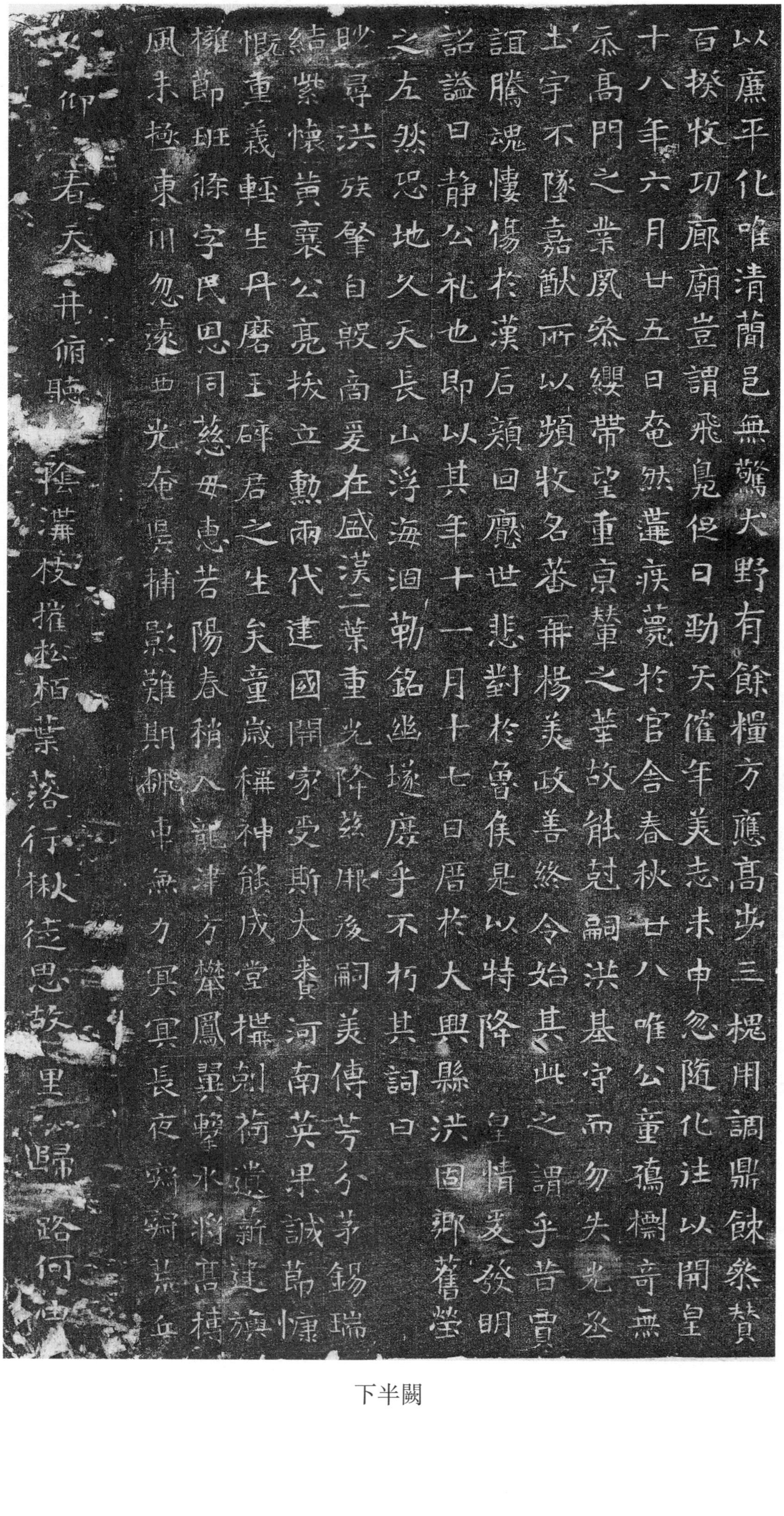

以廉平化唯清簡邑無驚犬野有餘糧方應高步三槐用調鼎餗參贊
百揆牧功廊廟豈謂飛梟促日勁矢催年美志未申忽隨化往以開皇
十八年六月廿五日奄然遘疾薨於官舍春秋廿八唯公童鶵標奇無
忝高門之業夙參纓帶望重京輦之華故能尅嗣洪基守而勿失光丞
土宇不墜嘉猷所以頻牧名藩冊揚美政善終令始其此之謂乎昔賈
誼騰䰟悽傷於漢后顏回厭世悲對於魯侯是以特降　皇情爰發明
詔謚曰静公禮也即以其年十一月十七日厝於大興縣洪固鄉舊塋
之左然恐地久天長山浮海涸勒銘幽隧庶乎不朽其詞曰
眇尋洪族肇自殷商爰在盛漢三葉重光降茲鼏後嗣美傳芳分茅錫瑞
結紫懷黃襄公亮拔立勳兩代建國開家受斯大賚河南英果誠節慷
慨重義輕生丹磨玉碎君之生矣童歲稱神能成堂搆劍荷遺薪建旗
擁節班條字民恩同慈母惠若陽春稍入龍津方攀鳳翼擊水將高椅
風末極東川忽逝西光奄晷捕影難期飆車無力冥冥長夜窮窮荒丘
仰看天井俯聽陰潇枝摧松柏葉落行楸徒思故里歸路何

下半闕

隋鄖國公韋圓成妻獨孤具足墓誌（五七八）

概述

该墓誌出自地质七队基建工地五十五号墓。誌石無蓋且小薄，每邊長三十二厘米。銘文十六行，每行滿格十七字。

誌文

大隋使持莭*（節）、開府儀同三司、鄖國公韋圓成妻鄖國夫人獨孤氏*（氏）墓誌

夫人諱具𧾷（足），玥（朔）州人。上柱國、尚書令、大司馬、太保、雍州牧、趙國公獨孤之孫（孫）。金州剌（刺）史、武平公蔵之長女也。夫人挺茲（兹）早慧，賫（膺）此夙成，才楙女師，義高婦德（德）。始結褘縭，便銷蘭桂。曾（曾）無舉案之歡，遂致*（致）傷神之苦。窓前織綺*（綺），空餘長命之絲（絲），匳（篋）裏殘香，終無反魂之驗*（驗）。以開皇七年六月十七日薨于内寢*（寢），春秋十有四。嗚呼哀哉（哉）！以廿一日瘞（瘞）于大興縣壽貴里。春花始咲（笑），值*（值）涷（凍）雪而先彫，夏蘂（蕊）新開，逢秋風而委折。遂使荊（荆）山美（美）玉，迴墜幽泉，漢水明珠，空埋后地。桒（桑）田易改，金石難銷，式題令範（範），迺為銘曰：

戚里神仙，世重才賢。如秋上月，似夏開蓮。鳴環主奠，瑳佩加邉（邊）。聲留（留）歿*（殁）後，譽滿生前。風吹古樹，隴䨱（覆）新埏。長悲夭*（天）折，深痛無年。

考釋

上柱國，自春秋起爲軍事武裝的高級統帥，引申義爲功勛榮譽稱號，戰國時楚、趙置，位令尹、相國下，甚尊。原爲保衛國都之官。柱國原爲國都之意。

尚書令，官名，始于秦，西漢沿置。本爲少府的屬官，負責管理少府文書和傳達命令，漢沿置，職輕而權重。漢武帝時，爲了削弱相權、鞏固皇權，從而設内朝官，任用少府尚書處理天下章奏，遂涉及國家政治中樞。朝廷重臣秉其他職權者，可以『領尚書事』（即録尚書事）爲名掌實權，例如西漢司馬遷受腐刑後，擔任『中書謁者令』，兼職尚書事。東漢尚書令則權職重大，爲『三獨坐』之一。西漢成帝時，隨着朝廷的政務越來越煩瑣，尚書的權力日益龐大，開始實行分曹治事，始置五曹尚書；各曹以尚書令爲首，尚書令成爲對君主負責執行一切政令的首腦。但由于是内朝職務，尚未完全脱離少府序列，品級不高。并且，東漢常以大將軍、三公録尚書事，這樣尚書令不得不受其制約。隋唐時，尚書令爲尚書省長官，宰相職。傳統説法認爲，由于唐太宗在武德年間曾任尚書令，因此唐朝此後

不設尚書令。郭子儀曾以設置尚書令違背了開元令式，兩次上表辭尚書令。然而，唐長孺却指出不設置尚書令早在隋朝就已成爲慣例，僅有楊素曾任一年的尚書令。五代後，尚書令爲虛職，成爲名義上的最高尚的官職。元代，尚書令時置時廢，爲相職。

大司馬，官名，掌武事。周時，司馬爲夏官，掌邦政。項羽以曹咎、周殷并爲大司馬。漢初不置，武帝元狩四年（前一一九），初罷太尉，置大司馬，以冠將軍之號。晋定令，亦在三司上。武冠，絳朝服，金章紫綬，佩山玄玉，與大將軍同。

太保，官名。清代爲正一品——（文官）太師、太傅、太保、大學士。西周始置，最初由召公奭擔任太保，監護與輔弼國君之官。在漢代又重新設立，世代延續，位列三公之一。明代時位居正一品，也爲輔導太子之官，是治國興邦的重要官職。

趙國公，古代一等公爵。歷朝可考者凡七十五人，其中著名者有李弼、宇文招、獨孤信、李世民、李德裕、長孫無忌、石敬瑭、劉秉忠等。

讀誌文，獨孤具足真是一位可憐的不幸少女，出身豪門，其祖父是上柱國、尚書令、大司馬、太保、趙國公獨孤信，《周書》卷十六、《北史》卷六十一有傳。雲中人，本名如願。善騎射，魏正光（五二〇—五二五）末年與賀拔度等同斬衛可瓌，由是知名。孝武西遷，他單騎從之，進爵浮陽郡公。北周閔帝踐祚，遷太宗伯，進封衛國公。爲宇文護所逼，自殺。信風度弘雅，有奇謀大略，所至爲百姓所懷，聲振鄰國。信的長女爲周明帝后，四女爲唐高祖母元貞后，七女爲隋文帝后。歷周、隋、唐三代俱爲外戚。自古以來，未之有也。隋文帝踐極，下詔追贈太師、上柱國、冀定等十州諸軍事、冀州刺史、趙國公。本誌云雍州牧，史書未及。

誌主是獨孤信第四子武平公獨孤藏之女，亦是上列三朝皇后的侄女，她嫁給鄖襄公韋孝寬之孫圓成，門當户對，只可惜『始結褘縭』，剛剛披上婚服，便以十四歲的如花妙齡『迴墜幽泉』，過早地去世了。她雖成爲人妻，但『曾無舉案之歡』，還没有享受婚姻的甜蜜，就『空埋后地』，令人不勝嘆惋！

獨孤具足于開皇七年（五八七）六月十七日去世，四天後『瘗于大興縣壽貴里』而其誌石與夫誌同現于此第五十五號合葬墓，説明在開皇十八年埋葬韋圓成時，她遷葬過一次。

大隋使持節開府儀同三司鄖國公韋圓成
妻鄖國夫人獨孤氏墓誌
夫人諱具是朔州人上柱國尚書令大司馬
太保雍州牧趙國公獨孤之孫金州刺史武
平公藏之長女也夫人性慈早慧齊此夙成
才楙女師義高婦德始結褘縭便銷蘭桂實
無舉案之歡遂致傷神之苦窓前織綺空餘
長命之絲並裛陵香終無反魂之驗以開皇
七年六月十七日薨于內寢春秋十有四焉
嗚呼哀哉以廿一日塟于大興縣壽貴里春遊
始嘆伯涑雪而先凋夏蘭新開逢秋風而委
折遂使蒨山美玉迴墜幽泉漢水明珠空埋
后地桑田易改金石難銷式題令範迺為銘
曰　感里神仙世重才賢如秋上月似夏
開蓮鳴環主鎮璫佩如邊聲留後譽論生
前風吹古樹隴霧新煙長悲夭折深痛無冝

大隋使持節開府儀同三司鄖國公韋圓成妻鄖國夫人獨孤氏墓誌

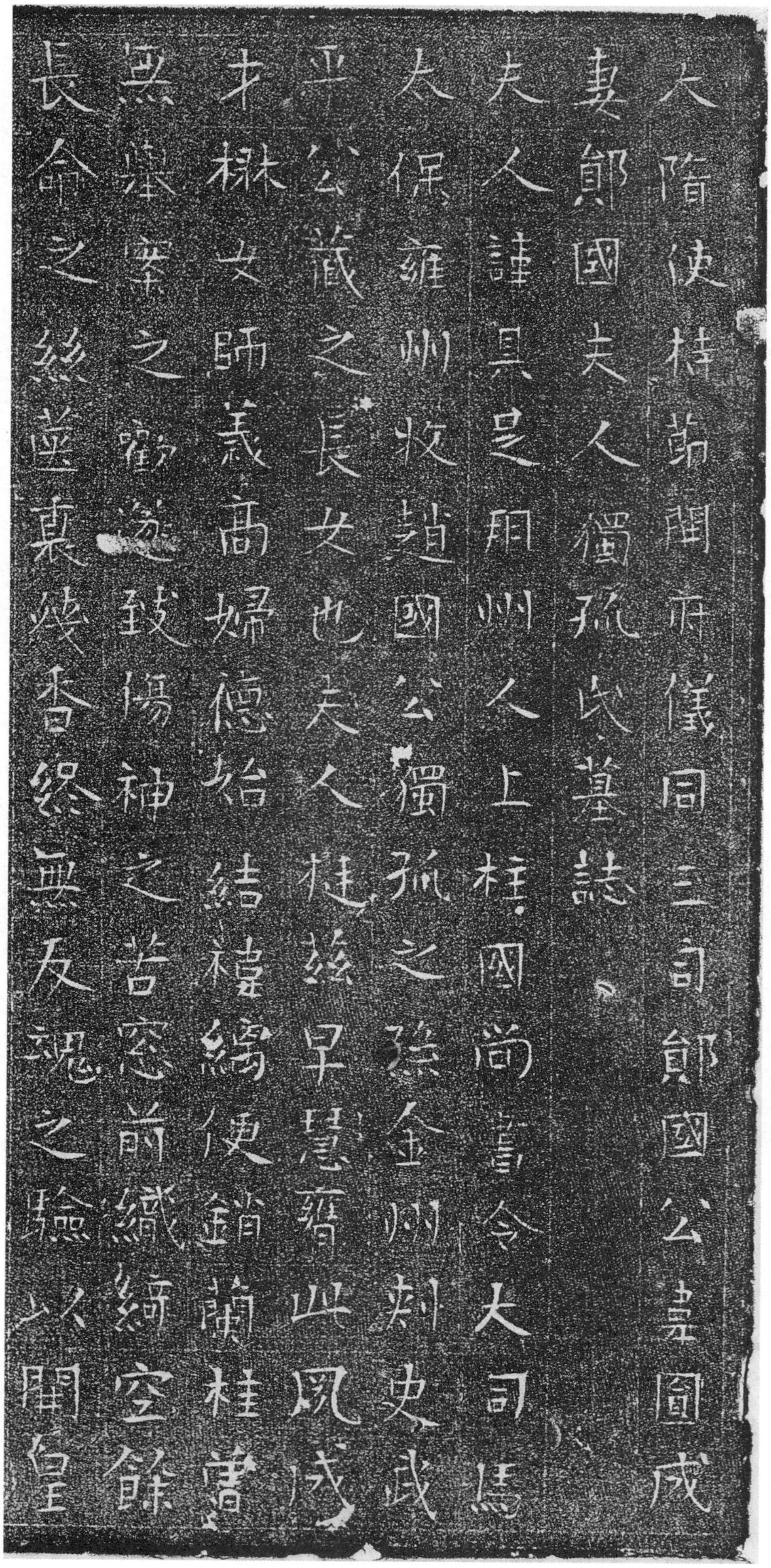
大隋使持節開府儀同三司鄭國公韋圓成
妻鄭國夫人獨孤氏墓誌
夫人諱具是朋州人上柱國尚書令大司馬
太保雍州牧趙國公獨孤之孫金州刺史武
平公藏之長女也夫人挺茲早慧齊此風成
才楙女師義高婦德始結褵縭便錯蘭桂蕭
無藥寮之勸遂致傷神之苦窓前織縑空餘
長命之絲夏裏熒香終無反魂之驗以開皇

上半闕

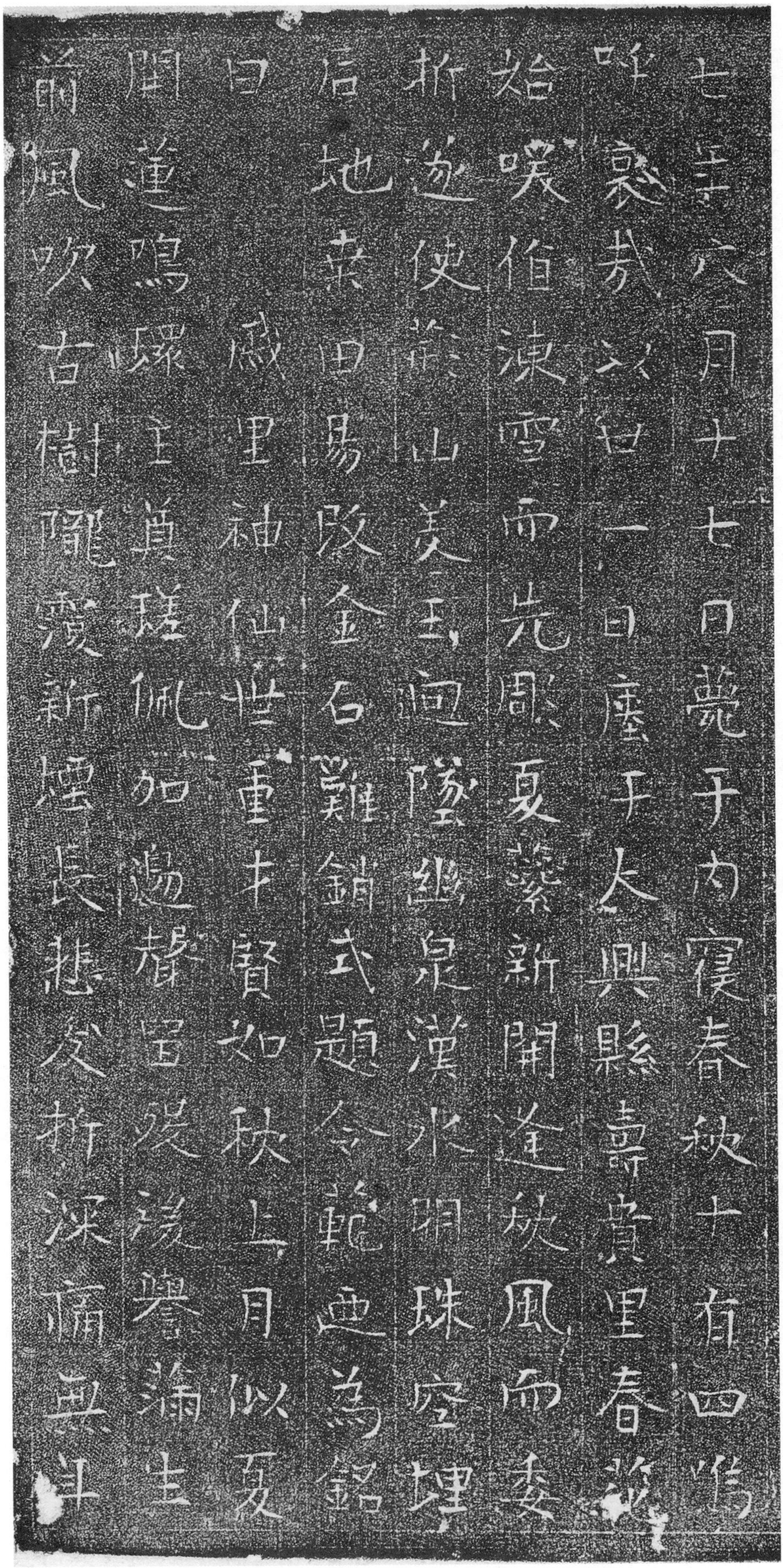
七年六月十七日薨于内寢春秋十有四嗚
呼哀哉以其一日厝于太興縣壽貴里春
始嗟伯凍雪而先彫夏蘂新開逢秋風而委
折逸使崑山美玉迴墜幽泉漢水明珠空埋
后地葉田易改金石難銷式題令範迺為銘
曰　戚里神仙世重才賢如秋上月似夏
聞蓮鳴環王負瑤佩如邊聲留暖後譽滿生
前風吹古樹隴霞新煙長悲彼折深痛無年

下半闕

隋沈州刺史韋使君妻楊智度墓誌（六三四）

概述

该墓誌出自地質七隊基建工地第五十五號墓。正方形，覆斗式蓋，蓋頂部每邊長三十四厘米，蓋面鐫篆書陽文四行十六字：隋故沈州刺史韋使君妻楊夫人墓誌文。四殺部素面無紋飾。誌石每邊長四十二點五厘米，四側面亦素面。誌面刻銘文二十三行，每行滿格二十四字。書法工楷小字，秀麗耐看。

誌文

隨故上開府儀同三司、沈州剌（刺）史郞静公□□、大唐贈使持節徐、仁、譙三州諸軍事、徐州剌（刺）史韋使君妻楊夫人墓誌文

夫人諱智度，弘（弘）農華陰人也。若夫洪源継聖，華冑纂賢，高掌千刄之峯，長河九里之潤，固以地美（美）英秀，家擅才良。祖寛（寬），周使持節驃騎*（騎）大將軍、行臺尚書左僕（僕）射、大冢宰*（宰）、梁巴等*（等）十九州諸軍事、梁州揔管華山元公。父紀，隨禮部尚書、宗正卿、黄門侍郎、荆復等*（等）九州諸軍事、荆州揔管上明（明）恭公。並立德立叻（功），有人有地，爵隆五等*（等），位重二朝。

夫人誕斯慶緒，標兹淑（淑）令，芳聲早茂，蕙（蕙）性夙彰。自蹈姆教之儀，非籍女師之訓，及作儷君子，尤光婦德（德），恭事舅姑，肅虔箕帚。加以藝窮紃組，工偹（備）饘酏，親族遵儀，閨庭*（庭）仰則。逮静公云逝，守志孀居，情同匪石之詩，慕甚崩城之慟。自此憑心慧路，託*（託）志梵門，三藏*（藏）微言，常事探採，五時極教，無虧（虧）受持。加撫育諸子，情深慈*（慈）篤（篤），停機立訓，廣被流恩（恩）。俄而西景難留*（留），東川易遠。以貞觀*（觀）五季（年）八月八日遘（遘）疾，終於里宅，春秋五十二。延季（年）靈草，終恨莫逢，反魂神香，深嗟（嗟）不遇。嗚呼哀哉（哉）！

子思賢，追*（追）號（號）永往，孺（孺）慕纏哀，燧火徒移，孝心弥切。粤以八季（年）歲次甲午十月庚子朔（朔）十日己酉，祔窆雍州萬季（年）縣洪固鄉*（鄉）福閏里静公之舊墓，礼也。暫啓（啓）孤墳，方安同穴，玄石是寄*（寄），貞芬無絶。其銘曰：

靈岳之峻，德（德）水之潤。地出珣玗，人傅*（傅）秀俊。要龜佩綬，譽流名振。惟祖惟考，令問令望。桂貞松茂，玉質金相。嘉慶不已，淑（淑）哲臻奇（奇）。高門作配，婦道無虧（虧）。程*（程）妻比則，樂婦均儀。寒暑迭代，瑟琴零落。貞志匪移，梵心斯託。如何不壽，遽（遽）此摧季（年）。隴開昔瘞，隧合新埏。山幽憏（慘）日，松古霾烟（烟）。悠哉（哉）千載，永寘三泉。

崩城之痛。劉向《説苑·善説篇》載：『昔華舟杞梁戰而死，其妻悲之，向城而哭，隅爲之崩，城爲之阤。』

驃騎大將軍，戰國時始置，是將軍的最高封號，東漢時多由貴戚充任。具體名號有建威大將軍、驃騎大將軍、中軍大將軍、鎮東大將軍、撫軍大將軍等。除驃騎大將軍之位稍低于三公之外，其餘均在三公之上。三國時夏侯惇、姜維等人皆爲大將軍。

行臺尚書左僕射，官名。北魏置。大行臺次官，佐大行臺尚書令掌臺中事務，權任頗重。《周書·賀拔勝傳》：『（孝武帝）乃拜勝爲都督三荆、二郢、南襄、南雍七州諸軍事，進位驃騎大將軍，開府儀同三司、荆州刺史，加授南道大行臺尚書左僕射。』唐高祖武德（六一八—六二六）初，陝東道大行臺尚書省置，尚書僕射一員，左、右任置，從二品。武德八年罷。

禮部尚書，是主管朝廷中的禮儀、祭祀、宴饗、學校、科舉和外事活動的大臣。清代爲從一品。相當于現在的中央宣傳部部長兼外交、教育、文化部長。

大冢宰，官名，西魏、北周大冢宰卿省稱，明、清吏部尚書别稱之一，來源于《周禮》。大冢宰與其他五官（地、春、夏、秋、冬）并列。

黄門侍郎，又稱黄門郎，秦代初置，即給事于宫門之内的郎官，是皇帝近侍之臣，可傳達詔令，漢代以後沿用此官職，明清時期爲從二品官員，負責協助皇帝處理朝廷事務。秦漢時，宫門多油漆成黄色，故稱黄門。東漢始設爲專官，或稱之給事黄門侍郎。《後漢書·百官志三》：『黄門侍郎，六百石。本注曰：無員。掌侍從左右，給事中，關通中外。及諸王朝見于殿上，引王就座。』《後漢書·獻帝紀》：『初令侍中、給事黄門侍郎員各六人。』隋唐時，黄門侍郎隸屬門下省，成爲門下省的副官，唐玄宗天寶元年（七四二）改稱門下侍郎。宋神宗時，元豐改制，首相稱尚書左僕射兼門下侍郎，次相稱尚書右僕射兼中書侍郎。宋徽宗政和時，改左僕射爲太宰兼門下侍郎，右僕射爲少宰兼中書侍郎。靖康間復改爲尚書左僕射兼門下侍郎、尚書右僕射兼中書侍郎；建炎間，再改宰相官名爲尚書左右僕射同中書門下平章事，副相爲參知政事，乾道間又改爲左、右丞相。門下侍郎金元時廢除。

宗正卿，宗正寺，官署。北齊設立宗正寺，宗正改稱宗正寺卿或宗正卿，副官稱宗正少卿，掌管皇族事務。管理皇族、宗族、外戚的譜牒、守護皇族陵廟，因爲唐代道教是國教，所以宗正寺還管理道士、僧侣。隋唐兩宋相沿，爲九寺之一。遼朝爲特裏袞，金朝爲判大宗正事，元朝爲大宗正府，明清爲宗人府，不再屬于九寺。

據誌文，誌主楊智度，楊寬孫女。寬歷仕北魏、西魏、北周，《魏書》卷五十八、《周書》卷二十二、《北史》卷四十一有傳。字景仁，魏孝莊時累官華州大中正。入周拜大將軍。別封宜陽縣公。性通敏，有器識，頻牧數州。號爲清簡。歷居臺閣，有當官之譽。官終總管梁興等十九州諸軍事。梁州刺史。卒謚元，即誌謂之華山元公。誌主之父名紀，寬次子，《北史》有傳附寬傳後。字温範，少剛正，有器局。在周，襲爵華山郡公。累遷安州總管長史，將兵迎陳降將王瑗于齊安，與陳將周法尚遇，擊走之，以功進開府。文帝爲丞相，改封汾陰縣公。從梁睿討王謙，以功授上大將軍。歷資州刺史。拜熊州刺史，改封上明郡公。除宗正卿，兼給事黄門侍郎，判禮部尚書事。遷荊州總管，卒，謚曰恭。史傳與本誌記載無殊。

誌主丈夫韋圓成英年早逝，在那個年代，那樣的世家大族的家庭，她衹能『守志孀居』、『託志梵門』，在習禪禮佛中求得精神的慰藉，并教導與她相依爲命的兒子韋思賢。楊氏于唐太宗貞觀五年（六三一）八月八日病逝，享年五十二歲。貞觀八年（六三四）十月十日祔葬于丈夫墓內。『爰啓孤墳，方安同穴』，則圓成早逝的另一夫人獨孤具足的遷入，也可能在此次『爰啓孤墳』，實行三人合葬的吧。

隋故沈州刺史韋使君妻楊夫人墓誌文 蓋

隨故上開府儀同三司沁州刺史節静公　大唐贈使持節
徐仁譙三州諸軍事徐州刺史韋使君妻楊夫人墓誌文
夫人諱智度弘農華陰人也若夫洪源継聖華冑纂賢髙掌千
刃之峯長河九里之潤固以地美英秀家擅才良祖寛周使持
節驃騎大将軍行臺尚書左僕射大冢宰梁巴等九州諸軍
事梁州摠管華山元公父紀隨禮部尚書宗正卿黄門侍郎荆
須等九州諸軍事荊州摠管上明恭公並立德立功有人有地
嚳隆五等位重二朝夫人誕斯慶緒標茲淑令芳聲早茂蕙性
夙彰自蹈姆教之儀非籍女師之訓及作儷君子允光婦德恭
事舅姑肅虔箕帚加以藝窮紃組工備饘酏親族遵儀閨庭仰
則逮静公云逝守志孀居情同匪石之詩慕甚崩城之慟自此
憑心慧路託志梵門三藏微言常事採採五時極教無斁受持
加撫育諸子情深慈篤停機立訓廣被流息俄而西景難留東
川易遠以貞觀五年八月八日遘疾終於里宅春秋五十二延
年靈草終恨莫逢反魂神香深嗟不遇嗚呼哀哉子思賢追擗
永往攀慕纏哀燧火徒移孝心彌切粵以八年歲次甲午十月
庚子朔十日己酉祔窆雍州萬年縣洪固鄉福閏里静公之舊
墓礼也蹔啓孤墳方安同穴玄石是寄貞芬無絶其銘曰
靈岳之峻德水之潤地出珣玕人傳秀俊要龜佩綬譽流名振
惟祖惟考令問令望桂貞松茂玉質金相嘉慶不已淑哲臻奇
高門作配婦道無虧程妻比則樂婦均儀寒暑迭代琴瑟零落
貞志匪移梵心斯託如何不壽遽此摧年隴開昔壟隧合新塋
山幽慘日松古霾烟悠哉千載永寘三泉

大隋使持節開府儀同三司鄖静公韋圓成妻楊夫人墓誌文

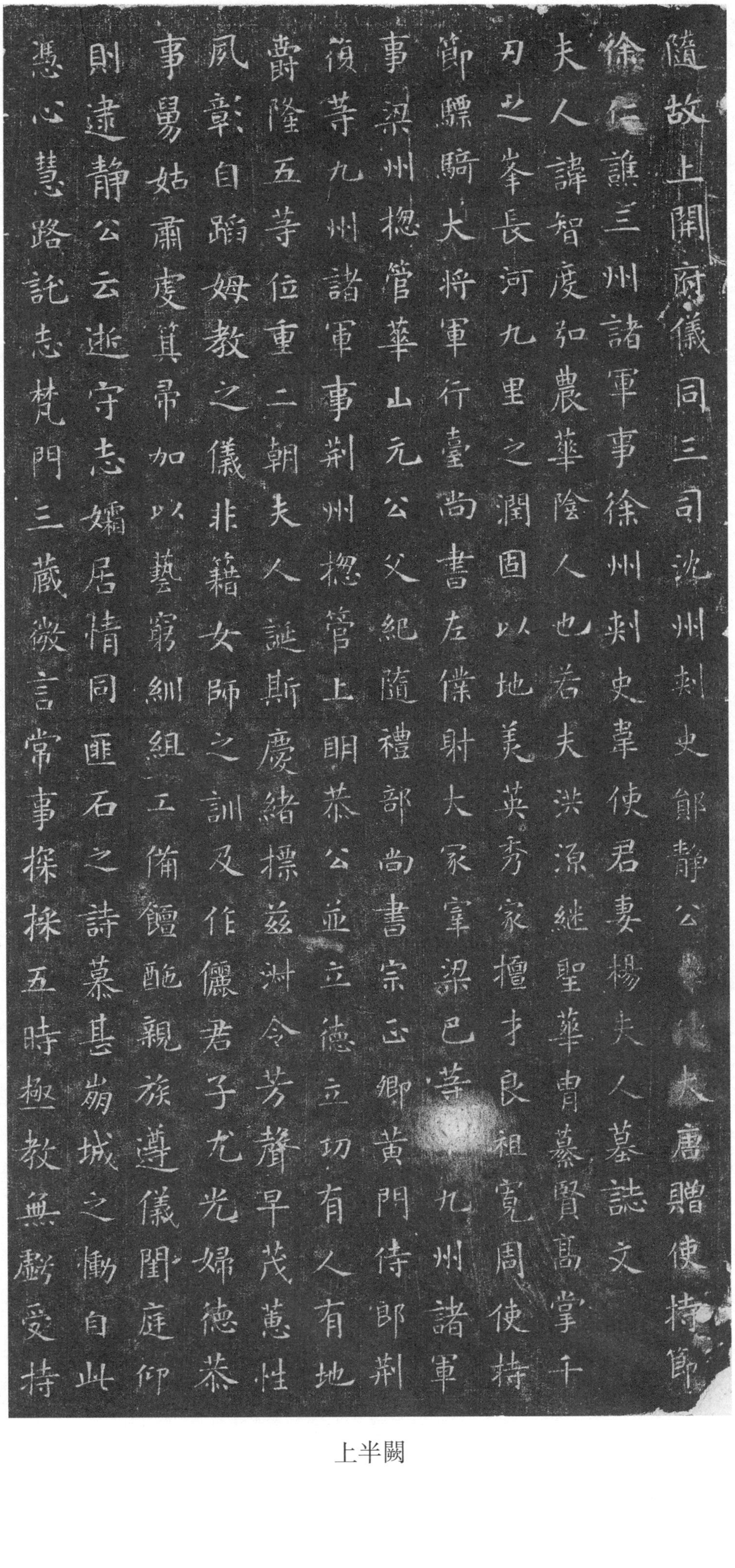
隨故上開府儀同三司沁州刺史鄖靜公[illegible]大唐贈使持節
徐仁譙三州諸軍事徐州刺史韋使君妻楊夫人墓誌文
夫人諱智度弘農華陰人也若夫洪源繼聖華胄纂賢高掌千
刃之峯長河九里之潤固以地美英秀家擅才良祖寬周使持
節驃騎大將軍行臺尚書左僕射大冢宰梁巴等九州諸軍
事梁州總管華山元公父紀隨禮部尚書宗正卿黃門侍郎荊
復等九州諸軍事荊州總管上明恭公並立德立功有人有地
爵隆五等位重二朝夫人誕斯慶緒標茲淑令芳聲早茂蕙性
夙彰自蹈姆教之儀非籍女師之訓及作儷君子允光婦德恭
事舅姑肅虔箕帚加以藝窮紃組工備饘酏親族遵儀閨庭仰
則逮靜公云逝守志孀居情同匪石之詩慕甚崩城之慟自此
憑心慧路託志梵門三藏微言常事探採五時極教無虧受持

上半闕

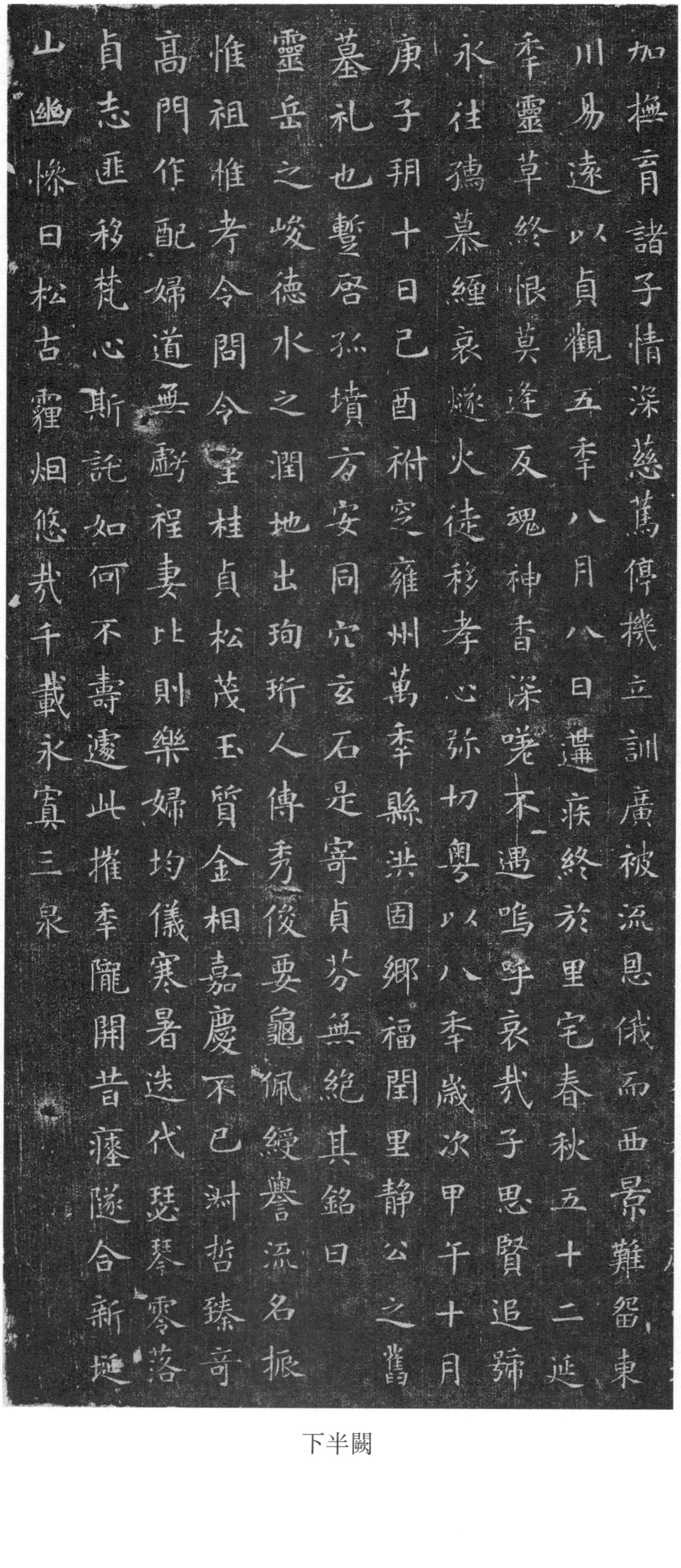

加撫育諸子情深慈薦停機立訓廣被流恩俄而西景難留東
川易逝以貞觀五秊八月八日遘疾終於里宅春秋五十二延
秊靈草終恨莫逢反魂神香深嗟不遇嗚呼哀哉子思賢追蹤
永往號慕纏哀燧火徒移孝心彌切粤以八秊歲次甲午十月
庚子朔十日己酉祔窆雍州萬秊縣洪固鄉福閏里静公之舊
墓禮也暫啓孤墳方安同穴玄石是寄貞芬無絶其銘曰
靈岳之峻德水之潤地出珣玗人傳秀俊要龜佩綬譽流名振
惟祖惟考令問令望桂貞松茂玉質金相嘉慶不已對哲臻奇
高門作配婦道無虧程妻比則樂婦均儀寒暑迭代瑟琴零落
貞志匪移梵心斯託如何不壽遽此摧秊隴開昔瘞隧合新埏
山幽慘日松古霾烟悠哉千載永寘三泉

下半闕

唐陵州刺史韋津墓誌（六三〇）

概述

韋津，北周名將韋孝寬的第三子。韋津、元咳女夫婦的兩方墓誌，出自地質七隊基建工地四號墓。平面呈長刀把形，方向一百八十五度。斜坡墓道長十八點六四米，寬一點二米。墓道口長八點二米，三個天井。墓深七點二米。墓道洞和甬道高二點四米，甬道長二米。墓室長三點六米，前寬二點八米，後端略窄。墓頂坍塌，墓壁殘高二點二米。底面鋪磚，尸骨無存、文物無完整者，陶俑碎塊凌亂滿地，破壞之慘狀令人心碎。兩方墓誌位墓門洞處，韋津誌蓋有移動，未與誌銘扣合，當是盜賊所爲（圖十八，1、2）。

韋津墓誌，壯碩精致，青石質正方形，邊長五十厘米，覆斗式蓋，蓋面鎸刻四行篆體陽文十二字：大唐故陵州刺史韋府君墓誌。四殺部素面無紋飾。誌刻銘文三十四行，每行滿格三十三字，書法勁秀而略肥。

誌文

大唐故陵（陵）州刾（刺）史韋使君墓*（墓）誌銘并序

君諱津，字悉（悉）達，京（京）兆杜*（杜）陵（陵）人也。若夫三輔*（輔）神皐（皋），漸禮義（儀）而為俗，五陵（陵）華胄，禀英靈而挺*（挺）生。猶丹鳳之摩霄，若翠虬之騰霧，故能*（能）世濟通德，轥（轥）元愷而高馳，人倫仰止（止），俯金張而特秀，飛聲佩實，軌（軌）躅所（所）不追，照廡連城，搢（縉）紳無以尚。然後垂繁露、攄（據）文軒、纂二相之鴻烈，紹雙珠之重價，古人所（所）謂公門必復（復），豈徒言哉（哉）！祖旭，魏司空文恵（惠）公，清猷映俗，風規*（規）偃世，沖素凝於道性，謙*（謙）光發（發）於德（德）暉。父寛（寬），周太傅*（傅）鄖襄公，績宣周邵，業光風力。詳其明（明）鑒，朗如日月入懷。察其清襟，湛若江湖在量。君資靈誕，慶為世生，才植性而自芳，不琢而成器。人有半面，必記於心，書或一觀*（觀），咸誦於口。故以裁成先達，汝南稱之，殆庶孕育後昆，關西謂之夫子。豈獨終軍英妙，躡金馬以馳芳。衛玠神情，擅*（擅）玉人而發譽，若斯而已也。

周大象二年，甫登十九，時尉逈*（迥）搆逆（構逆），攄（據）有漳濱，君從襄公前駈（驅）致*（致）討。囙（因）孤射虛之勢，出自胷（胸）懷。左陵（陵）右澤之竒（奇），暗符韜略。雖復范宗童子，決策彰*（彰）於夷竈；謝氏*（氏）兒曹，淩*（凌）江遂能*（能）破賊。兼*（兼）而取辟（辟），何用加焉。以勳授儀同三司武陽郡公，邑二千五百户。随（隋）開皇四年，授左衛車騎*（騎）將軍，尋遷隴州刾（刺）史，褰帷布政，扇彡姐以仁風。坐（坐）嘯班條，潤燒當於愷澤。大業元年，遷内史侍郎，粤自棘（棘）林，飜飛鳳沼。

鏘鳴玉而俄步，榮耀丹墀（墀），履（履）文石而為容，眄（眄）深黃屋。五年轉*（轉）河南郡賛（贊）治，于時帝宇聿脩，皇京（京）草創，俯規*（規）水地，仰搆雲楣，考周公之先畧（略），裁梧侯之畱（留）憲。莫不寔資衡尺，取正鉤繩，成一代之洪範（範），垂千齡之壯*（壯）觀。九年轉*（轉）民部侍郎，十有二年，詔判民部尚書事。煬帝頋惟代邛（邸），省方淮甸，天駟南轅，雲旗東指，京（京）都畱（留）務是用委焉。頃之，大盜挻禍，滔天縱逆（逆），兇（兇）匪毀*（毀）縢，鑾輿戾駕。君忠深徇國，情貫勤*（勤）王，親率吏民*（民），亟淩*（凌）鋒刃，空拳徒搏*（搏），矢盡道窮，由是就（就）擒，陷于勍（勁）敵。既而俘見李密，逼說*（說）都城，君抗對抑揚，懷臧（臧）洪之必死。臨危淳慤（慤），遵解陽之無貳，凶魁感歎*（嘆），竟不害*（害）焉。

武德四年，皇靈遐暢，鯨*（鯨）鯢所保，悉（悉）入提封，溟*（溟）渤所環，盡歸聲教，方得拔足昬（昏）偽，歸身會昌，蒙授開府秦州揔（總）管長史。八年轉*（轉）諫議大夫，檢校黃門侍郎。昔揚雄麗藻，僅居斯職（職）。潘*（潘）岳遒文，方膺此選。故知排金鋪而伏奏，掌玉壺而通籍，不亦難乎。其年轉*（轉）太僕少卿。九季（年）除陵（陵）州刺（刺）史，叱御（御）乘險，增輝竹帛，講德成頌，流聲管弦，庶養齒於西庠，奄潛靈於東岱。以貞觀三年四月五日卆（卒）於州廨，春秋六十八，粤以四季（年）五月十八日安厝于雍州萬年縣洪固之舊塋。惟君去健去羡，爰清爰静。義之所感，風雨不革*（革）其音。威之所臨，雷霆（霆）無奪其志。出入三代，始終一德（德）。斯盖士林之翹楚，衣冠之領袖者歟？而福善空言，輔仁褰信。松筠雅操（操），先朝露而飄零。廊廟奇（奇）林，與摧梁*（梁）而增痛。悲夫！乃為銘曰：

商伯導源，楚詩流詠。豈功（功）遺烈，丕基積慶。敷*（敷）暢魯道，丹青漢政。猶亳二伊，方周兩鄭。摶*（搏）飛帝里，綿瓞秦京（京）。地維環塞，天河貫城。山輝玉朗，水潔珠明（明）。降靈霄狛（猊），擢秀標英。文恵（惠）國華，郥襄人傑。藪紱蕭曹，陶鈞稷*（稷）契*（契）。燮諧文教，兼*（兼）資武烈。陳迹不追，嘉猷無絶。猗*（猗）歟（歟）君子，踵德（德）民靈。爰冥（冥）斷織，敬禀趍（趨）庭*（庭）。研幾*（幾）繫表，索隱天經（經）。智周有象，鑒揔流形。登朝景燭，揚庭*（庭）響振。體國資忠，導民敷*（敷）信，應變賈勇，剖符遊刃。彝物傍通，撿身周慎。半川舟覆，中天景沉。小年長畢，大夜方深。月来時往，感昔悲今。黤然神隔，懷哉（哉）德音。

考釋

韋津其人，《隋書·韋世康傳》和《北史·韋孝寬傳》略有涉及，各僅十餘字，祇言其『位至內史侍郎，判民部尚書事』和『户部侍郎』的官職而已。本誌長達一千餘字的銘文，可補史籍之疏缺。墓誌雖未寫撰書人的姓名，但辭語典奧，掌故很多，大家手筆也。書法亦秀麗可喜，反映了唐代深厚的文化底蘊和人文素質。爲了通讀銘文，弄清文義和喻指的史實，需將有關典故和難懂的辭語略作詮釋。

三輔神皋

三輔，指京城長安附近地區。原爲西漢治理京畿地區三個職官左右內史和主爵都尉的合稱，也指所轄地區。武帝太初元年更名主爵都尉爲右扶風，右內史爲京兆尹，左內史爲左馮翊。《漢書·景帝紀》：『三輔舉不如法令者，皆上丞相御史主之。』顔師古注：『此三輔者，謂主爵都尉與左右內史也。』《太平御覽》卷一六四引《三輔黄圖》：『武帝太初元年改內史爲京兆尹，以渭城以西屬右扶風，長安以東屬京兆尹，長陵以北屬左馮翊，以輔京師，謂之三輔。』

神皋，指神明所聚之地。《文選·西京賦》：『尔乃廣衍沃野，厥田上上，實爲地之奥區神皋。』李善注：『謂神明之界局也。』引申爲神聖的土地。

五陵華胄

五陵，爲西漢五個皇帝陵墓所在地，即長陵、安陵、陽陵、茂陵和平陵五縣的合稱，均在咸陽原上。漢元帝以前，每立陵墓，輒遷徙四方富豪及外戚于此居住，令供奉園陵，稱爲陵縣。

華胄，指顯貴者的後代。《晋書·石季龍載記》：『鎮遠王擢表雍秦二州望族，自東徙以來，遂在戍役之例，既衣冠華胄，宜蒙優免。』

轥元愷而高馳

轥，經過意。《梁書·昭明太子傳》：『背降闕以遠徂，轥青門而徐轉。』又可作超越、勝過解。《隋書·刑法志》：『宋齊方駕，轥其徐軌。』

元愷，即八元與八愷。《左傳·文公十八年》：『高辛氏有才子八人：伯奮，仲堪…忠肅共懿，宣慈惠和，天下之民謂之八元。』『高陽氏有才子八人：蒼舒，…齊聖廣淵，明允篤誠，天下之民謂之八愷。』孔穎達疏：『元，善也，言其善于事也。』、『愷，和也，方其和于物也。』元愷均爲有才德的典型人物。高馳，向高遠處飛馳。《楚辭·離騷》：『抑志而弭節兮，神高馳之邈邈。』

俯金張而特秀

俯，低頭向下看。金張，指西漢人金日磾和張安世，二氏子孫相繼，七世榮顯，因用爲顯宦的代名詞。《漢書·蓋寬饒傳》：『上無許史之屬，下無金張之托。』

金日磾，本匈奴王太子，武帝元狩中，霍去病擊匈奴右地，金日磾入漢養馬，未嘗有過，上信愛之。莽何羅刺帝，金日磾擒縛之，忠誠篤慎，謚曰敬侯①。

張安世，事武、昭、宣三帝數十年，肅敬不怠，勤于政事，儉樸謙讓，謚曰敬侯，賜塋杜東②。特秀，特出與優秀。謂誌主的才德超過了遠古的八元與八愷，比漢代的金、張更爲傑出。

垂繁露，據文軒，纂二相之鴻烈

垂，懸挂。繁露，古代帝王貴族冕旒上所懸的玉串。晋崔豹《古今注·問答釋義》：牛亨問曰『冕旒以繁露，何也？』答曰：『綴珠垂下，垂如繁露也。』

文軒，華美的車子。《墨子·公輸》：『今有人于此，捨其文軒，鄰有敝輂（轝），而欲竊之。』纂，同撰。二相，指韋氏遠祖韋賢和其子玄成，二人分别爲漢宣帝和元帝時丞相，父子爲相，時人榮之③。鴻烈，偉大的業績。

績宣周邵

績，功績。宣，傳布。周邵，西周初年名臣周公和召公。意謂誌主的功勞可與周召二公媲美。

周公姬旦，文王子，武王弟。輔佐幼侄成王，代爲攝政，禮賢下士，天下大安④。召公名奭，位居成王三公之一，治陝以西地，很得人心，巡行鄉邑，使上下各得其所無失職者。封于燕⑤。

裁成先達，汝南稱之

裁成，裁剪製成，猶言栽培，教育造就之意。《易·泰卦》：『天地交泰，後以財（裁）成天地之道。』先達，有德行學問的前輩，北齊顔之推《顔氏家訓·勉學》：『農商工賈…皆有先達，可爲師表。』

東漢汝南人許劭與從兄靖俱有高名，共好品評人物，故汝南俗有『月旦評』，後因稱品評人物爲汝南評。稱之，評判也。

殆庶孕育後昆

殆庶，出自《周易·繫辭下》：『子曰：顔氏之子，其殆庶乎！』後以殆庶指賢德之人。《隋書·李德林傳》：『質非殆庶，何世無之。』

終軍英妙，躡金馬以馳芳

終軍，漢濟南人，好學，辯博能文。武帝朝年十八，至長安上書言事，拜謁者給事中。使南越，説其王，請舉國内屬，天子大悦，令使者留滇鎮撫之。越相吕嘉叛亂，殺其王及漢使者。軍死時年二十餘，故世謂之終童⑥。躡，同攝，携帶也。金馬，金制的馬形器，《漢書·張騫傳》：『天子既好宛馬，聞之甘心，使壯士車令等持千金及金馬以請宛王貳師城善馬…（宛王）遂不肯予漢使。漢使怒，妄言，椎金馬而去。』可見此金馬爲漢使所持禮物之一種。馳芳，散播芳香。唐駱賓王《上郭贊府啓》：『菊晚馳芳，涵清露而泫沼。』意謂年輕有爲的終軍，持重禮和肩負重大神聖的使命赴越。

衛玠神情，擅玉人而發譽

衛玠，晋人，少時風神秀异，乘羊車入市，見者以爲玉人，紛紛圍觀。驃騎將軍王濟，玠之舅也，每見玠，輒嘆曰：珠玉在側，覺我形穢。玠妻之父樂廣，有重名，議者以爲『婦公冰清，女婿玉潤』⑦。後因以『衛玉』形容美于容儀和善辭令之人。

范宗童子，決策彰于夷竈

范，姓。宗，宗猷，宗門中之傑出者。此指晋人范汪，字玄平，少孤博學。弱冠至京師，時蘇峻作亂，王師敗，汪遁歸。庾亮、温峰屯兵尋陽，不知峻虚實，不敢輕進。汪至曰：『賊政令不一，貪暴縱横，滅亡已兆，雖强易弱，朝廷有倒懸之急，宜時進討。』賊平，賜都鄉侯⑧。《世説新語·假譎》：『范玄平爲人，好用智能。』著有《棋品》傳世。夷竈，平毁爐竈。《左傳·成公十六年》：『塞井夷竈，陳于軍中，而疏行首。』

謝氏兒曹，凌江遂能破賊

指晋司徒謝安之子琰與侄玄等大敗秦苻堅軍于淝水之役。《晋書·謝安傳》：『時苻堅强盛，疆埸多虞，諸將敗退相繼。安遣弟石及兄子玄等應機征討，所在克捷。…堅後率衆，號百萬，次于淮肥，京師震恐，加安征討大都督…玄等既破堅，有驛書至，安方對客圍棋，看書既竟，便攝放床上，了無喜色，棋如故。客問之，徐答云：『小兒輩遂已破賊。』

褰帷布政，扇彡姐以仁風，坐嘯班條，潤燒當于愷澤

褰，撩起。帷，帷幔。褰帷，即撩起官員乘坐的轎或車上的簾子。布政，發布政令。褰帷布政，指上任伊始就理事行政。扇，傳播。班固《西都賦》：『扇巍巍，顯翼翼，光漢京于諸夏，總八方而爲之極。』坐嘯，閑坐嘯咏，《後漢書·黨錮傳》：『南

陽太守岑公孝，弘農成瑨但坐嘯』。

彡姐，燒當，隴州境内羌族部落名。《後漢書·西羌傳》：『從爰劍種五世至研，研最雄豪，自後以研爲種號。十三世至燒當，復豪健，其子孫更以燒當爲種號。自彡姐羌降之後數十年，四夷賓服，邊塞無事。』

鳳沼，丹墀，文石，眄，黄屋

鳳沼，鳳凰池的簡稱，魏晋南北朝時期指中書省，唐以後指宰相之位，李太白詩：『君登鳳池去，勿弃賈生才。』丹墀，紅色的臺階，亦喻仕進之路。文石，即文石陛，以有花紋的石材砌築的臺階，借指朝廷。眄，同盻（眄），斜視也。黄屋，即黄金屋，形容極富貴奢華的生活環境。

考周公之先略，栽梧侯之留憲

考，參考、稽查。《史記·周本紀》：『成王在豐，使召公復營洛邑，如武王之意。周公復卜申視，卒營築，居九鼎焉。』先略，從前的方略。裁，剪裁，取捨。梧侯，據《史記·惠景間侯者年表》梧侯『以軍匠從起郏，入漢後爲少府，作長樂未央宫，築長安城』。留憲，遺留的法則、辦法、經驗。

煬帝顧惟代邸，省方淮甸

顧，眷顧。代邸，源自漢高祖劉邦之子劉恒封代王，所居曰代邸。陳平、周勃誅諸吕，廢少帝，迎立代王，是爲文帝。後因以代邸喻入嗣帝位的藩王的舊邸。隋煬帝楊廣于開皇六年任淮南道行臺尚書令，後徙爲揚州總管，鎮撫江都，每歲一朝⑨。故其舊居當在江都。省，視察。方，四方。省方，巡視四方。《易·觀卦》：『先王以省方觀民設教。』淮甸，淮河流域。南朝宋鮑照《潯陽還都道中》詩：『登艫眺淮甸，掩泣望荆流。』

兕匣毁縢，鑾輿覂駕

兕，犀牛，兕匣，即犀牛皮匣子。匣，匣匱，盛裝重要文書的器物。《鹽鐵論·禁耕》：『民人以垣墻爲藏閉，天子以四海爲匣匱。』縢，金縢，即用金屬帶子將收藏書契文書的櫃子封固。《書·金縢》：『公歸，乃納册于金縢之櫃中。』

鑾輿，有鑾鈴的車子，君主之所乘也。四馬四鑣八鑾，行則鈴聲如鑾鳴。《禮記·明堂位》：『鑾車，有虞氏之路也。』覂，傾覆。鑾輿覂駕，指煬帝之被殺身亡。

懷臧洪之必死，遵解陽之無貳

臧洪，後漢射陽人，幼以父功拜童子郎。董卓作亂，洪與豫州刺史孔伷糾合義兵，共赴國難。袁紹使領青州刺史，洪收撫離叛，徙東郡太守。怨紹，絶不與通，紹兵圍之。城破被執，不屈而死⑩。解陽，春秋晋大夫，景公時楚人圍宋，宋來告急，晋公使解陽入宋，使無降楚。鄭人囚而獻于楚，楚君許以厚賂使反其言，不許，强而許之，及登樓車，向宋人大呼宣達晋公之命，楚人陰謀遂告失敗。

揚雄麗藻，潘岳遒文

揚雄，字子雲，漢成都人。少好學博覽，口吃不善談而思想深湛，擅長辭賦，成帝時召對承明庭，進《甘泉賦》，天子异之。又奏《河東》、《長楊》諸賦，多仿司馬相如，辭藻華麗，氣魄恢弘。王莽篡位，雄以耆老轉爲大夫。著有《太玄》、《法言》、《州箴》諸文。天鳳五年卒⑪。

潘岳，晋中牟人，少以聰明多才號爲奇童，舉秀才。泰始中武帝躬耕藉田，岳作賦稱美其事。衆嫉其才，栖遲十年，出爲河陽令。赴長安令，作《西征賦》，歷述所經山水人物，文風清麗。遷給事黄門侍郎。性浮好利，與石崇諂事賈謐，賈謐有二十四友，岳爲其首。及趙王倫輔政，孫秀挾夙怨，誣岳及石崇作亂，夷三族。岳美姿儀，善爲哀誄之文。少時出游洛陽道，婦人遇之者，皆投以果，滿載而歸。

去健去羡，健羡，貪欲。《史記·太史公自序》：『至于大道之要，去健羡，絀聰明，釋此而任術。』裴駰集解引如淳曰：『知雄守雌，是去健也。不見可欲，使心不亂，是去羡也。』唐司空圖《釋怨》：『是以至人達觀，物我俱遺，混休戚，忘健羡。』宋陸游《娥江市》詩：『年來去健羡，摩腹自欣欣。』清納蘭性德《雨霽賦》：『觀我生之消息，任天運以卷舒，知顯晦之維命，而又何所用其健羡歟？』

誌主事功與年譜

依據墓銘，韋津生于北周保定二年（五六二）。大象二年（五八〇）十九歲，隨父韋孝寬討尉遲迥，步入仕途。是年五月，周宣帝死，傳位八歲幼子，是爲静帝。宣帝楊皇后之父隋國公楊堅趁機『入宫輔政』。爲削弱周室勢力，隨即命鄖國公韋孝寬取代尉遲迥爲相州（今河南省安陽市）總管，尉遲迥拒代而舉兵反抗，所轄十州皆從之，衆數十萬。且北通突厥，南聯陳國。楊堅以韋孝寬爲元帥，率軍討之。八月破鄴，尉遲迥自殺，相州平。韋津之『前驅致討』即在是役。殲敵致果，以功授武陽郡公⑬。

楊堅代周，是爲隋文帝。開皇四年（五八四）韋津得授左衛車騎將軍，司宫闈侍衛之責，尋遷隴州刺史。隴州即今陝西隴縣，居關中西北，汧水上源，管轄陜西西部和隴東一帶，這裏從來是羌族和漢族雜居區⑭。韋津上任伊始，即頒布條令，寬政親民，從而感化了羌族各部落，維護社會安定和國家統一，有功朝廷，遂于大業元年（六〇五）遷內史侍郎。此職是中央政府三省之一中書省次官，爲中樞要職。棘林鳳沼之喻，就是指其由地方長官入居禁苑參與朝樞而言的。

大業五年（六〇九），韋津出任河南郡贊治。贊治，是郡長官的行政助理，即郡丞。該郡轄洛陽、閿鄉、桃林等一十八縣。自西周初年以來，洛陽就成爲東都，與長安并稱東西兩京。『于時帝宇聿修，皇京草創，俯規水地，仰構雲楣……成一代之洪範，垂千齡之壯觀。』誌文的記述可與史籍相印證。《隋書·煬帝紀》：『煬帝即位…始建東都…每月役丁二百萬人。』韋津負責如此宏大的建設，考古酌今，繩丈尺量，盡瘁其事，至于成功。不過，史載東都的營建，歷時祇有一年：『二年春正月辛酉，東京成，賜監督者各有差。』而此銘則證明這個記載是不確實的，因爲直到五年（六〇九）韋津落任時，東京的工程還遠沒有完成呢！否則何勞他去測量考證『取正鈎繩』？再從洛陽的宮城、宮殿和在皇城與內外城郭的規模，以及東、南、北三市與分布在洛水南北棋盤似的一百三十二坊的巨大工程量看來，就是在有機械施工設備的現代社會，也需要八年、十年的工夫，何況在人力工具還很落後的隋代，豈能一年完成！因此，該誌銘補正了文獻記載的失誤，爲研究洛陽史提供了翔實可靠的資料。

十二年（六一六），韋津奉詔任民部尚書。民部乃尚書省八部之一，尚書爲其長官。公元六一六年冬十月，煬帝自長安至于洛陽，在四方農民起義軍的嚴重威脅下，這位暴虐的獨夫感到東都也不安全，于公元六一六年七月游幸江都，誌文所謂『天駟南轅，雲棋東指』者即此。這時，韋津被委以京都留守之任，『京都留務是用委焉』。此一任命亦可證之于史籍，《隋書·煬帝紀》：『甲子，幸江都宮，以越王侗、光禄大夫段達、太府卿元文都、檢校民部尚書韋津、右武衛將軍皇甫無逸、右司郎盧楚等總留後事。』韋津能成爲隋王朝的留守內閣成員之一，不難看出他與楊廣的關係非同一般。

然而歷史無情，沉湎淫樂、殘民以逞、窮奢極侈、不斷炫耀武力的隋煬帝，終究逃脱不了無道暴君的可耻下場。在四面楚歌中，隋統治集團迅速崩潰。右屯衛將軍宇文化及率部殺煬帝于江都宮。『大盜挺禍，…鸞輿覂駕』就是對這段可怕現實晦澀的表述。這是公元六一八年三月間的事。

此前一年，李密殺翟讓奪取瓦崗寨農民起義軍的領導權後，控制了河南諸郡和東都周圍糧倉。守衛東都的隋將王世充與李密屢戰不勝。越王侗爲其增加兵力。公元六一八年正月，王世充進擊李密于洛水北，大敗，李密乘勝進據金墉城，擁兵三十萬陳于北邙山，南逼上春門。誌文『君（韋津）忠深徇國，情貫勤王，親率吏民，亟凌鋒刃，空拳徒搏，矢盡道窮，由是就擒，陷于勁敵』。可見兩軍戰鬥的激烈。韋津力屈被俘，亦見載于兩《唐書·李密傳》。《舊唐書·李密傳》謂『留守韋津又與密戰于上春門，津大敗，執于陣』，與誌銘相符。《資治通鑒》說韋津戰死的記載不準確。

至于誌主何以能保全性命而不死？誌文給了明晰的解釋：『既而俘見李密，逼説都城。』原來李密要利用他做説客勸降，所以『竟不加害焉』。

誌銘說，唐高祖武德四年（六二一），韋津『方得拔足』、『歸身會昌』，衝破羈絆來投正當興盛隆昌的唐王朝。人們不禁會問，李密早在公元六一八年冬已經降唐，而在其管押下的韋津爲什麼姗姗來遲？此中必有『隱情』而爲撰誌人所諱言，遂在誌主履歷上留有三年的空白。

原來，韋津又做了一次俘虜，重回到隋朝的營壘裏。公元六一八年九月，王世充率軍再攻李密，李密留部將王伯當守金墉城，他自己領精兵就偃師，王世充軍奄至，李密大敗，部將裴仁基等盡爲所虜。李密自度不支，西至長安投唐高祖。《舊唐書·韋安石傳》：『祖津：（李）密敗，歸東都，世充僭號，深被委遇。』説明他在這一戰役中，又回到東都洛陽的懷抱，次年王世充僭即皇帝位，建元開明，國號鄭。韋津得其信任，必受僞官，但墓銘諱莫如深，隱而不書。

武德四年（六二一）河北悉平，大局已定，王世充勢孤，亦舉東都歸順唐朝。誌載韋津之來歸，亦在這一年，殆非偶然。然而，王世充旋爲仇家所殺，誌主韋津却『蒙受秦州總管長史』，這是由于『（唐）高祖與津有舊』的緣故。秦州即天水郡，武德二年平薛舉，改爲秦州，置總管府。長史爲總管府屬官。

八年（六二五），『轉諫議大夫，檢校黃門侍郎』。前者爲門下省屬官，掌侍從贊相，規諫諷喻。檢校，掌檢校公文書信等。黃門，門下省的別稱，侍郎，門下省屬官，正四品上。同年，又轉太僕少卿。太僕卿掌邦國厩牧、車輿之政令，少卿爲其副。

九年（六二六），出爲陵州刺史。陵州故址在今四川省仁壽縣東，轄仁壽、貴平、井研、始建、籍五縣。貞觀三年（六二九）四月韋津卒于州廨，得年六十八歲，公元六三〇年五月安葬于長安祖塋。

綜上所述，可將韋津的履歷年譜臚列如下：

北周保定二年（五六二）生。

大象二年（五八〇），一十九歲，從父韋孝寬討伐相州總管尉遲迥，以功封武陽郡公。

隋開皇四年（五八四），二十三歲，授左衛車騎將軍，入侍宮闈，尋遷隴州刺史。

大業元年（六〇五），四十四歲，遷内史侍郎。

大業五年（六〇九），四十八歲，轉河南郡贊治。營建東都洛陽。

大業九年（六一三），五十二歲，任民部侍郎。

大業十二年（六一六），五十五歲，判民部尚書事。任京都留守。

義寧二年（六一八），五十七歲，與李密戰于上春門，兵敗被俘。

唐武德元年（六一八）九月，隋將王世充打敗李密，復歸東都，深得王世充信任。

武德四年（六二一），六十歲，投唐高祖，爲秦州總管長史。

武德八年（六二五），六十四歲，轉諫議大夫，檢校黄門侍郎。

武德九年（六二六），六十五歲，任陵州刺史。

貞觀三年（六二九），六十八歲，卒于州廨。

貞觀四年（六三〇），五月，歸葬長安洪固鄉祖塋。

上表可見，韋津在五十年的宦海生涯中，于隴州刺史的時間最長，達二十一年。因而，熟稔邊情，于安輯羌族、維護國家統一安定有較出色的表現。其後與隋煬帝楊廣關係日趨密切，受到重用，參與樞機。農民軍攻打東都，他『亟凌鋒刃』，爲李密俘獲。八個月後，王世充打敗李密，他復歸東都。後和王世充同年投唐，因與高祖李淵誼關舊好，得壽終于陵州刺史。

本墓誌銘對瞭解北周末年、隋和唐初的政治、經濟、軍事、建築、民族關係、農民起義與官制等方面，都有其重大的學術價值，不僅僅局限于誌主個人的事功榮辱而已哉！

注釋

①《漢書》卷六八《金日磾傳》。

②《漢書》卷五九《張安世傳》。

③《漢書》卷七三《韋賢傳》。

④《史記》卷三三《魯周公世家》。

⑤《史記》卷三四《燕召公世家》。
⑥《漢書》卷六四下《終軍傳》。
⑦《晋書》卷三六《衛武瓘傳》。
⑧《晋書》卷七五《范汪傳》。
⑨《隋書》卷三《煬帝紀》。
⑩《後漢書》卷五八《臧洪傳》。
⑪《漢書》卷八七《揚雄傳》。
⑫《晋書》卷五五《潘岳傳》。據大象二年十九歲推知。
⑬《周書》卷八《静帝紀》。
⑭《隋書·地理志上》。
⑮《隋書》卷五《恭帝紀》。
⑯《資治通鑒》一八四隋紀八，恭帝義寧元年。
⑰《資治通鑒》卷一八五，武德元年（六一八）條。
⑱《舊唐書·高祖本紀》。
⑲《舊唐書》卷五三《李密傳》。
⑳《北史》卷七九《王世充傳》。
㉑《舊唐書·韋安後傳》。
㉒《唐刺史考》（一）隴右道。
㉓《舊唐書·職官三》。

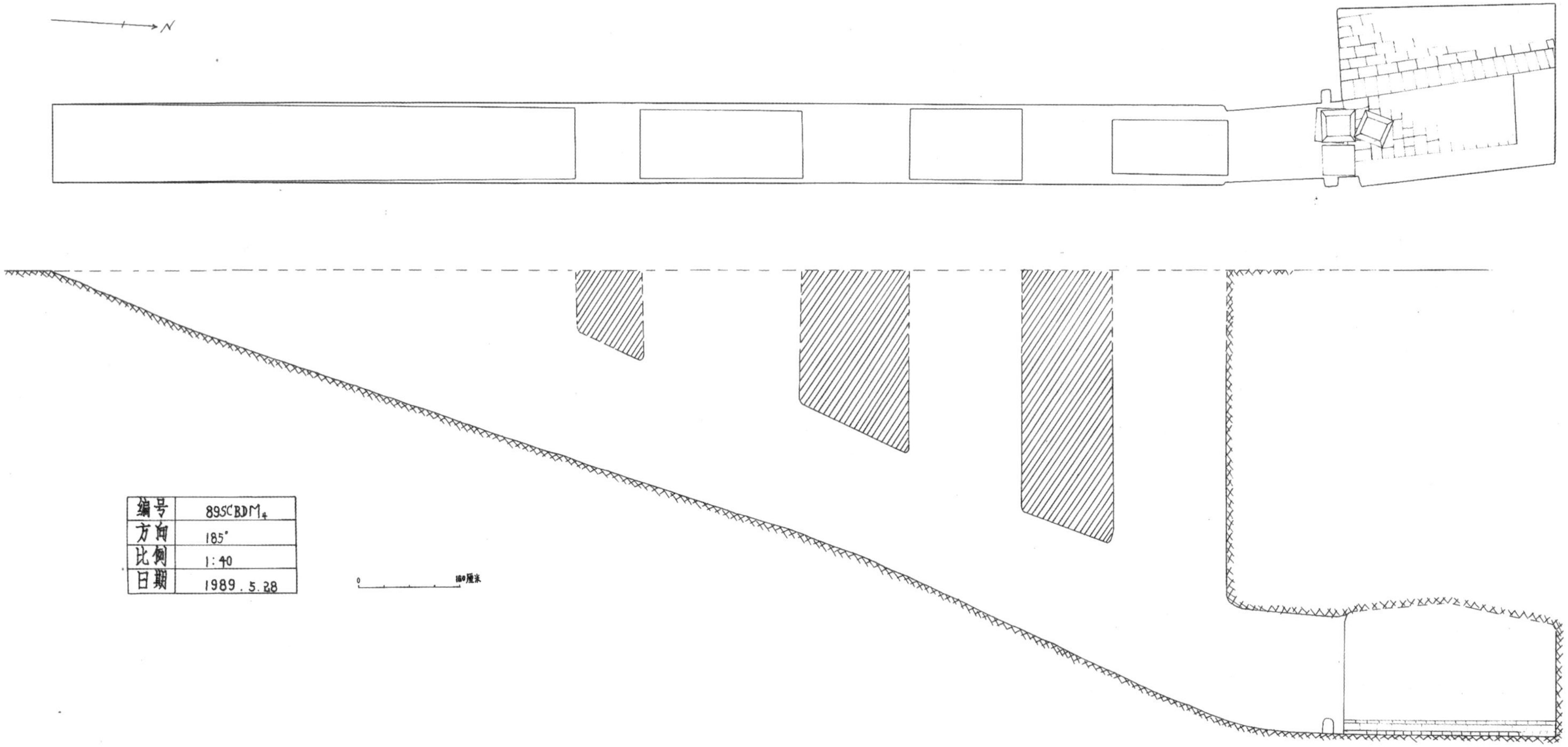
N
编号
89SCBDM4
方向
185°
比例
1:40
日期
1989.5.28

圖十八 1 韋津元咳女合葬墓平面剖面圖

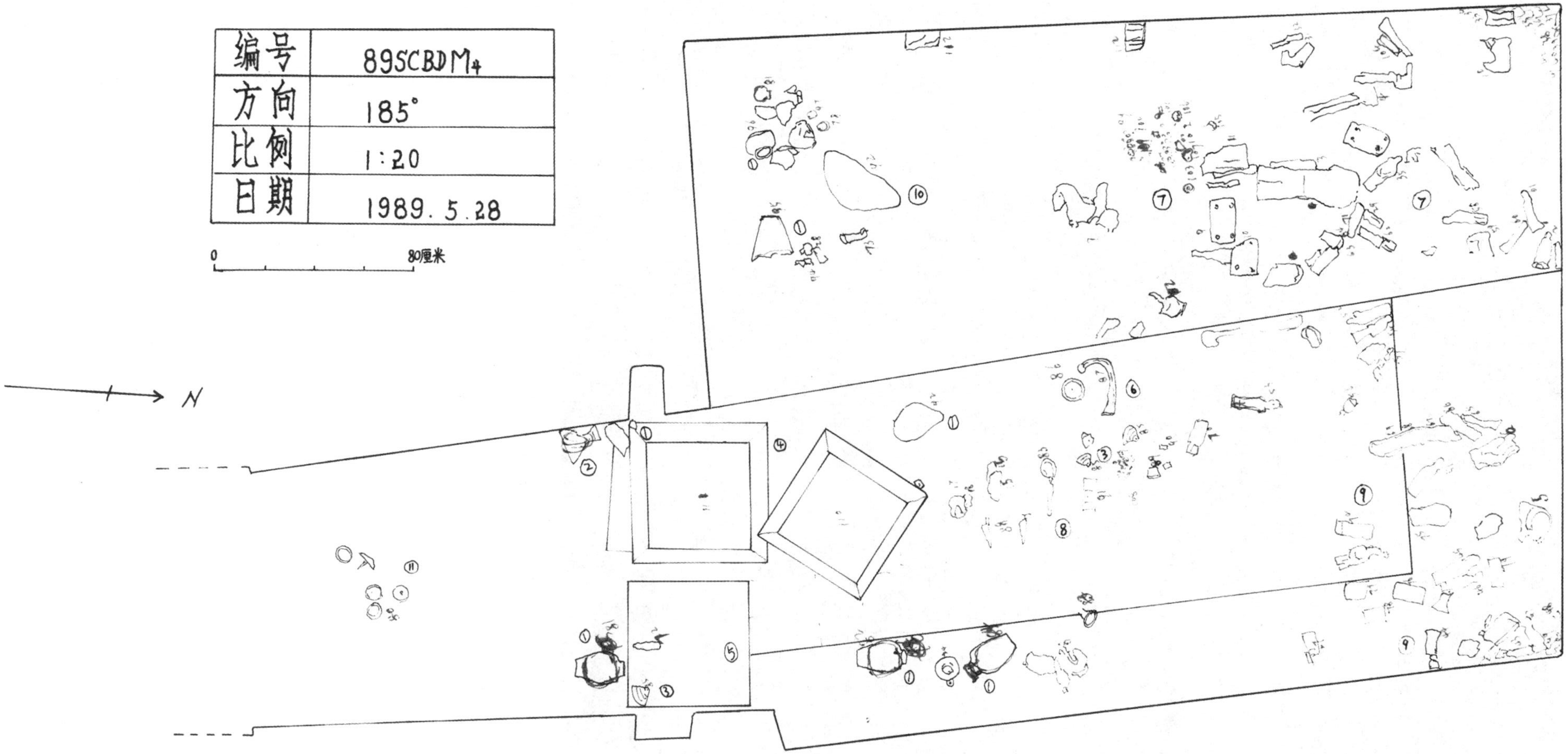
编号 89SCBDM4
方向 185°
比例 1:20
日期 1989.5.28
0
80厘米
N

圖十八 2 韋津墓室平面圖

大唐故
陵州刺
史韋府
君墓誌

大唐故陵州刺史韋府君墓誌 蓋

大唐故陵州刺史韋使君墓誌銘并序

大唐故陵州刺史韋使君墓誌銘 并序

君諱津字恙達京兆杜陵人也若夫三輔神皋漸禮義而為俗五陵華胄稟英靈而挺
生猶丹鳳之摩霄若翠虬之騰霧故能世濟通德韜元愷而高馳人倫仰止俯金張而
特秀飛聲佩實軌躅所不追照廡連城搢紳無以尚然後垂繁露擅文軒纂二相之鴻
烈紹雙珠之重價古人所謂公門必復豈徒言哉祖旭魏司空文惠公清猷映俗風規
偃世沖素凝於道性識光茂於德暉父寬周太傅鄖襄公績宣周邵業光風力詳其明
鑒朗如日月入懷察其清襟湛若江湖在量君資靈誕慶為世生才植性而自芳不琢
而成器人有半面必記於心書或一觀咸誦於口故以裁成先達汝南稱之殆庶孕育
後昆關西謂之夫子豈獨終軍英妙躡金馬以馳芳衛玠神情擅玉人而發譽若斯而
已也周大象二年甫登十九時尉迥擁逆據有漳濱君從襄公前驅致討曰孤射虛之
勢出自胸懷左陵右澤之奇暗符韜略雖復范宗童子決策彰於袁寵謝氏兒曹淺江
遂能破賊黨而取辟何用加焉以勳授儀同三司武陽郡公邑二千五百戶隨開皇四
年授左衛車騎將軍尋遷隴州刺史褰帷布政扇彡姐以仁風坐嘯斑條潤燒當於愷
澤大業元年遷內史侍郎粵自棘林飜飛鳳沼鏘鳴玉而俄步榮耀丹墀履文石而為
容昉深黃屋五年轉河南郡贊治于時帝宇聿脩皇京草創俯規水地仰攀雲楣考周
公之先署裁梧侯之留憲莫不寔資衡尺取正鉤繩成一代之洪範垂千齡之壯觀九
年轉民部侍郎十有二年詔判民部尚書事煬帝顧惟代邸省方淮甸天駟南轅雲旗
東指京都留務是用委焉頃之大盜挺禍滔天縱逆兇匪毀滕鑾輿覂駕君忠深徇國

上半闕

情貫勤王親率吏民亟淩鋒刃空拳徒搏矢盡道窮由是就擒陷于勍敵既而俘見李
容逼說都城君抗對抑揚懷感洪之必死臨危淳懇遵解陽之無貳凶魁感歎竟不害
焉武德四年　皇靈遐暢鯨鯢所保悉入提封瀍瀔所環盡歸聲教方得拔足昏僞歸
身　會昌豢授開府秦州總管長史八年轉諫議大夫檢校黃門侍郎昔楊雄麗藻僅
居斯職潘岳道文方膺此選故知排金鋪而伏奏掌玉臺而通籍不尒難乎其年轉太
僕少卿九年除陵州刺史叱御乘險增煇竹帛講德成頌流聲管絃庶養齒於西庠奄
潜靈於東岱以貞觀三年四月五日卒於州廨春秋六十八粤以四年五月十八日安
厝于雍州萬年縣洪固之舊塋惟君去健去羨受清受靜義之所感風雨不革其音感
之所臨雷霆無奪其志出入三代始終一德斯蓋士林之翹楚衣冠之領袖者歟而福
善空言輔仁寡信松筠雅操先朝露而飄零廊廟奇材與摧梁而增痛悲夫乃爲銘曰
商伯導源楚詩流詠豐功遺烈不基積慶敷暢魯道丹青漢政猶亳二伊方周兩鄭摶
飛帝里綿邸秦京地維環塞天河貫城山輝玉朗水潔珠明降靈霄貌擢秀標英文惠
國華郎襄人傑黼紱蕭曹陶鈞稷契變諧文教兼資武烈陳巡不追嘉猷無絕猗歟君
子踵德民靈愛寘斷織敬稟趍庭研幾繫表索隱天經智周有象鑒總流形登朝景燭
揚庭響振體國資忠尊民敷信應變賈勇剖符遊刃异物傍通撿身周慎半川舟霣中
天景沈小年長畢大夜方深月來時往感昔悲今黯然神隔懷哉德音

下半闕

隋韋津夫人元咳女墓誌（六一〇）

概述

該誌與其夫韋津墓誌同出自地質七隊基建工地四號墓。元咳女墓誌壯碩精致，紋飾瑰麗。覆斗式蓋，蓋頂每邊長四十三點五厘米，蓋面篆書陽文三行九字：大隋元夫人墓誌之銘。圍以連續的花草紋邊框。四殺部分別飾花草簇擁的長體龍、虎、朱雀、玄武四神圖像。四側飾蔓草與牡丹花紋。

誌石每邊長五十四厘米，厚七點五厘米。四側面飾以花草紋爲背景的十二生肖圖像。誌面銘文二十一行，每行滿格二十字，書法剛勁健美。

誌文

隋朝請大夫、内史侍郎、河南郡賛（贊）治、韋府君夫人故元氐*（氏）墓誌銘

夫人諱咳女，河南雒陽人也。家承帝裔，瓊枝*（枝）玉幹*（幹）之華，丗（世）龔（襲）王章，衮（袞）服朱輪之盛。載芬圖史，欝（欝）為冠裓*（族）。祖尚書左𫢸*（僕）射、雍州牧、司空公、安昌平王子均。父金紫光禄大夫、集沁二州刾（刺）史、順陽良公孝方。並以德望優重，延譽當年，教義貽訓*（訓），風徽斯遠。夫人體柔順之懿德，禀幽閑之淑（淑）氣，神情敏慧，風範*（範）端華，盡孝敬於事親，秉（秉）謙撝以牧己。故能恵（惠）問發於髫*（髫）年，芳徽彰於綺*（綺）歳（歲）。年十有六，歸於韋氏，四德兼羙（美），百兩言歸，罄*（磬）恭肅於嚴威，備饋*（饋）醄於主饋。閨門之内，芬若椒（椒）蘭。嘉偶攸齊，和同琴瑟。冝*（宜）爾子孫，方禾肙（眉）壽*（壽），遽（遽）捐（捐）舘（館）舍，永即幽塗。以大業六年三月二十五日寑（寢）疾，終於河南郡政俗里苐*（第），春秋四十有四，以其年七月二十三日遷窆舊（舊）塋*（塋）鴻固鄉*（鄉）疇貴里。西山靈藥，九轉*（轉）未期。東海桒（桑）田，千年應改，題芳勒羙（美），永播*（播）無窮。乃為銘曰：

珠澤含潤，蘭畹滋*（滋）芳。德蕐（華）胄緒，秀發閨房。髫*（髫）纓端壹，笄縱矜荘（莊）。柔情琬琰，淑（淑）質琳琅。何魴宋子，高門鼎族。家道以正，人繇允穆。匜*（匜）盥虔恭，言容祗（祇）肅。孝性天然，慈*（慈）懷鞠育。人生飄忽，景（景）命弗融。暮輝迫隴，晨露危風。千齡樹拱，万古塗窮。金石有弊，蘭菊無終。

考釋

衮服朱輪。衮服，古代皇帝及上公的禮服；與冕冠合稱爲『衮冕』，是古代最尊貴的禮服之一。是皇帝在祭天地、宗廟及正旦、冬至、聖節等重大慶典活動的穿着。朱輪，古代王侯顯貴所乘的車子。因用朱紅漆輪，故稱。亦借指禄至二千石之官。髫年，幼年。陶淵明的《桃花源記》：『黃髮垂髫，并怡然自樂。』和唐代楊炯的《明威將軍梁公神道碑》：『丱歲騰芳，髫年超靄。』古代女孩七歲，男孩八歲稱『髫年』。

芳徽，猶如芳猷，美德也。

綺歲，青春；少年。《南齊書·蕭穎胄傳》：『食葉之征，著於弱年；當璧之祥，兆乎綺歲。』明陸完學《〈長安客話〉序》：『大抵仲舒綺歲，雅志編摩，壯歷周流，學益弘博』。清趙翼《題〈吴梅村集〉》詩之一：『才高綺歲早登科，俄及滄桑劫運過』。

百兩言歸，百兩，百乘也，諸侯之子嫁于諸侯，送御者皆百乘。唐楊巨源《和吕舍人喜張員外自北番回至境上先寄》：『百兩開戎壘，千蹄入御欄。』唐張光朝《天門街西觀榮王聘妃》詩：『三周初展義，百兩遂言歸。』宋蘇軾《次韵許遵》：『供帳已應煩百兩，擊鮮無久溷諸郎。』言歸，借指出嫁。唐周遇《霍夫人墓誌》：『遂適彭城公，百兩之後，一與之齊，嚴奉舅姑，敬恭戚族。』

朝請大夫，官名。《周禮·秋官·朝大夫》：『朝大夫掌都家之國治』。鄭玄注：『都家，王子弟、公卿及大夫之采地也。主其國治者，平理其來文書於朝者。』泛指朝中大夫之官職。相關文獻：《樂府詩集·相和歌辭三·陌上桑》：『十五府小史，二十朝大夫，三十侍中郎，四十專城居』。《韋津墓誌》無此官。

尚書左僕射。左僕射，官名。秦始置，漢以後因之。漢成帝建始四年，初置尚書五人，一人爲僕射，位僅次尚書令，職權漸重。漢獻帝建安四年，置左右僕射。唐宋左右僕射爲宰相之職。宋以後廢。太平天國曾設僕射一職。《漢書·百官公卿表》：『僕射，秦官，自侍中、尚書、博士、郎皆有。古者重武官，有主射以督課之。』唐韓愈《答魏博田僕射書》：『季冬極寒，伏惟僕射尊體動止萬福』。太平天國洪仁玕《英傑歸真》：『干王恐多論難志，故命伊偕僕射告退，囑以留心思悟，求天父化醒祝福可也。』有人稱其比右僕射職高一等，因古人以左爲尊，至今衆説紛紜。

金紫光禄大夫。光禄大夫，相當于戰國時代置中大夫，漢武帝時始改爲光禄大夫，秩比二千石，掌顧問應對。隸于光禄勛。魏晋以後無定員，皆爲加官及褒贈之官：加金章紫綬者，稱金紫光禄大夫；加銀章青綬者，稱銀青光禄大夫。唐、宋以後用作散官文階之號，唐朝光禄大夫爲從二品，唐朝紫金光禄大夫爲正三品，唐朝銀青光禄大夫爲從三品。宋朝光禄大夫爲從一品，宋朝紫金光禄大夫爲正二品，宋朝銀青光禄大夫爲從二品。元、明沿宋制爲從一品，清代升爲正一品。

給事黄門侍郎，官名。西漢時，郎官給事于黄門（宫門）之内者稱黄門郎或黄門侍郎。東漢合并黄門侍郎與給事黄門之職，設給事黄門侍郎，爲侍從皇帝左右之官，傳達詔命。獻帝時曾改爲侍中侍郎，旋復原名。魏、晋時尚系侍從官。齊、梁以後，因執掌詔令，備皇帝顧問，地位逐漸提高。隋煬帝除去『給事』二字，爲黄門侍郎，參見『中書侍郎』。

據誌文，韋津妻姓元，名咳女，『家承帝裔』，是北魏皇族。《魏書·官氏志》：『托跋氏後改爲元氏』。序紀述拓跋氏種姓由來爲黄帝少子昌意受封北土，國有大鮮卑山，因以爲號。誌主祖父元子均，見于《北史》卷十七《景穆十二王上》：『均，位給事黄門侍郎。後入西魏，封安昌王，位開府儀同三司。薨，贈司空，謚曰平。』誌文的『尚書左僕射、雍州牧』，可補史之缺佚。父孝方爲光禄大夫，二州刺史，順陽公，不見于史。

誌主十六歲時嫁于韋津，以大業六年（六一〇）三月二十五日病逝于河南郡政俗里第，得年四十四歲。同年七月二十三日遷窆舊塋鴻固鄉疇貴里。其與韋津同穴，可知此后二十年埋葬韋津時，她才遷葬過來實行合葬的。

大隋元夫人墓誌之銘

大隋元夫人墓誌之銘 蓋

隋朝請大夫内史侍郎河南郡贊治韋府君夫人故
元氏墓誌銘
夫人諱咳女河南雒陽人也家承帝裔瓊枝玉幹之
華世襲王章褰服朱輪之盛載芬圖史爵為冠袜祖
尚書左僕射雍州牧司空公安昌平王子均父金紫
光祿大夫集沁二州刺史順陽良公孝方並以德望
優重延譽當年教義貽訓風徽斯遠夫人體柔順之
懿德稟幽閑之淑氣神情敏慧風範端華盡孝敬於
事親秉謙撝以牧己故能恵問發於髫年芳徽彰於
綺歲年十有六歸於韋氏四德兼美百兩言歸聲芬
肅於嚴威備饘酏於主饋閨門之内芬若樹蘭嘉偶
攸齊和同琴瑟宜爾子孫方永眉壽遽捐館舍永即
幽塗以大業六年三月二十五日寢疾終於河南郡
政俗里第春秋四十有四以其年七月二十三日遷
窆舊塋鴻固鄉疇貴里西山靈藥九轉未期東海桒
田千年應改題芳勒美永播無窮乃為銘曰
珠澤含潤蘭畹滋芳德華胄緒秀發閨房髫纓端壹
笄縱矜莊柔情琬琰淑質琳琅何勢宋子高門鼎族
家道以正人緐允穆匪盟虔恭言容祗肅孝性天然
慈懷鞠育人生飄忽景命弗融暮輝迫隴晨露危風
千齡樹拱万古塗窮金石有弊蘭菊無終

隋朝請大夫内史侍郎河南郡贊治韋府君夫人故元氏墓誌銘

陳臨賀王國太妃施姬墓誌（六〇九） 陳沅陵王陳叔興墓誌（六〇七）

概述

陳臨賀王國太妃，即陳宣帝的妃子施姬。施姬和她的兒子沅陵王陳叔興的兩方墓誌，一九九六年在長安縣韋曲鎮西毛坡村的兩座古墓（編號CDM1、CDM2）内出土。兩方墓誌均爲正方形，青石質，無蓋，四側素面無紋飾。施姬墓誌横四十四點五厘米，縱長四十五點五厘米，厚十三厘米，誌面刻文十七行，每行滿格十七字，在『宣皇帝』前空二字，『大隋』前空一字。陳叔興墓誌每邊長四十九點五厘米，厚十四厘米，銘文二十五行，每行滿格二十五字，凡在『明化』、『朝』、『敕』字樣前各空一格，無撰、書人姓名。

誌文

陳臨賀王國太妃墓誌銘

太妃姓施氏*（氏），京（京）兆郡長安縣人也，吴將績之後也。父績，陳始興王左常侍。太妃婉懿（懿）在懷（懷），淑（淑）慎后質。宣皇帝娉（聘）入後宫，寵冠嬪嬙（嬙），恩（恩）隆椒（椒）掖。既而芳蘭在夢，熊*（熊）羆*（羆）之兆斯彰；瑞氣休*（休）符，蘋藻（藻）之勤惟潔。載誕臨賀王叔（叔）敖、沅陵（陵）王叔（叔）興、寧遠公主。並桂馥蘭芬，金鏘玉潤（潤）。公主以開皇九年，金陵（陵）平殄，大隋高祖文皇帝納公主拜為宣華夫人。踵此二橋*（橋），非關縝髮*（髮），光斯二胀（肱），無待更衣。以大業五年歲次己巳八月十一日薨于頒政里，春秋五十有九。其月十四日葬（葬）于高楊原洪固鄉*（鄉）。太妃以移居戚里，優賞既隆，湯沐之資，咸從檀捨。式營寺宇，事窮輪换。聊刊（刊）玄石，以述清徽。其詞云尔：

爰自弱齡，作嬪帝闈。貞孝表質，温恭為本。逝川不留（留），過隟（隙）難駐。蘭蕙（蕙）俱摧，徽猷同樹。

誌文

前陳沅陵王故陳府君之墓誌

君諱叔（叔）興，字子推，吴興長城人也。陳孝宣皇帝之第廿六子，施太妃所（所）生。昔者堯授虞舜，達四聡（聰）於天下，周封嬀滿（滿），紹百世（世）之清徽。若夫列國盟*（盟）會，具顯丘明（明）之史。汝潁高風，久摽*（標）文舉之論。自荆河北徙（徙），震澤東移，辟（辟）彼鎬京（京），寔符王氣。君幼（幼）而穎悟，體平叔（叔）之金精；重氣淳和，藴慈明（明）之玉潤。孝由率性，誠乃自然，既備（備）人倫之道，且馳文雅之譽。東平聡（聰）敏，未足擬儀。北海肅恭，曾（曾）何髣髴。兼（兼）以好學等於劉安，脩文同於曹植。爰自礼年，早傾乹（乾）蔭（蔭）。君禢（孺）慕之悲，春松變色。精誠所（所）感，冬笋抽林。至於服闋，每（每）讀孝經（經），見事父孝，事天明（明），未常不癈（廢）書而泣涕。奉承遺訓，操履清潔，資孝以誠，自加形國。年甫十三，在陳封沅陵郡王。當封之時，君乃開東閤以招賢，闢西園而禮士，玳簪珠履之客，畢集於梁庭，巖拪*（栖）澗飲之民，競（競）遊扵（遊於）楚席。同枚馬而作賦，共申白而論詩。常以散誕任懷（懷），不以矜驕在意。真明（明）三年，陳祚忽其云亡，同奉明（明）化。開皇九年入朝，特蒙榮渥。大業二年，奉勑（敕）預叅（參）選限，為身染疾，不堪集例，官遂未成。方當調鼐鼎以匡時，坐槐庭而高視。何期降年弗永，與善（善）徒虛（虛），遘疾弥留（留），奄従（從）運往。以三年五月廿三日薨於長安縣弘教鄉*（鄉）務德里之第，春秋卅有五。嗚呼哀戋（哉）！惟君鑒識弘遠，器亮淵頤。重義輊（輕）財，貴信賤玉，高邁昔賢，遠邀清譽，梁木其壞，哲人亡矣。粤以其年歲次丁卯六月戊寅玥（朔）七日甲申，葬於大興縣義陽鄉*（鄉）貴安里高陽之原，礼也。長子發，第二子督等哀不勝喪，杖而復起。恐山移海竭，陵谷貿遷，播*（播）美（美）譽於無窮，騰英聲扵玄石。迺為銘曰：

爰自軒黃，仍暨虞唐。帝德允叶，嬀風克昌。悠戋（哉）若水，弈葉重光。降生才子，英聲泋（淑）美（美）。東閤招賢，西園礼士。玉潔冰清，蘭芬岳峙。悲泉景往，漏催時急。玄夜方深*（深），清暉永戢（戢）。痛矣哲人，悲嗟何及。

考釋

讀罷誌文，也就不難理解立國江南的陳朝皇族，何以要遠葬到大隋的京郊來？儘管兩墓誌文有『優賞既隆』、『特蒙榮渥』之類的諛頌感戴之詞，但他們那身不由己的亡國奴的悲慘境遇是不言而喻的。而其墓葬的草率簡陋，誌石的卑小樸素又與編氓何异呢？

陳朝自陳霸先代梁稱帝至後主叔寶爲隋所滅，凡傳五帝共三十三年（五五七—五八九）。

陳國據有長江中下游江南地區的廣大領土，包括今之蘇、皖大部和浙、閩、兩廣、兩湖、海南及越南北部，地多膏腴，物産豐饒。但陳氏統治集團驕奢淫逸，非常腐化，以致貧富懸殊，階級矛盾十分尖鋭。早在宣帝時，已是『貴里豪家，金鋪玉舃；貧居陋巷，彘食牛衣』（見《陳書·宣帝紀》）。至其子叔寶嗣立，更是大興土木，荒淫無度，不恤民力。尤寵張、孔諸妃，宫女有容色者以千數。長于文學而輕武士，將帥有過，輒奪其兵權，配以文吏。賄賂公行，賞罰無常。于是臣民解體。隋開皇九年（陳禎明三年，即五八九年），遣兵伐陳，諸路大軍攻入建業（南京），擒叔寶于井中。皇室男女與百司僚屬，一個個做了隋軍的戰利品，于該年『三月己巳，後主與王公百司發自建業，入于長安』（見《陳書·後主紀》）。出土在韋曲這兩方墓誌的主人，就是在這一國亡家破的大背景下來到長安并死葬于斯土的。

陳臨賀王國太妃施氏，史稱施姬。依誌文，施妃乃吴將績之後。又曰『父績，爲陳始興王左常侍』，始興王即陳伯茂，字鬱之，陳文帝倩之次子，以永定三年（五五九）十月封王，天嘉二年（五六一）進號宣惠將軍、揚州刺史。光大二年（五六八）死，年十八歲。績爲左常侍官，當在五五九—五六八年之間。

施氏，爲宣帝陳頊納入後宫，『寵冠嬪嬙』，生臨賀王叔敖、沅陵王叔興和寧遠公主。陳亡，隋文帝納其女寧遠公主充實後宫，封爲宣華夫人。

據《隋書》載，文帝以仁壽四年（六〇四）七月死，年六十四。當開皇九年（五八九）滅陳時，他已是年近五十的老頭子。宣華夫人死于煬帝嗣位後『歲餘』光景，即大業二年（六〇六），僅活了二十九歲。陳亡被擄時才不過十二三歲，還是個少不更事的幼女，她與楊堅年齡相差近四十歲。那麽，究竟是什麽力量促成了這對老夫少妻的婚事？難道是『被消滅的敵人，不甘心于自己的失敗』，而施出的『美人計』，决然要把『覆其宗社』的這位大隋皇帝拉下水麽？當然不是。《隋書·后妃傳》載她『性聰慧，姿貌無雙，及陳滅，配掖庭，後選入宫爲嬪』。這個不幸的陳公主，衹是由于她的美貌純真，遂淪爲楊氏父子兩代皇帝取樂戲弄的玩物。《隋書·后妃傳》：『初，上寢疾于仁壽宫也，（宣華）夫人與皇太子同侍疾，平旦出更衣，爲太子所逼，夫人拒之得免，歸于上所。上怪其神色有异，問其故。夫人泫然曰：「太子無禮。」上恚曰：「畜生何足付大事。」…俄聞上崩…其夜，太子烝焉。』亡國奴向來就没有人格尊嚴，也没有個人意願和享受愛情的權利可言。

誌文云：『踵此二橋，非關縝髮。光斯二肰，無待更衣』。這四句是否隱含隋文帝娶施妃母女而烝之？看來衹能作這樣的解釋了。二橋，亦作二喬，指三國吴喬公之二女大喬和小喬。《三國志·吴書·周瑜傳》：『（孫）策欲取荆州，以瑜爲中護軍，領江夏太守，從攻皖，拔之。時喬公兩女，皆國色也。策自納大喬，瑜納小喬』。唐杜牧《赤壁》：『東風不與周郎便，銅雀春深鎖二喬』。縝髮，即黑髮。唐蘇鶚《杜陽雜編》卷中：『時有處士伊祁玄解，縝髮童顔，氣息香潔。』肰，《説文》：『肰，犬肉也。從犬，肉，讀若然』。《玉篇·肉部》：『肰，然字從此』。更衣，换衣服。《史記·外戚世家》：『是日，武帝起更衣，（衛）子夫侍尚衣軒中，得幸』。短短四句誌文，活脱脱勾畫出勝利者的得意忘形，和對俘獲的子女玉帛那强烈的占有欲。然而這對該誌主人來説，母女共侍一男，喪行敗德，是何等的屈辱、難堪與痛苦啊！這樣骯臟的苟延殘喘比死還要難以忍受。楊堅對亡國者的侮辱摧殘如此的荒唐殘酷，踐踏人倫，真是匪夷所思。

因此，誌主把靈與肉換得的『湯沐之資』，咸用于『式營寺宇，事窮輪換』，借以用禮佛來平撫心靈的創傷。

施氏于大業五年（六〇九）死于頒政里，享年五十九歲。二十年前其被擄入長安時，甫三十九歲。

頒政坊，在長安皇城之西，居皇城安福門和順義門之間的西偏，即右朱雀門街西第二街，街西從北起第三坊。其北鄰輔興坊，南爲布政坊，西臨金城坊。誌主生前住在頒政里東北隅，與田通比鄰而居。徐松《唐兩京城坊考》卷四：頒政里『十字街東之北，建法尼寺。隋開皇三年坊人田通捨宅所立。…時陳臨賀王叔敖母與之鄰居，又捨宅以足之，其寺方漸修建』。可證誌文：『太妃…咸從檀捨，式營寺宇，事窮輪換』，確屬事實。不過，其捨宅擴建佛寺，當然是在開皇九年（五八九）她一家人來到長安以後的事。

前陳沅陵王陳叔興墓誌文句尚通順，而用典頗多，其中有些屬任意編造的，如『荆河北徙，震澤東移』，荆河即荆水，源出荆山，水在山東諸城西四十餘里，震澤，湖名，今太湖。但河徙湖移之典，查無出處，不知何指？有些則屬明顯的錯誤，如『周封嬀滿』，按周之始祖后稷，名弃，爲堯舜農師，封地在邰。且『嬀滿』不通，史籍無此專詞，疑爲『嬀汭』之誤。《史記·五帝本紀》：『舜飭下二女于嬀汭，如婦禮。』嬀水在山西省永濟市南六十里，源出歷山，西流入于黃河。嬀汭即嬀水之内也。

具顯丘明之史。左丘明，魯太史。孔子作《春秋》，丘明述之作傳，是爲《左傳》，又作《國語》，司馬遷《報任安書》：『左丘失明，厥有《國語》』。『久標文舉之論』。孔融，字文舉。孔子廿世孫，有异才，年十歲，謁李膺，膺謂將來必爲偉器。好學博覽，獻帝時爲北海相，講武興學，志在靖難，然才疏義廣，迄無成功。及都許，徵爲將作大匠，復拜太中大夫。後因侮慢曹操，下獄弃市，年五十六，遺著凡二十五篇。

東平聰敏，未足擬儀。東平，指後漢東平王劉蒼。蒼乃光武帝劉秀之子，母爲光烈皇后。建武十五年封東平憲王。少好經書，雅有智思，曾與公卿議定車服制度。在朝數載，多有隆益。永平四年就藩還國。帝幸東平，以所作《光武本紀》示蒼，蒼因上《光武帝受命中興頌》，帝甚善之。此即『東平獻賦』典故的由來。誌文借此典故，説明誌主的聰敏超過了東平王劉蒼。

北海肅恭，曾何髣髴。北海，指孔融，因其爲北海相，故稱。然其性格狂放，得罪曹操，以致慘死，説已見前。『肅恭』的美譽，恐怕他不够格。又，東漢劉興封北海靖王，興爲人有謀略，善聽訟，甚得名稱，遷弘農太守，亦有善政。至于嚴肅恭敬之事，史亦未及。或另有所指，恐亦屬誌文作者隨意杜撰的典故，所以與史不合，揆其意在詞藻的華麗，故弄玄虛而已。

陳宣帝名頊，爲陳國第四個皇帝，在位十四年。太建十四年（五八二）死，年五十三。其后妃群姬之生子者達二十餘人，無所出不載于史，更不知凡幾。有男四十二人。沅陵王叔興，字子推，乃其第二十六子，其兄臨賀王叔敖爲第二十一子。皆有專傳，但簡略不甚了了。《陳書·高宗二十九王傳》：『沅陵王叔興字子推，高宗第二十六子也。至德元年，立爲沅陵王。禎明三年入關。隋大業中爲給事郎』。

據誌文，叔興于大業二年（六〇六）染病，次年（六〇七）五月『薨于長安縣弘教鄉務德里』，年三十五。以虛齡計，上推其出生之年爲公元五七三年，即陳太建四年。大業三年（六〇七）六月七日，葬于大兴縣义陽鄉貴安里高陽原。誌云其『年甫十三，在陳封沅陵王』。一十三歲當公元五八五年，即陳後主至德三年，如是則與史傳所記不合。按《陳書》卷六《後主紀》：至德元年『冬十月丁酉，立皇弟叔平爲湘東王，叔敖爲臨賀王…癸丑，立皇弟…叔興爲沅陵王』。一月之中，連封九王，且記日清楚，可證誌文的一十三歲當爲一十一歲之誤。

史傳言其『隋大業中爲給事郎』。煬帝大業年號共十三年（六〇五—六一八），大業中當六一〇年左右，而誌記其『大業二年，奉敕預參選限，爲身染疾，不堪集例，官遂未成』。大業三年（六〇七）死。看來『官遂未成』是事實，『爲給事郎』的記載不準確。

大業五年八月十四日，葬施妃于『高陽原洪固鄉』。下葬時間母比子晚兩年又兩個月，二人葬在同一墓地，兩墓相距甚邇，但誌文所記地名互异。據韋曲鎮北畢原（又名少陵原）上出土之衆多隋唐墓誌，均記這一帶爲萬年縣（或明堂縣）洪固鄉，里名有胄貴里、福潤里、永貴里。高陽原在畢原西，是其餘脉。從這兩方墓誌可知，在大業三年六月以後到五年八月以前的這兩年内，大興縣義陽鄉貴安里的部分地域，劃歸到洪固鄉的行政管轄之下。宋敏求《長安志》云，義陽鄉在長安縣『西南二里』。可見直到宋代這個鄉名還沿用着的。

陳臨賀王國太妃墓誌銘
太妃姓施氏京兆郡長安縣人也吴将績之
後也父績陳始興王左常侍太妃婉懿在懷
淑慎居質 宣皇帝聘入後宫寵冠嬪嬙
恩隆椒掖既而芳蘭在夢熊羆之兆斯彰瑞
氣休符蘋蘩之勤惟潔載誕臨賀王叔敖沅
陵王叔興寧遠公主並桂馥蘭芬金鏘玉聞
公主以開皇九年金陵平殄 大隋高祖文
皇帝納公主拜為宣華夫人鍾此二橋非關
縝髮光斯二脉無待更衣以大業五年歲次
己巳八月十一日薨于頒政里春秋五十有
九其月十四日葬于高楊原洪固鄉太妃以
移居戚里優賞既隆湯沐之資咸從檀捨式
營寺宇事窮輪奐聊祁玄石以述清徽其詞
云尒
爰自弱齡作嬪帝闈貞孝表質温恭為本逝
川不留過隙難駐蘭蕙俱摧徽猷同樹

陳臨賀王國太妃墓誌銘

前陳沅陵王故陳府君之墓誌
君諱叔興字子推吳興長城人也陳孝宣皇帝之第廿六子施太
妃所生昔者堯授虞舜達四聰於天下周封嬀滿紹百世之清徽
若夫列國盟會具顯丘明之史汝潁高風久標文舉之論自荊河
北從震澤東移辟彼鎬京寔符王氣君幼而穎悟體卞対之金精
重氣淳和蘊慈明之玉潤孝由率性誠乃自然既備人倫之道且
馳文雅之譽東平聰敏未足擬儀北海肅恭曾何髣髴兼以好學
等於劉安脩文同於曹植爰自禮年早傾乾蔭君孺慕之悲春松
變色精誠所感冬笋抽林至於服闋每讀孝經見事父者事天明
未常不廢書而泣涕奉承遺訓操履清潔資孝以誠自加其國年
甫十三在陳封沅陵郡王當封之時君乃開東閣以招賢闢西園
而禮士珷碧珠履之客畢集於梁庭旅插淵飲之民競趍於楚席
同枚馬而作賦共申白而論詩常以散誕任懷不以矜驕在意真
明三年陳祚忽其云亡同奉明化開皇九年入朝特蒙寵渥
大業二年奉勅預參選限爲身疾不堪集例官遂未成方當
調爵鼎以匡時坐槐庭而高視何期降年弗永與善徒虛遘疾彌
留奄從運往以三年五月廿三日薨於長安縣弘教鄉務本里之
第春秋卅有五嗚呼哀哉惟君鑒識弘遠器亮淵曠重義輕財貴
信賤玉高邁昔賢遠邀清譽梁木其壞哲人亡矣粤以其年歲次
丁卯六月戊寅朔七日甲申葬於大興縣義陽鄉貴安里高陽之
原禮也長子發第二子曾等哀不勝喪杖而復起恐山移海竭陵
谷貿遷播美聲於無窮騰英聲於玄石迺爲銘曰
爰自軒黃仍暨虞唐帝德允叶嬀風克昌悠哉若水奕葉重光降
生才子英聲洲美東閣招賢西園禮士玉潔冰清蘭芳岳峙悲泉
景往漏催時急玄夜方深清暉永戢痛矣哲人悲嗟何及

前陳沅陵王故陳府君之墓誌

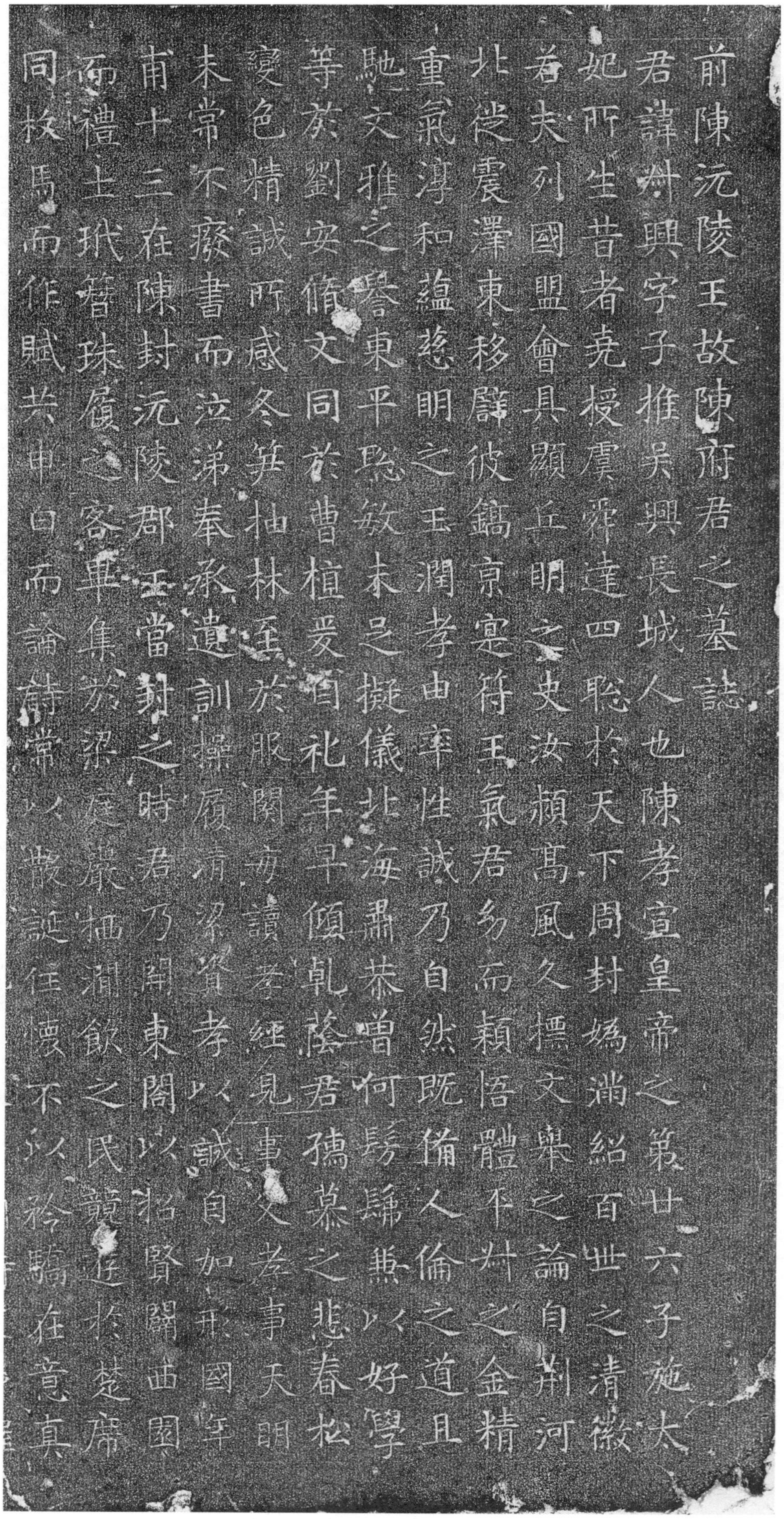
前陳沅陵王故陳府君之墓誌
君諱叔興字子推吳興長城人也陳孝宣皇帝之第廿六子施太
妃所生昔者堯授虞舜達四聰於天下周封嬀滿紹百世之清徽
若夫列國盟會具顯丘明之史汝穎篤風久標文舉之論自荆河
北從震澤東移辟彼鎬京寔符王氣君夙而穎悟體平叔之金精
重氣淳和蘊慈明之玉潤孝由率性誠乃自然既循人倫之道且
馳文雅之譽東平聰敏未足擬儀北海肅恭曾何髣髴以好學
等於劉安脩文同於曹植爰自礼年早傾乾蔭君穡慕之悲春松
變色精誠所感冬笋抽林匡於服闋每讀孝經見事父孝事天明
未常不發書而泣涕奉承遺訓操履清潔資孝以誠自加开國年
甫十三在陳封沅陵郡王當封之時君乃開東閣以沼賢闢西園
而禮士珉簪珠履之客畢集於梁庭叢桂淵飲之民競遊於楚席
同枚馬而作賦共申白而論詩常以散誕任懷不以矜驕在意真

上半闕

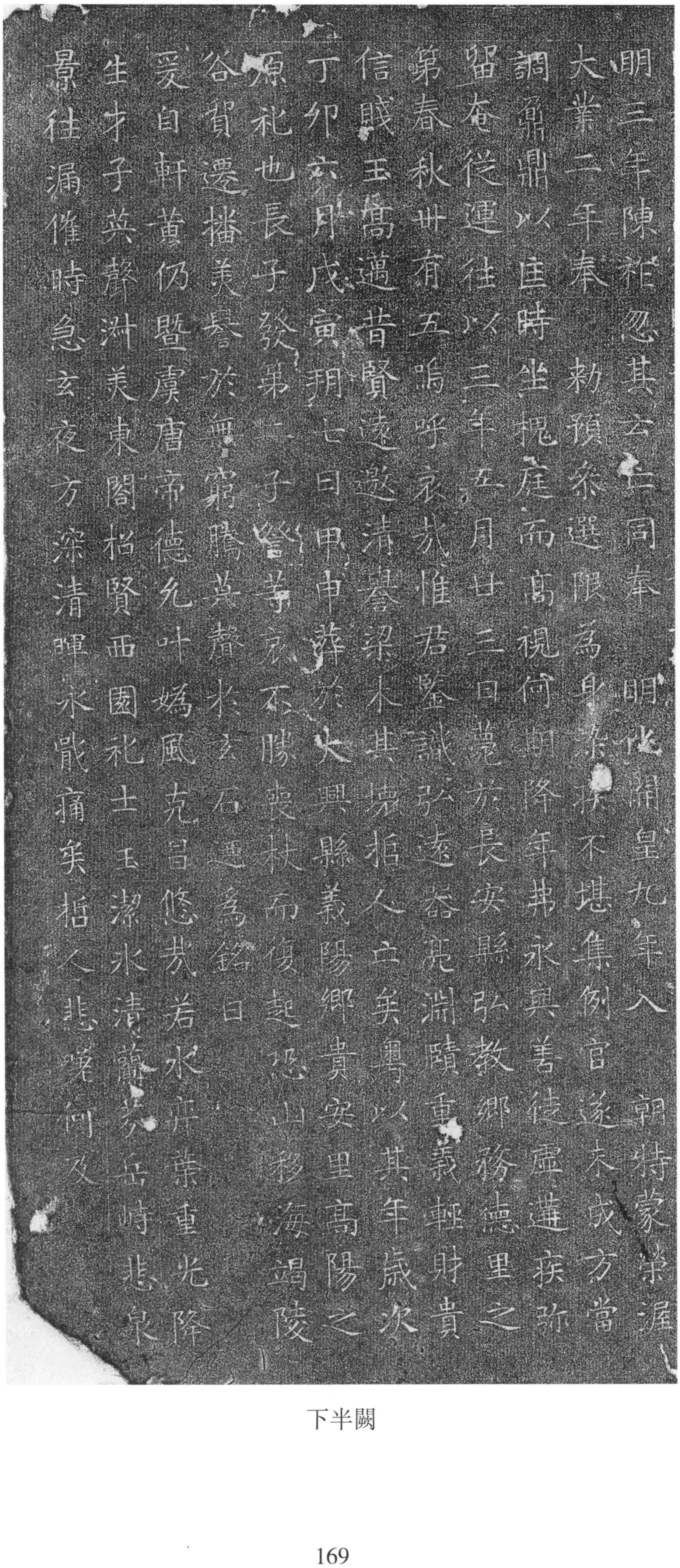
明三年陳祚忽其云亡同奉 明開皇九年入 朝特蒙榮渥
大業二年奉 勅預參選限爲身疾不堪集例官遂未成方當
調鼎鼎以匡時坐槐庭而高視何期降年弗永與善徒虛遘疾弥
留奄從運往以三年五月廿二日薨於長安縣弘教鄉務德里之
第春秋卌有五嗚呼哀哉惟君鑒識弘遠器宇淵曠重義輕財貴
信賤玉高邁昔賢遠邈清譽梁木其壞哲人亡矣粵以其年歲次
丁卯六月戊寅朔七日甲申葬於大興縣義陽鄉貴安里高陽之
原禮也長子發第二子鸞等哀不勝喪杖而復起恐山移海竭陵
谷貿遷播美譽於無窮騰英聲於玄石迺爲銘曰
爰自軒黃仍曁虞唐帝德允叶嬀風克昌悠哉若水奕葉重光降
生才子英聲洲美東閣招賢西園禮士玉潔氷清蘭芬岳峙悲泉
景往漏催時急玄夜方深清暉永歇痛矣哲人悲哉何及

下半闕

隋豐寧公主楊静徽墓誌（六〇一） 唐河南郡公韋圓照墓誌（六三四）

该墓誌近年發現于長安縣少陵原，早經盜擾破壞，但兩方墓誌保存完好，公主誌書法尤佳，具有很高的歷史和藝術價值。楊、韋二氏，乃關中著名的門閥望族，漢晋南北朝以來，代有顯宦，史不絕書，楊堅更坐移周鼎，建立隋朝政權，爬上皇帝的寶座。豐寧公主即其嫡孫女。韋氏家族與楊家關係密切，圓照祖父孝寬，軍功卓著，爲楊堅代周消除障礙，奠定了韋氏在隋唐兩代保持高顯地位的基礎。圓照與公主聯婚，便是兩家關係的一個縮影。

二位墓主史有專傳，其墓誌内容，爲研究門閥士族的婚姻關係、長安史地等方面增添了新的資料。

概述

隋豐寧公主楊静徽與駙馬韋圓照的兩方墓誌，出自地質七隊基建工地五十三號墓。方向一八五度，斜坡墓道，三個天井，墓道長二十二米，寬一點二米，墓深八點四米。甬道長二點四米。土洞式墓室平面呈梯形，前端寬二點七米，後寬三點一米，長二點二四米。墓頂坍塌，墓壁殘高一點六米。早年經盜擾破壞，屍骨散亂，棺木朽没。隨葬物散亂地陳放于墓室前端、右側和甬道中，有金杯、陶器、陶俑、青、白瓷器、銅鏡等近百件。兩方墓誌位于墓門洞和近旁（圖十九）。該墓出土的兩方墓誌，均爲青石質，有覆斗式蓋，正方形。公主誌每邊長五十四厘米，蓋與誌各厚八點七厘米。蓋面中央鎸刻篆體陽文三行九字：大隋豐寧公主墓誌銘。周圍飾蔓草花紋三匝。誌石四側綫雕十二生肖圖像于朵朵祥雲之中，各作動態。誌面刻銘文二十二行，每行滿格二十二字，凡在高祖，聖葉前各空一格。書法端莊謹嚴，規整、秀勁，結構嚴整，風骨不俗，雖未署撰，書人姓名，但一望可知捉刀者不是等閑之輩。

誌文

大隋*（隋）豐寧公主墓誌銘并序

公主諱静徽，高祖文皇帝之孫女也。若夫靈源濬遠，共雲漢而同高，聖葉繁滋*（滋），與若華而俱茂，既*（既）啓（啟）河汾之祚，終居帝王之宅，故以彫（彪）炳緑圖，舃（舄）弈青史。公主連暉日幹，已擅桃李之容。結采星軒，即有神仙之麗，蘭情獨秀，蕙（蕙）性孤芳，淑（淑）態*（態）巧於春庭*（庭），令問馳於霄極。秊（年）十五，以開皇十七年封豐寧邑（邑）公主，其年降（降）嬪（嬪）于河南公京（京）兆韋圓照，公即太傅光禄大夫舒襄公之孫，左光禄大夫河南懷公之第*（第）二子也。家傳鼎族，無慚（慚）齊紀之歸，人稱玉樹，有類王何之戚。公主情深結髮（髮），義重匡牀（牀），不矜（矜）車服之尊，自薦（篤）瑟琴之好。至於烏啼花咲（笑），春朝秋晚，共惜光陰（陰），俱催（催）風月。既而秊（年）驚玉律，漏促金壺，空熏辟*（辟）悪（惡）之香，徒種長生之草。大業六秊（年）三月十五日遘疾，薨于宣平里苐（第），春秋廿有八。駙馬悲深閬户，淚盡空牀，晝夢繞（纔）通，怨*（怨）行雲之早沒*（没），傷神不已，嗟佳人之難再。其秊（年）太歲庚午七月廿三日遷（遷）窆舊塋*（塋）鴻固鄉*（鄉）疇貴里。寶劒（劍）長分，虚對雙龍之匣，荘臺永别，獨掩孤鸞之鏡。銘曰：

采兮玄圃，滎叅（參）緑車。瑶池接潤，玉樹開花。
炤灼穠李，芬芳蕣華。言容早懋，湯沐先加。
恵（惠）質鏡圖，柔情問史。六珈既俻（備），三從擅羙（美）。
禮邁王姬，聲超宋子。内正家室，傍恭娣姒。
天孫匿影，婺女淪光。驚飆落豔（艷），早露摧芳。
壟首佤（低）月，松門引凉（凉）。何言翠帳，空有餘香。

概述

駙馬韋圓照墓誌小而樸素，每邊長四十三厘米，厚七厘米。蓋面亦刻篆體陽文三行九字：唐故河南公韋君墓誌。四殺部素面無紋飾。誌面銘文二十二行，每行滿格二十三字。書法秀逸。四側素面。

誌文

大唐故河南郡公韋公墓誌文

公諱圓照，京兆（兆）杜陵人也。其先商伯受肜（彤）弓之錫，楚傅摛朱黻之詩，及大僕*（僕）流名，雙珠竝耀，丞相積徳（德），二葉連輝，代有其人，風猷*（猷）自遠。祖孝寛（寬），周太傅上柱國，尚書右僕*（僕）射，十一州諸軍事、雍州牧，鄖襄公。父揔（總），柱國、京兆（兆）尹、河南懷公。並立玏（功）樹績，経（經）文緯武，貽令徳（德）乎千祀，振英聲*（聲）於百代。公即懷公之苐*（第）三子也，擢影金穴，開榮玉樹，孝犮*（友）稱於齔歲，聦（聰）敏發自髫*（髫）秊（年）。摽落落之容，表汪汪之量*（量），裴措慙（慚）其清悟，王澄愧其邁達*（達），龑（襲）封河南郡公，恩（恩）隆受册，榮貴承家，對揚之日，不勝悲感。尋尚豊（豐）寧公主，方騁（騁）轡於修衢，遽興嗟（嗟）於逝水。武德六秊（年）十月廿日卆*（卒）於里宅，春秋五十二。惟公羙（美）風神，善（善）談笑，涉獦（獵）

經（經）史，探採流略，敦静立性，孝犮*（友）居心。雖家自鼎門，身婕皇族，而安茲素薄，不尚驕（驕）豪，可謂名賢君子，善（善）始令終者矣。子思禮永言慈廕，結恨風枝，追思顧復之恩（恩），用報劬勞之德（德）。粤以貞觀八秊（年），歲次甲午十月庚子玥（朔）十日己酉，永窆雍州萬秊（年）縣洪固卿*（鄉）福閏里之舊塋*（塋），礼也。秦車不進，滕馬方畱（留），欲記楚琴，仍刊繆板。其銘曰：

蟬聯*（聯）懿（懿）族，烏弈華宗。英奇（奇）継（繼）踵，卿相連蹤。
名流鍾鼎，德（德）茂笙鏞。孕珠産玉，重規（規）沓（蹈）矩。
孝以承親，忠由奉主。礼高承尚，恩（恩）隆土（土）宇。
如何景命，遽（遽）此銷淪。哀纏戚屬，悲深搢紳。
天長地遠，松古墳新。雪路開曉，寒光慘夕。
薤噎郊埛，風悽隴陌。方錮黃壤，寄*（寄）之玄石。

考釋

該墓早年曾遭盜擾，文物被搜刮破壞，惟兩方誌石仍保持其墓室門内的位置。誌文典雅通暢，掌故頗多。如：靈源濬遠，靈，即神靈，《楚辭·雲中居》：『靈皇皇兮既降』。源，根也，靈根，喻祖考也。《文選·陸機·嘆逝賦》：『痛靈根之夙隕』。良注：『靈木之根，喻祖考也。』

考隋皇室楊氏出自弘農高門士族，源遠而流長，文帝堅乃漢太尉震之後，震八代孫鉉，仕燕爲北平太守，鉉生元壽，後魏時爲武川鎮司馬，因家焉。堅之玄祖惠嘏，爲太原太守，曾祖烈爲平原太守，祖禎爲寧遠將軍，父忠爲周柱國、大司空、隋國公①。墓主静徽系文帝堅之孫女，故誌謂其靈根源遠也。濬，深也。

共雲漢而同高。雲漢，即銀河。《詩·大雅·棫樸》：『倬彼雲漢，爲章于天』。與若華而俱茂。若華，猶言若英。《楚辭·大招》：『羲和之未揚，若華何光』。注：『言日未出之時，若木何能有明赤之光華乎』。俱茂者，繁盛也。

河汾之祚。河，黃河；汾，汾河。《漢書·揚雄傳》：『揚在河汾之間，周衰而揚氏或稱侯，號曰揚侯』。然誌云：『既啟河汾之祚』所指何事呢？考《隋書·高祖紀上》：『大統七年六月癸丑夜，生高祖於馮翊般若寺。紫氣充庭，有尼來自河東，謂皇妣曰：「此兒所從來甚異，不可於俗間處之」。尼將高祖舍於別館，躬自撫養。皇妣嘗抱高祖，忽見頭上角出，徧體鱗起，皇妣大駭，墜高祖於地。

尼自外入，見，曰『已驚我兒，致令晚得天下』。尼自河東即河汾之間來，預言堅將得天下，故祚之云，其在斯乎！

結采星軒。結采，即結綵。星軒，指嫁女之車，見《山堂肆考》。星軒，原指星名，即軒轅星，女王之象，轉而謂嫁女之車。《文選》顔延之《宋文皇帝元皇后哀策文》：『坤則順成，星軒潤飾，德之所屈，惟深必測』。

淑態巧於春庭。淑態，即淑姿，姿態優美之謂也。《文心雕龍·情采》：『夫鉛黛所以飾容，而盼倩生於淑姿。』春庭，指春天的庭園，萬物峥嶸，千姿百態。孫逖《寒食詩》：『聞道清明近，春庭向夕闌。』

令問馳於霄極。令問，猶言令名，令聞。《漢書·禮樂志》：『天休令問不忘』。《漢書·匡衡傳》：『令問休譽，不專在將軍者何也。』注：師古云：『令，善也，問，名』。霄極，謂極高，喻皇帝。《江淹爲蕭太尉揚州牧草》：『臣豈不勉智罄忠，未知所以報奉淵聖輪感霄極取諸微躬，長爲慚荷』。《許敬宗表》：『望霄極以長怩』。

人稱玉樹。玉樹，喻人之風采高尚純潔也。《晋書·謝玄傳》：『與從兄朗，爲叔父所器，曰「子弟亦何預人事，而欲使其佳」。玄曰「白如芝蘭玉樹，欲使生於階庭爾」』。杜甫《飲中八仙歌》：『宗之蕭蕭美少年，皎如玉樹臨風前。』

有類王何之戚。類者，相似也。王，王弼，何，何晏。弼字輔嗣，三國魏山陽人氏，好論儒道，辭才逸辯，爲尚書郎。死年僅二十四歲。注釋周易及老莊，點象數而言義理，開後來玄虚之風②。晏，字平叔，性自喜，美姿儀，尚魏公主。累官侍中尚書，著有道德論及文賦數十篇，傳世者有論語集解等③。

至於二人的交誼，《世説新語》載有數事，兹録其一例：『何平叔注《老子》，始成，詣王輔嗣，見王注精奇，迺神伏曰：若斯人可與論天人之際矣。因以所注爲《道德二論》』。

義重匡牀。匡牀，同筐牀，謂方正之安適牀也。出自《莊子·齊物論》。《淮南子·主術》：『匡牀蒻席，非不安也。』此喻公主與夫婿關係非常親密。

自萬（薦）瑟琴之好。萬（薦），即篤字，厚也。《論語·泰伯》：『君子篤於親。』包注：『厚於親屬』。瑟琴，樂器名，喻好夫婦也。《詩·召南·關雎》：『窈窕淑女，琴瑟友之。』《詩·小雅·常棣》：『妻子好合，如鼓瑟琴。』箋。『如鼓瑟琴之聲相應合也』。

年驚玉律。玉律，古樂律用竹，或以玉，因名。《後漢書·律曆志》：『候氣之法，殿中候用玉律十二』。庾信《三月三日華林園馬射賦》：『玉律調鐘，金錞節鼓。』

悲深閴户。閴，闃之别字，閴，空也。闃户，空蕩無人之謂，《易·豐卦》：『闚其户，闃其無人』。

采兮玄圃。玄，同懸。懸圃，《文選·張衡·東京賦》：『右睨玄圃』。注：『懸圃在崑崙閶闔之中，玄與懸字古通』。

榮參緑車。榮，光也，參，與也。緑車，《漢書·金日磾傳》：『金涉爲侍中，使待幸緑車載送衛尉舍』。注：『緑，車名，皇孫車，太子有子乘以從』。誌主系隋文帝孫女，故有參乘緑車之榮光也。

六珈既備，三從擅美。六珈，即首飾。《詩·鄘風·君子偕老》：『副笄六珈』。傳：『珈，笄飾之最盛者』。三從：《儀禮·喪服傳》：『婦人有三從之義，無專用之道，故未嫁從父，既嫁從夫，夫死從子』。

天孫匿影，婺女淪光。天孫，星名，即織女星，此處也可作皇帝之孫子，孫女解，或爲一語雙關。《焦氏易林》：『帝子天孫，與日月處』。匿影，隱藏形迹也，暗喻公主死亡。婺女，星名，即女宿，乃二十八宿之一。《禮·月令》：『孟夏之月旦，婺女中』。淪，没也。

商伯受彤弓之錫。商伯，韋氏之遠祖。彤弓，金文習見，即朱弓，諸侯有大功，受弓矢之錫使專征伐。據《新唐書》卷七十四上《宰相世系表》：『韋氏出自風姓。顓頊帝大彭爲夏諸侯，少康之世，封其别孫元哲于豖韋，其地滑州韋城是也。豖韋、大彭迭爲商伯，周赧王時，始失國，徙居彭城，以國爲氏』。可見韋氏由來遠矣。

楚傅擒朱黻之詩。楚傅，楚王傅也。韋伯遐二十四世孫孟，爲漢楚王傅④。擒，發也。朱黻之詩，指韋孟給楚元王的諷諫詩章，其見載于《漢書》卷七十三《韋賢傳》：其先韋孟，爲楚元王傅，傅子夷王及孫王戊。戊荒淫不遵道，孟作詩諷諫：其諫詩曰：『肅肅我祖，國自豖韋。黻衣朱紱，四牡龍旂。彤弓斯征，撫寧遐荒。總齊群邦，以翼大商。迭彼大彭，勛績惟光。至于有周，歷世會同。王赧聽譖，實絶我邦。我邦既絶，厥政斯逸。賞罰之行，非繇王室。庶尹群后，靡服靡衛。五服崩離，宗周以隊。我祖斯微，遷于彭城。在予小子，勤誒厥生。阸此嫚秦，耒耜以耕。悠悠嫚秦，上天不寧。乃眷南顧，授漢于京。於赫有漢，四方是征。靡適不懷，萬國悠平。乃命厥弟，建侯於楚。俾我小臣，惟傅是輔。兢兢元王，恭儉净壹。惠此黎民，納彼輔弼。饗國漸世，垂烈于後。乃及夷王，克奉厥緒。咨命不永，唯王統祀。左右陪臣，此惟皇士。

如何我王，不思守保。不惟履冰，以繼祖考！邦事是廢，逸游是娛。犬馬繇繇，是放是驅。務彼鳥獸，忽此稼苗。烝民以匱，我王以媮，所弘非德，所親非後，唯囿是恢，唯諛是信。睮睮諂夫，咢咢黃髮。如何我王，曾不是察！既藐下臣，追欲從逸。嫚彼顯祖，輕茲削黜。

嗟嗟我王，漢之睦親。曾不夙夜，以休令聞！穆穆天子，臨爾下土。明明群司，執憲靡顧。正遐繇近，殆其怙茲。嗟嗟我王，曷不此思！

非思非鑒，嗣其罔則。彌彌其夫，岌岌相國。致冰匪霜，致隊靡嫚。瞻惟我王，昔靡不練。興國救顛，孰爲悔過。追思黃髮，秦繆以霸。歲月其徂，年其逮耈。於昔君子，庶顯于後。我王如何，曾不斯覽！黃髮不近，胡不時監！』忠鯁讜言，義切情真。感人肺腑，確屬振聾發聵的諷諫好詩，難怪韋氏諸誌屢屢道及。

太僕流名，雙珠竝耀。太僕，官名。《周禮·夏官》：『太僕掌正王之服位，出入王之大命…而掌其政』。竝，併也，併耀殆此其遠祖豕韋，大彭迭爲商伯，若雙珠之輝映，說見前。

丞相積德，二葉連輝。丞相，指孟四世孫賢和其子玄成，先後位至丞相。《漢書·韋賢傳》：『本始三年，代蔡義爲丞相，封扶陽侯。…少子玄成，復以明經歷位至丞相，故鄒魯諺曰「遺子黃金滿籯，不如一經。」』二代兩相，父子連輝，韋氏視爲莫大榮光。

擢影金穴。擢，獨出貌。金穴，喻其家殷實富有也。《後漢書·郭皇后傳》：『況遷大鴻臚，帝賞賜金錢縑帛，豐盛莫比，京師號況家爲金穴』。況，郭皇后之弟。

裴楷慚其清悟。裴楷，晋人，字叔則。明悟有識量，弱冠知名，與王戎齊名于時，尤精《老子》、《周易》。鍾會薦之于文帝，爲尚書郎，遷吏部郎。楷風神高邁，容儀俊爽，博涉群書，特精理義，時人謂之玉人。武帝以爲河内太守，轉侍中⑤。愆即慚，弗如也。清，明；悟，覺也。

王澄愧其邁達。王澄，晋人，字平子，生而警悟，少歷顯位，爲荆州刺史，浪漫不羈，情無所繫⑥。《世說新語》卷中之上：『王平子目太尉阿兄形似道而神鋒太儁，太尉答曰「誠不如卿，落落穆穆」』。又卷中之下：『王平子邁世有儁才』。邁達，放浪豁達。

秦車不進。秦，香草也。《文選·宋玉風賦》：『離秦蘅』。注：秦，香草也。秦車，載有香草的車，即載靈柩的喪車。

舄奕華宗。舄奕，韋家墓誌常用詞匯之一，蟬聯不絕意。《後漢書·班固傳》：『舄奕乎千載』。

薤噎郊坰。薤，即薤露，樂曲名，古挽歌也。《後漢書·周舉傳》：『及酒闌倡罷，繼以薤露之歌，坐客聞者，皆爲掩涕』。噎，塞也。郊坰，即郊外，邑外曰郊，郊外曰野，野外曰林，林外曰坰。杜甫《嚴中丞枉駕見過詩》：『元戎小隊出郊坰』。

據誌文，該墓女墓主乃隋文帝楊堅之孫女，生于開皇三年（五八三）⑦，年十五即開皇十七年（五九七）受封爲豐寧邑公主，同年嫁給周、隋名將韋孝寬世子揔（總）之少子圓照，越十三年，以二十八歲的青春年華病死于長安宣平里第宅，時在大業六年（六一〇）三月，同年秋季歸葬于城南鴻固鄉疇貴里韋氏墓園。

駙馬韋圓照將門之後，生于北周武帝建德元年（五七二）⑧，襲封河南郡公，年二十六（五九七）尚豐寧公主，武德六年（六二三）卒，享年五十二歲。十二年後即貞觀八年（六三四）葬于萬年縣洪固鄉福閏里。夫婦同穴，可知公主大業六年之葬爲暫厝，二十四年後才和駙馬合葬一墓。

從誌文看，墓主夫婦事迹平平，没有多少内容，然而他們的結合，却有其深遠的門閥淵源與政治背景，爰將兩家世系列表并予説明如次：

楊忠（北周柱國、大司空、隋國公）——堅（隋文帝）——勇（房陵王）、廣（煬帝）、俊（秦孝王）、秀（庶人）、諒（庶人）
　　　　　　　　　　　　　　　　　　　　　　——静徽（豐寧公主）
韋旭（尚書右丞、幽州刺史、贈司空）——孝寬（周柱國、鄖國公）——揔（總）（隋京兆尹、河南懷公）——圓照（襲河南郡公）
（静徽——圓照）

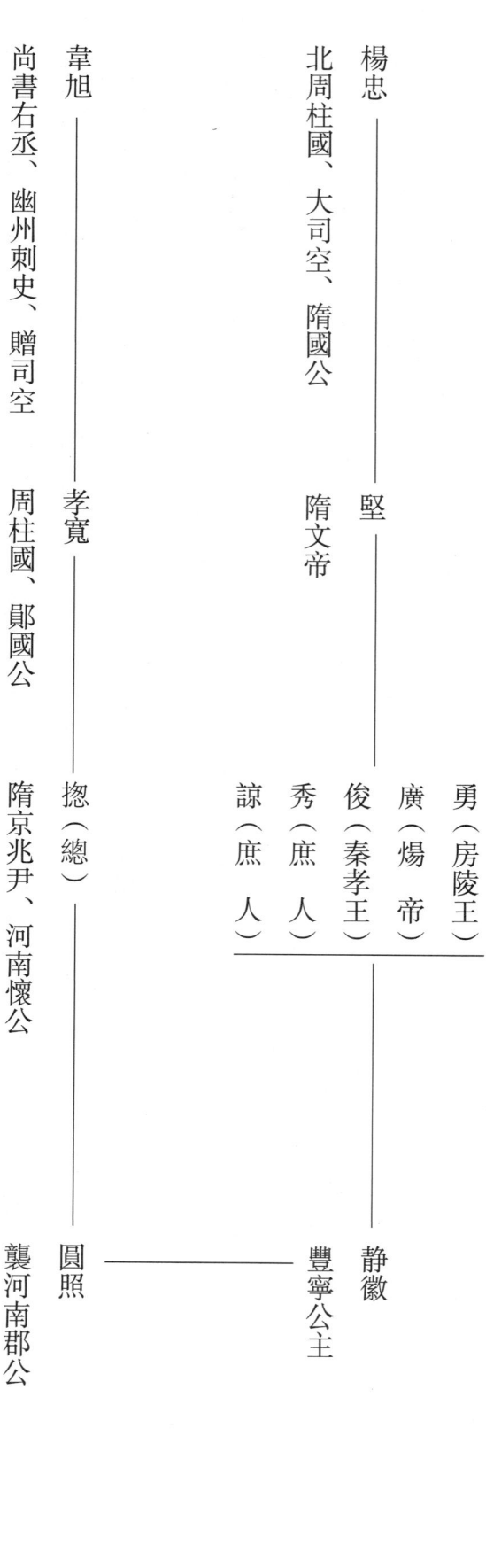

楊、韋二氏均系漢魏以降的顯宦鼎族。公主的曾祖父忠與駙馬祖父孝寬，都追隨周太祖宇文泰起義于關中，雙方以軍功都得到皇室頒賜鮮卑姓氏的殊榮，列位柱國。西魏恭帝元年（五五四），泰命于瑾、楊忠和韋孝寬等統兵五萬征討梁元帝蕭繹，克江陵，殺之⑨。在此以前，即西魏文帝大統十二年（五四六），把持東魏政權的高歡，領軍包圍玉壁城（山西省稷山縣西南），時任晋州刺史的韋孝寬堅守不懈，

大敗犯敵，遷爲驃騎大將軍。

五七九年，周宣帝死，嗣主静帝年幼，楊堅遂以外戚入總朝政，相州總管尉遲迥自恃重臣宿將，志不能平，于是起兵東夏，衆十餘萬。堅遣孝寬征討之，雙方激戰于鄴城南，迥兵敗自殺，亂平⑩。孝寬南征北討，軍功赫赫，爲隋朝代周和進而統一全國清除障礙，創造條件，很得楊堅信任，固而也就爲韋氏家族在隋唐兩代繼續保持其高顯地位，奠定了基礎。楊静徽與韋圓照的結合，更把兩家的關係進一步加强了。

豐寧公主乃其祖父隋文帝賜封者，惜誌石未載其所出。考文帝有五子，皆文帝皇后獨孤氏所生，即房陵王勇、煬帝廣、秦孝王俊、庶人秀、庶人諒⑪。《隋書》公主有傳三：蘭陵公主，文帝第五女，初嫁儀同王奉孝，后適柳述，煬帝惡之，徙之嶺表，以憂憤卒，年三十二⑫。南陽公主，煬帝長女，年十四嫁宇文述之子士及⑬。永豐公主，庶人秀之長女⑭。豐寧公主，史籍無考。

駙馬韋圓照之父揔，孝寬世子，京兆尹。五七六年，韋揔隨周武帝宇文邕進攻晋陽（太原），他『先驅陷敵』，殉難死節，年二十九，追贈使持節上大將軍，封河南郡開國公⑮。其時，圓照四歲。

公主夫婦生前居宣平里，韋氏祖宅。里西南隅有法雲尼寺，即圓照祖父孝寬所立者⑯。宣平里在長安外郭城東南隅，北爲安邑坊，次北乃東市。入延興門西行，首爲新昌里，次即宣平里。公主死，初葬于大興縣鴻固鄉疇貴里，鴻固又名洪固，該鄉在長安縣韋曲鎮北之少陵原上，當今杜陵以西至上塔坡一帶，高敞開闊，韋氏墳園在兹。疇貴里一名胄貴里。駙馬之死晚于公主十三年，葬于『雍州萬年縣洪固鄉福閏里之舊塋』，其地仍在公主原墓地近旁。圓照下葬時，公主棺柩被起出，合葬于一穴。按圓照夫婦合葬墓與阿兄匡伯墓東西并列，前者編號爲地字M52，後者爲M53。南距其祖孝寬和父輩諸墓不過十餘米至數十米，墓誌證明，韋家男女凡死于周、隋者，均『葬疇貴里』或『胄貴里』，到唐則有『福閏里』的出現，但胄貴里仍沿用，由知福閏里爲唐代新增的里名。已知洪固鄉的里名，除胄貴里，福閏里外，還有延信里和永貴里⑰。

圓照誌説其爲揔的『第三子』，公主誌則説系『第二子』，誤。圓照的祖、父及諸兄嫂墓，由筆者一一發掘出來，獲孝寬以下各代韋家男女墓誌三十餘方。如孝寬妻賀蘭（鄭）毗羅墓誌有：『揔長子圓成，次子匡伯，次子方就』。揔的墓誌記載亦如是。匡伯誌更明確説：『公第三弟尚隋豐寧公主』。可見方就就是圓照，是韋揔第三子。

有趣的是，洛陽也出有一方韋匡伯的墓誌，其親族出身與一生事功，證明兩匡伯爲同一人。洛陽所出匡伯的誌石也説：『公之母弟尚豐寧公主』⑱。爲什么同一個韋匡伯要埋葬相距千里之遥的兩個地方，并且鎸刻兩方墓誌呢？原來作爲尚衣奉御的他，侍從煬帝巡幸江都，于大業十三年（六一七）四月病死江都行在。旋即天下大亂，煬帝被殺，東西兩京交通不暢，不得已于開明二年（六二〇）七月『權殯于洛陽縣鳳臺鄉穀陽里』。兩年以后即唐武德五年（六二二）十一月才歸葬于長安祖塋⑲。但遷葬時只將靈柩運回，墓誌仍留于原地而在長安另刻一誌從葬之。長安墓中未見其配偶的墓誌，殆爲單身而非合葬墓，此其與諸昆弟墓的夫婦合葬所不同者。

《新唐書·宰相世系表》列揔之三子曰：柱成、匡伯、圓照。按柱成系圓成之誤。圓成字天保（見其本誌），孝寬、揔等誌石亦證其爲圓成而非柱成。

注釋

①《隋書·高祖紀上》。

②《三國志》卷二十八《王弼傳》。

③《三國志》卷九《何晏傳》。

④《新唐書》卷七十四《宰相世系表》。

⑤《晋書》卷三十五《裴楷傳》。

⑥《晋書》卷四十二《王澄傳》。

⑦⑧根據二註主死年推算得之。

⑨《北史》卷九《周文帝紀》，《周書》卷二《文帝下》。

⑩《周書》卷三十，《北史》卷六十四《韋孝寬傳》。《北史》卷六十二《尉遲迥傳》。

⑪⑭《隋書》卷四十五《文四子傳》。

⑫⑬《隋書》卷八十《烈女傳》。

⑮見《韋揔墓誌》。《北史》卷六十四《韋揔傳》。

⑯見徐松《唐兩京城坊考》卷三宣平里條，然其言法雲寺爲隋開皇三年（五八三）立，年代可能有誤。因孝寬死于北周大象二年

（五八〇），若果爲其所立，則當在其生前。

⑰武伯綸《古城集》，三秦出版社，一九八七年，第九六—九七頁。

⑱見趙超等《唐代墓誌彙编》（上下），上海古籍出版社，一九九二年，開明〇〇三《鄭故上柱國舒懿公（韋匡伯）之墓誌》。

⑲見《隋舒國公韋匡伯墓誌》。

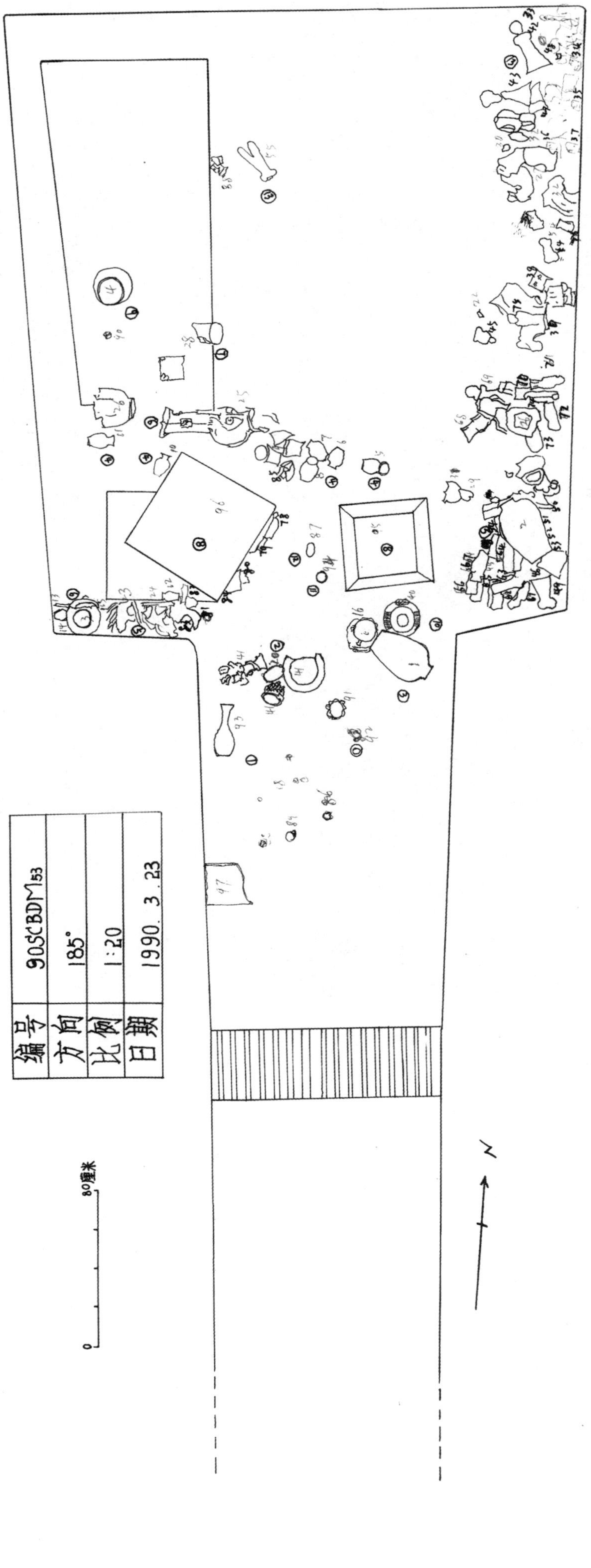

编号 90SCBDM153
方向 185°
比例 1:20
日期 1990.3.23
80厘米
0

圖十九 豐寧公主與韋圓照墓室平面圖

大隋豐寧公主墓誌銘 蓋

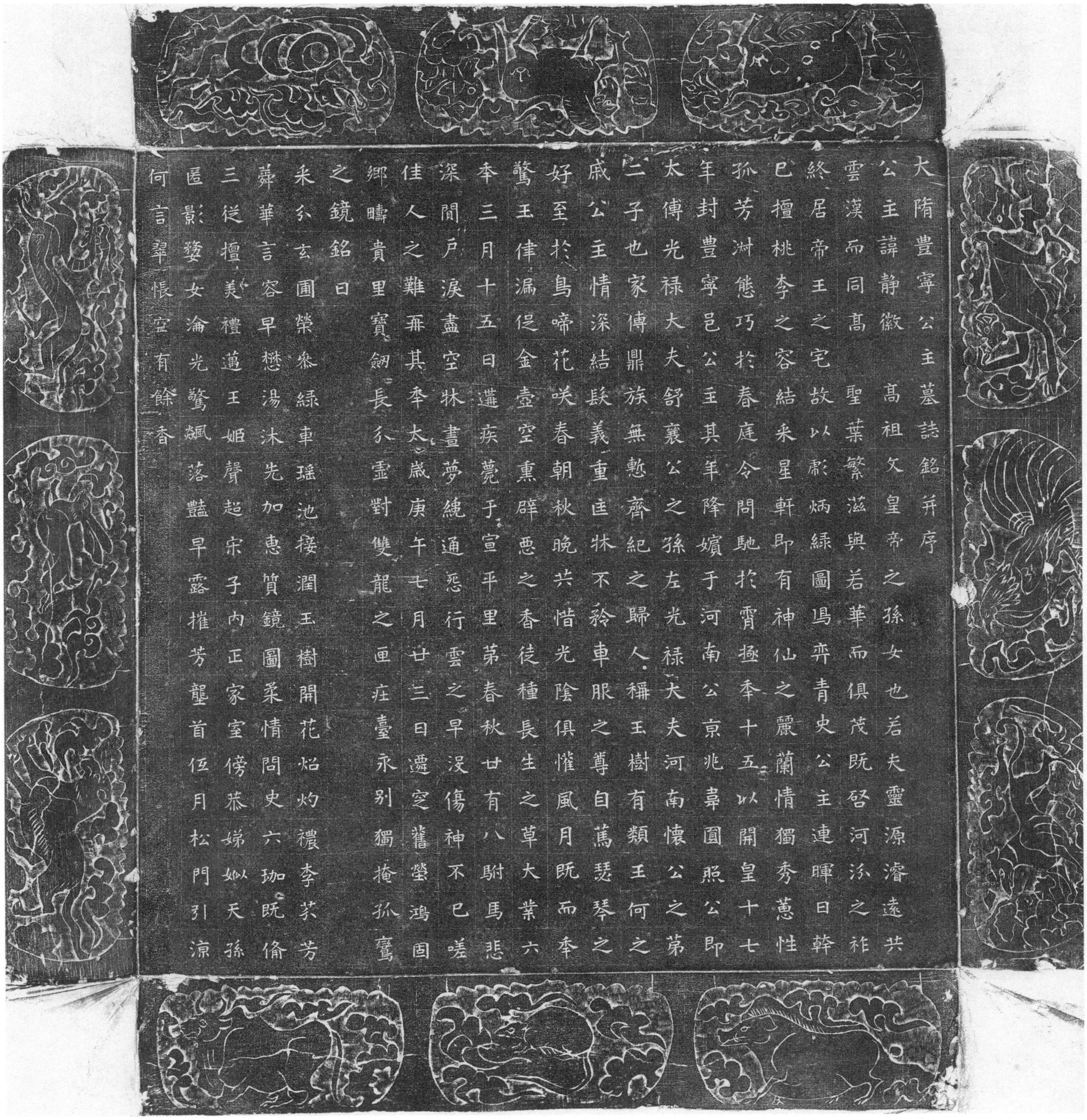

大隋豊寧公主墓誌銘并序
公主諱靜徽 高祖文皇帝之孫女也若夫靈源濬遠共
雲漢而同高 聖葉繁滋與若華而俱茂既啓河汾之祚
終居帝王之宅故以彪炳緑圖冯弈青史公主連暉日榦
已擅桃李之容結釆星軒即有神仙之麗蘭情獨秀蕙性
孫芳洲態巧於春庭令問馳於霄掖年十五以開皇十七
年封豊寧邑公主其年降嬪于河南公京兆韋圓照公即
太傅光禄大夫舒襄公之孫左光禄大夫河南懐公之第
二子也家傳鼎族無慙齊紀之歸人稱玉樹有類王何之
戚公主情深結髮義重連林不矜車服之尊自薦瑟琴之
好至於鳥啼花咲春朝秋晚共惜光陰俱惟風月既而季
鸞王律漏促金壺空熏辟惡之香徒種長生之草大業六
秊三月十五日遘疾薨于宣平里第春秋廿有八駙馬悲
深閒戶淚盡空牀晝夢繞通悪行雲之早沒傷神不已嗟
佳人之難再其秊太歲庚午七月廿三日遷窆舊塋鴻固
鄉疇貴里寶劒長分壺對雙龍之匣粧臺永別獨掩孤鸞
之鏡銘曰
釆分玄圃榮參緑車瑤池接潤玉樹開花焰灼穠李芬芳
舜華言容早懋湯沐先加惠質鏡圖柔情問史六珈既備
三從擅美禮遵王姬聲超宋子內正家室傍恭娣姒天孫
匿影婺女淪光鸞飆落豔早露摧芳壟首佰月松門引涼
何言翠帳空有餘香

大隋豐寧公主墓誌銘并序

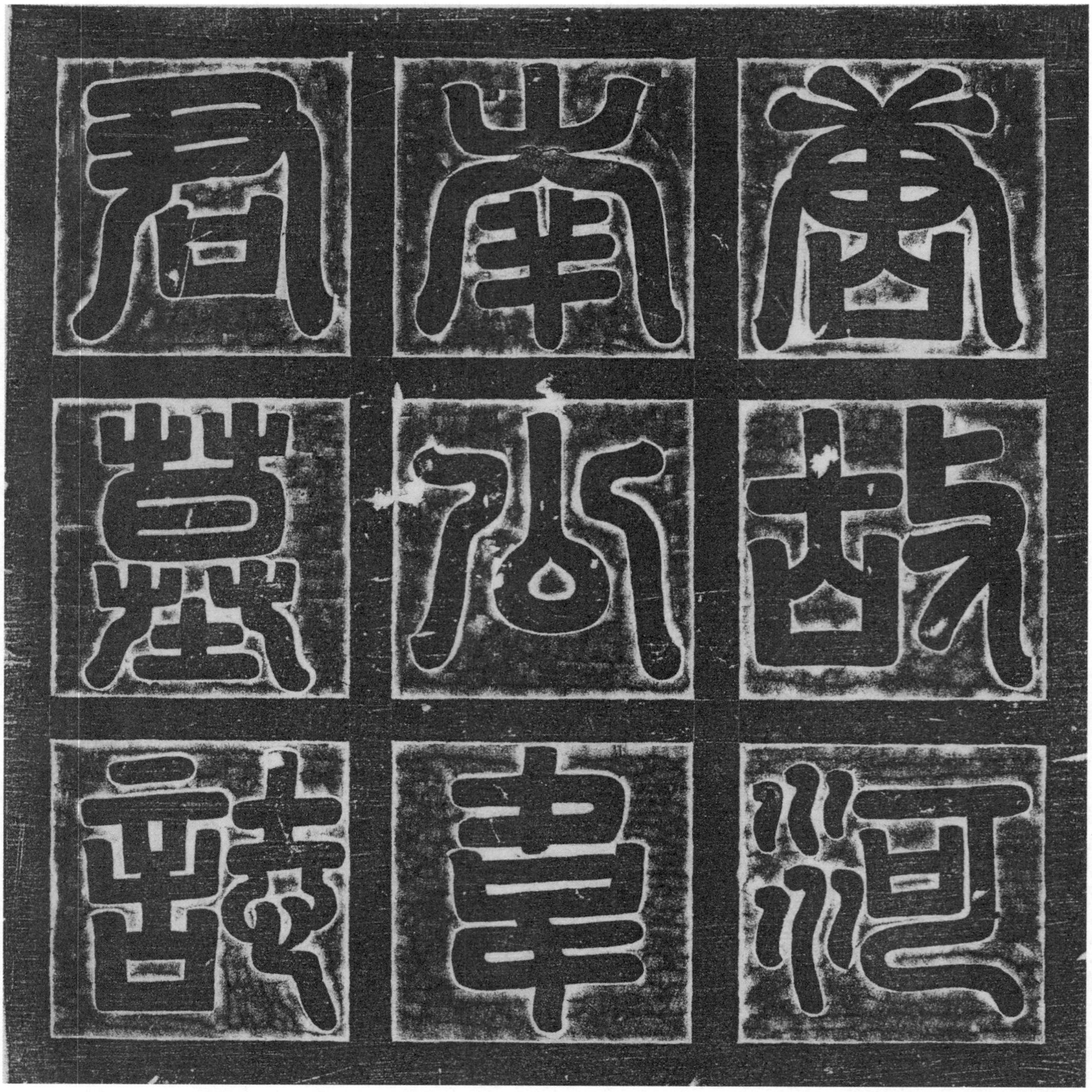

唐故河南公韋君墓誌 蓋

大唐故河南郡公韋公墓誌文
公諱圓照京兆杜陵人也其先商伯受彤弓之錫楚傅摛朱
黻之詩及太僕流名雙珠並耀丞相積德二葉連輝代有其
人胤猷自遠祖孝寬周太傅上柱國尚書右僕射十一州諸
軍事雍州牧鄖襄公父揔柱國京兆尹河南懷公並立功
績經文緯武貽令德乎千祀振英聲於百代公即懷公之第
三子也擢影金穴開榮玉樹孝友稱於齔歲聰敏發自髫年
標落落之容表汪汪之量裴楷慙其清悟王澄愧其邁達龍
封河南郡公恩隆受冊榮貴承家對揚之日不勝悲感尋尚
豐寧公主方驂鑾於脩衢遽興嗟於逝水武德六年十月廿
日卒於里宅春秋五十二惟公美風神善談笑涉獵經史採
採流略敦靜立性孝友居心雖家自鼎門身連皇族而安茲
素薄不尚驕豪可謂名賢君子善始令終者矣子思禮永言
慈廕結恨風枝追思顧復之恩用報劬勞之德粵以貞觀八
年歲次甲午十月庚子朔十日己酉永窆雍州萬年縣洪固
鄉福閏里之舊塋礼也秦車不進滕馬方留欲記楚琴仍刊
繆板其銘曰
蟬聯懿族馬弈華宗英奇繼踵卿相連蹤名流鍾鼎德茂笙
鏞孕珠產玉重規沓矩孝以承親忠由奉主礼高承尚恩隆
土宇如何景命遽此銷淪哀纏戚屬悲深搢紳天長地遠松
古墳新雪路開曉寒光慘夕薤噎郊坰風悽隴陌方錮黃壤
寄之玄石

大唐故河南郡主公韋君墓誌文

隋舒國公韋匡伯墓誌（六一二）

概述

韋匡伯墓誌，出自地質七隊基建工地五十二號墓，方向一百九十二度，斜坡墓道長十四點五米，寬一點二米。兩個天井，墓深五點三米，墓道洞高一點七米。甬道加墓室長四米。墓室平面呈梯形，前寬二點九米，後邊略窄。墓頂坍塌，墓壁殘高一點五米。隨葬物破碎凌亂，墓誌在墓室内左側（圖二十）。墓誌青石質正方形。覆斗式蓋，頂部每邊長三十八厘米，蓋面中央鎸刻篆書陽文三行九字：隋舒國公韋君墓誌銘。四殺部無紋飾。誌石每邊長五十二厘米，厚十二厘米，四側面爲素面。誌面刻銘文三十三行，每行滿格三十四字。無撰文與書寫人姓名，書法奇逸飛動，行楷中包含隸體筆意。

誌文

隋*（隋）故尚衣奉御*（御）、朝請大夫、舒*（舒）國公韋君墓誌銘并序

君諱匡伯，字辟*（辟）邪，京（京）兆杜*（杜）陵（陵）人也。昔實沉胙土（土），肇*（肇）崇基扵夏辰，大彭作伯，著洪業扵殷*（殷）祀。同觴源之遠注，派成九江；若番禺之播芳，蔚為八桂。遂使環材仍世，偉器（器）相傳，勳庸布扵楚竹，緒系先扵魯史。祖孝寬（寬），周王辟（辟）揔管、少司徒、大司空、隋*（隋）上柱國、雍州刺（刺）史、太傅*（傅）鄖襄公。遷虞事夏，功（功）懋扵兩朝；出將（將）入相，位高扵百辟*（辟）。故能*（能）鑄鼎（鼎）盛扵山甫，陳鍾榮扵魏絳。父揔*（揔），開府納言，京（京）兆尹，河南懷公。問望清通，公卿藉甚（甚），尹京（京）張敞，未足擬其威聲，常伯應璩，詎可同其詞令。君感靈降體，稟秀挺*（挺）生，習驥（驥）足扵長塗，養鳳毛扵丹穴。既而風神遠暢，姿質外朗，皎皎若金波之照巖松，落落同玉繩（繩）之垂天漢。荀令之子，拜魏武而稱奇（奇），王公之孫，接蔡邕而見重。年十二，封黃瓜縣開國侯，邑八百户。雖復漢推恩澤，外表疇庸，晋（晋）崇封建，示遵故實。未若拼珪榮其岐嶷，苴茅摽*（標）其器（器）宇。

開皇十一年，有詔追入宿衛，任左親衛。十九年襲爵（爵）鄖國公。食顯州江夏縣三千户。棙是邑倍通侯，無*（無）資渭川之竹，家豐朽貫，非因嚴道之銅。而君居愉思約，守謙*（謙）式（戒）滿，案止三盃，鼎無*（無）五熟。大業二年，以詔授右備（備）身府千牛左右，入侍紫宮，出陪黃屋，密踰參（參）乘，位切奉車。若非地著忠貞，人兼（兼）淑（淑）慎，無*（無）以當茲（茲）選，衆允其殊渥。六年，又改封舒國公，食邑如故。八年，以渡遼勳授朝散大夫。十一年授尚衣奉御。既而四時郊廟（廟），萬國會同（同），天子乃盛飾禮容，專情法服。君恪懃官次，夙夜公庭（庭），擎跪不愆（愆），周旋有則。山龍之象，明（明）士信之，舊圖珩璜之式，

悉（悉）仲宣之古制。十二年從幸（幸）江都，其年遘疾，薨於行所，時年卌（卌）四。是時膠*（膠）舩不濟，遂*蕪（無）問於水濵（濱），鮑載空還，徒有徵（徵）於江辟*（辟）。遂使九關重擾，四海群飛，路盡犲狼，人為虺蜴。不歸温序之柩*（柩），未返靈均之魂。粵以大唐武德五年，歲（歲）次壬午十一月戊寅玥（朔）廿五日壬寅，歸葬雍州萬年縣福閏里之舊域。

惟君性與道合，學不為人，楊玄早預其心，庄（莊）理暗同其意，加以内敦孝犮*（友），外著温恭，朝發省躬，夕惕厲己。為善不足，慕義蕪*（無）窮，尊其道者，重若丘山，叶其契（契）者，義如膠*（膠）柒（漆）。及其濯纓莅仕，結髮從戎，趍（趨）捨随時，言行蕪*（無）擇，阮藉竟蕪*（無）臧（臧）否，陳群唯仗名義。公苐三弟尚隋豐寧公主，女弟為元德（德）太子妃。若乃田竇相移，金張藉舊*（舊），或誇摧（權）於戚里，或氣高於俠窟。追平樂之宴，日奏笙竽，結期門之遊，亟連冠盖。而君閑居味道，門無雜賓，時閱賜書，或窺敨（奇）案。靡旁（曼）不溺其志，脂*（脂）膏無潤其體。方異（冀）玄鑒蕪*（無）爽（爽），與善有徵，垂三組而為國華，壽千月而延民*（民）譽。豈謂長沙野鳥，終成賈誼*（誼）之灾，漳*（漳）濱故人，蕪*（無）見劉楨之疾。嗚呼哀哉（哉）！恐（恐）山崩於朽壤，慮海變於桒（桑）田，庶*（庶）沉碑而可固，遂勒石於幽泉。乃為銘曰：

肈（肇）基帝項，命氏*（氏）殷丁。杞梓傳茂，山川降靈。羽儀三輔，冠冕二京（京）。世多王佐，乂為國經（經）。於穆襄公，挺*（挺）茲（茲）宏略。勳銘彝器（器），象圖麟閣。京（京）兆継體，仍傳懿鑠。游*（游）藝依仁，紲組縻爵（爵）。降生令德（德），不忝前脩。幼增（增）榮觀，夙擅風猷。蓮開削石，珠映圓流。心懲敨（奇）噐（器），性叶虚舟。七相蟬聮*（聯），五侯烏弈。天孫下嫁，龍栖通藉。地居豪右，情敦虚穽（寂）。不事擢（權）門，蕪*（無）驕外戚。俻（備）俛從軄（職），劬勞在公。陪驂（驂）馳道，侍輦離宫。俄遭*（遭）世故，忽病塗窮。身淪異壤，魂逐飛蓬。昔随華盖，畱（留）連江涘。廣柳来斯，平原忽矣。隴暮風急，松寒霧起。我春長謝，餘芳徒紀。

考釋

泒，同泒（流）。唐黄滔《泉州開元寺佛殿碑記》：『其姿電燿於周室，其波泒漾於汉代。』

尚衣奉御，是隋朝、唐朝的官職名稱。顧名思義即專職爲皇帝管理衣物的官員。這個官職雖没有什麽實權，但是官階却高至五品。而且在歷史上，擔任尚衣奉御一職，多爲皇親國戚，或深得皇上寵愛、信賴的人。所以，很是榮耀的一種官職，代表着皇帝的寵信。

朝請大夫，隋煬帝大業三年（六〇七）始置，正五品散官。唐朝定爲文散官，從五品下。諸王衆子出身封郡公者，由此叙階。北宋沿置。神宗元豐三年（一〇八〇）廢文散官，改爲新寄禄官，從六品，取代舊寄禄官前行郎中。金置爲文散官，從五品上。元朝改從四品，宣授。明朝爲從四品。

實沉胙土，肇崇基於夏辰。大彭作伯，著洪業於殷祀。

實沉，古代神話謂高辛氏的季子名實沉，是參宿之神。《左傳·昭公元年》：『昔高辛氏有二子，伯曰閼伯，季曰實沉，居于曠林，不相能也，日尋干戈，以相征討。後帝不臧，遷閼伯于商丘，主辰。商人是因，故辰爲商星。遷實沉于大夏，主參。唐人是因，以服事夏商…故參爲晋星。由是觀之，則實沉，參神也。』

胙土，指帝王將土地賜封功臣宗室，以酬其勛勞。《左傳·隱公八年》：『天子建德，因生以賜姓，胙之土而命之氏。』

大彭，據《新唐書》卷七十四上：『韋氏出自風姓。顓頊孫大彭爲夏諸侯，少康之世，封其別孫元哲于豕韋，其地滑州韋城是也。豕韋、大彭迭爲商伯，周赧王時，始失國，徙居彭城，以國爲氏。韋伯遐二十四世孫孟，爲漢楚王傅，去位，徙居魯國鄒縣。孟四世孫賢，漢丞相、扶陽節侯，又徙京兆杜陵。』

位高於百辟

百辟，百官。《宋書·孔琳之傳》：『羨之（徐羨之）内居朝右，外司輦轂，位任隆重，百辟所瞻。』唐白居易《醉後走筆酬劉五主簿長句之贈》詩：『閶闔晨開朝百辟，冕旒不動香烟碧。』宋蘇軾《代普寧王賀冬表》：『臣猥以暗弱，仰荷誨憐，敢先百辟之朝，以祝萬年之壽。』清袁枚《隨園詩話》卷四：『昔人稱，謝太傅（謝安）功高百辟，心在一邱。』

鑄鼎盛於山甫，陳鍾榮於魏絳

山甫，即仲山甫，周宣王時的賢臣。《史記·周本紀》：『宣王既亡南國之師，乃料民於太原。仲山甫諫曰：「民不可料也。」』後因以代稱賢臣。三國魏曹操《善哉行》：『智哉山甫，相彼宣王。』晋盧諶《贈劉琨》：『伊陟佐商，山甫翼周。』

鑄鼎，即鑄刑書于鼎上的故事。《左傳·昭公六年》：『三月，鄭人鑄《刑書》』。杜預注：『鑄刑書于鼎，以爲國之常法。』後世亦借指公開頒布重刑，實行法治之謂。

魏絳，春秋晋人，仕爲卿。《左傳·襄公三年》：『晋侯之弟揚幹，亂行於曲梁。魏絳戮其僕。晋侯怒，謂羊舌赤曰：「合諸侯，以爲榮也。」揚幹爲戮，何辱如之。必殺魏絳，無失也。』…言終，魏絳至。授僕人書，將伏劍。…公跣而出，曰：『寡人之言，親愛也。寡人有弟，弗能教訓，使幹大命，寡人之過。敢以爲請。晋侯以魏絳爲能，以刑佐民矣。反役，與之禮食，使佐新軍。』陳，陳列。鍾，盛酒器和量器。陳鍾，指祭祀，國之大事。

公卿藉甚

藉甚，盛大，卓著意。《史記・酈生陸賈列傳》：『陸生以此游漢廷公卿間，名聲藉甚。』北魏楊衒之《洛陽伽藍記・景明寺》：『升其堂者，若登孔氏之門；沾其賞者，猶得東吴之句，藉甚當時，聲馳遐邇。』

尹京張敞未足擬其威聲，常伯應璩詎可同其詞令。

張敞，漢河東平陽人，字子高。隨宣帝徙杜陵。爲膠東相，捕斬群盜，吏民歙然，國中遂平。京兆尹如黄霸等數人皆不稱職，敞奉詔出任是官綿歷九載，窮治群盜，盡行法罰，表賢彰善，京師大治。後坐楊惲黨友免爲庶人，起復爲冀州刺史，太原太守（《漢書・張敞傳》）。

常伯，應是常侍之誤，因應璩曾官散騎常侍

應璩，字休璉，汝南人。博學好屬文。三國魏文、明帝世，歷官散騎常侍。齊王即位，稍遷侍中、大將軍長史。曹爽秉政，多違法度，璩作詩諷刺，多切時要。復爲侍中，典著作。嘉平四年（二五二）卒，追贈衛尉（《三國志・應瑒傳附傳》）。

荀令之子，拜魏武而稱奇

荀令之子即荀攸，潁陰人，字公達，彧從子。攸少孤，漢獻帝拜爲黄門侍郎。與人謀殺董卓，事垂就而覺，系獄，言食自若。會卓死，得免，弃官歸。曹操徵爲汝南太守，入爲尚書令。操擒吕布，敗袁紹，定冀州多用其謀，封樹亭侯。魏國初建，爲尚書令。從征孫權，道死，曹操言則流涕（《三國志・荀攸傳》）。

王公之孫，接蔡邕而見重

王公之孫，即王仲宣。《梁書・王筠傳》：『尚書令沈約，當世辭宗，每見筠文，咨嗟吟詠，以爲不逮也。嘗謂筠：「昔蔡伯喈見」王仲宣稱曰：「王公之孫也，吾家書籍，悉當相與。」僕雖不敏，請附斯言。自謝朓諸賢零落已後，平生意好，殆將都絶，不謂疲暮，復逢于君。』約于郊居宅造閣齋，筠爲草木十咏，書之于壁，皆直寫文詞，不加篇題。約謂人云：『此詩指物呈形，無假題署。』約製《郊居賦》，構思積時，猶未都畢，乃要筠示其草，筠讀至『雌霓（五激反——原注）連踡』，約撫掌欣抃曰：『僕嘗恐人呼爲霓（五鷄反——原注）。』次至『墜石磓星』，及『冰懸坎而帶坻』，筠皆擊節稱贊。約曰：『知音者希，真賞殆絶，所以相要，政在此數句耳。』

蔡邕，字伯喈，陳留人。好辭章、術數、天文，妙操音律。建寧（一六八—一七二）年間，召拜郎中，校書東觀。熹平四年（一七五），與他人奏定六經文字，自書鐫碑，立于太學門外。會灾异數見，應詔上書七事，爲中常侍程璜構陷下獄，有詔減死一等，與家屬髡鉗徙朔方。明年赦還，亡命江海，在吳十二年。董卓辟之，三日三遷。卓誅，邕在司徒王允坐，嘆惋動色，允怒，付廷尉治罪，蔡邕陳辭謝，乞黥首刖足，繼成漢史。士大夫多矜救之，不能得，遂死獄中，年六十一。有文百餘篇，傳於世（《後漢書·蔡邕傳》）。

疇庸，謂選賢任用。或酬報功勞，疇，通「酬」。唐張九齡《謝中書侍郎狀》：「此職擇才，十年虛位，以卿達識，所以疇庸。」語出《書·堯典》：「疇咨若時登庸。」孔傳：「疇，誰；庸，用也。誰能咸熙庶績，順是事者，將登用之。」《文選》任昉《爲范尚書讓吏部封侯第一表》：「五侯外戚，且非舊章，而臣之所附，唯在恩澤。既義异疇庸，實榮乖儒者」。李周翰注：「疇，酬；庸，功也」。

岐嶷，《詩·大雅·生民》：「誕實匍匐，克岐克嶷。」朱熹集傳：「岐嶷，峻茂之狀。」後多以「岐嶷」形容幼年聰慧。《東觀漢記·馬客卿傳》：「馬客卿幼而岐嶷，年六歲，能接應諸公，專對賓客」。北魏楊衒之《洛陽伽藍記·追光寺》：「略生而岐嶷，幼則老成，博洽群書」。唐李頎《送劉四》詩：「愛君少岐嶷，高視白雲鄉。」清王晫《今世説·賞譽》：「許彝千少便岐嶷，總角風氣更進。」

苴茅，古代帝王分封諸侯時，用該方顏色的泥土，覆以黄土，包以白茅，授予受封者，作爲分封土地的象徵。《書·禹貢》：「厥貢惟土五色。」孔傳：「王者封五色土爲社。建諸侯則各割其方色土與之，使立社。燾以黄土，苴以白茅。茅取其潔，黄取王者覆四方。」陸德明釋文：「燾，覆也；苴，包裹也。」《後漢書·宦者傳序》：「苴茅分虎，南面臣人者，蓋以十數」。李賢注：「封諸侯各以其方色土，苴以白茅，而分銅虎符也。」宋陸游《新黏竹隔作暖閤》詩：「已勝展鉢三椽下，莫羡苴茅萬户封。」清王廣心《大梁行送林平子》：「大梁昔當全盛日，裂土苴茅建宗室。」

山龍之象，《書·益稷》：「予欲觀古人之象，日月星辰，山龍華蟲，作會宗彝。藻火粉米，黼黻絺綉，以五采彰施于五色作服。」孔傳：「畫三辰、山龍、華蟲於衣服、旌旗。」

鮑載空還

不歸温序之柩，未返靈均之魂。

典出《史記·秦始皇本紀》：「…七月丙寅，始皇崩於沙丘平臺。丞相斯爲上崩在外，恐諸公子及天下有變，乃秘之，不發喪。棺載轀凉車中…行，遂從井陘抵九原。會暑，上轀車臭，乃詔從官令車載一石鮑魚，以亂其臭。」

誌主死于江都，由于天下大亂，道路阻塞，舟車不通，不能歸葬故里。誌文作者以屈原（靈均）之魂不返，比喻誌主寄厝外地的悲哀。

揚玄早預其心。

揚，揚姓，揚雄（前五三—公元一八），玄，雄所作之《太玄賦》。雄，字子雲，蜀郡成都人，少好學，博覽群書，爲人佚蕩，口吃深思，好辭賦。嘗慕司馬相如作賦麗雅，常擬之以爲式。又怪屈原文過相如，至不容，作《離騷》，自投江死，悲其文，乃作書，摭《離騷》文而反之，自岷山投江以弔屈原，名曰《反離騷》。孝成帝時，待詔承明殿，侍從游獵，因上《甘泉》等四賦以諷諭之。雄以爲經莫大于《易》，故作《太玄》，傳莫大于《論語》而作《法言》。天鳳五年卒，年七十一（《漢書·揚雄傳》）。

莊理暗同其意

莊，莊子，名周。戰國時期蒙人。曾爲漆園吏。與梁惠王、齊宣王同時。著書十餘萬言，號《莊子》，其要本歸於老子之言，故漢志列于道家（《史記·老子韓非列傳》）。

阮籍竟無臧否，陳群唯仗名義

阮籍，字嗣宗，陳留尉氏人。博學，尤好老莊。曹爽輔政，召爲參軍，以疾辭不至。及爽被誅，人服其遠見。本有濟世志，鑒于魏晋之際，天下多故，名士少有全者，由是不與世事。晋文帝欲爲武帝求婚於籍，籍醉六十日，不得言而止。鍾會欲致之罪，以酣醉獲免。拜東平相，法令清簡。詔引爲大將軍從事郎中。藉聞步兵厨營人善釀，貯酒三百斛，乃求爲步兵校尉。雖不拘禮教，但口不臧否人物（《晋書·阮籍傳》）。

陳群，字長文，許昌人。劉備臨豫州，辟群爲别駕，備恨不用群言而有下邳之敗。曹操辟群爲司空掾，魏國建，遷爲御史中丞，轉侍中。在朝無適無莫，雅仗名義，不以非道假人。徙尚書，制九品官人之法（《三國志·陳群傳》）。

田竇相移，金張藉舊

田竇，即田蚡、竇嬰。蚡，長陵人，孝景帝王皇后之同母弟。竇嬰方盛時，蚡爲諸曹郎，未貴，往來侍酒嬰所，跪起如子侄。及孝景晚節，蚡始貴幸，爲中大夫。武帝即位，蚡以舅封武安侯，爲太尉。竇太后崩，上以蚡爲丞相，入奏事，所言皆聽，權移人主，誣殺嬰及灌夫（《漢書·田蚡傳》）。

竇嬰，字王孫，孝文皇后從兄之子。吴楚反，拜爲大將軍，七國破，封魏其侯。武帝立，爲丞相，以推隆儒術忤竇太后免。及田蚡爲相，嬰益疏不用，卒爲其誣陷弃市于渭城（《漢書·竇嬰傳》）。

金張，即金日磾、張安世也。金日磾，字翁叔，本匈奴休屠王子。没入官，爲馬監。武帝奇其容貌，遷侍中，信愛之，入侍左右。莽何羅反，日磾縛誅之。爲人篤慎，數十年無過失。武帝病，遺詔與霍光同輔少主。謚敬侯（《漢書·金日磾傳》）。

張安世，字子孺，少以父（湯）任爲郎。武帝幸河東，亡書三篋，詔問莫能知，唯安世識之，後購得，校無所遺，帝奇其材，擢尚書令，遷光禄大夫。昭帝即位，以其篤行肅敬，封富平侯。元康四年（前六二）薨，謚敬侯（《漢書・張安世傳》）。

垂三組而爲國華

組，印綬也。三組，謂三顆印。《漢書・酷吏傳楊僕》：『懷銀黄、垂三組，誇鄉里。』顔師古注：『僕爲主爵都尉，又爲樓煩將軍，并將梁侯，三印，故三組也。』三組用以表示身兼數職，官高位顯。國華，國家的光榮。《國語・魯語上》：『且吾聞以德榮爲國華，不聞以妾與馬。』韋昭注：『以德榮顯者，可以爲國光華也』。漢張衡《西京賦》：『徒恨不能以靡麗爲國華』。

漳濱故人，無見劉楨之疾

漳濱，漳水邊。劉楨《贈五官中郎將》詩之二：『余嬰沉痼疾，竄身清漳濱。』後因用爲卧病的典實。唐玄宗逸句：『昔見漳濱卧，言將人事違。』劉楨字公幹，建安七子之一，三國魏東平（今山東省泰安市附近）人。七子中特以詩見稱。曹操辟爲丞相掾屬，以不敬被刑，刑竟署吏（《三國志・劉楨傳》、《中國文學史》等）。

杞梓傳茂。杞和梓兩木皆良材。《左傳・襄公二十六年》：『晋卿不如楚，其大夫則賢，皆卿材也。如杞梓、皮革，自楚往也。雖楚有材，晋實用之。』杜預注：『杞、梓皆木名。』《北史・文苑傳序》：『于時陳郡袁翻…彫琢瓊瑶，刻削杞梓，并爲龍光，俱稱鴻翼。』此言韋家世代皆爲優秀有爲的人才，建功立業，傳祚久遠。

韋匡伯，字辟邪，史無專傳。曾祖旭，武威郡太守。建義（五二八）初爲大行臺右丞，雍州大中正。永安二年（五三〇）拜右將軍，南豳州刺史。卒于官，贈司空，謚文惠。祖孝寬，魏、周名將，贈太傅、十二州諸軍事、雍州牧，謚曰襄（《北史・韋孝寬傳》）。父揔，字善會，納言、京兆尹，隨周武帝出征晋陽，與齊軍激戰陣亡（《北史・韋揔傳》）。匡伯即揔之次子。母達奚氏。兄圓成，弟圓照，尚隋豐寧公主。

據誌文，誌主韋匡伯年十二封黄瓜縣開國侯。開皇十一年（五九一）追入宿衛，任左親衛。親衛乃皇帝侍衛官，與勛衛、翊衛并稱三衛。開皇十九年（五九九）襲祖孝寬爵位爲鄖國公，于是，『邑倍通侯』、『家豐朽貫』，有錢有勢。煬帝大業二年（六〇六）授右備身府千牛左右。隋設左右備身府，各置左、右備身郎將一人，掌侍衛皇帝左右。千牛，刀名。千牛備身，掌執御刀，以護衛天子。大業六年（六一〇）改封舒國公。八年（六一二）以渡遼有功，策勛授朝散大夫。按隋、唐文階官之制，從五品下曰朝散大夫。渡遼，指第一次出征高麗。《隋書・煬帝紀上》：『大業七年（六一一）二月…上自江都入通濟渠，遂幸於涿郡。詔曰：高麗（王）高元，虧失藩禮，將欲問罪遼左』。次年正月，大軍集中于涿郡，總計百餘萬人『進圍遼東』。遭到高麗人民的堅決抗擊，覆師薩水，大敗而還。

儘管如此結局，昏暴的隋煬帝猶策勛授爵，掩蓋失敗，還準備再一次東征。從誌主的『以渡遼勛授朝散大夫』，可知他是煬帝用兵高麗的堅定支持者。

大業十一年（六一五），授尚衣奉御。尚衣即舊御府也（《隋書·百官下》）。尚衣奉御爲尚衣局長官，尚衣局乃中央政府機構殿中省轄下的六局之一，掌皇帝衣物供奉。煬帝生活奢靡，是歷代少見荒淫無道的暴君，其『盛飾禮容』，揮霍無度，而誌主『周旋有則』，克盡厥職，千方百計地滿足這個昏君的嗜欲需求，很受寵信。十二年（六一六）從幸江都，薨于行所。年四十四。武德五年（六二二）十一月廿五日歸葬于雍州萬年縣福閏里祖塋。

誌文未寫明誌主死亡日期，好在河南洛陽也出土有韋匡伯的另一方墓誌銘，刊發在《唐代墓誌彙編》上册（上海古藉出版社一九九二年版第六—七頁），同一個韋匡伯先後埋葬洛陽、長安兩處地方，并各隨葬一方墓誌銘，而且又都先後被發現，公之于世，的確是件有趣的事。兹將兩誌互勘，其事功及其與隋、鄭皇家之關係更加明晰。現照録如次：

誌文

鄭故大將軍舒懿公之墓誌銘

君諱匡伯，京兆杜陵人，帝高陽之苗裔也。在殷作伯，開命氏之源；居漢爲相，建光家之美。自兹綿歷，剋峻前基，並詳諸篆素，無待稱矣。曾祖旭，司空文惠公；祖孝寬，太傅鄖襄公；考摠，柱國、京兆尹、河南貞公。並位尊望重，國貞朝幹。君膺慶上靈，幼而岐嶷，因心孝友，稟性温恭，容衆愛仁，輕財重義。年十二，封黄瓜縣開國公，襲祖封鄖國公，食邑萬户。公之母弟尚豐寧公主，女弟爲元德太子妃。而公高門鼎盛，臺輔繼踵，有隋之貴，一宗而已。大業七年，陪麾遼左，授朝散大夫，俄遷尚衣奉御，侍從乘輿，密勿帷扆。十二年，口幸江都，十三年四月廿七日遘疾，薨於江都行在所，春秋卌有四。

自皇鄭膺籙，歷選德門，作配儲后，聘公長女爲皇太子妃，乃下詔曰：公門著嘉庸，夙參榮列，不幸殂没，奄移歲序。言念□賢，宜加寵飾，可贈大將軍，謚曰懿公，禮也。於時鞏洛□□，崤函尚阻，鄉關迢遞，日月有期，以開明二年七月廿□□，權殯于洛陽縣鳳臺鄉谷陽里。陵谷非固，盛德宜傳，因兹鐫勒，以貽永久。其詞曰：

臺階麗象，山岳降靈。人膺天秩，世著英聲。家風不墜，令德挺生。學該入室，禮備過庭。優遊戚里，出入承明。三江迢遞，萬里徂征。素車俄反，丹旐空縈。崩松永嘆，埋玉傷情。松風暮起，薤露晨零。勒兹翠石，用紀鴻名。

考釋

鄭，王世充所立之國號。世充一名充，字行滿，本西域胡人。開皇（五八一—六〇〇）中，爲左翊衛，煬帝時，累遷至江都郡丞。善察顔色，因多方投合煬帝所好而大受寵信。大業八年（六一二），隋始亂，世充陰結豪俊，收買人心，又以鎮壓江南農民起義軍居功最多。十年（六一四）破齊郡義軍孟讓于都梁山，斬首萬人。十二年（六一六）遷江都通守，破義軍格謙，又擊盧明月，破之於南陽，并進江淮美女，帝愈喜。旋爲李密所敗，退屯含嘉城，及至宇文化及殺死煬帝于江都，世充等擁立越王楊侗繼位，被封爲吏部尚書，鄭國公。李密降隋，拜爲太尉，世充耻爲其下，乘其擊敗宇文化及，卒疲馬死之機，擊敗李密，進占偃師。而東盡于海，南至于江，悉來歸附。繼而脅侗封其太尉，自稱鄭王，旋廢侗僭即皇帝位，建元開明，國號鄭。後降唐秦王李世民，至長安，世充爲仇家所殺（《隋書》《北史》王充傳）。

開明二年即公元六二〇年，亦即唐高祖武德三年。

並詳諸篆素

篆素，寫篆書于素帛。《文選·左思吴都賦》：『鳥策篆素，玉牒石記。』李善注：『篆素，篆書於素也。』南朝宋鮑照《河清頌》：『鴻羲以降，遐哉邈乎，鏤山嶽，雕篆素，昭德垂勛，可謂多矣。』《隋書·元德太子昭傳》：『敢圖芳於篆素。』此是説韋氏勛業，詳載于史乘。

密勿帷扆

密勿，勤勉努力之謂。《詩·小雅·十月之交》：黽勉從事，不敢告勞。王先謙《詩三家義集疏》謂：魯黽勉作密勿。南朝梁沈約《劉領軍封侯詔》：『内參嘉謨，外宣戎略，密勿劬勞，誠力備盡。』又作機密解，《三國志·魏書·杜恕傳》：『與聞政事密勿大臣，寧有懇懇憂此者乎？』

帷扆，帷幔與屏風，指君主朝群臣之所。隋薛道衡《隋高祖頌》：『運天策于帷扆，播神威于沙朔。』此指誌主參與朝政機密事務。

自皇鄭膺籙

膺籙，謂帝王承受符命。《文選》顔延之《赭白馬賦》：『後唐膺籙，赤文侯日。』李善注引《春秋命歷序》：『五德之運徵符合，膺籙次相代。』南朝梁劉勰《文心雕龍·時序》：『太祖以聖武膺籙，世祖，以睿文纂業。』《舊唐書·竇建德傳》：『有宗城人獻玄珪一枚，景城丞孔德紹曰：「昔夏禹膺籙」，天錫玄珪。今瑞與禹同，宜稱夏國。建德從之。』此指王世充代隋稱帝，建立鄭國政權。

本誌謂誌主于大業『十二年（六一六）年，□（從）幸江都，十三年（六一七）四月廿七日遘疾，薨于江都行在所…以開明二年（六二〇）七月廿□日，權殯于洛陽縣鳳臺鄉谷陽里』。

權，權且，姑且意；權宜之計，不是永久的打算。爲什麽要把他權殯于洛陽縣谷陽里呢？誌文説得明白，那是由于戰亂，以致『鞏洛□□，崤函尚阻』，不得已而『權殯』此間，表示以後要遷回老家去的。其時在開明二年（六二〇）七月廿□日。上距誌主江都云亡二年又九個月。據《隋書·恭帝紀》：『三月丙辰，右屯衛將軍宇文化及殺太上皇（煬帝廣）於江都宫。』匡伯乃煬帝親隨，不及此難，比帝晚死一個多月，病死之説，容或有之。權殯洛陽的時間不長，兩年半後，即唐武德五年（六二二）十一月廿五日，韋匡伯靈柩終于被運回長安，歸葬于韋氏家族墓地。但在起運靈柩時，隨葬的墓誌銘則没有也不必要一同搬走，仍置留原地，在長安另鎸一墓誌銘下葬。這便是韋匡伯一人，而有洛陽和長安兩方墓誌銘的由來。

兩方墓誌都載明，誌主一家與隋皇室關係密切，多次聯姻。匡伯之弟尚豐寧公主，妹爲元德太子妃。元德太子即煬帝長子楊昭，大業元年（六〇五），立爲皇太子。昭有武力，性謙沖而體肥，大業二年（六〇六）七月，薨於行宫（《隋書·煬三子傳》）。韋妃即恭帝楊侑之母。李淵率起義軍入長安，大業十三年（六一七）十一月，擁立楊侑即皇帝位於大興殿，是爲隋恭帝，尊煬帝爲太上皇。改大業十三年爲義寧元年。實際上他只不過是太尉唐公李淵的一個傀儡而已。武德二年（六一九）夏五月，便以十五歲的年紀不明不白地死掉了（《隋書·恭帝紀》）。

此洛陽墓誌銘還説：『自皇鄭膺籙，歷選德門，作配儲后，聘公長女爲皇太子妃』。并下詔追贈誌主爲大將軍，謚懿公。則是一段不爲人知的秘辛，這在王世充氣勢正熾的『皇鄭』當時，還是莫大的榮光呢！祇是這個『皇鄭』的皇祚太短命，不到三年便灰飛烟滅了，其太子的『繼承大統』和妃子夢，自然也就黄了。

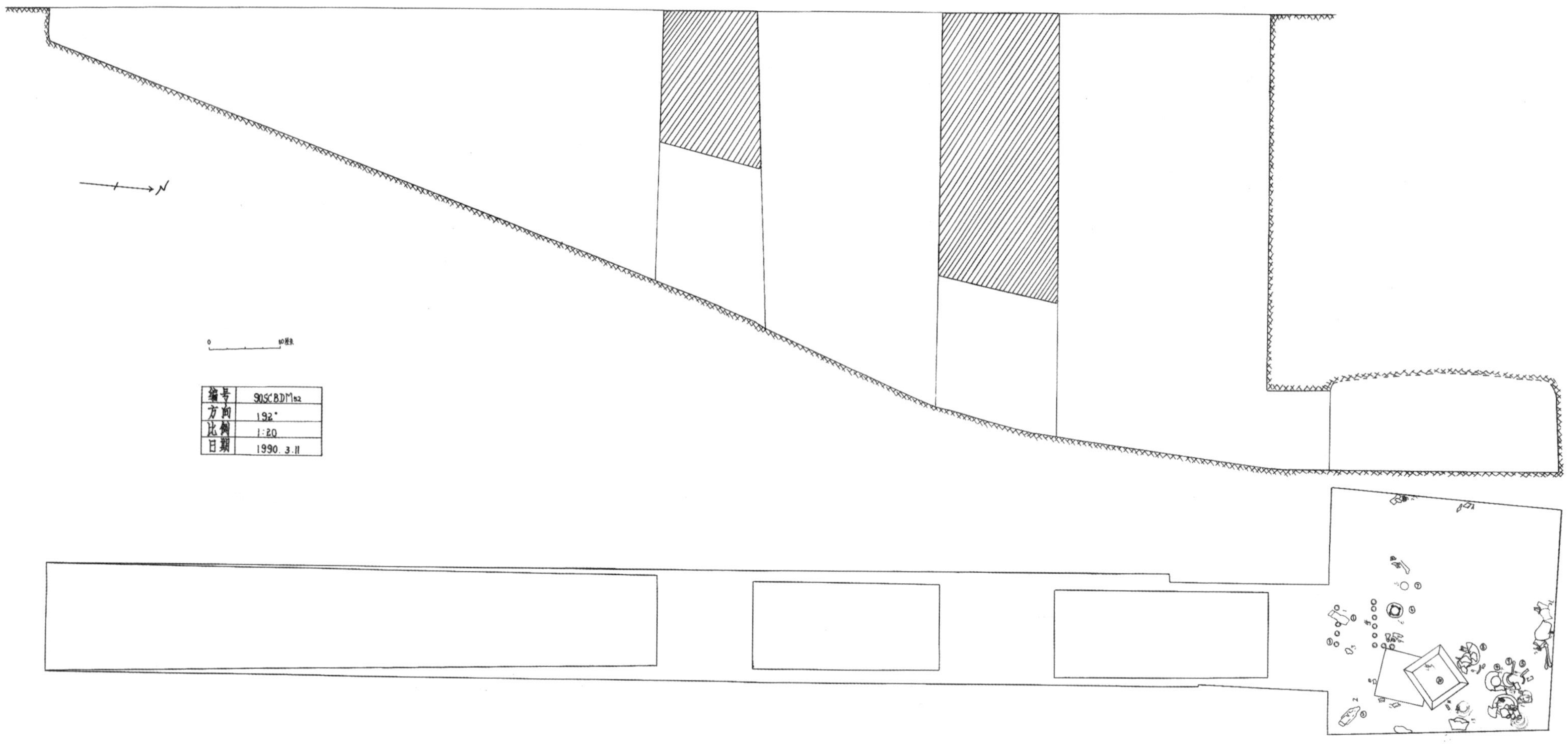
0
50厘米
编号 90SCBDM52
方向 192°
比例 1:20
日期 1990.3.11
N

圖二十 韋匡伯墓平剖面圖

隋舒國公韋君墓誌銘 蓋

隋故尚衣奉御朝請大夫舒國公韋君墓誌銘并序
君諱匡伯字辟邪京兆杜陵人也昔賓沈胙土肇崇基於夏辰大彭作伯著洪業於殷祀
同觴源之遠注派成九江若番禺之播芳樹爲八桂遂使瓌材仍世偉器相傳勳庸布於
楚竹緒系先於魯史祖孝寬周王辟總管少司徒大司空隋上柱國雍州刺史太傅鄖襄
公器度事更功懋於兩朝出將入相位高於百辟故能鑄鼎盛於山甫陳鐘榮於魏絳父
揔開府納言京兆尹河南懷公問望清通公卿籍甚戶京張敞未足擬其威譽常伯應璩
詎可同其詞令君感靈降體稟秀挺生習隨之於長塗養鳳毛於丹穴既而風神遠暢姿
質外朗眼若金波之照巖松落落同玉繩之垂天漢茍令之子拜魏武而稱奇王公之
孫接蔡邕而見重年十二封黃瓜縣開國侯邑八百戶雖復漢拒恩澤外表嚖庸晉崇封
建示蕃故實未若折桂榮其岐嶷苴茅標其器宇開皇十一年有詔追入宿衛任左親衛
十九年襲爵鄖國公食潁州江夏縣三千戶於是邑倍通侯無資渭川之竹家豐杼費非
因嚴道之銅而君居愉思約守謙武滿業止三盃鼎無五孰大業二年以詔授右備身府
千牛左右入侍紫宮出陪黃屋密蹄參乘位切奉車若非地著忠貞人無淵慎無以當茲
選衆允其殊渥六年又改封舒國公食邑如故八年以渡遼勳授朝散大夫十一年授尚
衣奉御既而四時郊廟萬國會同天子乃盛飾禮容專情法服君恪懃官次夙夜公庭擧
無不愆周旋有則山龍之象明士信之舊圖衍璜之式遵仲宣之古制十二年從幸江都
其年遘疾薨於行所時年卅四是時腃舩不濟遂無聞於水濱鮑載空還徒有徵於江辟
遂使九關重櫰四海群飛路盡狐狼人爲虺蜴不歸溫序之柩未返靈均之魂粤以大唐
武德五年歲次壬午十一月戊寅朔廿五日壬寅歸葬雍州萬年縣福閏里之舊域惟君
性與道合學不爲人揚玄早預其心莊理暗同其意加以內敦孝友外著溫恭明敎省躬
夕惕厲己爲善不足慕義無窮尊其道者重若丘山叶其契者義如膠漆及其濯纓筮仕
結駿從戎趍捨隨時言行無擇阮籍竟無臧否陳群唯伏名義公第三弟尚隋豐寧公主
女弟爲元德太子妃若乃田竇相移金張藉舊或詩摧於戚里或氣高於俠窟退平樂之
宴日奏笙竽結期門之遊亟連冠蓋而君閑居味道門無雜賓時閱賜書或窺敕案靡替
不溺其志脂膏無潤其體方奠玄盤無奕與善有徵垂三組而爲國華壽千月而延民譽
豈謂長沙野鳥終成賈誼之災漳濱故人無見劉楨之疾嗚呼哀哉恐山崩於朽壤處海
變於桑田陵泥碑而可固遂勒石於幽泉乃爲銘曰
堅基帝頊命氏殷丁杞梓傳茂山川降靈羽儀三輔冠冕二京世多王佐人爲國經於惶
襄公挺茲宏略勳銘彝器象圖麟閣京兆繼體仍傳龢鑠游藝依仁紐組縻爵降生令德
不忝前循乡增榮觀鳳壇風猷蓮開削石珠映圓流心從敦器性叶虛舟七相蟬聯五侯
爲升天孫下嫁龍樓通籍地居豪右情敦虛寂不事權門無驕外戚偃仰從職劬勞在公
陪驂馳道侍輦離宮俄遺世故忽痛塗窮身淪異壤魂逐飛蓬苟隨華蓋留連江渼黃柳
來斯平原忽矣隴幕風急松寒霧起我春長謝餘芳徒紀

故尚衣奉御朝請大夫舒國公韋君墓誌銘并序

隋故尚衣奉御朝請大夫舒國公韋君墓誌銘并序
君諱匡伯字辟邪京兆杜陵人也昔實沈胙土肇崇基於夏辰大彭作伯著洪業於殷祀
同鷗源之遠注派成九江若番禺之播芳樹爲八桂遂使瓌材仍世偉器相傳勳庸布於
楚竹緒系先於魯史祖孝寬周王辟總管少司徒大司空隋上柱國雍州刺史太傅鄖襄
公邁虞事夏功懋於兩朝出將入相位高於百辟故能鑄鼎盛於山甫陳鍾崇於魏絳父
揔開府納言京兆尹河南懷公問望清通公卿籍甚尹京張敞未足擬其威聲常伯應坡
詎可同其詞令君感靈降體稟秀挺生習驥足於長塗養鳳毛於丹穴既而風神遠暢姿
質外朗暉暎若金波之照巖松落落同玉繩之垂天漢苟令之子拜魏武而稱奇王公之
孫接蔡邕而見重年十二封黃瓜縣開國侯邑八百戶雖復漢推恩澤外表疇庸晉崇封
建示遵故實未若析珪榮其岐嶷苴茅標其器宇開皇十一年有詔追入宿衛任左親衛
十九年襲爵鄖國公食顯州江夏縣三千戶於是邑倍通侯無資渭川之竹家豐朽貫非
因嚴道之銅而君居愉思約守謙戒滿案止三盃鼎無五孰大業二年以詔授右備身府
千牛左右入侍紫宮出陪黃屋密蹕於乘位切奉車若非地著忠貞人無淵慎無以當茲
選眾允其殊渥六年又改封舒國公食邑如故八年以渡遼勳授朝散大夫十一年授尚
衣奉御既而四時郊廟萬國會同天子乃盛飾禮容專情法服君恪懃官次夙夜公廷遵
冕不愆周旋有則山龍之象明士信之藻圖珩璜之式患仲宣之古制十二年從幸江都
其年遘疾薨於行所時年卌四是時膠舩不濟遂無問於水濱鮑載空還徒有徽於江辟

上半闕

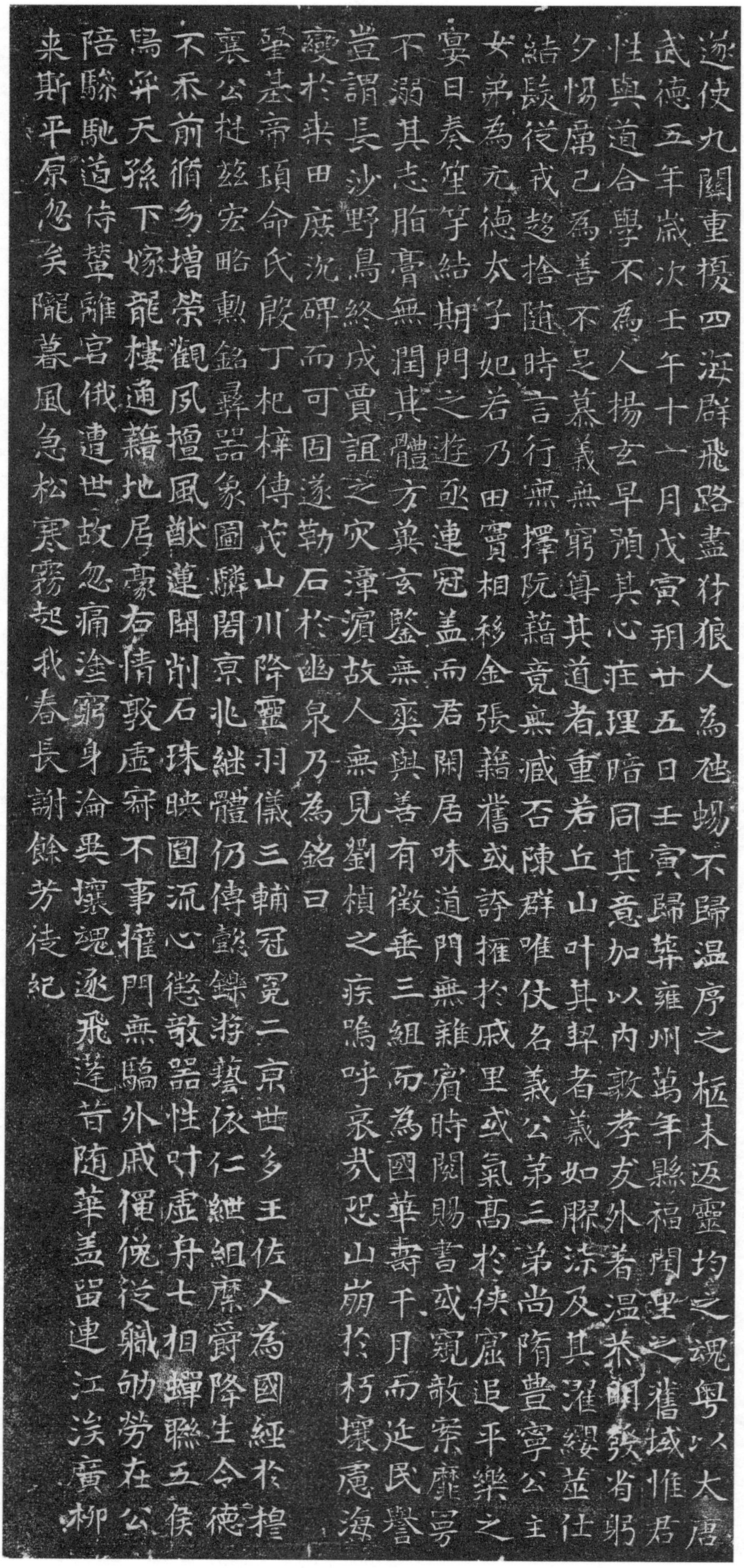
逆使九關重擾四海群飛路盡豺狼人為虺蜴不歸温序之柩未返靈均之魂粤以大唐
武德五年歲次壬午十一月戊寅朔廿五日壬寅歸葬雍州萬年縣福閏里之舊域惟君
性與道合學不為人揚玄早預其心莊理暗同其意加以內敦孝友外著温恭明敦省躬
夕惕厲己為善不足慕義無窮尊其道者重若丘山叶其契者義如膠漆及其濯纓並仕
結髮從戎超捨隨時言行無擇阮籍竟無臧否陳群唯仗名義公第三弟尚隋豐寧公主
女弟為元德太子妃若乃田竇相移金張籍舊或詩擁於戚里或氣高於俠窟追平樂之
宴日奏笙竽結期門之遊亟連冠蓋而君閑居味道門無雜賓時閱賜書或窺敦案靡厚
不溺其志脂膏無潤其體方與玄鑒無爽與善有徵垂三組而為國華壽千月而延民譽
豈謂長沙野鳥終成賈誼之災漳濵故人無見劉楨之疾嗚呼哀哉恐山崩於朽壤處海
變於桑田廢沉碑而可固遂勒石於幽泉乃為銘曰
肇基帝頊命氏殷丁杞梓傳茂山川降靈羽儀三輔冠冕二京世多王佐人為國經於揘
襄公挺茲宏略勳銘彝器象圖麟閣京兆繼體仍傳懿鑠游藝依仁紲組縻爵降生令德
不忝前脩多增榮觀夙擅風猷蓮開削石珠映圓流心懲敬器性叶虛舟七相蟬聯五侯
烏弁天孫下嫁龍樓通籍地居豪右情敦虛寂不事權門無驕外戚僶俛從職劬勞在公
陪驂馳道侍輦離宮俄遭世故忽痛塗窮身淪異壤魂逐飛蓬苜隨華蓋留連江涘廣柳
来斯平原忽矣隴暮風急松寒霧起我春長謝餘芳徒紀

下半闕

隨渭州刺史大將軍流江公李晃墓誌（六三四）

概述

隋渭州刺史李晃墓誌，出自武警黄金十四支隊基建工地二十七號墓，方向一百八十四度，斜坡墓道長二十六米，深九點五米。墓道口長十點三二米，寬一點二八米，深四點一米。墓道洞高二點六米。五個天井，分別長二點二四米、二點一米、二點一米、二點五米，第五個天井一部分及甬道和墓室被掘土機挖土破壞，墓誌被掘出，遂作緊急清理（圖二十一）。

李晃墓誌青石質正方形，覆斗式蓋，頂面無字，四殺部無紋飾。誌石每邊長五十二點五厘米，厚十一厘米，制作精致，四側面無紋飾。誌面刻銘文三十二行，每行滿格三十一字，書法規整端莊，骨勁肌勻。

誌文

隨*（隨）渭州刾（刺）史、大将軍、流江公李君墓誌銘

公諱晃，字充穎，隴西狄道人。若夫切（功）盖天地，将軍振威於漢朝，氣冠諸侯，武王啓祚於梁國。抗群雄（雄）而争長，超百氏*（氏）而檀（擅）宗，冠冕連輝，英賢継踵，詳諸前史，豈煩楊榷。祖琰之，魏尚書左僕射、司徒公，優柔道徳（德），叅（參）賛（贊）彝倫，既亮天工，實熙帝載。父纆（綱），魏鳳州諸軍事、鳳州刾（刺）史、武陽郡公。爕履仁眀（明），允當分竹，實昭果毅*（毅），蕪*（無）媿（愧）茅圡（土）。公稟（稟）靈山岳，資氣星辰，挺（挺）不世之英竒（奇），為一時之領袖。武窮三略，文綜九流，劒（劍）邁學猨（猿），弓逾落鴈（雁）。豈唯陶君弱㞴（歲），便有将軍之才，王公幼（幼）年，即懷佐時之噐（器）。釋褐周衛王府叅（參）軍事，俄擢襄陽郡守，屢迸（遷）胥*（骨）附、司勳、武蔵（藏）三大夫。既攝六條（條），還司三府，才望唯允，出内攸宜（宜）。大象二年又除隆（隆）州盤*（盤）龍郡守。遂属周鼎将迸（遷），秦鹿競（竞）逐，王謙*（謙）據劉璋之地，興張魯之心，搆逆（構逆）成都，遠窺（窺）天府，公之任未達（達），始届利洲（州），即與揔管豆盧勣同心固守。公英略入神，權謀命世，妙窮墨翟之拒，屢出田單之竒（奇），遂破賊圍，論切（功）苐*（第）一，授大将軍流江郡開國公。隨*（隨）開皇二年除渭州諸軍事、渭州刾（刺）史。智閑擿伏，逾廣漢之若神，恵（惠）足洽民，越信臣之如父。才苞文武，用蒹*（兼）軍國，授原、靈、秦、嫛*（等）行軍揔管。扵是威振戎狄，徳（德）被甄（瓶）羌。又以東吴縠窮，南風不競（竞），将行吊伐，妙簡英雄（雄），一舉平陳。授蘄州道水軍揔管，筞（策）勳命賞，居其上焉。

於後孫恩（恩）餘衆，重起狼心，劉*（劉）盆散*（散）兵，還興蠆尾，江東重逆（逆），授行軍揔管。内陳十筞（策），外發五申，暫縱犀兇（兕）之兵，遂殄（殲）蚊虻之寇（寇）。群兇既滅，振旅（旅）言旋，方當告勲清廟，陪礼崇岳，豈謂空傳輔德，飜驗殲良。遂在塗遘疾，以開皇十一年八月十八日薨於揚州，春秋卌*（卌）九。朝野嗟*（嗟）傷，軍民悲慟，豈止南荆罷*（罷）市，西蜀輿銘而已哉（哉）！

公雅量深澄，雄（雄）姿孤竦，德苞四術，才兼*（兼）六藝。褰帷布政，得百姓之歡心；麾羽從戎，竭三軍之死力。故能*（能）功（功）成名遂，開國承家。天不憖*（憖）遺，藏（藏）舟遽徙。

夫人河陰（陰）閻氏*（氏），上柱國大安公慶之女也。婉順成姿，貞專為性，體茲（茲）四德（德），光彼彼三從。以大唐武二年六月二日薨於京（京）第*（第），春秋六十有五。粤以貞觀八年歲次甲午十二月巳（己）亥朔（朔）廿二日庚申，合葬於雍州萬年縣洪固鄉*（鄉）小陵（陵）原。

世子徒（使）持節*（節）濟州諸軍事、濟州刺（刺）史，城紀男玄明（明），層構克隆，崇基斯復，歎（嘆）深風樹，悲纏蓼莪。恐（恐）百年易窮，須知樗里之墓，三千未極，用表滕公之居。敬勒*（勒）芳猷，式旌泉户。乃爲銘曰：

咎繇種德（德），實啓（啟）洪源。伯陽弘道，還貽後昆。或王漠北，或覇（霸）西蕃（蕃）。流彼餘慶，崇茲（茲）盛門。乃祖乃父，允文允武。於穆（穆）僕射，道光台輔。顯允武陽，名超終古。蟬*聯*（蟬聯）人物，赫（赫）弈龜組。惟君世載，特摽人桀（傑）。器宇高凝，機神明（明）察。學窮百氏*（氏），射穿七札。屢（屢）擁白旄，頻持朱節（節）。受蚤廟中，揚旌江外。王師霆*擊*（霆擊），兇徒凡（几）碎（碎）。元功（功）克舉，皇猷*（猷）斯泰（泰）。歸（歸）路忽窮，天道何昧。昔欣冠盖，追*隨*（追隨）上京（京）。今悽輴輅，永送佳城。松寒風急，隴暝煙生。于嗟*（嗟）千載，空有芳名。

考釋

誌文雖然没有記載撰稿者姓名，然朗誦鑒賞，感覺淋灕酣暢，昂揚雋永，文筆犀利，詞語典雅古奥，用典甚多，褒揚溢美。

司徒，是我國古代的一個重要官職名，由《周禮》地方官司徒演變而來。掌民事，郊祀掌省牲視濯，大喪安梓宫。少昊氏以鳥名官，而祝鳩氏爲司徒。堯時舜爲司徒。舜攝帝位，命契爲司徒。契玄孫之孫曰微，亦爲夏司徒。周時，司徒爲地官，掌邦教。漢西京初不置。哀帝元壽二年，罷丞相，置大司徒。光武建武二十七年，去『大』，稱司徒。漢朝置尚書郎四人，其一人主財帛委輸。

鳳州諸軍事。鳳州，西魏廢帝三年（五五四），改南岐州爲鳳州，仍治梁泉縣（陝西省鳳縣鳳州鎮），統五郡：歸真、廣化、兩當、武陽、廣世。即今寶鷄市鳳縣。鳳州諸軍事，乃鳳州軍事長官。鳳州刺史，鳳州行政長官。

誌文説，李晃是隴西狄道（今甘肅省臨洮縣）人，是『振威於漢朝』大破匈奴的將軍李廣之後。李氏出自嬴姓，帝顓頊高陽氏生大業，大業生女華，女生皋陶，即本誌『咎繇種德，實啓洪源』的咎繇。皋陶爲帝堯大理之官，遂改理爲李。隴西李氏，是古代以隴西郡爲郡望的一個李氏家族。秦漢時期設置隴西郡，狄道（甘肅省臨洮縣）是李姓的郡望之一。

隴西李氏在秦代與漢代是著名的武將軍人世家。這個家族涌現過西漢飛將軍李廣、秦國名將李信等。

隴西李氏李淵滅隋，建立唐朝，開創了一個文化興盛的偉大時代，唐代北魏隴西李寶的後人位列『七姓十家』之一的禁婚家。誌主以隴西李氏的後代爲榮。揚擢，不知何解，依上下文，大致爲張揚之意。

參贊彝倫。指銓選官吏。

武窮三略，文綜九流

《三略》兵書名，傳爲黄石公撰，即圯上以之授張良者，系後人所假托。三略即策略、謀略、戰略，此書簡略不長，但其意精明，雖未述全，但不失爲兵家上乘之略，相對于《六韜》更精深，更全面。

九流，中國古代對儒家、道家、陰陽家、法家、名家、墨家、縱横家、雜家、農家九個學術流派的總稱。

陶君弱歲，便有將軍之才

陶君，即陶侃，晋代軍事家、政治家。《晋書》卷六十六有傳。字士行，早孤貧，孝廉范逵薦于廬江太守，出爲縣吏，有能名。荆州刺史劉弘辟侃爲南蠻長史，討賊張昌，破之。以軍功封東鄉侯。陳敏之亂，侃爲江夏太守，加鷹揚將軍。官至侍中太尉、長沙郡公、都督七州諸軍事。咸和七年（三三二）卒，年七十六。侃性聰敏，勤于吏職，在軍四十一年，雄毅善斷，爲世所重。

王公，幼年，即懷佐時之器

王公，即王導，《晋書·王導傳》云其少有風鑒，識量清遠，年十四爲陳留高士張公發現，司空劉寔引入仕途。時元帝爲琅邪王，與導親善。導知天下已亂，傾心推奉，帝亦契同友執。帝在洛陽，導勸令之國。會帝出鎮下邳，請導爲安東司馬，軍謀密策，知無不爲。洛京傾覆，中州士女避亂江左者十六七，導勸帝收賢人君子，匡主寧邦，于是情好日隆，朝野傾心，號爲仲父。晋國既建，以導爲丞相軍諮祭酒。俄拜右將軍、揚州刺史、監江南諸軍事、領中書監，敦統六州。歷事三朝，才兼文武。咸康五年（三三九）死，年六十四。

釋褐周衛王府參軍事

釋褐，謂釋賤者之服而穿官服。後新進士及第授官，亦沿此稱謂。周衛王即建德三年（五七四）進爵爲王的宇文直，旋反叛免爲庶人（《晋書·衛刺王直傳》及《尉遲運傳》）。晃爲其參軍事官，當在其反叛前，時晃年二十歲。

既攝六條，還司三府

《後漢書·百官志》注：『漢法，刺史周行郡國，以六條察二千石：一、豪强田宅踰制，凌弱暴寡。二、侵漁百姓，聚斂爲奸。三、不恤疑獄，刑賞任性。四、苛阿所受，蔽賢寵頑。五、子弟恃勢，請託所監。六、通行貨賂，割損政令。』

三府，漢制，三公即可開府，因稱三公爲三府。後世因之，亦用以泛稱國家最高行政長官。三府即太尉、司徒、司空府。

墨翟之拒

墨翟，戰國時期魯國人，《史記》卷七十四『蓋墨翟，宋大夫，善守禦，爲節用』。《墨子》一書作者。典出《墨子·公輸》：『公輸般九設攻城之機變，子墨子九距之。公輸般之攻械盡，墨子之守固有餘』。這就是著名的九攻九拒。

田單之奇

田單，嬀姓，田氏，名單，臨淄（今山東省臨淄市）人。戰國時期名將，齊國遠房宗室。初任市掾，管理臨淄市場秩序。樂毅率領五國軍隊，攻打齊國。危亡之際，田單堅守即墨，以火牛陣大破燕軍，收復失地七十餘城，拜爲相國，封爲安平君。

智窮擿伏，逾廣漢之若神

智，智慧。閑，寬裕也。擿伏，謂揭穿隱伏，洞察真相。漢宣帝時，有個執法不避權貴的官員趙廣漢。他在任潁川太守期間，曾經秉公辦案，誅殺許多殘害百姓的豪强。後來調到都城長安任京兆尹，經常親自辦案，捉拿壞人。在辦案中，他仔細分析案情，尋找綫索，并到現場勘察。有時發現可疑情况，親自出馬，制止尚未發生的案件，往往當場抓住案犯。

惠足洽民，越信臣之若父

召信臣，字翁卿，九江壽春人也，以明經甲科爲郎，先後任谷陽、長蔡、零陵，南陽太守。其治視民如子，爲民興利，務使富之。興修水利，奬勤懲懶，人民信愛，號爲召父，立祠敬拜。

孫恩餘衆。劉盆散兵

孫恩，西晋琅邪（今山東省諸城市）人，世奉五斗米教，傳其叔父泰之妖術，泰謀亂被殺，恩逃入海，聚衆數萬，寇上虞，陷會稽，自號征東將軍。尋爲晋將謝琰，劉牢之擊敗，復逃入海。隆安四年（四〇五）入餘姚，破上虞，殺謝琰，朝廷震駭。劉裕沿海布防，尋踪邀截，遂爲辛景所破，沉海死（《晋書・孫恩傳》）。

劉盆子，太山式（山東省濟寧市兖州區）人，西漢宗室之後。赤眉軍樊崇起義，過式，立牧牛少年盆子爲帝以作號召，號建世，西入長安，後降光武帝劉秀，以爲趙王郎中（《漢書・劉盆子傳》）。

誌文借用『孫恩餘衆，重起狼心，劉盆散兵，還興蠆尾』典故，比喻平陳以後，隋朝在江南遇到反對統一的殘餘勢力的頑固抵抗。

德包四術，才兼六藝

四術，謂治國之四術：忠愛、無私、用賢、簡能。六藝，即易、禮、樂、詩、書、春秋。亦稱六經。

犀兕之兵，《荀子・議兵》：『楚人鮫革犀兕以爲甲，堅如金石。』

樗里之墓。樗里，樗里疾的省稱，戰國秦惠王的异母弟。居于樗里，亦自號樗里子。

滕公之居

漢夏侯嬰，封滕公，駕至東都門，馬鳴不止，以足跑地，久之。公使掘地三尺，得石椁，銘曰：『佳城鬱鬱，三千年見白日，吁嘆滕公居此室。』滕公曰：『嗟乎！天也，吾死葬此乎！事皆前定，豈偶然哉。』

據誌文，誌主李晃，字充穎。祖父名琰之，魏尚書左僕射、司徒公。見載于《魏書》卷八十二和《北史》卷一百《李琰之傳》，字景珍，司空韶之族弟。少機智聰穎，有神童之號。弱冠爲著作郎，修撰國史。遷國子祭酒、七兵尚書。孝莊初討葛榮，爲北道軍司，兼職太常。出爲衛將軍、荆州刺史。頃之，簫尚書左僕射、三荆二郢大行臺。永熙二年（五三三）薨，贈侍中、驃騎大將軍、司徒公、雍州刺史，謚文簡。

父名綱，魏鳳州諸軍事、鳳州刺史、武陽郡公。《北史・李琰之傳》有：『二子綱、慧，并從孝武帝入關中。綱位宜州刺史，儀同三司。子充節，隋開皇中頻以行軍總管擊突厥有功，位上柱國、武陽郡公、朔州總管。』但誌主李晃（充穎）于史無徵，充節當爲其兄弟行，故此誌正可續貂，補史之缺。據此誌文，由于李晃是將門之後，家境優裕，從小受到良好教育，加之天資聰慧，學到不少本領，很年輕便任周衛王府參軍事，不久升襄陽郡守。屢遷骨附、司勛、武藏三大夫。大象二年（五八〇）任隆州盤龍郡守。隆州爲巴人故地，盤龍郡治在今四川省閬中市西。時北周政權，摇摇欲墜，隋國公楊堅秉政，益州總管王謙以所管益、潼、新、始、龍等十八州及嘉、渝、臨等十州以匡復周室爲名，發動叛亂，命達奚惎、乙弗虔等十萬衆攻利州。隋文帝以梁睿爲行軍元帥，發兵討伐，叛軍聞梁睿兵至，衆潰。睿乘其弊，縱兵深入，敉平叛亂（參見《周書·王謙傳》）。誌主時在利州，與豆盧勣嬰城固守，發揮軍事才能，『妙窮墨翟之拒，屢出田單之奇，遂破賊圍，論功第一』與史正合。以功授大將軍、流江郡開國公。

隋開皇二年（五八二）遷渭州諸軍事。渭州，北魏永安三年（五三〇）置，因渭水得名。治所在襄武（今甘肅省隴西縣東南）。唐轄境相當今甘肅隴西、定西、漳縣、渭源、武山等縣。旋授靈、秦、婺等行軍總管。于是，對少數民族恩威并施，壤境大治。又躬與平陳之役，授蘄州道水軍總管。正當功成名就，大展宏圖之際，不幸在凱旋回朝的路途遘疾，于開皇十一年（五九一）八月十八日病逝于揚州，時年卌九歲。

夫人閻氏，河陰人，上柱國閻慶之女。《北史》卷六十一和《周書》卷二十有《閻慶傳》。『閻慶字仁慶，河南河陰人也。』幼聰敏，以軍功拜中堅將軍。值魏孝武帝西遷，分别爲西魏與東魏，繼而衍爲北周與北齊，當西魏文帝大統三年（五三七）慶自宜陽歸闕，周太祖宇文泰大喜，以其能背逆歸順，拜中堅將軍、奉車都尉。周齊河橋之役及邙山之戰，都立有大功，拜大都督，進爵爲伯。孝閔帝踐祚，出爲河州刺史，大象二年（五八〇）拜上柱國。

閻夫人于唐武德二年（六一九）薨于京第，享年六十五歲。粤以貞觀八年（六三四）十二月廿二日與夫合葬于雍州萬年縣洪固鄉少陵原。斯時上距李晃之死四十三年了，距閻夫人死亦達十五年之久，則隋唐時期停尸晚葬之俗，于此可以概見。但墓中未發現閻氏墓誌。

李晃世系：

漢將軍李廣…李琰之——綱——晃——玄明

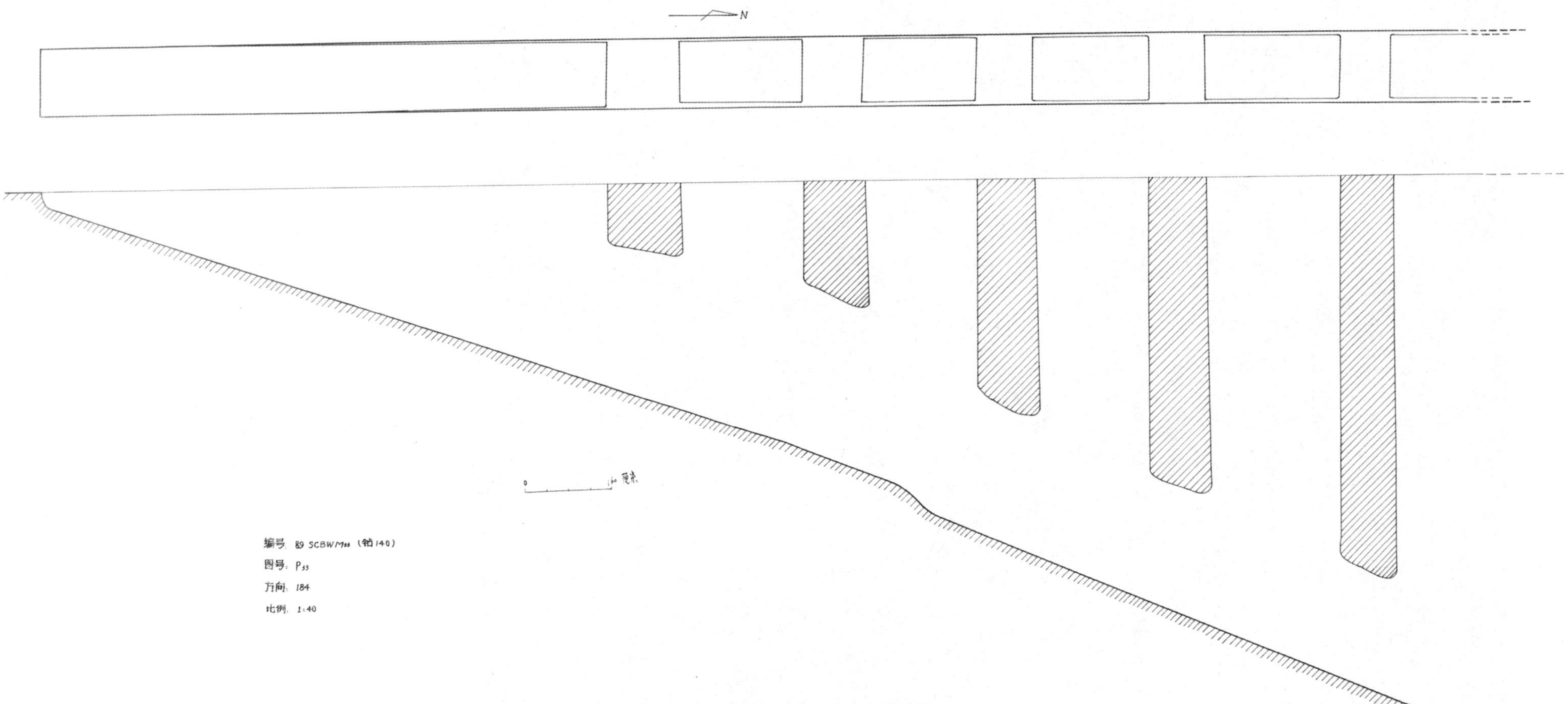
N
编号 89 SCBWM33（钻140）
图号：P33
方向 184
比例 1:40

圖二十一　李晃墓平面剖面圖

隨渭州刺史大將軍流江公李君墓誌銘

隨滑州刺史大將軍流江公李君墓誌銘
公諱晃字元穎隴西狄道人若夫功蓋天地將軍振威於漢朝氣冠諸侯武王啓
祚於梁國杭群雄而爭長超百氏而擅宗冠冕連輝英賢繼踵詳諸前史豈煩楊
權祖琰之魏尚書左僕射司徒公優柔道德參贊彝倫既亮天工實熙帝載父經
魏鳳州諸軍事鳳州刺史武陽郡公變履仁明允當分竹實昭果毅無媿季玉公
稟靈山岳資氣星辰挺不世之英奇為一時之領袖武窮三略文綜九流劍邁學
猨孚逾落鳶豈唯陶君弱歲便有將軍之才王公幼年即懷佐時之器釋褐周衛
王府參軍事俄擢襄陽郡守屢遷負附司勳武藏三大夫既攝六條還司三府才
望唯允出內攸宜太象二年又除隆州盤龍郡守遂屬周鼎將遷秦鹿競逐王謙
據劉璋之地興張魯之心構逆成都遠窺天府公之任未達始届利州即與總管
豆盧勣同心固守公英略入神權謀命世妙窮墨翟之柜屢出田單之奇遂破賊
圍論功第一授大將軍流江郡開國公隨開皇二年除滑州諸軍事滑州刺史智
開櫓伏逾廣漢之若神惠是治民越信臣之如父才包文武用兼軍國授原靈秦
婺等行軍總管於是威振戎狄德被鞮羌又以東吳數窮南風不競將行吊伐妙
簡英雄一舉平陳授蘄州道水軍總管策勳命賞居其上爲於後孫恩餘衆重起
狼心劉益散兵還興蠆尾江東重逆授行軍總管內陳十策外殄五中暫縱犀光

上半闕

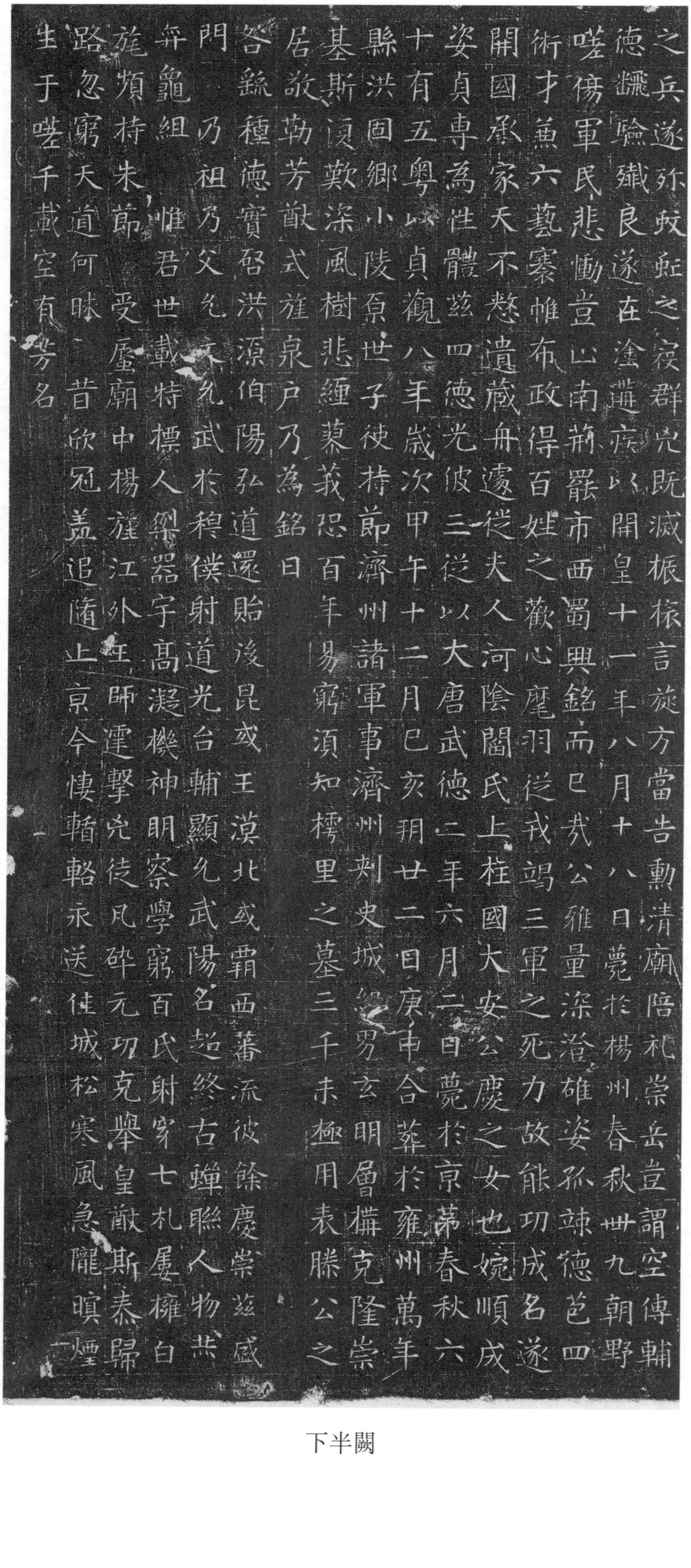
之兵遂殄蚩蚘之祲群兇既滅棖㰷言旋方當告勳清廟陪祀崇岳豈謂空傳輔
德靈驗殲良遂在塗遘疾以開皇十一年八月十八日薨於楊州春秋卌九朝野
嗟傷軍民悲慟豈止南荊罷市西蜀興銘而已哉公雅量深澄雄姿孤竦德苞四
術才兼六藝褰帷布政得百姓之歡心麾羽從戎竭三軍之死力故能功成名遂
開國承家天不憖遺藏舟遽從夫人河陰閻氏上柱國大安公慶之女也婉順成
姿貞專為性體茲四德光彼三從以大唐武德二年六月二日薨於京第春秋六
十有五粵以貞觀八年歲次甲午十二月己亥朔廿二日庚申合葬於雍州萬年
縣洪固鄉小陵原世子使持節濟州諸軍事濟州刺史城紀男玄明層構克隆崇
基斯復歎深風樹悲纏蓼莪恐百年易窮須知樗里之墓三千未極用表滕公之
居敬勒芳猷式旌泉戶乃為銘曰
咎繇種德寶啓洪源伯陽弘道還貽後昆或王漠北或霸西蕃流彼餘慶崇茲盛
門　乃祖乃父允文允武於穆僕射道光台輔顯允武陽名超終古蟬聯人物共
弁龜組　惟君世載特標人望器宇高凝機神明察學窮百氏射穿七札屢擁白
旄頻持朱節　受蜃廟中楊旌江外在師運擊兇徒凡碎元功克舉皇猷斯泰歸
路忽窮天道何昧　昔欣冠蓋追隨上京今悽輶軺永送佳城松寒風急隴暝一煙
生于嗟千載空有芳名

下半闕

唐游擊將軍趙爽墓誌（六五三）

概述

唐游擊將軍趙爽墓誌，出自長安酒廠基建工地三十九號墓。平面呈刀把形，方向一百八十一度，土坑洞室式，上部取土挖去，殘深二點六四米。土坑長二點五二米，寬一米至一點二米，底部有四個臺階，墓洞高一點四五米。墓頂坍塌，墓室長二點九五米，寬一點五米。墓誌位墓室内近門洞處，隨葬物有陶俑、陶罐等（圖二十二）。覆斗式蓋，頂部每邊長二十一厘米，陰刻篆書兩行四字：趙君記銘。四殺部刻長體四神：龍、虎、朱雀與玄武。其下各飾雲朵紋。誌石每邊長三十厘米，厚七點三厘米，四側面刻十二生肖像。有銘文七行，行各六字，字大，各四點五厘米見方，書法蒼勁雄渾。

誌文

大唐随尚書右僕（僕）射、淮安定公弟（第）二子，楊州司馬趙元恪弟（第）三子，游*（游）擊将（將）軍奭（爽）瘞扵此。永徽四年八月十七日。

考釋

此誌至簡，僅四十二字。誌主趙爽的祖父雖在誌文中未具名，經考證，當是隋尚書左僕射趙芬，字士茂，天水西人，少有辯才，頗涉經史。仕周有聲績，武帝朝拜少御正。明習故事，每朝廷有疑議，衆不能决者，輒爲評斷，莫不稱善。隋文帝爲丞相時，尉遲迥與司馬消難陰謀往來，芬密白帝，由是見信任。開皇初拜尚書左僕射（本墓誌誤爲右僕射），兼内史令。以老病拜蒲州刺史，乞歸卒。本誌言封淮安定公，史傳漏載。誌主之父趙元恪，誌文與史籍吻合，『官至揚州總管司馬，左遷候衛長史。（趙芬）少子元楷與元恪，皆明幹世事』（《隋書·趙芬傳》）。誌主趙爽系元恪第三個兒子，生前爲從五品散官游擊將軍。于唐高宗永徽四年（六五三）八月十七日埋葬于此（長安畢原）。其墓地所在的長安酒廠，位于武警黄金十四隊西鄰，唐代亦屬洪固鄉轄區内。本誌所列誌主世系、職官如下：

隋尚書右僕射、淮安定公趙芬——揚州司馬趙元恪——游擊將軍趙爽。

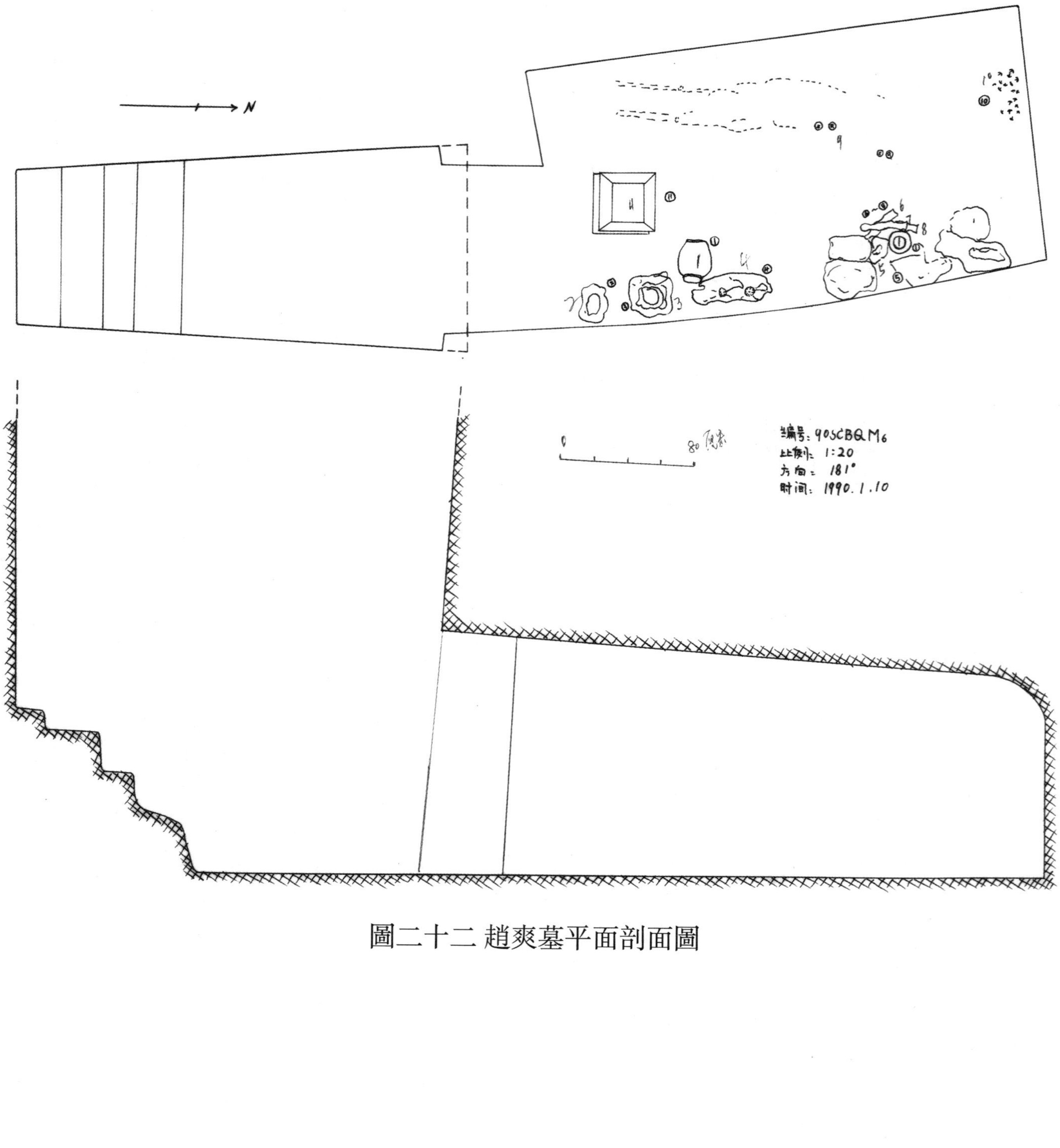
N
0
80厘米
编号：90SCBQM6
比例：1:20
方向：181°
时间：1990.1.10

圖二十二 趙爽墓平面剖面圖

趙君記銘 蓋

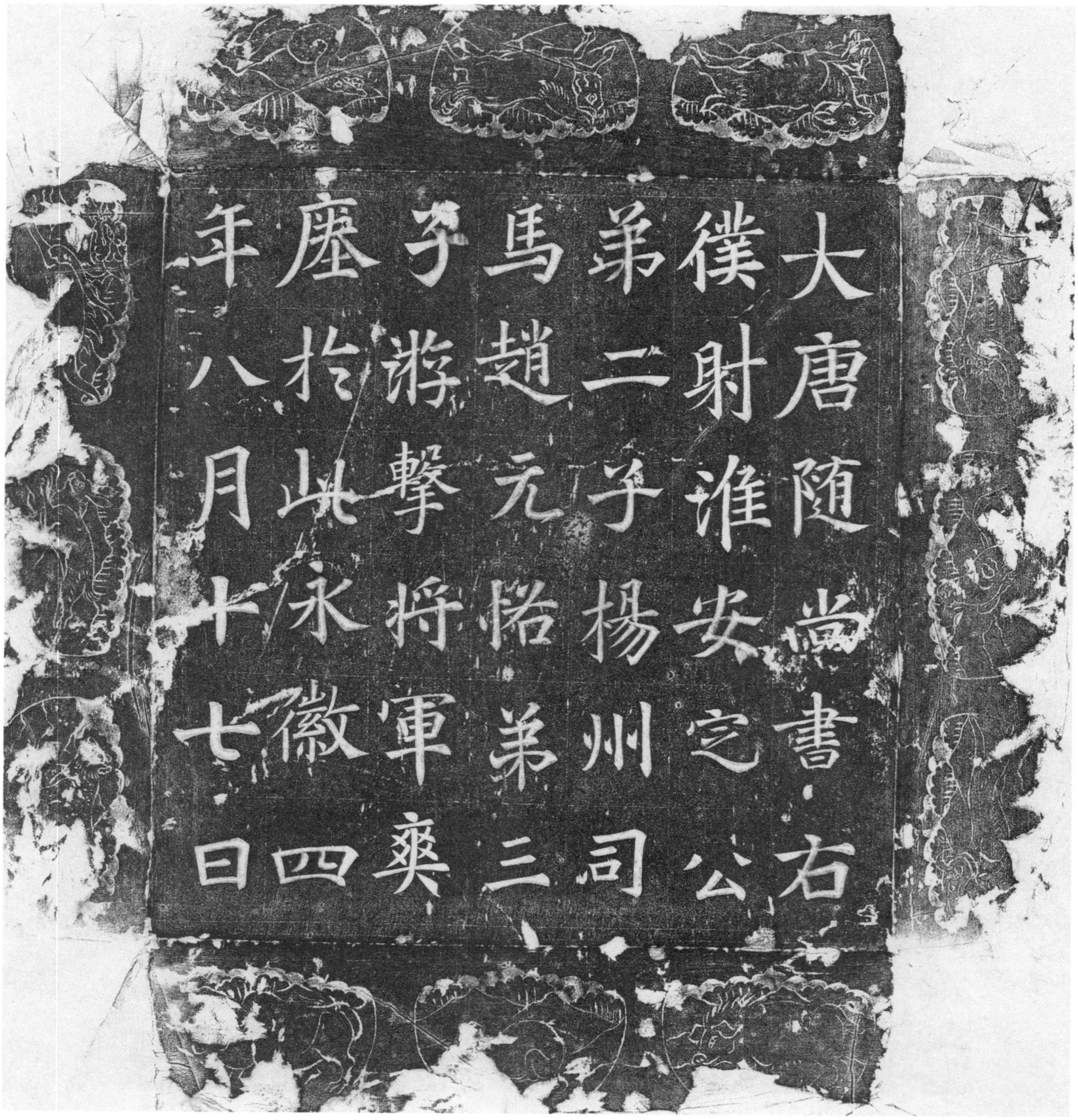
大唐隨尚書右
僕射淮安定公
弟二子楊州司
馬趙元愘弟三
子游擊将軍爽
瘞於此永徽四
年八月十七日

大唐游擊將軍趙爽墓誌

唐處士趙敏墓誌（六五三）

概述

唐趙處士墓誌，出自長安酒廠基建工地，爲群衆取土掘出，失蓋。其墓距趙爽墓很近，且兩墓主爲同祖堂兄弟，從痕迹看，墓葬與大小亦相若。該墓誌爲青石質正方形，每邊長四十厘米，厚八點五厘米。誌面銘文二十三行，每行滿格二十三字，書法俊逸瀟灑，筆力灵動。四側面飾連枝牡丹花紋，呈波浪形展開，上下鑲圓珠紋爲框邊。

誌文

大唐故趙處士墓誌銘 并序

君諱敏，字知十，隴西天水人也。璧白分暉，成季方乎，夏景神機，洞啓（啓）襄子，傳於寳符，峻趾干天，鴻源栝地，固可以道光載籍，聲被管弦。祖士茂，随納言、内史令、尚書右僕射、淮安定公。思入機初，神□繫表，文綜經史，武兼*（兼）韜略，濟鹽梅於鼎實，耀簪筆於鳳池。至若西漢羽儀*（儀），朱輪華轂*（轂），東都冠冕，七相五公，比跡籌庸，寔為連類。父元直，随齊王府司刅（功）叅（參）軍，俄而緣玉失德，解印言歸。布教招賢，雖盡忠於鷰（燕）館，易精極慮，遭拒諫於吴宫，徒上鄒（鄒）枚之書，無雪孫羊之譖。君幼多岐嶷，志尚不羣，涉四遊三，基仁席義，既而許史經過，騎*（騎）異少游（游）之馬，玄壽成疾，□同叔子之傷。因此養性園林，銷聲丘壑，荷衣辟帶，將曳經□，齊榮巾□救藜，共搢（搢）紳而同觀。豈意二豎成災，一丸無驗，太山興悊人之歎，少微虚處士之星。永徽四年七月廿日終於長安里之私苐*（第），春秋卌有九。大唐永徽四秊（年）歲在癸丑十二月己酉玥（朔）十二曰庚申，祔葬君於韋曲北原尊大夫人□氏塋，禮也。仍懼陵谷遷徙，芳猷歇滅，勒茲（玆）貞琬，頌德泉扃。銘曰：

仰觀珠宿，俯察蟲文。簡主聽樂，造父傳勳。家承鼐鼎，代襲蘭芬。瓜□將邈，慶緒氤氳。慶緒伊何，必復其始。誕錫洪胤（胤），是稱君子。耕耘道德（德），組織文史。逸翮五章，名駒千裏。顯晦殊*致（致），動寂異區。非徒禄仕，亦有潛夫。其業可尚，其風不渝。忘情物我，寓跡榮枯。閱水成川，過隟（隙）徂年。去此適彼，誰後誰先。寒雲落葉，凍土窮泉。生平何在，隴月孤懸。

考釋

璧白分暉。璧暉，喻日、月的光輝。唐虞世南《奉和咏日午》：『再中良表瑞，共仰璧暉賒。』

洞啓襄子。洞啓，敞開。晋潘岳《籍田賦》：『閶闔洞啓，參塗方駟。』襄子，即智襄子，晋國人。晋國始祖是周武王之子周成王之弟唐叔虞。曲沃代翼後，晋國在晋獻公時崛起，晋文公時擊敗楚國、秦國成爲霸主。之後，晋襄公、厲公、悼公連續稱霸，晋國成爲了春秋時期稱霸時間最長的國家。晋平公以後晋國内部鬥争急劇加深，中行氏和范氏首先敗亡。晋定公時，晋國被智、韓、趙、魏四家把持。最後，韓趙魏聯合起來攻滅智氏，三分其地。前三四九年晋静公被殺，晋國滅亡。

耀簪筆於鳳池

簪筆，是插筆于冠或笏，以備書寫。古代帝王近臣、書吏及士大夫均有此裝束。指仕宦。中國古時男女都會用簪來固定髮冠，亦有把筆插在頭上，方便隨時記事，稱爲簪筆。鳳池，即鳳凰池。南朝齊謝朓《直中書省》詩：『兹言翔鳳池，鳴佩多清響。』唐劉知幾《史通・史官建置》：『暨皇家之建國也，乃別置史館，通籍禁門，西京則與鸞渚爲鄰，東都則與鳳池相接。』清孫枝蔚《汪舟次赴贛榆教諭任去後寄懷》詩之二：『鳳池與烏臺，旦夕謂可至。』

雖盡忠於酀館。《左傳》襄公二十九年：『齊人立敬仲之曾孫酀。』此喻誌主之父趙元直在齊王府精勤盡忠，而遭冷遇。

徒上鄒枚之書。鄒枚，漢鄒陽、枚乘的并稱。北魏酈道元《水經注・睢水》：『梁王與鄒、枚、司馬相如之徒極游于其上。』兩人皆以才辯著名當時。後因以『鄒枚』借指富于才辯之士。唐王維《奉和聖制賜史供奉曲江宴應制》：『侍從有鄒枚，瓊筵就水開。』宋張孝祥《西江月》詞：『坐中賓客盡鄒枚，盛事它年應記。』清周亮工《戊子上元獨坐舊雨堂感懷》詩之二：『莫向梁園懷盛事，鄒枚詞賦更誰存。』

無雪孫羊之譖。依上下文，孫羊也當爲姓孫和姓羊的二人。譖，誣陷，誹謗，説人壞話。《史記・秦本紀》：『景公母弟富，或譖之，空誅，乃奔靈王。』誌主之父遭何人譖？孫、羊二人出自何典？存以待考。

許史，乃漢宣帝時外戚許伯和史高的并稱。後借指權門貴戚。『上無許史之屬，下無金張之託。』顔師古注引應劭曰：『許伯，宣帝皇后父。史高，宣帝外家也。』後借指權門貴戚。

叔子，即晋名臣羊祜，字叔子，泰山南城人。歷官秘書監，武帝受禪，累官尚書右僕射，都督荊州諸軍事。綏懷遠近，甚得江漢人心。後入朝陳伐吴之計，舉杜預自代，尋卒。追贈太傅，謚成。祜在襄陽時，常登峴山，卒後，人立碑其地，望其碑者，莫不流涕。杜預因名墜淚碑。

荷衣辟帶，傳説中用荷葉製成的衣裳。亦指高人、隱士服。《楚辭·九歌·少司命》：『荷衣兮蕙帶，儵而來兮忽而逝。』《文選》孔稚珪《北山移文》：『焚芰製而裂荷衣，抗塵容而走俗狀。』吕延濟注：『芰製、荷衣，隱者之服。』唐錢起《送鄔三落第還鄉》詩：『荷衣垂釣且安命，金馬招賢會有時。』明高啓《歸吴至楓橋》詩：『寄語里閭休復羡，錦衣今已作荷衣。』清龔自珍《己亥雜詩》之二八五：『白頭相見山東路，誰惜荷衣兩少年？』辟帶，即壁帶。又名懸聯，謂屋檐邊聯結椽頭的長木板。辟，通壁。依文意，此辟帶當是蕙帶之誤。

二豎，指疾病。典出《左傳·成公十年》：『公夢疾爲二豎子，曰：「彼良醫也，懼傷我，焉逃之？」其一曰：「居肓之上，膏之下，若我何？」醫至，曰：「疾不可爲也，在肓之上，膏之下，攻之不可，達之不及，藥不至焉，不可爲也。」』後用以稱病魔。

造父，嬴姓，趙氏始祖。造父祖先大費（伯益）爲白帝少昊裔孫，伯益被帝舜賜姓嬴，造父爲伯益的十四世孫。初爲嬴姓，周穆王時爲駕車大夫。後受周穆王封于趙城（今山西省洪洞縣），遂以趙爲氏。周穆王于公元前九七六年—前九二二年在位，造父應屬同時期人。古有傳説：造父爲助周穆王平徐偃王亂，馭八匹千里馬載周穆王，自中原昆侖丘（今王屋山一帶）西王母處返回，一日千里。後造父以此功受封趙城。

誌主趙敏的祖父『士茂，隨納言、内史令、尚書右僕射、淮安定公』，即《隋書》卷四十六傳主趙芬，傳載其二子：元恪、元楷，『皆明幹世事』。元恪『官至揚州總管司馬，左遷候衛長史』。少子『元楷，大業中爲歷陽郡丞，與廬江郡丞徐仲宗，皆竭百姓之産，以貢于帝。仲宗遷南郡丞，元楷超拜江都郡丞，兼領江都宮使。』而誌主之父元直不与焉。兹（玆）據此趙敏墓誌可知，元直曾爲齊王府司功曹參軍，齊王即隋煬帝次子楊暕，字世朏，美容儀，工騎射。封齊王。元德太子卒，咸以暕當嗣。而暕驕恣不法，昵近小人，又挾左道爲厭勝，事發，恩寵日衰。以帝防閑，每懷危懼。後爲宇文化及所害（《隋書》卷五十九本傳）。誌文『緣玉失德，解印言歸』，即喻指追隨齊王，任其功曹參軍的元直，在暕案發以後，失官歸家的事。這與史傳『至是，事皆發：暕府僚皆斥之邊遠』的記載符合。故此誌不但于史籍有補，更可證《隋書》翔實可信。

本誌主爲趙芬（士茂）之孫，元直之子，一直過着『養性園林，銷聲丘壑』的處士生活，于唐高宗永徽四年（六五三）七月廿日在長安里家中逝世，得年四十九歲。十二月十二日葬于韋曲北原其母墳塋。恐陵谷變遷，勒石作紀。

趙爽、趙敏世系

趙芬，字士茂
隋納言、内史令、尚書右僕射
淮安定公

——元楷 歷陽郡丞
——元恪 揚州總管司馬——爽 游擊將軍
——元直 齊王府司功參軍——敏

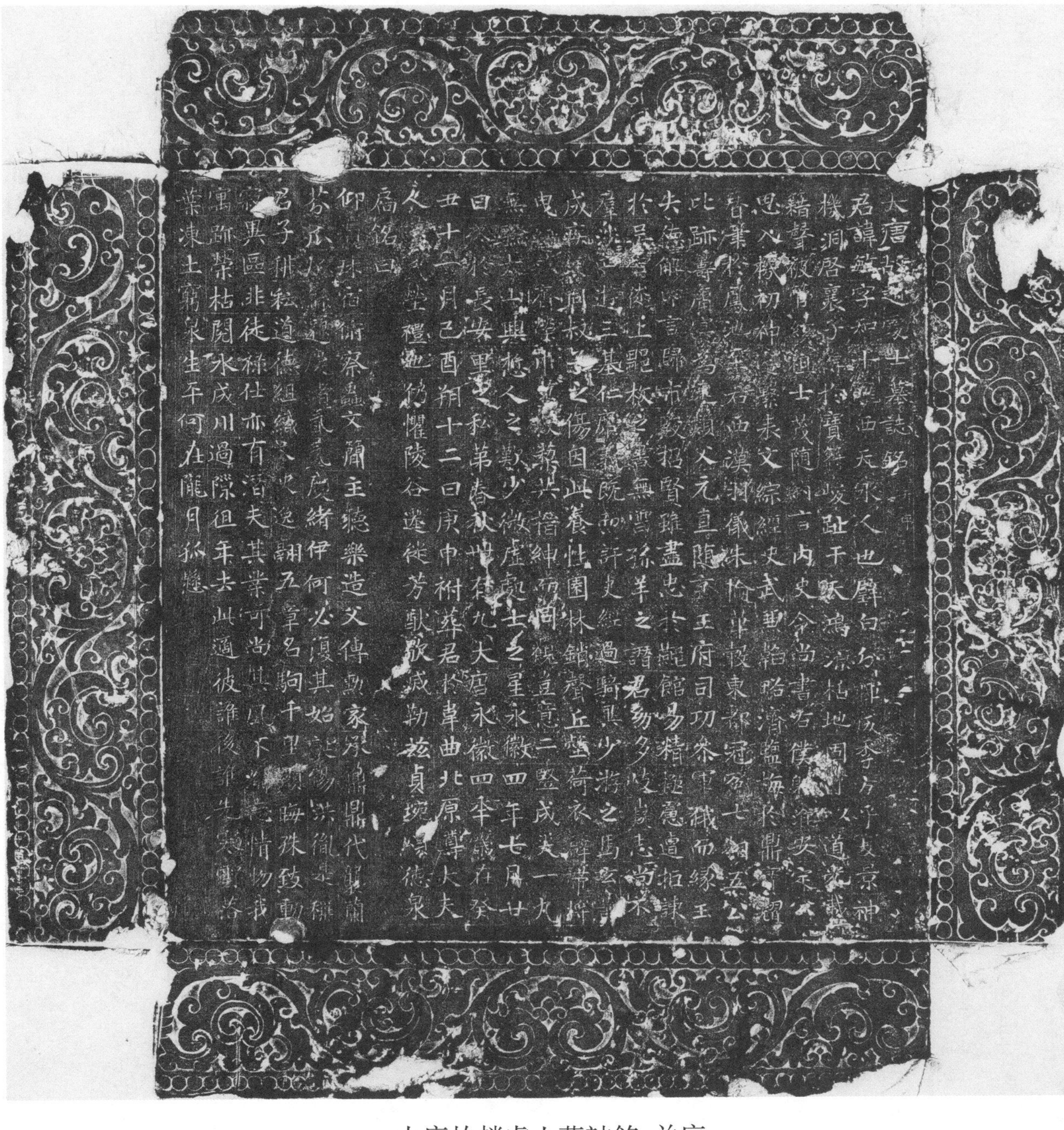

大唐故趙處士墓誌銘 并序

唐上騎都尉王陵墓誌（六六三）

概述

唐上騎都尉王陵墓誌銘，出自長安酒廠基建工地十八號墓。方向一百八十二度，竪坑土洞墓，平面呈刀把形，通長五點七六米，其中墓道長二點九七米，寬一米至一點四八米。墓室長二點八六米，最寬處二米。洞頂坍塌，墓誌位于門洞處（圖二十三）。書法瘦勁娟秀。誌石每邊長三十點五厘米，厚六點五厘米，四側面飾卷雲朵紋。銘文十四行，每行滿格十四字。

誌文

唐故上騎*（騎）都尉王君墓誌銘并序

君諱陵（陵），字文暢，太原祁人也。胄啓（啓）仙苗，祥分恵（惠）菓（葉），英靈繼踵，簪紱相輝，播*（播）在甿謠，詳乎縑（縑）策。君承茲累慶，振此休風，令譽雲高，清暉霞舉。義寧二年，京（京）城勳蒙授上騎（騎）都尉。方當克享遐齡，永膺多祉，而與仁徒設*（設），福善無徵。龍朔三年八月二日遘疾，終於私第*（第），粤以其年九月廿三日窆于畢原，礼也。銘曰：

祥開仙鶴，慶發冰鱗。欝標昌胤，載誕通人。飛華翰苑，肆業儒津。譽光獨步，名高絶倫。方韜虹玉，奄碎驪珎。夜臺寧曉，蒿里非春。

考釋

上騎都尉，官名。唐爲勛官十二轉之第六轉，相當于正五品。宋、金沿置，元、明正四品。清廢。

簪紱，冠簪和纓帶。古代官員服飾，亦用以喻顯貴、仕宦。唐李頎《裴尹東溪別業》詩：『始知物外情，簪紱同芻狗。』宋范仲淹《奏上時務書》：『凡居近位，歲進子孫，簪紱盈門，冠蓋塞路。』清方文《述哀》詩：『兒長粗能文，每日望簪紱。』

縑策，即縑簡，古代用來書寫的縑帛和竹簡。簡與策系一物，常通用，即竹簡，或稱簡策。本誌爲葉韵故，稱縑簡爲縑策。亦作書册的代稱。唐蘇頲《涼國長公主神道碑》：『昭乎遺風，誰著縑簡；垂厥後代，諒憑刊刻。』

甿謠，民間歌謠。南朝梁江淹《雜體詩·效袁淑》：『甿謠響玉律，邑頌被丹弦。』一本作『氓謠』。唐宋之問《送武進鄭明府》詩：『甿謠豈云遠，從此慶緇衣。』唐許敬宗《唐并州都督鄂國公尉遲恭碑》：『里稱冠蓋，既洽甿謠；地接股肱，佇求人瘼。』

義寧二年，京城勳勛義寧，隋恭帝楊侑年號，僅一年（六一七）。是年，唐公李淵與子建成、世民起兵晉陽，鼓行而西，十一月丙辰克長安，與民約法十二條，悉除隋苛禁。壬戌，李淵迎隋代王十三歲的楊侑即皇帝位于大興殿，大赦，改元義寧。以淵爲大丞相，進封唐王。詔軍功機務，事無大小，文武設官，憲章賞罰，咸歸相府。世民爲京兆尹，秦公。淵幼子元吉爲齊公。義寧二年當爲唐高祖武德元年（六一八），這年隋煬帝在江都被部下殺死。唐王李淵即帝位（見《資治通鑑》卷一百八十四—一百八十五）。誌主以『京城勛授官，必是在前一年李淵攻長安時立了功的。

祥開仙鶴，神話傳説中仙人騎乘和飼養的鶴。唐王勃《還冀州別洛下知己序》：『賓鴻逐暖，孤飛萬里之中；仙鶴隨雲，直去千年之後。』

慶發冰鱗。冰鱗，冰下的魚，亦泛指魚。南朝梁江淹《燈夜和殷長史》詩：『冰鱗不能起，水鳥望川梁。』

方韜虹玉。虹玉，彩色的美玉。宋劉克莊《水龍吟·辛亥安晚生朝》詞：『喜動龍顔，瑞班虹玉，歸功元老。』

奄碎驪珎。驪珎，疑爲驪珠之誤，史無驪珎一詞。驪珠，寶珠也，比喻珍貴的人或物。《南齊書·倖臣傳論》：『長主君世，振裘持領，賞罰事殷，能不踰漏，宫省咳唾，義必先知。故能窺盈縮於望景，獲驪珠於龍唾。』

誌主上騎都尉王陵，字文暢，太原祁縣人。祖上榮光，見諸史册，但未列舉。其本人事功，平平無奇，故誌文簡略。他于唐高宗龍朔三年（六六三）八月二日去世，同年九月廿三日葬于畢原。享年不詳。

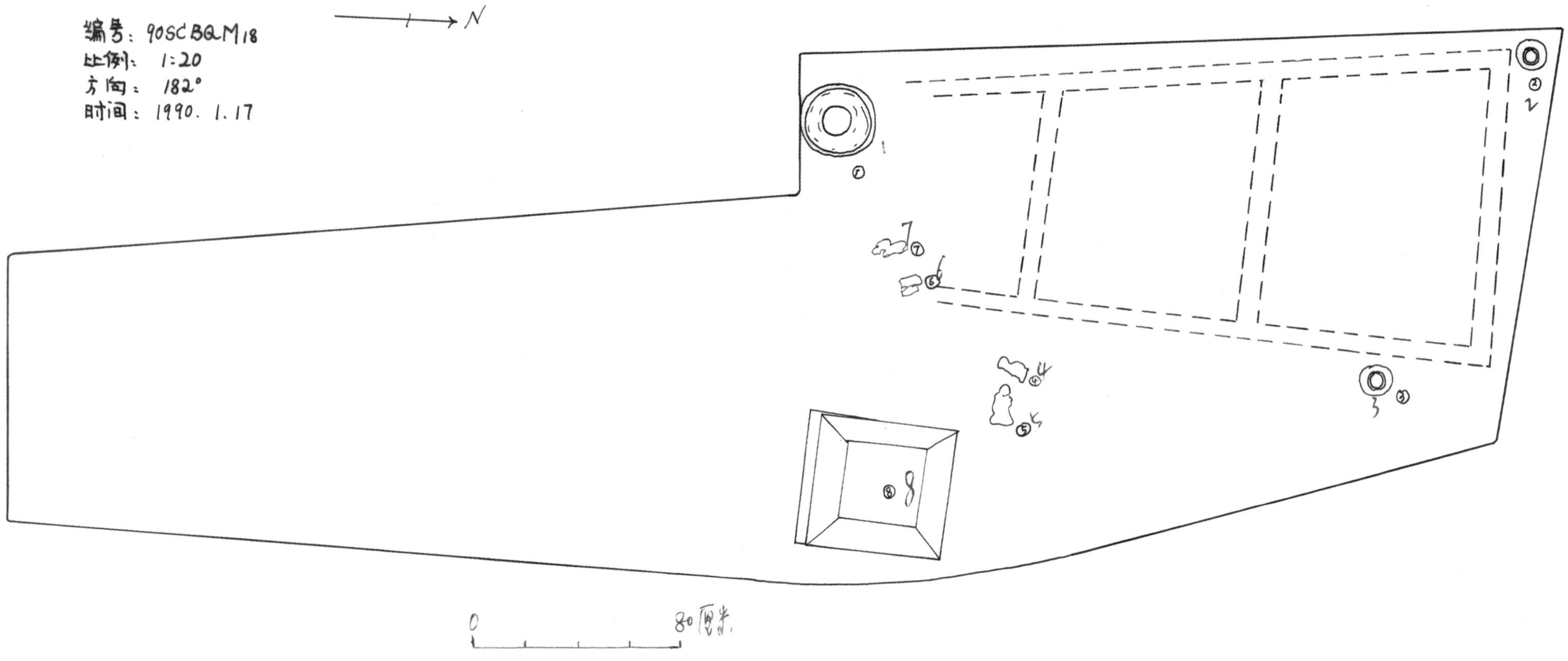
编号：90SCBQM18
比例：1:20
方向：182°
时间：1990.1.17
N
0
80厘米

圖二十三　王陵墓平面圖

唐故上騎都尉王君墓誌銘并序

唐左衛郎將檢校左武衛將軍上騎都尉于謙墓誌（六七三）

一九九一年春，在長安縣韋曲北原發掘出土唐二衛將軍于謙墓誌，書法勁媚，刻鏤華美，于史亦多有補。于氏鼎族，人才輩出，焕乎史籍，然至乃祖而式微，附傳于先人後，僅八字，事功闕然。乃父和誌主本人，史傳更未收附，徒具名于《表》而已，此誌之出，正可補史籍之缺失，勾隱稽沉，不只爲于家績貂也。

概述

唐于謙墓誌銘，一九九一年春出土于長安縣少陵原陝西省地質測試中心基建工地十號墓，墓口距地表一點一米，方向一百八十四度。墓道口長十一米，寬二米，深三米。斜坡墓道長三十七點二米，五個天井，墓深十一米。墓道洞和甬道高二點四米。甬道長二點二米，中安石門，門扉相對，各裝鐵環。門樞納上下門框中。墓室近方形，每邊長四米，墓頂坍塌，墓室右半置一石棺，縱置，由多塊石雕構件組合而成。棺作歇山式宮殿形狀，兩塊構件拼成歇山形大屋頂爲棺蓋，四壁多石分別有榫卯套合，結構緊凑，惜被盜賊强力撬開，拆散。墓誌平放于石門後（圖二十四，1、2）墓誌正方形，邊長六十九厘米，蓋、誌各厚十二厘米。蓋作盝形，頂面陰刻篆文五行，廿五字：大唐故左衛郎將檢校左武衛將軍上騎都尉于君墓誌銘并序。四周刻牡丹蔓草花紋作框欄，各有二鳥躍翔其間，方向相反。四殺部花紋無鳥飾，惟頂端正中刻一怪獸頭像，雙角斜豎，大耳上翹，張口露齒，蔓草紋自其口角逸出，分向左右兩側展延。蓋四側亦刻蔓草作飾。誌四側的紋飾也是自頂端正中怪獸部位生出，向左右展開，其餘三側正中各刻一鳥，或飛或卧，姿態各异，誌面光滑，刻文三十三行，每行滿格三十三字。在皇、東宮、仙、天居、軒闥、德字前空二格。無撰書人姓名，字體秀麗飄逸，肥瘦適中，骨柔肌匀。

誌文

大唐故左衛郎將撿挍（檢校）左*（左）武衛將軍上騎*（騎）都尉于君墓誌銘并序

君諱謙（謙），字敬同，河南洛陽人。其先妘（姬）姓，周武王發之後也。夫圓穹垂（垂）象，或彙聚而同流，方壤成形，乍羣分而異品。若乃家承崇構（構），業暎隆基，漢則丞相，立功儷蕭曹而馳譽；魏則將軍，樹績媲仁遼（遼）以騰聲。代有髦*（髦）俊，焕乎史籍。高祖謹，魏華州刺史、尚書左僕射、太子太傅、大司空、上柱國、常山郡公、周雍州牧、太傅、三老、柱國、燕國公、贈雍州*等（等）二十州諸軍事，雍州刺史、太師，謚曰文。曾祖寔，魏尚昌寧郡主，太子右衛率、開府儀同三司、散*（散）騎*（騎）常侍，渭州刺史。

周延、勳二州刺史，兵部、賓部二曹尚書、太左輔、柱國、延壽*（壽）郡公，襲爵燕國公。隨贈司空，謚曰安。祖象賢，周駙馬都尉，尚義陽公主，儀同大將軍，隨左領軍武賁郎將，上儀同、禽昌縣公。父德（德）威，隨益州郫縣長，皇朝梓（梓）州塩（鹽）亭縣令，上騎*（騎）都尉。班盛兩朝，道光八座，揚旌播*（播）美（美），制錦飛英。君藴氣風雲，降靈川岳，幼挺岐嶷，若和松之千仞，長擅深沉，猶黄陂之萬頃。年二十四，起家東宫左親衛，尋遷右千牛備身，虬棟湊（湊）煙，虹梁槩（概）日。紫宸仙禁，翠閣天居，陪侍之官，實資忠幹，緬経（經）驅策，一紀扵茲（玆）。自非克表勤誠，何以久陪軒闥！轉*（轉）相州滏陽令，又遷朝散大夫，行益府晋（晋）原令。魏都形勝，蜀國名邦，養育合宜*（宜），郊境晏清。遷汴、代二州司馬，又除常州長史。代府梁園，惟楊吴壤，三藩二軄（職），普暢仁風。咸亨元年十二月蒙授左衛郎將，二年八月又蒙以本官撿挍（檢校）左威衛、左武衛二衛將軍。智越絛侯，勇過飛將，運摶*（摶）風扵九萬，忽矣退飛，騁犇電扵千里，倏焉顛步。嗟細柳之摧殘，愴棠棣之零落，徒懷覆載之徳（德），愧無塵露之酬。嗚呼哀𢦏（哉），以其年九月寑（寢）疾，十六日終扵東都河南縣道化里苐*（第），春秋六十有三。惟君門麗金張，學優兒董，信義周密，忠孝淳深，射馭咸甄，絲竹特妙，文華春囿，辯迅秋濤。既而扈從伊瀍，言違霸（灞）滻，未殫金谷之賞，翻*（翻）輭（輌）瓊懷之憂。惜飛景扵西傾，悋閲川扵東逝。

妻李氏*（氏），永樂縣君，曾祖亮，隨海州刺（刺）史，皇朝贈鄭王，謚曰孝。祖神通，皇朝左光禄大夫、右衛大將軍、河北道行臺尚書左僕（僕）射、開府儀同三司、上柱國、淮安王，贈司空，謚曰靖。父孝同，皇朝左驍衛將軍、右衛將軍、撿挍（檢校）右羽林軍、柱國、濇（濟）川縣公，贈左武衛大將軍、代州都督（督），謚曰敬。婦徳（德）母儀，聞扵遐迩，喪夫未幾*（幾），哀慟成疾，銜悲若霰，憤氣連雲，以四年正月十八日歿*（殁）扵西京（京）宣平里館，春秋四十有五。嗚呼，前禍未闋，後殃斯始，以其年二月五日合葬扵明（明）堂縣畢原，禮也。㤨（恐）炎凉（凉）驟徙，陵谷互易，敬述清規，勒*（勒）銘貞石。其詞曰：

四海良宗，五陵華族。代承髭*（髦）楚，門傳珪竹。鳳池敷彦，仙臺播*（播）馥。車騎*（騎）陸離，貂蟬郁焴。其一。婚連皇泒，緒接先功。文華翰苑，辯秀談叢。三冬學贍，七徳藝隆。籥（籥）雲騰騄，摶吹翔鴻。其二。攝軄（職）亟遷，彈冠乃敻。内奉宸極，外毗藩*（藩）政。馴雉恢奇（奇），亨鮮摽令。霂恩（恩）逾廣，昇榮幾盛。其三。始陪僊輅，方扈芝田。正欣堯秩，翻*（翻）悽孔川。一朝怛化，萬緒俄捐。太山其隕，梁*（梁）木其顛。其四。丹旐（旐）偏飛，綵轜（轜）遄鶩。薤歌時弭，嘶驂已屡。雲愁晦日，松聲蕩霧。

不見將軍，空悲大樹。其五。

考釋

洋洋灑灑一千言，遣詞典雅，對仗精工，用典貼切，加之遒勁而略含秀媚的書法和流暢俊美的紋飾，使其在有唐一代諸多誌石之中，占有一席之地，不失爲一件比較好的作品。

漢則丞相，立功儷蕭曹而馳譽

漢丞相，指于定國。儷，匹對之意，蕭曹指蕭何和曹參，佐高祖劉邦奪天下者，均于漢立有大功。據《漢書・于定國傳》：字曼倩，東海郯（山東省郯城縣）人，少學法，爲獄吏。昭帝崩，昌邑王即位，淫亂，定國諫之。宣帝立，大將軍霍光領尚書事，條奏諫昌邑王者皆超遷，定國由是爲光禄大夫，甚見信任。不數年，超爲廷尉。爲人謙恭好學，罪疑從輕，加審慎之心，朝廷稱之曰：『張釋之爲廷尉，天下無冤民，于定國爲廷尉，民自以不冤』。十八年後，遷御史大夫。甘露（前五十三—前五十年）中，代黄霸爲丞相，封西平侯。

蕭何，沛（安徽宿州西北）人，高祖微時，何爲沛主吏掾，數護高祖，高祖爲亭長，何佑助之。及高祖起爲沛公，從入潼關，收秦圖書，因知天下虛實。高祖王漢中，何爲丞相，荐韓信爲大將軍，楚漢相争，何留守關中，轉漕給軍，供應無缺。天下定，以功最盛封酇侯，爲開國名相。惠帝二年（前一九三）薨，謚文終侯①。

曹參，沛人，秦時佐蕭何爲獄掾，後助高祖定天下，攻城略地，所向披靡，與韓信破魏、趙、齊。相齊九年，齊國安集，大稱賢相。何死，推參代爲相國，壹遵何之約束，擇謹厚，斥浮誇，能容人。百姓歌之曰：『蕭何爲法，講若畫一；曹參代之，守而勿失。載其清靖，民以寧壹。』謚懿侯②。

魏則將軍，樹績媲仁遼以騰聲

魏將軍，指三國曹魏大將于禁；樹績，建樹功績之謂；媲，媲美也。仁、遼，即與于禁同時之曹魏名將曹仁和張遼。

班盛兩朝，道光八座

班，位次也。《儀禮・既夕禮》：『明日以其班附』。盛，美盛意，豐滿之稱。兩，凡數成耦成雙通曰兩，兩朝指北魏、北周和隋、唐。蓋誌主高祖謹，曾祖寔、祖象賢、父德威均仕兩朝，謹爲魏華州刺史、尚書左僕射、太子太傅、大司空、上柱國，常山郡公。入周爲雍州牧、太傅、三老、柱國、燕國公。曾祖寔，尚魏昌寧郡主，太子右衛率，開府儀同三司，散騎常侍，渭州刺史，在周爲延、勛二州刺史，兵部、賓部二曹尚書，太左輔、柱國、延壽郡公。祖象賢爲周駙馬都尉，尚義陽公主，儀同大將軍，入隋任左領軍，武賁郎將，上儀同、禽昌縣公。父德威，隋益州郫縣長，唐梓州鹽亭縣令。改朝换代，無礙官運，他們照樣做官且不斷高升，可謂兩朝顯貴。

道，理也，謂一定之理，猶道路爲人所共由也。《中庸》：『道也者，不可須臾離也。』朱注：『道者，日用事物當行之理。』光，光大意。《易·坤卦》：『含弘光大，品物咸亨。』八座，據《通典·職官四》：『後漢以六曹尚書并令、僕二人，謂之八座。魏以五曹尚書、二僕射、一令爲八座。宋、齊八座與魏同。隋以六尚書、左右僕射及令爲八座。大唐與隋同』。

幼挺岐嶷

挺，拔也，特出意。岐嶷，《詩·大雅·生民》：『誕實匍匐，克岐克嶷，以就口實』。毛傳：岐，知意也；嶷，識也。箋云：『…能匍匐則岐岐然意有所知也，其貌嶷嶷然有所識别也。』此言于謙幼而聰穎不俗。

軒闥，宫門也。陳後主《赦詔》：『對軒闥而哽心，顧扆延而慄氣。』白居易《有木詩》：『主人不知名，移種近軒闥。』

魏都形勝，蜀國名邦

魏都、蜀國俱指誌主任職之地。魏都云云，謂爲相州滏陽令，後魏于鄴縣立相州，東魏建都于此，即今河南安陽。滏陽縣，北周置，明省，今河北磁縣。蜀國云云，謂其爲益府晋原令，故治在今重慶市東，乃古蜀地。

代府梁園，淮楊吴壤

指誌主任汴、代二州司馬及常州長史的經歷。代州，今山西代縣，唐隸雁門郡。汴州，今河南開封，在古之梁地，故云梁，是代府指爲代州司馬也。淮楊云云，謂爲常州長史，常州在古吴地，故云吴壤。

智越條侯，勇過飛將

條侯，即周亞夫，漢名將。《史記·絳侯周勃世家》：『文帝乃擇絳侯勃子賢者河内守亞夫，封爲條侯。』匈奴入寇，亞夫爲將屯兵于細柳，文帝勞軍不得入軍門，乃遣使持節詔將軍，方得入，成禮而去。景帝時吴楚反，拜亞夫爲太尉，計斷敵軍糧道，大破之，拜丞相。

飛將，指李廣，漢隴西成紀人。景帝時，從太尉亞夫擊吴楚軍，取其旂，顯功名昌邑下。後爲上郡太守，匈奴入寇，廣率數十騎兵出戰，射殺其射鵰者，突遇匈奴大軍千騎，廣令從騎解鞍縱馬而卧，敵軍以爲誘兵而不敢攻擊。遷右北平太守，匈奴聞之，號曰『漢之飛將軍』，遂不敢入境劫掠⑤。

將運摶風於九萬

將奮力上進之謂。摶風，《莊子・逍遥游》：『鵬之徙于南冥也，水擊三千里，摶扶摇而上者九萬里』。

退飛，遇疾風逆向而飛不進反退之謂。《春秋・僖公十六年》：『六鷁退飛，過宋都，風也。』

顛步，頓仆失足之意，比喻困阨，遭遇挫折。

門麗金張。金張，喻權門也。漢宣帝時，金日磾、張安世并爲顯宦，後世言貴族者，輒舉金張以喻之。《漢書・蓋寬饒傳》：『上無許、史之屬，下無金、張之託。』應劭注：『許伯，宣帝皇后父。史高，宣帝外家也。金，金日磾也。張，張安世也。此四家屬無不聽。』

學優兒董。兒，即兒寬，董是董仲舒。兒寬，千乘人，受業于名儒，家貧好學，耕隙讀經，善屬文，爲廷尉張湯從史，甚重之，遷左内史。勸農理獄，開六輔渠，定水令以廣灌溉。與司馬遷共定太初曆。卒御史大夫職⑥。董仲舒，廣川人，孝景時爲博士，武帝舉賢良文學之士，仲舒對策稱旨，爲江都相，事易王，多所匡正。又事膠西王，教令國中，所居而治，去位歸居，以修學著書爲事。推明孔子，抑黜百家。壽終于家⑦。

于謙的『高祖謹，魏華州刺史…周雍州牧…』，乃北魏名將于栗磾六世孫，《北史》卷二十三、《周書》卷十五有傳，所記職官與誌多合而更詳。謹字思敬，深沉有識，尤好兵書，初爲元纂辟爲鎧曹參軍事，從軍北伐。正光四年（五二三）隨廣陽王元深破鐵勒部。宇文泰（周文帝）以謹爲夏州長史，因勸泰進據關中。征潼關，破回洛城，投北雍州刺史。大統三年（五三七）謹攻克弘農，又隨泰取得沙苑，河橋二役的勝利，因拜大丞相府長史，兼大行臺尚書，再遷太子太保。芒山之戰，謹僞降擊高歡（齊神武）軍後，泰軍因是而勝。十二年（五四六），拜尚書左僕射，領司農卿。率兵鎮潼關，加授華州刺史，俄拜司空。恭帝元年（五五四），爲雍州刺史。同年，謹攻克江陵，俘梁元帝蕭繹，遷江陵士女數萬入長安。周閔帝踐阼，封燕國公，遷太傅，太宗伯，參議朝政。保定二年（五六二），爲三老，天和二年（五六七），授雍州牧。次年病死，年七十六。加使持節、太師、雍恒等二十州諸軍事，雍州刺史。謚曰文。

謹子寔，即謙之曾祖父，亦有傳，附乃父謹傳之後。字賓實，少和厚，以軍功封萬年縣子。大統十四年（五四八），累遷尚書，次年授開府儀同三司，渭州刺史。魏恭帝二年（五五五），攻破羌族東念姐部落。周閔帝踐阼，進爵延壽郡公、勛州刺史。天和二年（五六七），延州郝三郎反，寔討平之，乃除延州刺史。五年（五七〇）襲燕國公，進位柱國。隋開皇元年（五八一）死，贈司空，謚曰安。誌云寔尚魏昌寧郡主，史傳未載。勛州系宇文泰所置，以旌韋孝寬玉壁保衛戰的勝利之功者，時爲大統十二年（五四六）事。寔爲該州刺史，是極大的榮光。

寔子象賢，是爲謙之祖父，附《周書》于寔傳後，僅十餘字。誌謂其尚周高祖女義陽公主，爲駙馬都尉，儀同大將軍，仕隋爲左領軍武賁郎將。《新唐書》卷七十二下《宰相世系表》謂爲隋驃騎大將軍，黔昌定公。子德威，即謙之父，官小，史無專傳，其名見列于《新唐書·宰相世系表》：『德威，郫令』。今依誌文，其在隋爲益州郫縣長，入唐任梓州鹽亭縣令，上騎都尉。誌主于謙亦史無專傳，而其人見列于《新唐書·宰相世系表》和《元和姓纂》，是憲宗朝宰相于頔的曾叔祖。《表》在其父德威名下有二子：玄範、顯武令；敬同。《元和姓纂》卷二，于氏條：『德威生元範、敬同。』元範，即玄範。兹據本誌敬同是誌主于謙的字，河南洛陽人，青年時期起家宮廷侍衛，後轉相州滏陽令，歷朝散大夫、晋原令、汴代二州司馬、常州長史、檢校左威衛左武衛將軍。咸亨二年（六七一）九月死于洛陽道化里，年六十三歲。四年（六七三）二月與夫人李氏合葬于明堂縣之畢原。

誌云：『其先姬姓，周武王發之後也。』考《新唐書·宰相世系表》：『于氏出自姬姓。周武王第二子邘叔，子孫以國爲氏，其後去邑爲于氏。其後自東海郯縣隨拓拔鄰徙代，改爲萬紐于。後魏孝文時復爲于氏』⑧。兹據《新唐書·宰相世系表》、《北史·于栗磾傳》、《三國志·于禁傳》、《周書·于謹傳》和本墓誌，表列于氏世系如下：（見下頁）

輀，即輀車，指載運靈柩的喪車。

謙妻李氏亦出身名門，爲唐宗室。曾祖亮，隋海州刺史，武德（六一八—六二六）初追封鄭王。祖神通，乃唐高祖從父弟，隋末舉義，下鄠縣，授光禄大夫。平京師，拜宗正卿。武德元年拜淮安王。從太宗平劉黑闥，遷左武衛大將軍。貞觀元年（六二七），拜開府儀同三司⑨，父孝同，系神通第三子，史傳云爲淄川王⑩，誌謂爲驍衛將軍，檢校右羽林軍，贈左武衛大將軍，代州都督。李夫人以咸

斷裂號（表示相隔若干代）

于定國（漢丞相）……禁（曹魏左將軍）……栗磾（魏太尉）—洛拔（尚書令）—烈、敦、勁、果、洎、天恩

天恩（遼西太守）—仁（太中大夫）—子安（太中大夫）—子提（隴西守）—謹（周燕國公）—實（隋司空）—象賢（武賁郎將）—德威（隋益州郫縣長、唐上騎都尉）—謙（常州長史）

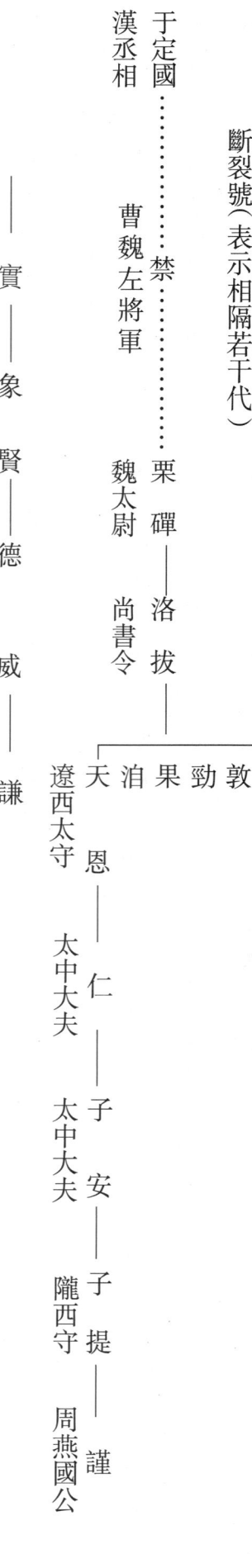

亨四年（六七三）正月歿于長安宣平里宅，年四十五。少于乃夫達二十歲。

于謙墓規模頗大，石椁壯碩，誌石華美。早年遭盜擾，殉葬文物洗劫一空。惟石椁、石門、墓誌沉重難移而得以保存，石椁蓋已被撬開，骨殖無存，亦未見李氏墓誌，而此誌説他們夫婦是合葬在一起的。

注釋

①《漢書》卷三十九《蕭何曹參傳》。

②同①。

③《三國志》卷九《諸夏侯曹傳》。

④《三國志》卷十七《張遼傳》。

⑤《史記》、《李將軍列傳》。

⑥《漢書》卷八十五《公孫弘卜式兒寬傳》。

⑦《漢書》卷五十六《董仲舒傳》。

⑧《新唐書》卷七十二下《宰相世系表》。

⑨《舊唐書》卷六十《宗室傳》。

⑩同上。

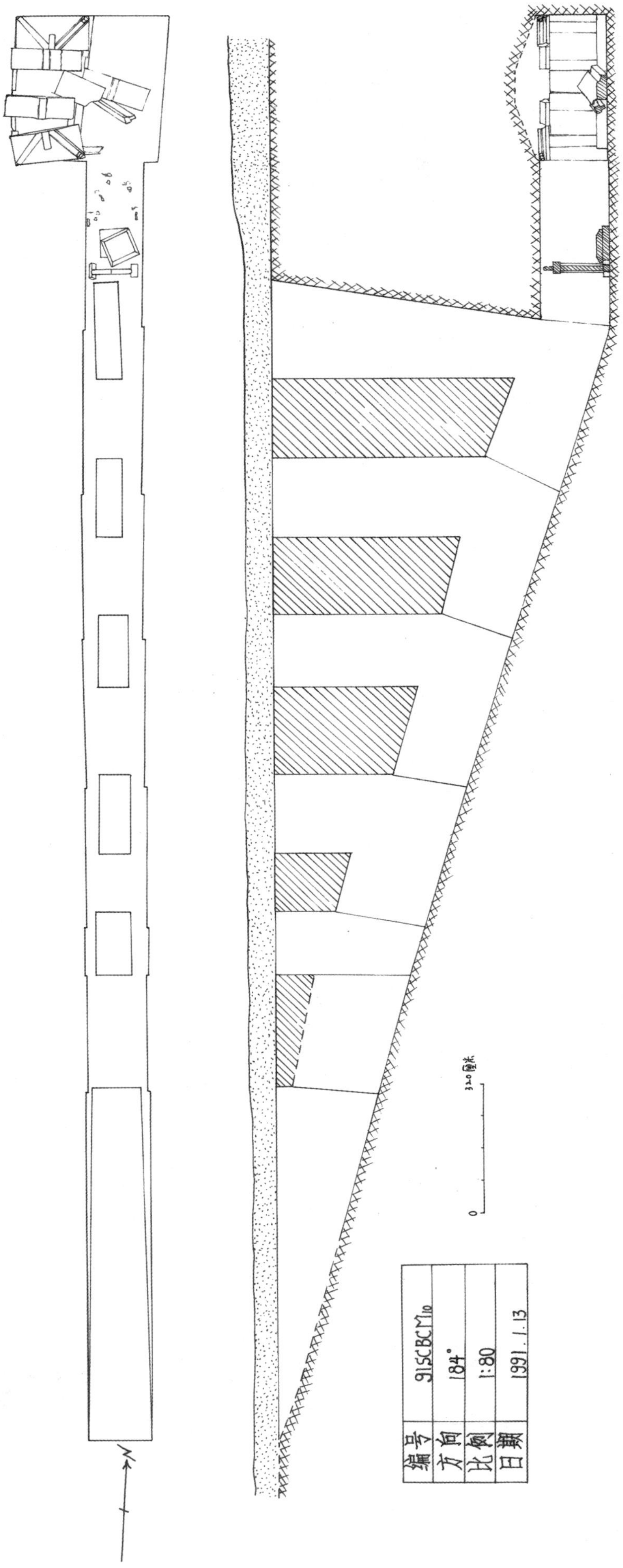

编号 91SCBCM10
方向 184°
比例 1:80
日期 1991.1.13
0
320厘米

圖二十四 1　于謙墓平面剖面圖

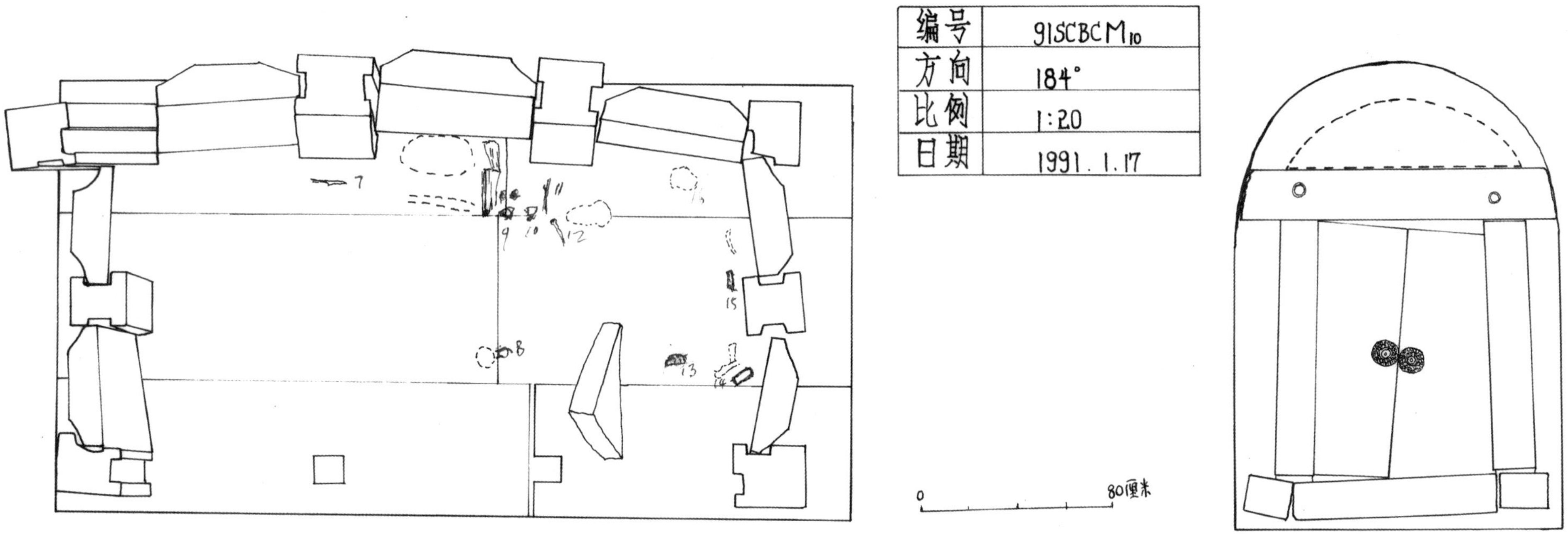

编号 91SCBCM10
方向 184°
比例 1:20
日期 1991.1.17
7
8
9
10
11
12
13
14
15
16
0
80厘米

圖二十四 2 于謙墓室石棺四壁俯視圖（左）

大唐故左衛郎將檢校左武衛將軍上騎都尉于君墓誌銘并序 蓋

大唐故左衛郎將檢校左武衛將軍上騎都尉于君墓誌銘并序

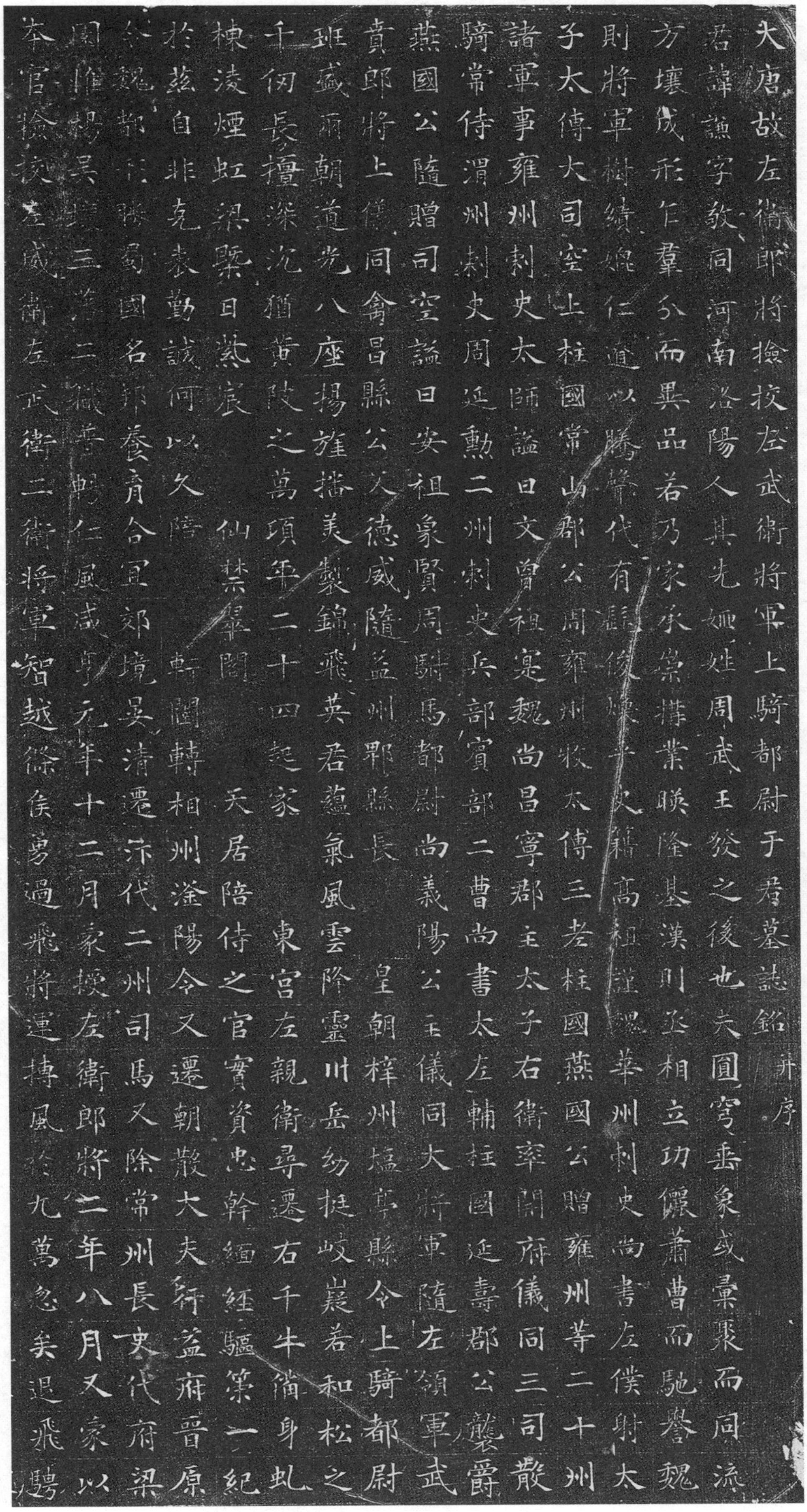

大唐故左衛郎將撿校左武衛將軍上騎都尉于君墓誌銘并序
君諱謙字敬同河南洛陽人其先姬姓周武王發之後也夫圓穹垂象或彙聚而同流
方壤成形亦彙分而異品若乃家承纂構業聯隆基漢則丞相立功儷蕭曹而馳譽魏
則將軍樹績總仁道以騰聲代有賢後煥于史籍高祖謹魏華州刺史尚書左僕射太
子太傅大司空上柱國常山郡公周雍州牧太傅三老柱國燕國公贈雍州等二十州
諸軍事雍州刺史太師謚曰文曾祖寔魏尚昌寧郡主太子右衛率開府儀同三司散
騎常侍渭州刺史周延勳二州刺史兵部賓部二曹尚書太左輔柱國延壽郡公襲爵
燕國公隨贈司空謚曰安祖象賢周駙馬都尉尚義陽公主儀同大將軍隨左領軍武
賁郎將上儀同龕昌縣公父德威隨益州郫縣長　皇朝梓州塩亭縣令上騎都尉
班藏兩朝道光八座揚旌播美製錦飛英君蘊氣風雲降靈川岳幼挺岐嶷若和松之
千仞長擅深沉猶黄陂之萬頃年二十四起家　東宮左親衛尋遷右千牛備身虬
棟淩煙虹梁緊日紫宸　仙禁羣閣　天居陪侍之官實資忠幹緬經驅策一紀
於茲自非克表勤誠何以久陪　軒闥轉相州滏陽令又遷朝散大夫行益府晉原
令魏都竹勝蜀國名邦養育合宜郊境晏清遷汴代二州司馬又除常州長史代府梁
國惟揚吳壤三藩二職譽暢仁風咸亨元年十二月敕授左衛郎將二年八月又敕以
本官撿校左威衛左武衛二衛將軍智越孫侯勇過飛將運摶風於九萬忽矣退飛鷁

上半闕

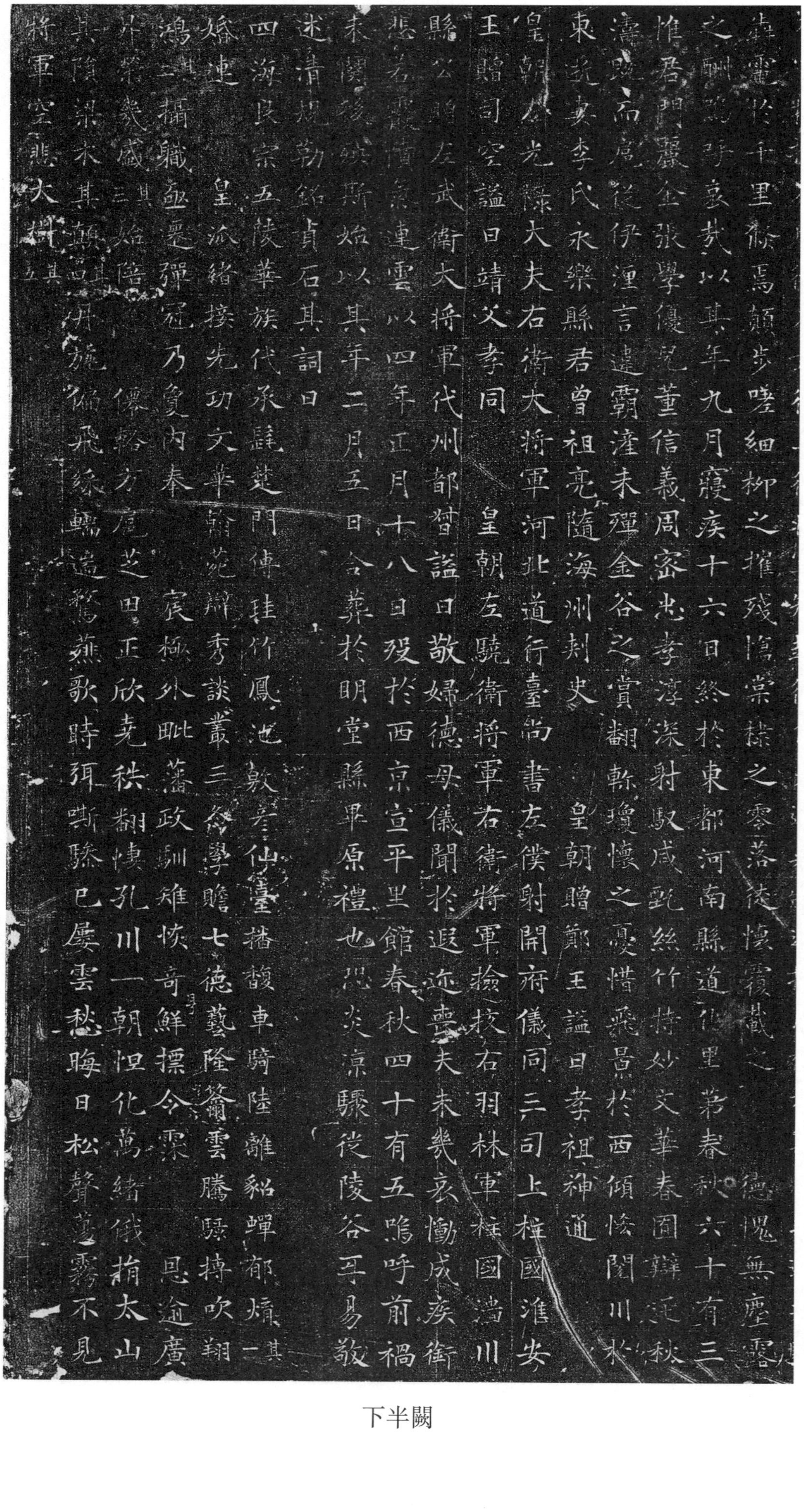

垚靈於千里嶔焉頹步嗟細柳之摧殘隕棠棣之零落徒懷霰歲之　德愧無塵露
之酬酢哀哉以其年九月寢疾十六日終於東都河南縣道化里第春秋六十有三
惟君器履金張學優董信義周密忠孝淳深射馭咸甄絲竹特妙文華春囿辯逐秋
濤踐而彪從伊渾言違霸達未殫金谷之賞翻軫瓊懷之憂惜飛景於西傾悼閱川於
東洮夫人李氏永樂縣君曾祖亮隋海州刺史　皇朝贈鄭王謚曰孝祖神通
皇朝金光祿大夫右衛大將軍河北道行臺尚書左僕射開府儀同三司上柱國淮安
王贈司空謚曰靖父孝同　皇朝左驍衛將軍右衛將軍檢校右羽林軍柱國淄川
縣公贈左武衛大將軍代州都督謚曰敬婦德母儀聞於遐邇豈夫未幾哀慟成疾銜
悲若霰僨氣連雲以四年正月十八日歿於西京宣平里館春秋四十有五嗚呼前禍
未閑後殃斯始以其年二月五日合葬於明堂縣畢原禮也恐炎涼驟徙陵谷耳易敬
述清規勒銘貞石其詞曰
四海良宗五陵華族代承蟬楚門傳珪竹鳳池敷祥仙臺播馥車騎陸離貂蟬郁煥其一
婚連　皇派緒接先功文華翰苑辯秀談叢三餘學贍七德藝隆翥雲騰驤摶吹翔
鴻其二攝職亟遷彈冠乃登內奉　宸極外毗藩政馴雉恢奇鮮標令稟　恩逾廣
升榮幾歲其三始陪　儷輅方庭芝田正欣堯秩翻悽孔川一朝怛化萬緒俄捐太山
其頹梁木其顛其四丹旐偏飛綵軿遙騖薤歌時殞嘶驂已屢雲愁晦日松聲慘霧不見
將軍空悲大樹其五

下半闕

唐秘書少監劉應道墓誌（六八一）　劉應道妻聞喜縣主李婉順墓誌（六六一）

概述

唐劉應道夫婦墓誌銘，近年出土于西安市長安區少陵原。劉誌壯碩精美，書法清麗瀟脱，文長兩千餘言，詩詞系『北門學士』劉祎之手筆，彌足珍貴。其妻誌石略小，書法纖巧規整，乃應道自撰文，言詞哀切。

劉應道史無專傳，兩唐書附麗于乃兄祥道傳後，寥寥數言而已。兹據誌文，斯人多才藝，歷仕太宗、高宗，曾制禮作樂，預修國史，檢校《四部群書》。夫人李氏系高祖孫女，隱太子建成之次女。此二誌于史籍多有匡補。且對于有唐一代的婚姻關係，及玄武門之變後建成遺族境况，平添一些新的資料。

該夫婦墓誌銘，共二合四石，方形青石質，蓋作覆斗式。夫誌較大，每邊長七十一厘米。蓋頂刻篆體陰文四行，行三字：大唐故秘書少監劉府君墓誌。周圍與四殺部和四側均陰刻牡丹蔓草花紋。誌石厚十三厘米，四個側面亦雕飾牡丹紋。誌面刻文四十九行，每行滿格四十九字，凡在高祖、太宗、朝廷、府君、先妣、天闕、帝、宸諸字之前空一格。無撰書人姓名，從文義看，知爲其子獻臣所撰。妻誌略小而字大，每邊長五十厘米。蓋頂篆文三行九字：大唐故聞喜縣主墓誌。四殺部及四側雕以紋飾。誌石厚十二厘米，刻文三十行，每行滿格三十字。四側亦刻以蔓草及連心花紋。亦未書撰者姓名，依行文語氣，乃其夫應道自爲之。每在誌主之祖或父前空四或三字。

誌文

大唐故秘書少監劉*（劉）府君墓誌銘　并序

府君諱應道，字玄壽*（壽），廣平易陽人。漢景帝之後，十代祖遐，仕東晉為北中郎將、徐州剌（刺）史、泉陵公。子孫奕菜（葉），候服于江左。洎宋元嘉之後，王室多故，遐六菜（葉，猶世）孫藻，自宋來歸（歸）魏氏*（氏），乃家于頓丘，仕魏至散*（散）騎*（騎）常侍，封易陽子、鴻臚卿，岐、秦二州剌（刺）史。子矜，魏太尉司馬、青徐光兖四州剌（刺）史，城陽公。矜生會，即府君之大父，為高齊濮陽郡太守，强仕之歲（歲）而周人滅齊，乃挂冠還鄉里，有終焉之志。周武帝甄訪亡齊人物，以公為徵辟*（辟）之首，特降綸璽，至于再三。公以為食人之禄而不能*（能）死人之難，豈復靦（腼）容草*（革）面仕二姓之朝？固以疾辞（辭），杜門不交人事。其年以憂憤卒。周朝贈（贈）濮陽太守，上儀同大將軍。異代加榮，以示旌賢之舉。考，樂平府君，諱林甫，仕随累佐大郡，大業中，詔天下舉廉（廉）貞尤異之士，内外所推薦者七人，而公為其冠。後主好龍而抗印無任賢之實，竟自汝南郡司户書佐，授扶風郡汧陽縣長。高祖創業，徵為起居舍人，遷中書舍人，拜中書侍郎。在樞密十餘年，智効（效）聞於海内。貞觀初封樂平縣男，除吏部侍郎，有知人拔士之譽，銓衡序用，輒為選曺（曹）軌躅。太宗方欲大委任，降年不永，薨於官。伏惟府君降德（德）挺*（挺）生，聡（聰）明（明）睿哲，衣冠偉麗，詞占詳雅。有夔龍管晏之材，包曽（曾）閔顔原之行，年未弱冠而孤，居喪盡禮。供養崔太夫人，極温清之義。事兄如事父，以孝友聞於四方。童㓜（幼）好學，遍涉*（涉）百家子史，一経（經）目終身不忘。於鄉*（鄉）黨恂恂然善誘人。其行己也恭，其事上也敬，其使人也恵（惠），體仁足以長人，利物足以和義，貞固足以幹事。年廿一，自弘文館學生選為太穆皇后挽郎，再為太子通事舍人，出補梓*（梓）州玄武縣令，務以禮教移風俗，不為激察之化。所受官俸，悉繕寫経（經）書。三蜀多珎（珍）産，竟不以豪釐潤屋。罷（罷）官東歸，得書六七千卷而已，其餘則不加於故。今上在東朝監國，下令搜敭，府君膺其選，對册高苐*（第）。貞觀廿二年擢授尚書户部員外郎，其年丁太夫人憂去任，哀毁*（毁）骨立，殆不勝喪，親友咸垂（垂）涕慰勉。永徽初授雍州華原縣令，時府君苐*（第）二兄為吏部侍郎，舊制兄弟不得同省，故此授非倫，移年徙為武功縣令，所在以仁愛聞。顯慶二年復入為司勳員外郎，俄遷吏部員外郎，又屬苐*（第）二兄拜刑部尚書，出為洛州陽城縣令。以公事除名，而非府君之罪，竟不以一言自雪，端居静室，不出户庭*（庭）者殆十年，終始無憂愠之色。緫（總）章初選司甄拔淪滯，乃用府君為雍州司功条（參）軍事。州寮多少年晚進，府君年將六十，齒義非儔，士君子咸以為屈德（德），府君俯傴於其間，曽（曾）不以先輩自處。頃之除尚書户部員外郎，自始入尚書省，逮此廿二年不進一階，還居舊座，簪紱故人盡相為邑邑（悒悒），府君欣然不介懷，從容談論之間，未甞（嘗）涉身名否泰。時在朝執政，皆平生親友，府君恒敧歐*（崎嶇）畏避，非公事不交言。咸亨二年遷司勳大夫，改為司勳郎中，按比推綜，極於明（明）審，在尚書中七遷，諳練朝儀國典，精於剖斷，凡所釐正，皆為湲來准的。明（明）年遷吏部郎中，廉*（廉）直公方，無所阿撓，雖權貴請託，一切不行，甞（嘗）誡獻臣曰，昔有遺苐*（第）五倫千里馬者，彼雖不納而德（德）其人，吾不以此為是也。府君好周急而不願受人之施，或尊属有所賜而不果辤（辭）讓者，則愧憒形於容色。由是苞苴問遺之礼，雖近親懿友亦未甞（嘗）以此接於門庭*（庭）。居選部多年，介然有至清之操，頗不為流俗所悦，或謂冝*（宜）有以適時順物者，府君執志弥堅。上元三年，遷秘書少監。又奉勑（勅）蕪*（兼）知國史事。府君兄之子給事中景（景）先、姊（姊）之子左史李仁實俱荷朝恩（恩），與府君同預修史，儀鳳調露之際，筆削於史官專其事者，府君及甥姪三人而已，古今未有此比，文學者用為美談。尋又奉勑（勅）掌御集，朝廷以府君文章高絶，儀鳳中降勑（勅）與中書薛*（薛）令君及當時文匠數人，製郊庿（廟）樂章。府君所製祀黄帝青哥，並編樂官，奏於郊祀。俄又奉勑（勅）於門下省檢校《四部羣書》，廣召四方碩學之士，刊定訛舛，而進御焉。府君性勤*（勤）慤，公家之事，無大小莫不專精竭思，或忘寢與食，每朝謁常以夜過半便飭裝整服，坐待曉漏。居家不問家人背（貲）業，子孫有干禄從宦者，但勗*（勖）以義方，至於考課名級之際，未曽（曾）降意経（經）耶。晚年愈率素，衣食務充虚蔽體。獻臣凶舋（釁）深積，先妣聞喜縣主早見弃背，時以所居正室置几筵，府君即於此室東窓（窗）外架為小齋，廣袤八九尺許，施一牀（床）一小榻，寑（寢）處其中，歷廿餘年不復遷徙。至於器物服玩，妾媵婢使之屬，子姪承意候色，終莫敢有所營薦。府君年少時遍交天下英秀，而皆夙德（德）老成之士，又甞（嘗）留（留）意丹青及絲*（絲）竹，並略盡其能*（能）。圍棊（棋）居第*（第）二品已上。草隸亦為時人所貴，以為藝成而下常隱晦其迹。後歸心釋氏*（氏），乃都絶人間賞好。於経（經）國濟時之務，而非府君所留（留）意者，蓋在於行師用兵而已。其餘則盡天下之能*（能）事。惟君知臣，亟蒙中旨（旨）褒勉，暮年逾見優重，遍委以文場（場）書府之任。凡所祈奏，必有粹天容，無往而不納。聖主方虚襟仄*（仄）席選賢任能*（能），識者謂府君將申舟檝（楫）之用，而昊天不恵（惠），宏啚（圖）莫展，以儀鳳三年從幸東都，舍於敬業坊私第*（第），調露二年夏末遇疾大漸，獻臣精誠微劣，莫能*（能）感到，凶各所招，致*（致）此殃酷。以七月四日奄垂（垂）孤放，春秋六十八。號天扣地，攀訴無及，煩寃膈臆，肝心殞潰。所司聞奏，主上傷惜者久之，聖容驚惋，若有所失，迺顧侍臣問遘疾之狀，非夫宸心留（留）睠，孰與於此？爰降璽書吊祭，兼*（兼）賵贈（贈）絹布米粟，官造靈轝（輦），家口給傳遞手力還京（京），數極加隆，恩（恩）被孤藐，無階報効（效），永誓肌骨。粤以開耀元年歲次辛巳十一月景（景）申朔七日壬寅，安厝於雍州明（明）堂縣之少陵原，合葬於聞喜縣主舊域。子獻臣、廣業、友賢、令植等*（等），緬惟今昔重殃累舋，万鍾為養，有志不申。顧復垂（垂）恩（恩）終天，長絶慜哀，各悔万緒千條，永慕窮號，抽心貫髓。獻臣貪及殘喘，粗陳實録，志意荒僻，言無詮次，遺烈餘風，百不書一。相王府司馬弘文館學士臨淮劉*（劉）褘之，學府文宗，聲高朝右，於孤子有累葉（葉）宗盟（盟）之好，敦死喪孔懷之情，敢祈鴻，勤*（勤）銘終古，其詞曰：

二連純嘏，三姜友悌。馬鄭洪儒，楊斑敏藝。貞猷浸遠，令範斯繼。倍万隣幾*（幾），半千叶契*（契）。其一。

天挺材俊，地洩英靈。岐嶷先兆（兆），珪璋載形。逸蹤追電，寶氣衝星。習禮陳室，聞詩孔庭。其二。

奇（奇）操聿修，異能咸盡。學府幽邃，詞河控引。鸞矯銀書，鶴儀璿軫（軫）。怊悵觀德（德），留（留）連坐隱。其三。

分形錫瑞，積慶承家。甘蔬共旨（旨），比棣聯*（聯）華。長仁穆義，處正閑邪。宅泰期損，衽榮試奢。其四。

碩彦投*（投）交，懦夫革*（革）志。一諾稱重，三語為貴。黼藻人經（綱），弥綸士緯。固時之傑，惟國之器。其五。

鵠賦推張，龍衢架祢。肅帶天闕，影纓雲陛。再入宣猷，七登逹（連）禮。朝譽伊洽，政途攸啓（啓）。其六。

蓬閣煙深，蘭圖山積。是專厥事，多所弘益。簒綜宸詞，緝熙帝籍。崧允衆論，嶠慙（慚）投跡。其七。

名唯副實，位匪適材。累紆沖睠，式佇時來。隆棟將舉，修梁遽摧。睿襟増（增）悼，庶辟延哀。其八。

公業不亡，景伯有子。富平之第，高陽之里。禮備窀穸，㒵沉苴菒。滕曰戓（戒）期，潘*（潘）鳳勃*（勒）美。其九。

荒涼*（凉）書閣，閴穽（寂）僊*（仙）樓。朱杠夕引，素轊朝浮。霜蛄無色，寒泉息流。空悲隴樹，摇落千秋。其十。

誌文

大唐劉應道妻故聞喜縣主墓誌

主諱婉順，字汪娘，高祖武皇帝之孫，隱太子第二女也。夙標清惠，長擅柔明，友愛自衷，仁恕在物，器宇嫻淑，風容秀美。固以荷靈宸施，傳質天儀。年十七而封，仍降嬪於我，謙裕之道因心而非飾，從順之宜即事而呈美。奉尊接下，外諧内睦，實彼美之恒譽，將何得而稱焉。少而志學，及長逾勵，壼務之餘，披省無輟。雖名家之説，未足解頤，而歷代之事，其如抵掌。至於藝術方技，咸畢留意，諸子群言，鮮或遺略，雅好文集，特加欽味。每屬新聲逸韵，無虧鑒賞，至若目見、心存、耳聞、口誦，始窺文而辯意，未終篇而究理。與僕并驅於疇昔，余每有愧焉。及陳廢興，叙通塞，商榷人物，綜核名理，抗論發辭，莫不窮其指要。實有大丈夫之致，豈兒婦人之流歟！而固存撝挹，耻於眩曜。與朋類常談，未嘗及乎經史，不有切問，終日如愚。雖親親之倫，竟無睹其奥者。且其姿神警悟，操履貞確，行無矯迹，言不詭辭。動必應機，事非失禮，深遠財利，不爲苟得。性重周急，期之闕已，戒於積聚，有必能散，生資所務，取給而已。吾睹其孜孜之德，罕見營營之心，加以識尚清遠，不昧流俗，卜祝巫覡，屏之物外，祈禱占筮，絶乎慮表。而特簡之從，即於賓對，非歲時依見密親。無踰越之謁，自姻戚之餘，婦人亦不妄叙。持家馭下，嚴而有别。中外懸隔，言問罕通。雖於墻宇之内，亦必慎其遊踐。平居未嘗臨閣，少長竟不窺園，近自家僮，卒無識者。斯亦匹婦之爲諒也，終無奪鄙夫之志。余材命兼薄，班秩久微，而左遷除名，屯否相屬，彼固混於榮辱，齊其得喪，同安菲賤，共甘黜免，始無戚容，終懷坦慮。自三周啓路，二紀于兹，雖余率禮多愆，而彼伏義無爽，片言必順，一行靡乖。歌螽斯而諭美，仰關雎以同好，友逾琴瑟，韵若塤篪。携手之遊，無睽寸影，如賓之膳，罕違終食。言念百齡，初非始望，死生契闊，庶期偕老，孰謂斯人，遽有斯酷。昔伯鸞啓齒，託意形骸之外；奉倩傷神，寄情言行之表。况美兼雙婦，恩總二夫，一遇之款既深，再得之悲逾切。龍朔元年夏遘疾數旬，六月六日薨於長安居德坊第，春秋四十。嗚呼，人之云亡，天其喪予。懷璧非罪，毀玉何冤，奄墜雕梁，永辭蘭室。鍾期已逝，唯餘絶賞之弦，風氏雖存，無復同心之質。其年十一月六曰窆於雍州萬年縣洪固鄉之少陵原。去掩窮埏，照室之珍俄遠；歸臨虛寢，比德之寶長空。方吊影於孤鸞，獨吞聲於離劍，足以哀傾楚詠，恨動潘文。余素闕詞情，罕賞編緝，徒以心目所記，隨第疏之，將假容於匠者，慮菁華以喪實。聊陳匪石，式備遷陵，余欲誰欺，敢虛其美？爾其逝矣，何嗟及矣。情深反袂，吾道窮矣。投筆拊襟，於斯絶矣。

考釋

爲搞清誌文内容，有必要對其所引典故及語意略作注釋。

子孫奕棻，棻形似『葉』字。奕葉，犹奕世，《文選》潘岳《楊仲武》：『伊子之先，奕葉熙隆』，可通。然該誌又有：『於孤子有累棻宗盟之好』。可證其意當定爲世字，累世歷代也。奕世，累代意，《後漢書·袁術傳》：『奕世克昌。』

後主好龍

從上下文『大業中，詔天下舉廉貞尤之士。…後主好龍而抗印無任賢之實』。可知此後主指隋煬帝楊廣。好龍，即葉公好龍的故事。《新序·雜事》：『葉公子高好龍，鈎以寫龍，鑿以寫龍，屋室雕文以寫龍，於是天龍聞而下之，窺頭於牖，施尾於堂。葉公見之，弃而遠走，失其魂魄，五色無主，是葉公非好龍者也。』後用以比喻徒好虛名而無其實者。《隋書》卷四《煬帝下》載煬帝『每矯情飾行，以鈎虛名。恃才矜己，傲狠明德，内懷險躁，外示凝簡。…淫荒無度，法令滋章…屠剿忠良。』與其父文帝的勤政、節儉、重賢、親民形成鮮明對比。可見誌云其『無任賢之實』，確屬事實。

銓衡序用，輒爲選曹軌躅

銓衡，權物輕重之具，引申爲評量人才，量才授官以次録用之義。選曹，乃負責選官的人事組織機關，時誌主之父林甫職爲吏部侍郎，司評量人物進退官員之責。掌有人事大權。軌躅，即車轍。《漢書·叙傳》：『伏周孔之軌躅』。因林甫有『知人撥士』之明，故其選賢任能，成爲尓後人事部門仿效的榜樣。

管晏之材

管，管仲也，名夷吾。春秋齊國潁上人。少與鮑叔牙爲友，鮑叔擁立桓公有功，因進薦之，管仲遂得相齊執政。他善于轉敗爲功，順應民心，貴輕重，慎權衡，通貨積財，富國强兵，諸侯由是歸齊，桓公以霸，九合諸侯，一匡天下①。孔子曰：『微管仲，吾其被髪左衽矣。』所著《管子》八十六篇。

晏。即晏平仲，名嬰。萊之夷維人。春秋齊國大夫，晚于管仲百余年，事靈、莊二公，相景公，節儉力行，任賢選能，不避貴賤。『進思盡忠，退思補過』。堪稱良吏，司馬遷甚仰慕之②。

曾閔顔原之行

曾，名參，字子與。魯國南武城人，孔子弟子，能通孝道，著《孝經》③。閔，名損，字子騫，孔子弟子，孝事父母，下順兄弟，不仕大夫，不食君之禄④。顔，名回，字子淵，魯人，少孔子三十歲。賢而好學，安貧樂道，雖在陋巷，不改其樂，不遷怒，不貳過。早死⑤。原，名憲，字子思，魯人，孔子學生之一。孔子卒，隱居于衛。

苞苴問遺之禮

苞苴，即包裹饋遺之謂。《禮・曲禮》：『凡以弓劍苞苴簞笥問人者。』《莊子・列御寇》：『小夫之知，不離苞苴竿牘』。注：『苞苴以遺，竿牘以問。』問遺，謂以饋贈相慰問也。《漢書・酷吏傳》：『問遺無所受』。

昔有遺第五倫千里馬者

第五倫，字伯魚，後漢京兆長安人。受光武帝賞識，先後爲會稽、蜀郡太守，及爲三公，奉公盡節，屢有善政，以貞白清廉見稱于世。有人贈千里馬而不受⑥。

敢祈鴻□

鴻下漏刻一字，從上下文判斷，疑爲『裁』字。鴻裁，指文章的宏偉體制。《文心雕龍・辨騷》：『才高者菀其鴻裁。中巧者獵其艶辭』。

二連純嘏

二連，兩相連也。常建《客有自燕而歸哀其老而贈之》詩：『羸馬朝自燕，一身爲二連。』純嘏，《詩・大雅・卷阿》：『純嘏尔常矣。』箋：『純，大也。予福曰嘏，使女大受神之福以爲常。』疏：『言能任賢者則福常助之。』

三姜友悌

三姜，指東漢姜肱及其弟仲海，季江，三人皆以孝悌著名。《後漢書・姜肱傳》：『字伯淮，彭城廣戚人也，家世名族。肱與二弟仲海、季江，俱以孝行著聞。其友愛天至，常共卧起。及各娶妻，兄弟相戀，不能別寢。……肱與季江謁郡，夜於道遇盜，殺之。肱兄弟更相争死，賊遂兩釋焉。』

馬鄭洪儒

馬，即馬融，字季長，扶風茂陵人。美辭貌，有俊才。初從摯恂學，博通經籍。恂奇其才，妻以女。永平二年應大將軍鄧騭召，拜郎中，校書東觀，時太后臨朝，融上書諷諫遭禁錮。安帝時爲武都太守，三遷爲南郡太守，因事忤權要梁冀免官，得赦還，復拜議郎，重在東觀著述。融才高博洽，爲世通儒，教養諸生，常有千數。注《孝經》、《論語》、《詩》、《易》等經典，著有賦、頌、對策等凡二十一篇⑦。

鄭，名玄，字康成，北海高密人。少爲鄉嗇夫，休歸詣學，師事馬融，勤學不懈，三年辭歸，融喟然曰：『鄭生今去，吾道東矣。』既歸，客耕東萊，學徒相隨已數百千人。建寧初黨禍作，玄隱修經業，杜門不出。孔融爲北海相，深敬重之，告高密縣特立一鄉，曰鄭公鄉，城門曰通德門。曾道遇黄巾軍，見玄皆拜。所注《周易》、《尚書》、《毛詩》、《儀禮》等凡百餘萬言⑧。洪，大也，洪儒即碩學巨儒之謂。

揚斑敏藝

揚，名雄，字子雲，成都人。少好學，博覽深思，有大度，好辭賦。成帝時召對承明庭，上奏《甘泉》、《河東》、《校獵》、《長楊》諸賦，極麗靡之辭。著有《太玄》、《法言》、《方言》等書。天鳳五年卒，年七十一⑨。

斑，指班彪父子。彪，字叔皮，遭王莽亂，著《王命論》以救時難。永平中爲郎，典校禮書，以著述爲業。專心史籍，乃采前史遺事，旁貫异聞，作後傳數十篇，以繼《史記》，太初以後之闕⑩。子名固，字孟堅，九歲能屬文詩賦，及長博貫載籍，父卒，回歸鄉里。以父所輯前史未詳，乃潛精研思，欲就其業。顯宗奇之，遷爲郎，典校秘書。故探撰前記，綴集所聞，殫精竭慮二十年而成《漢書》。永元初大將軍竇憲征匈奴，以固爲中護軍，與參議，行中郎將事。及憲敗，免官，洛陽令種兢捕系固，死獄中，年六十一⑪。

揚雄，曾校書天禄閣，固亦典校秘書，與誌主秘書少監官職相近，故借以比喻之。敏，黽勉意。藝，文學藝術。

公業不亡，景伯有子

公，指誌主劉應道，其功業不亡者，以其有哲嗣也。景伯，春秋魯大夫子服何之謚，《左傳·昭公十六年》：『（魯昭）公至伯晋，子服，昭伯語季平子曰：「晋之公室，其將卑乎？」平子曰：「尔幼，惡識國。」…冬十月，季平子如晋，葬（晋）昭公。平子曰：「子服回之言猶信，子服氏有子哉。」」誌文作者借用這個典故，説明誌主諸子皆賢俊有德行者。

富平之第

據《漢書·張安世傳》記載，安世字子孺，湯子，少以父任爲郎，用善書給事尚書。昭帝即位，大將軍霍光秉政，以安世篤行，親重之，用爲右將軍光禄勛。久之，天子下詔曰：『右將軍光禄勛安世輔政宿衛，肅敬不怠，十有三年，咸以康寧，夫親親任賢，唐虞之道也，其封安世爲富平侯。』

安世爲人勤謹，拜車騎大將軍，元康四年卒，謚敬侯。子延壽，歷位九卿。延壽孫臨，尚敬武公主。

高陽之里

典出《後漢書·荀淑傳》。淑，字季和，潁陰人，少有高行，博學不好章句。當世名賢李固、李鷹等，皆師宗之。梁太后臨朝，詔公卿舉賢良方正，光禄勳杜橋等舉淑對策，譏刺貴幸，爲大將軍梁冀所忌，出補朗陵侯相。莅事明理，稱爲神君。弃官歸，閑居養志。建和三年卒，有子八人，皆有名，時稱八龍。

荀氏舊里名西豪，潁陰令苑康以爲昔高陽氏有才子八人，今荀氏亦有八子，故改其里爲高陽里。

荷靈宸施

荷，負也。《公羊傳·宣公六年》：『有人荷畚』。靈，機敏，人靈之意，孫思邈《準急千金要方·大醫精誠》：『反此則是含靈巨賊』。宸，帝王；施，延也。《詩·大雅·皇矣》：『施於孫子』。箋：『猶易也，延也。』因誌主乃唐高祖孫女，故言其所具機敏靈性實源自帝王之延移而非常人可能者。

壼務之餘，披省無輟

壼，音闞，宮中道也。《爾雅·釋宫》：『宮中衖謂之壼』。壼務謂教女子之家務也。此言誌主家務餘暇，展卷讀書不止。

三周啓路，二紀於兹

三周，親迎之禮，新郎親御婦車，車輪行三轉，再交由御者，《禮記·昏義》：『降出，御婦車，而婿授綏，御輪三周。先俟於門外，婦至，婿揖婦以入，共牢而食，合巹而酳。所以合體，同尊卑，以親之也。』鄭玄注：『婿御婦車輪三周，御者代之，婿處乘其車先導之歸也。』《全唐詩》五〇五張光朝《天門街西觀榮王聘妃》：『三周初展義，百兩遂言歸。』啓，開也；路，道路也。紀，十二年爲一紀，《尚書·畢命》：『既歷三紀』。《國語·晋語》：『畜力一紀』。注：『十二年歲星一周爲一紀』。此言誌文作者劉應道與誌主聞喜縣主結婚已二十四年矣。

歌螽斯而諭美

歌，唱詠意。螽斯，《詩經·周南》篇名，三章，章四句：『螽斯羽，詵詵兮，宜爾子孫振振兮。』以昆蟲螽斯比喻子孫的衆多。

仰關雎以同好

仰，仰慕也。《詩經·小雅·車牽》：『高山仰止』。關雎，《詩經·周南》首篇篇名：『關關雎鳩，在河之洲，窈窕淑女，君子好逑。』乃古代著名歌頌愛情的詩篇。樂得淑女，以配君子，爲新婚男女真摯情感的寫照。同好，同己之所好也。《左傳·僖公四年》：『與不谷同好』。《文選》曹植與楊德祖書：『將以傳之於同好』。

伯鸞啓齒

典出《後漢書·梁鴻傳》。鴻，字伯鸞，扶風平陵人，家貧而尚節介，博覽，不爲章句。人慕其高行，多欲以女妻之，鴻不娶。同縣孟氏女肥醜有力，擇對不嫁，言，欲得賢如梁伯鸞者。鴻聘之，及嫁，七日而鴻不答。妻跪請曰：『聞夫子高義，簡斥數婦，妾亦偃蹇數夫矣，今而見擇，敢不請罪。』鴻曰：『吾欲裘褐之人，可與俱隱深山者耳，今乃衣綺傅粉，豈鴻所願哉，妻乃椎髻著布衣，操作而前，鴻大喜。共入霸陵山中，耕織爲業，詩琴自娱。』

奉倩傷神

據《世説新語》：『荀奉倩與婦至篤，冬月婦病熱，乃出中庭自取冷還以身熨之，婦亡，奉倩後少時亦卒。』此借喻誌主夫婦情感之深厚。

哀傾楚詠

哀，悲慟意。傾，竸也，《漢書·田蚡傳》：『欲以傾諸將相』。楚詠，即楚歌，《史記·項羽本紀》：『項王軍壁垓下，兵少食盡，漢軍及諸侯兵圍之數重，夜聞漢軍四面皆楚歌，項王乃大驚曰：「漢皆已得楚乎？是何楚人之多也！」』此即四面楚歌之由來，後用以比喻四方受敵處于孤立無援之境地。

恨動潘文

潘，名岳，字安仁，滎陽中牟人。泰始中，晋武帝躬耕藉田，岳作賦以美其事，岳才名冠世，鬱鬱不得志，出爲河陽令，轉懷令，勤于政績，遭誣死，夷三族。岳辭藻絶麗，尤善爲哀誄之文⑫。妻死，作《悼亡詩》三首，後人因稱喪妻爲悼亡。

人物小考

誌主劉應道，史無專傳，其人其事，兩唐書均一筆帶過。如《舊唐書》卷八十一《劉祥道》傳：『又叔父吏部郎中應道，從父弟禮部侍郎令植等八人，前後爲吏部郎中員外，有唐已來，無有其比云』。此外，其名又見列于《新唐書》卷七十一《宰相世系表一上》，廣平劉氏世系爲：

劉啓（漢景帝）——彭祖（趙敬肅王）——蒼（陰城思侯）——（十一世孫）邵（魏散騎常侍）——（十一世）藻——矜（兖州刺史）——□□——林甫（唐中書侍郎、樂平男）

林甫——
- 祥道（相高宗）——
  - 齊賢（相高宗）
  - 廣禮
- 慶道（司部郎中）
- 應道（吏部郎中）——
  - 令植（禮部尚書）
  - 孺之（京兆少尹）——從（相德宗）
- 武幹（五州留守）——元勖（括州刺史）——
  - 如潘（朐少丞）——迺（兵部侍郎）——伯

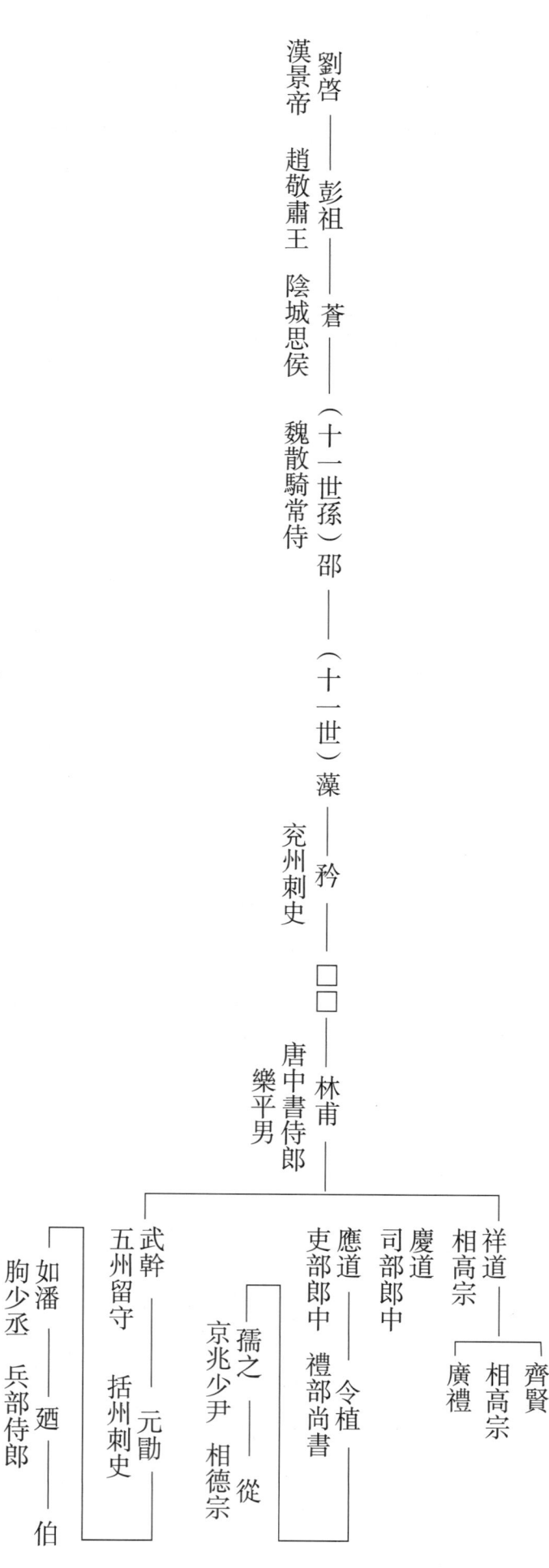

地下發現的文物，總能給我們提供以新的材料，從而補正文獻記載的疏漏或缺失，該誌亦如此。茲據誌文，表列劉氏世系如下表：

劉啓（漢景帝）……（應道十世祖）遐（晉北中郎將、徐州刺史、泉陵公）……（遐六世孫）藻（魏散騎常侍、鴻臚卿、岐秦刺史）——矜（魏太尉司馬、四州刺史、城陽公）——會（齊濮陽太守）——林甫（唐中書侍郎、吏部侍郎、樂平縣男）——應道（吏部郎中、秘書少監）——
- 獻臣
- 廣業
- 友賢
- 令植

從上列的兩個譜系圖可以看出，《表》與誌的出入异同是明顯的。依誌文，應道的十世祖名遐，官至晋北中郎將，徐州刺史，封泉陵公，爲《表》所無，而《表》所列的魏散騎常侍邵，是誌主的第十五世祖，却未見于誌文。自應道四世祖藻以下各代二者雷同，惟《表》未標明藻的官職。又林甫之父會，官至高齊濮陽太守，《表》亦漏其名與官職，空格。兩唐書《劉祥道傳》載令植爲應道之昆弟，誤，依《表》和誌，斯二人實爲父子關係。

劉遐，字正長，果毅勇壯，天下亂，爲塢主，得冀州刺史邵續的器重，妻以女。建武（四九四—四九八）初爲下邳内史。以討周撫有功，徙臨淮太守，復平息徐龕，升北中郎將，兖州刺史。太寧初年，以平王含功遷散騎常侍、徐州刺史⑬。

劉藻，字彦先，乃遐六世孫，亦即誌主的四世祖。涉獵群籍，永安（五二八—五三〇）中北上投魏，拜南部主書。後爲北地太守，對諸羌治理有方，朝廷嘉之，遷雍城鎮將。太和（四七七—四九九）中改秦州刺史，開恩示信，誅戮豪横，人情乃定。以太尉司馬卒⑭。

依誌文，誌主劉應道，字玄壽。初爲唐高祖太穆竇皇后挽郎，繼爲太子通事舍人，玄武縣令。貞觀二十二年（六四八）擢授尚書户部員外郎，永徽（六五〇—六五五）初授華原縣令。時其二兄祥道爲吏部侍郎⑮，同在尚書省屬下，唐舊制度兄弟不得同省任職，徙武功令。顯慶二年（六五七）遷吏部員外郎，時祥道任刑部尚書，應道在出任洛陽令期間，因事除名。總章（六六八—六七〇）初始復出爲雍州司功參軍，不久遷户部員外郎。咸亨二年（六七一）任司勳郎中，次年遷吏部郎中，有清操。上元三年（六七六）遷秘書少監，與任給事中劉景先、外甥左史李仁實三人預修國史，制祭祀樂章并檢校《四部群書》，刊定訛舛。他擅長書畫音樂，晚年皈依佛教。儀鳳三年（六七八）從高宗巡幸東都洛陽，調露二年（六八〇）七月卒，年六十八。次年（開耀元年，即六八一年）十一月與其妻合葬于明堂區少陵原。

劉應道，本誌言爲廣平易陽人，《舊唐書·劉祥道傳》載：『魏州觀城人也。』兄弟二人豈能鄉里不同？應以誌文爲是。廣平，郡名，即隋之武安郡，武德元年，改爲洺州。天寶元年，改爲廣平郡。易陽縣，漢置，隋改曰邯鄲，又名臨洺，宋廢，故治在今河北省永年區西十五里。魏州，後魏置，隋改名武陽郡，武德四年，復爲魏州，領貴鄉、昌樂、元城、華、武陽、臨黄、觀成、頓丘、繁水、魏、冠氏、館陶、漳陰十三縣。觀城，隋縣，唐初屬澶州，州廢，亦省觀城。大曆七年，割昌樂、臨黄二縣四鄉，置縣于舊觀城店（《舊唐書·地理志》）。應道誌又云：『（劉）遐六世孫藻，自宋來歸魏氏，乃家於頓丘』。頓丘，故城在今河北清豐縣西南二十五里。

誌末誄詞爲劉禕之所作，禕之常州晉陵人，少以文藻知名，上元（六七四—六七六）中遷左史、弘文館直學士，召入禁中，參修《臣軌》等書，密預樞機，時人謂之『北門學士』。儀鳳二年（六七七）轉中書侍郎，以事流配巂州數載，召還轉相王府司馬。吐蕃入寇，禕之與劉景先（即誌主之侄齊賢）各有所奏，高宗嘉之⑯。誌云其與劉家有『累世宗盟之好』是可信的。惟其如此，誌主之子獻臣才敢于向這位『學府文宗』作『祈鴻裁，勒銘終古』。所以，這十段誄詞可視爲劉禕之傳至今日的一篇遺作。

劉應道妻封聞喜縣主，名婉順，字汪娘，乃唐高祖李淵孫女，隱太子建成之次女，建成于武德九年（六二六）遭玄武門之變被殺，諸子坐誅。縣主年十七嫁應道，聰穎知禮，夫婦情感甚篤，以龍朔元年（六六一）六月死，享年四十。

按應道青年時期曾在太穆皇后手下做事，官爲挽郎，而后即隱太子生母，縣主之祖母也。應道是否由于有這麽一段機緣經歷，得以結親皇家，與縣主成秦晉之好呢？

誌謂儀鳳三年（六七八）劉應道隨帝高宗『幸東都』，下榻于敬業坊之私宅。按儀鳳三年帝未巡幸洛陽，當爲調露元年（六七九）之誤，元年『春正月己酉，上幸東都』⑰，《新唐書·高宗紀》：『調露元年正月戊子，如東都』。直到次年（六八〇）二月才駕返長安⑱。敬業坊當爲教業坊或崇業坊之誤，東都有教業、修業、崇業、安業諸帶『業』字的坊名，惟獨没有敬業坊。教業坊在洛陽東城之東，第六南北街，從南數第一曰積德坊，次北教業坊，當上東門内道北，北鄰興藝坊，西鄰德懋坊⑲。崇業坊在定鼎門街東第一街第四坊⑳。看來，應道大概由于健康原因未能隨駕西還，于七月四日病亡，得年六十八歲。移柩長安，開耀元年（六八一）十一月葬于少陵原。

應道之妻李婉順早在龍朔元年（六六一）六月，病亡于長安居德坊宅，享年四十。由知其年少于夫九歲。居德坊在長安右皇城西第一街，金光門内道北㉑。

李婉順葬于萬年縣…與二十年後，劉應道『合葬于聞喜縣主舊域』，説明夫婦葬在同一地點，但爲什麽劉誌却説是『安厝於雍州明堂縣』呢？原來李氏死後五年即乾封元年（六六六）置明堂縣㉒，顯然把李氏墓地所在劃歸之，所以劉來歸葬時，便成爲明堂縣而非萬年縣了。

注釋

①《史記》卷六十二《管晏列傳》。

②同①。

③④⑤《史記》第六十七《仲尼弟子列傳》。
⑥《後漢書》卷四十一《第五倫傳》。
⑦《後漢書》卷六十《馬融傳》。
⑧《後漢書》卷三十五《鄭玄傳》。
⑨《漢書》卷八十七《揚雄傳》。
⑩《漢書》卷一百《叙傳》。
⑪《後漢書》卷四十五《班彪列傳》。
⑫《晋書》卷五十五《潘岳傳》。
⑬《晋書》卷八十一《劉遐傳》。
⑭《魏書》卷七十《劉藻傳》。《北史》卷四十五《劉藻傳》。
⑮《舊唐書・劉祥道傳》：『祥道少襲父爵。永徽初，歷中書舍人、御史中丞、吏部侍郎』。據此，可知誌主二兄爲祥道，前引新唐書《表》列祥道爲長兄，慶道爲二兄，誤。
⑯《舊唐書》卷八十七《劉禕之傳》。
⑰⑱《資治通鑑》卷二百二。
⑲⑳㉑《唐兩京城坊考》卷五、卷四。
㉒《舊唐書・地理志》一。

大唐故秘書少監劉府君墓誌 蓋

大唐故秘書少監劉府君墓誌銘

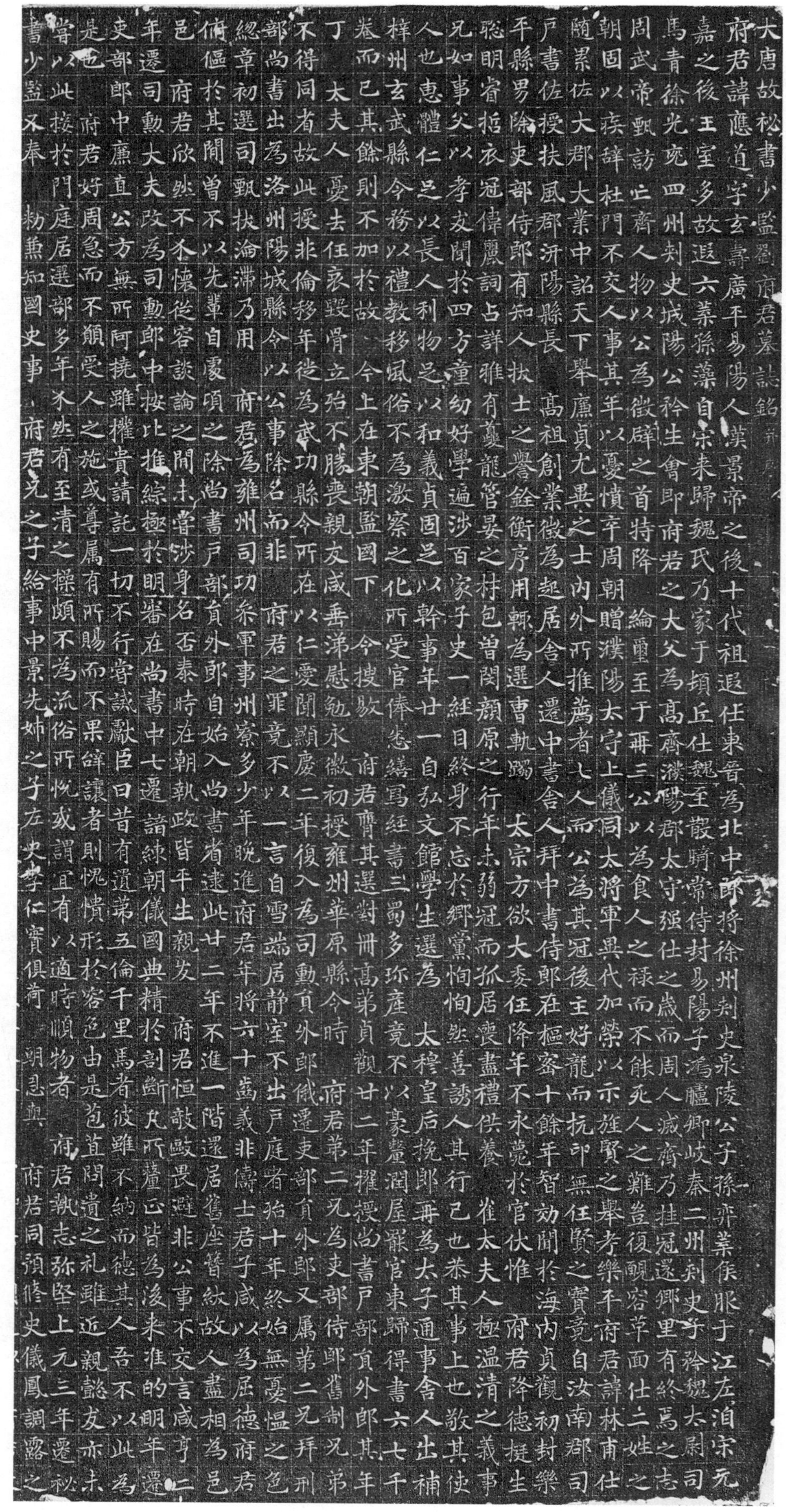

大唐故秘書少監劉府君墓誌銘并序
府君諱應道字玄壽廣平易陽人漢景帝之後十代祖退仕東晉為北中郎將徐州刺史泉陵公子孫弈葉侯服于江左洎宋元
嘉之後王室多故退六葉孫藻自宋來歸魏氏乃家于頓丘仕魏至散騎常侍封易陽子鴻臚卿岐秦二州刺史子珍魏太尉司
馬青徐光兖四州刺史城陽公矜生會即府君之大父為高齊濮陽郡太守强仕之歲而周人滅齊乃挂冠還鄉里有終焉之志
周武帝甄訪亡齊人物以公為徵辟之首特降綸璽至于再三公以為食人之祿而不能死人之難豈復靦容苹面仕二姓之
朝固以疾辭杜門不交人事其年以憂憤卒周朝贈濮陽太守上儀同太將軍異代加榮以示旌賢之舉考樂平府君諱林甫仕
隋累佐大郡大業中詔天下舉廉貞尤異之士內外所推薦者七人而公為其冠後主好龍而抗卬無任賢之實竟自汝南郡司
戶書佐授扶風郡汧陽縣長高祖創業徵為起居舍人還中書舍人拜中書侍郎在樞密十餘年智効聞於海內貞觀初封樂
平縣男除吏部侍郎有知人拔士之譽銓衡序用甄為選曹軌躅太宗方欲大委任降年不永薨於官伏惟府君降德挺生
聰明睿哲衣冠偉㬈詞占詳雅有夔龍管晏之材包曾閔顏原之行年未弱冠而孤居喪盡禮供養崔太夫人極溫清之義事
兄如事父以孝友聞於四方童幼好學遍涉百家子史一經目終身不忘於鄉黨恂恂然善誘人其行己也恭其事上也敬其使
人也惠體仁足以長人利物足以和義貞固足以幹事年廿一自弘文館學生選為太穆皇后挽郎再為太子通事舍人出補
梓州玄武縣令務以禮教移風俗不為激察之化所受官俸悉繕寫經書三蜀多珍產竟不以豪釐潤屋罷官東歸得書六七千
卷而已其餘則不加於故今上在東朝監國下令搜訪府君實其選對冊高第貞觀廿二年擢授尚書戶部員外郎其年
丁太夫人憂去任哀毀骨立殆不勝喪親友咸垂涕慰勉永徽初授雍州華原縣令時府君第二兄為吏部侍郎舊制兄弟
不得同省故此授非倫移年徙為武功縣令所在以仁愛聞顯慶二年復入為司勳員外郎俄遷吏部員外郎又屬第二兄拜刑
部尚書出為洛州陽城縣令以公事除名而非府君之罪竟不以一言自雪端居靜室不出戶庭者殆十年終始無憂慍之色
總章初選司甄拔淪滯乃用府君為雍州司功參軍事州寮多少年晚進府君年將六十義非儔士君子咸以為屈德府君
傴僂於其間曾不以先輩自處頃之除尚書戶部員外郎自始入尚書省逮此廿二年不進一階還居舊座暨故人盡相為邑
邑府君欣然不介懷從容談論之間未嘗涉身名否泰時在朝執政皆平生親友府君恒敬嚴畏避非公事不交言咸亨二
年遷司勳大夫改為司勳郎中按比推綜極於明審在尚書中七遷諳練朝儀國典精於剖斷凡所釐正皆為後來準的明年遷
吏部郎中廉直公方無所阿撓雖權貴請託一切不行嘗誡獻臣曰昔有遺第五倫千里馬者彼雖不納而德其人吾不以此為
是也府君好周急而不顧受人之施或尊屬有所賜而不果辭讓者則愧懼形於容色由是苞苴問遺之禮雖近親懿友亦未
嘗以此接於門庭居選部多年不然有至清之操頗不為流俗所悅或謂宜有以適時順物者府君執志彌堅上元三年遷秘
書少監又奉勅兼知國史事府君兄之子給事中景先姊之子左史李仁實俱有[illegible]朝[illegible]府君同預修史儀鳳調露之[illegible]

上半闕

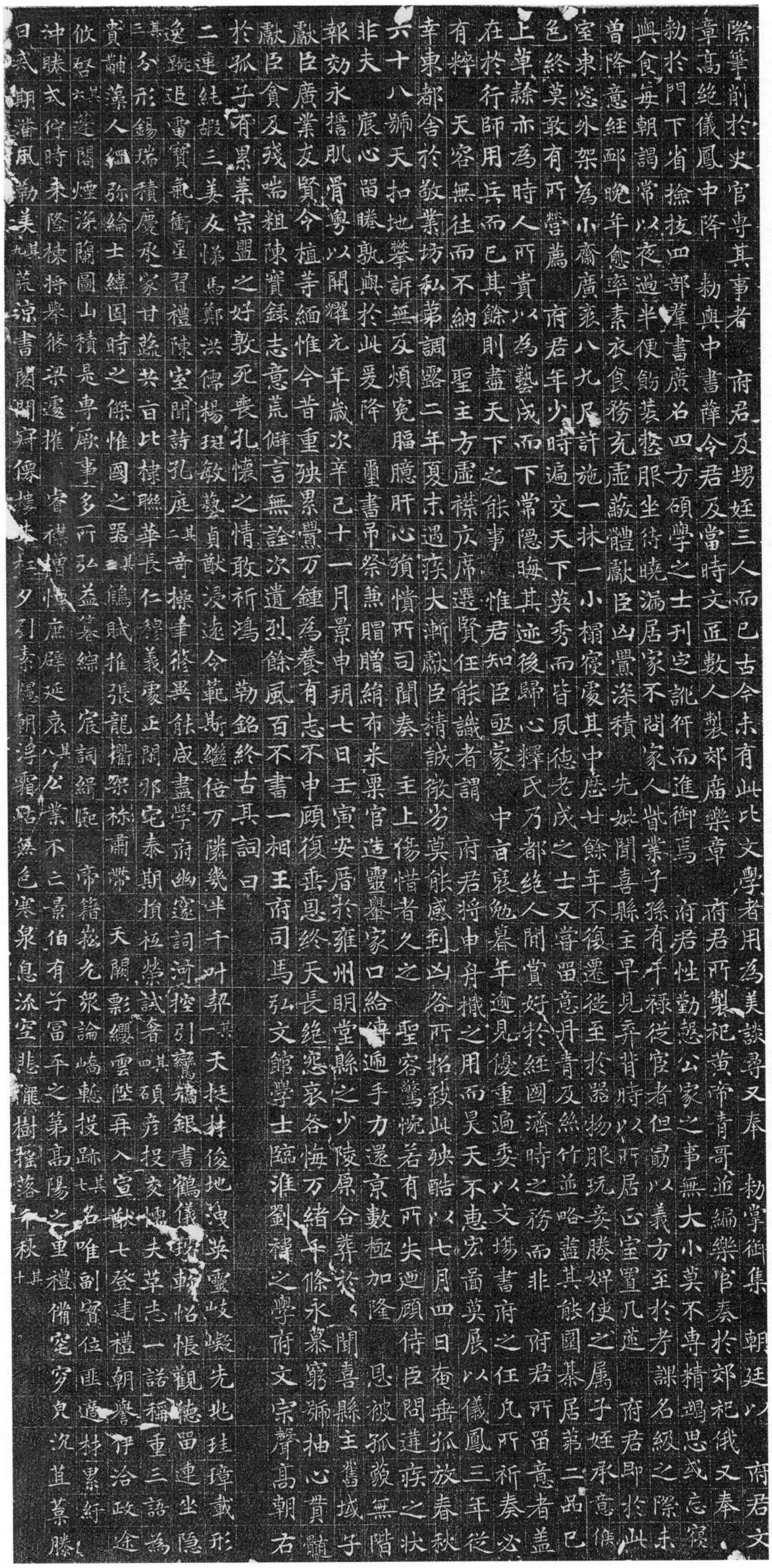

下半闕

唐曹州刺史韋府君夫人晋原郡君王婉墓誌（六八二）

概述

該墓誌出自韋氏墓地。墓遭盜擾破壞，失蓋，誌石碩大，每邊長五十七厘米，厚九厘米。四側面飾華美的牡丹蔓草花紋。有銘文三十六行，每行滿格三十五字。左上角殘缺，有五行共缺十四字。書法規整灑脱。

誌文

大唐故曺（曹）州刾（刺）史韋府君夫人晉（晋）原郡君王氐*（氏）墓誌銘并序

皇弟左衛大將軍荊州大都督（督）上柱國紀王蓎*（簒）

若夫維蛇在夢，流詠騰於□□，牝馬利貞，詨*（設）卦眀（明）乎妻道。故知崇蘭擢蒨，滋九畹而疏芳，圓璧稱珎（寶），冠十城而待價。宋鯉標其洪胄，潤荨*（等）膏胂，漢龍應其嘉偶，調諧琴瑟。具（具）全望實，其惟在晉（晋）原君者乎？夫人諱婉，字令則，太原祁人也。鳳笙流祉，鳧鳥延休（休），忠孝無虧，既分徽於蜀路，神竒（奇）有稱，還繼美於秦京（京）。桐柏與洪源競（竞）深，華霍将隆基比峻。英靈接武，赫弈傳芳。曽（曾）祖肱，周儀同三司、車騎*（騎）大将軍、靈州刾（刺）史、懐德（德）郡開國公。大父慶，随右衛大将軍、開府儀同三司，延、丹、隰、汾荨*（等）四州諸軍事、延州揔管、平昌郡開國公，謚曰荘*（莊）。並道叶天経（經），神清月旦，爵通五荨*（等），位列三司。将軍佩金印之榮，太守綰銅符之貴，儀形沓耀，衮紱駢暉。考韶，随内史舍人、趙州刾（刺）史，娶唐贈（贈）太師上柱國齊國公長孫晟女，即文德（德）聖皇太居*（后）之親姉（姊）焉。公孕影懸黎，翻華結緑，嵇松千丈，郄桂一枝，司鳳沼而預綢繆，察烏盜而宣政令。固以玉人分譽，金穴聮*（聯）姻（姻），望軼朝賢，聲*（聲）冠宗黨。

夫人資神璧月，禀化珠星，染秀氣於塗山，授竒（奇）精於汾水。言容素婉，習誡閫於公宮，儀象應圖，含弘彰於娣袂。曺（曹）大家之女訬*（訓），率由道合，張司空之史箴，自然性與。裂齊紈而錯思，攬（攬）秦鏡以施粧*（粧）。年甫初笄，式嬪君子，五物攸俻（備），百兩言歸，允迪好逑，成兹美（美）對。必紆情於箕箒（帚），常屈己於饘酏（酏）。伉叶蘿松，敬隆蘋藻。陶匏古噐（器），克脩*（循）中饋之風，羅綺*（綺）新文，還脩*（脩）内則之藝。名曰（因）德（德）遠，封逐夫崇，拜晉（晋）原郡君，随（隨）班例也。既而福褰偕老，義絶同衾，分紫氣之雙龍，别青田之兩鶴，衛太子之早逝，恭姜守義而賦詩；魯大夫之云亡，敬姜處（處）喪而識禮。雖代殊今古，而人無優劣，始曰良妻，終稱賢母。三從式叙，六行弥光，或投*（投）杼以弘慈，乍斷機*（機）而演*（演）誨，所以魚軒翟服，克保安貞，翼子謀孫，乃傳餘慶。於是時昇鮑輦，乍動潘*（潘）輿，施大被而招賢，列長筵而命賞，既盡美（美）矣，而又終焉。方期千月易登，五福無奭*（爽），豈謂燒金舛候，曽（曾）不驗於長春，連石移隂（陰），溘先歸扵大夜。奄以開耀元年十二月六日，終於眀（明）堂之静安里苐*（第），春秋七十有九。永淳元年七月十八日歸祔*于府君之舊塋*（塋），禮也。

惟夫人之徳（德）茂芝蘭，行符謙（謙）順，柔以事上，剛（剛）以御卑。享薦之羞，必親扵手目；荘*（莊）敬之禮，弗虧扵造次。動成楷則，言合典墳，可謂在彼中流，光斯上智。有一女六子，女適太子詹事楊崇敬。長子緘，潞州上黨縣令、坊州司馬，未縻高秩，先已就（就）木温清。次子纘（纘），恒州司户条（參）軍、商州上津縣令。次子綝，印□安仁隆州蒼溪縣令。次子綜，高尚不仕。次子繹，交州交阯、潭*（潭）州衡（衡）山縣令。幼（幼）子績，益州新都、同州馮（馮）翊縣令，妻則皇姪（侄）女江陵（陵）縣主也。往皆蒸蒸色養，今並哀（哀），茹荼捧奩，鏡以摧心，望杯圈而斷骨。嗟乎！楸衣僬閟，椒（椒）奠方陳，白日空臨，黃泉詎曉。是用追思外族，緬懷景（？）好，既伊余之舅母；仁貸寔深，亦吾女之慈姑。恩（恩）華曲備（備），遂流襟而叙徳（德），詮盛烈以難窮。聊託琬而揚徽，庶柔規之不朽。迺為銘曰：

維山契道，葉（葉）縣儀僊（仙）。長瀾紀地，曽（曾）嶠千天，門承爵禄，位襲貂蟬。葳蕤（蕤）綠簡（簡*），晉（晋）燭青編。

其一。

代□□美（美），育玆邦令。玉胄開祥，金鈎演*（演）慶。循箴頋（顧）典，鳴環撫鏡。旭鷹（鷹）騰歌，河魴*（魴）入詠。其二。

華若桃*（桃）李，□□潘*（潘）陽。虔脩*（脩）擧案，載叶承筐。才超頌菊，業盛調桒（桑）。禮崇沃盥，譽表含章。其三。

自伯之殂，孀容□□。□鳳輟響，孤鸞戢翼。耳不畄（留）聲，目不藏色。魯室歸祀，郰（鄒）門斷織。其四。

一摻（摻）冈（罔）違，芝松疊□。□□□□，銅墨交煥。耀玉正忻，遷舟起歎（嘆）。宊（寂）寞簾*（簾）宇，荒涼*（凉）池館。

其五。

竟託玄隧，重掩黃壚。賓迎□□，□□□□。愁烟（烟）夕綴，思月晨孤。空埀（垂）素範，永播*（播）緗圖。其六。

考釋

曹州刺史，曹州是山東菏澤（今曹縣）古稱，素有『雄峙烈郡』、『一大都會』之譽。中國著名的牡丹之都、武術之鄉、書畫之鄉、戲曲之鄉、民間藝術之鄉。

刺史，一州的行政長官。

皇弟左衛大將軍、荊州大都督、上柱國紀王簒皇弟。皇，皇帝，當爲時在皇位的高宗李治。皇弟紀王，《舊唐書》卷七十六、《新唐書》卷八十有傳，太宗第十子，韋妃所生。史傳紀王名慎，唐代紀王唯此一人。篹，同撰，即撰寫此誌文者。李慎，貞觀五年（六三一）封申王。七年（六三三）授秦州都督。十年（六三六）改封紀王。十七年（六四三）遷襄州刺史，以善政聞，璽書勞勉，百姓爲之立碑。永徽元年（六五〇），拜左衛大將軍。二年（六五一）授荆州都督，累遷邢州刺史。文明元年（六八四），加授太子太師，轉貝州刺史。慎少好學，長于文史，皇族中與越王貞齊名，時人號爲紀、越。初，越王李貞將起事（謀叛），慎不肯同謀，及貞敗，慎亦下獄。臨刑放免，改姓虺氏，仍載以檻車，配流嶺表，道至蒲州而卒。

維蛇在夢。典出《小雅・斯干》篇中提到：『維虺維蛇，女子之祥。』古人認爲，虺蛇入夢乃是將生男孩之兆。

牝馬利貞。牝馬，母馬。公馬，牡馬。貞是貞固操守之意。爲什麽説是牝馬之貞呢？牝馬有一種獨有的特質，就是忠貞不二，而且它有一種桀驁不馴的氣質，就是有原則性的順從公馬，而且非常符合地坤的柔順。

坤卦：坤，元，亨，利牝馬之貞。君子有攸往，先迷後得主，利。西南得朋，東北喪朋。安貞吉。

九畹，《楚辭・離騷》：『余既滋蘭之九畹兮，又樹蕙之百畝。』王逸注：『十二畝曰畹。』一説，田三十畝曰畹。見《説文》。後即以『九畹』爲蘭花的典實。唐楊炯《幽蘭賦》：『尔乃豐茸十步，綿連九畹。』

流祉，流布的福澤。

華霍，華山與霍山的并稱。南朝齊謝朓《三日侍宴曲水代人應詔》詩之四：『譬諸華霍，維邦之鎮。』

誌主王婉，字令則，太原祁人。曾祖父肱，周儀同三司，車騎大將軍、靈州刺史、懷德郡開國公。祖父慶，《周書》卷三十三、《北史》卷六十九有傳。『王慶，字興慶，太原祁人也。父因，魏靈州刺史、懷德縣開國公。』則肱與因爲同一人，即王慶之父。

誌文：『大父慶，隨右衛大將軍、開府儀同三司、延、丹、隰、汾四州諸軍事、延州總管、平昌郡開國公，謚曰莊』。史傳謂慶有才略，初從周文帝復弘農，破沙苑，有功獲賞。大統十年（五四四）授殿中將軍。周閔帝踐阼，授大都督。保定二年（五六二），使吐谷渾，與其分疆，仍歸和好，渾主悦服，遣所親隨慶貢獻。後又出使突厥，與之結好。信著北蕃，頻歲出使。武帝嘉之，遷開府儀同三司，進爵爲公。歷丹、中二州刺史，爲政嚴肅。大象元年（五七九），授小司徒，加上大將軍、總管汾、石二州五鎮諸軍事、汾州刺史。又除延州總管，進位柱國。隋文帝開皇元年（五八一）進爵平昌郡公。卒于鎮，贈上柱國，謚曰莊。

考韶，隨内史舍人，趙州刺史。娶唐贈太師、上柱國、齊國公長孫晟女，即文德聖皇太后之親姊焉内史舍人，官名。隋朝内史省屬官，置八員，正六品上，文帝開皇三年（五八三）加爲從五品；煬帝大業三年（六〇七）減爲四員，十二年改名内書舍人。唐高祖武德元年（六一八）復名内史舍人，三年改中書舍人。

誌主之父名韶，隋内史舍人、趙州刺史。史籍無名。惟其岳父長孫晟，《隋書》卷五十一、《北史》卷二十二有傳。字季晟，洛陽人。性通敏，略涉書記，善彈工射，趫捷過人。年十八，仕周爲司衛上士。隋文帝一見嗟異焉。開皇（五八一—六〇〇）中，突厥南侵，晟口陳形勢，手畫山川，定其虚實，皆如指掌。拜車騎將軍。又爲受降使者。突厥畏之。聞其弓聲，謂爲霹靂。見其走馬，謂爲閃電。終右驍衛將軍。大業五年（六〇九）卒，年五十八。晟好奇計，務功名。性至孝，爲朝士所稱。貞觀（六二七—六四九）中，追贈司空、上柱國、齊國公，謚曰獻。

文德皇太后，即唐太宗文德皇后長孫氏，長孫晟之女。《舊唐書》卷五十一、《新唐書》卷七十六有傳。河南洛陽人。其先魏拓跋氏，後爲宗室長，因號長孫。高祖稺，大丞相、馮翊王。曾祖裕，平原公。祖兕，左將軍。父晟，仕隋爲右驍衛將軍。后喜圖傳，視古善惡以自鑒，造次必循禮則。太宗深重之。性約素，服御取給則止。益觀書，雖容櫛不少廢。帝嘗與議賞罰。后辭曰：『牝鷄之晨，惟家之索』。固問之，終不對。後廷有被罪者，必助帝怒請繩治，俟意解，徐令問治，終不令有冤。兄無忌，于帝本布衣交，以佐命爲元功，帝將引以輔政，后固謂不可。疾甚，與帝決，囑死不可以厚葬。又請帝納忠容諫，省游畋作役。年三十六崩。撰《女則》十卷。謚曰文德，後謚文德聖皇后。

誌主王婉之父王韶，娶文德皇后之姊爲妻，則韶與唐太宗李世民系連襟關係，二人都是齊國公長孫晟的女婿。王婉當爲文德皇后的外甥女，唐太宗便是其姨父。

曹大姑之《女訓》

曹大姑即班昭，《女訓》即指《女誡》一文。

班昭（約四十五—約一一七），《後漢書》卷八十四有傳。又名姬，字惠班，扶風安陵（今陝西省咸陽市東北）人，東漢史學家、文學家。史學家班彪之女、班固之妹，十四歲嫁同郡曹世叔爲妻，故後世亦稱『曹大家』。

班昭博學高才，其兄班固著《漢書》，未竟而卒，班昭奉旨入東觀藏書閣，續寫《漢書》。其後漢和帝多次召班昭入宫，并讓皇后和貴人們視爲老師，號『大家』。鄧太后臨朝後，曾參與政事。班昭作品存世七篇，《東征賦》和《女誡》等對後世有很大影響。

張司空，即張華，字茂先。張司空之《史箴》，即指《女史箴》一文。

張華（二三二—三〇〇），《晋書》卷三十六有傳。范陽方城（今河北省固安縣）人。西晋時期政治家、文學家、藏書家，西漢留侯張良的十六世孫、唐朝名相張九齡的十四世祖。少孤貧，自牧羊，劉放奇其才，以女妻焉。多才多藝，學業優博，辭藻温麗，圖緯方伎之書莫不詳覽，受到時人贊賞。阮籍見之，謂有王佐才。陸機執師禮事之。在曹魏時歷任太常博士、河南尹丞、佐著作郎、中書郎等職。西晋建立後，拜黄門侍郎，封關内侯。他記憶力極强，被比作子産。後拜中書令，加散騎常侍，與杜預堅决支持建議晋武帝司馬炎伐吴，戰時任度支尚書。吴國滅亡後，進封廣武縣侯，因聲名太盛而出鎮幽州，政績卓然。後入朝任太常。晋惠帝繼位後，累官開府儀同三司、侍中、中書監，被皇后賈南風委以朝政。張華盡忠輔佐，使天下仍然保持相對安寧。後封壯武郡公，又遷司空。永康元年（三〇〇），趙王司馬倫發動政變，張華慘遭殺害，年六十九。華著《博物志》十篇，并以歷代賢妃事迹撰《女史箴》。晋惠帝時，賈后專權善妒，張華作《女史箴》一文諷刺之，并借此教育宫廷婦女。『女史』指宫廷婦女，『箴』則爲規勸之意。《女史箴》以歷代賢妃事迹爲鑒戒，被當時奉爲『苦口陳箴、莊言警世』的名篇。兹録原文如下：

茫茫造化，兩儀既分；散氣流形，既陶既甄；在帝庖犧，肇經天人；爰始夫婦，以及君臣；家道以正，王猷有倫。

婦德尚柔，含章貞吉；婉嫕淑慎，正位居室；施衿結褵，虔恭中饋；肅慎尔儀，式瞻清懿。

樊姬感莊，不食鮮禽；衛女矯恒，耳忘和音；志勵義高，而二主易心。

玄熊攀檻，馮媛趨進；夫豈無畏，知死不吝！

班婕有辭，割驩同輦；夫豈不懷，防微慮遠。

道罔隆而不殺，物無盛而不衰；日中則昃，月滿則微；崇猶塵積，替若駭機。

人咸知修其容，而莫知飾其性；性之不飾，或愆禮正；斧之藻之，克念作聖。

出其言善，千里應之，苟違斯義，同衾以疑。夫出言如微，而榮辱由兹。勿謂幽昧，靈監無象。勿謂玄漠，神聽無響。

無矜尔榮，天道惡盈。無恃尔貴，隆隆者墜。鑒于小星，戒彼攸遂。比心螽斯，則繁尔類。

驩不可以黷，寵不可以專。專實生慢，愛極則遷。致盈必損，理有固然。美者自美，翩以取尤。冶容求好，君子所讎。

結恩而絶，職此之由。故曰：翼翼矜矜，福所以興。靖恭自思，榮顯所期。女史司箴，敢告庶姬。

衛太子之早逝，恭姜守義而賦詩。魯大夫之云亡，敬姜處喪而知禮

衛太子何人？有説是漢武帝太子劉據，然與誌文意境不盡合。誠然，《漢書·外戚傳》有：『衛太子史良娣，宣帝祖母也。太子有

妃，有良娣，有孺子，妻妾凡三等，子皆稱皇孫。…武帝末，巫蠱事起，衛太子及良娣、史皇孫等皆遭害』。又，《漢書・武五子傳》：『孝武皇帝六男。衛皇后生戾太子。…戾太子據，元狩元年立爲皇太子，年七歲矣。』史雖記劉據爲衛太子，因巫蠱之禍自經早死，謚曰戾，又稱戾太子。但并無『恭姜守義而賦詩』之事，也不見有恭姜其人。太子的三等所有妻妾們更没有片文只字傳世。史籍無文，其事或别有所出。

魯大夫又是誰呢？自周武王封弟周公旦于少昊之墟曲阜，是爲魯公起，至頃公十九年爲楚所滅，魯絶祀止，魯國王凡傳三十四世。檢《史記・魯周公世家》有：『釐公』十八年二月，文公卒。文公有二妃：長妃齊女爲哀姜，生子惡及視；次妃敬嬴，嬖愛，生子俀。俀私事襄仲，襄仲欲立之，叔仲曰不可。襄仲請齊惠公，惠公新立，欲親魯，許之。冬十月，襄仲殺子惡及視而立俀，是爲宣公。哀姜歸齊，哭而過市，曰：天乎！襄仲爲不道，殺適（嫡）立庶。市人皆哭，魯人謂之『哀姜』。魯由此公室卑，三桓彊。

哀姜的兒子本可立爲魯國君主的，但因襄仲的操作政治而遇害，作爲母親自然痛徹骨髓，哭而過市，逃回娘家。但此故事與誌文的取典也不甚符合。但史籍——魯國歷史别無典故可以類比者。也許誌文作者爲求文章的飽滿華麗或文體行文的需要，而踵事增華，或移花接木，虚構故事呢。

或投杼以弘慈，乍斷機而演誨

典出自《三字經》：『昔孟母，擇鄰處。子不學，斷機杼。』孟子，名軻，字子與，戰國時鄒國人，後世尊爲『亞聖』。少時逃學，孟母就割斷織機的布教育他，爲使兒子有個好的學習環境，曾三次搬家。由于母親重視教育，方法得當有力，孟子終于成爲了大學問家。

翟服，是中國古代后妃命婦的最高級别的禮服，包括『褘衣、揄翟、闕翟』三種，合稱『三翟』，與男子禮服的『六冕』相對應。《唐書》記載，褘衣是皇后受册、祭奠和参加朝會等大型事務時的禮服，用深青色衣料織成，并飾以十二行五彩翬翟紋，配套中衣爲白色紗質單衣，領口裝飾黼紋，蔽膝同下裳色，裝飾三行翬翟紋，袖口、衣緣等處爲紅底雲龍紋鑲邊。配件中，衣帶同服裝顔色，裨、紐、約、佩、綬與皇帝同級别，配青色襪子，金飾舄鞋。宋代以後褘衣沿用唐制，清朝廢除漢族衣冠，翟服也全部被廢除。

潘輿，晋潘岳《閑居賦》：『太夫人乃御版輿，升輕軒，遠覽王畿，近周家園。體以行和，藥以勞宣，常膳載加，舊痾有痊』。後因以『潘輿』爲養親之典。

據誌文，誌主王婉才貌出衆，年甫初笄十四五歲時，嫁給韋氏，克盡婦職，賢妻良母，教子有方。于開耀元年（六八一）十二月六日逝世在明堂縣静安里第，享年七十九歲。永淳元年（六八二）七月十八日，歸祔于夫君之舊塋。韋公生前曾做過曹州刺史，但未查悉其名諱。

王婉育有一女六子。女嫁給太子詹事（詹事，秦官，漢因之，掌皇后、太子家，秩兩千石。漢時，太子門大夫、庶子、洗馬、舍人，皆屬二傅。其太子家令丞、率更令、僕、中盾衛率等官，并屬詹事）楊崇敬。長子韋緘，潞州上黨縣令、坊州司馬。次子纘，恒州司户參軍、商州上津縣令。三子韋綝，隆州蒼溪縣令。四子韋綜，不願作官。五子韋繹，交州交阯、潭州衡山縣令。六子韋績，益州新都、同州馮翊縣令，取皇姪女、江陵縣主爲妻。

韋繹曾爲交州交阯行政長官，是中越關係的經營者。交州，古地名。東漢時期，交州包括今中國廣西和廣東、越南北部和中部。東漢時治所在番禺。三國時期，吴國分交州爲廣州和交州，交州轄境减小，包括今越南北部和中部、廣東雷州半島和廣西南部，治所在龍編。秦始皇派兵占領嶺南地區後，置南海、桂林、象郡三郡。秦末南海郡尉趙佗建立南越國。漢武帝派兵剿滅南越國後，分其地爲七郡，設立交阯刺史監察各郡（交州的雛形）。交阯，原爲古地區名，泛指五嶺以南。漢武帝時爲所置十三刺史部之一，轄境相當今廣東、廣西大部和越南的北部、中部。東漢末改爲交州。越南于十世紀三十年代獨立建國後，宋亦稱其國爲交趾。《禮記·王制》：『南方曰蠻，雕題、交趾』。《漢書·武帝紀》：『遂定越地，以爲南海、蒼梧、鬱林、合浦、交阯、九真、日南、珠厓、儋耳郡』。宋趙汝適《諸蕃志·交趾國》：『交趾，古交州，東南薄海，接占城，西通白衣蠻，北抵欽州，歷代置守不絶。』

綜上所述，該墓誌銘具有文學、歷史、國際關係、民族關係及書法藝術等多方面的研究價值，是我們寶貴歷史文化遺産的一部分。

誌主王婉世系：

車騎大將軍、雲州刺史王肱——隋右衛大將軍、延州總管慶——隋内史舍人、趙州刺史韶——婉——韋某

婉——
- 坊州司馬韋緘
- 恒州司户參軍韋纘
- 蒼溪縣令韋綝
- 不願作官韋綜
- 交州交阯、衡山縣令韋繹
- 馮翊縣令韋績
- 女嫁太子詹事杨守敬

大唐故曹州刺史韋府君夫人晉原郡君王氏墓誌銘并序

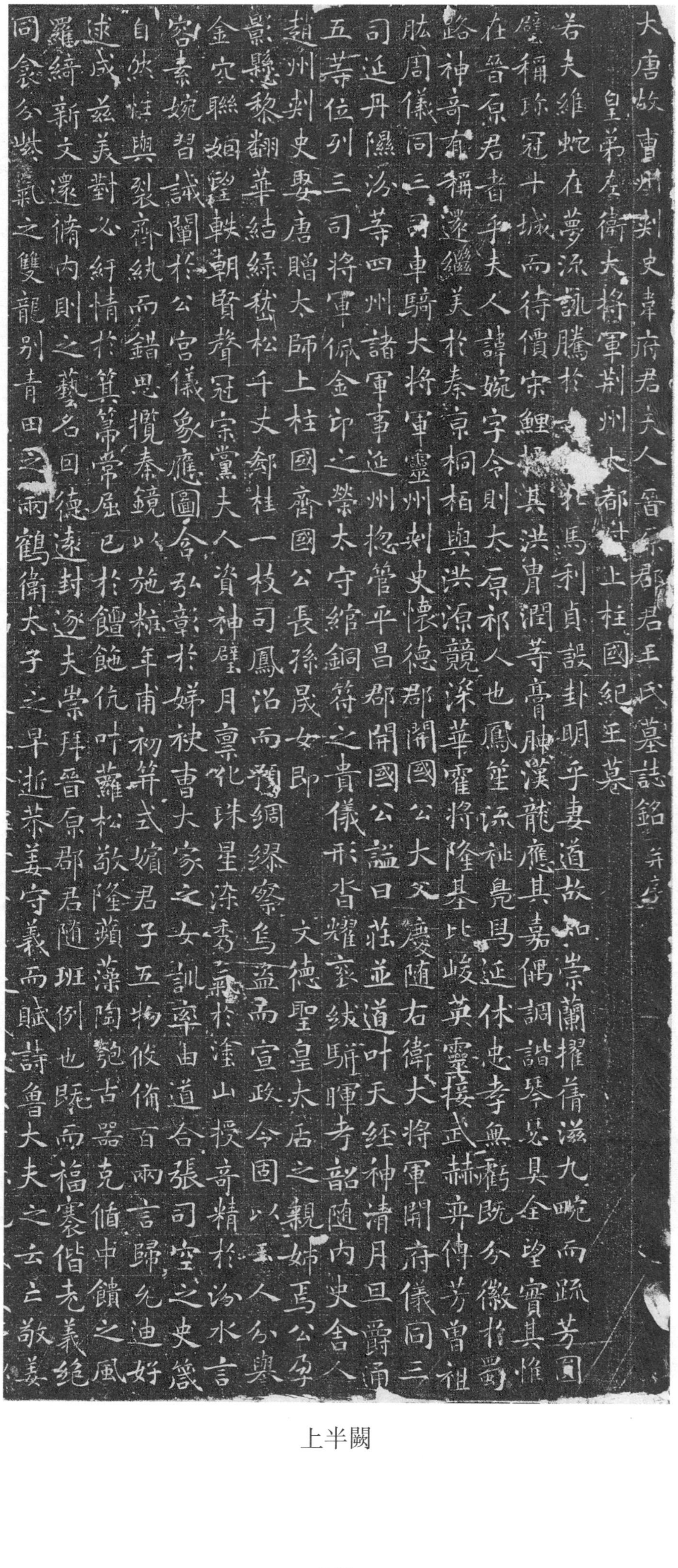
大唐故曹州刺史韋府君夫人晉原郡君王氏墓誌銘并序
皇弟左衛大將軍荆州大都督上柱國紀王墓
若夫維蛇在夢流誕騰於□牝馬利貞設卦明乎妻道故知崇蘭擢蒨滋九畹而疏芳圓
璧稱珍冠十城而待價宗鯉擅其洪胄潤蒂膏腴漢龍應其嘉偶調諧琴瑟具全望實其惟
在晉原君者乎夫人諱婉字令則太原祁人也鳳笙流祉胄延休忠孝無虧既分徽於蜀
路神奇有稱遂繼美於秦京桐柏與洪源競深華霍將隆基比峻英靈接武赫奕傳芳曾祖
肱周儀同三司車騎大將軍靈州刺史懷德郡開國公大父慶隨右衛大將軍開府儀同三
司延丹隰汾等四州諸軍事延州總管平昌郡開國公謚曰莊並道叶天經神清月旦爵通
五等位列三司將軍佩金印之榮太守綰銅符之貴儀形皆耀袞紱駢暉考韶隨內史舍人
趙州刺史娶唐贈太師上柱國齊國公長孫晟女即　文德聖皇太后之親姊焉公孕
影驪黎翻華結緑埶松千丈郄桂一枝司鳳沼而預綢繆察烏益而宣政令固以玉人分粵
金穴聯姻蟬軼朝賢簪冠宗黨夫人資神璧月稟化珠星滌秀氣於塗山授奇精於汾水言
容素婉習識闈於公宮儀象應圖令弘彰於婦袂曹大家之女訓率由道合張司空之史箴
自然性與裂齊紈而錯思攬秦鏡以施粧年甫初笄式嬪君子五物攸備百兩言歸允迪好
逑成茲美對必紆情於箕箒常屈己於饘餽伉叶蘿松敬隆蘋藻陶匏古器克循中饋之風
羅綺新文還循內則之藝名因德遠封逐夫崇拜晉原郡君隨班例也既而福褰偕老義絶
同衾分紫氣之雙龍別青田之兩鶴衛太子之早逝恭姜守義而賦詩魯大夫之云亡敬姜

上半闕

姿表而識禮雖代殊今古而人無優劣始自良妻終稱賢母三從式敘六行弥光式投杼以
弘慈乍斷機而演誨所以魚軒翟服克保安貞翼子謀孫乃傳餘慶於是時昇鮑輦乍動潘
興施大被而招賢列長筵而命賞既盡美矣而又終焉方期千月易登五福無爽豈謂燒金
外條曾無驗於長春速石移陰遽先歸於大夜奄以開耀元年十二月六日終於明堂之靜
安里第春秋七十有九永淳元年七月十八日歸祔于府君之舊塋禮也惟夫人德茂芝蘭
行符謙順柔以事上恕以御卑享篤之著必親於手目莊敬之禮弗虧於造次動成楷則言
合典墳可謂在彼中流光斯上智有一女六子女適太子詹事楊崇敬長子緘潞州上黨縣
令坊州司馬未靡高秩先已就木溫清次子纘恒州司户參軍商州上津縣令次子綝邛
安仁隆州蒼溪縣令次子綜高尚不仕次子繹交阯潭州衡山縣令幼子續益州新都
同州馮翊縣令妻則 皇姪女江陵縣主也往皆蒸蒸色養今並哀哀茹荼捧奩鏡以
權安望柩圓而斷骨嗟乎楸衣僾悶樹奠方陳白日空臨黃泉詎曉是用追思外族緬懷㬎
好既伊余之舅母仁賢寔深亦吾女之慈姑恩華曲備遂流襟而敘德詮盛烈以難窮聊託
琬而揚徽庶柔規之不朽迺為銘曰
維山契道萊縣儀傳長瀾紀地曾嶠干天門承爵祿位龍襲貂蟬葳蕤綠簡晉燭青編其一代
表育慈邦令王冑開祥金鈎演慶循箴顧典鳴環撫鏡妲鷹騰歌河動入詠其二華若桃
潘陽虔循舉案載叶承筐才超頌菊業盛調葉禮崇沃盥譽表含章其三自伯之姐孀
鳳綴響孤鸞戢翼耳不留聲目不藏色魯室歸杞鄧門斷織其四一掾囚違芝松疊
銅墨交煥耀玉正忻遷舟起歎竊寞簾宇荒涼池館其五竟託玄隧重掩黃壚賓
向悲烟多燚息月晨孤空垂素範永播緗圖其六

下半闕

唐韋中孚墓誌（六八五）

概述

該墓誌出自長安開發辦基建工地二號墓，土坑洞室墓，方向一百八十二度，頂坍塌，甚小陋。誌石小薄，覆斗式蓋，頂部每邊長二十三厘米，蓋面篆書陰文三行六字：唐故韋府君銘。四殺部飾雲朵紋。誌石每邊長三十厘米，厚六厘米。四側飾以雲朵紋。銘文二十一行，每行滿格二十字。字小淺平，拓本幾難辯認。

誌文

大唐故韋君墓誌銘

君諱中孚，字月尚，源將維口，明堂縣□□□胄貴里人也。原夫玄鳥降商之代，緜緒攸分，斷蚍興沛之朝，昌源遂廣。□松槧而斯具，紀蒿泉而宜略。曾（曾）祖津，随内史侍郎。祖全璧，潞易二州司馬。並道潤珪璋，材隆杞梓*（梓），或□纓八舍，或展驥（驥）二州。父志仁，皇朝兵部郎中。體□奄和，機神敏洽，官移畫省，彩雀来□，位列昌臺，錦衾□賜。君芝田擢秀，桂圃抽榮，丹穴呈姿，靈鳳生而五色；春皋振響，鳴鶴聞於九天。王戎對李之意，方之有愧，陸績懷橘之恵（惠），喻此猶慙。學不再疑，豈維任嘏，辯問荷戟，匪獨楊烏。方期繼羙（美），□薤掐鵷，蚍致高步。不謂聮（聯）衡頋子，□蟻幕以長辝*（辭）。以永淳二季（年）八月廿五日終于兄任所，陝州硤石縣之官舍，春秋一十有四。嗟乎！繁花始盛，俄滅彩扵中春，茂菜（葉）方滋，遽凋隂（陰）扵早夏。以垂拱元季（年）二月十四日歸殯于眀（明）堂縣洪固鄉畢原，禮也。恐淩（陵）谷之將變，勣*（勒）琬琰以傳芳。銘曰：

封商纂慶，緜緒克昌。起沛承曆，茂族逾芳。青史丹篆，玉貴金葙。惟祖粤考，身没名楊。□慶□靈，過庭禀訓。璧玉輕尺，光陰惜寸。鴻漸來歸，□灾難遁。一閟泉壤，空畱（留）令問。

考釋

祖：…州司馬，據杜佑《通典》職官十五，司馬：本主武之官。自魏晉以後，刺史多帶將軍，開府者則置府僚。司馬爲軍府之官，理軍事。…所職與長史同。

八舍，是指古代庶子宿衛王宮的八處休沐之所。後借指皇帝近臣宮内住處。

畫省，《漢官典職》載，漢代設尚書省，并在其廳壁上畫有古代烈士的肖像。後將『畫省』用作代指尚書省的典故。杜甫《秋興八首》其二：『畫省香爐違伏枕，山樓粉堞隱悲笳』。

王戎對李之意，典出《世説新語・儉嗇》：王戎有好李，賣之恐人得其種，恒鑽其核。

任嘏，三國魏樂安博昌人，字昭先。夙慧，博覽群書，時稱神童。修身履義，能移風俗。

辯問荷戟，匪獨楊烏

楊烏，即楊墨，戰國時楊朱和墨翟的并稱。《莊子・胠篋》：『削曾史之行，鉗楊墨之口。』成玄英疏：『楊朱、墨翟，秉性宏辯。』《孟子・滕文公下》：『楊墨之道不息，孔子之道不著。』楊朱主張爲我，墨翟主張兼愛，是戰國時期與儒家對立的兩個重要學派。

據誌文，誌主世系爲：

韋津——全璧——志仁——中孚。永淳二年（六八三）八月廿五日，誌主韋中孚終于其兄硤石縣官舍，年僅十四歲。武則天垂拱元年（六八五）二月十四日歸葬于明堂縣洪固鄉畢原。

硤石縣，唐貞觀十四年（六四〇）改崤縣置，屬陝州。治所在硤石塢（今河南省陝州區東南五十二里硤石鄉）。

唐故韋府君銘 蓋

大唐故韋君墓誌銘

唐上柱國侍御史韋楷墓誌（六四三）

概述

該墓誌出自長安公路稽查所基建工地五號墓，方向一百八十五度，墓道口長八點四七米，寬一點一七米至零點九米。兩個天井，相距一點二米。斜坡墓道長十八點四米，寬一點二五米，深五點八米，墓道洞高二米。墓室縱長二點七米，橫寬三點四米，頂坍塌。棺木朽没，存部分尸骨及棺下鋪墊的長磚兩排，墓誌蓋與誌石，被人砸碎裂成多塊（圖二十五，1、2）。覆斗式蓋，頂部每邊長二十六厘米，蓋面無字。四殺部雕細綫紋四神圖像。誌石每邊長三十六厘米，厚七厘米。四側面雕十二生肖像。誌面銘文十八行，每行滿格十八字。

誌文

唐故上柱國侍御史韋君墓誌銘

君諱楷，字孝式，京（京）兆（兆）人也。蟬*聯（聯）茂緒，弈（奕）葉芳華，昭被管弦，榮鏡圖史，清暉美（美）範（範），可略而言。祖匡，魏淅州剌（刺）史，方城公。佩青千里，化洽百城。父元禮，随（隨）淅州剌（刺）史司農卿，鄖城公。鳴玉丹墀（墀），道光九棘。君稟靈秀氣，體質金方，高幹千尋，澄瀾萬頃。釋褐尚書中仕，尋除河南宜君二縣令。下車敷化，飛雉已訓，念惟息民，翔鸞自降，特遷侍御史。繡（綉）衣既衽，時□祛霜蕳*（簡）裁，揮豺狼下路。正當箎茲三事，亮悉（？）惠疇，天不憖（憖）遺，梁木其（壞），春秋八十一。貞觀十年八月廿三日卒於私苐*（第）。以十七年十月廿六日葬于京（京）兆（兆）之少陵（陵）原，法也。于嗟深谷，遷（遽）覩為陵（陵），彼美（美）青編，俄聞落簡，敬刊琬琰，式播*（播）徽猷。乃為銘曰：

渟川峙岳，氣秀源靈。降神生瑞，載誕英明（明）。符彩景（景）發，波瀾洞清。濯纓入仕，聿崇其德（德）。陵（陵）厲芳姿，顧（顧）眄（盼）風力。垂（垂）天始舉，奄摧鵬翼。柩輅既祖，永閟幽泉。山庭晈月，松路凝煙。生平逸氣，空流管絃（弦）。

考釋

侍御史，官名。秦置，漢沿設，在御史大夫之下。如果朝官的高級官員犯法，一般由侍御史報告御史中丞，然後上報給皇帝。低級官員（侍御史一般負責朝官）可以直接彈劾，或集體彈劾。

司農卿，官名。兩晋時爲『大司農』別稱。南朝梁武帝天監七年（五〇八），改大司農爲司農卿，職掌勸農、倉儲、園苑、供應宫廷膳饈，十一班，有丞。領太倉、導官、籍田、上林令，樂游、北苑丞，左右中部三倉丞，莢庫、荻庫、箬庫丞、湖西諸屯主等，九年又置勸農謁者。陳因之，三品、中二千石。北齊置爲司農寺長官，三品。歷代沿置，亦稱『司農寺卿』。隋初正三品，煬帝改從三品，唐因之。唐高宗時曾隨本寺改名司稼正卿，旋復舊。北宋初爲三品寄禄官，表示品級俸禄，不預本寺公務，神宗元豐（一〇七八—一〇八五）改制後始成爲職事官，從三品。南宋初省，高宗紹興四年（一一三四）復置。遼朝爲南面官。金宣宗興定六年（一二二二）置爲司農司次官，員三人，正四品。元世祖至元七年（一二七〇）亦置，員一人，旋罷。二十年復置爲司農寺次官，員二人，位次達魯花赤，二十三年罷。元末朱元璋置爲司農司長官，明洪武元年（一三六八）罷，三年復置，正三品，四年罷。

茂緒，盛業。南朝宋顔延之《陽給事誄》：『光昭茂緒，旌録舊勛。』唐王維《與魏居士書》：『足下崇德茂緒，清節冠世。』弈葉，累代，世世意。出處三國魏曹植《王仲宣誄》：『伊君顯考，弈葉佐時。』《北史·薛辯等傳論》：『道衡雅道弈葉，世擅文宗，令望攸歸，豈徒然矣，而運逢季叔，卒蹈誅戮，痛乎！』《新唐書·文藝上·袁朗傳》附從祖弟利貞傳：『帝傳詔利貞曰：「卿弈葉忠鯁，能抗疏規朕之失，不厚賜無以勸能者」乃賜物百段』。

丹墀，古代宫殿不是平地起殿，都需坐落在臺基上，臺基上的臺階稱『陛』，臺階和臺階之間的緩衝平地稱『墀』，古時宫殿的臺階多塗紅裝飾，所以稱爲『丹墀』和『丹陛』。

佩青，借指身爲貴官。三國吴張悛《爲吴令謝詢求爲諸孫置守冢人表》：『（孫氏）懷金侯服，佩青千里。』

九棘，指古代群臣外朝之位，樹九棘爲標識，以區分等級職位。

徽猷，美善之道。猷，道。指修養、本事等。《詩·小雅·角弓》：『君子有徽猷，小人與屬。』毛傳：『徽，美也。』鄭玄箋：『猷，道也。君子有美道以得聲譽，則小人亦樂與之而自連屬焉。』《梁書·文學傳下·謝幾卿》：『故得仰慕徽猷，永言前哲。』《舊唐書·姚珽傳》：『小人無知，不識輕重，因爲詐僞，有玷徽猷。』

亮采惠疇，語出《尚書·堯典》：舜曰『咨！四岳，有能奮庸熙帝之載，使宅百揆，亮采惠疇？』亮，輔佐；采，事務、政事；惠，發語詞；疇，誰。意爲舜説：『你們誰能輔佐我的政務，以光大堯帝的事業呢？』

柩輅既祖，祖在這裏不是祖先的意思，而是出行時祭祀路神。柩輅既祖，永閉幽泉。就是説祭過路神之後，柩輅就要永遠封閉在墳墓裏了。《左傳·昭公七年》：『公將往，夢襄公祖』。杜預注：『祖，祭道神。』《史記·五宗世家》：『榮行，祖于江陵北門』。司馬貞索隱：『祖者，行神，行而祭之，故曰祖。』

據誌文，誌主韋楷，字孝式。是魏淅州刺史韋匡之孫，隋淅州刺史司農卿韋元禮之子。祖孫三代，未載史籍。楷生于中級官宦人家，初入仕爲尚書中仕，後任河南、宜君縣令。貞觀十年（六三六）八月廿三日卒于私第，享年八十一歲，十七年（六四三）十月廿六日葬在京兆少陵原。少陵原即鳳栖原，又稱韋曲北原、辟原、畢原。辟、畢皆北之轉之訛，因其位置在韋曲之北故也。少陵原，明代趙崡《游城南》云：『蓋由曲江達張曲，地漸高，望之，自東南一帶，迤邐過長安西南，皆所謂少陵原也。本鳳栖原，以宣帝葬許后起少陵，遂曰少陵。少陵在司馬村東。其地皆（明）秦王葬地，松柏森蔚，華表、翁仲數十里相望焉』。由此可知，鳳栖原自漢宣帝築少陵後就有了少陵原的别名。衆多唐墓誌證明，唐人常將鳳栖原、少陵原名稱互用，但迄今爲止少陵原也未能取代鳳栖原而獨有其名。鳳栖原這個地名實在太好了，千古不易，自在情理之中。

誌主韋楷孝式先生活了八十一歲，這樣長壽的人，在唐代實屬鳳毛麟角，非常罕見。本書收録的六十多人中，他是僅次于濟州長史韋虔晃（八十二歲）的第二個老壽星了。

補注：渟川峙岳，渟川當爲渟淵，聚水深潭。《新唐書·楊朝晟傳》：『有青蛇降險下走，視其跡，水從而流，朝晟使築防環之，遂爲停淵，士飲仰足，圖其事以聞。』

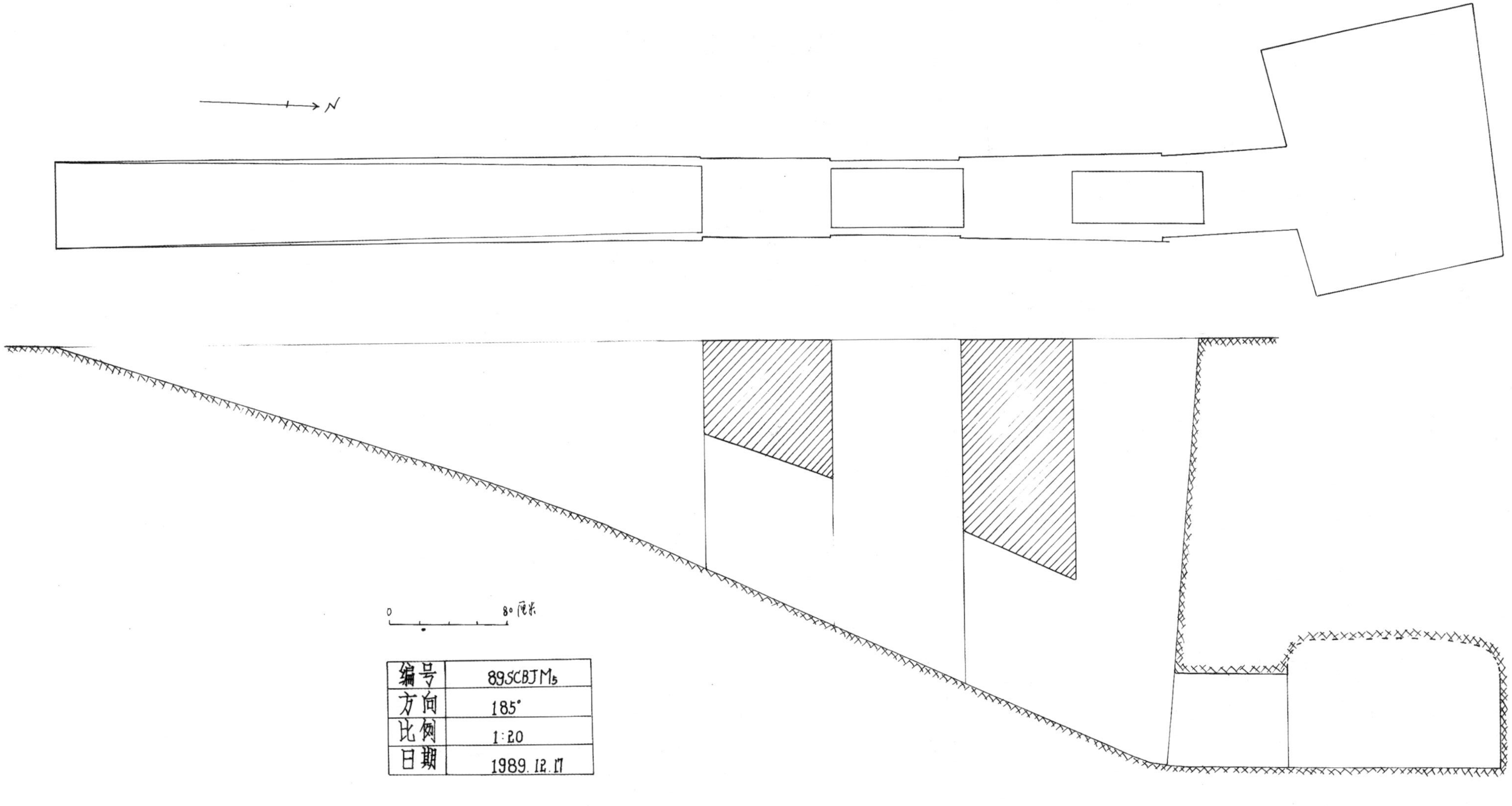
N
0
80 厘米
编号
89SCBJM5
方向
185°
比例
1:20
日期
1989.12.17

圖二十五 1 韋楷墓平面剖面圖

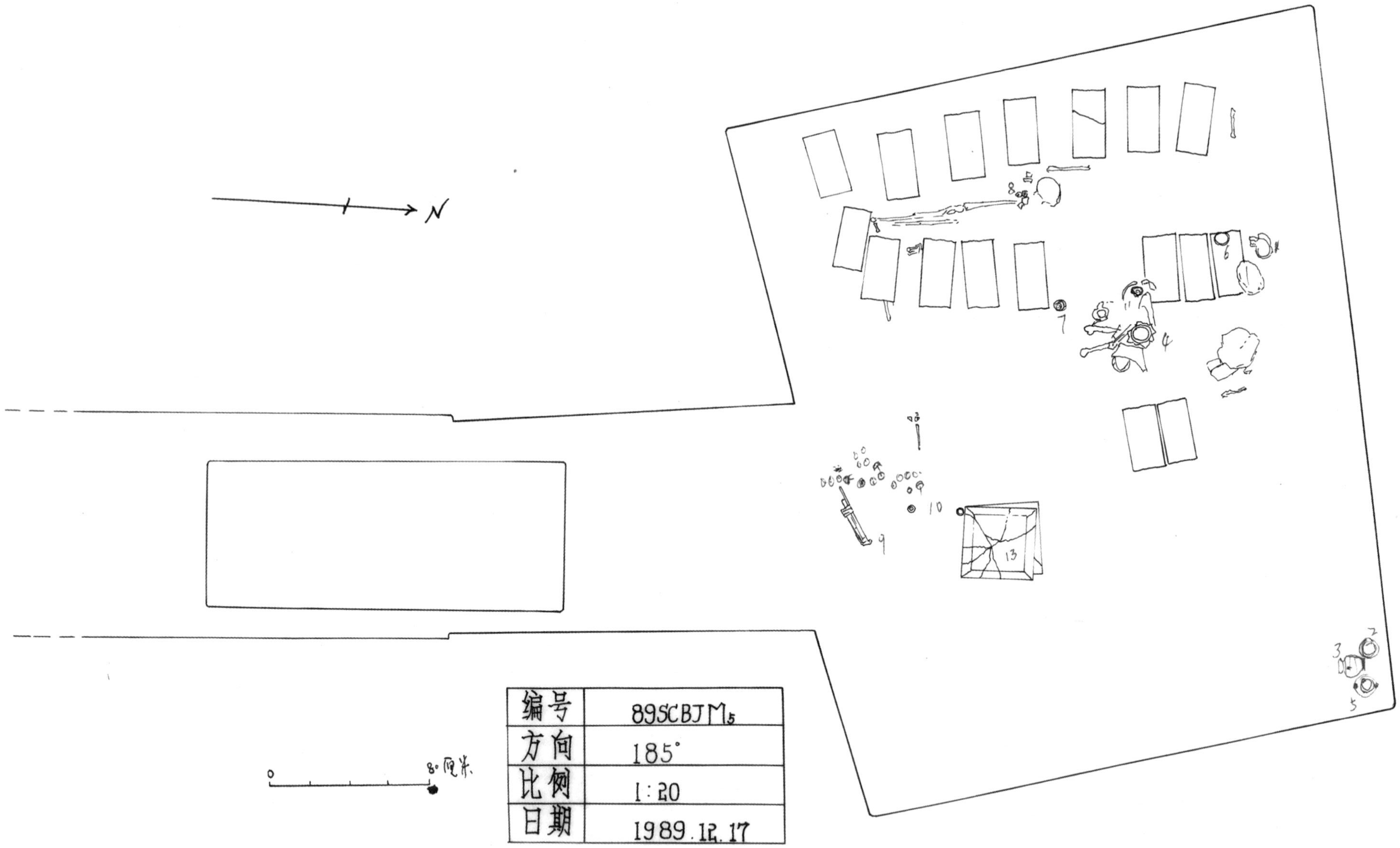
N
0
80厘米
编号 89SCBJM5
方向 185°
比例 1:20
日期 1989.12.17

圖二十五 2 韋楷墓室平面圖

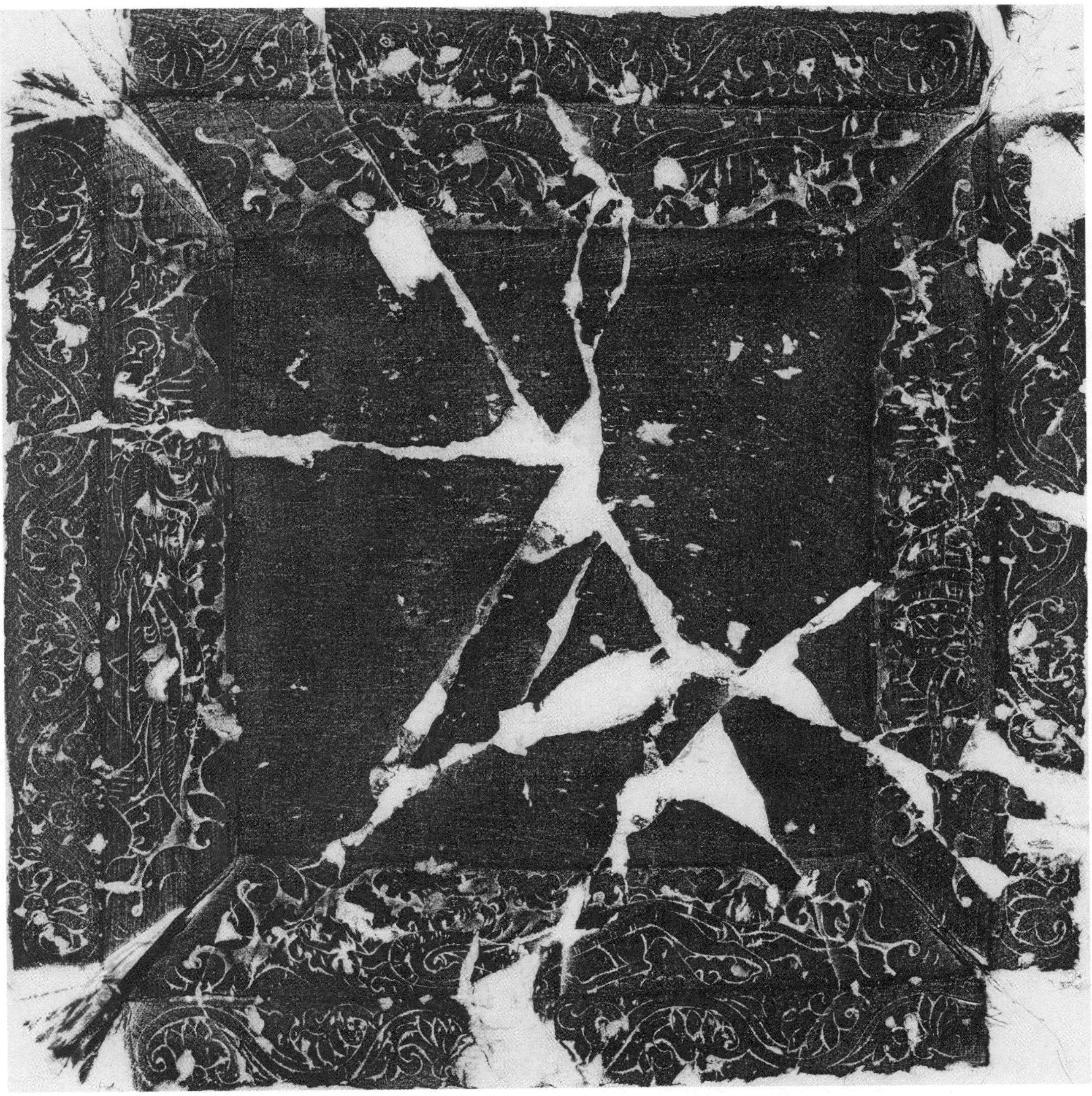

墓誌蓋

唐故上柱國侍御史韋君墓誌銘

周魏州昌樂縣令韋傑墓誌（六九四）

概述

該墓誌出自地質七隊基建工地十八號墓。方向一百八十二度，墓道口長九點九五米，寬一點六米至一點五米，深三點七六米。斜坡墓道長二十六點二五米，寬一點六米，深五點九八米。墓道洞高二點三米。四個天井，分別長一點六米、一點六米、一點八米和一點四五米。第一、二號天井左右兩壁各鑿有龕，平面作凸字形，深一點五米，高八十二厘米，龕口拱形，原有土坯磚塊封閉，曾遭盜擾，其内僅存少許破碎陶俑等。墓室近方形，縱長三點六七米。由墓口首端至墓室後壁，平面長度三十三點一五米。頂坍塌，墓壁殘高一點六米，地面鋪磚，隨葬物破碎零亂（圖二十六1、2）。墓誌爲青石質正方形，碩大壯偉，做工精細，紋飾瑰麗。覆斗式蓋，蓋頂部每邊長四十三厘米，面刻篆書陽文三行九字：大周故韋府君墓誌銘。四殺部飾連枝牡丹花紋。誌石每邊長五十六點五厘米，厚十三厘米。四側面亦飾連枝牡丹花紋。面刻銘文三十三行，每行滿格三十三字。書法工整端莊，有武周朝獨有的新造字，如天地、月日等。凡在皇帝、天威前空三格。

誌文

大周故魏州昌樂縣令韋君墓誌銘并序

君諱傑，字弘挺，京（京）兆（兆）杜陵人也。夫大者，其惟𠀑（天）埊（地）王乎！有於其所列踵（躔）次，建邦國、都卿相者，豈非玄道幽讚（讚），本枝*（枝）碩茂之所致*（致）也。□夫豕韋之次，豕韋之國，丞相之官是也。曾（曾）相*（祖）匡，宇文朝宗缶（正）卿、冀州剌（刺）史。相*（祖）元禮，随（隨）司農卿、淛（浙）州剌（刺）史。玉山出玉，相門有相，並威而不猛，高而不危，衣冠之所心伏也。考恪，唐豫章王文學侍御史、綿州治中、洛州別駕。海流于學，霜發于言，康三巴相，六條善（善）政歸之矣。惟君心詣大道，識洞幽微，得志非軒冕，善閉無關鍵。于時唐齊王為齊州都督，居蕃*（蕃）屏帝子帝孫之重，撫河海穆陵（陵）無棣之境，强足以拒諫，智足以飭（飾）非。文皇帝深憂之，乃明楊缶（正）人，佇其訓誘，至若清剴（剛）浩氣，匪君不懷，蘿裳薜帶*（帶），匪君不服，嘉招之首，匪君不膺。故貞觀十一𠡦（年）三𠥱（月）壬子下制，以君為齊王侍讀，兼*（兼）令規輔之。君累表辤（辭）疾*（疾），而寵命逾隆，帝紱紛綸，𠀑（天）威咫尺，乃飭躬從事，蓋取諸随。昔綺*（綺）里季處漢廷*（庭），郭有道遊京（京）洛，豈爽（爽）其潔也。

王每與君縱容咲（笑）語，君亟陳忠孝之方，而王且目數*（數）歸鴈（雁）矣。即圓鑿方枘，其鉏鋙不入也。故知梟之聲*（聲）也恶（惡），誰能化之？蜂之蠆也毒，誰能變之？王交結無良，出入無度，弃東平之樂，懷吴濞之心，擾（亂）𠀡（天）常，摇動海内。君性則幽獨，而藝實多能，闇合姜牙之韜，懸契孫吴之法，擢（權）謀電斷，深識霜明。乃與王府兵曺（曹）参（參）軍事杜行敏，設竒（奇）制變，生行死埊（地），霜刃未染，而凶渠喪元，虹旗不陣，而孽黨已馘，不假𠀡（天）兵矣。文皇帝喜形于色，尤嘉異之，乃𥠢（授）君上軽（輕）車都尉朝議郎，行魏州昌樂縣令。君畏榮守賤，去危乗（乘）安，思泰往而否来，念功成而身退，遂謝病也，遭（遭）家艱，竟不之任，雖子臧（臧）逃禄，何以加於此乎！

爰自隔閡名利，保乂魂神，自少至長也，由是道迹彰矣，高致（致）俻（備）矣（矣）。其致（致）何也？安一丘膺少微者，謁万乘動容〇（星）者，南首得順風之禮者，洗耳獲上流之誚者，其斯之徒歟？君子曰都宜當離憂患、騎（騎）𡆠𠥱（日月），何知旻（昊）𠀡（天）不恵（惠），神道須材。以文明元𠡦（年）八𠥱（月）九𡆠（日）遘疾，終於私苐（第），春秋七十有七。嗚呼哀哉（哉）！

夫人太原王氏（氏），淄州使君德表之次女。古者有敬姜、恭姬之莭（節），萊婦、鴻妻之高，班婕妤之藝，曺（曹）大家之禮。夫人偕出其右，至於柔恵（惠）慈和之量，又烏足道哉（哉）。以天𥠢（授）三𠡦（年）壹（月）六日遘疾，終于隆州官次，享𠡦（年）六十有八。粤以長壽三𠡦（年）五𠥱（月）十九𡆠（日）合葬（葬）於韋曲北原舊塋。夫子曰：『生事之以禮，死葬（葬）之以禮。』即其事也。嗣子旭，前任房州司户参（參）軍事。次子晃，前任隆州参（參）軍事。少子昇，拜洛輦脚。咸志於道，據於徳（德），依於仁，遊於藝，加以孝心感𠀡（天）埊（地），至性通神明，豈止温席扇枕而已哉（哉）。恐（恐）久久寒暑相推，而陵谷失所，爰鏤方石，式傳馨聲。其銘曰：

於休顯族，發自大彭。基搆（構）弈弈，子孫英英。惟君克荷，揚名則令。昔有劬勞，歷國應聘（聘）。今則逸豫，守道養性。守道伊何，四達尺捶。養性伊何，水玉石髓。惟花惟實，去彼取此。善（善）卷嗌軼（缺），王倪披衣。君豈一之，大鵬于飛。出處瞻望，家國光暉。𠀡（天）之與善（善），曷云其失。如何爽（爽）此，奄啓（啓）滕室。合葬（葬）順禮，宅兆（兆）從吉。見者失聲（聲），聞者涕出。飛鳥銜塊，史忠（忠）染筆。惟君之度，無固無必。德音孔昭，不可談悉。式銘幽壤，其聲洋溢。

考釋

宗正卿，宗正寺，中國古代官署。北齊設立宗正寺，宗正改稱宗正寺卿或宗正卿，副官稱宗正少卿，掌管皇族事務。管理皇族、宗族、外戚的譜牒、守護皇族陵廟，因爲唐代道教是國教，所以宗正寺還管理道士、僧侣。隋唐兩宋相沿，爲九寺之一。

司農卿，官名。漢有司農卿，爲九卿之一。北齊設司農寺，以司農卿爲長官。隋唐沿置。唐司農寺，置司農卿一人爲長，從三品。下轄上林、太倉、鈎盾、導官四署及太原、永豐、龍門等倉庫，慶善、石門、湯池、園林等監。掌邦國倉儲之事。

王府文學侍御史，主王府文簿侍從糾察事務。

别駕，即别駕從事史，官名。亦稱别駕從事，簡稱『别駕』。漢置，爲州刺史的佐官。隋初廢郡存州，改别駕爲長史。唐初改郡丞爲别駕，高宗又改别駕爲長史，另以皇族爲别駕，後廢置不常。宋各州的通判，職任似别駕，後世因以别駕爲通判之習稱。

司户參軍事，官名。隋文帝開皇三年（五八三）由諸王府，諸州户曹參軍事改名，煬帝大業三年（六〇七）均改爲司户書佐。唐高祖武德（六一八—六二六）諸王府所置復名户曹參軍事，諸府、州并改此名，三都、六府各置一至二員，正七品下，掌户籍，計賬、道路、過所、蠲符、雜徭、逋負、良賤、芻藁、逆旅、婚姻、田訟、旌别孝悌。上州置二員，從七品下；中州置一員，正八品下；下州置一員，從八品下。宋朝諸州置，掌户籍賦税、倉庫受納，神宗元豐（一〇七八—一〇八五）改制，上州爲從八品，中、下州并爲從九品。

參軍事，官名。後漢置，至隋爲郡官，謂之書佐。大唐改爲參軍，掌直侍督守，無常職，有事則出使（杜佑《通典》卷三十三）。輂脚，挽御車的人。唐張鷟《朝野僉載》卷一：『更有挽郎、輂脚、營田、當屯，無尺寸工夫，並優於處分』。《新唐書·魏玄同傳》：『今貴戚子弟一皆早仕，弘文、崇賢、千牛、輂脚之類，程較既淺，技能亦薄，而門閥有素，資望自高』。誌主三兒子爲洛輂脚，即是在洛陽挽御車者。

輕車都尉，漢武帝曾置輕車將軍。梁、陳、北魏、北齊亦有輕車將軍，唐采舊官名，置上輕車都尉爲勛官，爲唐勛官十二轉之第七轉，相當于從四品。

朝議郎，文散官名。隋文帝開皇六年（五八六）置，爲八郎之首（餘七郎爲通議、朝請、朝散、給事、承奉、儒林、文林），秩正六品上，煬帝時罷。唐爲文官第十四階，正六品上。宋廢。

綺里季處漢庭。綺里季，人名，姓吴名實。漢初隱士，『商山四皓』之一。典出《史記》卷五十五《留侯世家》。秦末東園公、綺里季、夏黄公、角里先生，避秦亂，隱商山，年皆八十有餘，須眉皓白，時稱『商山四皓』。

郭有道游京洛。郭有道，即郭泰（一二八—一六九），字林宗。太原郡介休縣（今屬山西省）人。東漢時期名士，與許劭并稱『許郭』，被譽爲『介休三賢』之一。郭泰出身寒微，年輕時師從屈伯彦，博覽群書，擅長説詞，口若懸河，聲音嘹亮。他身長八尺，相貌魁偉。與李膺等交游，名重洛陽，被太學生推爲領袖。第一次黨錮之禍後，被士人譽爲黨人『八顧』之一。最初被太常趙典舉爲有道，故後世稱『郭有道』。官府辟召，都不應命。他雖褒貶人物，却不危言駭論，所以不在禁錮之列。後爲避禍而閉門教授，弟子達千人，提拔『英彦』六十多人。建寧元年（一六八），郭泰聞知陳蕃謀誅宦官事敗而遇害，哀慟不止，于次年正月逝世，終年四十二歲。史稱當時『自弘農函谷關以西，河内湯陰以北，二千里負笈荷擔彌路，柴車葦裝塞塗』，有近萬人前來會葬。蔡邕親爲其撰書碑文。

東平之樂。東平，地名，在今山東省。東平獻頌，《後漢書·東平憲王蒼傳》：『（漢明帝永平）十五年春行幸東平……帝以所作《光武本紀》示蒼，蒼因上《光武受命中興頌》，帝甚善之』。後因以『東平獻頌』爲宗室歌頌帝德的典實。《三國志·魏志·中山恭王袞傳》：『昔唐叔歸禾，東平獻頌，斯皆骨肉贊美，以彰懿親』。誌文『弃東平之樂』，意爲齊王抛弃了骨肉親情，存心叛逆。

懷吴濞之心。吴濞，是西漢吴王劉濞的省稱。景帝時，劉濞曾發動吴楚等七國之亂，爲周亞夫所平。《文選》班彪《北征賦》：『降幾杖於藩國兮，折吴濞之逆邪』。李善注引《史記》：『吴王濞，高帝兄劉仲之子也。』《陳書·高祖紀上》：『吕嘉既獲，吴濞已鏦。』

姜牙之韜。姜牙，即姜太公姜子牙，輔佐周文王、武王滅殷的大功臣。

與杜行敏設奇制變

齊州都督齊王李祐（太宗第七子）親近小人，喜好畋獵，并且私自召募勇士，長史權萬紀多次進諫，齊王不聽從，并且要謀殺權萬紀。權萬紀奉詔治之，祐乃占據齊州抗命，殺死權萬紀和校尉韋文振。私自任命上柱國、開府等官，開府庫行賞，設置拓東王、拓西王等官，將百姓趕入城中。貞觀十七年（六四三）三月，太宗命兵部尚書李世勣發兵討伐齊王，還未到達齊州（今山東省濟南市），李祐已被部下王府兵曹參軍事杜行敏和齊王侍讀韋傑設奇制變，冒險活捉，被帶到京師後，賜死于内侍省，同時誅殺了他的同黨四十四人。誌主韋傑參與斯役，平叛有功，皇帝授上輕車都尉朝議郎，行魏州昌樂縣令。誌文所記，可補新、舊《唐書》的有關章節。

子臧逃禄

子臧，姬姓，名欣時（一作喜時），春秋時期曹國公族，曹宣公之子，著名節士，有讓國之賢。曹宣公死後，公子負芻殺太子自立，是爲曹成公，各國諸侯和曹國人都認爲新立的曹君不義，晉國抓住曹成公，想要讓周天子立子臧爲曹君，子臧離開曹國，以成全曹君繼續在位。後世贊頌子臧讓國之舉，稱贊子臧爲節士，常以『子臧之節』、『子臧辭國』贊頌品德高尚的人。

萊婦、鴻妻之高

萊婦，春秋楚老萊子之妻。據漢劉向《列女傳·賢明》載，萊子逃世耕于蒙山之陽，楚王遣使聘其出仕，其妻曰：『妾聞之，可食以酒肉者，可隨以鞭捶；可授以官禄者，可隨以鈇鉞。今先生食人酒肉，受人官禄，爲人所制也，能免於患乎？妾不能爲人所制』。遂行不顧，至江南而止。鴻妻，東漢梁鴻家貧好學，不仕，與妻孟光隱居霸陵山中，以耕織爲業。後避禍去吴。居人廡下，爲人舂米，歸家，孟光爲之備食，舉案齊眉，守貧高義，相敬如賓。世傳爲佳話。後以『鴻妻』借指賢德之妻。

班婕妤之藝

班婕妤（前四八—公元二），名不詳，漢成帝劉驁妃子，西漢女作家、著名才女，中國文學史上以辭賦見長的女作家之一。

曹大姑之禮

曹大姑，是《漢書》作者班固的妹妹班昭。他們兄妹三人，老大班固，老二班超，妹妹班昭。班昭，東漢女辭賦家。一名姬，字惠班，扶風安陵（今陝西省咸陽市）人。生卒年不詳。班彪女，班固妹。嫁曹世叔，早年守寡。兄班固著《漢書》，《八表》及《天文志》未成而去世。昭博學高才，和帝下詔令其續成。她經常出入宫廷，擔任皇后和妃嬪的教師，號爲『曹大姑』。每有貢獻异物，常令昭作賦頌。

王倪披衣

披衣，别名蒲衣，傳説中王倪之師。相傳，唐堯時期，披衣居住于蒲谷山，堯親往拜訪，從此拜之爲老師，經常討論治國之道。今太林鄉有蒲伊村，傳爲蒲衣隱居之處，蒲伊村即由此而得名。蒲伊村附近有帝堯與蒲伊談論大道的地方，後稱講道臺，在蒲伊村如意溝，占地一畝。還有帝堯休息過的地方，後稱睡駕坡。後來這裏稱蒲子縣，今稱蒲縣。清人留詩中有『蒲谷賢人懷寶去，平陽聖帝策輦來』的詩句，即指帝堯訪蒲衣子的故事。根據《莊子》及《高士傳》中的『堯之師爲許由，許由之師爲嚙缺，嚙缺之師爲王倪，王倪之師爲披衣』，《高士傳》中作舜時人應理解爲其生于堯時，至舜時仍在世。

據誌文，韋傑，字弘挺，出身韋族世家。貞觀十一年（六三七）三月壬子，皇帝下制，命其爲時任齊州都督的齊王李祐的侍讀，兼規輔之責。而齊王不聽忠孝之方，結交壞人，發動叛亂。誌主與王府兵曹參軍事杜行敏，設奇謀平息叛亂，『不陣而孽黨已馘，不假天兵矣。』以功受賞，行昌樂縣令。文明元年（六八四）八月九日病逝，年七十七歲。

夫人太原王氏，爲淄州牧王德表之女，多才有德。于武氏天授三年（六九二）病逝于其子任職的隆州（今吉林省長春市）官舍，享年六十八歲。長壽三年（六九四）五月十九日與夫合葬于韋曲北原舊塋。但墓中僅此一方墓誌銘。

據此墓誌，韋傑世系如下圖：

韋匡（北周宗正卿、州刺史）— 元禮（隋司農卿、浙州刺史）— 恪（唐豫章文學、侍御史、洺州別駕）— 傑（齊王侍讀、昌樂縣令）—

- 旭，廣州司户參軍事
- 晃，隆州參軍事
- 昇，洛輂脚

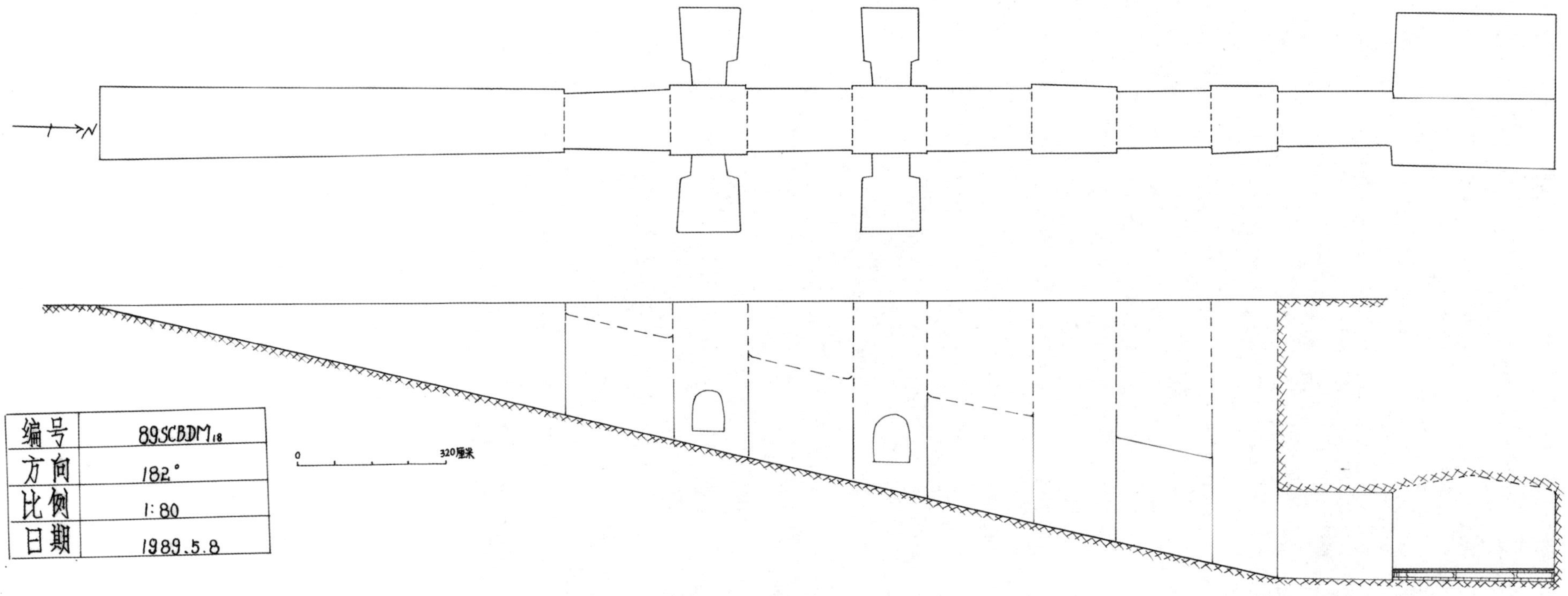

编号 89SCBDM18
方向 182°
比例 1:80
日期 1989.5.8
0
320厘米
N

圖二十六 1 韋傑墓平面剖面圖

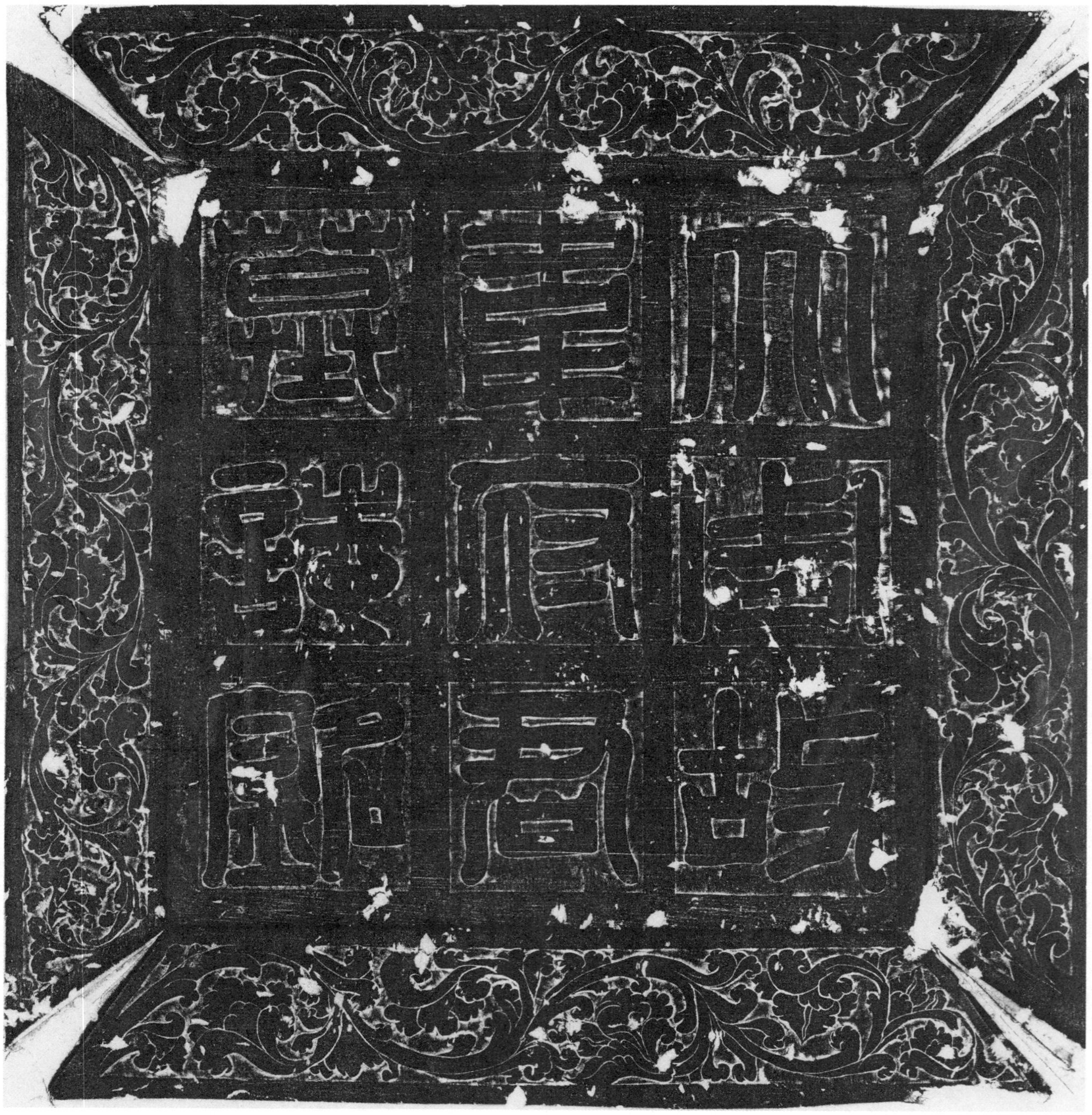
大唐故韋府君墓誌銘

大唐故韋府君墓誌銘 蓋

大周故魏州昌樂縣令韋君墓誌銘并序

大周故魏州昌樂縣令韋君墓誌銘并序
君諱傑字弘挺京兆杜陵人也夫大者其惟而聖王乎有於其所列題次建邦國都鄙
相者豈非玄道幽讚本枝碩茂之所致也夫豕韋之次豕韋之國丞相之官是也曾
祖圭字文朝宗西鄉茔州刺史祖元禮隨司農卿淅州刺史玉山出玉相門有相並威
而不猛高而不危衣冠之所心伏也孝恪唐豫章王文學侍御史綿州治中洺州別駕
海流于學霜發于言康三已相六絲善政歸之矣惟君心詣大道識洞幽微得志非軒
冕善閑無闗鍵于時唐齊王為齊州都督居藩屏帝子帝孫之重撫河海穆陵無棣之
境經邑以振諫智邑以餝非　文皇帝深憂之乃明揚西人佇其訓誘至若清劉
浩氣匪君不懷蘿裳薜帶匪君不服嘉招之首匪君不齊故貞觀十一秊三𠥱壬子下
制以君為齊王侍讀兼令規輔之君累表辭疾而寵命逾隆　帝綍紛綸
而威咫尺乃飭躬從事蓋取諸隨昔綺里季夏漢廷郭有道遊京洛豈爽其潔也王每
與君縱容咲語君亟陳忠孝之方而王且目數歸焉矣即圖鑿方枘其鉏鋙不入也故
知梟之贊也悪誰能化之蜂之蠆也妻誰能變之王文結無良出入無度弃東平之樂
懷吳濞之心擾亂而常搖動海內君性則幽獨而藝實多能闇合姜牙之韜懸契孫吳
文法權謀電斷深識霜明乃與王奇兵曹參軍事枉行敏設奇制變生行死坐霜刃未
深而凶渠喪元虹旗不陣而孽黨已殲不徵而兵矣　文皇帝喜形于色尤嘉異
之乃稱君上輕車都尉朝議郎行魏州昌樂縣令君畏榮守賤去危乘安思泰往而否

上半闕

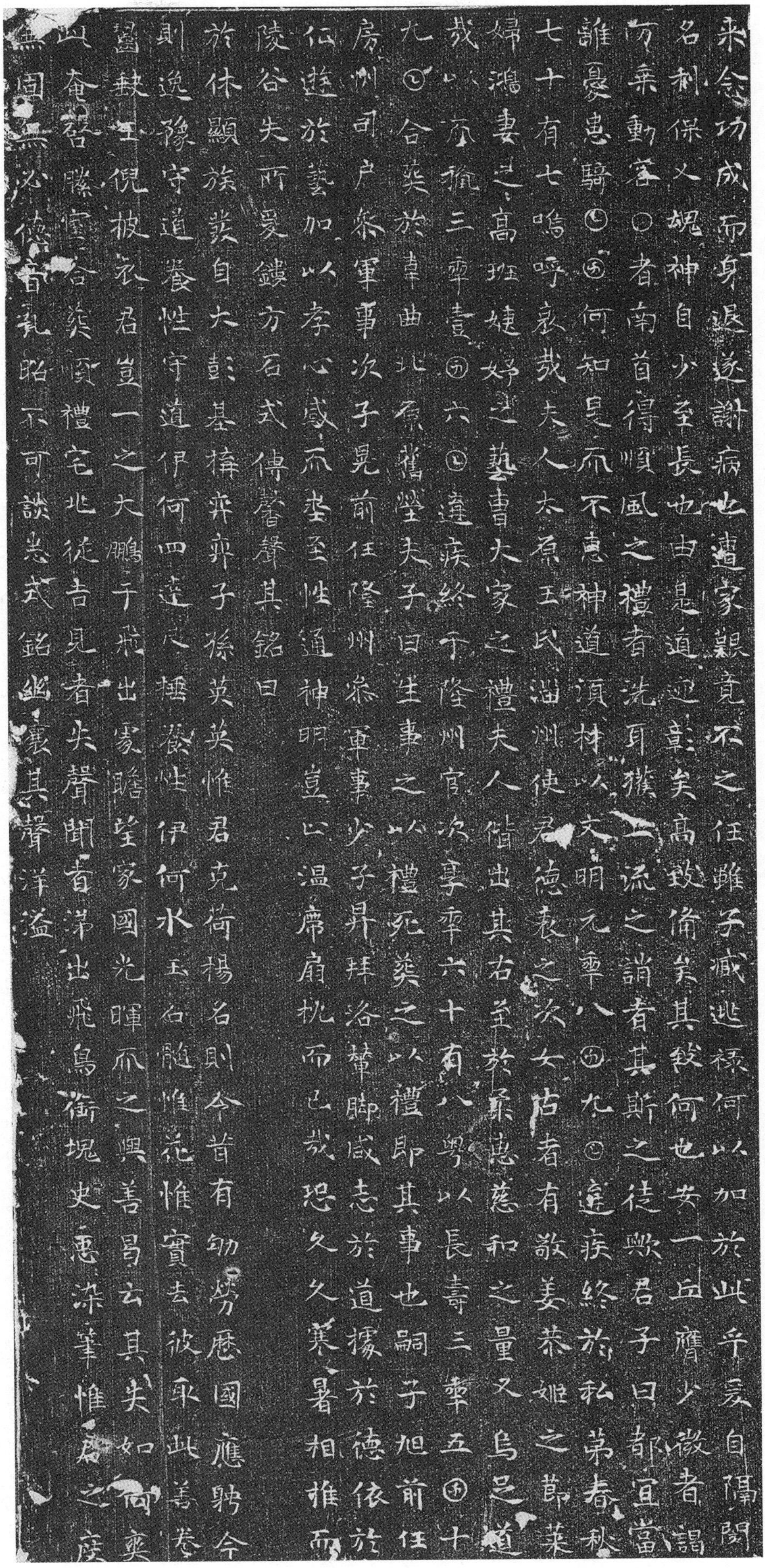
来念功成而身退遂謝病也遣家親竟不之任雖子臧逃祿何以加於此乎爰自陽關
名刹保乂覢神自少至長也由是道迎彰矣高致備矣其致何也妄一丘齊少微者謂
所棄動容〇者南首得順風之禮者洗耳獲上流之譜者其斯之徒歟君子曰都宜當
誰憂患驕𡆠𠥱何知是而不恵神道須材以文明元𠡦八𠥱九𡆠遘疾終於私第春秋
七十有七嗚呼哀哉夫人太原王氏淄州使君德表之次女古者有敬姜恭姬之節萊
婦鴻妻之高班婕妤之埶曹大家之禮夫人偕出其右至於柔恵慈和之量又烏足道
哉以𠀑𥠢三𠡦壹𠥱六𡆠遘疾終于隆州官次享𠡦六十有八粵以長壽三𠡦五𠥱十
九𡆠合葬於韋曲北原舊塋夫子曰生事之以禮死葬之以禮即其事也嗣子旭前任
房州司户叅軍事次子晃前任隆州叅軍事少子昇拜洛華脚咸志於道㨿於德依於
伍遊於藝加以孝心感而埊至性通神明豈以溫席扇枕而已哉恐久久寒暑相推而
陵谷失所爰鐫方石式傳馨聲其銘曰
於休顯族裴自大彭基構弈弈子孫英英惟君克荷揚名則今昔有劬勞歷國應聘今
則逸豫守道養性守道伊何四達之極養性伊何水玉石髓惟花惟實去彼取此善卷
齧缺王倪披衣君豈一之大鵬于飛出處瞻望家國光暉𠀑之與善曷云其爽如何爽
山奄晉滕室合葬𡆠禮宅兆從吉見者失聲聞者涕出飛鳥銜塊史悪涂筆惟君之度
無固無必德音孔昭不可談悉式銘幽壤其聲洋溢

下半闕

周處士京兆韋挹墓誌（六九七）

概述

該墓誌一九九〇年出自長安糧食局基建工地四號墓。墓道因被建築物占壓未發掘，只發掘了甬道和墓室。方向一百八十五度，墓室作矩形，縱長二點五七米，橫寬一點八八米，頂部坍塌，墓壁殘高一點七米。地面右半有鋪磚，棺木與人骨朽没僅留痕迹，左半置墓誌和破碎的隨葬物（圖二十七）。墓誌爲青石質正方形，覆斗式蓋，頂部每邊長三十一點五厘米，蓋面篆書陰文三行九字：大周故韋府君墓誌銘。四殺部飾蔓草花紋，四側面爲波浪紋。誌石每邊長四十四厘米，厚十點二厘米。四側面的紋飾爲連枝牡丹花。隸書銘文十七行，每行滿格十六字。

誌文

大周故處（處）士京兆（兆）韋府君墓誌銘并序

公諱挹，字克讓，京兆（兆）杜陵（陵）人也。曾（曾）祖表，唐游騎*（騎）將軍*（軍）曹王府典軍。祖儼，唐海（海）、銀、博、許、邢、雅六州刺（刺）史、博城縣開圀（國）男。父，大周梓州司法叅（參）軍*（軍）事。公即司法之元子也，靈*（靈）資河岳，量納山海（海），巖松幼而千丈，威鳳生而五色。竒（奇）毛異*（異）骨，則通理黄中，朗韻淸*（清）襟，則瑶林瓊樹。公侯必復，期覆（覆）蕢以成山，芝朮無*（無）徵，遽警波而閲水。嗚呼哀哉（哉）！以萬歲通𠀑（天）二𠡦（年）一𠥱（月）廿二𡆠（日）遘疾，終于第*（第），春秋一十有九。即以二𠥱（月）五𡆠（日）永窆于畢原，禮也。松風易響，薤露難留（留），勒兹（兹）片石，永播*（播）千秋。銘曰：

高陽演派，大彭列圀（國）。有美慶門，篤（篤）生令德（德）。孝友爲性，仁恕成則。蘭植而芳，松生乃直*（直）。顏回短命，管輅長往。望斷平昔（昔），途分泉壤。魂兮有靈（靈），靈（靈）兮舞*（舞）像。庶存生氣，千齡是仰。

考釋

游騎將軍，南朝梁改游擊將軍置。唐爲武散官，從五品上。宋沿置，元廢。

黄中，指心臟；内德。古代以五色配五行五方，土居中，故黄爲中央正色。心居五臟之中，故稱黄中。又指皇帝。依上下文，此當爲心臟。《易·坤卦》：『君子黄中通理，正位居體，美在其中，而暢於四支，發於事業，美之至也』。

清襟，潔净的衣襟。引申爲高潔的胸懷。南朝梁任昉《王文憲集序》：『粲答詩曰：「老夫亦何寄，之子照清襟。」』

公侯必復，典出《左傳・閔公元年》載：『初，畢萬筮仕于晉。…辛廖占之，曰：吉。…公侯之卦也。公侯之子孫，必復其始。』晉杜預注：『萬，畢公高之後。』晋大夫辛廖爲畢萬占卜，有『公侯之子孫，必復其始』之語，意謂公侯的後代必能發揚光大祖業。後因以『公侯復』用作稱美、名門之後的典故。唐杜甫《奉送蘇州李二十五長史丈任》：『公孫終必復，經術昔相傳。』杜甫《奉送二十三舅録事之攝郴州》：『必見公侯復。』

芝朮，藥草名。南朝宋謝靈運《曇隆法師誄》：『茹芝朮而共餌，披法言而同卷。』謝病從芝朮，河隴征擊卒。川源饒毒霧，愛子在鄒魯。何處接長波，念汝欲別我。黄輝謝李梅做一首感情藏頭詩句：『謝病從芝朮，李陵死別處。梅動雪前香，萬國朝未央。』誌文『芝朮無徵』，即服藥無效之意。

顔回（前五二一—前四八一），曹姓，顔氏，名回，字子淵，魯國寧陽（今山東省泰安市寧陽縣鶴山鄉）人，尊稱復聖顔子，春秋末期魯國思想家，孔門七十二賢之一。早逝。

管輅（二〇九—二五六），字公明，平原（今山東省德州市平原縣）人。三國時期曹魏術士。年八九歲時，便喜仰觀星辰。著作有《周易通靈要訣》等。

韋挹，字克讓。于武則天大周萬歲通天二年，即神功元年（六九七）一月廿二日病逝，年十九歲。二月五日葬于畢原。

據誌文，誌主韋挹世系：

曾祖父韋表，唐游騎將軍曹王府典軍——祖父儼，六州刺史——父，大周梓州司法參軍事——挹，早逝。

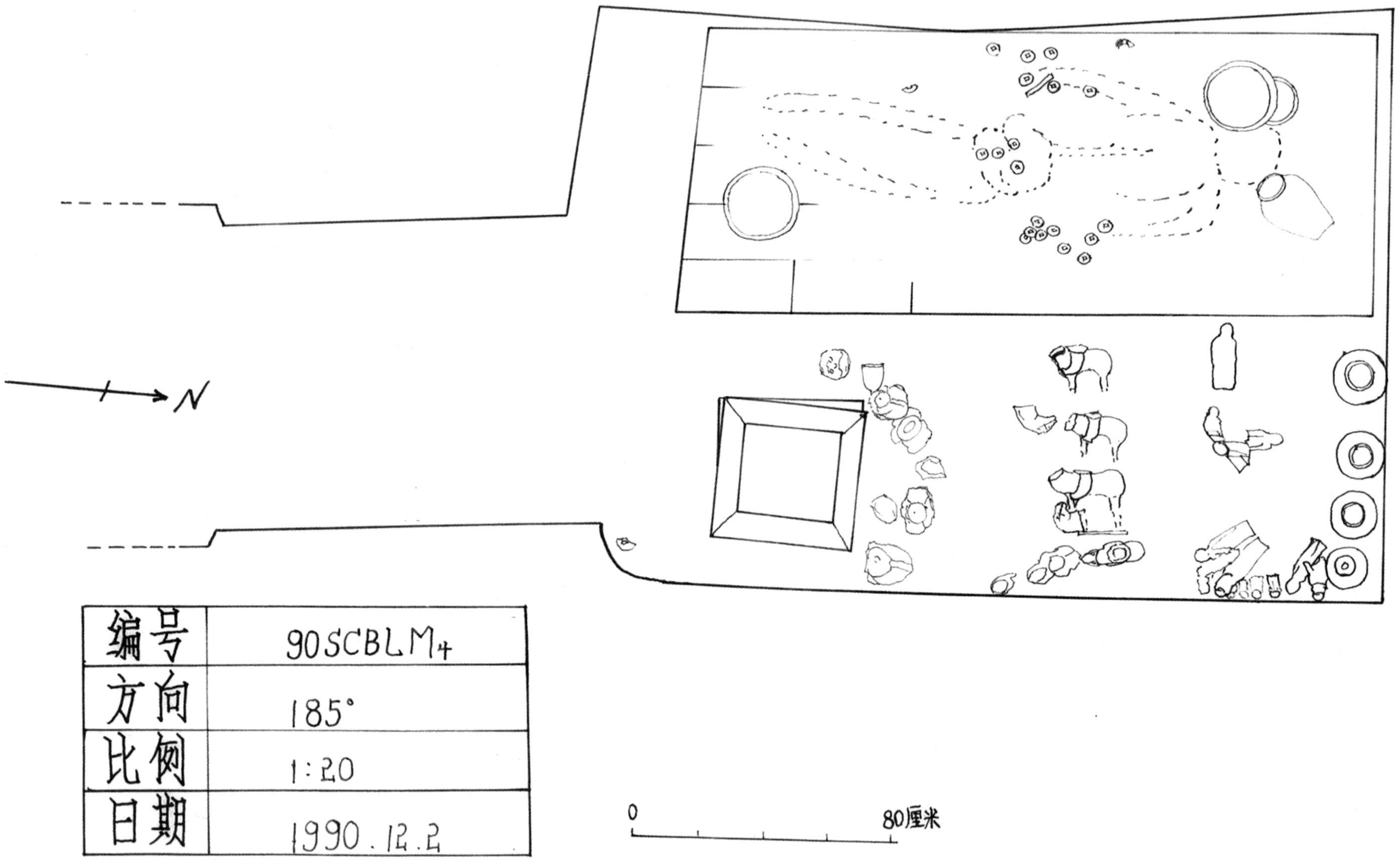
N
0
80厘米

编号	90SCBLM4
方向	185°
比例	1:20
日期	1990.12.2

圖二十七　韋把墓平面圖

大周故韋府君墓誌銘 蓋

大周故處士京兆韋府君墓誌銘并序

周朝散大夫行洛州陸渾縣令韋愔墓誌（六九八）

概述

該墓誌出自韋氏墓地。青石質正方形，覆斗式蓋，蓋頂部每邊長四十三點五厘米，頂面篆書陽文五行二十字：大周故朝散大夫行洛州陸渾縣令韋府君墓誌銘。四殺部飾卷雲紋。誌石每邊長五十七厘米，厚十厘米，四側面光素無紋飾。誌面刻銘文三十四行，每行滿格三十五字，洋洋灑灑，千字長文，書法遒勁硬朗。惜其漫漶太甚，個別文字泐蝕難以辨識釐定。

誌文

大周故朝散大夫行洛州陸渾縣令韋府君墓誌銘并序　　從□□□舍𤯔（人）承慶撰

君諱愔，字志廉*（廉），京兆（兆）杜陵人也。軒轅顓頊氏導其深源，大彭豕韋*氏（氏）播*（播）其遐緒。太傅道尊於南圀，丞相業大於西京（京）。自兹厥後，克昌其胤，𤯔（人）物蟬聯*（聯），羽儀萬萦（葉），衣冠舄弈，光燭四海。

曾（曾）祖孝寛（寬），後魏開府儀同三司、侍中、驃騎（騎）大将（將）軍、雍州剌（刺）史、尚書右僕射。宇文朝小司徒，王辟揔管、大司空、柱圀鄖圀公。随太傅尚書令，贈（贈）太尉、雍州牧，謚曰襄。大材楨圀，盛德（德）光時，為将（將）為相，乃侯乃牧。比諸管樂，智略經（經）天埊；如彼蕭張，勳庸濟區寓。祖津，随内史侍郎、户部尚書、武陽郡開圀（國）公。唐諫議大夫、黄門侍郎、太僕卿、陵（陵）州剌（刺）史、壽光縣開圀*（國）男。俊朗宏達，英峙傑秀，歷行隆而踐高位，播遐迩（邇）而飛令名。父全璧，唐任潞、易二州別駕。清襟匨（月）迥，勝氣雲高，託風情於古𤯔（人），為憲則於多士。君，純粹誕靈，仁和植性，弱不好弄，纫（幼）有成德（德）。如金之貞，如玉之潤，如山之峙，如海之渟。九畹含芬，早濯芳於春露，七𠡦（年）養噐（器），且晞幹於朝陽。有唐乹（乾）封三𠡦（年），起家穐（授）汴王府行叅（參）軍。咸亨二𠡦（年），授雍王府兵曹參軍。帝之愛子，肇開藩館，王門之士，妙選時英。以君埊望優隆，噐（器）識弘遠，故得託乘蘭坂，曳裾竹園，接景申穆之賢，比迹鄒枚之彦。丁母憂去職，執喪踰禮，幾至毀滅，槐柘遄改，苴萦（葉）告除，属（屬）明兩登曜，元良樹本。爰以藩*（藩）邸（邸）舊僚，以為儲宮官属（屬），授太子通事舍𤯔（人）兼知典膳局事。鳴鳳之音，常聞於鶴禁，亨鮑之味，靡薦□龍闈，既而洂掩前〇（星），流堙少海。青皐六翮，並去凋枝，玄沚十朋，俱辭涸浦。乃出穐（授）光州樂安縣令，紆驥足而臨下邑，屈牛刃而割小鮮。化偃俗移，令行禁止，累遷蘇州吴縣令、蜀州武隆縣令。東吴奧壤，氣接斗牛，西蜀名區，〇（星）分井絡。剽悍成俗，訛弊在𤯔（人），三江之遊旅萬曺（曹），九坂之行商億計。

君材惟不噐（器），政實多方，德以綏之，刑以馭之，疰（莊）以莅之，信以行之。以季扎禮讓之風，息夫貪競。以文翁儒學之教，遷其鄙僻。故能（能）使和澤浹洽，美（美）化周流，老者遂其生，少者安其業，富者莭*（節）其用，貧者𦤺*（致）其財，姦豪者斂手而畏威，孤弱者息肩而荷恵（惠）。雖王稚子之臨温縣，謝堯卿之化壽張，魯仲康之撫中牟，鍾離意之居堂邑，引而為類，彼固多慙。神功元秊（年），制穟（授）洛州陸渾縣令，未之任遘疾，以聖歷元秊（年）壹匝（月）拾㊐（日）終於神都崇業里，春秋七十。

惟君明（明）允恭懿，宣慈恵（惠）和，口無擇言，可以應千里。身無擇行，可以周万物。孝乎惟孝，執要道而樹身基；仁謂之仁，資博施而爲己任。被忠（忠）信之甲冑，持禮義之干櫓，冰玉以瑩其心，皎如泉澈，塵滓不嬰（嬰）其慮，廓若兩披。所謂中和之淑𤯔（淑人），大雅之君子者也。方當祏（祇）享百禄，顯登三事，鼓大翼而負蒼天，縱巨鱗而撗碧海。豈謂神明不信，萬化無假扵仁明；鬼伯相催，三泉無斂於魂魄。即以其秊（年），歳（歲）次戊戌，三匝（月）辛酉玥（朔）廿五㊐（日）乙酉，歸祔于雍州明堂縣洪固鄉之畢原，禮也。有子顒、穎、顥、熲等，銜痛茹酷，剡骨崩心，卜塋有歸，已寧神扵夜室，終天永奪，空瀝思於寒泉。將恐大海成田，高岸爲谷，式刊貞礎，用紀幽埏。庶徽猷之不昧，與㊐匝（日月）而長懸。乃爲銘曰：

殹*（殷）氏二伯，漢朝兩相。積慶無疆，高門有閎。軒冕雲合，英髦海量。繼踵芳猷，比肩徽望。其一。

猗歟景族，生此哲人。器光文梓，價重浮筍。居貞履實，服義依仁。道爲之貌，德潤其身。其二。

理芴從政，濯纓登仕。託乘淮山，侍遊伊水。五湖之曲，二江之涘。乳翟南馴，儛鸞西起。其三。

奥區從邑，神畿宰縣。高躅未臨，清風已周。方曳珩組，佇驤雲電。□螘忽驚，寢熊俄見。其四。

小年窮盡，大夜深長。空鄰笛思，虚室琴亡。松風自若，隴㊐（日）無光。春蘭秋菊，終古餘芳。其五。

考釋

王稚子之臨温縣

王渙，字稚子，新都人，東漢賢吏，曾任河南温縣縣令，因政績顯著升爲兖州刺史，拜侍御史。和帝永元十五年（一〇三）任洛陽縣令。元興元年卒，洛陽人爲其立祠。温縣、洛陽兩縣人民護靈歸葬故里，并于墓前立雙闕。

魯仲康之撫中牟

魯恭（三二—一一三），字仲康，扶風平陵（今陝西省咸陽市）人。魯恭于東漢章帝建初年間（…魯恭官至司徒，朝廷三公之一），治理中牟，政績卓著，卒年八十一歲。人民懷念，中牟縣西關及魯廟村建有魯公祠（魯太師祠）。蒲壽宬《七愛詩贈程鄉令趙君・漢中牟令魯恭》：『吾愛魯仲康，治效多致祥。害稼螟犬牙，中牟了無傷。掾驚雉馴擾，兒念雛方將。河南有府尹，其美乃播揚。』

鍾離意之居堂邑

鍾離意（約十—七十四），字子阿，會稽山陰（今浙江省紹興市）人。建武年間任會稽郡督郵，時郡中大疫，鍾離意一人獨入疫區撫恤灾民，後舉孝廉。歷任瑕丘（今山東省兖州市）縣令、堂邑（今江蘇省南京市六合區）縣令、尚書、尚書僕射、魯相等官職。爲官三十餘年，歷光武帝、明帝兩朝，一生清正廉潔，勇于直諫，且能體恤民情，頗得朝廷和吏民欽崇。

朝散大夫，是我國古代一個文階官制度。隋朝始置朝散大夫，唐朝因之，爲從五品下，文官第十三階，至明朝時廢除。白居易當過朝散大夫，還爲此著有詩作《聞行簡恩賜章服喜成長句寄之》。

行洛州陸渾縣令，行，謂兼攝官職。唐洛州即今河南洛陽。《後漢書・陳俊傳》：『是時太山豪傑多擁衆與張步連兵，吴漢言於帝曰：「非陳俊莫能定此郡」，于是拜俊太山太守，行大將軍事』。《資治通鑒・後漢高祖乾祐元年》：『丙寅，以（侯）益兼中書令，行開封尹』。明王鏊《震澤長語官制》：『宋朝列銜，凡階高官卑則稱行』。陸渾，春秋陸渾戎居今河南嵩縣東北一帶，漢在此置陸渾縣。唐代縣隸洛州管轄。誌主韋愔時任行陸渾縣令。

乃侯乃牧，比諸管樂；智略經天地，如彼蕭張，即管仲、樂毅、蕭何、張良。

管仲（約前七二三—前六四五），姬姓，管氏，名夷吾，字仲，謚敬，潁上（今安徽省潁上縣）人。成就：强齊圖霸，輔佐桓公九合諸侯，禮讓天下開法家先驅。

樂毅，生卒年不詳，子姓，樂氏，名毅，字永霸，中山靈壽人。戰國後期傑出的軍事家，魏將樂羊後裔，拜燕上將軍，受封昌國君，輔佐燕昭王振興燕國。

蕭何（前二五七—前一九三），漢族，西漢初年政治家、宰相，西漢開國功臣之一。沛豐人，早年任秦沛縣縣吏，秦末輔佐劉邦起義，史稱『蕭相國』。

張良（約前二五〇—前一八六），字子房，韓國（今河南省新鄭市）人。秦末漢初傑出謀臣，與韓信、蕭何并稱爲『漢初三杰』。助劉邦建立漢朝；助劉盈保住太子之位。後隱居不仕。

祖津，隋内史侍郎、户部尚書、武陽郡開國公。唐諫議大夫、黄門侍郎、太僕卿、陵州刺史、壽光縣開國男。韋津系隋、唐兩朝元老，史籍記載極簡略，兩處各衹有十多個字。此□門侍郎，依其墓誌銘，此不可識之□，當爲『黄』字。其事功見《韋津墓誌銘》，此不復贅。

父全璧，唐任潞、易二州别駕

别駕，即别駕從事史，官名。亦稱别駕從事，簡稱『别駕』。漢置，爲州刺史的佐官。隋初廢郡存州，改别駕爲長史。唐初改郡丞爲别駕，高宗又改别駕爲長史，另以皇族爲别駕，後廢置不常。宋各州的通判，職任似别駕，後世因以别駕爲通判之習稱。韋全璧職官太小，不見于史。

九畹含芬

《楚辭·離騷》：『余既滋蘭之九畹兮，又樹蕙之百畝』。王逸注：『十二畝曰畹。』一説，田三十畝曰畹。見《説文》。後即以『九畹』爲蘭花的典實。

託乘蘭坂，曳裾竹園

託乘，比喻得人援引。《楚辭·遠游》：『質菲薄而無因兮，焉託乘而上浮？』王逸注：『將何引援而升雲也。』洪興祖補注：『乘，時證切』。晋陸雲《移書太常府薦張瞻》：『誠嚴穴耀穎之秋，河津託乘之日也。』宋胡宿《送致政秘丞》詩：『徑爲天上乘槎客，厭作河濱託乘人。』

曳裾，拖着衣襟。裾，衣服的大襟。晋陶潛《勸農》：『矧伊衆庶，曳裾拱手。』唐王績《薛記室收過莊見尋率題古意以贈》：『曳裾出門迎，握手登前除。』

據誌文，誌主于唐高宗乾封二年（六六七），起家爲衛王府行參軍。參軍在晋以後地位漸低，成爲諸王、將軍的幕僚，如陶淵明曾任鎮軍參軍，《後漢書》著者范曄曾任劉裕第四子劉義的參軍。隋唐以後參謀軍務逐漸演變爲地方官員，如杜甫曾任右衛率府胄曹參軍、華州司功曹參軍，白居易曾任京兆府户曹參軍。

咸亨二年（六七一），韋愔任雍王府兵曹參軍，官名。漢司隸校尉屬官有兵曹從事史，有軍事則置之以主兵事。北齊各州有中兵、外兵、騎兵等參軍，郡有兵曹掾佐。隋各州及左右衛等軍府有兵曹參軍。唐諸衛府、東宫諸率府、王府、京府、都督府、都護府均稱兵曹參軍，諸州稱司兵參軍，掌軍防烽驛門禁田獵儀仗等事。後以丁母喪去職，起復曾爲典膳局事務。旋任光州樂安縣令。累遷至蘇州吳縣令，蜀州武隆縣令，均有政績，令行禁止。興辦教育，民風大化。與前代諸有建樹的能吏，可比肩而不少讓焉。

武則天神功元年（六九七），制備行洛州陸渾縣令。未及上任遘疾，聖曆元年（六九八）一月十日終于神京長安崇業里，享年七十歲。由此可見其出生在太宗貞觀三年（六二九），其起家爲王府參軍時，已經快四十歲了。該戊戌年三月廿五日歸祔于雍州明堂縣洪固鄉畢原祖塋。

誌主世系：

韋孝寬，後魏開府儀同三司、侍中、驃騎大將軍、雍州刺史、尚書右僕射。北周小司徒，王僻揔管、大司空、上柱國、鄖国公。隋太傅尚书令，贈太尉、雍州牧，謚曰襄——津，隋内侍郎、户部尚書、武陽郡開國公。唐諫議大夫、黄門侍郎、太僕卿、陵州刺史、壽光縣開國男——全璧，唐二州別駕——愔，汴王府參军、太子通事舍人、典膳局事、陵渾縣令——顒、穎、顒、潁等。

誌文中有武則天新造字多個，有的照録加注，有的筆劃較繁，描摹不易，逕改爲通用字，玆爲方便起見，特將武氏改字表列後，以資對照。

武周新造字對照表

大周故朝
散大夫行
洛州陸渾
縣令韋府
君墓誌銘

大周故朝散大夫行洛州陸渾縣令韋府君墓誌銘 蓋

大周故朝散大夫行洛州陸渾縣令韋府君墓誌銘并序

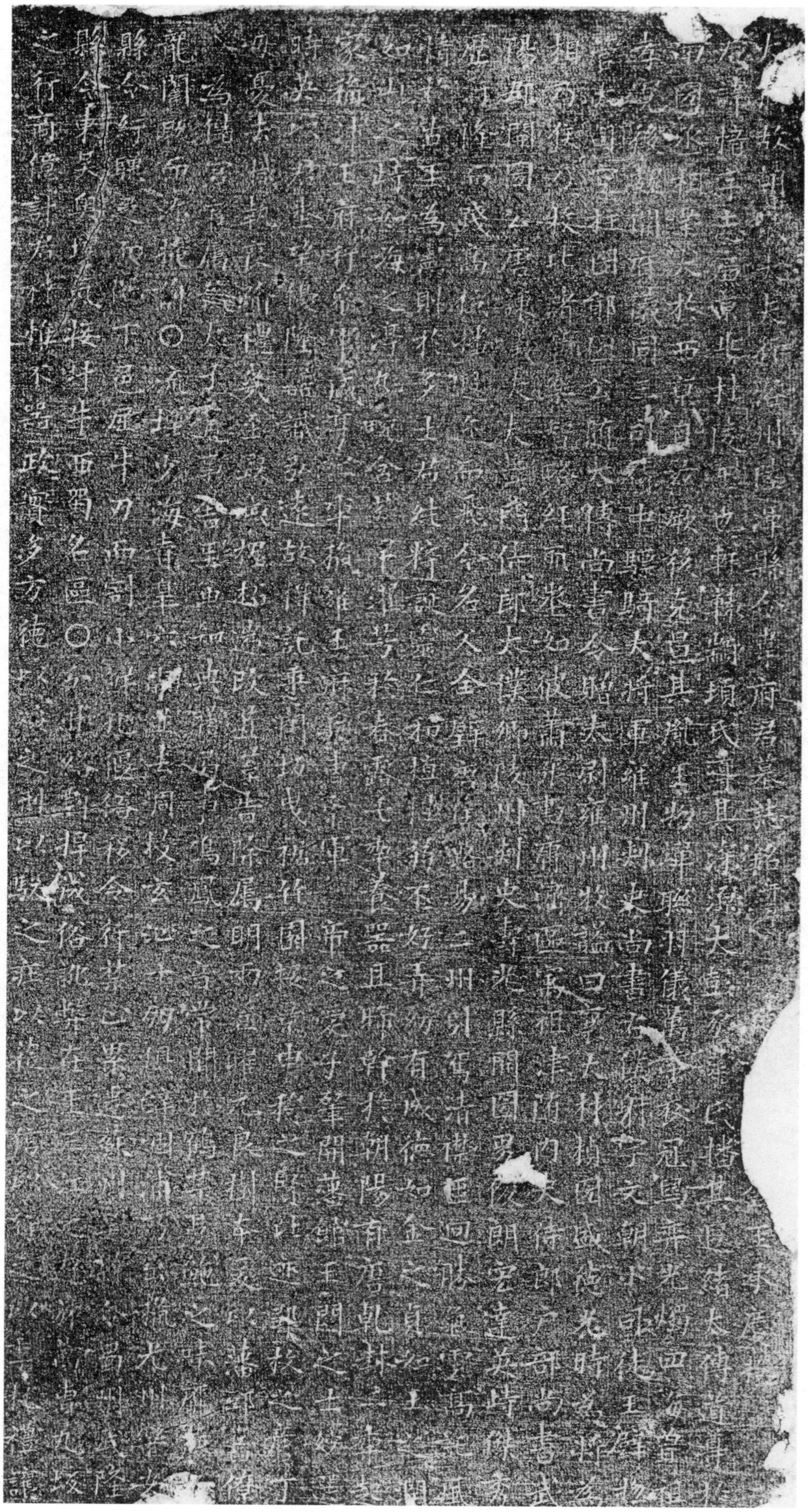

上半闕

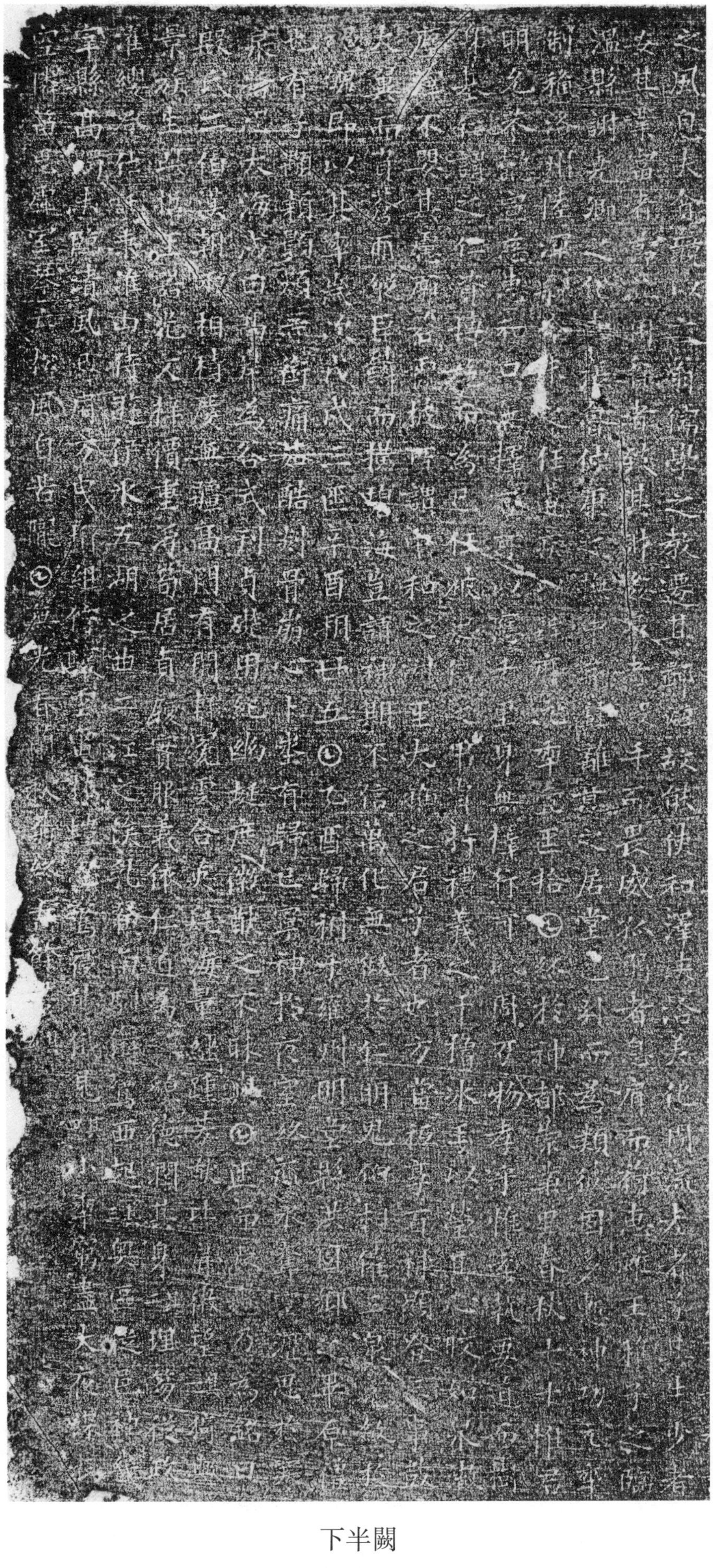

下半闕

唐火井丞韋君夫人杜氏墓誌（七〇二）

概述

該墓誌出自韋氏墓地。失蓋。誌石每邊長四十四點五厘米。銘文二十一行，每行滿格二十二字。

誌文

唐故邛州火井縣丞韋君夫𤯔（人）杜氏（氏）墓誌銘并序

夫𤯔（人）諱，字，京（京）坣（兆）杜陵𤯔（人）也。求賢報圀（國），漢朝推拄（柱）石之恵（忠），受律專征，晉（晉）代命樓船之將。家聲濬發，跡（疏）景（景）胄於銀編，門慶靈長，紀鴻名於玉誄（諜）。曽（曾）祖懿，随金部侍郎。祖乹福，唐遂州司馬。父崇基，唐文、成二州剌（刺）史。千𠡦（年）鍾鼎（鼎），百代珪璋，朱軒共翠盖交輝，紫綬與龜章疊暎。夫𤯔（人）芝田擢秀，桂𠥱（月）流芳，柔順發於童心，詩禮聞乎孩（孩）笑（笑）。知絃表異，寧唯蔡氏（氏）之妹，擬雪標竒（奇），匪獨謝家之媛。卓然成性，似秋菊之孤芳，肅尔為容，類春松之獨秀。激楊（揚）女則，粉繪母儀，藴四徳（德）於英宗，表三從於盛族。嗟乎神道，匪預戩（戢）仙影*（影）於金波；生涯忽諸，掩神光於玉匣。以久視元𠡦（年）八𠥱（月）十九𡆠（日）終於里第，春秋五十八。昔𠡦（年）孤逝，獨辭千𠥱（月）之榮，今𡆠（日）雙歸，同奄九泉之路。粤以大周長安二𠡦（年），歲次壬寅五𠥱（月）丁卯朔（朔）六𡆠（日）壬申，合葬於畢原韋君之舊塋。禮也。子拯等（等）志存追遠，傳百代之芳儀，情切慎終，勒*（勒）千秋之貞紀。其銘曰：

騰芳玉菓（葉），擢秀金枝。幼彰風雅，遠播*（播）貞規。温柔表異，婉順摽*（標）竒（奇）。七篇既習，吅*（四）徳（德）無虧。其一

發自英宗，歸乎盛族。志性閑雅，芳儀令淑（淑）。似玉之温，如蘭之馥。青烏忽坣（兆），白駒何速。其二

共辭城邑，同菴（掩）泉臺。荒塋露泫，松檟風哀。生非物是，古往今來。松扃一閟，長夜無開。其三

考釋

求賢報國，漢朝推柱石之忠

此殆指漢朝忠臣杜延年，喻示杜氏系延年後裔。杜延年，字幼公，《漢書》卷六十有傳。明法律。昭帝立，初補軍司空。遷諫議大夫。因發上官桀逆謀，封建平侯。擢爲太僕，右曹給事中。霍光持刑罰嚴，延年輔之以寬。數言宜修孝文時政。以儉約寬和、順天心悦

民意。光納其言。舉賢良，議罷酒榷鹽鐵，皆自延年發之。霍光卒，延年坐免官。召拜北地太守。徙西河太守。徵入爲御史大夫。病篤，賜安車駟馬就第。卒，謚號敬。

受律專征，晋代命樓舩之將

樓舩，即樓船、高艦。樓舩之將，或指晋杜瑗、慧度、慧期父子。本京兆人，後居交阯。《宋書》卷九十二、《南史》卷七十有傳。瑗爲日南、九德、交阯太守，初，李遜父子威制交土，瑗分遣二子斷遏水陸津要，收衆斬遜，州境獲寧。除龍驤將軍。卒，贈右將軍。其五子慧度任督交州諸軍事，與弟交阯太守慧期、九州太守章民并督率水步軍，慧度自登高艦，合戰，放火箭雉尾炬，步軍夾兩岸射之，將來犯的盧循艦衆俱燃擊散。循中箭溺死，斬循父嘏和循二子，傳首京邑。

濬發，從深處發出。晋陸機《文賦》：『雖濬發於巧心，或受蚩於拙目。』景胄，嫡子的尊稱。南朝宋顔延之《宋文皇帝元皇后哀策文》：『祕儀景胄，圖光玉繩。』銀編，書籍的美稱。隋煬帝《遺陳尚書江總敕》：『金匱珠韜，銀編玉策。』金部侍郎，魏晋南北朝尚書金部郎之資深勤能者可轉侍郎。隋初定置爲金部司長官，正六品，文帝開皇三年（五八三）升從五品。煬帝大業三年（六〇七）改名金部郎。

知絃表異，寧唯蔡氏之妹

這是説誌主杜氏的音樂才藝，就是和後漢妙操音律的蔡邕之女文姬相比，也不少讓而比肩焉。蔡琰，字文姬，別字昭姬，陳留郡圉縣（今河南省杞縣）人，博學多才，擅長文學、音樂、書法。初嫁于衛仲道，丈夫死後回家。南匈奴入侵時，爲匈奴左賢王所擄，生育兩個孩子。曹操統一北方後，花費重金贖回，嫁給董祀。《隋書·經籍志》著録有《蔡文姬集》一卷，今已失傳，只有《悲憤詩》二首和《胡笳十八拍》。《文姬歸漢》的故事，廣爲流傳。蔡文姬墓在藍田縣北關，距西安四十公里，現辟爲旅游景點。每逢節假日，前來訪謁的西安及外地仕女，絡繹不絶。

擬雪標奇，匪獨謝家之媛

這是將杜氏又比作晋代才女謝道韞。《晋書》卷九十六《王凝之妻謝氏》：『字道韞，安西將軍奕之女也。聰識有才辯。叔父安嘗問：「毛詩何句最佳？」』道韞稱：『吉甫作頌，穆如清風。仲山甫永懷，以慰其心』。安謂有雅人深致。又嘗内集，俄而雪驟下，安曰：『何所似也？』安兒子朗曰：『散鹽空中差可擬。』道韞曰：『未若柳絮因風起。』安大悅。

激揚《女則》

《女則》一書，爲唐太宗長孫皇后所著，卷數有十卷、二十卷、三十卷等記載。按長孫皇后列傳記載，書中內容是采集古代女子卓著的事迹匯聚在一起。

杜夫人于武周久視元年（七〇〇）八月十九日逝世，享年五十八歲。長安二年（七〇二）五月六日合葬于畢原先其去世的丈夫之墓。杜氏曾祖父，隋金部侍郎杜懿，祖父唐遂州司馬杜乹福，父親文成二州刺史杜崇基，均不見于史籍。杜氏名與字爲空格。丈夫韋君只有官職火井縣丞而不具其名。兩墓主名諱闕如，不禁憮然。誌文中有武則天新造字多個，如『國』字作方框內竪八方二字爲『圀』，人字作生字上加一橫筆。月字寫作『匚』內填一出字等，是武曌篡唐建周標新立异之作。成爲其當政時期墓誌銘的一大特徵。

火井縣，隋置，元省。故城在今四川邛崍市西南八十里許。縣有火井。誌主之夫曾爲火井縣丞，輔佐縣令行政。

誌主世系：

杜懿，隋金部侍郎——杜乹福，唐隋州司馬——杜崇基，文、成二州刺史——韋君夫人杜氏。

唐故邛州火井縣丞韋君夫厓杜氏墓誌銘 并序

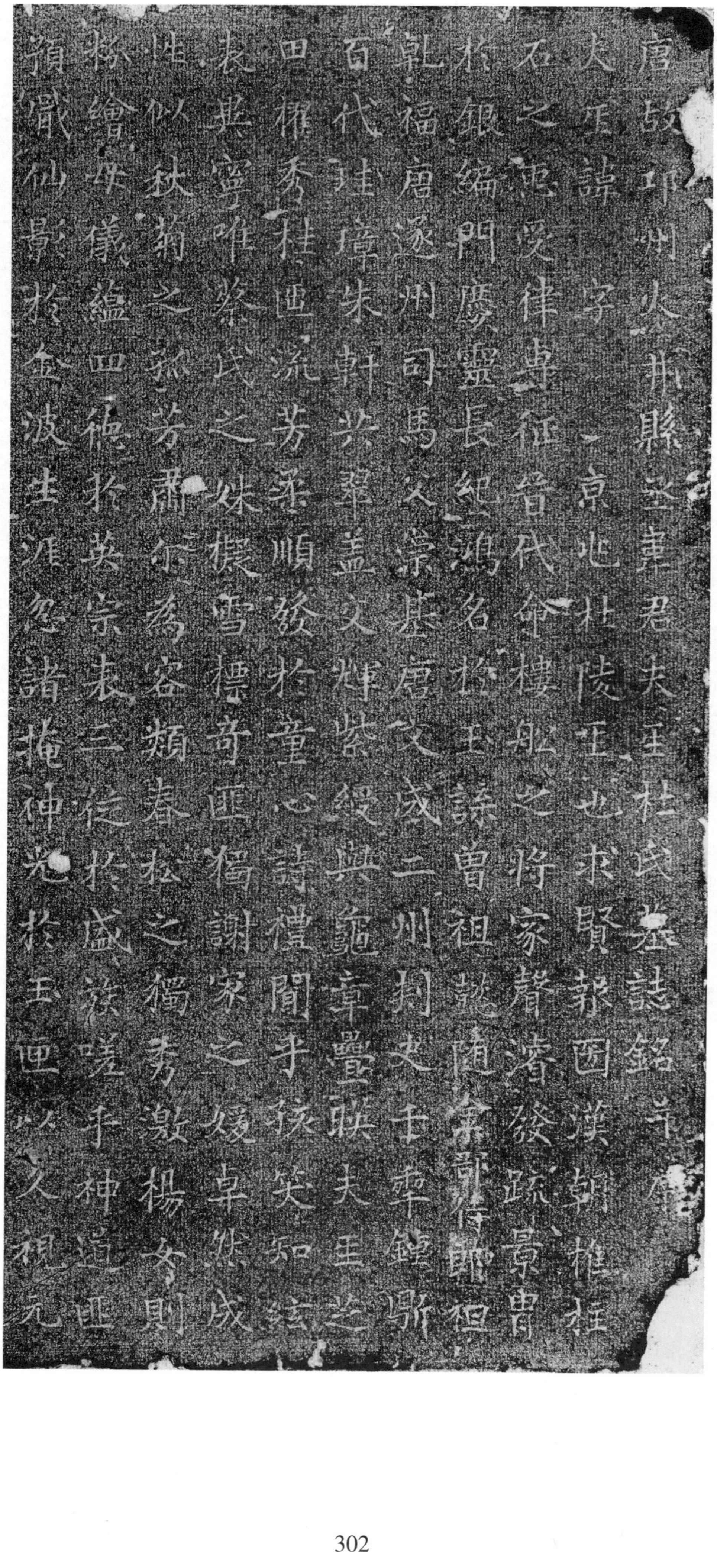
唐故邛州火井縣丞東君夫人杜氏墓誌銘并序
夫人諱　字　京兆杜陵人也求賢郡國漢朝推柱
石之惠愛律專征晉代命樓船之將家聲濬發跡景胄
於銀編門慶靈長紀鴻名於玉諜曾祖懿隨金部侍郎祖
乾福唐遂州司馬父崇基唐文成二州刺史千秊鍾鼎
百代珪璋朱軒共翠蓋交輝紫綬與龜章疊映夫人之
田稚秀桂匪流芳柔順發於童心詩禮聞乎孩笑知絃
表異寧唯蔡氏之姝擬雪標奇匪獨謝家之媛卓然成
性似秋菊之孤芳肅爾為容類春松之獨秀激揚令則
務繪母儀緼四德於英宗表三從於盛族嗟乎神道匪
預讖仙影於金波生涯忽諸掩神光於玉匣以久視元

年八月十九日終於里第，春秋五十八。昔季札逝，獨辭
千月之榮；今日雙歸，同奄九泉之路。粤以大周長安二
年歲次壬寅五月丁卯朔六日壬申，合葬於畢原韋君
之舊塋，禮也。子琛等志存追遠，傳百代之芳；儀情切慎
終，勒千秋之貞紀。其銘曰：
騰芳玉葉，擢秀金枝。幼彰風雅，遠播貞規。溫恭未異，婉
順標奇。七篇既習，四德無虧。其一 發自英宗，歸乎盛族。志
植閑雅，芳儀令淑。似玉之溫，如蘭之馥。青鳥忽兆，白駒
何速。其二 共辭城邑，同歸泉臺。荒塋露泫，松檟風哀。玉非
惕是，古往今來。松扃一閉，長夜無開。其三

唐濟州長史韋虔晃墓誌（七三六）

概述

唐濟州長史韋虔晃墓誌，出自地質七隊基建工地十二號墓，方向一百八十五度，斜坡墓道，兩個天井。墓道寬一點二五米，第一天井左右兩壁各鑿一龕。甬道兩側有壁畫，脱落太甚。墓深六點二八米，墓室縱長三點六米，横寬三點二米，地面鋪磚，右半築磚砌棺床，高四十厘米，左壁下磚砌長臺，高亦四十厘米，兩者長及前後壁。韋虔晃墓誌置甬道內，李氏墓誌置棺床上。破碎陶瓷器零散地面（圖二十八）。誌石方形，覆斗式蓋，頂部每邊長三十六厘米。面刻篆書陰文三行九字：大唐故韋府君墓誌銘。四殺部飾流雲紋。誌石每邊長五十三厘米，厚七厘米。四側紋飾與殺部相同。誌面有銘文二十八行，每行滿格三十字。書法清麗娟秀。

誌文

唐故濟州長史韋公墓誌銘并序

公諱虔晃，字虔晃，京（京）垗（兆）萬年人也。自翊商命氏*（氏），輔漢*（漢）稱家，四牡龍旂，世為卿族。曽（曾）祖元禮，随淅州剌（刺）史、鄖城公。祖恪，皇侍*御（御）史、洺州别駕。父弖（弘）挺*（挺），昌樂令。文武嗣徽，忠賢載羙（美），勲庸（庸）茂扵當世，福履垂（垂）扵後葉（葉）。公稟授*夷（夷）簡，踐履*（履）中和，行周而密，言愽而要，猶琴瑟之在御，叩朱弦之正聲，若卜筮之是乎，應黄裳之元吉。弱冠，孝敬挽郎，初為雅、閬二州叅（參）軍，各以憂去職。服*（服）闋，授滑州録事叅（參）軍，坐（坐）公事免。俄拜太平公主府倉曺（曹）。府癈（廢），改歧*（岐）王府録事叅（參）軍。保累出棣州司馬，遷（遷）薛（薛）□掾。歷延州司馬，濟州長史，復以事罷*（罷）。公之為政也，通而不雜，直而不橈，信必由衷，仁非外飾。不枉道以附下，不違心以謟*（諂）上，由是宦途邅迴，屢踐屯否，前后九（凡）九莅職，再免一，左遷（遷）二，以家事去，其平除者四而已。君子是以知性命之難*（難）以言也。

初，長安、神龍之際，公之元昆仕為雍令。公又歷遊梁沁，留（留）在長安禄廩有資，枌榆可樂，扵是築室仁里，開門達巷，緑篠蒔扵簷間，清流周於舍下，肥羜旨（旨）酒，招延賔（賓）族，不以貴賤為厚薄，不以親踈（疏）為輕重。無家者舘之，無糧者饋之，如是積年，曽（曾）無厭怠。及乎挂冠植杖，華髮*（髮）在堂，内外繁祉，子孫盈百，每以四時伏臘，三元分至，迾長莚（筵）而獻壽*（壽），羅廣延*（庭）而上祝。班白在列，童稚相推，或冠或卝，或携或抱，未甞（嘗）不解威嚴，賜恩（恩）泰*（泰），示以禮讓，訓其恭儉，。將使萬石之謹，八龍之茂，日就*（就）月將，在吾門矣。議者曰五常之首，仁也。五福之貴，壽*（壽）也。非仁無以享其壽*（壽），非壽曷能廣其仁，倬莪（哉）！我公誠有之矣。

公又纂辑本系，撰韋氏*（氏）官曆譜十三卷、宗沠（派）圖一卷，斯亦敦叙之深旨（旨），貽厥之素業也。開元廿三年孟春之月，夫人李氏*（氏）偕老即世，公歎*（嘆）有生之必遷（遷），雖後彫而何幾*（幾）？啓（啟）手無恨，瞑*（瞑）目同歸，即以其年十月廿二日遘疾，終於京（京）城永崇里第*（第），春秋八十有二。粤以開（元）廿四年正月二日歸厝先塋，合於夫人之舊墜（隧），禮也。

長子清，義府果毅。譔，次，新井丞。帝臣，次，三水令。康，次，藁城令。尭*（堯）臣，次，郃陽尉。舜臣，次，薛（薛）王府典籤。禹踰禮，致*（致）毁*（毁）肃*（崩），心僅*（僅）存。刊石玄堂，永昭懿德（德）。其銘曰：

赫矣我祖，國自扶陽。聞詩聞禮，為龍為光。我公纂修，構此層（層）堂。行成規（規）矩，言應宫。進仕郡邑，式歌惟康。退守閭里，捨之則藏。珠玉盈庭*（庭），羔羊成行。教之誨之，如珪如璋。壽*（壽）以佑仁，則惟其常。位不稱德（德），于何不臧。同穴新阡，歸全舊*（舊）鄉。紀于斯文，庶垂（垂）烈芳。姪（侄）孫鱵方郎中述文。

考釋

長史，官名。執掌事務不一，但多爲幕僚性質的官員。長史最早設于秦代，當時丞相和將軍幕府皆設有長史官，相當于現在的秘書長或幕僚長，將軍下的長史亦可領軍作戰，稱作將兵長史（班超即是將兵長史）。除此之外，邊地的郡亦設長史，爲太守的佐官。參閱《漢書·百官公卿表上》、《後漢書·百官志一》。後魏晋南北朝時，州郡官員底下多設長史。唐代州刺史下亦設立長史官，名爲刺史佐官，却無實職。但大都督府的長史則地位非常高，相當于上州刺史，甚至會充任節度使。明清時代的長史設于親王、公主等府中，執管府中之政令。參閱《通志·職官六》、《清通典·職官十》。

參軍，即參軍事。參軍或參軍事，本參謀軍務之稱。東漢靈帝時，陶謙以幽州刺史參司空車騎張温軍事；獻帝時，孫堅亦爲張温參軍；荀彧參丞相曹操軍事。晋時，軍府置爲官員，如中軍將軍羊祜有參軍二人。南北朝隨其職司，稱諮議參軍、中兵參軍等，亦單稱參軍、參軍事，從此爲諸曹之長的官名。如晋元帝爲丞相時，府中設十三曹，均以參軍爲長。北齊各州，刺史屬官有録事、功曹、倉曹、中兵等參軍。隋初仍北齊之舊。煬帝罷州置郡，改原來州的參軍事爲書佐。唐參軍一般爲七品或八品，也有低至從九品下的。史籍記此官名，《隋書》、兩唐書于『參軍』下有『事』字，《通典》、《文獻通考》無。宋州官仍有參軍，曹名與唐有同异。明、清以參軍爲經歷的别稱。

俄拜太平公主府倉曹，府廢，改岐王府録事參軍

太平公主，唐高宗與武則天之愛女。武后在位時，張易之、張昌宗恃寵專政，公主以謀除之。睿宗時以勛勞盜威柄，專權用事。開元初陰謀廢立，玄宗與近臣定計，收其黨斬之。賜公主死。

岐王，即惠文太子李範。《新唐書》卷八十一《三宗諸子傳》：『惠文太子範，始名隆範。玄宗立，與薛王隆業避帝諱去二名。初王鄭，改封衛。俄降封巴陵，進王岐，爲太常卿、并州大都督、左羽林大將軍。從玄宗誅太平公主，以功賜封，與薛王業并滿五千户。歷爲州刺史，遷太子太傅。開元十四年薨，册書贈太子及謚，陪葬橋陵。』誌主虔晃原在太平公主家做事，公主敗死，府廢，遂改事誅滅公主黨有功的岐王。

倉曹，官署名。（一）西漢丞相府僚屬諸曹之一。主倉谷事。東漢三公府沿置，以掾、屬爲長官。魏、晋、南北朝時，諸公府及主要將軍府皆置。魏及西晋時，以掾、屬爲長官。南北朝時，多以參軍爲長官。隋代十二衛、太子十率、親王至上儀同等府皆置，初以參軍事爲長官，大業三年（六〇七）改參軍爲書佐。唐代十六衛、諸軍、太子諸率及諸王府等沿置，以參軍事爲長官，掌本府廩禄請給、財貨市易等事宜，不置功曹者則兼掌文官勛階考課。（二）地方官府屬曹。東漢置，爲諸郡府屬曹之一，主本郡倉谷出納、貯藏，以掾爲長官。魏、晋、南北朝多沿置，北朝後期諸州設參軍爲長官。隋開皇三年（五八三）改倉曹參軍爲司倉參軍。唐初復置，三都（京兆、河南、太原）府、諸都督府、都護府及諸州、鎮、縣皆置，掌公廨、度量、庖厨、倉庫、租賦徵收、田園、市肆等事務。三都府、都督府、都護府及諸鎮皆以參軍爲長官，諸州府以司倉參軍爲長官，諸縣設司倉佐爲長官。

果毅，即果毅都尉，唐宋軍事職官名稱。果毅都尉是唐折衝都尉的副職，每折衝府二人，分左、右，上府從五品下，中府正六品上，下府從六品下。唐代府兵軍事職官名稱。宋代環衛官名稱。

職方郎中，官名。隋尚書省兵部有職方侍郎，唐、宋、明、清兵部有職方郎與員外郎，掌天下地圖及城隍、鎮戍、堡寨、烽堠，以及沿邊少數民族内附等事。

誌文與其他誌石一樣，首先揭示先世閥閲，末尾記述其六子名次職官。自殷命氏姓韋，漢代連出二相，世爲卿族。

誌主初爲雅閬三州參軍，各以守喪去職。期滿服除，授滑州録事參軍。先後爲太平公主府倉曹、岐王府録事參軍、棣州司馬、延州

司馬、濟州長史。他的官運頗不順利，被免職或因事去職好多次，長安（七〇一—七〇四）、神龍（七〇五—七〇七）之際，他的長兄（元昆）爲雍州令時，他歷游梁、沁二州。以留在故鄉的資金『築室仁里，開門達巷』。招待親友，救濟貧困，廣施仁愛，訓導子孫。并纂輯《韋氏人物職官譜》十三卷，《宗派世系圖》一卷。開元廿三年（七三五）春月夫人李氏去世，他也于該年十月廿二日終于永崇里第，春秋八十有二。開元廿四年正月二日歸葬祖墳地，合于夫人之墓。

在韋氏家族墓地出土的五六十方墓誌中，韋虔晃是最長壽的一個人物，多子多孫，人丁興旺。這在一千二百八十多年前的古代，創此八十二歲的長壽紀録，實屬難得。

大宗正卿，官名。秦、漢以降，歷代置宗正卿管理皇族事務，北魏始改此名。多以宗室擔任，或任外姓。北魏太和二十三年（四九九）定爲三品。北齊沿置，爲大宗正寺長官。

該誌文末，寫明撰文者乃誌主侄孫職方郎中韋述，《舊唐書》一百二十、《新唐書》一百三十二有傳。他是韋弘機曾孫，韋景駿之子。年少舉進士，被考工郎宋之問器重，累官集賢學士，工部侍郎。封方城縣侯。典掌圖書四十年。任史官二十年。儲書二萬卷，皆手自校定。又撰《開元譜》二十篇，撰武德以來國史。文約事詳，時以爲譙周、陳壽之流。安禄山之亂，述抱國史藏南山。身陷賊，汙僞官。賊平，流放渝州，爲刺史所困，不食死。《舊唐書·韋述傳》：『議者云自唐已来，氏族之盛，無踰於韋氏。…史才博識，以述爲最。所撰《唐職儀》三十卷，《高宗實録》三十卷，《御史臺記》十卷，《兩京新記》五卷，凡著書二百餘卷，皆行於代。』

此公和誌主，其叔祖父韋虔晃一樣，對豐富和保護我國的歷史文獻卓有貢獻，而其熱愛典籍、抱國史藏之南山以避戰亂的作為，以至于獻出生命，很感人，是應該載入史册的。

誌主世系：

淅州刺史、眉城公韋元禮——侍御史、洺州別駕韋恪——昌樂令韋弘挺——濟州長史韋虔晃——

- 義府果毅　韋清
- 新井丞　韋譔
- 三水令　韋帝臣
- 槁城令　韋康
- 郃陽尉　韋堯臣
- 薛王府典籤　韋舜臣

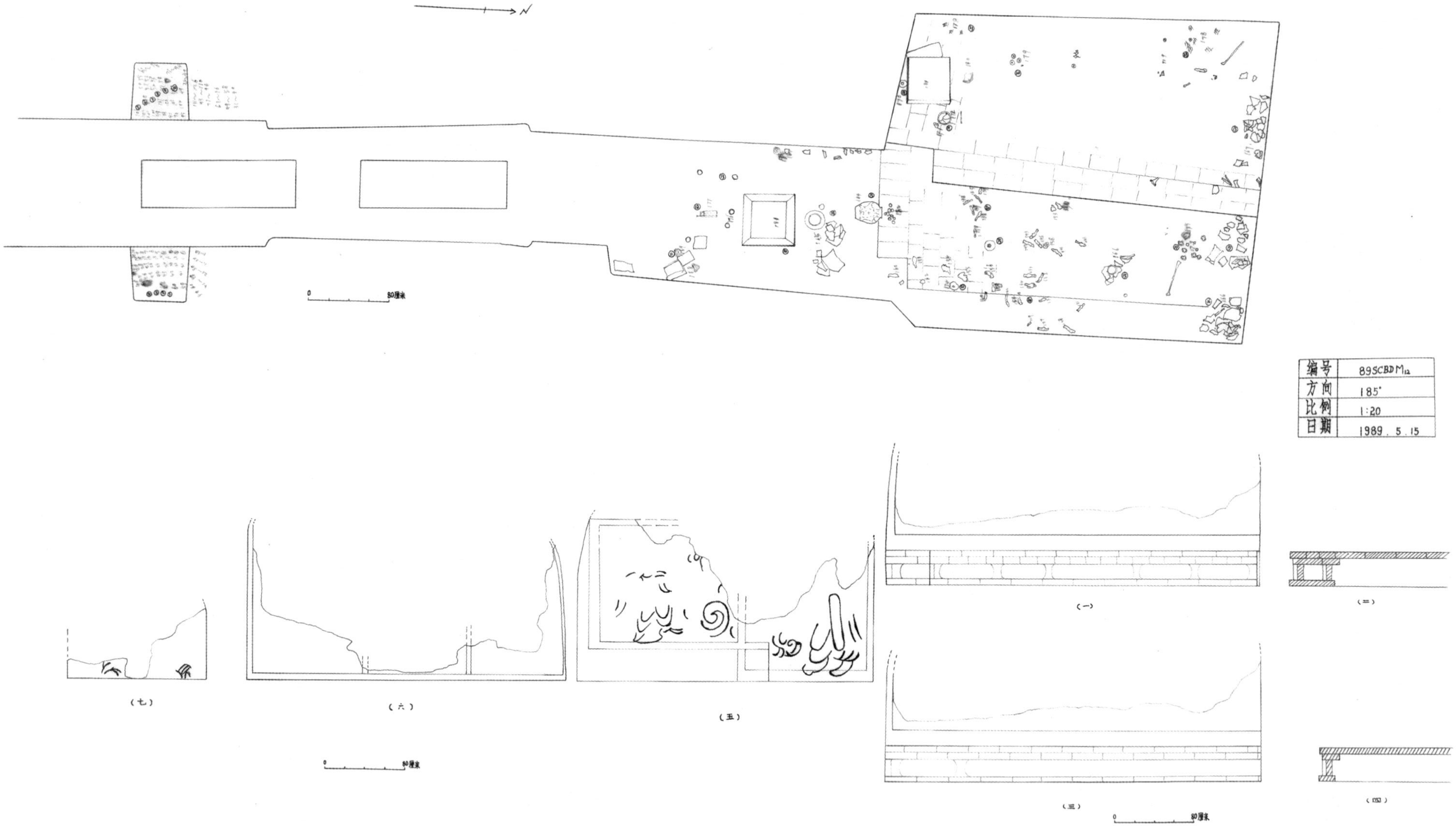
N
0 80厘米
编号 89SCBDM12
方向 185°
比例 1:20
日期 1989.5.15
（一）
（二）
（三）
（四）
（五）
（六）
（七）
圖二十八　韋虔晃墓葬剖面圖

大唐故韋府君墓誌銘 蓋

唐故濟州長史韋公墓誌銘并序

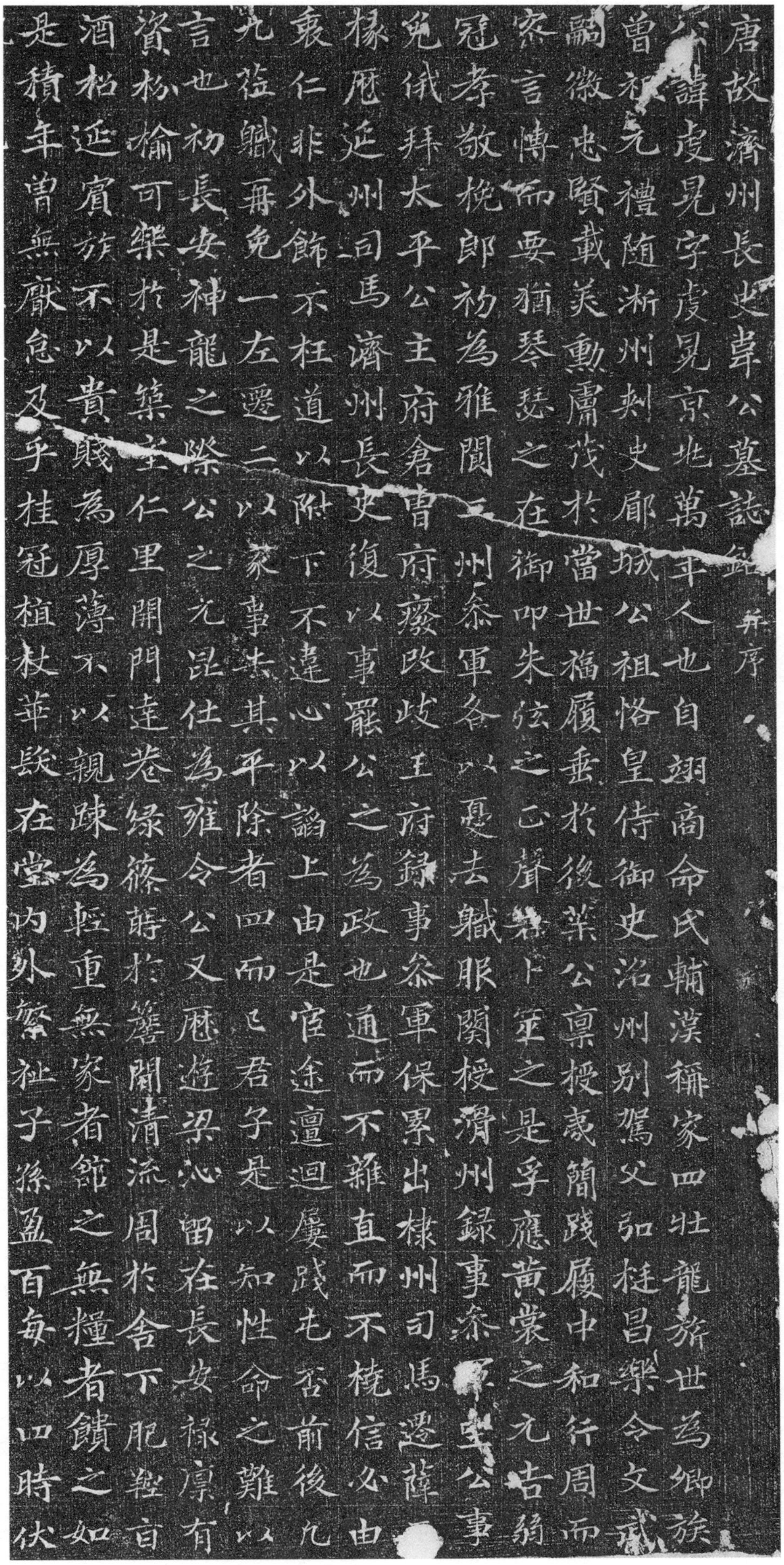

唐故濟州長史韋公墓誌銘并序
公諱虔晃字虔晃京兆萬年人也自翊商命氏輔漢稱家四壯龍旂世為卿族
曾祖元禮隨淅州刺史鄖城公祖恪皇侍御史沿州別駕父弘挺昌樂令文武
嗣徽忠賢載美勳庸茂於當世福履垂於後葉公禀授衷簡踐履中和行周而
密言博而要猶琴瑟之在御叩朱弦之正聲韋下筆之是乎應黃裳之元吉弱
冠孝敬挽郎初為雅閬二州參軍各以憂去職服闋授滑州錄事參軍公事
免俄拜太平公主府倉曹府廢改岐王府錄事參軍保累出棣州司馬遷薛
椽歷延州司馬濟州長史復以事罷公之為政也通而不雜直而不撓信必由
衷仁非外飾不枉道以附下不違心以諂上由是宦途邅迴屢踐屯否前後凡
九莅職再免一左遷二以家事去其平除者四而已君子是以知性命之難以
言也初長安神龍之際公之元昆仕為雍令公又歷遊梁沁留在長安祿廩有
資枌榆可樂於是築室仁里開門達巷綠篠時於簷闈清流周於舍下肥甃百
酒松延賓族不以貴賤為厚薄不以親踈為輕重無家者節之無糧者饋之如
是積年曾無厭怠及乎桂冠植杖華髮在堂內外繁祉子孫盈百每以四時伏

上半闕

臘三元分至迎長筵而獻壽羅薦庭而上祝班白在列童稚相携或冠或丱或
勢或抱未嘗不解威嚴賜恩泰亦以禮讓訓其恭儉將使萬石之謹八龍之茂
日就月將在吾門矣議者曰五常之首仁也五福之貴壽也非仁無以享其壽
非壽曷能廣其仁偉哉我公誠有之矣公又纂輯本系撰韋氏官譜十三卷
宗派圖一卷斯亦敦敘之深旨貽厥之素業也開元廿三年孟春之月夫人李
氏偕老即世公歎有生之必遷雖後歿而何發啓手無恨瞑目同歸即以其年
十月廿二日遘疾終於京城永崇里第春秋八十有□粵以開廿四年正月二
日歸厝先塋合於夫人之舊隧禮也長子清義府果毅諲次新井丞帝臣次三
水令康次藁城令堯臣次郃陽尉舜臣次薛王府典籤禹踰禮致毀肩心僅存
刊石玄堂永貽懿德其銘曰　赫矣我祖國自狀陽闡詩闡禮為龍為
光我公纂修構此層堂行成規矩言應宮進仕郡邑或歌惟康退守閭里捨之
則藏珠玉盈庭羔羊成行教之論之如珪如璋壽以佑仁則惟其常位不稱德
子何不藏同穴新阡歸全舊鄉紀于斯文庶垂烈芳
姪孫職方郎中述文

唐濟州長史韋虔晃夫人李氏墓誌（七三五）

概述

該墓誌同韋虔晃墓誌，出自地質七隊基建工地十二號墓室内近墓門處。青石質正方形，覆斗式蓋，蓋頂部每邊長二十七厘米，四殺部飾流動狀雲朵紋。面刻篆書陰文三行九字：大唐故李夫人墓誌銘。誌石每邊長四十四厘米，厚八點二厘米。四側飾雲朵紋。誌面銘文二十二行，每行滿格二十二字，書法秀美舒暢，生機勃勃，一派大唐氣概。

誌文

唐濟州長史京（京）𠈌（兆）韋君故夫人李氏*（氏）墓誌銘并序

夫人諱某，字某，隴西成紀人也。曽（曾）祖襲志，皇右光禄大夫、衛尉卿、始安公，贈（贈）兵部尚書。烈祖玄蘊，趙王府司馬。皇考處一，抗（抗）州刾（刺）史。夫人承累棻耿光，玉問昭裕，詩禮在已，皷（鼓）鍾于涏*（庭）。翌歲始笄，則好仇扵我，三星及靁（靁），遂女子有行。一移所天，五十餘載，曲盡事親之孝，舅（舅）姑以歓（歡）；不改兄姊（姊）之敬，娣姒咸悦。肆力以主饋，潔誠以媚神，匪聽（聽）踰閾之言，有虔正内之則。自韋公羆*（罷）皪，春秋已高，夫人敬甚嚴君，養同嬰㛱（孺），膳*（膳）必甞而後獻（獻），衣必時而乃服*（服）。公所好不益，則諫諭以正之，公所悪（惡）有補，則勉强以進之，雖兾鈌（冀缺）如賔*（賓），粱*（梁）鴻真婦蔑以加矣！

夫人誕育九子，男有六焉：長曰清，義府左果𣪠*（毅）。次曰，閬州新井賛（贊）。次曰，邠州三水宰。次曰，恒州稾城令。次曰，同州郃陽尉。小曰，薛（薛）王府典籖。咸一日千里，位未充量（量）也。及謀孫蕃*（蕃）衍（衍），爛其盈門，每㢊*（㢊）長筵、開廣讌稱觴獻壽*（壽）九（凡）百餘人，實我公之積德（德）慶鍾，亦夫人之允釐聖善（善）。宜*（宜）荷代禄，作（作）邦母儀，何萬石之未臻，裒*（哀）百身之靡贖。以開元廿三年歲次乙亥正月廿八日遇疾，終扵萬年永崇里之私苐，甲子六十有五。越五月丙辰玥（朔）十七日壬申，葬扵畢原先塋，禮也。嗣子等（等）號訴（號訴）無地，託昭遺烈。銘曰：

猗（猗）那仙宗兮（兮），母儀*（儀）冠首。子孫其昌兮（兮），可大可久。魂歸嶽兮（兮），魄歸升。德（德）如何其兮（兮），歿不朽。松林栢（柏）田兮（兮），昭身後。

開元廿三年五月十七日外孫弘（弘）農楊書。

考釋

右光禄大夫，官名。晉始于光禄大夫外加置。隋煬帝定散官稱號爲九大夫、八郎。左光禄大夫正二品，右光禄大夫次之，從二品。唐以下不設。

衛尉卿，官名。東漢、魏、晉多爲衛尉尊稱。南朝梁正式定爲官稱，十二班，位列十二卿。職掌宫門宿衛屯兵，巡行宫外，糾察不法，管理武器庫藏，領武庫、公車司馬令。陳沿置，三品，秩中二千石。北齊置爲衛尉寺長官，位列九卿。主管宫殿、京城諸門禁衛及武器、儀仗庫藏。隋初撤，開皇十二年（五九二）復置，唯掌儀仗帷幕供應、武器庫藏等事務，政令則服從兵部。唐、五代因之。遼代南面官亦置。北宋初年爲三品寄禄官，不預本寺公事。元豐改制後，始成爲職事官，從四品。南宋建炎三年（一一二九）罷。

贈兵部尚書。贈，即封贈，追認，給予的榮譽，并無實際的職權。兵部尚書，唐代實行三省六部制，六部屬于尚書省，六部長官稱爲尚書，正三品，唐初以來，尚書的地位很高，掌實權，唐代六部尚書分爲三行：吏、兵爲前行；刑、户爲中行；禮、工是後行。各部官員的遷轉就是按照這個次序的，由後而中而前。所以，擔任某部尚書，并不等于熟悉這部的職務，只是由于資格的關係。兵部尚書相當今日軍委副主席、總參謀長、後勤部長的總稱。

王府司馬，官名。南朝梁皇弟皇子府始置。陳沿置。北魏、北齊及隋諸王府亦置之。唐制親王府司馬秩從四品下，與長史共同掌統府僚，紀綱衆務。

梁鴻真婦。『舉案齊眉』的典故説的就是梁鴻、孟光的愛情故事：漢書生梁鴻讀完太學回家務農，與縣上孟財主的三十歲女兒孟光結婚，婚後他們放弃孟家的富裕生活，到山區隱居，後來幫皋伯通打短工。每次孟光給梁鴻送飯時把托盤舉得跟眉毛一樣高。

左果毅，官名。唐朝折衝府次官之一。太宗貞觀十年（六三六）改别將（車騎將軍）置，一員，上府從五品下，中府正六品上，下府從七品下，與右果毅都尉掌通判府事，爲折衝都尉副職。遼朝諸衛各置二十八員，爲加官。

典籤，官名。本爲處理文書的小吏。南朝宋齊時，朝廷常派以監視出任方鎮的宗室諸王和各州刺史，權力甚大。梁以後漸廢。隋唐諸王府亦設典籤，但僅掌文書。宋以後廢除。《南史·顧憲之傳》：（憲之）『遷南中郎巴陵王長史、南兖南豫二州事。典籤諮事，未嘗接以顔色，動遵法制。』

據誌文，韋虔晃妻李某，曾祖父李襲志，《舊唐書》卷五十九、《新唐書》卷九十一有《李襲志傳》。傳云，其先本隴西人，五世祖避地，更爲金州安康人。仕隋始安郡丞。大業（六〇五—六一八）末，盗賊起，襲志募得三千人，乘城拒盗。固守二年，力窮援絶，爲蕭銑所陷，僞署工部尚書，桂州總管。武德（六一八—六二六）初，唐高祖賜書招徠，五年（六二二）來朝，進柱國、封始安郡公、江州都督。後討輔公祏，爲水軍總管，轉桂州都督，守桂二十八年，政尚清省，南荒便之。以光禄大夫、汾州刺史卒。夫人祖父玄蘊，父親處一，均不見于史。

巢鞅，冀缺，即冀闕。古時宫廷外的門闕。《史記·商君列傳》：『居三年，作爲築冀闕宫廷於咸陽。』司馬貞索隐：『冀闕，即魏闕也。冀，記也。出列教令，當記於此門闕。』

李氏侍夫五十餘載，恪盡婦職，伉儷情深。夫君罷職，氏百般體恤。育有六男三女。開元廿三年（七三五）正月廿八日病逝于萬年縣永崇里第，享年六十五歲。越五月丙辰朔十七日葬于畢原先塋。

根據該兩方墓誌，可列其世系如下圖：

韋元禮——恪——弘挺——虔晃——清、譔等。

本誌未列撰文者姓名，书写者系誌主外孫楊某，弘農人，未署名。

李氏世系：

衛尉卿、贈兵部尚書李襲志——趙王府司馬李玄蘊——杭州刺史李處一——誌主韋虔晃之妻李氏——

- 清，義府左果毅
- □，閬州新井贊
- □，邠州三水宰
- □，恒州稾城令
- □，同州郃陽尉
- □，薛王府典籖
- 另有女子三人

大唐故
李夫人
墓誌銘

大唐故李夫人墓誌銘 蓋

唐濟州長史京兆韋君故夫人李氏墓誌銘 并序
夫人諱某字某隴西成紀人也曾祖襲志皇右光祿大夫
衛尉卿始安公贈兵部尚書烈祖玄嗣趙王府司馬皇考
處一杭州刺史夫人承累葉耿光王閨昭裕詩禮在已鼓
鍾于庭笄歲始笄則好仇於我三星及霤遂女子有行一
移所天五十餘載曲盡事親之孝舅姑以歡不改兄姊之
敬娣姒咸以肆力以主饋潔誠以媚神匪聽踰閾之言有
虔正內之則自卑公羅赫春秋已高夫人敬其嚴君養同
嬰孺膳必嘗而後獻衣必時而乃服公所好不益則諫諭
以正之公所惡有補則勉强以進之雖萬軼如賓梁鴻真
以婦蔑以加矣夫人誕育九子男有六焉長日清義府左果
毅次日閬州新井贊次日鄜州三水宰次日恒州藁城令
次日同州郃陽尉小日藤王府典籤咸一日千里位未充
量也及諸孫蕃衍爛其盈門每慶長筵開廣讌稱觴獻壽
凡百餘人實我公之積德慶鍾亦夫人之允聲聖善宜荷
代祿佐邦母儀何萬石之未臻哀百身之靡贖以開元廿
三年歲次乙亥正月廿八日遇疾終於萬年永崇里之私
第甲子六十有五越五月丙辰朔十七日壬申葬於畢原
先塋禮也嗣子等號訴無地託昭遺烈銘曰
猗那仙宗兮母儀冠首子孫其昌兮可大可久魂歸嶽兮
魄歸井德如何其兮歿不朽松林柏田兮昭身後
開元廿三年五月十七日外孫弘農楊書

唐濟州長史京兆韋君故夫人李氏墓誌銘 并序

唐濟州長史京兆韋君故夫人李氏墓誌銘 并序

夫人諱某字某隴西成紀人也曾祖襲志皇右光祿大夫
衛尉卿始安公贈兵部尚書烈祖玄蘊趙王府司馬皇考
處一杭州刺史夫人承累葉耿光玉閨貽裕詩禮在己鼓
鍾于庭笄歲始笄則好仇於我三星及霤遂女子有行一
移所天五十餘載曲盡事親之孝舅姑以歡不改兄姊之
敬娣姒咸悅肆力以主饋潔誠以媚神匪聽踰閾之言有
虔正內之則自卑公罷職春秋已高夫人敬其嚴君養同
嬰鶵膳必嘗而後獻衣必時而乃服公所好不益則諫諭
以正之公所惡有補則勉彊以進之雖冀缺如賓梁鴻真
婦蔑以加矣夫人誕育九子男有六焉長曰清義府左果

上半闕

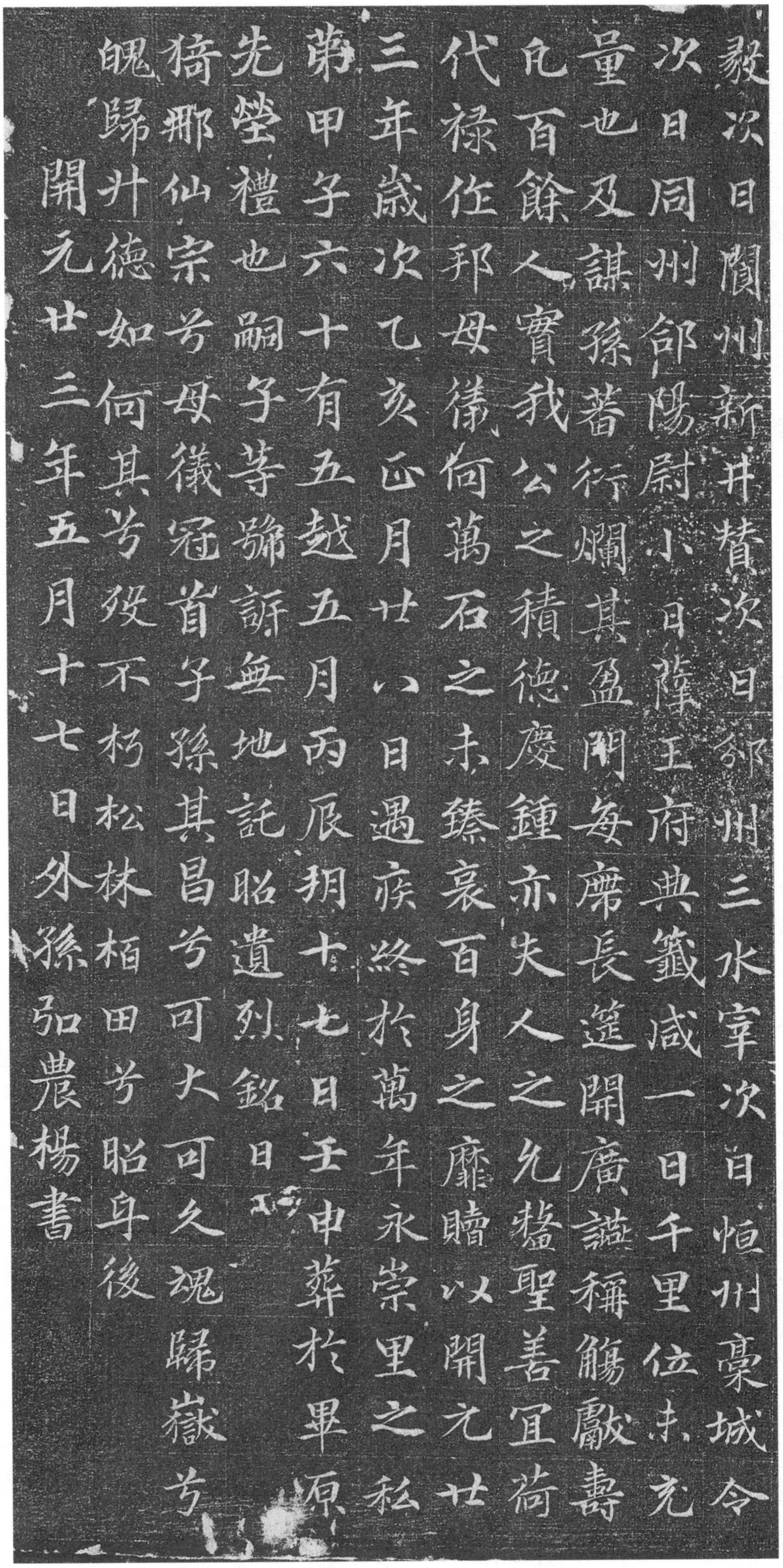
毅次日閬州新井替次日郃州三水宰次曰恒州藁城令
次日同州郃陽尉小日葆王府典籤咸一日千里位未充
量也及謀孫蕃衍爛其盈門每席長筵開廣讌稱觴獻壽
凡百餘人實我公之積德慶鍾亦失人之允釐聖善宜荷
代祿佐邦母儀何萬石之未臻哀百身之靡贖以開元廿
三年歲次乙亥正月廿八日遇疾終於萬年永崇里之私
第甲子六十有五越五月丙辰朔十七日壬申葬於畢原
先塋禮也嗣子等號訴無地託昭遺烈銘曰
猗那仙宗兮母儀冠首子孫其昌兮可大可久魂歸嶽兮
魄歸井德如何其兮殁不朽松林栢田兮昭身後
開元廿三年五月十七日外孫弘農楊書

下半闕

唐左武備中侯馬元瑒墓誌（天寶升洽歲）

概述

該墓誌于二十世紀八十年代，發現于鳳栖原西偏之細柳原。無蓋。誌石每邊長四十七厘米，厚十點三厘米。四側飾卷草花紋。銘文二十五行，每行滿格二十五字。

誌文

大唐故左武衛中侯馬府君墓誌銘并序　武威安逖撰并書

公諱元瑒，字元瑒，扶風人也。昔趙將趙奢有嘉謀嘉績，錫以徽号為馬服君，爰洎子孫，因而命氏*（氏）。昌厥後胤，英賢間生。摠戎㧻（旅）而南征，崈*（崇）勳表援，校墳素於東觀，雅譽歸融，文武不墜於一門，衣冠遂傳於百代。緊我世族，莫之與京（京）。大王父開，隋政平府鷹楊郎將、泗州刾（刺）史。賈余之勇，棄筆成名，分帝之憂，褰帷闡化，伊，國之扞也。王父文舉，唐右驍衛大將軍、使持莭（節）、廿七州诸軍事、松州刾（刺）史、絳郡開國公，食邑二千户。王師妙略，授鉞專征，連率雄才，苴茅懋賞，我朝之望也。考大福，皇明（明）威將軍、宣化府折衝都尉、赤水道子摠管。罇俎運籌，戈□死莭（節），纂我前緒，垂（垂）裕後昆。公即都尉府君之次子也。象賢竒（奇）特，禀訓庄（莊）敬，言必主信，蹈不違仁，率禮而澡身，居易以繕性。弱冠資門蔭（蔭）補左衛翊衛，甞（甞）謂雕蟲小伎，弈棻（葉）不為，正鵠大侯，省栝期中。又應平射舉擢苐，解褐拜右衛左執戟。袟滿，遷左衛右司戈。未幾*（幾）換左武衛中侯。典歷几（凡）三任，考績共一紀。俻（備）周廬於徼道，禦*暴（暴）客於重闈，勤*（勤）勞盡匪懈之誠，凨夜竭在公之莭*（節）。不失色於寮寀，無擇言於否臧（臧），見善（善）而服*（服）膺拳拳，事上而執心翼翼。方將明（明）以鑒物，利以剸犀（犀），張皇一軍，騁衍千騎（騎），豈啚（圖）長策未振，短運俄侵而已戋（哉）！

嗚呼，以天寶升洽歲夷則月乙卯日遘疾，云亡於長安城西之別舍，享年五十有五。夫積德（德）累行之謂道，守正俟時之謂忠，公以忠從宦而位卑，以道脩*（脩）身而壽*（壽）促，天且不憖，謂之何戋（哉）。報應之徵矣，其曖昧命矣夫，而有斯命矣。以其載冬十一月十一日遷窆于細柳原，禮也。嗣子吏部當選興，純孝居喪，至隱寧慼，思存盛烈，□誌幽寘*（寘），託詞菲口，刊勒貞石。銘曰：

白日三千，今一開于□。我公歸夜臺，生時榮樂已矣戋（哉）。執紼牽旒歌薤露，寒野蕭條苦松霧，衣⺀（衣）孝子行如慕。

考釋

弈葉，猶弈世，累世意。三国魏曹植《王仲宣誄》：伊君顯考，弈世佐时。

誌主世系：

趙奢（生卒年不詳），嬴姓馬服氏，名奢，趙國邯鄲人（今河北省邯鄲市），戰國後期趙國名將，戰國時代東方六國八名將之一。主要生活在趙武靈王（前三四〇—前二九五）到趙孝成王（前二六五—前二四五）時期，享年六十餘歲。後埋在邯鄲市區西北十五公里處的紫山地區，據《戰國策·趙策》記載，趙奢曾對平原君趙勝提過自己曾經亡命入燕，得到燕王信任，被任命爲上谷守。

趙奢，馬服君…曾祖父馬開，隋鷹揚郎將，州刺史——祖父文舉，唐松州刺史——父大福，明威將軍——元瑒，左武衛中侯——興，吏部當選。

鷹揚將軍，武官名，始見于三國魏。《三國志·魏書二十八》注引《魏書》説文欽『轉爲廬江太守、鷹揚將軍』。

右驍衛大將軍，官名。隋大業三年（六〇七）改右備身府爲右驍衛，置爲十二衛大將軍之一，正三品，總府事，并統諸鷹揚府。唐沿置，光宅元年（六八四）改右武威大將軍，神龍元年（七〇五）復舊稱。貞元二年（七八六）置上將軍前爲右驍衛長官，掌宫禁宿衛。北宋置爲環衛官，無定員、職掌，多以宗室爲之，亦用爲武臣贈典或武官責降散官。元豐改制，降爲正四品。南宋多不除授，隆興中復置。遼亦置，爲加官。

使持節，魏晋南北朝時，掌地方軍政的官往往加使持節的稱號，給以誅殺中級以下官吏之權。次一等的稱持節，得殺無官職的人。再次稱假節，得殺犯軍令的人。至隋唐刺史，例加使持節的虚銜，如某州刺史必帶使持節某州諸軍事。唐永徽以後，都督帶使持節，則爲節度使。《周書·王思政傳》：『太祖乃以所授景使持節、太傅、大將軍、兼中書令、河南大行臺、河南諸軍事，回授思政。思政竝讓不受』。《資治通鑒·晋穆帝升平四年》：『太宰恪以吴王垂爲使持節、征南將軍、都督河南諸軍事、兖州牧、荆州刺史』。

明威將軍，軍事職官名稱或武散官階稱號。魏置。南北朝各朝多置。唐爲武散官，從四品下。宋升從四品。金正五品下。元升正四品。明正四品初授明威將軍。兩晋南北朝領兵將領。雜號將軍之一。晉代虞潭曾自假明威將軍。

折衝都尉，官名。唐府兵制軍府稱折衝府，長官爲折衝都尉，上府正四品上，中府從四品下，下府正五品下，每冬率兵操練，按規定輪番宿衛京師，有事徵發全府，則率兵出發。

資門蔭，恩蔭又可稱爲任子、門蔭、蔭補、世賞，是中國上古時代世襲制的一種變相。是指因上輩有功而給予下輩入學、任官的待遇。廣義恩蔭，是指由于封建制度下，祖輩、父輩的地位而使得子孫後輩在入學、入仕等方面享受特殊待遇，稱之爲『恩蔭』。狹義的恩蔭，特指宋代以後出現的一種獨特的門蔭制度，稱之爲『推恩蔭補』，宋時被簡稱爲『恩蔭』。

左衛翊衛，官署名。漢始有衛將軍。魏末又置中衛將軍，晋武帝分中衛爲左右衛將軍，掌宿衛營兵。隋煬帝時十二衛之兩衛，原名左右衛，煬帝改稱左右翊衛。

右衛左執戟，左衛右司戈，皆下級軍職。

升洽歲，夷則月，此紀年月頗奇，家中藏書有限，迄今没有查出，有待方家指教。（天寶七四二—七五五，共十四年）

誌主的上幾代：大王父（曾祖父）馬開，王父（祖父）馬文舉，考（父親）馬大福及誌主本人，均史籍無名。

據誌文，誌主馬元瑒在弱冠二十歲時，蒙先輩的勛勞，『資門蔭補左衛翊衛』的軍職，射箭考試以平射成績優秀而擢第，得到右衛左執戟的官職，進而升左衛右司戈，再至左武衛中候。『典歷凡三任，考績共一紀』經三遷官十二年歷練辛勤的保衛工作，正要在巡警宫廷的重要崗位上大展宏圖建功立業的時候，不幸于天寶升洽歲夷則月乙卯日病逝于長安城西之别舍，享年五十五歲。同年冬十一月十一日遷葬于細柳原。兒子馬興純孝盡禮，送喪如儀。

誌文作者安遜，未見于史。

大唐故左武備中侯馬府君墓誌銘并序

大唐故左武衛中候馬府君墓誌銘并序　武威賈述撰並書
公諱元瑒字元瑒扶風人也苻趙奢有嘉譽嘉遂錫以徽号
為馬服君愛泊子孫因而命氏昌厥後胤爰賢聞生超我邦
祖崇勳表援校墳素於東觀雅譽歸融文武不墜於一門衣冠遂南
傳約百代縈戎世族莫不興貞大王洪開隋政爭馳驤郎將泗
州刺史賞餘之勇葉筆武徒閫化伊國之行世
父文聚署右驍衛大將軍從節拒七州諸軍事松洲刺史詐郡開
國公食邑三千戶摩師妙略授鉞再連牽下雄書直茅懸賞我朝之堃也
才大福皇明威將軍宣化府折衝都尉赤水道子惣管碑運軍戎
節慕戎前緒裘裕後昆公即都尉府君之冡子世象英竒特畫訊注敢言
必主信蹈不違仁率禮向燥身居易以善性形澡冠冑
節大信蹈不違仁率禮向燥身居易以善性形澡冠冑
溯蘇當謁雕蟲小俊釆為正鶴大俅省梅期中文應平射舉
擢弟解褐拜右清左戟戎役满遷左衛右司戎未幾授左武衛中

候典歷凡三伍共鎮共一紀偹周廬於徹道輿累容於連闕勤
勞盡瘁懈之歲侯風夙夜竭在必之即不失色於寮家無擇言於否咸
見集軍驟衍千騎甞事止而執心異異方將明以鑒物利以剸犀張
昊於洽歲夷則月乙卯日逾長築未振短運戚侵而已貮師鳴呼天寶
有立夫損德星行之謂後時之得忠公以起官卑甲戍元年五十
道遺身而壽從天且不慈謂之何貳報應之歎其其暖謙命矣
夫師道續其載終十一月十一日還空守細柳百禮也嗣
史部員斯命喪正隱寧感思存誌巡真詞詞旅
朝石銘曰姑歸役堂卅時榮然已矣貳執拂幸旅
刊貞興時蓂嵯
白日三千餘
歔歔密寒野蕭條苔松霧永

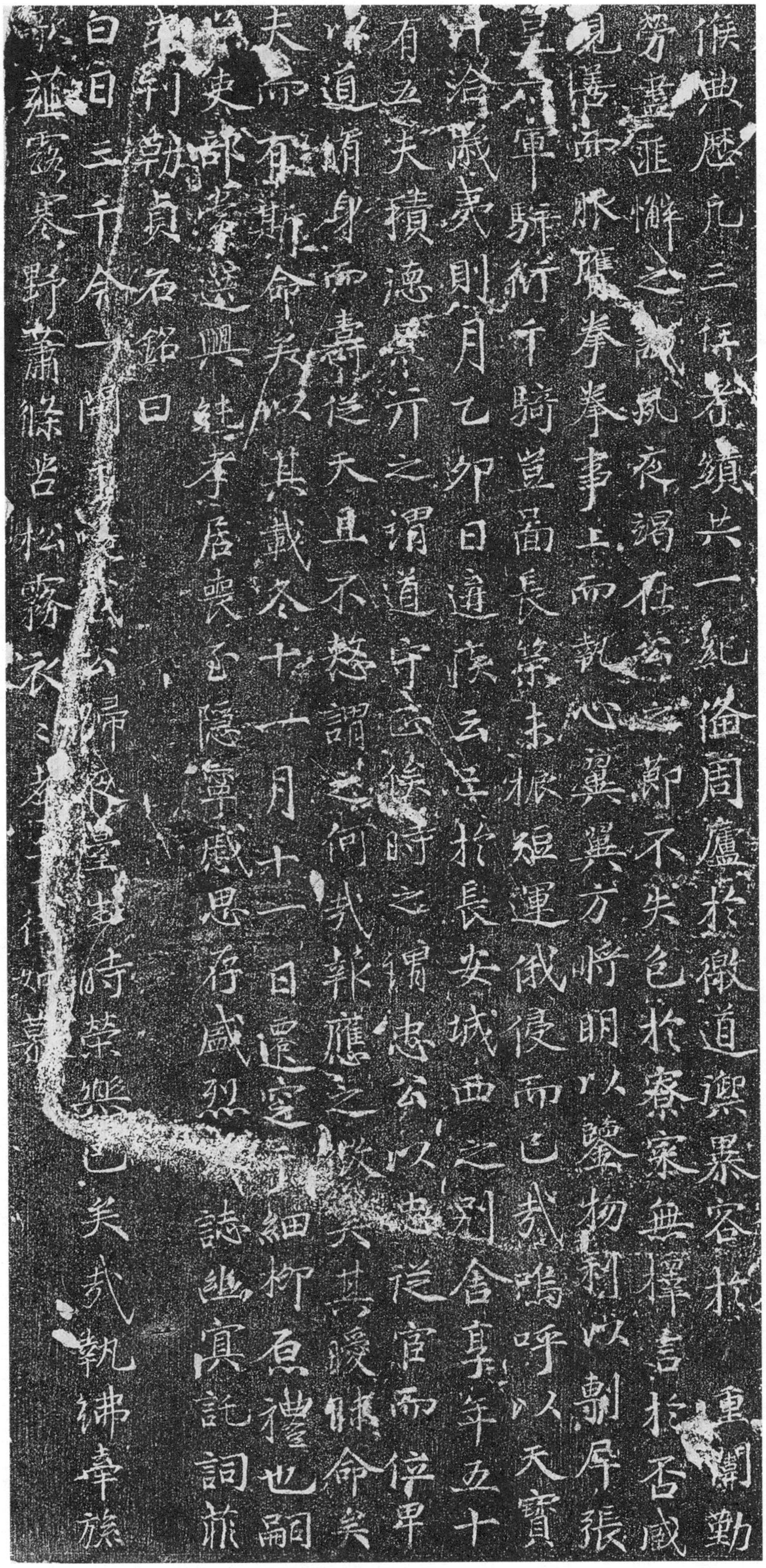

唐魏州臨黄縣尉范陽盧之翰墓誌（七九六）　唐魏郡臨黄縣尉盧之翰妻京兆韋氏墓誌（七四五）

概述

唐盧之翰夫婦的兩方墓誌，出自韋家墓地，北距韋孝寬墓百餘米。均爲青石質正方形。盧之翰墓誌無蓋，誌石每邊長五十七厘米，厚十厘米，四側素面。誌面刻銘文二十二行，每行滿格二十三字，凡在『我宗』、『聖代』、『先祖』前空二至三格。書法端莊雄渾，頗類顔真卿體。韋夫人墓誌壯偉，覆斗式蓋，頂面每邊長三十五厘米，篆書陰文三行八字：大唐故韋夫人墓誌。四殺部雕四獸紋，皆作奔跑狀。誌石每邊長六十厘米，厚十四厘米，四側以綫紋和減地相結合的手法，刻四神和祥雲蔓草圖案，神采飛動。誌文二十五行，每行二十五字，書法勁遒秀美，神似歐陽詢體。

誌文

唐故魏州臨黄縣尉范陽盧府君玄堂記

嗣子玥（朔）方河中副元帥判官、文林郎、撿（檢）挍（校）尚書、刑部負（員）外郎兼（兼）侍御*（御）史，賜緋魚袋綸述。

府君諱之翰，范陽人也。於維我洪宗系自于齊，厥後因地受氏，遂為著姓。自魏晋（晋）迄于聖代，衣冠紛綸，爵（爵）為族望之冣（最）。曽（曾）祖監察御*（御）史府君諱旭，王父蒲州永樂縣令府君諱釗，皇考濟州司馬府君諱祥玉。恭惟三祖之德，以直清持邦憲*（憲），以恵（惠）和臨郡邑。府君欽承茂緒，克守家範*（範），弱歲志學，涉通訓*（訓）奥，始以明（明）経（經）登苐，調署魏州臨黄縣尉。清風穆於用（朋）友*（友），仁澤浹（浹）於閭里，滿歲言歸衡門，將理鴻漸之翼。屬幽陵肈（肇）乱，蕩覆崤雒，府君扶挈*（挈）幼艾，潛遁于少室山。嗚呼，昊天不傭，以至德二載三月十三日遘疾（疾），捐背于告成縣，享年卌一。夫人京（京）兆韋氏，皇博州刺（刺）史漸長女也，柔徽淑（淑）則，儀形邦族，以天寳（寶）四載三月廿四日，先府君殁于鄭州滎澤縣之私苐，享年一十九。嗣子撿（檢）挍（校）刑部負（員）外郎兼（兼）侍御*（御）史綸，太子通事舍人綬等不天荐鍾亹（釁）罰，越在孩孺（孺），靡所怙恃，泣血弔（吊）影，以至成立。頃以龜筮不從，未克營謢（護），粤以貞元十二年十月十六日還祔于萬年縣洪固鄉*（鄉），不祔先塋，遵吉垗（兆）也。綸等*（等）質性頑固，早闕教訓*（訓），哀情纏迫，詞不能*（能）文，非敢光揚休德，纂述世族，竊懼夫陵（陵）谷遷徙，輙（輒）備官氏歲月，以識于玄堂云。

誌文

唐魏郡臨黄縣尉盧之翰妻京（京）垗（兆）韋氏*（氏）墓誌銘并序　翰撰文并書

夫人姓韋氏*（氏），京（京）垗（兆）人也。曾（曾）祖餘慶，皇朝贈*（贈）坊州剌（刺）史。祖岳子，皇朝殿*（殿）中監贈*（贈）睢陽郡太守。若□長源，茂枑拖紱，鏘金昭史，圖耀邦邑，門傳通德（德），朝不乏賢。周武之有九人，皆為才傑；高辛（辛）氏唯八子，時稱元凱（愷）；蕃衍盛裓*（族），代莫能*（能）京（京）。父漸，見任京（京）垗（兆）府金城縣令，量禀英猷，噐（器）弘経（經）濟，仁能*（能）馴翟，政比閑由。夫人即宰*（宰）公之長子也，公唯有一女一男。㓜（幼）克生知，襲乎胎教，長承鍾愛，異於人倫。秀桃*（桃）李*（李）之芳儀，潔蘋蘩以主饋，謙*（謙）和植性，禮讓由衷，明（明）哲保其身，温恵（惠）資其德（德），柔而能*（能）立，寵而不驕。年十五卜妻于我，夫其聡（聰）朗純粋*（粹），貞良淑（淑）懿（懿）。因心順色，奉上孝敬之謂仁，省己誠（誠）盈，與物廉（廉）隅之曰義，豈唯雪庭*（庭）辯葥，表裏遵才，固以風雅齊規（規）、英賢叶智，夫如是婦德之譽彰，冝（宜）家之道備矣。況承訓*（訓）通乎墳典，博藝檀於絲*（絲）桐，経（經）目而奥理必精，歷耳而巧音無隱。縑（縑）緗尺素，風煙變態*（態）於毫端，綵（彩）繡丹青，花蘂（蕊）自成於意匠。結姻（姻）五稔，生子一人。于歸始從，相視靡足。方期執手偕老，結髮*（髮）齊年，孰謂龍劒（劍）忽孤，鳳琴罷*（罷）偶，□飄零於朝露，遽芸落於方春。天寶（寶）之四載三月，發彼魏邑，次于洛陽遘疾，弥留*（留）徵醫（醫）不愈，以其月廿四日終於永豊里苐*（第），春秋一十有九。嗚呼不幸*（幸），命也，天其喪予。撫膺長號，銷形殞魄。秀而不實，往獨歎（嘆）於顔回，文則悼亡，今更傷於潘子。以其載八月五日遷塟（葬）于萬年縣洪固鄉*（鄉）之畢原，禮也。鞠*（鞠）㓜（幼）子而奚訴，慟秦*（泰）山而可崩，撇涕銜哀，申詞紀石，銘曰：

茂緒誕靈，高門育慶。挺*（挺）生良淑（淑），聡（聰）明（明）孝敬。閱禮修身，執柔成性。體韻韶暢，姿神月暎。作嬪為女，德（德）備家正。瑶樹摧芳，中夏降霜。馨烈不昧，幽穸何長。骨肉悉絶，鰥夫內傷。終南前竦，畢原後倚。垗（兆）啓（啓）新封，是隣故里。明（明）月秋兮（兮），隴草變白。露濕兮（兮），松風起；聖賢脩（修）短兮（兮），皆復然；令節（節）青徽兮（兮），無極已。

考釋

朔方河中副元帥，系渾瑊，鐵勒九姓渾部人，本名進。世爲唐將。十一歲入朔方軍，勇冠三軍，遷中郎將。安禄山反，從郭子儀、李光弼定河北，復兩京，擢武鋒軍使。廣德初，從僕固懷恩討史朝義，大小數十戰，改太常卿。及懷恩叛，率部歸郭子儀。屢破吐蕃。大曆十四年（七七九），任單于大都護、左金吾衛大將軍。建中四年（七八三），朱泚叛，德宗奔奉天（今陝西省乾縣），他浴血奮戰，堅守奉天。次年，李懷光叛，又以所部敗之。復以朔方等道節度使兼奉天行營兵馬副元帥，德宗用漢拜韓信故事，親爲授鉞。貞元三年（七八七），與吐蕃會盟于平凉（今屬甘肅省），吐蕃宰臣尚結贊背信出兵襲擊，脱險還河中。官至中書令，通《春秋》、《漢書》，嘗慕《太史公自叙》，著有《行紀》一篇，已佚。時誌主之子盧綸，爲渾瑊屬下判官，輔理政事。

賜緋魚袋，爲皇帝賞賜緋衣與魚符袋的意思。皇帝給予某個大臣奬勵，就根據此大臣的相應品級賜予相應的服飾，名曰某魚袋。此處被賜緋魚袋者爲五品以上朝官。

依誌文，盧之翰，又名翰，官魏州臨黄縣縣尉。魏州屬河北道，本隋武陽郡，唐武德四年（六二一），討平竇建德，改置魏州。龍朔二年（六六二），改爲冀州，仍置大都督府。尋復舊，或爲魏郡。領縣十：貴鄉、元城、館陶、臨黄…臨黄縣乃漢朝觀縣地，故址在今山東省觀城鎮東南①。

于維我洪宗系自于齊，厥後因地受氏。考《新唐書》卷七十三上《宰相世系表》：『盧氏出自姜姓，齊文公子高，高小子奚爲齊正卿。謚曰敬仲，食采于盧，濟北盧縣是也，其後因以爲氏。田和篡齊，盧氏散居燕、秦之間。秦有博士敖，子孫家于涿水之上，遂爲范陽涿人』。洪，大也。

曾祖監察御史府君諱旭。據盧綬墓誌和《新唐書・宰相世系表》，此監察御史名茂禮，即韓城令羽客之子，永樂令釗之父，由此可知茂禮與旭爲同一人。

滿歲言歸衡門，將理鴻漸之翼。滿歲，任職期滿。《漢書・尹翁歸傳》：『以高第入守右扶風，滿歲爲真』。唐元稹《授杜元穎户部侍郎依前翰林學士制》：『職勞可舉，德懋宜升，不俟逾時，寧拘滿歲』。《續資治通鑒・宋理宗寶祐三年》：『朝士遷除，各滿歲之法。如先朝臣僚奏請遷轉格式，可討論以聞』。衡，架在門上的横木。衡門，指簡陋的房屋。《詩・陳風・衡門》：『衡之下，可以棲遲』。顔師古注引《漢書・韋玄成傳》：『衡門，謂横一木于門上，貧者之所居也。』鴻漸，《易・漸卦》：『鴻漸于干』，漸，進也。干，水涯。謂鴻雁從水中進到岸上，用以比喻仕宦的升遷。劉竣《辨命論》：『君山鴻漸，鎩羽翼于高雲』，意謂誌主以明經進入仕途，出任臨黄縣縣尉期滿，便决意退隱回家，去過平民的窮日子，放弃升遷的機會。

屬幽陵肇亂，蕩覆崤雒，府君扶挈幼艾，潛遁于少室山。幽陵，即幽州（北京市）。《史記・五帝本紀》：『北至幽陵』，張守節《正義》：『幽州也』。幽州，隸河北道，爲范陽節度使治所，天寶十四載（七五五）十一月，身兼范陽、平盧、河東三鎮節度使的安禄山發動叛亂，『詭言奉密詔討楊國忠』②。驅蕃、漢兵十五萬向南進軍，『時海内久承平，百姓累世不識兵革，猝聞范陽兵起，遠近震駭。河北皆禄山統内，所過州縣，望風瓦解，守令或開門出迎，或弃城竄匿，或爲所擒戮，無敢拒之者。』③于是，叛軍很快地渡過黄河，攻陷東都洛陽，直犯關中大門潼關。雖然唐常山（今河北省正定縣）太守顔杲卿和平原（今山東省平原縣）太守顔真卿兄弟響應朔方節度使郭子儀、河東節度使李光弼號召攻打河北，起兵討賊，動摇叛軍後方，但不久兵敗。禄山自稱大燕皇帝。玄宗避難奔蜀，太子亨即位于靈武，是爲肅宗，改元至德。是年（七五六）五月，潼關失守，安禄山軍進入長安，『大索三日』，激起關中人民的奮起抗擊。至德二載（七五七）正月，叛軍内訌，禄山被其子慶緒所殺，唐軍乘機反攻，九月郭子儀收復長安，十月收復洛陽，乾元元年（七五八），盤據魏州（今河北省大名縣）的史思明與安慶緒互爲聲援，大敗唐九節度兵，再陷洛陽，又殺安慶緒，自立爲大燕皇帝，但不久被兒子史朝義殺死。唐軍借助回紇兵發動反攻，于寶應元年（七六二）再復洛陽，繼續追擊，次年（七六三）正月，殺史朝義于范陽，叛亂始告平息。安史之亂（七五五—七六三）歷時八載，給人民的生命財産造成巨大損失，使唐朝元氣大傷。其時，身爲臨黄尉的盧之翰，『潛遁』到少室山避難，看來他也是屬于那些弃城竄匿的州縣官之一。

幽陵肇亂，指安史之亂。崤，崤山，在今河南省洛寧縣西北，西接陝縣，爲進入關中的軍事要隘。雒，即洛陽。當叛軍克陷洛陽，河北州縣望風披靡之際，誌主之翰携全家大小到少室山避難。少室山即中岳嵩山，在今河南省登封市西北。捐背，弃之而去，喻死亡。告城縣，今爲告城鎮，在登封市東南。

關于盧綸于安史之亂中的避難地一事，兩唐書均記爲鄱陽而未及少室山。《舊唐書·盧簡辭傳》：『父綸，天寶末舉進士，遇亂不第奉親避地于鄱陽…』。《新唐書·盧綸傳》：『避天寶亂，客鄱陽。』按之翰死于至德二載（七五七）三月，正值叛軍占領長安期間，綸年尚幼，避難于鄱陽，是不可能的事。叛亂平息三十年以後，亦即之翰死後第四十個年頭，綸才得以將其父靈柩還葬于萬年縣洪固鄉。

韋夫人墓誌：其『曾祖餘慶，皇朝贈房州刺史。祖岳子，皇朝殿中贈睢陽太守』。按餘慶之父弘機，又名機，爲著名外交家，唐初出使西突厥，因撰《西域記》，詳述所經各地風俗物産，深得太宗嘉許。《舊唐書·韋機傳》附有餘慶傳，簡略僅十一字：『餘慶官至右驍衛兵曹，早卒。』本誌謂『贈房州刺史』，蓋死後追授而史傳不及。岳子，又名岳，兩唐書有傳④，歷則天、睿宗兩朝，稱能吏，官太原尹、宋州長史、殿中少監，『甚承恩顧』。

周武之有九人，皆爲才傑，高辛氏唯八子，時稱元凱。…父漸，見任京兆府金城縣令。周武（王）姓姬名發，文王昌子，伐紂滅殷，建立周朝。依文意，此『有九人』意謂武王有子九人，但史籍無徵。按《尸子》卷下：『舜一徙成邑，再徙成都，三徙成國，堯聞其賢：妻以皇媵以娥，九子事之而託天下焉。』《楚辭·天問》：『女岐無合，夫焉取九子？』王逸注：『女岐、神女，無夫而生九子。』漢焦贛《焦氏易林·乾之蠱》：『彭祖九子，據德不殆』。故誌文的『周武（王）』當爲『重華』（舜）或『彭祖』之誤。高辛氏即帝嚳，黄帝曾孫。八凱，亦作八愷。《左傳·文公十八年》：『昔高陽氏有才子八人：蒼舒、隤凱、梼戭、汰臨、龍降、庭堅、仲容、叔達，齊聖廣淵，明允篤誠，天下之民謂之八愷』。孔穎達疏：『愷，和也，言其和于物也。』《舊唐書·韋湊傳》：『八凱、五臣、良佐也。』高陽氏，即帝顓頊，黄帝之孫，昌意之子，亦即高辛氏的族叔伯，可見誌文的『高辛氏』實爲『高陽氏』。緣之翰青年喪妻，哀傷愈恒，撰誌時很動感情，以致亂了方寸，不遑查書，致使用典出錯。誌主之父韋漸，史無其名。《舊唐書》載岳子一子名景駿，官肥鄉、貴鄉令，轉趙州長史，房州刺史，卒于奉先令。誤，岳與景駿爲兄弟而非父子，請見後表。金城縣爲京兆府轄二十三縣之一，杜佑《通典》卷一百七十三《州郡三》：『京兆二十三縣：萬年、長安、鄠、藍田、咸陽、醴泉、三原、雲陽、涇陽、櫟陽、高陵、渭陽、昭應、金城、奉天…』。而李吉甫《元和郡縣圖志》和《新唐書·地理志》京兆府轄縣中均無金城縣。《通典》成書于德宗貞元十七年（八〇一），比《元和郡縣圖志》（成書于八一三年）早出十二年，可見金城縣的裁撤，時在八〇一年後，八一三年之前的這十多年中。

仁能馴翟，政比閑由。翟，古代對少數民族的蔑稱《周禮·秋官·序官》：『象胥每翟上士一人』。孫詒讓《周禮·正義》：『翟者，蠻夷閩貉戎狄之通稱。』馴翟意謂韋漸做官有感化駕馭剽悍百姓的權術和才智。比，類也。閑由，當爲巢由之誤，即巢父和許由，二人皆堯時隱士。《漢書·薛方傳》：『堯、舜在上、下有巢、由』。王符《潛夫論·交際》：『巢父木栖而自願。』皇甫謐《高士傳·巢父》：『巢父者，堯時隱人也，山居不營世利，年老以樹爲巢而寢其上，故時人號曰巢父。』一説巢父爲許由的號，韓淲《澗泉日記》卷中：『譙周《古史考》曰：「許由夏常居巢，故一號巢父」。』

潔蘋蘩而主饋。蘋和蘩是兩種可食用的水草，用于祭祀。《左傳·隱公三年》：『蘋蘩温藻之菜…可薦于鬼神，可羞于王公』。《詩·召南·采蘩序》：『采蘩，夫人不失職也，夫人可以奉祭祀，則不失職矣。』此借喻誌主韋氏能恪守婦職，遵從祭祀的儀軌主持供膳諸事。

有了盧之翰夫婦、盧綬夫婦這四方墓誌，則盧綸的生年昭然若揭，而史籍的某些記載亦可得以確認或更正。

據誌文，現將盧綸的這幾位親人的生死等年代臚列如下：

綸父之翰以至德二載（七五七）三月死亡，享年四十有一，古記虚齡，則其生于開元五年（七一七）。

綸母韋氏死于天寶四載（七四五）三月，年十九歲，其生年爲開元十五年（七二七）。其十五歲時嫁給之翰，當爲開元二十九年（七四一）。當時之翰二十五歲，夫比妻大十歲。該夫婦共同生活的五年即開元二十九年到天寶四載（七四一—七四五）。『結姻五年，生子一人』，此一人就是盧綸，導致綸母死亡的原因，誌謂系其由魏邑（河北大名）出發，于長途旅行跋涉的中途洛陽遘疾，醫治無效而終，而不是死于難産。也就是説，當其動身旅行以前已經生子。否則，若身懷六甲或生産不久，她怎堪千里遠行的顛簸？誌文中絲毫没有生子致命的寓意。況之翰墓誌明確記載：『府君扶挈幼艾』，此幼非綸莫屬。故『結姻五年，生子一人』。説明其生子于該五年之中間而非末尾，綸當生于父母結合一年後到母死前的一年以前，即天寶元年至三載（七四二—七四四）的這三年裏。愚意以爲生于天寶二年或三載（七四三—七四四）的前半載可能性最大，因爲韋氏完婚時，年甫十五（實齡十四），還是未成人的少女，婚後一年也衹有十六歲（實齡十五），天寶二年、三載爲十七八歲，進入生育期了。因此，有理由斷定，盧綸蓋生于公元七四三年或七四四年。

天寶年號共十五年（七四二—七五六），天寶末指天寶十一至十五年，是時盧綸年爲九至十四歲，尚在少不更事的孩童時期，到其父之翰病亡（七五七）時，他還發出過『越在孩孺，靡所怙恃』的感嘆呢。如此看來，《舊唐書·盧簡辭傳》：『父綸，天寶末舉進士，遇亂不第』的記載是靠不住和不可能的。《新唐書·盧綸傳》：『大曆初，數舉進士不入第。』比較可信。大曆爲代宗朝最後一個年號，共十四年（七六六—七七九），大曆初年盧綸已是二十多歲的青年，當然有資格鋭意功名了。

綸的生年既定。重讀其《晚次鄂州》詩：『雲開遠見漢陽城，猶是孤帆一日程。估客晝眠知浪静，舟人夜語覺潮生，三湘衰鬢逢秋色，萬里歸心對月明。舊業已隨征戰盡，更堪江上鼓鼙聲。』⑤詩題下有小字注『至德中作』。至德中，即公元七五七年，是年春其父之翰病亡，綸年甫十四五歲，即使詩的語言有誇張，但他當時總不至于出現『衰鬢』、『秋色』那樣的老態來吧？故可斷定此『至德中作』的注有誤，至德當爲廣德（七六三—七六四），乃代宗朝年號。即使如此，其時他也不過才二十歲，仍與詩中描述的老態不同。除非他患有早老癥。

貞元十二年（七九六），綸重新安葬其父，時官『朔方河中副元帥判官文林郎……』，年已五十四五歲。按朔方河中副元帥渾瑊自興元元年至貞元十五年（七八四—七九九）『理蒲十六年』⑥，『薨于鎮』⑦。據傅璇琮先生考證，盧綸卒于渾瑊之前，應在貞元十四五年間，即公元七九八—七九九年間，論據充實。如是，綸得年五十六至五十七歲。

依盧綬墓誌，綬死于元和五年（八一〇），年六十一，則其生在天寶九載（七五〇），時爲綸母韋夫人去世五年以後，故綬系之翰的繼室即綸之繼母所出無疑。綸與綬是同父异母的兄弟倆，年差八九歲，其父亡時，綬八歲，乳牙還未脱盡，事其兄『以恭順聞』⑧。

史載『太府卿韋渠牟得幸于德宗，綸乃渠牟之甥也，數稱綸之才，德宗召之内殿，令和御製詩，超拜户部郎中』⑨。綸母韋氏誌石的發現，確證史籍之不謬。依據《全唐文》卷五百六權德輿《唐故太常卿贈刑部尚書韋（渠牟）公墓誌銘》和韋氏墓誌，表列渠牟與綸母的先世與關係：

韋餘慶 坊州刺史
- 景駿 房州刺史 —— 永 著作郎 蘇州司馬 —— 渠牟 太常卿 刑部尚書
- 岳子 殿中監 睢陽太守 —— 漸 金城令 —— 韋氏 盧之翰妻 盧綸之母

可見，韋餘慶是渠牟和綸母的曾祖父，他倆的祖父爲親兄弟，父輩是堂兄弟，綸母較渠牟年長，爲姊，故渠牟是綸的舅父輩。

盧綸的繼母爲誰，雖不得而知，之翰志未涉及，但其死亡約在德宗貞元十年（七九四）以後，《舊唐書·盧簡辭傳》：『父綸…貞元中，吉中孚爲翰林學士，户部侍郎，典邦賦，薦綸于朝。會丁家艱，而中孚卒』。『會丁家艱』，當是綸遭逢繼母的喪事。貞元共二十一年（七八五—八〇五），貞元中即貞元十年前後，綸于貞元十二年遷葬其父，很可能與繼母之喪有關。因爲喪其繼母而遷父柩，合兩葬事爲一，乃情理中常有的事。然綸繼母之墓尚未發現。

綸母韋夫人的死亡地，兩誌記載不同，其本誌謂終于洛陽永豐里第，之翰誌則説：『歿于鄭州滎澤縣之私第』。本誌系誌主丈夫之翰撰于當年，况爲其親歷經辦之事，應是没有問題的。而綸爲父撰志時，上距母亡已愈半個世紀，更何况喪母時他僅兩三歲，其説顯然來之于傳聞，不足爲信，當以本誌爲是。

永豐里，即永豐坊，在東京洛陽外郭城，長夏門之東第一街南數第三坊，西南隅有垂柳一枝，柳條極茂⑩，即今夏工村以南地。滎澤縣東南至鄭州五十里⑪，距洛陽有數百里之遥。

筆者原以爲盧綬因與舅家韋氏的關係而葬于斯，并且滿懷希望地斷言：『我們有理由設想，號稱大歷十才子之首的偉大詩人盧綸，也有可能葬在這處墓地中，或許就在距乃弟綬之墓不遠的地方⑫』。不意幾年後又發現其父母的墓，而且誌文表明，這裏有一塊盧家墳地，從而使我們更有信心地説，盧綸墓的發現只是個遲早的事。

《唐魏郡臨黄縣尉盧之翰妻京兆韋氏墓誌銘》，系乃夫盧之翰撰文并書，文筆流暢，率真自然，富有感情。書法清麗娟秀，極有功力，在有唐一代名家薈萃諸多誌石中，亦堪稱上乘之作，足見盧氏一系，詩禮傳家，文脉昌盛，淵深源遠。斯其唯一可見的一篇文章和書法。《唐故魏州臨黄縣尉范陽盧府君玄堂記》，是其子時爲朔方河中副元帥判官、文林郎、檢校尚書、刑部員外郎兼侍御史賜緋魚袋盧綸撰文，《舊唐書》卷一百六十三、《新唐書》卷二百三有《盧綸傳》，言與吉中孚等皆能詩齊名，號大曆十才子，憲宗、文宗皇帝尤愛其詩，『遣中人悉索家笥，得詩五百篇以聞』。今存其《盧户部詩集》十卷，《全唐詩》收載其詩五卷，皆五言、七言。所以，該墓誌文是盧綸存世唯一的一篇文章，簡短酣暢，真情洋溢，彌補了世人但知其詩未睹其文的缺憾。書法潤朗豐腴，極盡行雲流水，揮灑自如之致。較之之翰筆法，更顯灑脱開放。亦大家手筆也，也有可能出自盧綸之手，但誌文未説明。

注釋

①杜佑《通典》卷第一百八十《州郡十》。
②《舊唐書·安禄山傳》。
③《資治通鑒》卷二百一十七《唐紀》三十三。
④見《舊唐書》卷一百八十五。《新唐書》卷一百。
⑤《全唐詩》卷五、二、二八。
⑥郁賢浩《唐刺史考》（三）九九〇頁。江蘇古籍出版社，一九八七年。
⑦《舊唐書》卷一百三十四《渾瑊傳》。
⑧見《盧綬墓志》文。
⑨《舊唐書》卷一百六十三《盧簡辭傳》。
⑩徐松《唐兩京城坊考》卷五《東京外郭城》。
⑪《元和郡縣圖志》卷八。
⑫見《唐盧綬夫婦墓銘考》，臺灣《故宫學術季刊》九卷三期，一九九二。

唐故魏州臨黄縣尉范陽盧府君玄堂記

唐魏郡臨黄縣尉盧之翰妻京兆韋氏墓誌銘并序　翰撰文并書

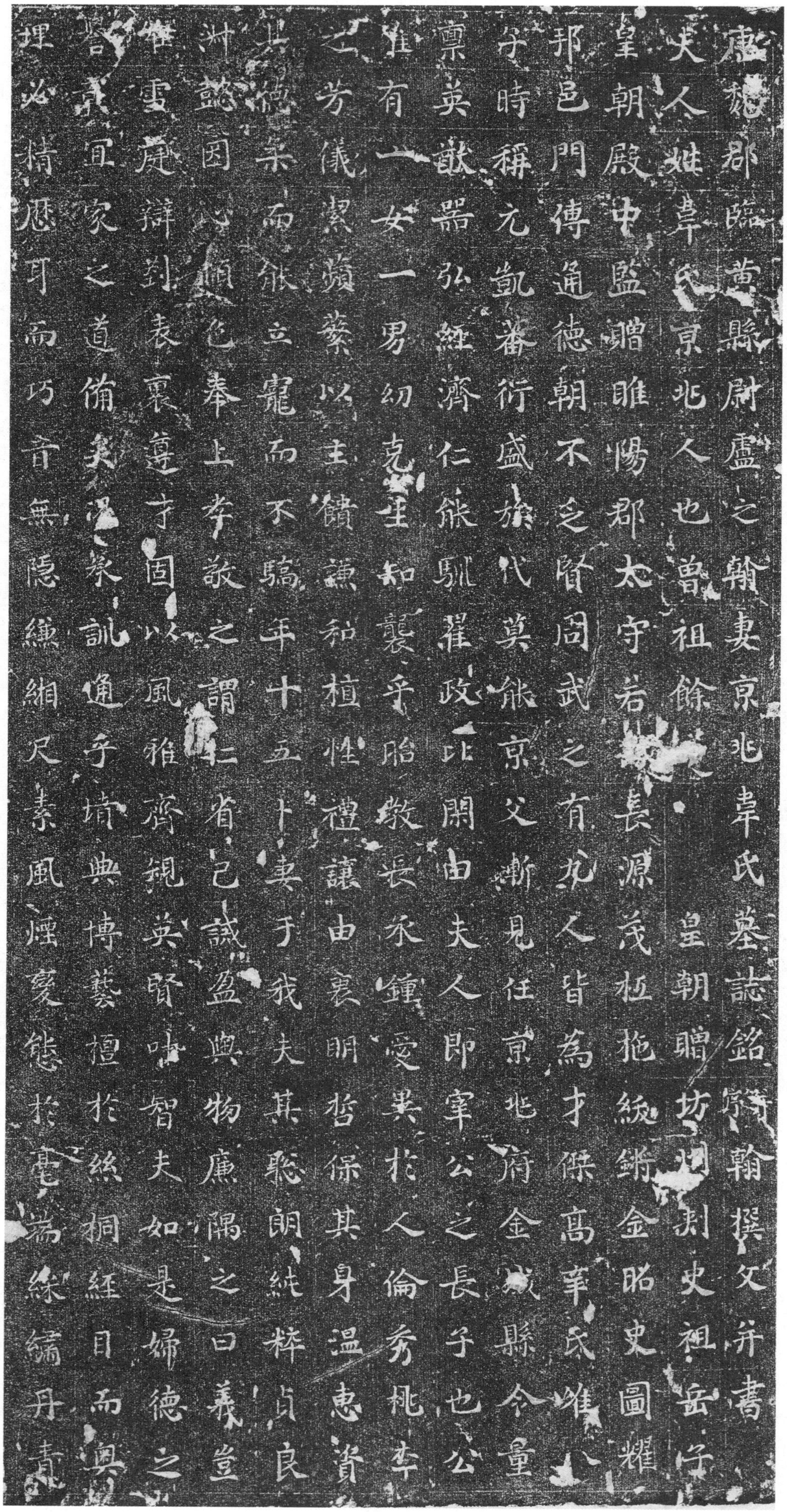
唐魏郡臨黄縣尉盧之翰妻京兆韋氏墓誌銘并序　翰撰文并書
夫人姓韋氏，京兆人也。曾祖餘□，皇朝贈坊州刺史。祖岳子，
皇朝殿中監、贈睢陽郡太守。岩□長源茂柢，拖紱鏘金，昭史圖耀
邦邑，門傳通德，朝不乏賢。周武之有九人，皆為才傑；高辛氏唯八
子，時稱元凱。蕃衍盛於代，莫能京。父漸，見任京兆府金城縣令，量
禀英猷，器弘經濟，仁能馴翟，政以開由。夫人即宰公之長子也。公
唯有一女一男，幼克生知，襲乎貽教，長承鍾愛，異於人倫。秀桃李
之芳儀，絜蘋蘩以主饋，識和植性，禮讓由衷，明哲保其身，温惠資
其德，柔而能立，寵而不驕。年十五，卜妻于我。夫其聰朗純粹，貞良
洲懿，因以順色奉上，孝敬之謂仁；省己誠盈，與物廉隅之曰義。豈
惟雲庭辯對，表裏遵于固，以風雅齊規，英賢叶智，夫如是婦德之
譽表，宜家之道備矣。況彖訓通乎墳典，博藝擅於絲桐，經目而與
理必精，歷耳而巧音無隱，纖緗尺素，風煙變態於毫端，綵繡丹青

上半闕

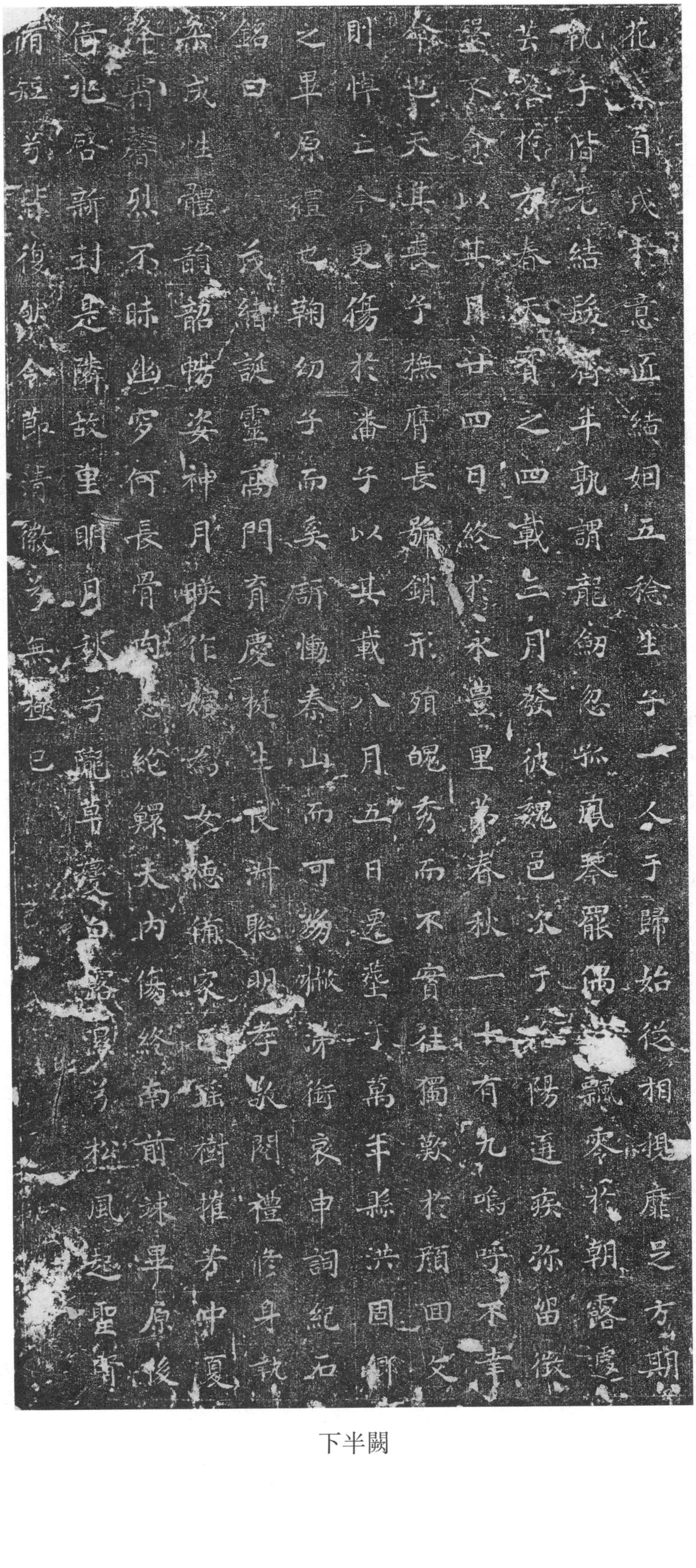

花蕊首戌於意匹結姻五稔生子一人于歸始從相槐鹿是方期
執手偕老結髮齊年孰謂龍劍忽孤鳳琴罷偶□飄零於朝露遷
芸落於春天寶之四載三月發彼魏邑次于□陽遘疾彌留微
堅不愈以其月廿四日終於永豐里第春秋一十有九嗚呼不幸
命也天其喪予撫膺長號鎖形殞魄秀而不實往獨歎於顏回文
明悼三令更傷於潘子以其載八月五日遷塋于萬年縣洪固鄉
之畢原禮也鞠幼子而奚訴慟泰山而可夠撤淚銜哀申詞紀石
銘曰　茂緒誕靈高門育慶挺生良淑聰明孝敬閑禮修身執
柔成性禮韻韶暢姿神月映作嬪為女德備家□瑤樹摧芳中夏
降霜奄烈不昧幽穸何長骨肉忽絕鰥夫內傷終南前埭畢原後
倚兆啓新封是隣故里明月秋兮隴草變白露瀼兮松風起聖哲
損短芳猷復然命節清徽兮無極已

下半闕

唐贈原州刺史周曉墓誌（七五九）

概述

該墓誌出自長安縣鳳栖原西偏。覆斗式蓋，蓋頂部每邊長三十四厘米，蓋面中央隸書三行十二字：唐贈原州刺史周府君墓誌銘。四周加牡丹花蔓草花紋。四殺部飾繁密的陰綫海浪雲彩花紋。誌石每邊長五十八點五厘米，厚十三厘米。四側面飾細綫花草及抽象動物紋。有行書銘文二十七行，每行滿格二十七字。首行字略小且擁擠，字數較多。書法酣暢淋灕，神采飛揚，有一氣呵成之勢。

誌文

唐故賛（贊）善（善）大夫、贈*（贈）使持節、都督原州諸軍事、原州刾（刺）史、賜紫金魚袋上柱國周府君墓誌銘并序

公諱曉，字善（善）本。先農后稷*（稷）之裔，文王為西伯也，初*（初）分有周之地，平王既東遷（遷）也，爰啓（啟）汝州之封。浚*（後）十九代孫邕，為廣城侯（侯），至秦失侯*（侯），家扵汝南，因而著姓，廿（世）為汝南人也。帝王之浚*（後），載藉所詳，英姿偉才，何代蔑有。

曾（曾）祖行謇，坊、成二州刾（刺）史、衛尉卿。大父以悌、宕、岷州刾（刺）史、四鎮經（經）略使、右屯衛將軍、西平縣開國男、贈（贈）特進。先考佖，河西節度使、開府儀同三司、鴻臚卿兼（兼）御史大夫、上柱國、真陽縣開國男、贈（贈）凉（凉）州都督。公即凉（凉）州府君之弟三子也。公幻（幼）而頴*（穎）晤*（悟），自有成人之量，動合禮則，不為廿（世）禄所驕。敦尚莭*（節）義，博聞强學，四科之内，卜商可与言詩；六藝之中，夫子能*（能）兼執射。初*（初），凉*（凉）州府君之為節制也，公亦随侍河西，終童英妙之年，吕蒙即戎之歲，或坐（坐）籌以制勝，或問絹以崇德（德），其所匡益，無慙（慚）古人。天子聞之，召拜賛（贊）善（善）大夫，兼（兼）賜金印紫綬。仍許從其温清，随所任使。

至德（德）二年，五凉*（凉）之間，九姓謀叛，州閭崩散。公府合圍，賊衆若林，我徒則寡事起倉卒，計無從生，坐（坐）而待之，則以肉餧虎（虎）矣！公勇能*（能）致*（致）命，義*（義）欲安親，壯髮*（髮）指（指）冠，憤氣凌敵*（敵），誓不苟免。挺*（挺）身力戰，彼應弦而斃*（斃）者衆矣。扵是兇（凶）黨大駭，更為詭謀，詐欲歸降，請公為質。初*（初）謂不信，刾（刺）血以盟*（盟），公以其必诚，乃随之而往。豈圖醜虜之約，素不由衷，盟*（盟）且莫*（莫）從，質又奚取？竟以其年正月十九日為胡賊所害（害），春秋一十有七。痛矣！夫生為人子也，能*（能）愛其親，死扵王事也，不忘其國。彼緹縈請贖，汪踦（踦）奮身，比年或同，論義*（義）則遠。今公不殤也，冝（宜）乎哉（哉）！有詔贈（贈）使持節、都督原州諸軍事、原州刾（刺）史。仍与一子出身，且旌*（旌）善（善）

人也。以乹元二年七月十八日，葬於萬年縣鳳栖原之西，先塋之右地，禮也。

長兄特進光禄卿、汝南郡開國公晧。次兄朝議郎、守太子僕（僕）昉，皆國之良也。痛深手足，哀結顔色，撫琴聲之靡遺，追鴈（雁）影而奚可？乃邀墨客，召石工，識諸泉門，以永餘烈。銘曰：

有周之興兮（兮），亦既有年。正氣雖微兮（兮），間氣鬱焉。聖人之後兮（兮），實生我賢。敦詩閲禮兮（兮），令問曰宣。自家刑國兮（兮），忠孝必全。戎夷猾夏兮（兮），往古所傳。不自我後兮（兮），不自我先。罹此戮辱兮（兮），疇䏻（能）問天。天報施兮（兮），何其則然。

考釋

贈原州刺史。贈，賜予死者以爵位或榮譽稱號。《後漢書·鄧騭傳》：『悝、閶相繼并卒，皆遺言薄葬，不受爵贈』。宋趙昇《朝野類要·入仕》：『生曰封，死曰贈』。誌主的原州刺史、賜紫金魚袋、上柱國等職銜，都是死後追贈的榮譽稱號。

據誌文，誌主周曉，字善本，先農后稷之裔。后稷乃周人始祖，其母有邰氏女，曰姜嫄，踐巨人迹而有娠，生子以爲不詳，初欲弃之，因名弃。堯時爲農師，舜時爲后稷，封之于邰，號曰后稷。十五傳而至武王，遂有天下。平王東遷雒邑，周室衰微，諸侯强并弱，齊、楚、秦、晋始大，政由方伯（《史記·周本紀》）。爰啓汝川之封，周氏遂世爲汝南人。當天寶十四載（七五五）安禄山叛亂，攻陷兩京，玄宗奔蜀。次年（七五六）七月甲子，太子李亨即位靈武，是爲肅宗。改元至德。獎勵忠勤，提拔親随，組建政權。時任河西兵馬使的誌主之父周佖，被擢爲河西節度使（《舊唐書·肅宗紀》）。

五凉九姓叛亂一事，《舊唐書·肅宗紀》：至德二載（七五七）春正月『丙寅，武威郡九姓商胡安門物等叛，殺節度使周佖，判官崔稱等討平之』。《資治通鑑》記載略詳。至德二載正月：『河西兵馬使蓋庭倫，與武威九姓商胡安門物等殺節度使周佖，聚衆六萬。武威大城之中，小城有七，胡據其五，二城堅守。支度判官崔稱與中使劉日新以二城兵攻之，旬有七日，平之。』今據誌文可與史籍印證和相互補充，此役激烈突然：『公府合圍，賊衆若林，我徒則置事起倉卒，計無從生，坐而待之，則以肉餧虎矣。公勇能致命，義欲安親，壯髪指冠，憤氣凌敵。誓不苟免，挺身力戰，彼應弦而斃者衆矣。於是，兇（凶）黨大駭，更爲詭謀，詐欲歸降，請公爲質。初謂不信，刺血以盟。』叛軍勢衆，聚集六萬，公府陷圍，情况危急。叛軍詐降請質，官方與之盟誓取信之説，爲史籍平添真趣，反映出平叛鬥争復雜曲折的真實場面。而誌主以十七歲少年，于力戰斃敵之後，爲安其親，義無苟免，慨然冒險到敵營作人質，何等勇敢悲壮！然而，一旦落入叛軍之手，情勢突變，遂于正月十九日遇害；身爲河西節度使的父親周佖亦被殺。看來其官府必在『武威大城之中，小城有七，胡據其五』之五城以内。敉平此一叛亂，歷時十七天（旬有七日，平之）的記述，使史籍更加豐滿，真切翔實。總之，誌主周曉與父周佖都死于王事，在平叛鬥争中爲國犧牲，死得壯烈。這在當時正在進行平定安史之亂戰争，各地還不斷有小叛亂發生的歷史大背景下，尤爲精神可嘉、難能可貴。因而，受到朝廷的褒揚和豐厚封贈。詔贈贊善大夫，贈使持節、都督原州諸軍事、原州刺史、賜紫金魚袋、上柱國。這對一個十七歲的孩子來説，是莫大的榮耀了。父親河西節度使周佖也獲贈凉州都督的頭銜。

贊善大夫，官名。太子官屬。唐龍朔二年（六六二）初，置太子左右贊善大夫各一員，以代替左右春坊之太子中允、中舍人。咸亨元年（六七〇）中允、中舍人復置，左右贊善大夫不廢，别自爲官，左、右各置五員，正五品上，隸于太子左右春坊。掌傳令、諷過失、贊禮儀，以儒家經典教授諸郡王。制比左右諫議大夫，爲諫官。洪武元年（一三六八）改贊善而置，以勛舊大臣兼領，僅爲虚職，不專掌輔導太子之事。十五年，更定左、右春坊官，復改贊善。

四科之内，卜商可與言詩

四科，孔門四種科目。指德行、言語、政事、文學。《論語·先進》：『德行：顔淵、閔子騫、冉伯牛、仲弓。言語：宰我、子貢。政事：冉有、季路。文學：子游、子夏』邢昺疏：『夫子門徒三千，達者七十有二，而此四科惟舉十人者，但言其翹楚者耳。』《後漢書·鄭玄傳》：『仲尼之門，考以四科。』

卜商，春秋衛人，孔丘弟子，字子夏。與子游并列文學科。孔子既殁，商居西河教授。魏文侯師事之。其子死，哭之喪明。有《詩序》、《易傳》傳世。

終童英妙之年，吕蒙即戎之歲

終童，指終軍年少時。終軍，漢濟南人。博辯能文。武帝朝年十八，至長安上書言事，拜謁者給事中。初軍入關，關吏與繻爲信，軍曰：『大丈夫西游，終不復傳還。』弃繻去。後爲謁者奉使。建節東出關，關吏識之，曰：『此前去繻生也。』累擢諫大夫。使南越，請受長纓，必羈南越王頸，致之闕下。旋卒，年二十餘。世謂之終童。

吕蒙，字子明。三國吴富陂人。爲横野中郎將，與周瑜破曹操于烏林，又從孫權拒操于濡須。數進奇計。後定荆州。學問開益，籌略奇至，可以次于公瑾云。據《三國志·吴書·吕蒙傳》：『蒙年十五六，竊隨（鄧）當擊賊：時當職吏以蒙年小輕之：（孫）策召見奇之，引置左右』。由是知蒙之顯現軍事才能爲十五六歲。

誌文引此二典，説明誌主年少有爲。

温凊，出自《禮記・曲禮上》，意爲早晚向父母問安，冬夏給父母温被扇席，形容子女非常孝順。

緹縈請贖，汪踦奮身

緹縈，漢代太倉令淳于意之女。意無子，有五女，緹縈其季也。文帝時意有罪當刑，罵其女曰：『生女不生男，緩急非有益。』緹縈悲泣，随父至長安，上書願入身爲官婢，以贖父罪。帝悲其意，爲除肉刑法。

汪踦，春秋魯人，童子，哀公時與齊戰于郞而死。魯人欲弗殤，仲尼曰：『能執干戈以衛社稷，可無殤也。』

誌文引此兩典故，説明誌主在爲父盡孝，爲國盡忠。是能忠孝兩全，堪爲典範的好男兒。

至德二載，五涼之間，九姓謀叛，州閭崩散：

至德爲唐肅宗年號，二載爲公元七五七年。

五涼，指晋和南朝，宋時北方五胡十六國中的前涼（三一七—三七六），漢族張軌所建，京城姑臧（今甘肅省武威市），滅于前秦。後涼（三八六—四三〇），氐族吕光所建，京城姑臧。爲後秦所滅。西涼（四〇〇—四二一）漢族李暠所建，都城敦煌。後爲北涼攻滅。北涼（四〇一—四三九），匈奴沮渠蒙遜所建，都張掖，滅于北魏。南涼（三九七—四一四），鮮卑秃髮烏孤所建，都西平（今青海省西寧市）。滅于西秦。姑臧，今武威市。其地均在甘肅境内，後借指甘肅河西一帶。

周曉犧牲時（至德二載，七五七年）十七歲，則其生當在開元二十九年（七四一）。乾元二年（七五九）七月十八日歸葬于萬年縣鳳栖原之西先塋之右地。靈柩由武威移運長安，兩千多里，這在交通工具落後和路況很差的古代，是費時費力相當艱困的事。可見古人對死後要歸葬于祖先墓地的重視程度。

誌主世系：

周行謇，州刺史、衛尉卿——以悌，四鎮經略使、右屯衛將軍——佖，河西節度使、贈凉州都督——曉，贊善大夫、贈使持節、都督原州諸軍事、原州刺史、上柱國。

誌主曾祖父周行謇，祖父周以悌及誌主本人周曉，均史籍無名。

唐贈原州
刺史周府
君墓誌銘

唐贈原州刺史周府君墓誌銘 蓋

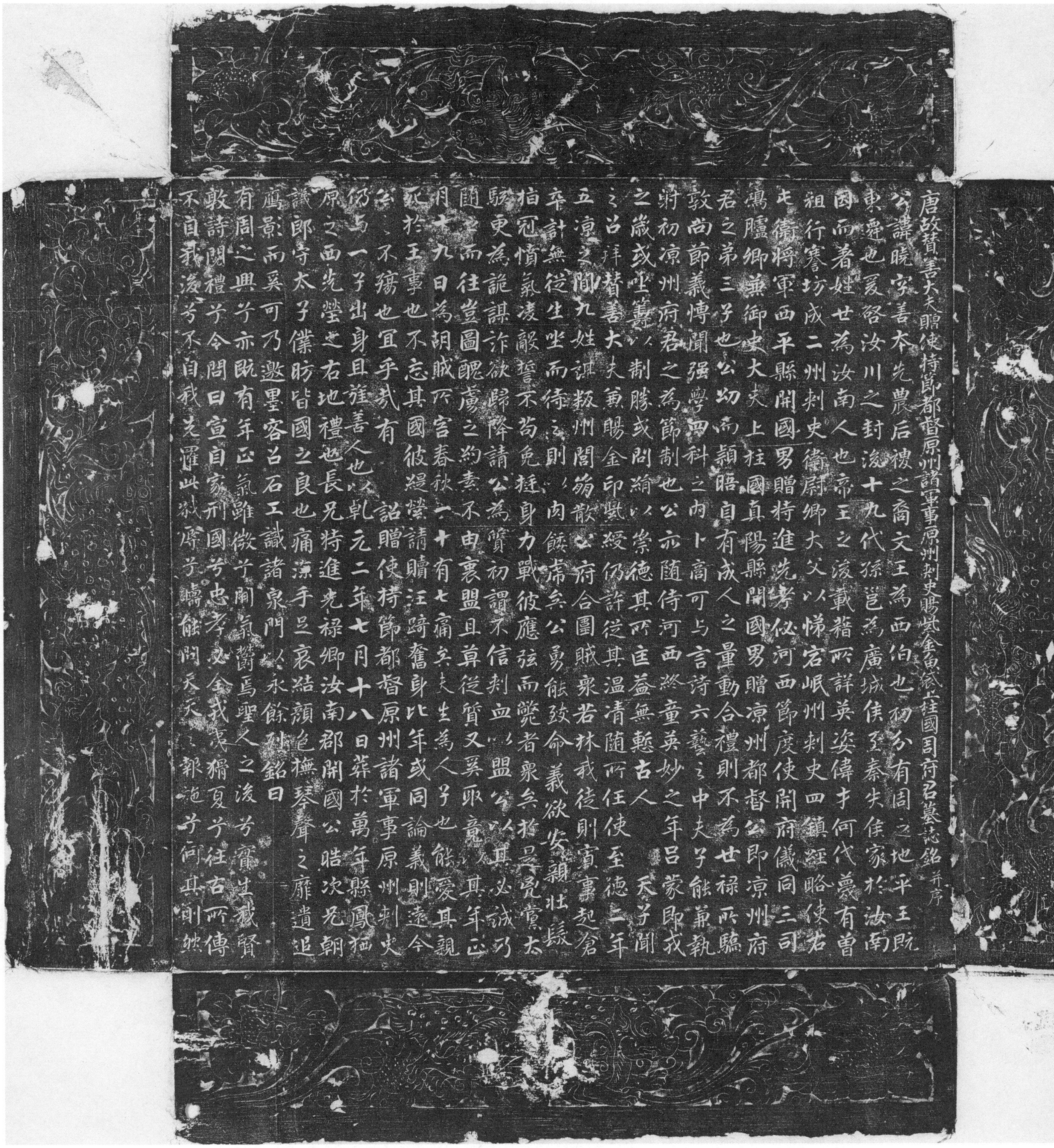
唐故贊善大夫贈使持節都督原州諸軍事原州刺史賜紫金魚袋上柱國周府君墓誌銘并序
公諱曉字善本先農后稷之裔文王為西伯也初分有周之地平王既
東遷也爰啓汝川之封後十九代孫邕為廣城侯至秦失侯家於汝南
因而著姓世為汝南人也帝王之後載籍所詳英姿偉才何代蔑有曾
祖行褰坊成二州刺史衛尉卿大父以悌宕岷州刺史四鎮經略使右
屯衛將軍西平縣開國男贈特進先考似河西節度使開府儀同三司
鴻臚卿兼御史大夫上柱國真陽縣開國男贈涼州都督公即涼州府
君之弟三子也公幼而穎晤自有成人之量動合禮則不為世祿所驕
敦尚節義博聞強學四科之內卜商可與言詩六藝之中夫子能兼執
射初涼州府君之為節制也公亦隨侍河西終童英妙之年呂蒙郎戎
之歲或坐籌以制勝或問絹以榮德其所匡益無慙古人天子聞
之召拜贊善大夫兼賜金印紫綬仍許從其溫凊隨所任使至德二年
五涼之間九姓謀叛州閭萌散公府合圍賊眾若林義徒則寡事起倉
卒計無從生坐而待之則肉餧虎矣公勇能致命義欲安親壯髮
指冠憤氣凌敵誓不苟免挺身力戰彼應弦而斃者眾矣於是兇黨太
駭更為詭謀詐欲歸降請公為質初謂不信刺血以盟公以其必誠乃
隨之而往豈圖醜虜之約素不由衷盟且尋從質又奚取竟以其年正
月十九日為胡賊所害春秋一十有七痛矣夫生為人子也能愛其親
死於王事也不忘其國彼緹縈請贖汪踦奮身比年或同論義則遠今
公之不殤也宜乎哉有詔贈使持節都督原州諸軍事原州刺史
仍與一子出身且旌善人也以乾元二年七月十八日葬於萬年縣鳳栖
原之西先塋之右地禮也長兄特進光祿卿汝南郡開國公晧次兄朝
議郎守太子僕昉皆國之良也痛深手足哀結顏色撫琴聲之靡遺退
覽影而奚可乃邀墨客呂石工識諸泉門以永餘烈銘曰
有周之興兮亦既有年正氣雖微兮閒氣鬱焉聖人之後兮實生哲賢
敦詩閱禮兮令問日宣自家刑國兮忠孝必全我戎獨夏兮往古所傳
不自我後兮不自我先羅此獄厲兮疇能問天天之報施兮何其則然

唐故贊善大夫贈使持節都督原州諸軍事原州刺史賜紫金魚袋上柱國周府君墓誌銘并序

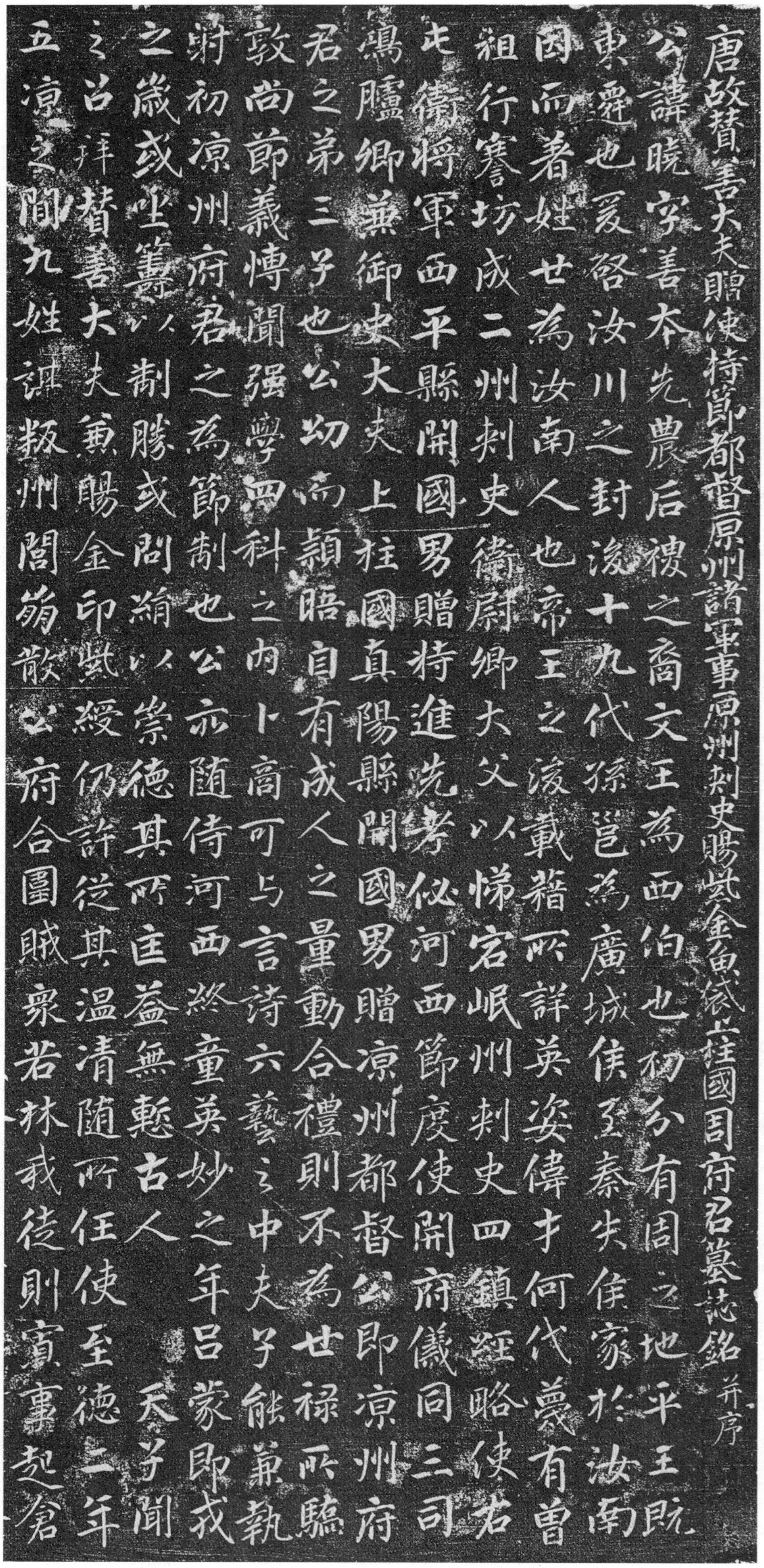
唐故贊善大夫贈使持節都督原州諸軍事原州刺史賜紫金魚袋上柱國呂府君墓誌銘并序
公諱曉字善本先農后稷之裔文王爲西伯也初分有周之地平王既
東遷也爰啓汝川之封後十九代孫邕爲廣城侯至秦失侯家於汝南
因而著姓世爲汝南人也帝王之後載籍所詳英姿偉才何代蔑有曾
祖行謇坊成二州刺史衛尉卿大父以悌宕岷州刺史四鎮經略使右
屯衛將軍西平縣開國男贈特進先考似河西節度使開府儀同三司
鴻臚卿兼御史大夫上柱國真陽縣開國男贈涼州都督公即涼州府
君之弟三子也公幼而穎晤自有成人之量動合禮則不爲世祿所驕
敦尚節義博聞强學四科之内卜商可与言詩六藝之中夫子能兼執
射初涼州府君之爲節制也公亦隨侍河西終童英妙之年呂蒙即戎
之歲或坐籌以制勝或剸繁以崇德其所匡益無慙古人天子聞
之召拜贊善大夫兼賜金印紫綬仍許從其温清隨所任使至德二年
五涼之間九姓謀叛州閭崩散公府合圖賊衆若林我徒則寡事起倉

上半闕

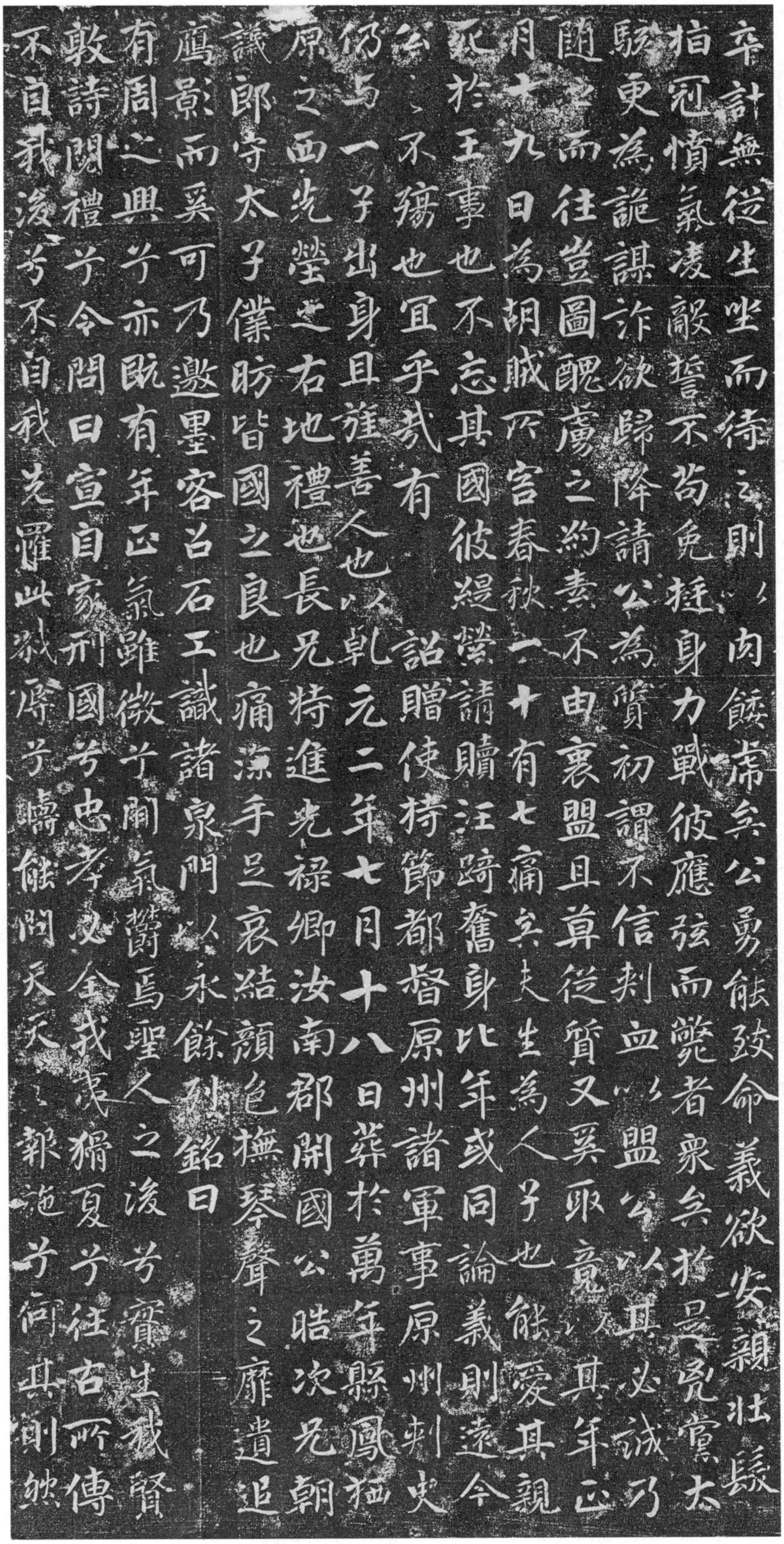

辛計無從生坐而待之則以肉餧虎矣公勇能致命義欲安親壯鬚
栢冠憤氣凌敵誓不苟免挺身力戰彼應弦而斃者衆矣於是見賞太
駮更為詭謀詐欲歸降請公為質初謂不信刺血以盟公以其必誠乃
隨之而往豈圖醜虜之約素不由衷盟且莫從質又奚取竟以其年正
月十九日為胡賊所害春秋一十有七痛矣夫生為人子也能愛其親
死於王事也不忘其國彼緹縈請贖汪踦奮身比年或同論義則遠今
公之不獨也宜乎哉有詔贈使持節都督原州諸軍事原州刺史
仍与一子出身且旌善人也以乾元二年七月十八日葬於萬年縣鳳栖
原之西先塋之右地禮也長兄特進光祿卿汝南郡開國公晧次兄朝
議郎守太子僕昉皆國之良也痛深手足哀結顏色撫琴聲之靡遺追
鴈影而奚可乃邀墨客召石工識諸泉門以永餘烈銘曰
有周之興兮亦既有年正氣雖微兮閒氣鬱焉聖人之後兮實生載賢
敦詩閱禮兮令問日宣自家刑國兮忠孝以全我戎猾夏兮往古所傳
不自我後兮不自我先罹此殲禍兮疇能問天天之報施兮何其刖然

下半闕

唐大理評事韋縱先妣李夫人墓誌（七九四）

概述

該墓誌出自韋氏墓地。覆斗式蓋，頂部每邊長三十二點五厘米，頂面篆書陰文三行六字：李夫人墓誌銘。圍以牡丹花紋邊框，四殺部飾花草紋。誌石每邊長四十五點五厘米，厚九厘米，四側面飾花草紋。誌面銘文二十四行，每行滿格二十四字。典型顏體書法，雍容厚重。

誌文

有唐大理評事韋縱先妣李夫人墓誌銘并序

鄉*（鄉）貢進士韋行矩撰

夫人，隴西成紀人也。年十三，主朗州刾（刺）史、贈（贈）左常侍府君之室。生子五人，三男二女：長男範，明（明）經出身，授潤州句容尉；小男未成童而不育；次男縱，充度支巡官、授大理評事、專知安邑池院；長女適監察御*（御）史高昉，早亡；次女適鄭縣尉嚴謩。始常侍色養高堂。夫人承歡順㫖（旨），服役之職，率身先之，凡廿年，勞亦至矣。故奉尊接卑，聞于中外。及常侍薨於武陵，夫人護几筵、挈*（挈）孤纫（幼），綿歷阻險，歸葬*（葬）京國。遂於塋東李村卜居，盖十餘年，率誘家僮，諭以常道，闢荒蘙埆，以供歳（歲）時，聚槁椶枯，以給薪爨（爨）。疲僮倦隸，不駈（驅）自役，畏威慕恩，欣欣如也。

洎貞元初，歳（歲）歉*（歉）人饑，死者十七八。夫人育孤字纫（幼），咸遂無恙，其於明（明）略嘉謀，皆此類也。夫人久患濕痺，行李藉人，乃力疾赴次男之職，途經華州，因加痢疾。以貞元九年十二月七日殁于開元佛寺，享年六十二。孤男縱，煢然泣血，護喪歸葬（葬），以貞元十年二月十七日窆于常侍府君塋内域之西北，從素志也。噫！夫人行高莭*（節）固而壽不登中，見通識遠而福不具五。嗚呼哀㦲（哉）！行矩則評事之從祖弟也，義感平㫺（昔），紀其大端，至於善（善）事，多有遺闕。銘云：

常侍德盛，所冝（宜）有隣。夫人道謙（謙），如懼來嬪。佐餕袛（祗）事，綢繆二紀。勞必身先，怠非余始。忠由貞贊（贊），孝以義敦。六姻五服，誰不感㤙（恩）？既孀屏居，群稚未立。奠掃墳壤，以時而泣。洎逢饑歉（歉），人則流亡。率僕兼（兼）稼，食貧自強。時晚纒痾，從子赴職。方展榮慶，遽聞悽惻。藍輿倏往，丹旐俄歸。晝日無景，陰雲不飛。遺孤茹哀，見託銘石。粗陳懿範，永表幽穸。嗚呼哀㦲（哉）。

考釋

隴西成紀，即成紀，歷史記載爲古代的一個縣城，位于今甘肅省天水市秦安縣。成紀在戰國時便設縣，秦朝統一時屬于隴西郡，縣址大約在今天秦安縣東南。

大理評事，官名。漢宣帝時置廷尉左右平，簡稱爲廷平，秩六百石，職責是判案。《後漢書·百官志》本注曰：『掌平決詔獄。』魏晋後無左右，直曰廷尉平（評）。北齊改廷尉爲大理寺，則稱大理寺評。隋唐時稱大理（寺）評事，與大理正、司直同爲法官，隋煬帝大業三年（六〇七），由大理評改爲此名，時置四十八人，掌推按刑獄，爲正九品官，唐貞觀二十二年（六四八），減至十員，從八品下，掌出使推覆，後加爲十二員。

朗州，今湖南省常德市，原名常德縣，位于錦綉江南的洞庭湖西濱。

佐餕，《説文》食之餘也。《禮記·内則》父母在，朝夕恒食，子婦佐餕，既食恒餕，父没母存，冢子御食，群子婦佐餕如初，旨甘柔滑，孺子餕。《注》佐餕，勸父母再食，子婦始食。餕，既盡也，盡食其所餘也。御食者恐父母獨食心傷，故侍之食也。旨甘，如棗栗飴蜜之類，能調衆味，故如孺子之餕，以頤養老人也。

又祭畢食神之餘。《禮記·祭統》古之君子曰：『尸亦餕鬼神之餘也，惠術也，可以觀政矣。』

又凡食人之餘，及日晚食饌之餘，皆云餕。《禮記·玉藻》日中而餕。《注》餕，食朝之餘也。

祇事，恭敬事奉；敬于其事。敬業盡職。

六姻，即六戚，六種親屬：父、母、兄、弟、妻、子。

五服，是由父系家族組成的中國古代社會，以父宗爲重。其親屬範圍包括自高祖以下的男系後裔及其配偶，即自高祖至玄孫的九個世代，通常稱爲本宗九族。

藍輿，竹轎。

丹旐，喪具名。或稱『明旌』、『銘旌』。即用寫有死者姓名的旗幡，竪于柩前或敷于棺上，出喪時爲棺柩引路。

洎貞元初，歲歉人饑，死者十七八

這條史料很重要，值得注意。《資治通鑑》卷二百三十一德宗貞元元年（七八五）『時連年旱、蝗，度支資糧匱竭……今河中斗米五百，芻藁且盡，墻壁之間，餓殍甚衆。『蝗偏遠近，草木無遺』，『大饑，道殣相望』。『大旱，灞、滻將竭，長安井皆無水。度支奏中外經費才支七旬』。又兵連禍結，賦役繁興，死者十分之七八，當是其時嚴重饑荒的真實狀況。

據誌文，李夫人十三歲嫁給朗州刺史韋某，二十年中生三男二女，韋縱系其次子。夫君亡故于武陵，夫人歷經險阻，護喪歸葬長安。卜居塋東李村，督率僮僕，耕稼又十多年，艱難地度過饑荒。于貞元九年（七九三）十二月七日殁于開元寺，享年六十二歲。貞元十年（七九四）二月十七日葬于夫墓的西北方，從素志也。

開元寺，在長安城懷遠坊東南隅，原爲隋光明寺，武則天天授元年（六九〇）改名爲大雲寺，玄宗開元二十六年（七三八）又改名開元寺，此後至唐末皆稱開元寺（見李健超《增訂唐兩京城坊考》卷之四，三秦出版社，二〇〇六年，第二百三十六頁）。

李夫人墓誌銘

李夫人墓誌銘 蓋

有唐大理評事韋縱先妣李夫人墓誌銘并序

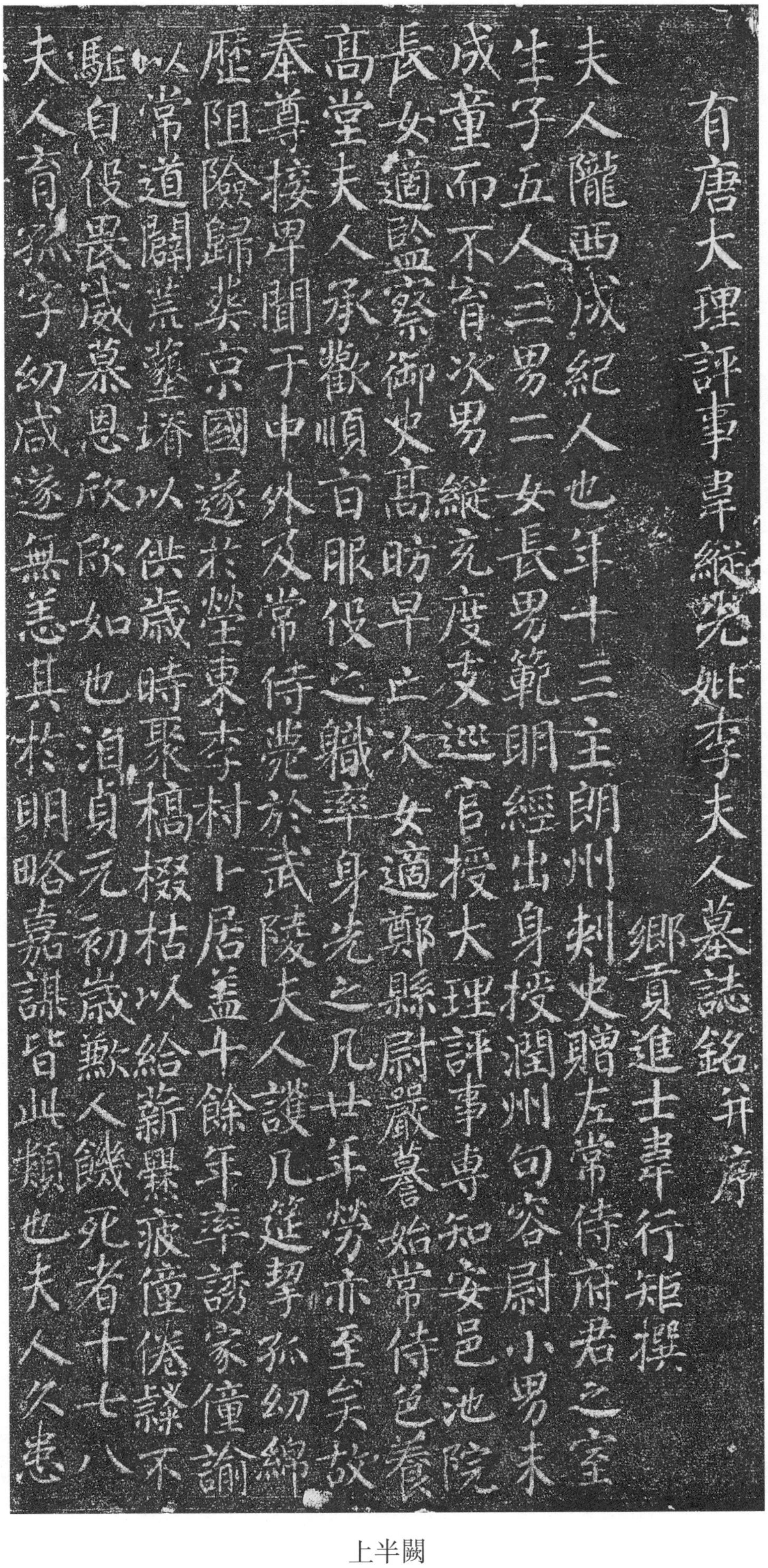

有唐大理評事韋縱先妣李夫人墓誌銘并序
鄉貢進士韋行矩撰
夫人隴西成紀人也年十三主朗州刺史贈左常侍府君之室
生子五人三男二女長男範明經出身授潤州句容尉小男未
成童而不育次男縱充度支巡官授大理評事專知安邑池院
長女適監察御史高昉早亡次女適鄭縣尉嚴謩始常侍色養
高堂夫人承歡順旨服役之職率身先之凡廿年勞亦至矣故
奉尊接卑閨于中外及常侍薨於武陵夫人護几筵挈孫幼緜
歷阻險歸葬京國遂於塋東李村卜居蓋十餘年率誘家僮諭
人以常道闢荒墾墇以供歲時聚槁樧枯以給薪爨疲僮倦隸不
驅自役畏威慕恩欣欣如也洎貞元初歲歉人饑死者十七八
夫人育孫字幼咸遂無恙其於明略嘉謀皆此類也夫人久患

上半闕

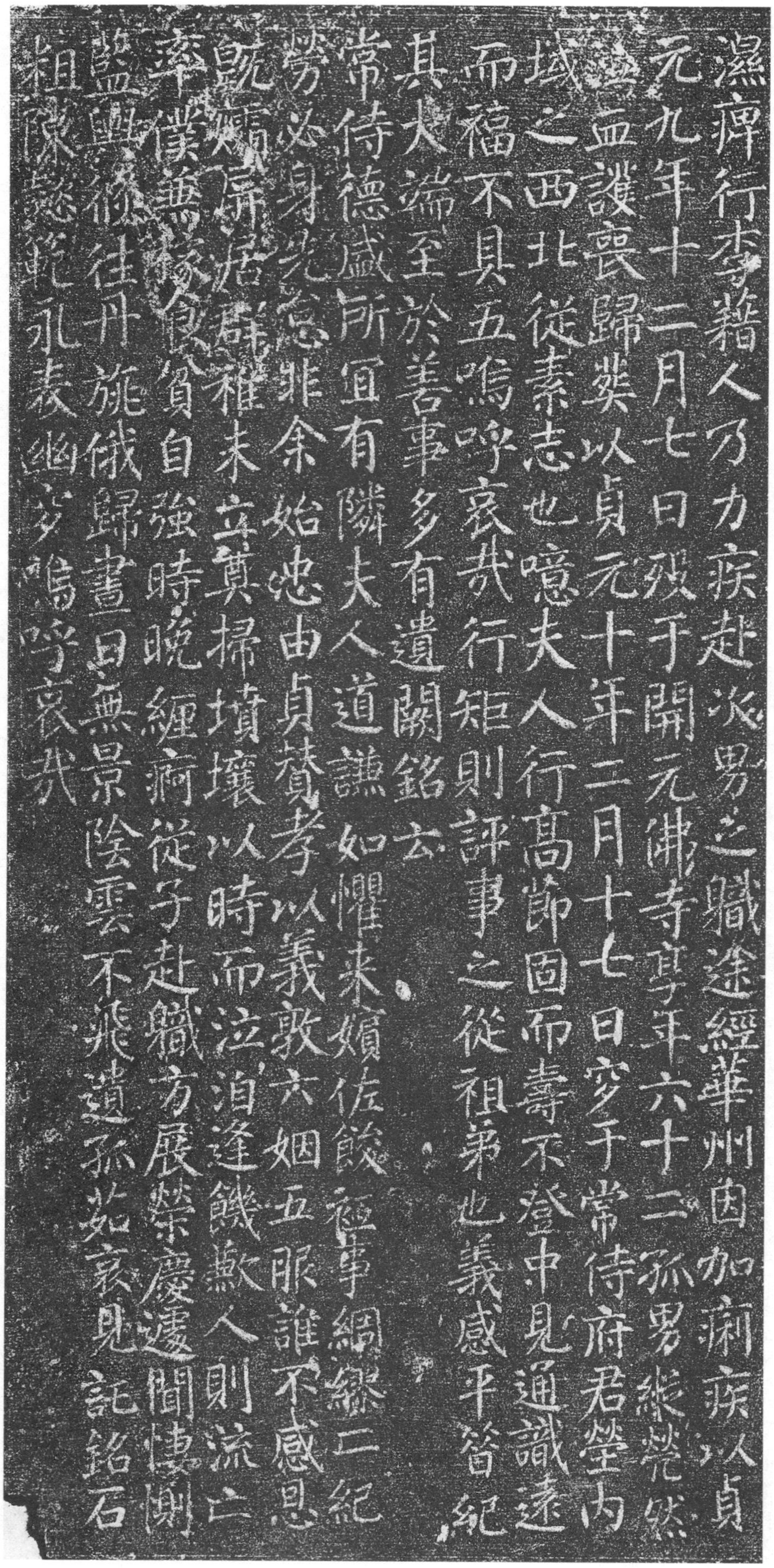
濕痹行李籍人乃力疾赴次男之職途經華州因加劇疾以貞
元九年十二月七日歿于開元佛寺享年六十二孫男絖然
泣血護喪歸葬以貞元十年二月十七日窆于常侍府君塋內
域之西北從素志也噫夫人行高節固而壽不登中見通識遠
而福不具五嗚呼哀哉行矩則評事之從祖弟也義感乎昔紀
其大端至於善事多有遺闕銘云
常侍德盛所宜有隣夫人道謙如懼來嬪佐饋禋事綢繆二紀
勞必身先急非余始怨由貞贊孝以義敦六姻五服誰不感息
既孀屏居群稚未立奠掃墳壤以時而泣洎逢饑歉人則流亡
率僕無稼食貧自強時晚纏痾從子赴職方展榮慶遽聞悽惻
監輿徂往丹旐儀歸晝日無景陰雲不飛遺孫茹哀見託銘石
粗隙總乾永表幽兮嗚呼哀哉

下半闕

唐宣城縣開國男左攅墓誌（七九七）

概述

唐將作少監左攅墓誌，出自地質測試中心基建工地八號墓。方向一百八十二度，土坑洞室式，平面刀把形。土坑長二點三六米，寬零點八米至一點一一米，深三點六米。近窄端左右兩壁有三角形脚窩各五個。甬道長一點一一米，洞高八十厘米。墓室略高于甬道，長三點一米，寬一點六米。地面留有部分骨骸和陶俑、陶罐等随葬物。墓誌置甬道與墓室連通處（圖二十九）。

墓誌正方形，覆斗式蓋，蓋頂部每邊長三十點五厘米，蓋面中央篆書陰文三行九字：大唐故左府君墓誌銘。周圍以牡丹花紋邊框。四殺部飾長體四神像。誌石每邊長四十九厘米，厚八厘米。誌文四周加連續的雙綫菱形幾何紋邊框。四側面飾簡化團雲紋。銘文二十三行，每行滿格二十四字。每在『皇』、『天』字前空三字。

誌文

唐故元從朝請大夫、試將作少監、兼（兼）資州別駕、上柱國、宣城縣開國男左府君墓誌銘并序

鄉*（鄉）貢進士趙淳撰

府君諱攅，字攅。其先丹陽人，太冲之雲孫也。自周漢*（漢）已來，三公五侯，代々承襲*（襲），史不絶録，人到乎稱。曾（曾）祖倫，皇任睦州司馬。祖琰，皇任汾州孝義縣令。考饗，皇任饒州長史。府君即孝義之長子也。立身温雅，禀性純和，解褐任左衛兵曺（曹）叅（參）軍，次任陜州夏縣尉，次任虔王府户曺（曹）叅（參）軍，次授絳州司士，歸州司馬。又累遷澧州別駕、潭州別駕、資州別駕。位居半刾（刺），名播*（播）兩朝。雖屈才扵二州，且稱善扵百姓。言無口過，皃（貌）有容儀，西蜀播*（播）題輿之風，北闕流政聲*（聲）之頌。一自離任，屆于上都，守静而安貧，卜隣而誡子，無何寑*（寢）疾，大運將至。嗚呼！府君積善，天不憖遺，以去貞元十二年十二月十八日終扵萬年縣興道里之私第，春秋有六十矣。歳（歲）德（德）大通，卜龜叶丠（兆），貞元十三年二月廿六日殯扵萬年縣畢原，從周禮也。墳對終南，地連韋曲，長川曲抱，得其勢地。清河縣君夫人，本期偕老，孤鸞*（鸞）失伴，明（明）鏡塵生，思衾枕而無因，痛風樹而不息。嗣子寬及孝女等*（等），欒*（欒）棘為心，泣血過禮，恐（恐）陵（陵）谷遷變（變），刻石為銘，託余為詞而撰其誌。銘曰：

丹陽府君，太冲雲孫。學贍三史，官榮一門。罷（罷）袟蜀川，言歸北闕。士庶拜送，攀轅卧轍。策馬劔（劍）閣，灌園帝鄉。天

不憖遺，殲我賢良。縣君夫人，孝女嗣子。攀𢖍（號）泣血，哀慟不已。唴（嗟）君壮*（壮）志，去世何先。畢原墳壟，松柏連連。

考釋

將作少監、將作監，古代官署名，掌管宫室建築，金、玉、珠、翠、犀、象、寶貝、器皿的製作和紗羅緞匹的刺綉，以及各種异樣器用打造的官署。唐代設少監的官署主要有殿中省、秘書省、司天臺、將作監和少府監。殿中省，隋置殿内省（因避楊忠諱），唐高祖武德元年（六一八）改名。監掌天子服御之事，設監一人，從三品，少監二人，從四品上，爲監之助。下統尚食、尚藥、尚衣、尚乘、尚舍、尚輦六局，分掌皇帝膳食、醫藥、冕服、宫廷祭祀張設、湯沐、燈燭、灑掃以及馬匹、輿輦等事務。殿中省所掌皆皇帝緊要差事，故多由親信、貴幸者任之。將作少監，爲將作正監之助理者。

鄉貢進士，解見《韋君夫人薛琰墓誌》一文。

左太冲，即左思（約二五〇—三〇五），字泰冲，《晋書》作太冲，齊國臨淄（今山東省淄博市）人。西晋著名文學家，其《三都賦》頗被當時稱頌，造成『洛陽紙貴』。另外，其《咏史詩》、《嬌女詩》也很有名。其詩文語言質樸凝練。後人輯有《左太冲集》。左思自幼其貌不揚，却才華出衆。晋武帝時，因妹左棻被選入宫，舉家遷居洛陽，任秘書郎。晋惠帝時，依附權貴賈謐，爲文人集團『金谷二十四友』的重要成員。永康元年（三〇〇），因賈謐被誅，遂退居宜春里，專心著述。後齊王司馬冏召爲記室督，不就。太安二年（三〇三），因張方進攻洛陽而移居冀州，尋病終，終年五十五歲。

播題輿之風

題輿，典出自東漢周景任豫州刺史時，嘗辟陳蕃（字仲舉）爲别駕。蕃辭不就。景題别駕輿曰：『陳仲舉座也。』不復更辟。蕃惶懼，起視職。事見《太平御覽》卷二六三引三國吴謝承《後漢書》。後遂用作典故，以『題輿』謂景仰賢達，望其出仕。唐楊炯《從甥梁錡墓誌銘》：『桓温之征謝奕，暫爲司馬之官；周景之禮陳蕃，仍降題輿之命。』唐杜甫《寄李十四員外布十二韵》：『名參漢望苑，職述景題輿。』宋司馬光《送王彦臣同年通判亳州》詩：『聖主憐耆舊，題輿得吏師。』

北闕留政聲

北闕，古代宫殿北面的門樓，是臣子等候朝見或上書奏事之處。北闕又指朝廷，北闕留政聲，就是名聞朝廷。

欒棘，典出《詩·檜風·素冠》：『棘人欒欒兮。』毛傳：『棘，急也。欒欒，瘠貌。』意謂居父母之喪因哀痛而瘦瘠。後因以『欒棘』形容孝子的哀痛。唐張説《故開府儀同三司上柱國梁國文貞公碑》：『剖符江表，敦諭起復，衰麻外墨，欒棘内毁。』

據誌文，誌主世系爲：

左太沖：倫，唐睦州司馬——琰，孝義縣令——㚈，饒州長史——擴，左衛兵曹參軍、夏縣尉、歸州司馬、澧、潭、資州别駕——寬。

左擴于唐德宗貞元十二年（七九六）十二月十八日逝世于萬年縣興道里私第，享年六十歲。十三年（七九七）二月廿六日葬于畢原。

鄉貢進士趙淳爲其撰寫墓誌銘。

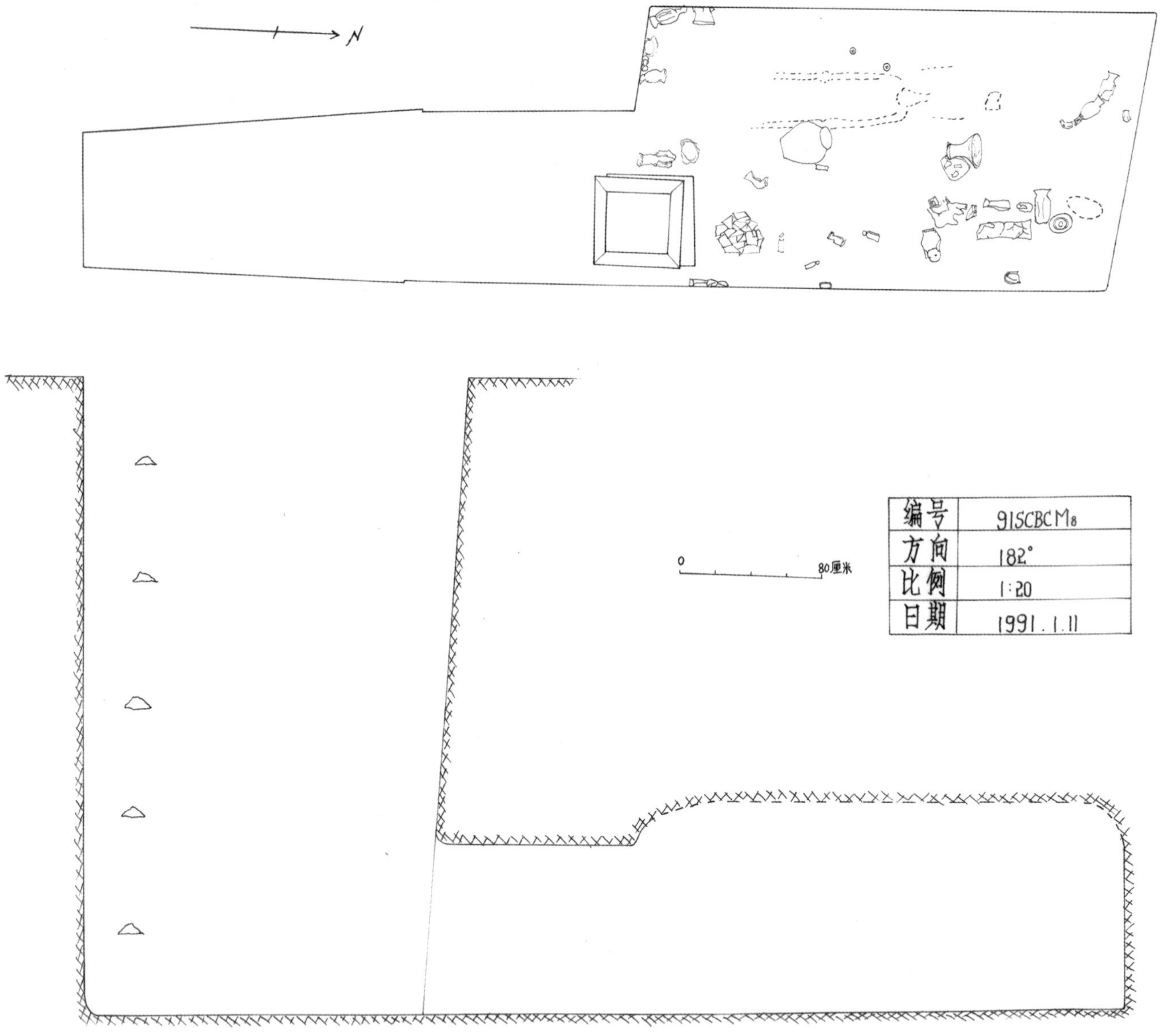
N
编号
91SCBCM8
方向
182°
比例
1:20
日期
1991.1.11
0
80厘米

圖二十九 左攢墓平面剖面圖

大唐故左府君墓誌銘 蓋

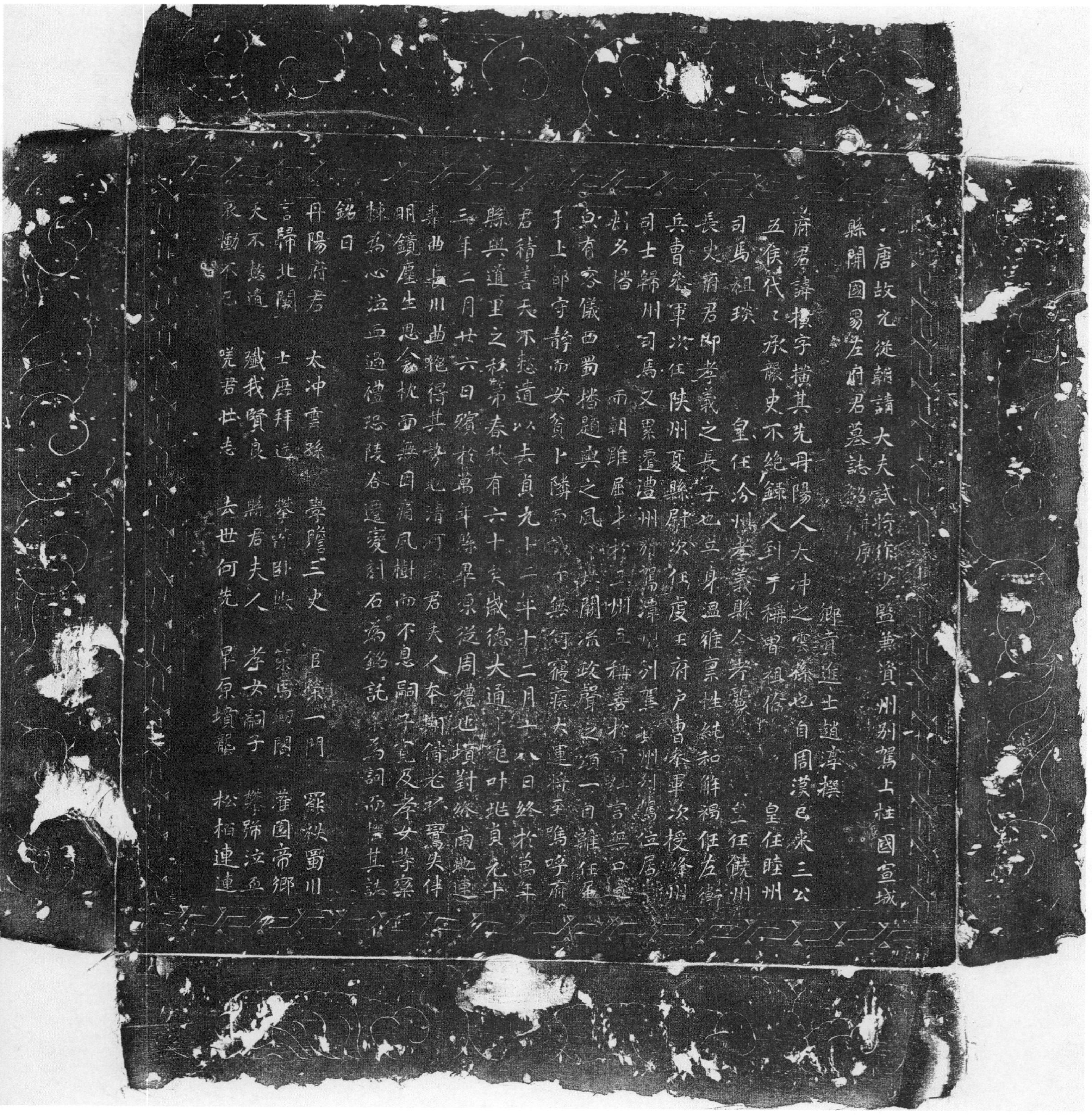

唐故元從朝請大夫試將作少監兼資州別駕上柱國開國男左府君墓誌銘并序

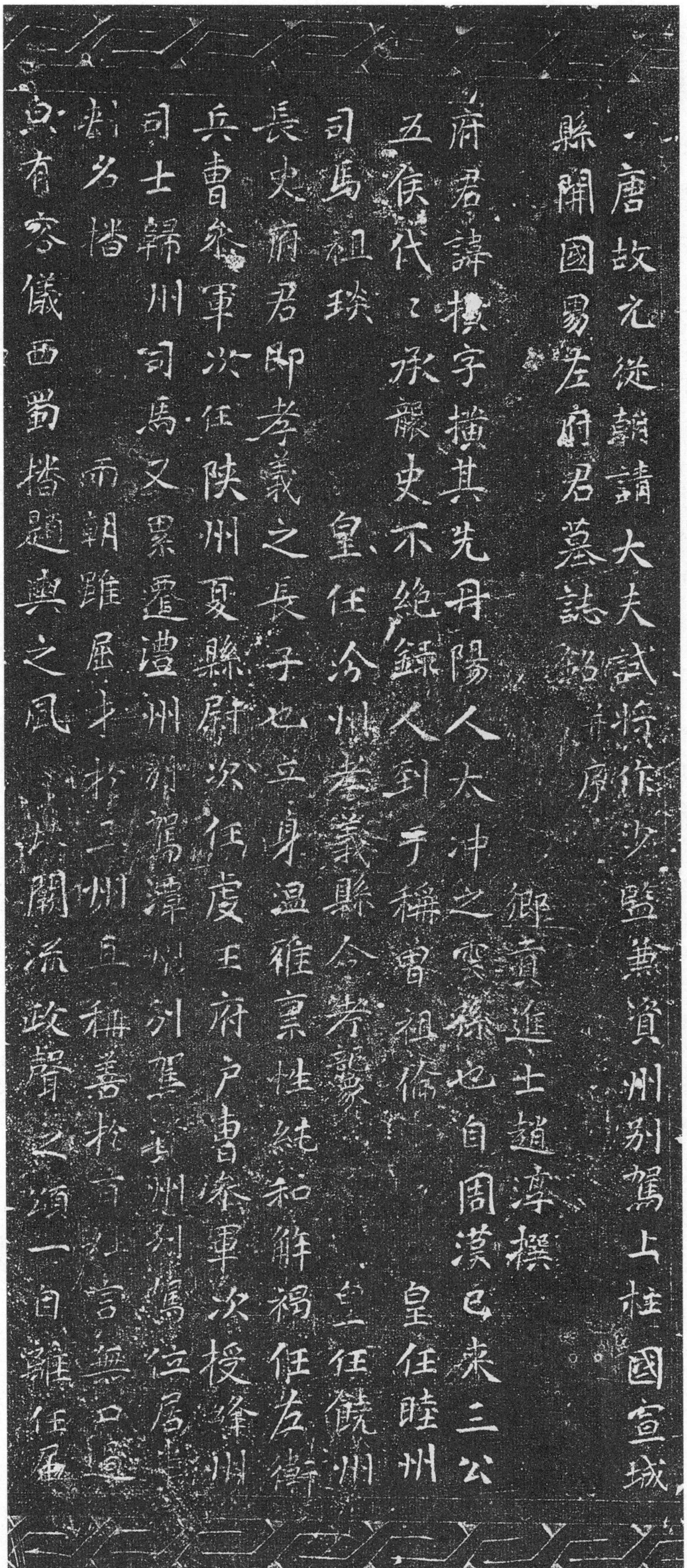
唐故元從朝請大夫試將作少監兼資州別駕上柱國宣城
縣開國男左府君墓誌銘并序
鄉貢進士趙淳撰
府君諱橫字橫其先丹陽人太沖之裔孫也自周漢已來三公
五侯代〻承襲史不絕錄人到于稱曾祖倫 皇任睦州
司馬祖瑛 皇任汾州孝義縣令考 皇任饒州
長史府君即孝義之長子也立身溫雅稟性純和解褐任左衛
兵曹參軍次任陝州夏縣尉次任虔王府戶曹參軍次授絳州
司士歸州司馬又累遷澧州別駕潭州別駕 州別駕位居
劇名播 而朝雖屈才於三州且稱善於百姓言無口過
貞有容儀西蜀播題輿之風 關流政聲之頌一自 離任居

上半闕

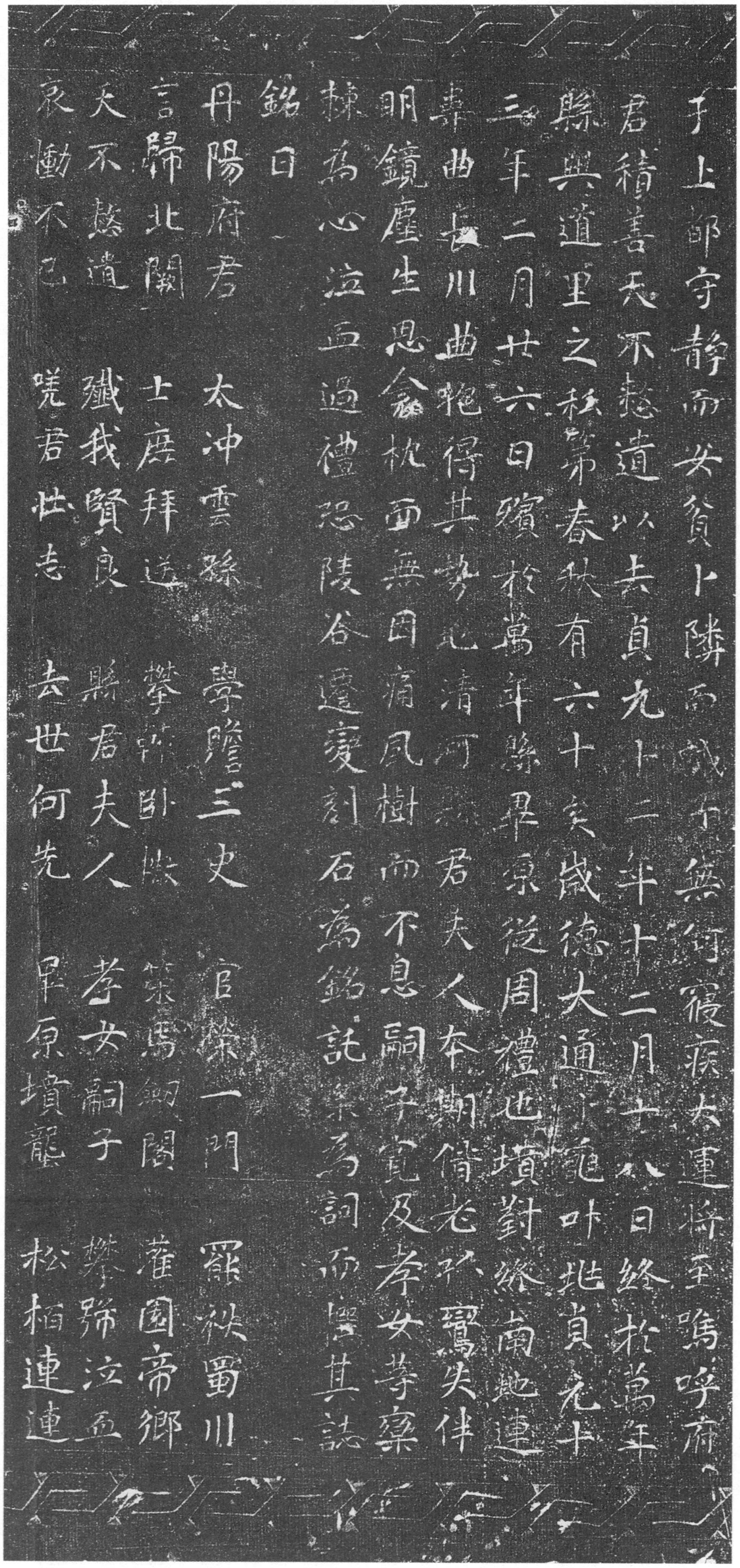

于上部守靜而安貧卜隣而試命無何寢疾大運將至嗚呼府
君積善天不憖遺以去貞元十二年十二月十八日終於萬年
縣興道里之私第春秋有六十矣歲德大通丁龜叶兆貞元十
三年二月廿六日殯於萬年縣畢原從周禮也墳對終南地連
韋曲長川曲艳得其勢北清河□君夫人李期偕老□鸞失伴
明鏡塵生思衾枕而無因痛風樹而不息嗣子寬及孝女等藥
棘為心泣血過禮恐陵谷遷變刻石為銘託余為詞而譽其誌
銘曰
丹陽府君　太沖雲孫　學贍三史　官榮一門　羅袂蜀川
言歸北闕　士庶拜送　攀轅卧轍　策馬鄉閭　灌園帝鄉
天不憖遺　殲我賢良　縣君夫人　孝女嗣子　攀號泣血
哀慟不已　嗟君壯志　去世何先　畢原墳壟　松栢連連

下半闕

唐秘書少監京兆韋士文墓誌（八〇五）

概述

武警黄金十四支隊基建工地九號墓，是唐秘書少監與夫人崔氏的合葬墓。方向五度。土坑洞室墓，平面刀把形。土坑長三點五七米，寬一點一三米至一點三米，深五點七六米至六點四四米，底面有一小段斜坡。甬道長一點四三米，高一點八米。墓室作矩形，長三點一二米，寬二點二三米，地面陶器碎片凌亂，兩方墓誌有搬動移位痕迹，墓壁有壁畫，僅存底部，難辨形狀（圖三十）。夫婦各隨葬墓誌一方，蓋、誌齊全。一九八八年秋季發掘。韋士文墓誌呈正方形，覆斗式蓋，頂部每邊長二十八厘米。頂面篆書陰文三行九字：大唐故韋府君墓誌銘。四殺部刻細花紋。誌蓋背面每邊長四十四點五厘米。刻文二十六行，每行滿格二十六字，爲士伋自撰之墓誌文。

墓誌石每邊長四十五點五厘米，厚七厘米。有銘文十八行，每行滿格二十三字。書法莊重遒勁。

誌文

大唐故朝議郎、前秘書少監、京（京）𠑽（兆）韋公墓誌文 并序

士伋自撰

維大唐貞元廿一年五月廿三日。公諱士文，字文宗。公才絢之孫，孫嬰（嬰）之子。京兆尹裴確之出，五服之内，丞相者至三，兄弟之中，莅官者滿藉。公歷臺省、典都督（督）、衣紫綬、貳陝郊、終秘書少監。公平生求蒸甞，則搢（縉）紳代耕（耕），於達道則不忘隱逸。絛*（修）巳*（己）也尚其勣*（勤）恪，送終也誡過單車。欲叙厥玏（功），恐（恐）讓者之誚我，欲論政術，慮謙*（謙）者之責躬。立姓家無長財，不貴異物。無故則埴禮，居常則蹈儒*（儒）。修襲專經（經）之本，操綴代意之述*（述），撰集僅四帙，綴文數萬言。以其年五月廿三辰，奄為悪（悪）日，啓（啓）手足於長興里私弟（弟），春秋享壽七十。祔先丞相鄖公之兆坤地，吴葬畢原，禮也。祔葬不擇，義在兹乎！嗣子前滎陽縣令鋏，殞裂凴棺，攀轜絶地，父子常禮，永隔常情。以其年七月六日縣（音玄）封（音窆）。於戲！生死好惡，天地大經（經），道家曰歸，何嗟及也。銘曰：

泉臺墓門，馬鬣*（鬣）虞魂。何悲何恨，别卑𩕳尊。故嬪崔氏，早先我折。墻翣合葬，胄貴同宂（穴）。延陵（陵）云亡，德聲不減。孔聖銘誌。伊何敢竊，千秋萬歲（歲）。青松朗月。嗟嗟天壵（喪），繩繩（繩繩）冈*（罔）絶。

貞元十六年十月七日黔府觀察改名士文。

考釋

黔府觀察。觀察，即觀察使，官名。唐代後期出現的地方軍政長官，全稱爲觀察處置使。黔府，即黔州府。黔州轄境相當于今湖南沅水澧水流域、湖北清江流域、重慶黔江及彭水區域和貴州東北一部分。後來稱貴州省爲黔。

裴巃，唐代人。裴氏家族第三十世，太僕卿裴昭之子。開元年間任大府卿、太子少詹事，殿中丞，金吾大將軍。

蒸嘗，本指秋冬二祭。後泛指祭祀。《國語·楚語下》：『國於是乎蒸嘗。』《後漢書·馮衍傳下》：『春秋蒸嘗，昭穆無列』。

輀，同輀、轜。指運送靈柩的喪車。三國魏曹植《平原懿公主誄》：『成禮於宮，靈輀交轂。』一本作輀。

此篇文字系誌主韋士文（又名士伋，字文宗）自己撰寫的，頗爲自謙，其一生事功，已由外甥裴塤概述于《墓表》。故其于此文僅記述其爲人淡泊、重禮、尊儒。有著作四帙達數萬言。以及他對死亡的『道家曰歸』的曠達態度。文末還鄭重聲明，他已于貞元十六年（八〇〇）十月七日，在黔府觀察任上改名爲士文。至于墓誌文必須載明的死葬年月日，誌主自己當然不能預知，觀察誌文記載其去世日期：『貞元廿一年五月廿三』和『廿三辰』等文字，字小且擠，與上下文字不協調，顯系後來補刻上去的。由是可知，誌主韋士文去世于貞元廿一年（八〇五）五月廿三日，但貞元只有二十年（七八五—八〇四），貞元廿一年當爲唐順宗永貞元年（八〇五）。享年七十歲，則其生當在七三六年（唐玄宗開元二十四年）。去世一個月又十多天後即同年七月六日，葬于韋氏家族墓地。

誌主世系：

韋才絢——孫嬰——士文——鋏

誌文

大唐故秘書少監京（京）垗（兆）韋府君墓表

外甥宣德郎、行大理評事裴塤撰

不違出處（處）之道，不惑存亡之理者，唯明（明）智達識之士能（能）之。少監尗（叔）舅即其人也。貞元十一年自辰州剌（刺）史改陝府右司馬，春□□高齊嫁纔畢，因歎（嘆）曰：吾今年躋耳順之初，位當雄（雄）府之貳，壽*（壽）不□矣，宦亦達矣，寘然委祀，意無恨矣。顧（顧）謂嗣子，尔其念哉（哉）？乃鋪述著成遺編。雖耻且斂（斂）服，我亦成製，仍刻樂石，粗陳星霜。四周而清静致*（致）理，上下咸悅。明（明）年春吏告君命，召闕下，逾月迺出守洋州。経（經）時而廉問黔*（黔）府，黔*（黔）之人首亦圓，足亦□（方），亦冠帶，亦言語，視之亦人也。察其心即虺蜴也。故□□□□□。臣察是邦*（邦）者，必持節以莅之，而猶威不能（能）勝，往往酋長淩（凌）及其□。公以為人之性猶水也，蜀風不知儒，文翁能（能）化之，鄴人多尚鬼，西門能*（能）除之。安有被我皇澤□□□□，苟不率教者，當嚴刑以齊之。威令初申，邦*（邦）人小心，會有憸狡□□，附其黨謀，不利於公，公遽登舟避□旁郡。不浹日董整餘類，迴鋒舊城，獨殲其魁，黔水鏡浄（净）。自是獷悍□俗丕變*（變）其心矣。未幾（幾）徭□王庭*（庭），尋除秘書少監，示優賢也。公任京（京）兆（兆）府司録兼充城東諸軍糧料使。時興元初，巨盜腥穢（穢）宫殿，比及元勳戡難，妖*（妖）氛澄廓，賊臣中變*（變），皇心未寧，饋餫之勣*（勤），亦云至矣。中書令西平王晟軍渭橋，屢遣裨將咨公以安危之術，發言機應，由是攝萬年令，清肅城闕，祗（祇）迎鑾*（鑾）輅。公之業儒，莅職恭儉，閑放之跡，已略於舊誌。自洋州三遷（遷）官，其事實彰聞者，今梗槩（概）勒於覆石之上，敬遵平素簡易之旨（旨）也。塤以親當酷似之稱，而性質瑣劣，徒有師仰，況今也結痛，又永絶如存之慕焉。敬瞻新阡，隕淚秋草，内兄鋏純至之孝，棘（棘）心茹哀，俾余表述黔*（黔）巫之事跡，備補前誌之闕，載如外内族氏。卜宅日月，前銘盖有叙矣。

考釋

宣德郎，文散官名。隋置，爲散官。唐沿用，爲文官第十九階，正七品下。宋沿置，亦爲第十九階，正七品。宋政和四年以爲與宣德門名相同，曾改稱宣教郎。

行大理評事

行，謂兼攝官職。《資治通鑒·後漢高祖乾祐元年》：『丙寅，以（侯）益兼中書令，行開封尹』。大理評事，官名。漢宣帝時置廷尉左右平，簡稱爲廷平，秩六百石，職責是判案。《後漢書·百官志》本注曰：『掌平决詔獄』。魏晋後無左右，直曰廷尉平（評）。北齊改廷尉爲大理寺，則稱大理寺評。隋唐時稱大理（寺）評事，與大理正、司直同爲法官。隋煬帝大業三年（六〇七），由大理評改爲此名，時置四十八人，掌推按刑獄，爲正九品官，唐貞觀二十二年（六四八），減至十員，從八品下，掌出使推覆，後加爲十二員。北宋初猶有定員，與大理正、丞分掌斷獄，其後別置詳斷官，本官遂爲寄禄官。元豐改制，置十二員，凡隸左斷刑之事務則與大理司直詳斷。南宋減爲八員，正八品。金海陵王天德二年（一一五〇）置三員，正八品，掌推按，參議疑獄，披詳法狀，章宗明昌二年（一一九一）減契丹評事一員，完顔永濟大安二年（一二一〇）減漢一員。明洪武十四年（一三八一），置左評事四員、右評事八員，正七品。永樂元年（一四〇三）改左、右各六員，如刑部、都察院諸司道，各帶管直隸地方審録，二年復舊。弘治元年（一四八八），裁減右評事四員。清順治元年（一六四四），定堂評事滿、漢各一員，正四品，十六年改正七品；康熙六年（一六六七）升正五品，九年定正七品，三十八年定左、右評事滿、漢各一員，掌左、右兩寺章奏。

蜀風不知儒，文翁能化之

文翁，漢廬江舒人。景帝末，爲蜀郡守，『仁愛好教化』，在成都市中起學官，入學者免除徭役，成績優者爲郡縣吏，每出巡視，『益從學官諸生明經飭行者與俱，使傳教令』。蜀郡自是文風大振，教化大興，見《漢書·文翁傳》。後世用爲稱頌循吏的典故。《隸釋·漢李翕析里橋郙閣頌》：『僉曰大平兮，文翁復存。』唐杜甫《將赴荆南寄别李劍州》：『但見文翁能化俗，焉知李廣不封侯。』宋范仲淹《和并州鄭宣徽見寄》：『向此行春無限樂，却慚何道繼文翁』。清姜埰《雜詠》：『思吴失張翰，化蜀愧文翁。』

鄴人多尚鬼，西門能除之

兩千多年前，西門豹管理鄴（今河南省安陽市北，河北省臨漳縣西）那個地方時，通過調查了解到那裏的官紳和巫婆勾結在一起危害百姓，便設計破除迷信，投巫師于河，除去禍害百姓的壞人，并大力興修水利，使鄴地重新繁榮起來。

京兆府司録

司録，官名。西魏、北周置。大丞相府、都督中外諸軍事府及開府將軍、諸州府重要僚屬，總録一府之事。位在長史、司馬下。置于大丞相府、都督中外諸軍事府者。命品同長史、司馬。州府所置自六命至四命。

城東諸軍糧料使

糧料使，官職。唐朝後期藩鎮出兵，一離本境，朝廷給出界糧，每軍以臺省官一人爲使，主供糧料，謂糧料使。城東諸軍糧料使，是負責爲城東諸軍提供糧料的官職。

陝府右司馬

右司馬，官名。十六國西凉置。《晋書·凉武昭王李玄盛傳》：（李暠以）『索承明爲牧府右司馬』。爲州牧府主要僚屬，掌軍務。位在郡太守之上。參見『牧府』。

中書令

古代官職名稱，是幫助皇帝在宫廷處理政務的官員，負責直接向皇帝上奏的密奏『封事』，責任重要。漢武帝時以宦官擔任中書，稱中書令，置令與僕射爲其長，掌傳宣詔命等。中書令、尚書令在西漢并置，與謁庭令、内者令等都是由宦官士人擔當。西漢年間中書，乃歸屬于内廷宦官機構，負責在皇帝書房整理宫内文庫檔案，與皇帝有頻繁接觸的機會，其主官稱中書令。司馬遷中年以後，掌天官，因學識過人，以太史公的身份擔任中書令，朝位在丞相之上，是中國歷史上第一位中書令。

樂石

《古文苑·李斯〈嶧山刻文〉》：『今皇帝壹家天下，兵不復起…群臣頌略，刻此樂石，以著經紀』。章樵注：『石之精堅堪爲樂器者，如泗濱浮磬之類』。原指可制樂器的石料，因《嶧山石刻文》用此石鎸刻，後以之泛指碑石或碑碣。唐柳宗元《故殿中侍御史柳公墓表》：『刊樂石，篆遺德，延休烈，垂憲則』。

廉問，察訪查問。廉，通『覘』。《史記·秦始皇本紀》：『諸生在咸陽者，吾使人廉問，或爲訞言以亂黔首』。《金史·宗雄傳》：『朝廷遣使廉問，事難周悉。』《續資治通鑒·宋太祖開寶九年》：『遼遣五使廉問四方鰥寡孤獨及貧乏失職者賑之。』

表文云誌主韋士伋于貞元十一年（七九五），自辰州刺史改任陝府右司馬，著有遺篇，陳述履歷，刻于樂石之上。次年春奉調出守洋州。其後任職黔府，以嚴刑威令教化人民，曾有不服管教的獷悍之徒，有威脅其安全的舉動，他坐船躲避于旁郡，糾集力量，殺了回來，殲滅其魁。自是黔俗大變，改任秘書少監。在任京兆府司録，兼城東諸軍糧料使時，值興元（七八四）初，朱泚叛亂，巨盗腥穢宫殿…西平王、中書令李晟駐軍渭橋平亂。朱泚，代宗時爲盧龍部將，節度使朱希彩被部下殺死，衆推泚爲知留後，代領其鎮。尋以弟朱滔攝後務，而自請入朝。德宗立，拜太尉。姚令言督師過京，軍變，帝出奔奉天。令言遂奉泚爲皇帝，國號大秦，建元應天。西平王李晟平叛勝利，收復京師。誌主饋運軍需，頗著勛勞。于是升攝萬年令，肅清城闕，敬迎皇帝回鑾。

誌文作者裴塤是誌主韋士伋的外甥、女婿。史上無名，考柳宗元有《與裴塤書》一文，發憤恨不平之氣，抒發孤臣心事（《柳柳州全集》卷一）。可見其與柳宗元交誼甚深。柳宗元與裴塤所處時代與政治環境相同，則柳文中的裴塤與此《墓表》作者裴塤很可能是同一個人。

在誌蓋的内壁面鎸刻《墓表》文字，這在韋氏墓地出土的諸多墓誌中，僅此一例。

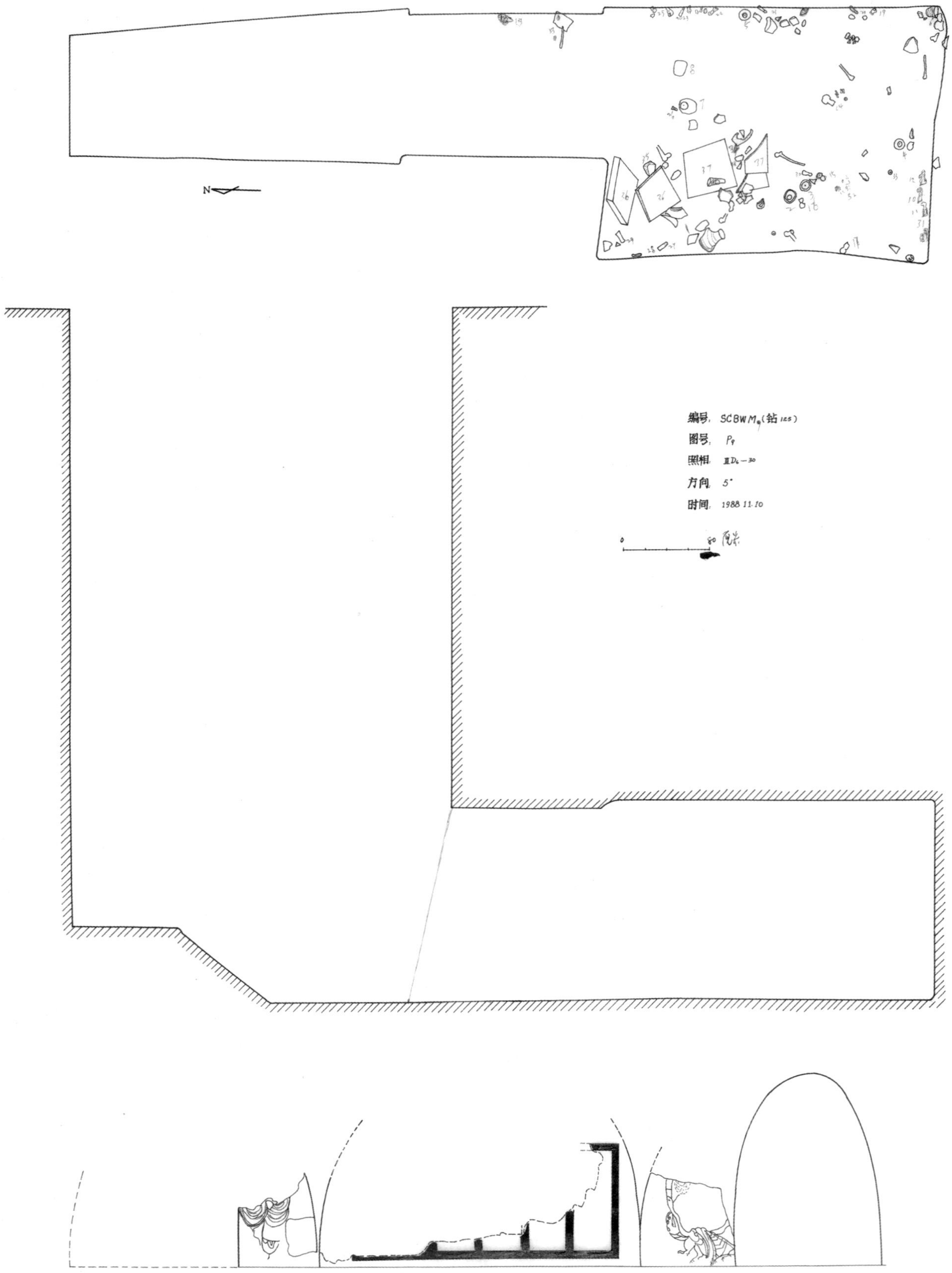
N
编号：SCBWM9（鉆125）
图号：P9
照相：ⅢD6—30
方向：5°
时间：1988 11.10
0
80 厘米

圖三十 韋士文夫婦墓平面剖面圖

大唐故韋府君墓誌銘 蓋

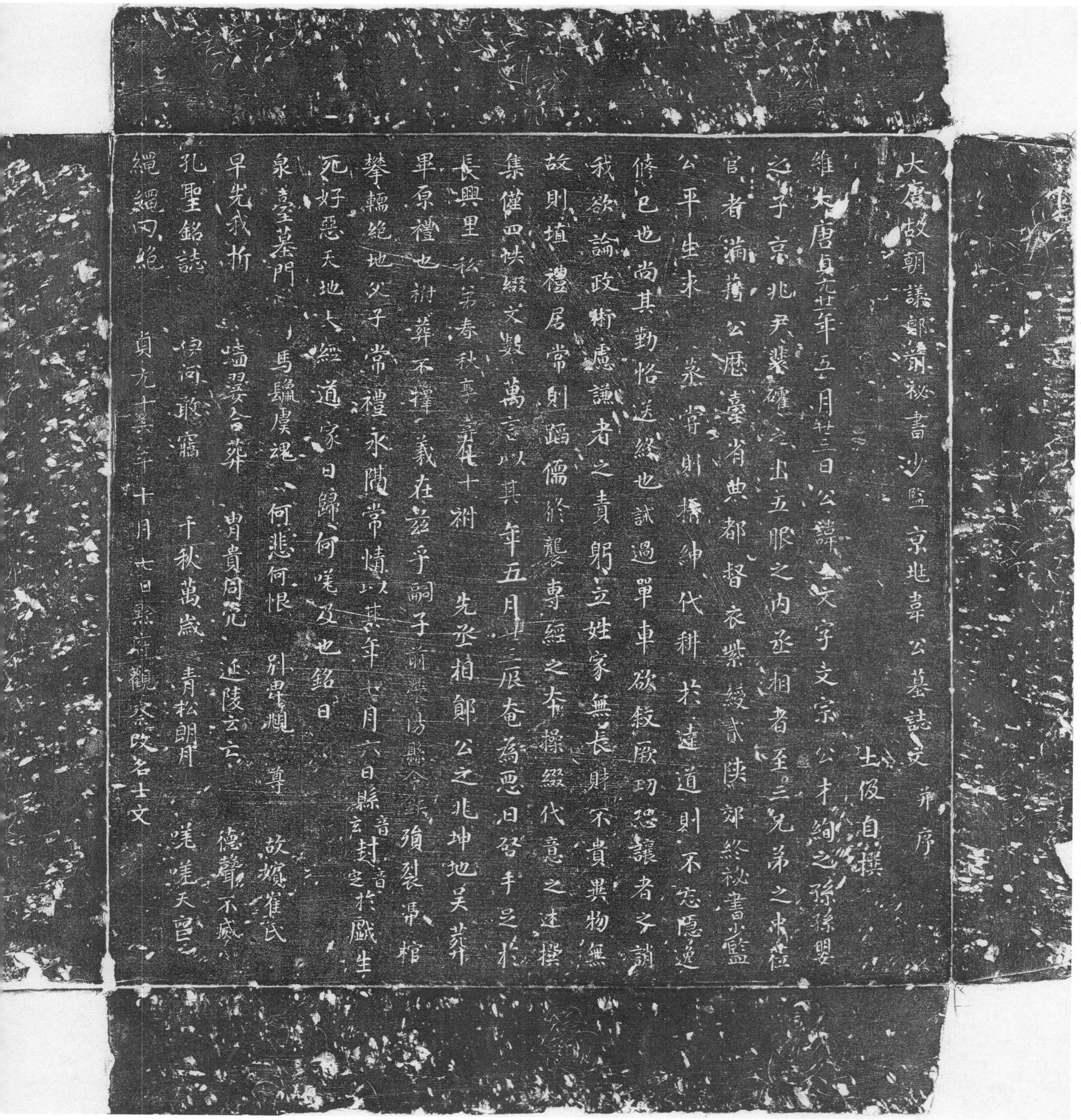
大唐故朝議郎前秘書少監京兆韋公墓誌文并序
士伋自撰

大唐故朝議郎前秘書少監京兆韋公墓誌文 并序

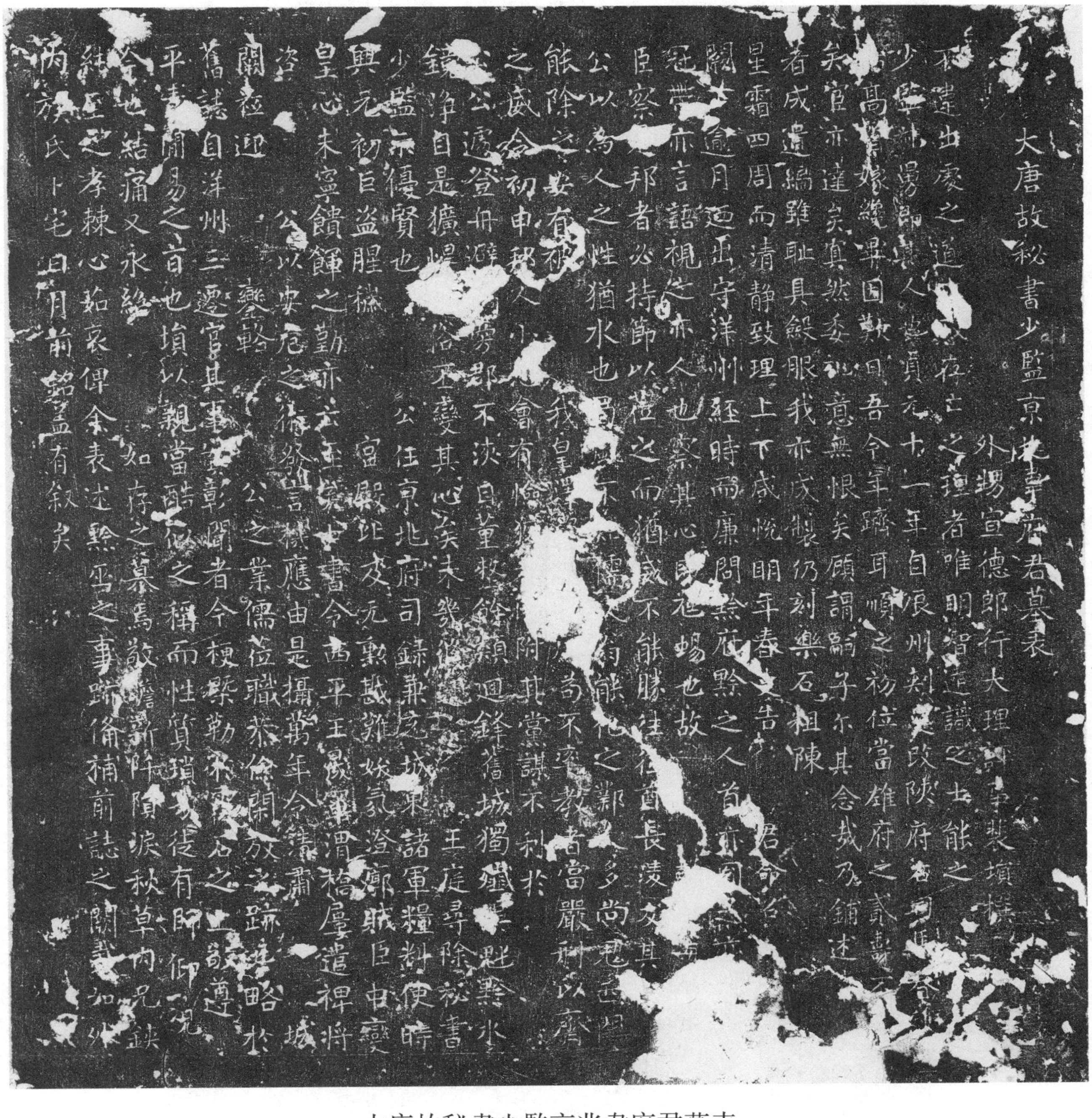

大唐故秘書少監京兆韋府君墓表

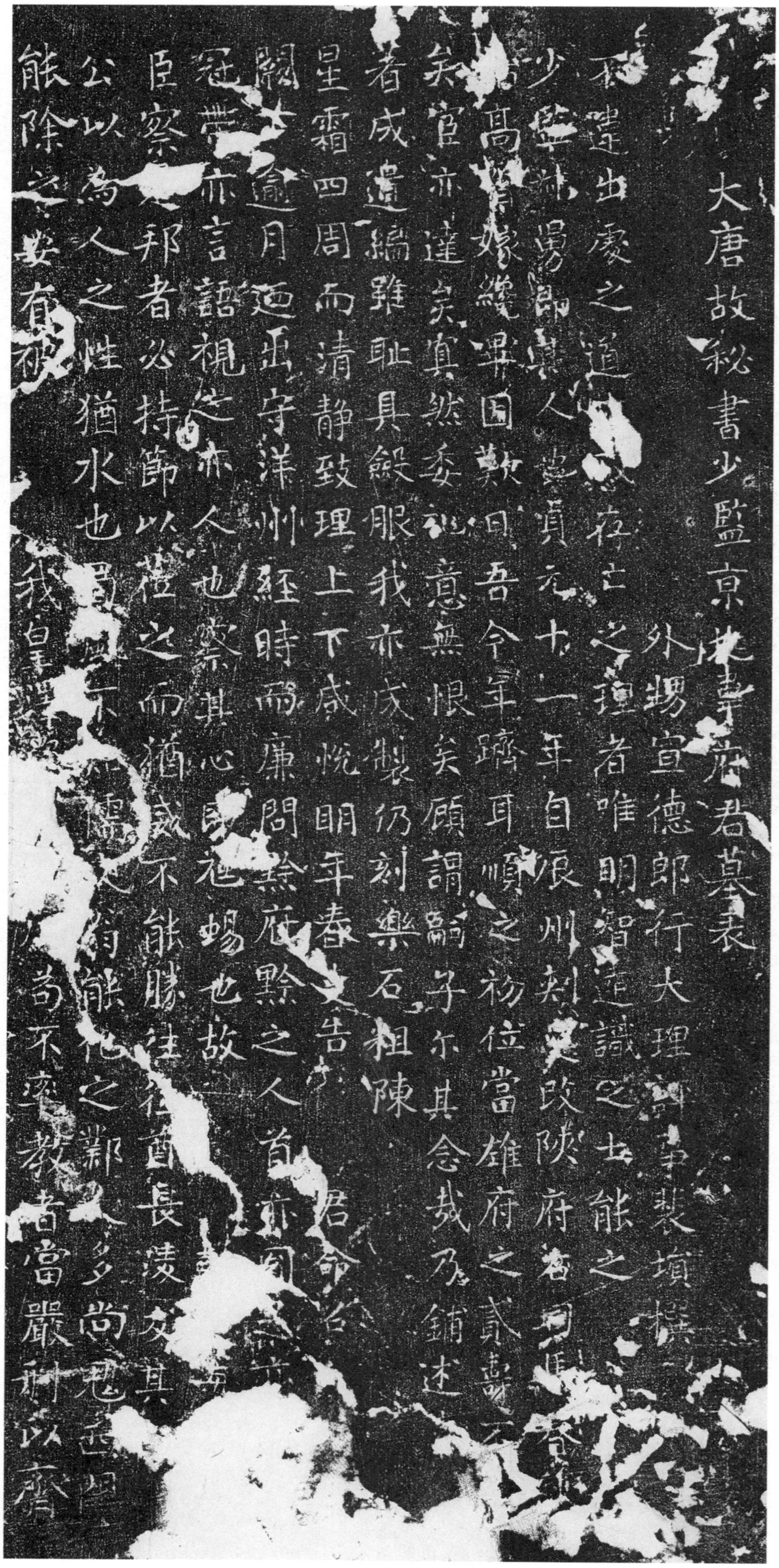

上半闕

之威令初申秩人小心會有偷犯附此當謀不利於
公遂登舟避雰郡不次見董牧獨獵黔水
鋒舊城
少監元初巨盜腥羶俗不變其心矣未幾除秘書
皇宗未寧饋餉之勤亦云至矣王鳳翬事渭橋將
公以安危之術發言械應由是攝鄜坊節度留後
咨蒞迎公之業儒葩職恭儉開之跡建城
關蔭
舊誌自洋州三遷官其事當彰聞者今梗槩勒不盡
平素閒易之盲也填以親覩酷烈之稱而性質瑣
谷之墳馬敢擔新附陰淚秋草內兄
絆匠之孝棘心如哀俾余表述黯焉之事蹟備補前誌之闕
泂旅氏卜宅日月前銘盍有敘夫

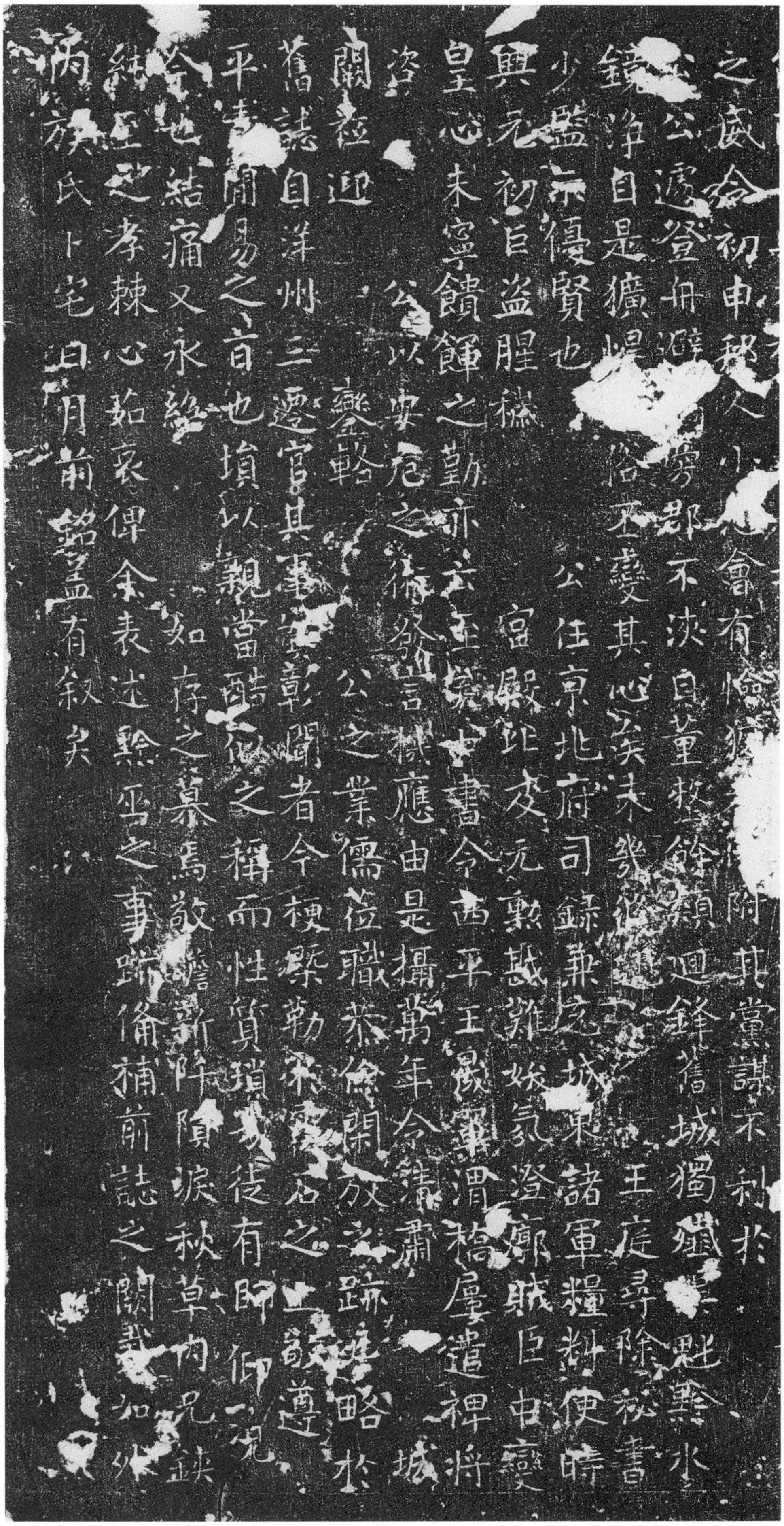

唐辰州刺史韋公夫人博陵崔氏墓誌（七九一）

概述

該墓誌爲武警黄金十四支隊基建工地九號墓出土的另一方墓誌，是韋士文妻崔氏的。青石質正方形，覆斗式蓋，頂部每邊長十五厘米，蓋面陰刻行書三行九字：唐故夫人崔氏墓誌銘。四殺部陰刻細綫牡丹花紋。誌石每邊長三十五厘米，厚七厘米。四側面的紋飾各爲三個團花。誌面刻銘文十九行，每行滿格二十字。行書瀟灑秀美。

誌文

大唐守辰州刾（刺）史韋公故夫人博陵（陵）崔氏墓誌文并序

夫使持莭*（節）都督辰州諸軍事、守辰州刾（刺）史韋士伋撰

夫人博陵（陵）崔氏，父蔵（藏）潤，皇凉（涼）州姑臧*（藏）縣令。先妣京（京）垗（兆）韋氏，伋之從姑。夫人，宰君之次女。夫人再從尗（叔）光緒，伋之堂姑夫，堂尗（叔）臧穎，伋之親老舅。中外重姻，柔儉是則，享年不永，天降于喪。以永泰二年十一月十四日終于澧州之㝗（哀）次，以貞元七年七月三日遷（遷）舉歸於韋曲舊里。嗣子前左金吾衛騎*（騎）𣪠（曹）叅（參）軍鋏，泣血柴立，扶護歸塋。以其年九月十五日安厝萬年縣洪固鄉畢原，禮也。孝子葬雖不足，哀亦有餘。夫人克儉資身，藩衍後裔，既有子婦，必有子夫，男孫女孫，生得八子。夫人作衛佐之人母，為諸侯之人妻，處太夫人之尊，列命婦之貴。哀榮幽壤，紓除良晨，白楊高墳，松茂柏悦。伋以奉詔出牧，不□撫棺。想洲（淑）質而揮涕無從，望丹旐而鼓盆何忍？乃爲銘曰：

飄々（飄）零々（零）亐（兮），崇山之陽。今歲今夕亐（兮），□垗（兆）我壃。窀穸附葬亐（兮），丞相相望。子孫戩谷亐（兮），百禄無壃。

考釋

誌文作者韋士伋，系誌主博陵崔氏夫人的丈夫，時爲辰州行政與軍事長官。辰州，今湖南省懷化市北部地區，隋開皇九年（五八九）始置，治所位于今懷化沅陵縣。舊領縣七，天寶年間領五縣，宋以後領沅陵、溆浦、辰溪、盧溪（瀘溪）四縣。明洪武九年，降沅州府爲州，隸辰州府。

博陵，博陵郡，東漢本初元年置郡，治所在博陵。西晋置國，治所在安平。相當于今河北安平、深縣、饒陽、安國等地。博陵，作爲地名，

最早見于司馬遷的《史記》，在《田敬仲完世家》中有：『晉伐我，至博陵。』事在齊威王六年，戰國時的齊國，都于臨淄，轄有山東的濟北、膠東之地，既是『來伐我』，博陵自是齊國之地。唐張守節《正義》僅稱『在濟州西界也。』唐杜佑《通典・郡縣・博平郡》：『博平：齊之博陵邑也。有攝城。漢博平縣故城在今縣東界也。』《元和郡縣志》、《嘉慶一統志》也俱稱，春秋齊國有博陵邑。漢置博平縣，屬東郡。唐太宗貞觀時并入聊城縣，武則天天授年間又恢復設置。今山東茌平之博陵鎮即此。

左金吾衛騎曹參軍。金吾衛，掌管皇帝禁衛、扈從等事的親軍。唐代官署名，唐十六衛的兩衛。北周夏官所屬，有武環率下大夫、武候率下大夫等官。隋有左右武候，皇帝出行時，先驅後殿，日夜巡察，止宿時司警戒之責。煬帝改爲左右候衛，所領軍士稱佽飛。唐初未改。龍朔二年，采用漢執金吾舊名，改稱左右金吾衛，設大將軍、將軍及長史、諸曹參軍，與其他各衛相同。以後又是增設上將軍，掌宮中及京城日夜巡查警戒，仍隨從皇帝出行如上文所述。宋有左右金吾衛上將軍、大將軍等官，無實職。上將軍各一人，大將軍各一人，將軍各二人。掌宮中、京城巡警，烽候、道路、水草之宜。凡翊府之翊衛及外府佽飛番上，皆屬焉。

兵曹參軍事，掌翊府、外府武官，兼掌獵師。

騎曹參軍事，掌外府雜畜簿帳、牧養之事。《唐六典》：『戩谷，福禄。』《詩・小雅・天保》：『天保定爾，俾爾戩谷。』毛傳：『戩，福；谷，禄。』一説，猶盡善。朱熹集傳：『聞人氏曰：戩，與翦同，盡也；谷，善也。』後用爲吉祥之語。

九號墓兩誌石三篇文字，除《墓表》爲裴堉所撰外，韋士伋墓誌文和其夫人崔氏墓誌文，皆士伋自爲之。崔氏誌首述他們夫妻二人系姑舅表親，而夫人的名諱與享年都没有寫明，只記其享年不永，于永泰二年（代宗永泰年號僅一年，二年當爲大曆元年，即七六六年）十一月十四日逝世于澧州，貞元七年（七九一）七月三日遷柩回到韋曲，于同年九月十五日安厝畢原。八〇五年埋葬韋士伋時，才將夫妻合葬一起，故而兩誌同出于該九號墓中。上距崔氏死亡，時越四十年矣。

唐故夫
人崔氏
墓誌銘

唐故夫人崔氏墓誌銘 蓋

大唐守辰州刺史韋公故夫人博陵崔氏墓誌文并序

唐大理寺丞韋府君夫人徐氏墓誌（八〇四）

概述

唐大理寺丞韋府君夫人徐氏墓誌，一九八九年末出土于長安縣韋曲北原上之〇六七基建工地一号墓，方向一百八十度。平面刀把形，土坑竪壁洞室墓，坑长二点六八米，寬一米，残深二点一六米，底有一小斜坡。墓室长二點二米，寬一點三六米，高一點二米。地面有棺木痕迹，骨殖无存，一合墓誌和一铁剪置于棺側（图三十一）。墓誌爲方形青石質，每邊长四十四点五厘米，覆斗式蓋，正面刻陰文楷書三行共九字：大唐故徐夫人墓誌銘。外刻二周几何形和團花牡丹紋，四殺部饰横長牡丹纹。誌厚六點三厘米，四側刻陰線流雲紋。誌文二十行，每行滿格二十字，行書，字體淳樸圓潤。凡在天后、女主前空二字，慈親字前空一字。

誌文

唐故大理寺丞韋府君夫人徐氏*（氏）墓誌銘并序

将仕郎京（京）兆（兆）府高陵（陵）縣令趙偹（修）撰

夫人姓徐氏*（氏），東海人也。曽（曾）祖諱有切（功），天后朝甞為大理少卿，其時女主臨朝，刑獄頗纇，公以貞明議讞，守直*（直）不回，全活寃*（冤）濫，盖千有餘室。時議以為于定國，张釋之不若也。所以名重當時，慶流後葉（葉）。有切（功）生倫，官至陝州別駕。倫生穀，官至光祿少卿，涇（涇）州刺（刺）史。夫人即涇（涇）州苐（第）二女也，幼（幼）而聦（聰）悟，動合禮則，長而柔懿（懿），睦于宗姻（姻）。以永泰中歸于大理府君，德義好合，如彼瑟琴，禮敬始終，實同賔（賓）犮*（友）。府君以大曆十二年三月六日終于陝州之使幕，後十載，夫人以貞元二年十一月六日終于楊州高郵（郵）縣之精舍，享年五十五。洎貞元廿年甲申十一月一日啓（啟）自洛師，遷*（遷）厝于京（京）兆（兆）府萬年縣原祔大理府君之塋，禮也。嗚呼！夫人無子，有女二人，幼（幼）奉慈訓*（訓），守禮而仁，長女適京（京）兆（兆）府高陵（陵）縣令，天水趙偹，次適尚書都官郎中兼*（兼）侍御*（御）東海徐珽*（珽），以親實外姻（姻），義兼（兼）子壻（婿），懿德清閫，得以詳之，粗楊（揚）梗概，式銘泉户。其詞曰：

族既茂兮（兮）行克終*（修），配君子兮（兮）成好逑，勒*（勒）貞石兮（兮）宣令猷，閇（閉）佳城兮（兮）千萬秋。

考釋

徐夫人，是武則天朝的大理少卿徐有功的玄孫女，誌文谓：『其時女主臨朝，刑獄頗纇，公（徐有功）以貞明議讞，守直不回，全活冤濫，蓋千有餘室。时議以為于定國，张釋之不若也。所以名重當時。』這是唐人對武后簒權稱制時，濫殺無辜的直接批評，与史籍所記是一致的。武則天为革唐命，奪取政權，殘忍地殺逐順理成章繼承皇位的親生兒子李弘和李賢，并任用周興、來俊臣、索元禮、丘神勣等一批無賴酷吏以誣陷告密，羅織罪名，嚴刑逼供的手段，製造冤獄，大殺唐宗室和其他反對派，以致『生人屏息，莫能自固。…連頸就戮者，不可勝言。武后因之座移唐鼎』①。當其達到除掉勁敵之目的并且弄得人人自危、群情激憤的時候，她又翻臉將禀承她的旨意行事的酷吏一個個地殺掉，借以緩和矛盾，收籠人心。武則天就是靠玩弄這樣殘酷的政治游戲，一步步地登上皇帝的寶座。六八三年高宗死，兒子李顯繼位，武則天以皇太后名義臨朝稱制，次年武后廢中宗李顯，立幼子李旦作傀儡，六九〇年索性自己稱帝，改國號爲周。

徐夫人的曾祖有功，正是『當賊后遷鼎之際，酷吏罗織之辰』②，出掌司法大權的。他爲政寬仁，心存平恕，不搞刑訊逼供，持法公平。《舊唐書》卷八十五本傳説『時酷吏周興、來俊臣、丘神勣、王弘義等構陷無辜，皆抵極法，公卿震恐，莫敢正言。有功獨存平恕，詔下大理者，有功皆議出之，前後濟活數十百家』③。他深知身爲大理寺官長，人命所系，便不能計較個人利害，不能看上面的眼色行事，『必不能順旨詭辭以求苟免』④。因此，他一身正氣，犯顔直諫，甚至敢披武氏之逆鱗，『常於殿庭論奏曲直，則天厲色詰之，左右莫不悚栗，有功神色不撓，争之彌切』。這需要多麽大的勇氣和膽識啊！所以本傳評贊説『徐有功獨抗群邪，持平不撓，此所以爲難也。比釋之、定國，徐又過之』。

刑獄頗纇，纇即類字，不平意。《老子》：『明道若昧，進道若退，夷道若纇。』朱謙之校釋：…《左傳·昭公十六年》：刑之頗纇。服注：不平也。

張釋之，堵陽（今河南省方城縣境）人，漢文帝時爲廷尉，持議公平，不爲重輕。皇帝過中渭橋，一人從橋下出，惊輿馬，釋之處以罰金，上以爲輕。釋之抗辯説『法者天子所與天下公共也，今法如此而更重之，是法不信於民也』，天下稱之⑤。

于定國，字曼倩，東海郯（今山東省郯城縣）人。少學法於父，爲獄吏，謙恭重經，漢宣帝擢爲廷尉。其決疑平法，務在哀鰥寡，罪疑從輕，加审慎之心。朝廷稱之曰：張釋之爲廷尉，天下無冤民，于定國爲廷尉，民自以不冤。

有功的祖父文遠，隋和唐初爲國子博士，傳言其先自東海徙家于洛陽偃師⑥，本誌云：『夫人姓徐氏，東海人也。』蓋言其原籍。

茲據史籍與本誌，將有功世係表列如下：

徐文遠——□□——有功——倫——毂——濤

國子博士　大理寺少卿　陝州別駕　光禄少卿　侍御史

涇州刺史

徐夫人之父名毂，字和玉，襲爵東莞男，官至安定太守，安禄山叛亂，毂弃郡逃跑，爲肅宗所殺⑦。夫君韋某，官至大理寺丞而誌省其名，大曆十二年（七七七）三月死于陝州使幕，享年不詳。徐氏于永泰（七六五—七六六）中嫁給韋某，以貞元二年（七八六）死，年五十五，十八年后由洛陽遷葬于萬年縣韋家墳塋。考《新唐書》卷七十四上（宰相世系表）鄖公房有韋光弼，官大理寺卿，乃韋揔六世孫。揔字善會，是孝寬世子，爲周使持節柱國蒲陝熊中義五州刺史，該人墓誌也已發掘出土，死于建德五年（五七六），年二十九歲。以每代相距二十五年計，則光弼生年與徐夫人大致相若，故可斷韋某爲光弼。另一問題是《表》和本誌的官職還不相合，（表）載光弼爲大理寺卿，是最高司法官，爲從三品。本誌記徐夫是大理寺丞，系大理卿屬官，爲從六品上。掌分判寺事，正刑之輕重⑧。林寶《元和姓纂》記光弼、光輔兄弟均官大于大理寺少卿，爲從五品下，掌折獄，詳刑⑨。對此應作何解釋？我認爲誌文所記職官是符合實際的，《表》和《纂》所記失實，除非徐夫人的丈夫不是韋光弼而未見于史者。

注釋

①《舊唐書》卷一百八十六《酷吏傳》。

②③《舊唐書》卷八十五《徐有功傳》。

④同②③。

⑤《史記》卷一百二、《漢書》卷五十《張釋之傳》。

⑥《舊唐書》卷一百八十九《徐文遠傳》。

⑦《舊唐書》之《肅宗紀》爲：天寶十五載六月，『己亥，至安定郡，斬新平太守徐毂，以其棄郡也。』新平郡即豳州安定，即保定，亦即涇州。

⑧⑨《新唐書》卷四十八《百官三》。

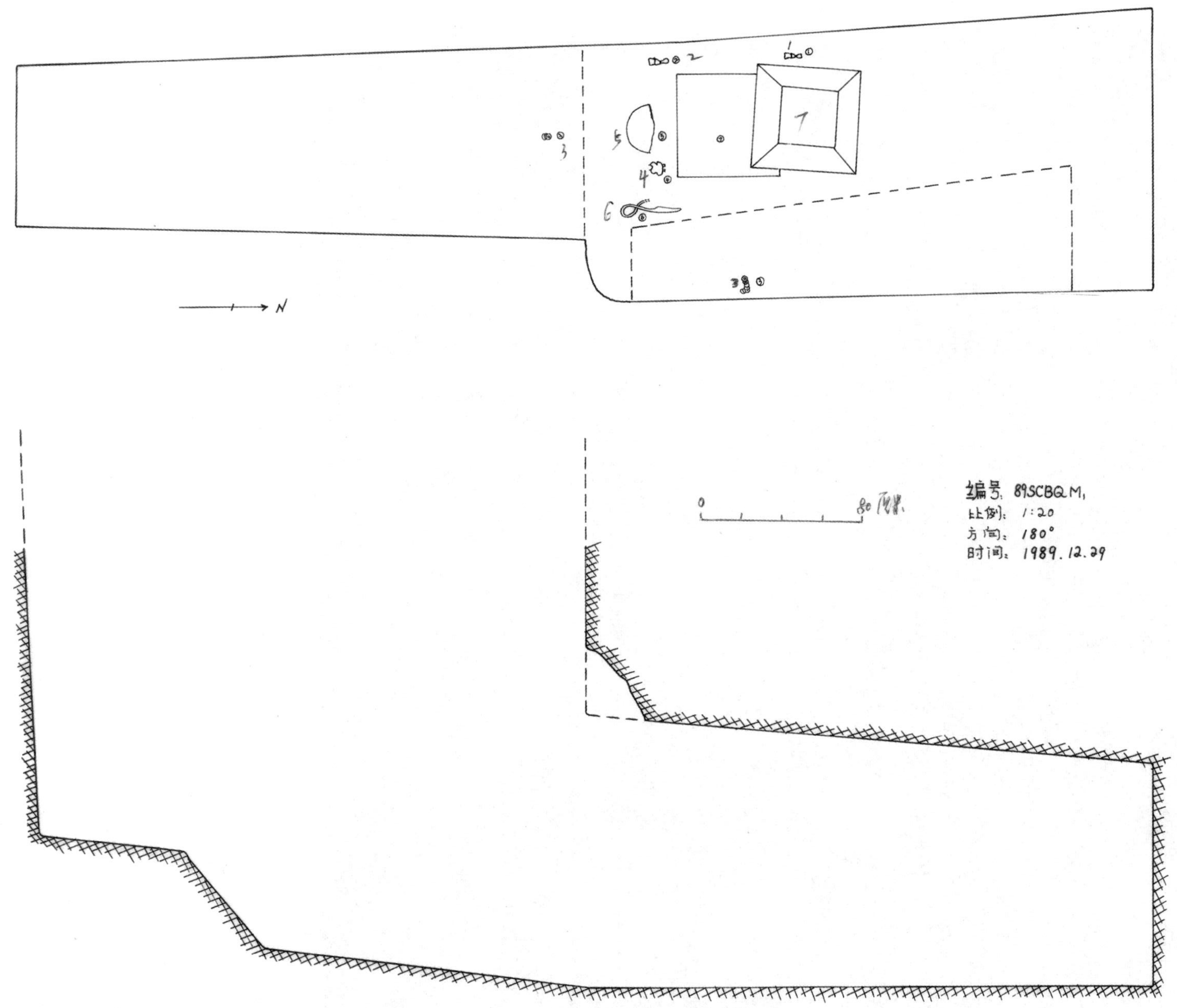
1
2
3
4
5
6
7
N
0
80 厘米
编号：89SCBQM1
比例：1:20
方向：180°
时间：1989.12.29

圖三十一　徐夫人墓平面剖面圖

大唐故
徐夫人
墓誌銘

大唐故徐夫人墓誌銘 蓋

唐故大理寺丞韋府君夫人徐氏墓誌銘并序
將仕郎京兆府高陵縣令趙偞撰
夫人姓徐氏東海人也曾祖諱有功天后朝嘗
爲大理少卿其時女主臨朝刑獄頗類公以貞
明議讞守直不回全活冤濫蓋千有餘室時議以爲
于定國張釋之不若也所以名重當時慶流後葉有
功生惀官至陝州別駕惀生毅官至光祿少卿涇州
刺史夫人即涇州第二女也幼而聰悟動合禮則長
而柔懿睦于宗姻以永泰中歸于大理府君德義好
合如彼瑟琴禮敬始終實同賓友府君以大曆十二
年三月六日終于陝州之使幕後十載夫人以貞元
二年十一月六日終于揚州高郵縣之精舍享年五
十五洎貞元廿年甲申十一月一日啓自洛師遷厝
于京兆府萬年縣　原祔大理府君之
塋禮也嗚呼夫人無子有女二人幼奉慈訓守禮
而仁長女適京兆府高陵縣令天水趙偞次適尚書
都官郎中兼侍御史東海徐珽以親實外姻義兼
子壻懿德　清閑得以詳之粗揚梗概式銘泉戶其詞曰
族既茂兮行克脩　配君子兮成好逑　勒貞石兮宣
令猷　閉佳城兮千萬秋

唐故大理寺丞韋府君夫人徐氏墓誌銘并序

唐寶鼎縣尉盧綬夫婦墓誌（八一〇、八三七）

概述

一九八九年末，作者在長安縣韋曲北原漢唐墓葬中，親手發掘到唐代大詩人盧綸胞弟盧綬夫婦的兩方墓誌。根據這兩方墓誌，旁徵史籍，撰成本文，對盧綸一族之家世、家學、政治背景及生卒年代等，都有翔實的考證，從而對研究盧綸詩作與唐代文化史，也大有助益。

憂來思遠望，高處殊非愜。
夜露濕蒼山，秋陂滿黃葉。
人隨鴈迢遞，棧與雲重疊。
骨肉暫分離，形神遂疲苶。
紅旌渭陽騎，幾日勞登涉。
蜀道藹松筠，巴江盛舟檝。
小生即何限，簡誨偏盈篋。
舊恨尚填膺，新悲復縈睫。
因求種瓜利，自喜歸耕捷。
井臼賴依鄰，兒童亦勝汲。
塵容不在照，雪鬢那堪鑷。
唯有餐霞心，知夫與天接。

這是唐代詩人盧綸寫給其弟盧綬和在西川做官的舅舅的一首詩，詩名爲《秋中野望寄舍弟綬兼令呈上西川尚書舅》①。由知綸弟名綬，哥倆情感篤厚，以至于暫時的分別也使他憂思不已，形神困頓。但《新唐書》卷二〇三《盧綸傳》：『字允言，河中蒲人。避天寶亂，客鄱陽。…渾瑊鎮河中，辟元帥判官，累遷檢校户部郎中。』及《舊唐書》卷一百六十三《盧簡辭傳》：『父綸，天寶末舉進士，遇亂不第，奉親避地于鄱陽，與郡人吉中孚爲林泉之友。』均未及綬。那末，盧綬是否真有其人，生平事功又如何呢？

真没有想到，這位大詩人胞弟的墓葬，竟由余親手發掘出來。盧綬夫婦的兩方墓誌不僅使其先世、家學因而詳悉，且對判定盧綸的生年，從而明瞭其有關詩作的年代，大有助益。

一九八九年末，余在長安縣韋曲北（少陵）原發掘漢唐墓葬，于聖誕節前一周，在第四十號墓獲盧綬墓誌，第四十一號墓又獲綬妻張氏墓誌，該二墓都屬小型斜坡墓道土洞式，早年均經盜擾，尸骨零亂，殉葬物幾被洗劫一空，而兩方墓誌則完好無損，刷去泥污，讀之狂喜。

盧綬墓誌概述

墓葬编号爲地質七隊基建工地四十號墓。形狀爲平面呈刀把形。土坑洞室墓，方向一百八十度。土坑、甬道和墓室底部平面成一長弧綫若刀背，平面通長七點二四米。土坑長二點八五米，寬零點八米至一點一米，底部斜坡狀，深四點七二米至六米。甬道長一點六四米，高一點一六米。墓室長二點九四米，寬一點七五米，高同甬道。墓誌置甬道中，墓室地面存部分殘骨和破碎陶器（圖三十二）。墓誌青石質，正方形，誌蓋，四方形作平頂覆斗式，頂面刻陰文楷書三行九字：大唐故盧府君墓誌銘。四周雕陰線紋龍、虎、朱雀和玄武。誌石每邊長五十六厘米，厚八厘米。四側刻十二生肖及雲彩。誌文二十行，每行滿格二十五字。

誌文

唐元和五年三月廿四日河中府寶鼑（鼎）縣尉范陽盧（盧）府君歿（終）于邠州新平縣長樂里苐，享年六十。府君前娶大理少卿王遂女，無子歿（終）。今夫人南陽張氏*（氏），右僕射獻甫女，哀護凶事，與子簡方、簡容、簡知、簡用洎女子六人，或提或抱或哭或呱，歸葬*（葬）于京（京）兆府萬年縣鳳捿（栖）原。自先祖諱尚之，事魏至青州刾（刺）史，始分房苐（第）四，其家藉（籍）今為著世，書以故不稱本系，不具傳継可也。青州府君四世至馮翊韓城令諱羽客，以五言詩光融當時，生監察御*（御）史諱茂禮，監察府君生河中永樂令諱釗，永樂府君生濟州司馬諱祥玉，濟州府君生魏郡臨黄尉諱之翰。臨黄府君二子，長户部郎中府君諱綸，纘（纘）韓城府君詩業，尤有顯名；次寶（寶）鼑（鼎）府君諱綬，始以邠州節度辟*（辟）試太子通事舍人，居無何罷去，吏部補寶（寶）鼑（鼎）尉，既考自遂，于邠州東郭雙安泉間有桑田數農之制，家僮三四十指（指）。府君視樹藝，夫人視緝食，不以色卑（卑）人，而服時醊稗矣。居六七年，州長吏跡故從事，有能（能），亟請佐政若督繩，曺（曹）史時强起，從之，盖不憙（喜）也。府生末毁*（毁）

齒，失臨黄府君蔭（蔭），事户部府君以恭順聞，其後拊慈諸孤以仁聞，試吏府幕以劲（勁）正閑雅聞，為縣尉以亷（廉）慎剸（專）制聞，家居以和静聞，假權事事聞。如為縣尉，大凢（凡）理身以辝（辭）讓畢（卑）安爲根柢（柢），未甞謟貴以顔，而況言乎！然不至達官，天之理闇矣。將㚃（葬），户部府君次子進士簡辝（辭）敬紀宗系，日月，軄*（職）官之所踐，封識之卿*（鄉）縣，以銘石于玄堂，有哀痛之志而無文言。

張夫人墓誌概述

該墓葬編號爲地質七隊基建工地四十一號墓，方向一百八十二度。土坑直壁土洞墓，土坑長二點八二米，寬零點八米至一點一三米，深二點四五米至三點四米，斜坡坑底。甬道長一點九三米，洞口高一點三米。墓室略呈方形，縱向長邊爲二點八七米，横寬二點三五米，高一點三三米。地面原有縱横網格狀枕木鋪墊，頭端長出墓壁，木頭朽没，留下坑洞痕迹。有随葬陶罐等雜物，墓誌置甬道中（圖三十三）。張夫人墓誌略小，每邊長四十五厘米。覆斗式蓋，蓋頂面刻陰文楷書三行九字：唐故南陽張夫人誌銘。圍以雲草紋邊框。四殺部飾卷雲紋。誌石厚六厘米，四側面亦飾卷雲紋。誌面有銘文二十五行，每行滿格二十八字。

誌文

唐故河中府竇（竇）鼎（鼎）縣尉盧府君張夫人墓誌銘并序

河東節度掌書記侍御史内供奉賜緋魚袋盧簡求撰

夫人，南陽之令族，曽（曾）王父蔚州刾（刺）史諱，聲*（聲）馳塞上，威肅*（肅）遐夷，殁*（殁）贈絳郡太守。大父明威將軍、守右武衛將軍諱守琦（琦），拉鋭摧鋒，常冠（冠）隴右，追贈*（贈）户部尚書。户部生四子，諱獻甫有高名貴位，於德（德）宗朝由大金吾節制邠部加尚書左僕（僕）射，封郎寧郡王，擒傑*（傑）軋豪，撫寧華裔，麟閣之上，英姿凛然。朗寧王娶清河崔氏*（氏），令儀明識，範于他族。夫人生而和粹（粹），幼（幼）而莊（莊）簡，朗寧王謂崔夫人曰：『常聞富貴者，生前之樂，後世之累也，不有高風懿（懿）範，累曷已哉？是女也，柔哲婉娩，可以肥（肥）于巨室，庶（庶）吾門之風範存焉。』會（會）我叔（叔）父游閑郊壘之間，朗寧王訢然有合，辟爲從事，遂舉禮以歸焉。叔（叔）父禀黄中之德，承貞白之規（規）。夫人遺華附約，動叶儀矩，坤順之道，風行六姻（姻）。人謂朗陵（陵）王用明知子，用禮得士，可以濯富貴之累矣。無何，叔（叔）父尉于縣道，廪禄不豊（豐），夫人虔潔祀事，祗（祗）畏親戚，澣衣蔬（疏）食，有餘裕焉。𠦑（叔）父謝秩，築室郊郊，夫人作合貞槩，輔成高莭*（節），樂井臼而工紡績，如恐（恐）秩俸之浼我焉。逮𠦑（叔）父捐館，夫人亟以先志訓于諸孤，俾盡其才而不枉其性，後皆得仕於侯府，流譽於族人，子道母儀，我復無媿。以開成二年十月十六日遘*（遘）恙，終（終）于邠州之平原里，享年六十一。粤明年戊午十一月十八日祔于府君之玄堂，即京𠈵（兆）府萬年縣洪洄*（固）鄉胄貴里東韋曲原，明德門南七里。長子弘本，前右衛兵曺（曹）叅（參）軍。次簡知，次簡悔，次簡莘，咸以善（善）性而能，知教稱家，哀事有禮有時，孝子之道備矣。夫人生六女而早夭者四，其適于隴西李知讓，武切（功）蘇漳者惠質清烈，嗣于夫人，亽（亦）先時而歿*（殁），悲夫。簡求蒙被深慈，始終淑（淑）德，銜哀以誌于玄堂，銘曰：

抑抑府君，威儀孔揚。猗（猗）猗（猗）夫人，婉嫕淑（淑）荘（莊）。同志比德，二族有光。援實喻道，指華斥章。俾孫若子，好德無荒。

孰爲夫人，歿*（殁）而不亡。

考釋

爲盧綬撰誌者乃其侄，即盧綸之次子盧簡辭。

《新唐書·盧綸傳》：『綸四子：簡能、簡辭、弘正、簡求皆擢進士第，在臺閣』。盧簡辭，字子策，元和初登進士第。兩唐書有傳②。長慶（八二一—八二四）末，入朝爲監察，轉侍御史。精通法律，不畏權勢，太和（八二七—八三五）中出爲衢州刺史，後遷刑部、户部、兵部侍郎，工部尚書等職，卒于山南東道使任上。

據誌文，簡辭自稱『進士』，可見其撰誌時即元和五年（八一〇）已登第，而《舊唐書》本傳作元和六年（八一一）登第，屬史載失實。

張氏誌出自盧綸少子盧簡求手筆，斯人兩唐書亦有傳③。盧簡求，字子臧。長慶元年（八二一）進士，始從江西王仲舒幕府，又從元稹爲浙東、江夏二府掌書記。裴度鎮太原，復奏爲記室，入爲殿中，賜緋。會昌（八四一—八四六）末，朝廷討伐劉稹，以簡求爲忠武軍節度副使，歷蘇州、壽州刺史。大中九年（八五五）党項羌叛，拜涇原渭武節度使。其熟諳邊防，所至撫御，境内晏然。遷工部、刑部尚書、太原尹、河東節度觀察等使，咸通五年（八六四）十月卒，年七十六。

簡求爲叔母張氏撰誌，時在開成三年（八三八）十月，自稱官職爲『河東節度掌書記侍御史内供奉賜緋魚袋』，則其佐裴度爲記室，當始于八三八年之前。

本傳言簡求文采斐然，與公卿詩酒唱和，茲讀斯誌文，典雅通暢，頗多掌故，謂爲信然。

盧綬墓誌銘第十一行『既考自遂』，自遂當是『自還』之誤，否則不能通讀。考指考績，自還謂弃官不做，意爲吏部補綬爲寶鼎縣尉，既考其政績，而綬弃官自還，于是經營農藝于郃州東郭。第十四行『府生未毁齒』，『府』字下漏刻『君』字，應爲『府君生未毁齒，失臨黄府君蔭』。毁齒是换乳牙。《内經・上古天真論》謂女子七歲，男孩八歲爲『腎氣盛，齒更髪長』之年。誌文是説綬出生未及八歲，還不到换乳牙的年齡，其父去世，失去庇蔭。第十二行『夫人視缫食』，缫是『繅』字的异寫，乃抽繭出絲之謂，記夫人管理或從事蠶桑女工和飯食之類事務。醊通餟，指祭事，醊秆指以粗食供祭，以喻其清貧和爲官的廉潔。

張氏誌第九行『是女也！…可以肥于巨室』，肥即肥字，水同出异歸曰肥。《爾雅・釋水》：『歸異出同流肥。』毛詩傳注：『所出同，所歸異爲肥。』第十一行『叔父稟黄中之德，承貞白之規』。謂以黄居中兼四方之色，喻其内德之美也。《唐書・樂志》：『黄中正位，含章居貞。』《文選・傅亮爲宋公修張良廟教》：『張子房，道亞黄中，照鄰殆庶。』貞白，即清正潔白之意。《後漢書・第五倫傳》：『在位，以貞白稱。』第十五行『夫人作合貞槩』。貞槩，即操守堅正之謂。《梁簡文帝資遺孔燾二女教》：『經術弘長，志履貞槩。』第十五行『如恐秩俸之浼我焉』。浼，污也。《孟子・公孫丑》：『尔焉能汙我哉。』

盧綬夫婦墓誌文出自其兄綸的兩個兒子之手，所記籍貫、宗系、職官、年月，當然是不容置疑最爲翔實可靠的，這實在是有關盧綸和中國文學史的最珍貴的考古發現，有着重要的意義。

一、關于盧綸的籍貫與家世、家學

《新唐書・盧綸傳》：『盧綸字允言，河中蒲人』。《舊唐書・盧簡辭傳》則説『范陽人，後徙家於蒲。祖翰。父綸』。説是本爲范陽人，後來徙居于蒲州的。據綬誌：『唐元和五年三月廿四日河中府寶鼎縣尉范陽盧府君（綬）歿于…』。未記徙家遷居之事。范陽故城在今河北省定興縣境，河中府即蒲州，治所在今山西省永濟市。寶鼎爲蒲州屬縣，即今山西省萬榮縣榮河鎮。綬曾爲寶鼎縣尉。《新唐書・盧綸傳》：『渾瑊鎮河中，辟元帥判官』。按渾瑊從興元元年到貞元十五年（七八四—七九九）死，『理蒲十六年』④，綸受瑊辟召在其軍幕中任職，也至河中。綸與綬都曾在蒲做官，而未遷居。綬誌證明他們的籍貫仍然是范陽。

盧綸的家世，《新唐書》本傳未載，《舊唐書·盧簡辭傳》只及綸之父翰，未及以上各代。《新唐書》卷七十三上《宰相世系表》三上盧氏條中載有四房盧氏之世系，據新表所載，盧綸的遠祖爲後魏青州刺史度世的第四子尚之，號盧氏第四房，尚之以下三代，世系不詳，此與綬誌所記正合：『自先祖諱尚之，事魏至青州刺史，始分房第四：青州府君四世至馮翊韓城令諱羽客，以五言詩光融當時，生監察御史諱茂禮，監察府君生河中永樂令諱釗，永樂府君生濟州司馬諱祥玉，濟州府君生魏郡臨黄尉諱之翰，臨黄府君二子，長户部郎中府君諱綸，纘韓城府君詩業，尤有顯名。次寶鼎府君諱綬』。今依誌文表列盧氏世系職官如次：

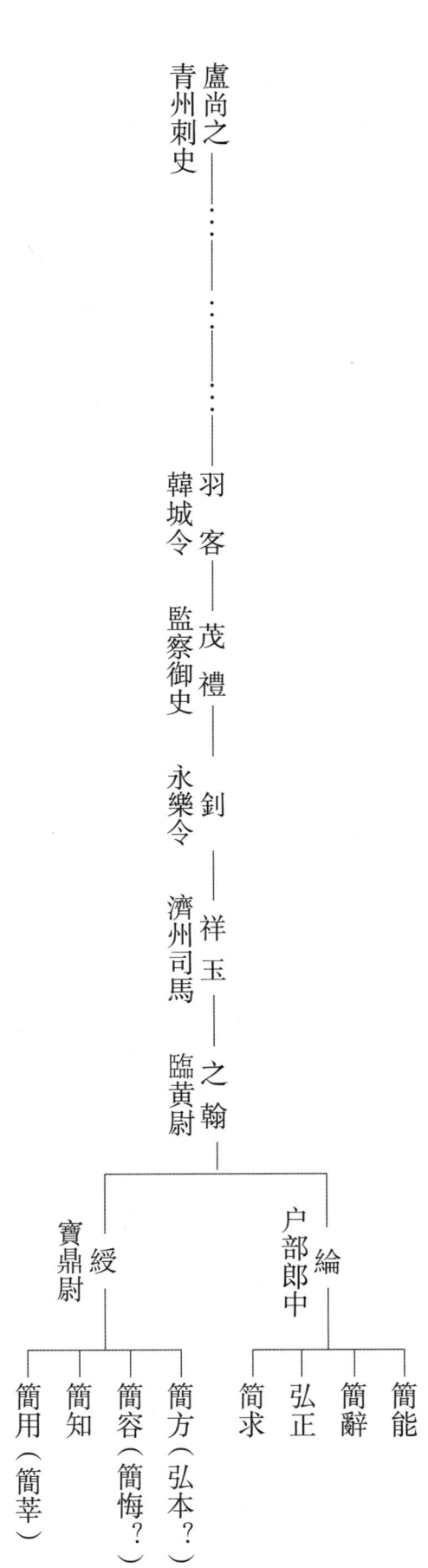

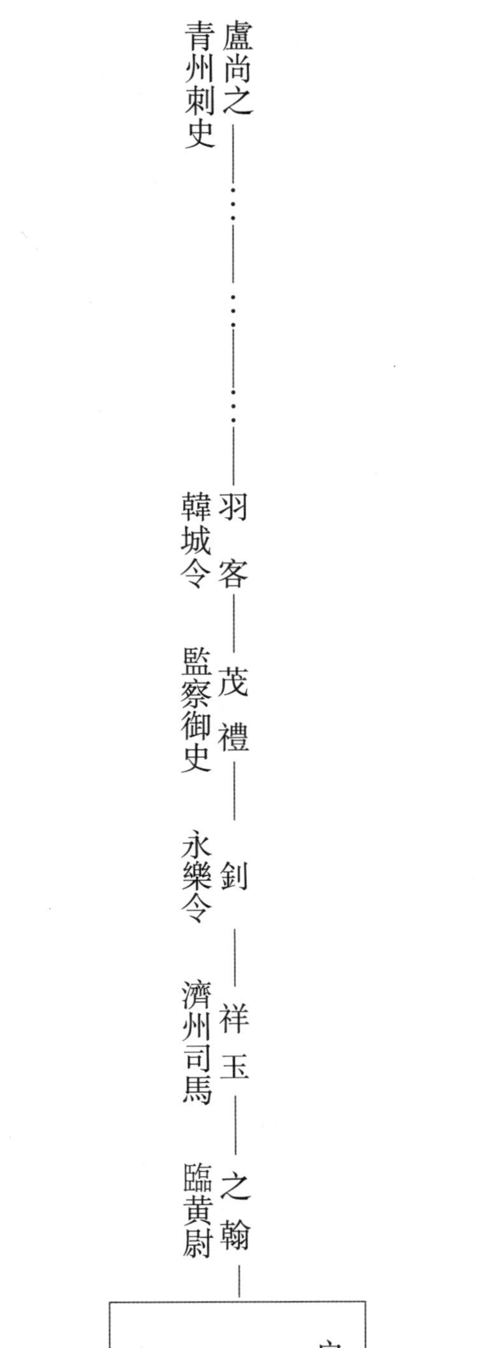

盧尚之
青州刺史
羽客
韓城令
茂禮
監察御史
釗
永樂令
祥玉
濟州司馬
之翰
臨黄尉
綸
户部郎中
綬
寶鼎尉
簡能
簡辭
弘正
简求
簡方（弘本？）
簡容（簡悔？）
簡知
簡用（簡莘）

新表列尚之爲濟州刺史，其父度世爲青州刺史，誌載尚之『事魏至青州刺史』，與史有异，當以誌文爲是。尚之以下三代，不知名，第四代名羽客，誌爲馮翊韓城令，《表》官衛南丞，誤，京畿道馮翊郡（同州），領縣七：馮翊、朝邑、韓城、部陽、河西、白水、澄城。無衛南地望，羽客何能至是做丞？可據誌正表之誤。羽客之子茂禮，《表》未列入，空格，與尚之以下三代情形相同，兹據誌補表之失。釗，《表》稱永寧令，按唐無永寧縣，永寧州元代始置設，故地在今四川西昌縣。誌云永樂令，是對的，唐分芮城于縣東北二里永固堡重置永樂縣，故城在今山西永濟縣東南。唐蒲州（河中府）領縣八：河東、桑泉（臨晉）、解、猗氏、虞鄉、永樂、安邑、寶鼎。綸父名之翰，《舊唐書·盧簡辭傳》僅作翰，誌證《表》稱之翰是正確的。

綸的五世祖羽客，作過韓城令，是詩人，他給綸以深刻的影響。誌文説他『以五言詩光融當時』，而綸『纘韓城府君詩業，尤有顯名』。纘，繼也。《禮記·中庸》：『武王纘大王、王季、文王之緒』。這説明綸的詩養有其家學淵源，他繼承老祖宗羽客的成就，光而大之，所以名氣更大了。可惜羽客的詩没有流傳下來，然既能『光融當時』，足見有其一定的地位和影響。

以平均每代相距二十年計，羽客比綸至少大八十餘歲，綸雖不及見，不能親聆教誨，但得讀其詩章，吸取精髓，自不待言，否則何以繼承其詩業呢？或許羽客以下的幾代兒孫們，也有人長于詩，比如《全唐詩》就載有盧綸《送從叔程歸西川幕》⑤、《送從叔牧永州》⑥、《送從叔士準赴任潤州司士》⑦、《送餞從叔辭豐州幕歸嵩陽舊居》⑧，及《與從弟瑾同下第後出關言别》⑨、《喜從弟激初至》⑩諸詩。從叔乃父親的堂弟，從叔之父與綸的祖父祥玉是兄弟行，他們都是永樂令釗的兒子，亦即羽客的曾孫。綸既贈詩予諸從叔，可知他們雖不一定是詩人，至少也是詩的愛好者，懂詩。從弟就是堂弟，乃叔伯父之子，從這許多贈詩窺知，盧氏家族畢竟是名門望族，喜愛詩歌的人還真不少，致羽客的詩歷五代傳至綸，終于發揚光大、熠熠生輝，更有『顯名』。

二、關于盧綸生年的推定

盧綸生年是個頗有争議的問題，聞一多《唐詩大系》和游國恩主編的《中國文學史》等，都定爲唐玄宗天寶七載（七四八），系本諸于綸詩『綸與吉侍郎中孚，司空郎中曙，苗員外發，崔補闕峒，耿拾遺湋，李校書端風塵追游向十三載，數公皆負當時盛稱，榮耀未幾，俱沈下泉，暢博士當感懷前綜，有五十韵見寄，輒有所酬，以申舊悲，兼寄夏侯侍御審，侯倉曹釗』⑪，詩中綸追述自己身世説：『八歲始讀書，四方遂有兵。童心幸不羈，此去負平生。是月胡入洛，明年天隕星。夜行登灞陵，惝怳靡所徵。』安禄山胡軍攻陷洛陽爲天寶十四載（七五五）事，以此年綸八歲算，當生于七四八年。但《舊唐書·盧簡辭傳》：『父綸，天寶末舉進士，遇亂不第，奉親避地于鄱陽』。天寶共十五載（七四二—七五六），如綸生于天寶七載到天寶末年只有八歲，怎能應舉進士？又，綸詩題名有《至德中途中書事寄李倜》和《至德中贈内兄劉贊》⑫，也都是寫戰亂的，至德是唐肅宗年號，只有三載（七五六—七五八），至德中爲七五七年，綸時九歲，當然尚未結婚，何來的内兄？據此，綸于天寶末舉進士不第的記載當屬事實，即其時綸已成年，至少有二十歲。傅璇琮先生考證綸的生年爲開元二十五年（七三七）或在此以前⑬，是有道理的。

綬誌的出土，爲傳説更增添一條新證。盧綬于元和五年（八一〇）死于邠州私宅，年六十歲。古記虛齡，由知其生于天寶十載（七五一）。

兄綸比綬究竟大多少歲，誌雖未載明，但絶不至于衹大三歲（如綸生于七四八年，即衹比綬大三歲），而是這哥弟倆的年差較大。誌云『府（君）生未毁齒，失臨黄府君蔭，事户部府君以恭順聞，其後拊慈諸孤以仁聞』，證明綸的生年肯定比七四八年要早許多，因爲若綸比綬僅大三歲的話，那么到其父亡故時，他還不過是個十歲的幼童而已，乃弟對兄這恭順的態度彷佛喻示了綸的年齡要大得多，即綬未换乳牙之年綸已成人，是以推知綸約生于開元二十三—二十六年（七三五—七三八），這恰與本傳説其天寶末已成人應進士舉的記載符合。

三、關于盧綬夫婦與其子簡方

綬名不載于史傳，新《表》亦未列入，其人僅見于文首引綸詩的題名。依誌文，他幼年失怙，始應邠州節度張獻甫辟召入仕，爲太子通事舍人，後遷寶鼎縣尉，弃官恭耕于邠郊，過著有三四個雇工的農耕生活，他事兄恭順，仁愛諸侄，做官清廉，不媚權貴，没有爬上高位，致使撰誌人憤憤不平，發出『天之理闇矣！』的感嘆。

綬妻張氏的祖父，是威震西域的名將張守珪之弟明威將軍守琦。父獻甫，兩唐書有傳⑭。史載張氏爲陜州河北（平陸）人，綬誌云今夫人南陽張氏。張誌『夫人，南陽之令族』，則誌是而史非。獻甫少随諸兄從軍，以軍功累授檢校兵部尚書兼御史大夫。建中（七八○—七八三）初從節度使征梁崇義于襄、漢，加太子詹事。德宗幸奉天，他及時趕至，從渾瑊討朱泚，收復京城，遷金吾將軍。時李懷光叛，吐蕃侵擾西邊，他率禁軍鎮戍咸陽累年，軍民悦之。貞元四年（七八八）遷檢校刑部尚書兼邠州刺史，邠寧節度觀察使，置義倉，增烽堡，修葺鹽、夏二州城，吐蕃遂不敢寇邊。貞元十二年（七九六）加檢校左僕射，卒贈司空。

誌謂獻甫『有高名貴位』、『擒傑軋豪，撫寧華裔』，即指其征戰戍邊屢建功勛之事。誌文記其封爲『郎寧郡王』，史傳未載，而與《全唐文》卷五三四李觀《邠寧慶三州節度饗軍記》：『郎寧郡王張公（獻甫）擁七尺之節，臨三州之師，牧我邠荒，藩我雍疆』和《柳河東集》卷二六，邠寧進奏院記：『皇帝宅位十一載，博求群臣，以郎寧王張公爲能』的記載符合，確屬事實。

張氏于開成二年（八三七）死于邠州，年六十一歲，少于其夫綬二十六歲，故綬死時，諸子尚幼。

盧綸之弟綬何以到張獻甫麾下謀職并娶其女爲妻？綸與獻甫有何關係？二誌雖未涉及，但有一點是肯定的，即綸與獻甫都做過渾瑊的屬官，他倆與渾瑊的關係十分密切。獻甫随渾瑊收復長安，敉平朱泚之亂（七八三），而晋爲金吾將軍，瑊則被封咸寧郡王。不久，綸受瑊辟召，在其軍幕中任職，瑊出鎮河中（晉西南），綸也随往，因而留下許多膾炙人口的詩作，如《奉陪渾侍中上巳日泛渭河》⑮、《臘日觀咸寧王部曲娑勒禽豹歌》⑯等，可見綸與瑊非常親近。

其次，綸和獻甫的年齡相近，可謂同齡人吧。如前所述，綸比綬大十多歲，獻甫比綬也祇大十五歲（獻甫死于貞元十二年（七九六），六十一歲，綬死于元和五年（八一〇），六十歲。）這年齡相仿并都是渾瑊部屬中很有名氣的兩個佼佼者，是否成就了乃弟與女兒老夫少婦式的姻緣，雖不得而知，但説盧綬夫婦的結合與綸和獻甫的關係有因，當也是合乎情理的事情。

張氏誌：『會我叔父（綬）游閑郊壘之間，郎寧王（獻甫）訢然有合，辟爲從事，遂舉禮以歸焉』。如上所述，獻甫自貞元四年至十二年（七八八—七九六）任邠寧節度使，按張氏開成二年（八三七）死時六十歲，則其生在七七七年，其父莅邠時年方十一，若十六七歲出嫁，那么綬與張氏的結合，時在獻甫死前不久，即任邠帥的後期。綬誌：『始以邠州節度辟試太子通事舍人，居無何罷去。』其罷去可能與岳翁獻甫的死有關。

綬誌：『子簡方、簡容、簡知、簡用洎女子六人…』，張氏誌：『長子弘本，前右衛兵曹參軍，次簡知，次簡悔，次簡莘…夫人生六女…』。兩誌都説他們共有四子六女，但二誌四男除簡知外，另三人的名字有异，考綬前妻王氏無嗣終，該子女必張氏自出，故可斷簡方、弘本爲一人。

盧簡方傳，見于《新唐書》卷一百八十二：『盧簡方，失其世系，不知所以進。盧鈞鎮太原，表爲節度府判官。…累遷江州刺史。徙大同防禦使…久之，徙振武軍，道病卒』。按盧鈞于大中六—九年（八五二—八五五）爲太原尹，簡方于父綬死時（八一〇），尚未成年，至多是個十多歲的少年，作節度判官年約五十三四歲。其出任江州（潯陽郡）刺史約在咸通初（八六〇—八六二）⑰，後徙大同節度使。《舊唐書·懿宗紀》：咸通五年（八六四），『十一月乙酉，以大同軍防禦使盧簡方檢校工部尚書…』。又《資治通鑒·乾符五年》：『四月，以前大同軍防禦使盧簡方爲振武軍節度使』。卒于莅新道途，年約八十歲。綬另三子，咸『知教稱家』，未出仕。

四、從葬地看盧氏兄弟與舅家韋氏的關係

盧綬籍貫范陽，死于邠州莊園私宅，爲什么要遠葬到長安韋曲來？韋曲北原又名少陵原或鳳栖原、辟原、畢原，南臨樊川終南，北鄰長安帝都，距明德門僅七里之遥，地勢高敞，唐人權德輿有詩云：『韋曲冠蓋里，鮮原鬱青葱』⑱，屬一處權貴雲集，風光秀麗的風水竇地。但只做過縣尉小官，『廩禄不豐』、『服時醊稗』的盧綬夫婦何以能安葬斯土？

我們知道，少陵原是三輔鼎族韋家的墓地，在這東西狹長，寬約二里的原阜上，韋氏坟墓星羅棋布，排列有序，輩份分明。近年已做考古發掘的在百座以上，獲韋家誌石近百方。按韋氏北魏時即躋居樞要，至隋唐更爲鼎盛，他們人才輩出，緯武經文，且與皇室通婚，聲勢烜赫。《新唐書》卷七十四上《宰相世系表》四上爲韋氏世系，有東卷韋氏、逍遥公房，鄖公房，南皮公房，駙馬房，龍門公房，小逍遥公房和京兆韋氏各支系，在該處安葬的乃鄖公房的子孫們。盧綬夫婦墓北數十米，便是鄖公房之祖的北周名將韋孝寬及其諸子揔、諶、壽、津…的墓。

盧綸兄弟是韋家的外甥，《新唐書·盧綸傳》：『綸嘗朝京師，是時，舅韋渠牟得幸德宗，表其才，召見禁中，帝有所作，輒使賡和』。《舊唐書·盧簡辭傳》：『太府卿韋渠牟得幸於德宗，綸即渠牟之甥也，數稱綸之才，德宗召之内殿，令和御製詩，超拜户部郎中。』渠牟也是一位詩人，曾得李白賞識⑲。《全唐詩》卷三一四有其《覽外甥盧綸詩因以示此》：『衛玠清談性最强，明時獨拜正員郎。關心珠玉曾無價，滿手瓊瑶更有光。謀略久參花府盛，才名常帶粉闈香。終期内殿聯詩句，共汝朝天會柏梁。』盧綸也有《敬酬大府二十四舅覽詩卷因以見示》：『郄公憐戇亦憐愚，忽賜金盤徑寸珠。徹底碧潭滋涸溜，壓枝紅艷照枯株。九門洞啓延高論，百辟聯行挹大儒，顧己文章非酷似，敢將幽劣俟洪爐。』⑳舅甥唱和之詩充滿理解、信任、器重與感激之情。綸的出入禁中，賡和御詩，官户部郎中，實得力于舅氏韋渠牟的薦引。他另有一首給某舅的詩也説：『孤賤易蹉跎，其如酷似何。衰榮同族少，生長外家多。』㉑可見綸與舅氏韋家的淵源是非常深刻和密切的。

盧綬夫婦葬于韋曲，進一步證明了這一關係，他們正是由于是韋家的外甥和甥媳，才得以從四百里外的邠州運柩葬入韋曲的韋家墓園的。而且，我們有理由設想，號稱『大曆十才子』之首的偉大詩人盧綸㉒，也有可能葬在這處墓地中，或許就在距乃弟綬之墓不遠的地方。這有待于今後考古發掘的證明了。

注釋

①《全唐詩》二七九。

②《舊唐書》卷一百六十三，《新唐書》卷一百七十七。
③同②。
④見郁賢皓《唐刺史考》第三册河東道，江蘇古籍出版社，一九八七。
⑤⑥⑦⑧⑨《全唐詩》卷二百七十六。
⑩《全唐詩》卷二百七十八。
⑪、⑫《全唐詩》卷二八〇。
⑬《唐代詩人叢考》四七三頁，中華書局，一九八〇年。
⑭《舊唐書》卷一二二，《新唐書》卷一三三。
⑮《全唐詩》二七九。
⑯《全唐詩》二七七。
⑰《唐刺史考》（三）一一五〇。
⑱《全唐詩》卷三百二十一《奉和韋曲莊言懷貽東曲外族諸弟》。
⑲《新唐書》卷一六七韋渠牟傳：『少警悟，工爲詩，李白异之』。
⑳《全唐詩》卷二七七。據岑仲勉考證，大府應作太府，韋渠牟曾爲太府卿，故知詩是贈給韋渠牟的，其在盧綸諸舅中排行二十四。
㉑《全唐詩》卷二七六《赴池州拜覲舅氏留上考功郎中舅》。
㉒明王士禛《分甘餘話》卷四『盧綸，大曆十才子之冠冕』。

應新案：本文原以《唐盧綬夫婦墓誌銘考》于一九九二年在臺灣《故宮學術季刊》第九卷第三期刊發後，我在長安文管會院中，才看到盧之翰與夫人韋氏的墓誌。之翰誌文作者，正是其子詩人盧綸，綸母韋氏早逝，乃夫之翰親撰誌文。因又撰《唐盧之翰夫婦墓誌銘考》，刊發于一九九八年出版的《遠望集》（下册），紀念陝西省考古研究所華誕四十周年紀念文集。爲保持原貌，收入本《輯考》時，文章内容没有改動，兹將文名稍作改易，以求統一。

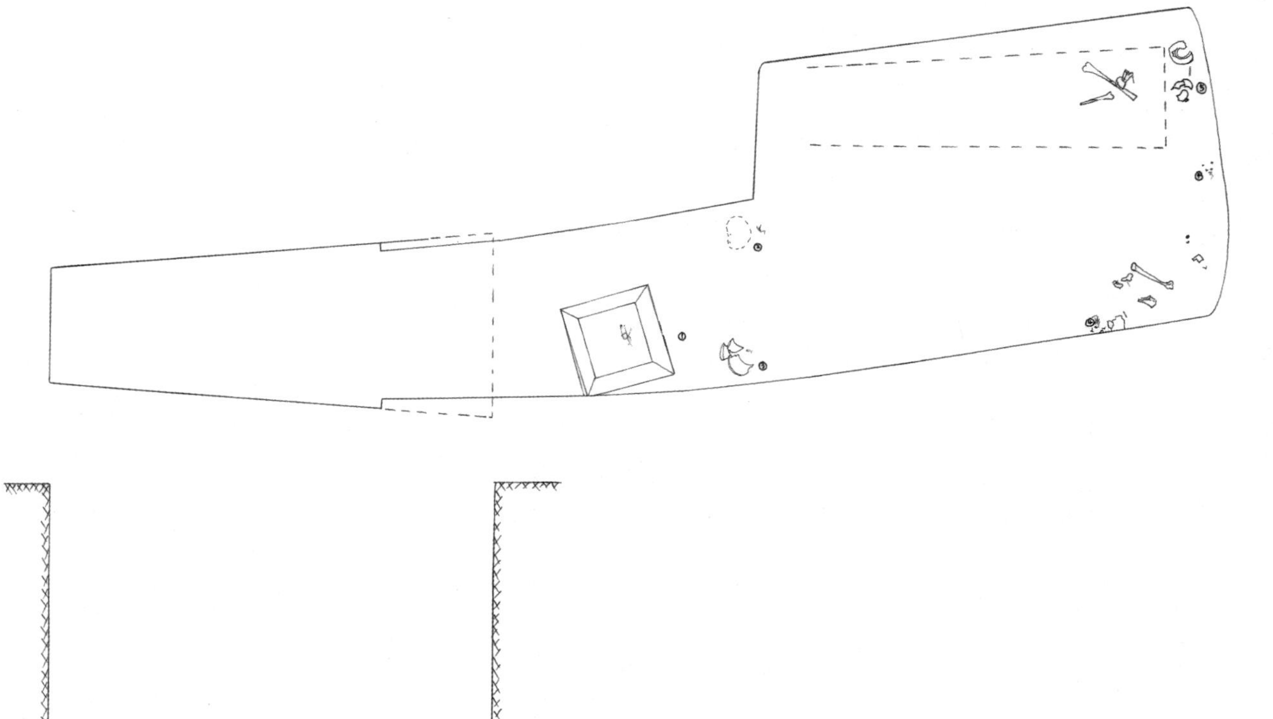
0 80厘米
编号 89SCBDM40
方向 180°
比例 1:20
日期 1989.12.31

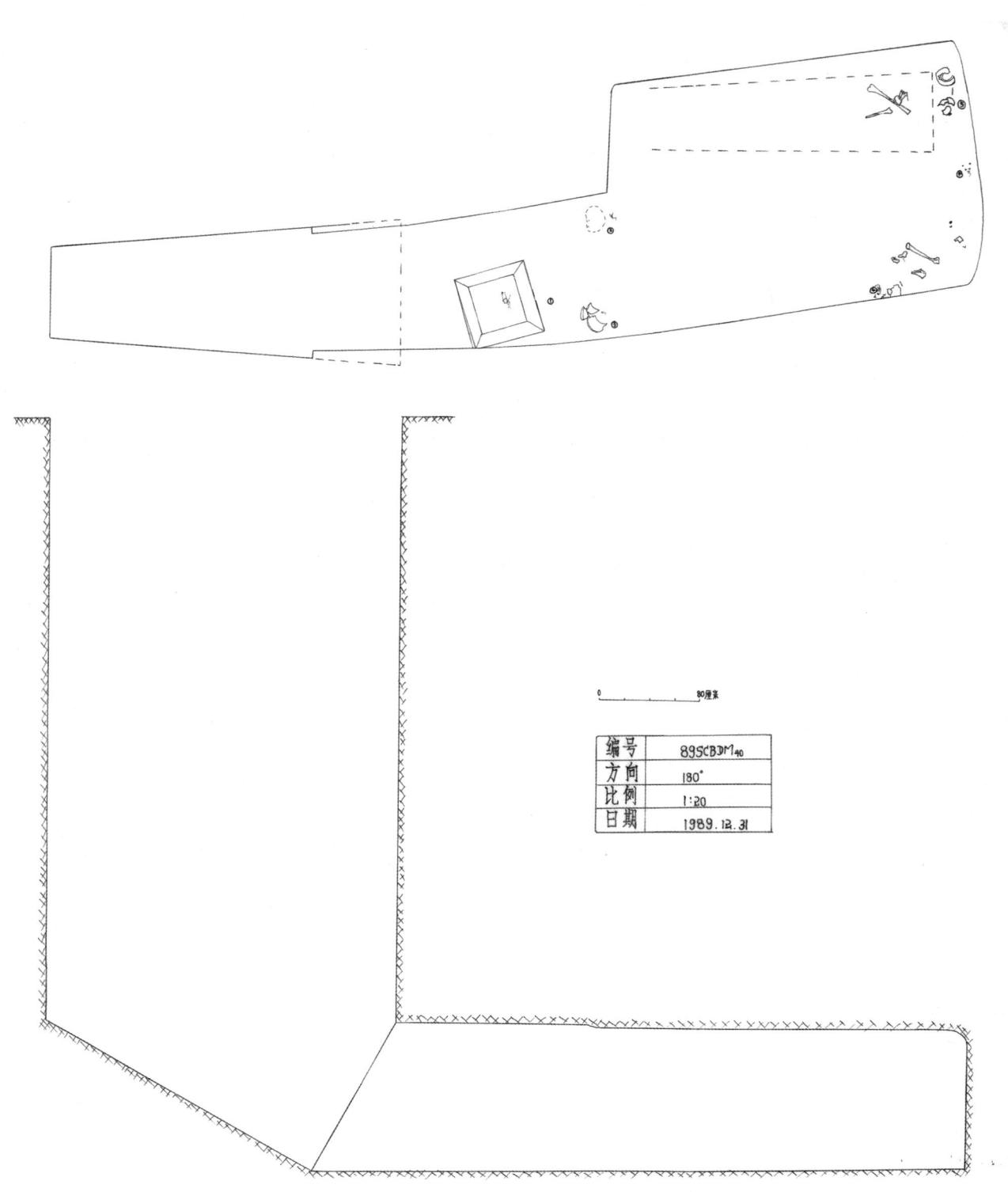

圖三十二　盧綬墓平面剖面圖

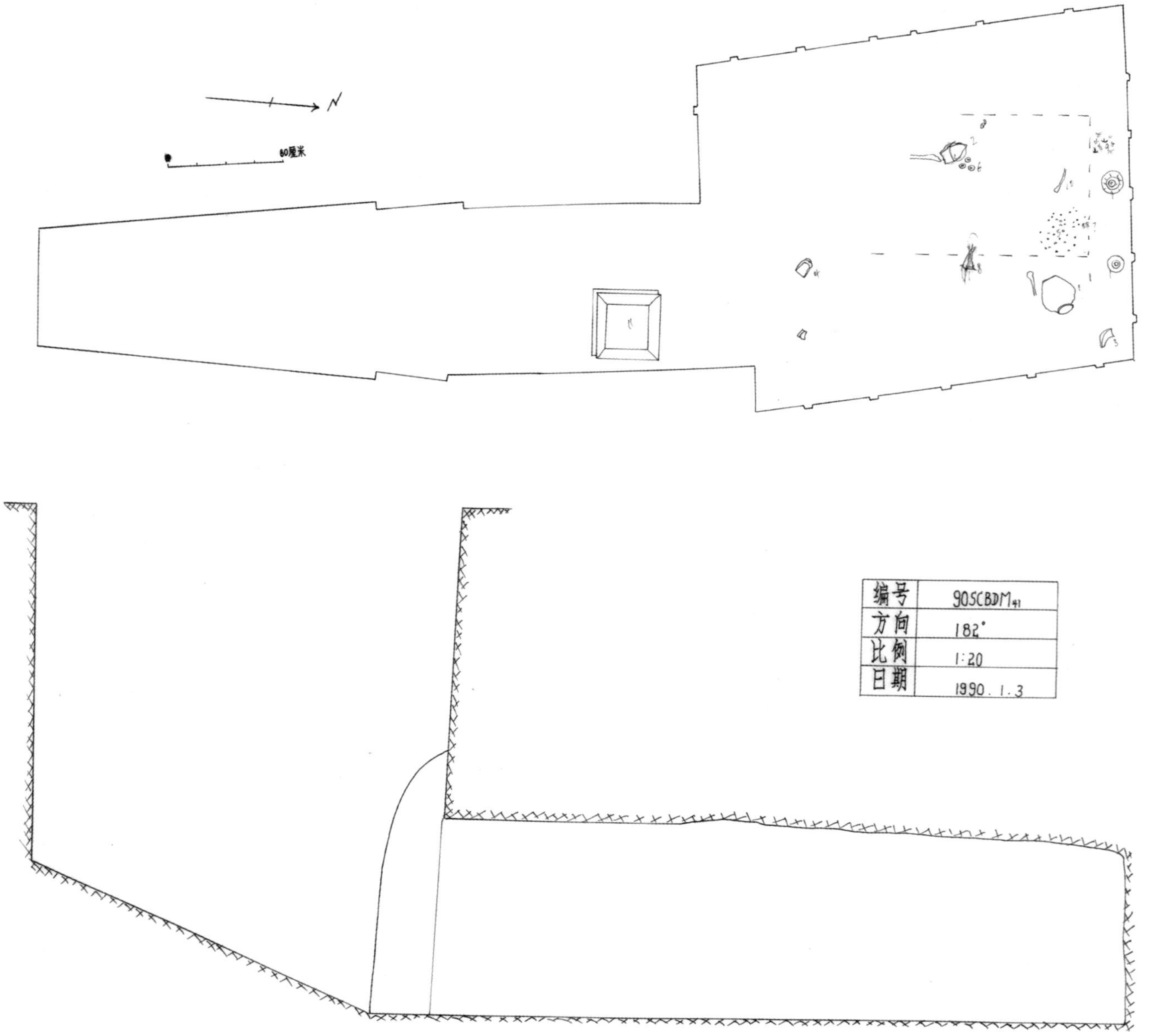
N
80厘米
编号 90SCBDM41
方向 182°
比例 1:20
日期 1990.1.3

圖三十三　盧綬妻張氏墓平面剖面圖

大唐故
盧府君
墓誌銘

大唐故盧府君墓誌銘墓誌 蓋

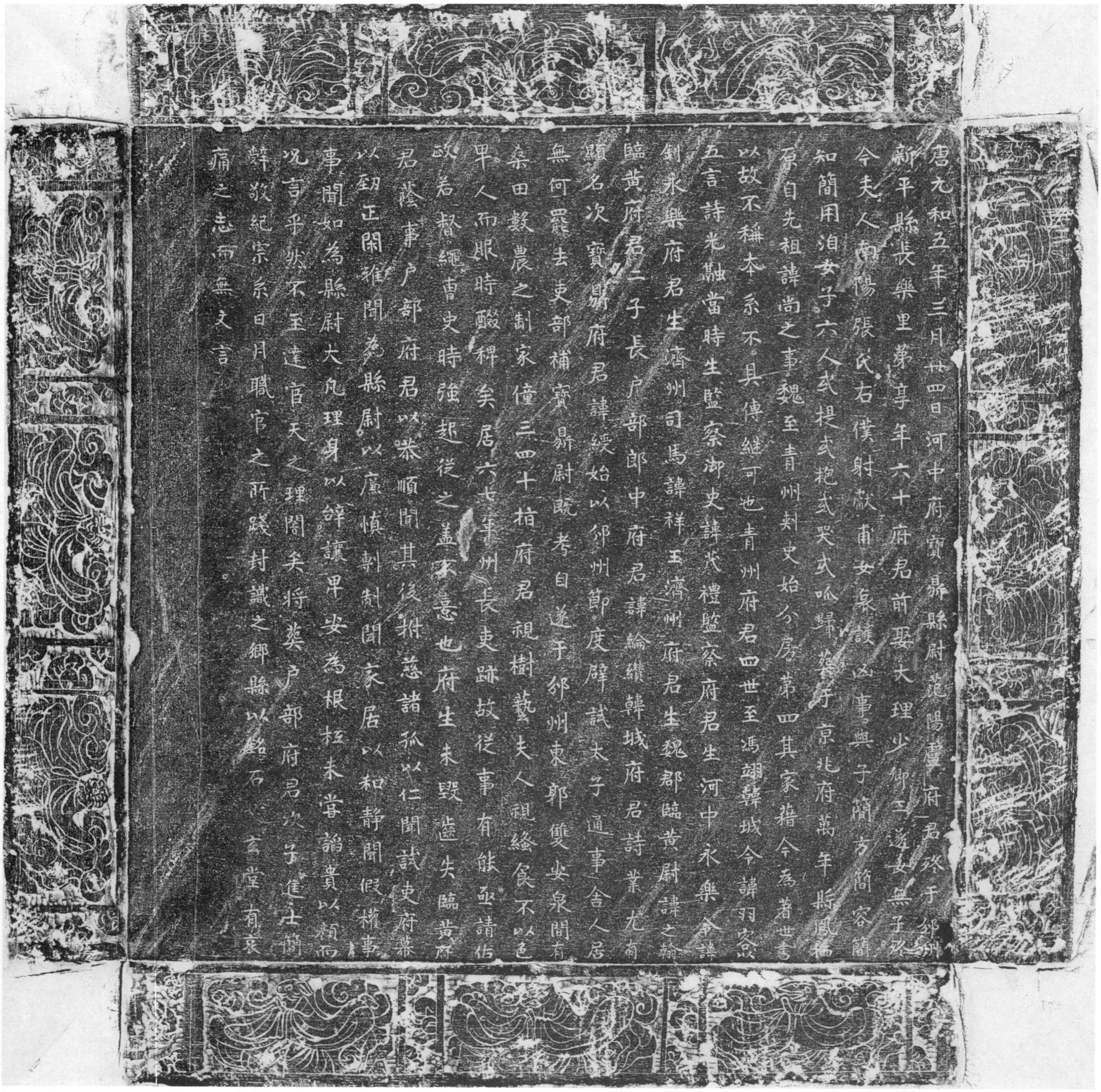
唐元和五年三月廿四日河中府寶鼎縣尉范陽盧府君歿于邠州
新平縣長樂里第享年六十府君前娶大理少卿王逵女無子後
令夫人南陽張氏右僕射獻甫女柔謙以事舅子簡方簡容簡
知簡用泊女子六人式提式袍式采式咏歸祔葬于京兆府萬年縣鳳栖
原自先祖諱尚之事魏至青州刺史始分房第四其家牒今為著世書
以故不稱本系不具傳繼可也青州府君四世至馮翊韓城令諱羽客
五言詩光融當時生監察御史諱弋禮監察府君生河中永樂令諱
釗永樂府君生濟州司馬諱祥玉濟州府君生魏郡臨黃尉諱之翰
臨黃府君二子長戶部郎中府君諱綸續韓城府君詩業尤有
顯名次寶鼎府君諱綬始以邠州節度辟試太子通事舍人居
無何罷去吏部補寶鼎尉既考自遂于邠州東郭雙岁泉間有
桑田數農之制家僮三四十梢府君視樹藝夫人視繰良不以色
卑人而服時醞稗矣居六七年州長吏跡故從事有能亟請佐
政者贅繩曹吏時強起從之蓋不意也府生未毀齒失臨黃府
君蔭事戶部府君以恭順聞其後撫慈諸孤以仁聞試吏府幕
以剛正聞推聞為縣尉以廉慎制制聞家居以和靜聞假權事
事聞如為縣尉大凡理身以辭讓卑安為根柢未嘗諂貴以頻而
況言乎然不至達官天之理闇矣將葬戶部府君次子進士簡
辭敬紀宗系日月職官之所踐封識之鄉縣以銘石以玄堂有哀
痛之志而無文言

盧綬墓誌

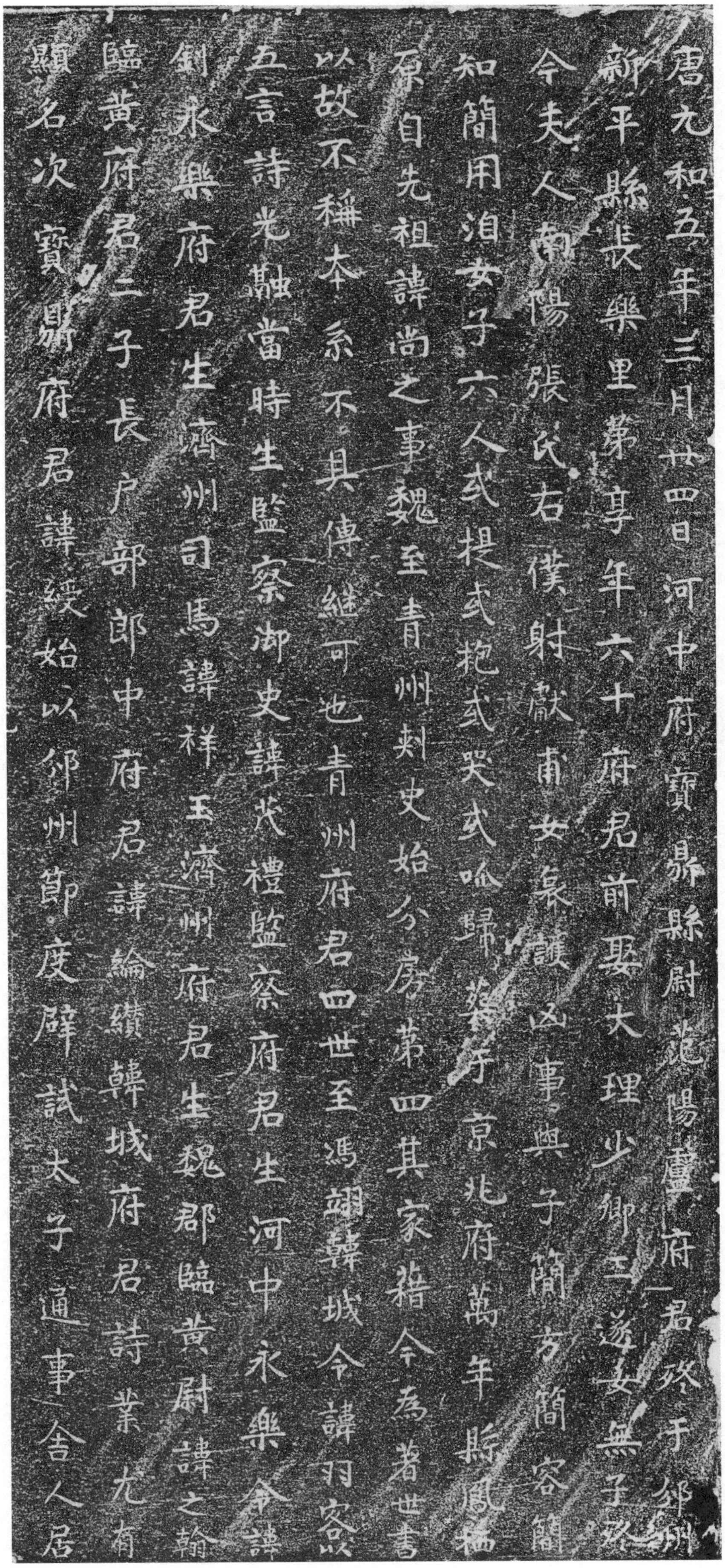
唐元和五年三月廿四日河中府寶鼎縣尉范陽盧府君殁于鄧州
新平縣長樂里第享年六十府君前娶太理少卿王遂女無子殁
令夫人南陽張氏右僕射獻甫女泉讓凶事與子簡方簡客簡
知簡用洎女子六人弐提弐抱弐哭弐唫歸葬于京兆府萬年縣鳳栖
原自先祖諱尚之事魏至青州刺史始分房第四其家牒今為著世書
以故不穪本系不具傳繼可也青州府君四世至馮翊韓城令諱羽容
五言詩光融當時生監察御史諱茂禮監察府君生河中永樂令諱
釗永樂府君生濟州司馬諱祥玉濟州府君生魏郡臨黄尉諱之翰
臨黄府君二子長户部郎中府君諱綸續韓城府君詩業尤有
顯名次寶鼎府君諱綬始以鄧州節度辟試太子通事舍人居

上半闕

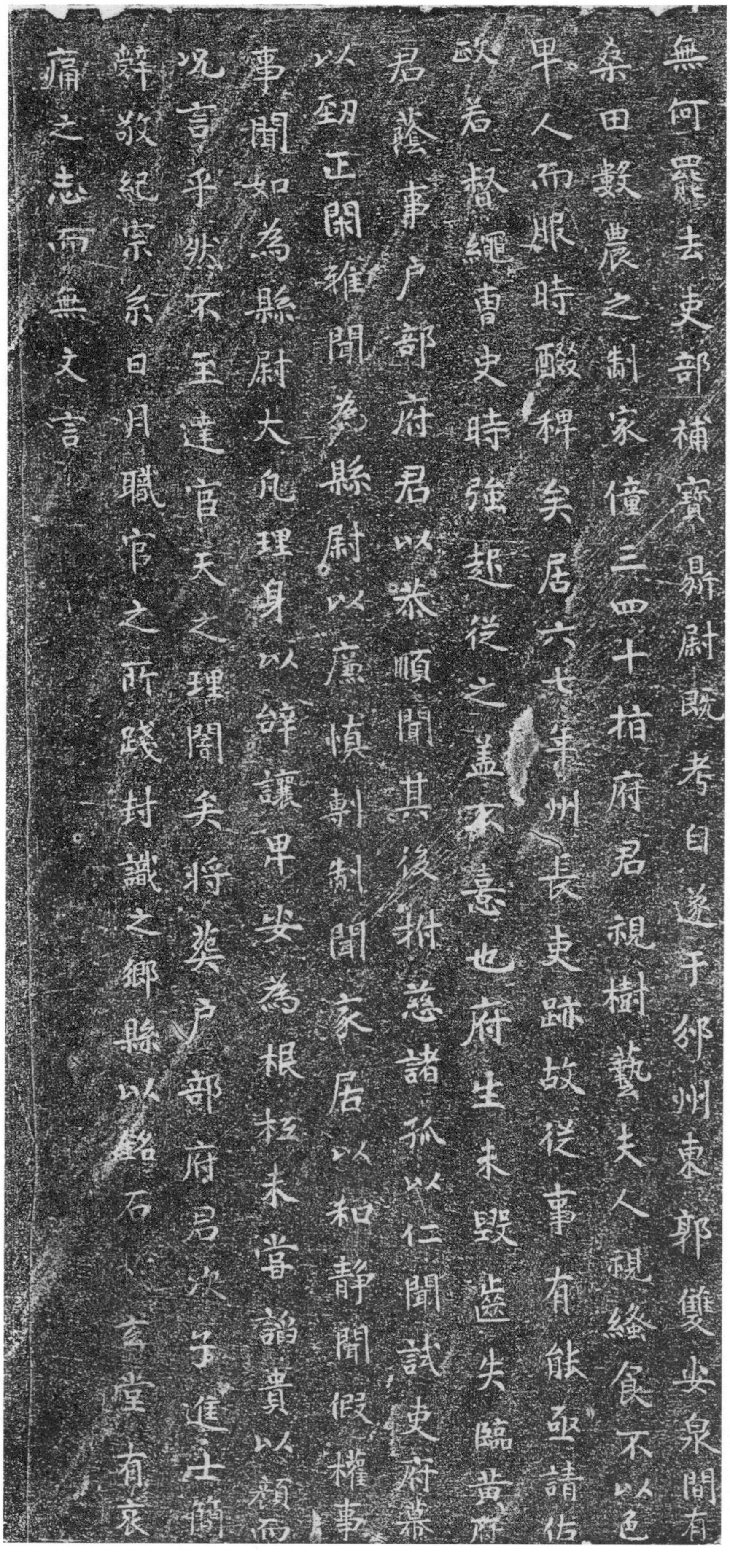
無何罷去吏部補寶鼎尉既考自遂于郃州東郭雙安泉間有
桑田數農之制家僮三四十栢府君視樹藝夫人視緣食不以色
畀人而服時醱稗矣居六七年州長吏跡故從事有能亟請佐
政者督繩曹史時強起從之蓋不意也府生未毀齒失臨黃府
君蔭事户部府君以恭順聞其後撫慈諸孤以仁聞試吏府幕
以勁正閑雅聞為縣尉以廉慎剸制聞家居以和靜聞假權事
事聞如為縣尉大凡理身以辭讓畀安為根柢未嘗諂貴以顏而
况言乎然不至達官天之理闇矣將葬户部府君次子進士簡
辭敬紀宗系日月職官之所踐封識之鄉縣以銘石玄堂有哀
痛之志而無文言。

下半闕

唐故南
陽張夫
人誌銘

唐故南陽張夫人誌銘 蓋

唐故河中府寶鼎縣尉盧府君張夫人墓誌銘并序

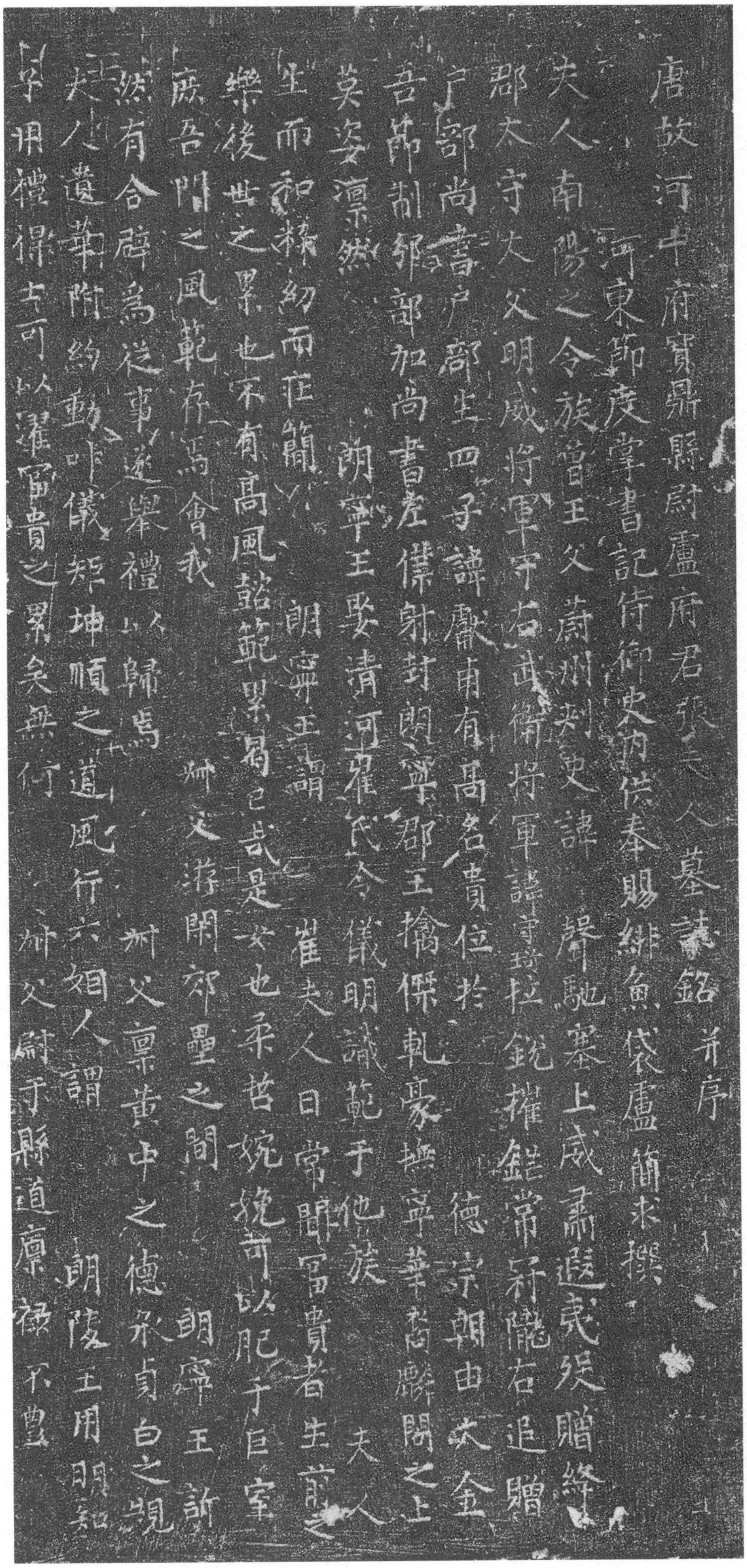
唐故河中府寶鼎縣尉盧府君張夫人墓誌銘并序
河東節度掌書記侍御史內供奉賜緋魚袋盧簡求撰
夫人南陽之令族。曾王父蔚州刺史諱　聲馳塞上，威肅邊表，贈絳
郡太守。大父明威將軍守右武衛將軍諱守琦，拉鋭摧鋒，常矜隴右，追贈
戶部尚書。戶部生四子，諱獻甫，有高名貴位於　德宗朝，由太金
吾節制邠部，加尚書左僕射，封朗寧郡王，擒傑軋豪，撫寧華裔，麟閣之上
莫姿凜然。　朗寧王娶清河崔氏，令儀明識，範于他族。　夫人
生而和粹，幼而莊簡，以　朗寧王謂崔夫人曰：常聞富貴者生前之
樂，後世之累也。未有高風懿範累爵已哉。是女也柔哲婉娩，苟以配于巨室
廢吾門之風範，存焉會我　先父游開郊壘之間　朗寧王許
然有合，辟爲從事，遂舉禮以歸焉。　先父稟黄中之德，秉貞白之規
夫人遺華附約，動中儀矩，坤順之道，風行六姻。人謂　朗陵王用明知
早用禮得士，可以濯富貴之累矣。無何　先父尉于縣道，稟祿不豐

上半闕

夫人穰潔祀事祗畏親戚澣衣䟽食有餘裕焉 衍父謝秩築室
邻郊 夫人作合貞淑輔成高節樂井臼而工紡績如怨秩俸之逸戒焉
逮 衍父捐館 夫人勗以先志訓于諸孫俾盡其才而不枉其
性後皆得仕於侯府流譽於族人子道母儀我復無愧以開成二年十月十
六日遘恙終于邠州[illegible]平原里享年六十一粤明年戊午十二月十八日祔于
府君之玄堂即京兆府萬年縣洪固鄉曹貴里東韋曲原明德門南七里
長子弘本前右衛兵曹參軍次簡知次簡梅次簡華咸以善性而能知教
稱家褒事有禮有時孝子之道備美 夫人生六女而早夭者四其適
于隴西李知讓威功蘇璋者惠質清烈嗣子 夫人亦先時而殁悲
夫簡求冡被 深慈始終 衍德銜哀以誌于玄堂銘曰
柳柳 府君威儀孔揚猗猗 夫人婉媺衍莊同志比德二族有光
援荀喻道指華斤章俾孫若子好德無荒軌焉 夫人殁而不亡

下半闕

涇陽縣丞韋庸之王夫人墓誌（八一二）

概述

該墓誌出自西安市長安區高陽原。覆斗式蓋，頂部每邊長三十三厘米，蓋面中央篆書陰文三行九字：大唐故王夫人墓誌銘。圍以牡丹花紋邊框。四殺部亦飾牡丹花紋。誌石每邊長四十六厘米，厚七厘米。四側面飾雲朵紋。有誌文十九行，每行滿格二十字，在『舅』字前空四格。

誌文

大唐故王夫人墓誌銘并序

秘書郎韋庇撰

涇陽縣丞韋庸之室曰王氏*（氏），諱媛，瑯琊（琊）人也。得姓攸長，為時著族，圖誺（諜）具載，故不繁云。夫人燻灼門地，姻（姻）連帝枝。曾（曾）祖瑤，太子詹事，上永穆大長公主。祖諒（諒），鴻臚少卿，襲瑯琊（琊）郡公。父鄂，時任渠州剌（刺）史。自夫人承鼒（鼎）貴之令緒，挺*（挺）貞淑（淑）之懿（懿）德，質惟端儼，性實柔和。事父母以孝敬恭順聞，奉舅姑以敏慧勤愿著。有行我族，大几（凡）七年，酌其始終，可為內則。因飲食失度，為寒熱所攻，疾甚過乎膏肓，候*（候）變（變）達於骨髓，行立俱廢，歳（歲）逾一周。以元和七年三月十日奄終于安邑里之私第，享年二十五。厥有二男，長纔辯人，次方絶乳，俱在齒稚，未識恩（恩）慈。隣里同傷，況乎親族。以其年四月廿七日窆于長安縣居安鄉清明里高陽原，禮也。恐陵（陵）谷遷*（遷）易，墳壠堙夷，将記佳城，無逾銘識。其銘曰：

日月兮（兮）盈缺，人丗（世）兮（兮）生滅。常理兮（兮）則然，夫人兮（兮）短折。舜華方茂，霜霰遽零。淑（淑）德不住，逝波肯停？千秋万古兮（兮），永閟*（閉）乎松扃。

考釋

縣丞，官名。始置于戰國，爲縣令之佐官。秦漢相沿。典文書及倉獄，爲縣令、縣長之輔佐，歷代所置略同。惟晋及南朝宋無（宋只設建康獄丞）。丞之官秩，漢爲二百石至四百石，明清縣丞爲正八品官。明代規定凡方圓不及二十里者不設縣丞，故多數縣份都有佐貳官。清代縣丞多不設，在全國一千三百多個縣份中，僅設縣丞三百四十五人。

秘書郎，三國魏始置，屬秘書省，掌管圖書經籍，或稱『秘書郎中』。南朝士族子弟以爲出身之官。唐代一度改稱『蘭臺郎』。後魏後各代另置校書郎校讎典籍，訂正訛誤，以秘書郎專管圖書收藏及校寫。

太子詹事。詹事，秦官，漢因之，掌皇后、太子家，秩兩千石。漢時，太子門大夫、庶子、洗馬、舍人，皆屬二傅。其太子家令丞、率更令、僕、中盾衛率等官，并屬詹事。後漢省詹事，而太子官悉屬少傅。魏復置詹事，領東宫之務。晋不置，至咸寧元年，復置以掌宫事。及永康中，復不置。自太安以來，又置，終孝懷之代。其職擬尚書令，掌三令、四率、中庶子、庶子、洗馬、舍人等官。銀印青綬，進賢兩梁冠，配水蒼玉。宋與晋同。齊置府，領官屬。梁、陳任總宫朝。後魏有太子左右詹事。北齊東宫衆事，無大小皆統之，領三寺左右衛二坊。後周置太子宫正、宫尹。隋開皇初，置詹事，二年罷之。大唐復置詹事府，詹事一人，掌内外衆務，糾彈非違，總判府事。置少詹事一人以貳之。龍朔二年，改詹事爲端尹，少詹事爲少尹，咸亨初復舊。垂拱元年，又改詹事爲宫尹、少詹事爲少尹，神龍初復舊。

本誌永穆大長公主，即永穆公主，《新唐書》卷八十三《諸帝公主》有：『玄宗二十九女，永穆公主，下嫁王繇。』王繇，即本誌主王媛的曾祖父。永穆公主是唐玄宗長女，母柳婕妤，同母弟延王玢。公主仁愛孝順，端正美好，特爲玄宗所鍾愛。開元十年（七二二），下嫁王繇。天寶七載（七四八），公主出家爲尼。

誌主王媛與涇陽縣丞韋庸結婚七年，生育二男，不幸在二十五歲早逝。時爲憲宗元和七年（八一二）三月十日，同年四月廿七日葬于長安縣居安鄉高陽原。

高陽原在畢原西南方向，相距甚邇，即今大居安村一帶，地勢平曠。韋氏族屬遠葬斯土，爲研究位高族大的韋氏家族墓地範圍或分葬于幾個墓地，提供了依據。

誌主世系：

王　瑶 ——	王　諒 ——	王　鄂 ——	誌主王媛
太子詹事 尚永穆公主	鴻臚少卿	渠州刺史	涇陽縣丞韋庸之妻

大唐故王夫人墓誌銘

大唐故王夫人墓誌銘 蓋

大唐故王夫人墓誌銘并序

大唐故王夫人墓誌銘并序
秘書郎韋宬撰
涇陽縣丞韋肅之室曰王氏諱媛瑯瑘人也得姓攸
哀為時著族圖諜具載故不繁云夫人煇灼門地姻
連帝枝曾祖瑤太子詹事上承穆大長公主祖諱鴻
臚少卿襲瑯瑘郡公父鄂時任渠州刺史夫人承嗣
貴之令緒挺貞淑之懿德質惟端儼性寔柔和事父
母以孝敬恭順聞奉　舅姑以敏慧勤愿著
自有行我族大凡七年酌其始終可為內則因飲食

上半闕

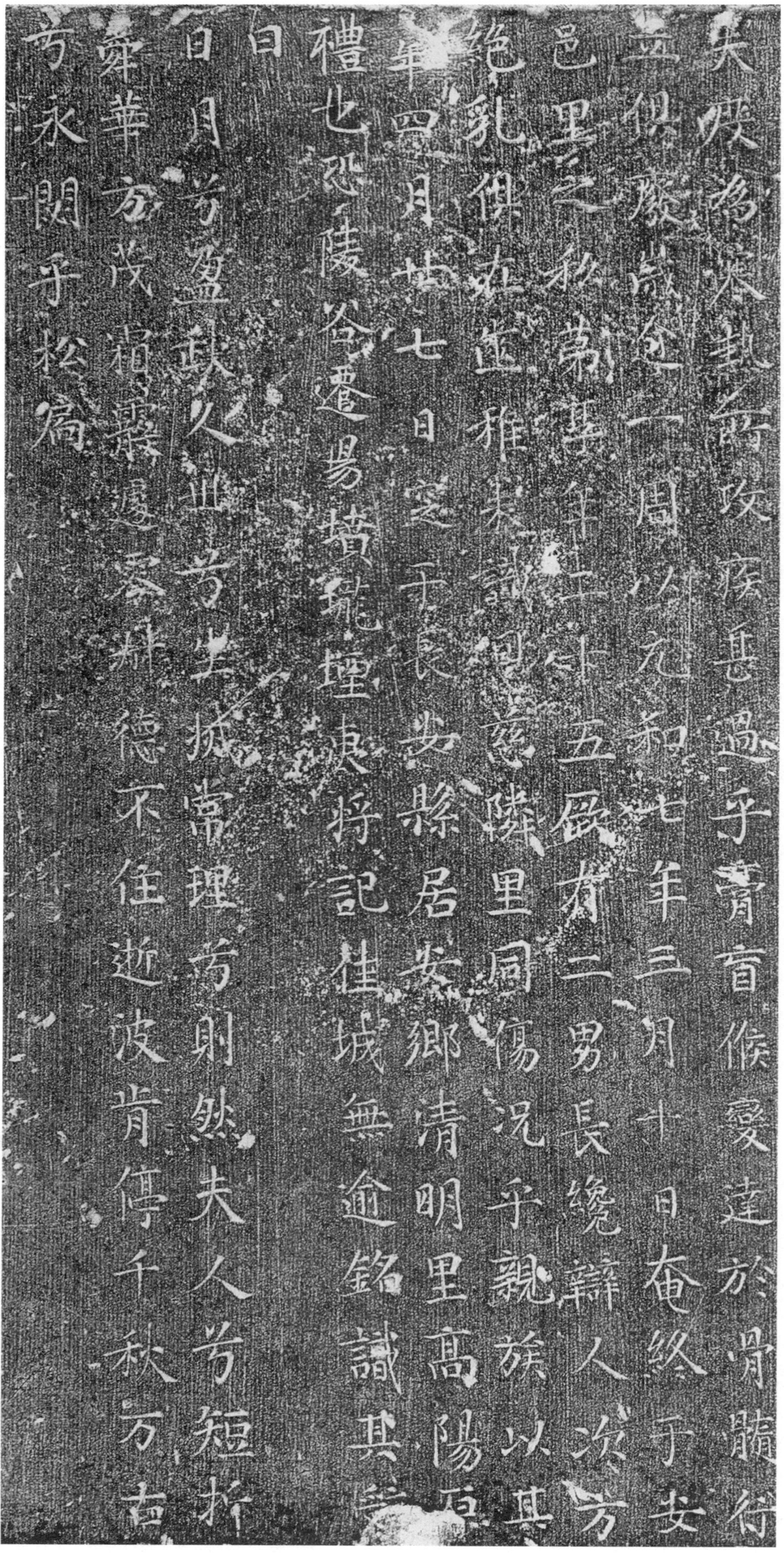
失瘦為寒熱所攻疾甚過乎膏肓倏變達於骨髓衍
並俱廢歲逾一周以元和七年三月十日奄終于安
邑里之私第享年五十五啟有二男長纔辯人次方
絶乳俱在童稚未識[illegible]慈隣里同傷況乎親族以其
年四月廿七日窆于長安縣居安鄉清明里高陽原
禮也恐陵谷遷易墳壠湮沒將記佳城無逾銘識其詞
曰
日月兮盈缺久並兮生拔常理兮則然夫人兮短折
舜華方茂霜露邊零雖德不任逝波肯停千秋万古
兮永閟乎松扃

下半闕

唐韋氏故夫人河東薛琰墓誌（八一七）

概述

該墓誌出自韋氏墓地。失蓋，誌石每邊長四十六厘米，厚九點四厘米。四側飾陰綫紋十二生肖像。誌面銘文二十四行，每行滿格二十六字。

誌文

唐韋氏故夫人河東薛氏墓誌銘并序

乃夫鄉貢進士韋暵撰

嗚呼！古之全德義者，必貴而壽*（壽），神道聰（聰）明（明），奚其反是？河東薛（薛）夫人，諱琰，字令儀，故婺州剌（刺）史諱巘之曾*（曾）孫，故睦州司馬諱亢之孫，前江陵（陵）少尹正之第三女，即余伯舅之子。外族苗氏，外王父故給事中襲繼親盧氏諱申之女。夫人天成慧淑（淑），地發簪組，水（冰）玉其質，蕙（蕙）蘭其儀，動止規（規）矩，無有不中於禮者。在孩幼（幼）丁太夫人憂，至性毀瘠，加人數等矣。在膝（膝）下之孝敬，又稱於親戚，處（處）同等，必能（能）後其身。他人苟所未適，不思安已。我太人美（美）其容止趣尚，故俾（俾）予求偶。爰覯（覯）令德（德），于今三年，敬以奉姑，睦以洽衆*（衆），處（處）乎婦道，未有不盡誠敬者。姻族咸謂我太夫人知鑒（鑒）明（明）矣。宜*（宜）鍾福祐，以及光榮。孰謂疾生彌月，攻療不間，以元和十二年六月廿二日終於長安通化里之私第，享年廿二。訊諸蓍龜，得仲秋壬午吉。遂遷（遷）窆于萬年縣洪固鄉，距大墓之西十三步。噫！比者以伯舅系宦南楚，逓*（庭）闈之戀*（戀），斯須不忘*（忘），或履節換時，則無不終朝而廢食。何謂竟緘斯恨，俄成古今夢矣。夫斯為夢也，顛沛逮夕，恨不獨化，難其容德，豈唯嬪則而已。俾不霑寸禄，為布衣者之妻，一男一女□□□孩，而□非其夫人之出者，女曰鵲兒*（兒），年方五歲，男曰小聰，□□□□，永任□抱，奠主無人，臨對朝昏，秖益沉*（沉）恨痛垂（？）天，夫吾不□□□矣。丘夷泉寘，陵谷可虞，用此貞石，録其行實。徒有恨其叙之不至者，實無愧其所叙焉。銘曰：

誠其生也，而以有此。然予之恨，嗟胡及嗟。禮儀其德（德），桃（桃）李其華。（宜）其福祐，宜*（宜）其室家。如何不弔，大名遄終。傷于親友，悲慟兩門。古木蕭蕭，荒阡悠悠。國城之陽，莪莪新丘。啓（啓）□何日，同穴之秋。

考釋

鄉貢進士，即地方的州縣官吏（如泉州府學）依據私學（如最早泉州私學潘湖仁穎書院前身仁穎書舍）養成的士人，經鄉試、府試兩級的選拔，合格者被舉薦參加禮部貢院所舉行的進士科考試，而未能擢第者則稱爲『鄉貢進士』。

誌主薛琰，字令儀，河東（山西）人。曾祖父薛巘、祖父薛亢、父親薛正，及外祖父苗申和其丈夫鄉貢進士韋暎，均不見于史籍。因爲他們的官職、地位爲州刺史、州司馬、給事中和鄉貢進士，還不到編入史乘的級別，又没有做出驚天動地的事績。由于誌主有才貌、懂禮節，温文爾雅，人緣又好，被其姑母賞識，娶回給自己家兒子韋暎做媳婦。小夫妻感情好，媳婦又有本事，所以鄉親們都贊揚老太太有知人之明，『姻族咸謂我太夫人知鑒明矣』。當然，誌文作者也抒發了對婚姻的滿意和對母親的感激之情。

令韋暎想不通和難過的是夫人的不壽，『古人之全德義者，必貴而壽。神道聰明，奚其反是』。美好的幸福生活，随着薛琰在二十二歲的華年過早去世戛然結束。元和十二年（八一七）六月二十二日，誌主逝世于通化里私第。同年仲秋葬在韋氏墓地，地點是大墓之西十三步。

考古發掘證明，韋氏墓地以鄖國公韋孝寬墓最大，墓道長數十米，有五個天井。在當年自然是墓地中心和地標，子孫們墓也以距其近爲榮。

進士韋暎與伯舅之女薛琰結爲夫婦，屬姑表近親，這在唐代并不少見。我們在這批墓誌銘裏，已經有好幾例了，如韋士伋也是這樣的狀況。

唐韦氏故夫人河东薛氏墓誌铭并序

唐韋氏故夫人河東薛氏墓誌銘并序

嗚呼古之全德羙者必貴而壽神道乃夫鄉貢進士韋玭撰
坎穸令之故松慈之曾孫故聰明多其父是河東之孫前夫人諱
尹字正儀二州刺史諱巘之子故睦州刺史諱玭父中陵
絰親廬氏諱□申二女卽夫人伯舅之□結□事
上規矩無有不□女夫人大成慧河之
動此已矣故膝下之中於禮者在孩幼地紱皆組糺□五□□□
毅等矣故考太敬入梅於親戒慶大夫人憂至恨愆蘭其其儀
所未濟不思以奉我敬太人戒慶同故俾不於其它儀娥陵
於今二年太夫人知姑睦合美其親止越大有必未偶美他令諱
感謂太夫人之知鑒明宜鍾福祜山及光榮孰誡生觀姻旬
橋不聞逆元和十二年六月廿二日終於長安通化里之私第亨年

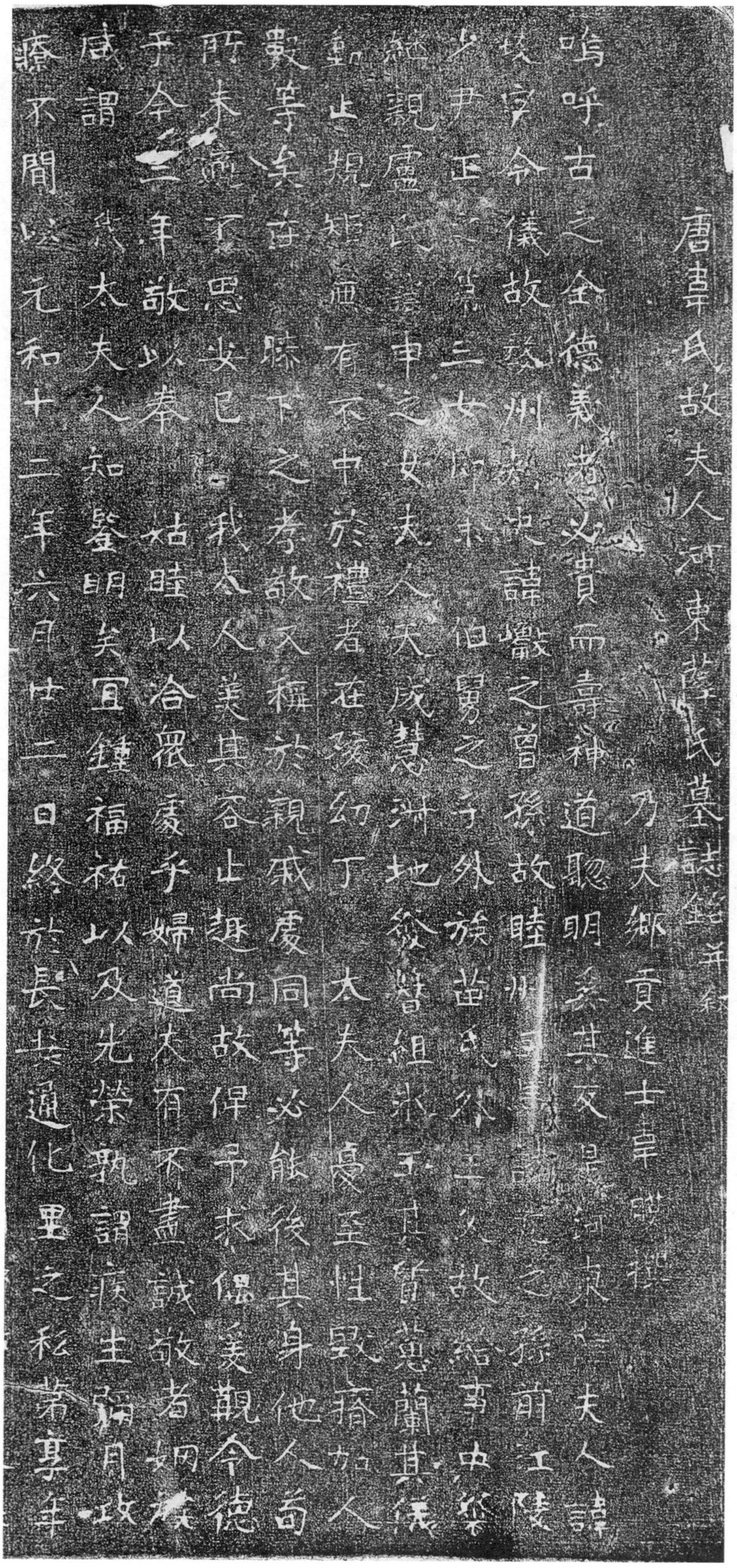

廿二, 詣諸藩流得仙秋壬卜吉遷窆于萬年縣洪固鄉距大墓
□西十□□不步巽此朝而限□□□□□□□□□□□□□□□方則建□□□□□□□□□□□□
□之□顛□□□□□□
按者時□□□□□□□□□□□□□□□□□□□□□□
氏方□要□□□□□□
恨五大吾□□□□□□
□嬴有天□□□□□□
寳其徒□生□也□□
試祐其宜室而□□□
福阿然悠國□之娟□

伯易縈官南楚庭聞之感斯須不忘或服節
傷觀城斯覺古今夢矣夫斯為夢
唯娉則而己俜不雲寸禄為□
人人之出者女曰昌祗鬼□
主無用臨對朝昌其益布
實□可貞石銘其行沈□
其念虞用□□□
□寔頁任□□□□
呼其所□□□□□□
□喪咄□□□□□□
禮儀其德桃李其菫宜其
親友悲博兩間古木蕭蕭
何同穴之秋

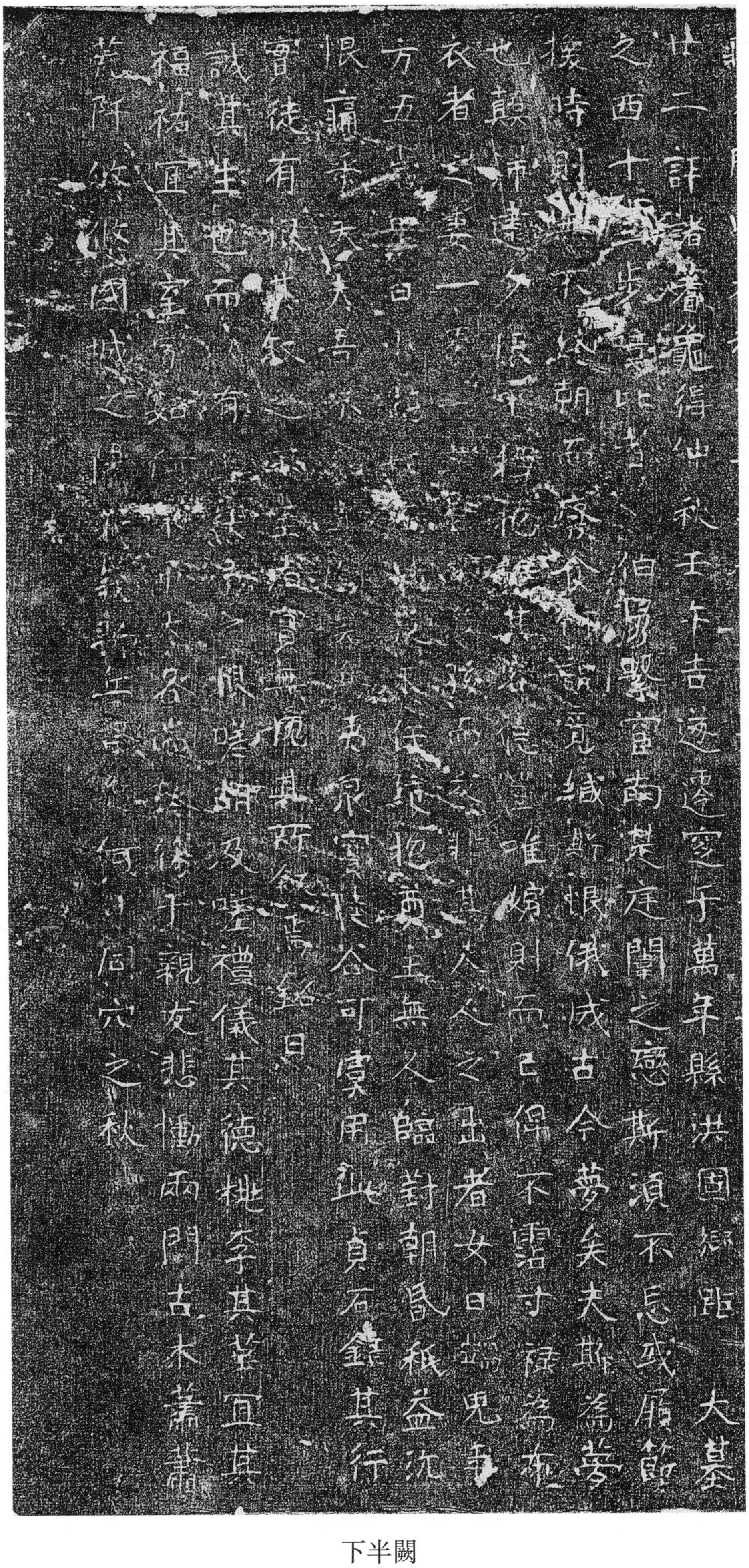

唐江陵府司録參軍韋鋏墓誌（八二〇）

概述

該墓誌出自武警黃金十四支隊基建工地三十二號墓。方向一百八十五度，呈刀把形，由豎土坑、甬道和洞室組成。土坑長二點三米，寬一米至一點一六米，坑底有三臺階，深五點七四米至六點九四米。甬道長二點三五米，寬一米，洞口高一點五一米。左右壁各掘一小龕。墓室略呈梯形，縱長二點七六米，窄端寬一點八二米，高一點四八米。地面殘存少許陶器碎片和一段股骨。墓誌銘平放甬道中，誌蓋靠壁豎放（圖三十四）。覆斗式蓋，頂每邊長三十二點五厘米，蓋面篆書陰文三行九字：大唐故韋府君墓誌銘。四殺部素面。誌石每邊長四十五厘米，四側面無紋飾。誌面有銘文二十四行，每行滿格二十五字，書法雄渾勁秀。

誌文

唐故江陵府司録糸（參）軍韋府君墓誌銘并序

朝議郎前行華州華陰（陰）縣令柳澗撰

蟬*（蟬）聯*（聯）簪組，煇爀史諫（諜），繩繩（繩繩）今古，間或毗于王，或帥于藩*（藩），其不絶扵世者，時推韋氏*（氏）之鼎（鼎）族焉。公諱鋏，字利用，其京（京）坣（兆）人也，随尚書令鄖國公之六世孫。曽（曾）祖皇昭陵（陵）令、贈*（贈）太府少卿諱才絢。大父皇華州鄭縣令諱嬰*（嬰）烈。考皇黔*（黔）府觀察使、秘書少監諱士文。扵戲！華胄慶盛，欽若德（德）門。公奉詩書之教，秉*（秉）珪璋之姿，學以潤身，介而立莭*（節），以門蔭（蔭）千牛俻（備）身，勑（勅）拜金吾衛胄曺（曹）糸（參）軍，罷*（罷）調補鄭州滎陽縣令，尋換潤州上元縣令。少而筮仕有長巳（民）之才，以滎陽之政教，上元之恵（惠）化，勤*（勤）儉肥（肥）俗，終始一貫，而動能順時，不由苟進。俄授江陵（陵）府司録糸（參）軍，外臺紀綱，會（會）府郵（郵）劇，公析煩綰篠*（條），操刀必割，批窾（窾）砉節，投*（投）刃皆虗（虛）。後袟滿休閑，静居安道，良志未遇，沉痾内攻，以元和十四年七月十四日終于鄧州穰城里之私茀，享年六十。前娶隴西李氏，衡州糸（參）軍僩之女也。後娶河東裴氏，大理評事蒴之女也。茂族令儀，渕（淵）懿（懿）内範*（範），不幸偕先公之厭家。嗚呼哀哉（哉）。

有子四人，女子二人，長曰太前，猇（號）州糸（參）軍。次曰郁、曰翃，偕孝友天至，畢大家門，猇（號）奉裳帷，毁深創鉅。幼（幼）子及二女子，孩抱呱々（呱），哀感天性，棘（棘）心柴皃（貌），同奉以時。卜用元和十五年閏正月廿九日歸窆于萬年縣洪固鄉*（鄉）畢原先塋，禮也。以公之宗祖功特扵時，道敷*（敷）扵俗，降及公之恵（惠）化黎甿*（甿），悊（悊）仁鰥寡（寡）之德（德），宜碩其位，眉其壽（壽）。嗚呼報施之道，乖盭難質。奄忽長逝，天神何知？淍即公之表甥，重以姻（姻）好，俻（備）詳世德（德），誌之玄礎。銘曰：

大夜昏（昏）々（昏），泉臺冥々（冥）。形骨下歸，精魄上征。變（變）化而蟬（蟬），子孫明霊（靈）。以似以續，世載其貞。刊石以紀，万古休聲。

考釋

煇爀，煇即光輝。《詩・小雅》：『夜如何其？夜鄉晨，庭燎有煇』。毛傳：『煇，光也。爀，火赤紅貌。煇爀，謂聲勢顯赫。』

昭陵，是唐太宗李世民與文德皇后長孫氏的合葬陵墓，位于陝西省咸陽市醴泉縣城西北二十二點五公里的九嵕山上，是國家AAA級旅游景區。

從唐貞觀十年（六三六）文德皇后長孫氏首葬，到開元二十九年（七四一），昭陵建設持續了一百〇七年之久，周長六十公里，占地面積二百平方公里，共有一百八十餘座陪葬墓，是關中『唐十八陵』，也是中國歷代帝王陵園中規模最大、陪葬墓最多的一座；是唐代具有代表性的一座帝王陵墓，被譽爲『天下名陵』。昭陵令，即管理昭陵的縣令。

觀察使，官名。唐代後期出現的地方軍政長官，全稱爲觀察處置使。

大府少卿，官名。北魏孝文帝時始置，爲太府副貳，位在丞上，四品上。北齊置爲太府寺次官，員一人，四品上。隋、唐、五代員二人。隋初正四品上，隋煬帝改從四品；唐從四品上。協助太府卿掌倉儲出納，兩京諸市，通判各署事務。唐高宗、武則天時曾隨本寺改名外府大夫、司府少卿，旋各復舊。北宋初爲四品寄禄官，表示品級俸禄，不預寺事。宋神宗元豐改制後始爲職事官，正六品。南宋高宗建炎三年（一一二九）罷，紹興四年（一一三四）復置。自北齊以來亦稱『太府寺少卿』。參見《太府寺》。

司徒，是我國古代的一個重要官職名，由《周禮》地方官司徒演變而來。掌民事，郊祀掌省牲視濯，大喪安梓宮。少昊氏以鳥名官，而祝鳩氏爲司徒。堯時舜爲司徒。舜攝帝位，命契爲司徒。契玄孫之孫曰微，亦爲夏司徒。周時司徒爲地官，掌邦教。漢西京初不置。哀帝元壽二年，罷丞相，置大司徒。光武建武二十七年，去『大』，稱司徒。漢朝置尚書郎四人，其一人主財帛委輸。

千牛備身，是一種高級禁衛武官，出現時間應該早于北魏宣武帝初年，與北魏鮮卑族的軍制習慣有關。千牛備身的名字是由千牛刀到千牛備身再到千牛衛，一步步演化來的。《莊子・養生主》説：（庖丁）所解數千牛矣，而刀刃若新發于硎。于是，有一種帝王隨身攜帶的防身御刀，叫做『千牛刀』，名字就是典出《莊子》，寓意『鋭利可斬千牛』。後來，北朝北魏的時候，出現了一種高級禁衛武官，他們除了負責皇帝的安全，還掌執御刀『千牛刀』，這種禁衛武官就是『千牛備身』。

金吾衛冑曹參軍，北周夏官所屬，有武環率下大夫、武候率下大夫等官。隋有左右武侯，皇帝出行時，先驅後殿，日夜巡察，止宿時司警戒之責。煬帝改爲左右候衛，所領軍士稱佽飛。唐初未改。龍朔二年，采用漢執金吾舊名，改稱左右金吾衛，設大將軍、將軍及長史、諸曹參軍，與其他各衛相同。以後又是增設上將軍，掌宫中及京城日夜巡查警戒，仍隨從皇帝出行和如上文所述。宋有左右金吾衛上將軍、大將軍等官，無實職。

司録參軍事，官名。唐玄宗開元元年（七一三）改京兆府録事參軍事置。其後西都、東都、北都三都及鳳翔、成都、河中、江陵、興元、興德六府并置，各二員，正七品上。掌符印，參議府政得失。宋朝諸府置，掌府衙庶務，户婚訴訟，通書六曹案牒。帶京朝官、選人、三班使臣等階官或試銜者任職，則稱『知録』。徽宗大觀二年（一一〇八）一度改簽書判官廳公事爲司録參軍，高宗建炎元年（一一二七）復舊。

批窾砉節，猶言批砉導窾、批欲導窾，謂在骨節空隙處用刀，牛體自然迎刃而分解。比喻處理事情善于從關鍵處入手，因而順利解決。語本《莊子·養生主》：『批大郤，導大窾。』陸德明釋文：批，擊也；郤，間也；窾，空也。

據誌文，韋鋏，字利用。他是鄖國公韋孝寬六世孫，曾祖父才絢，做過昭陵令，祖父嬰烈，鄭縣令。父士文，秘書少監。誌主始以門蔭走入仕途，一路升遷至江陵府司録參軍。于元和十四年（八一九）七月十四日逝世于鄭州穰城里私第，享年六十歲。有四子：太前、鬱、翃等和兩個女兒。

誌主凡兩娶，前妻隴西人，衡州參軍李僩之女。後娶河東裴氏，大理評事裴翦女。巳，系避唐太宗李世民諱，而減筆。

誌主世系：

隋尚書令鄖國公韋孝寬——揔、諶、壽、津

諶——□□——昭陵令大府少卿才絢——華州鄭縣令嬰烈——黔府觀察使秘書少卿士文——金吾衛冑曹參軍潤州上元縣令鋏——虢州參軍太前、鬱等

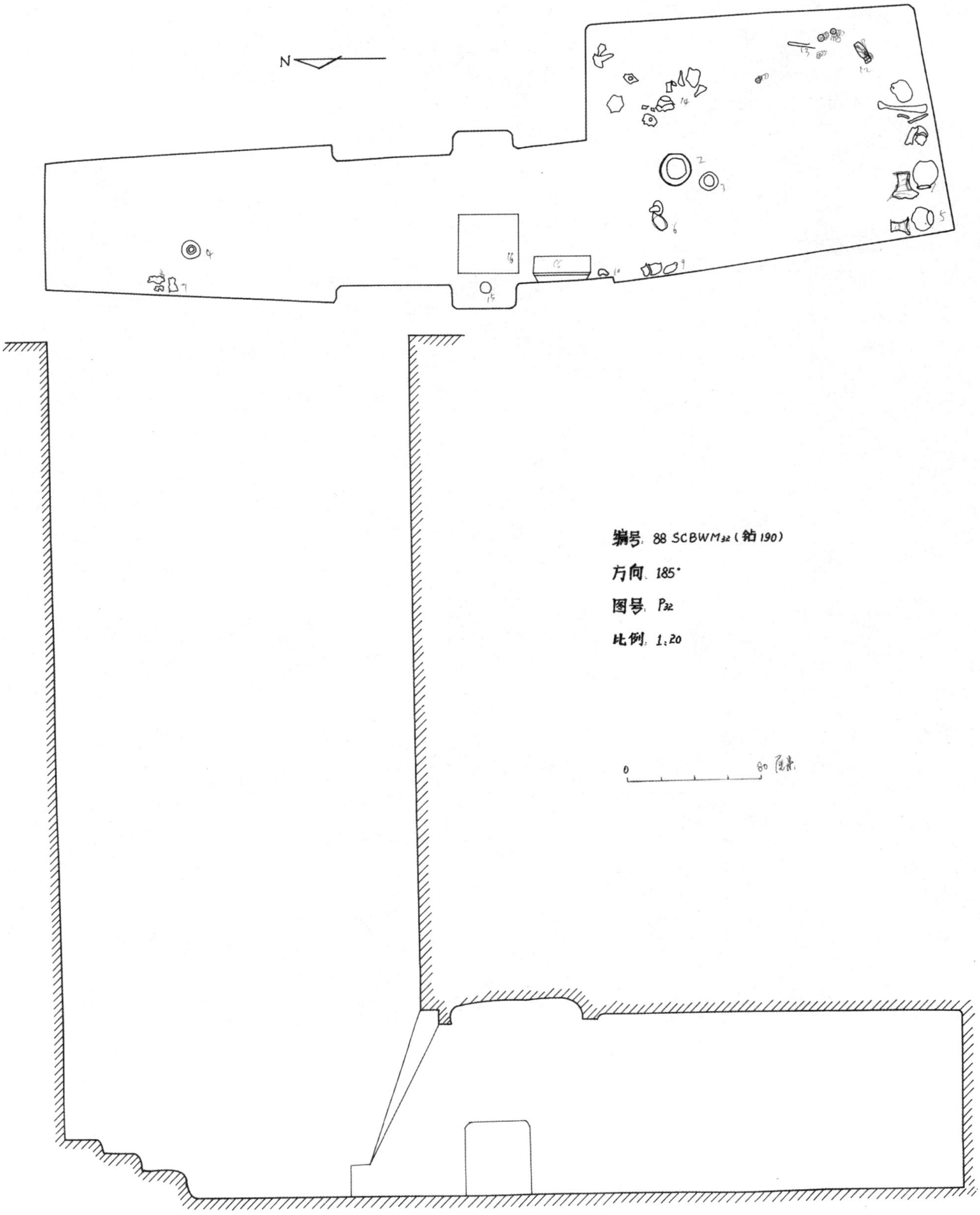
N
编号: 88 SCBWM32（钻190）
方向: 185°
图号: P32
比例: 1:20
0
80

圖三十四 韋鋏墓平面剖面圖

大唐故
韋府君
墓誌銘

大唐故韋府君墓誌銘 蓋

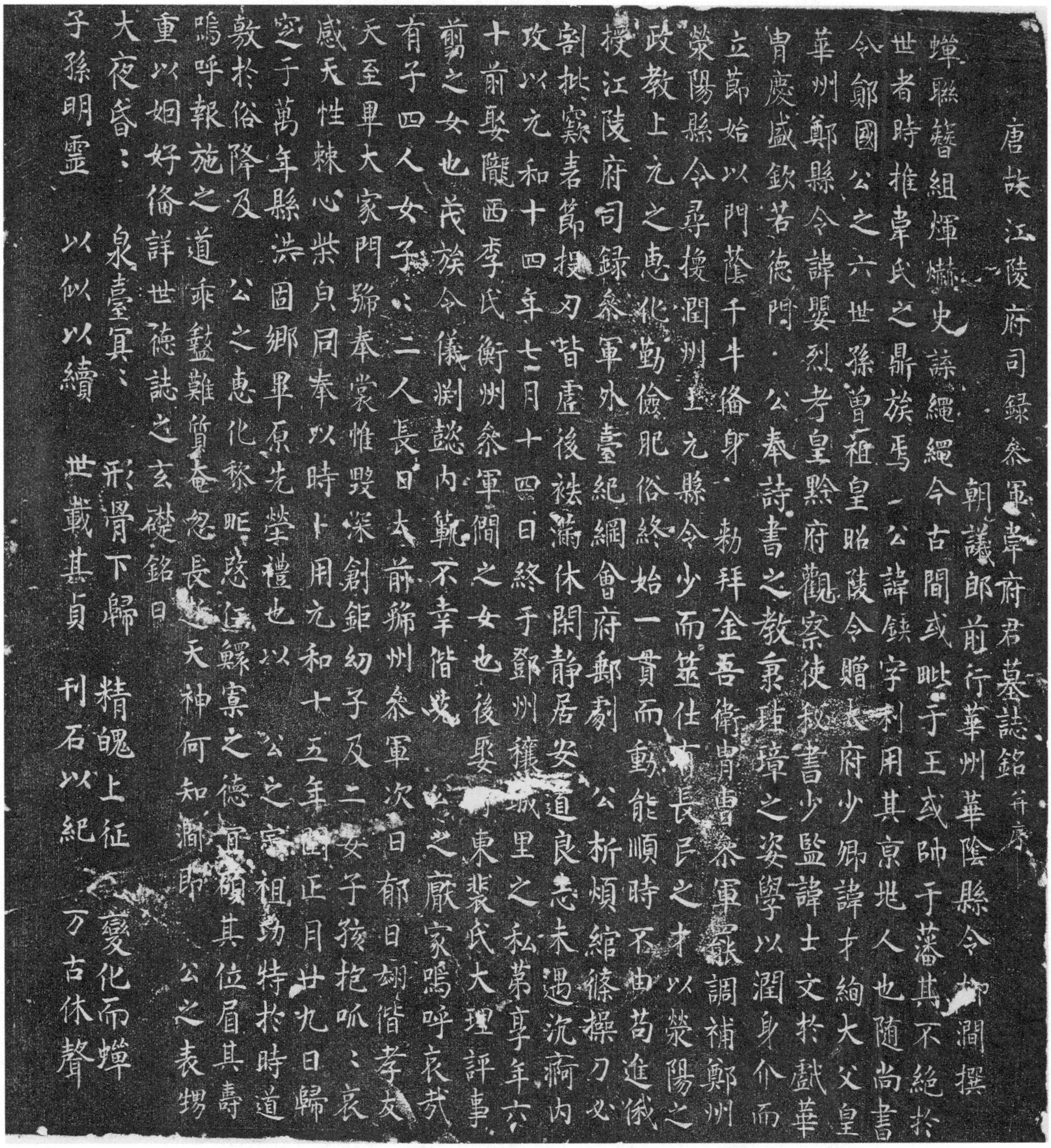

唐故江陵府司録參軍韋府君墓誌銘并序

朝議郎前行華州華陰縣令柳澗撰

蟬聯簪組煇爀史諜繩繩今古間或毗于王或師于藩其不絶於世者時推韋氏之鼎族焉　公諱鉷字利用其京兆人也隨尚書令鄖國公之六世孫曾祖皇昭陵令贈太府少卿諱才絢大父皇華州鄭縣令諱嬰烈考皇黔府觀察使秘書少監諱士文於戲華胄慶盛欽若德門　公奉詩書之教秉珪璋之姿學以潤身仁而立節始以門蔭千牛備身　勅拜金吾衛胄曹參軍[illegible]調補鄭州滎陽縣令尋授潤州上元縣令少而筮仕有長[illegible]之才以滎陽之政教上元之惠化勤儉肥俗終始一貫而動能順時不由苟進俄授江陵府司録參軍外臺紀綱會府郵劇　公析煩縮絛操刀必割批窾害節投刃皆虛後袪瀟休閑靜居安道良志未遇沈痾內攻以元和十四年七月十四日終于鄧州穰城里之私第享年六十前娶隴西李氏衡州參軍偘之女也不幸偕逝後娶[illegible]東裴氏大理評事翦之女也茂族令儀淑懿內範　公之歿家嗚呼哀哉有子四人女子二二人長曰太前綿州參軍次曰郁曰翊偕孝友天至畢大家門綿奉裳帷毀深創鉅幼子及二女子孩抱呱呱哀感天性棘心[illegible]良同奉以時卜用元和十五年歲正月廿九日歸窆于萬年縣洪固鄉畢原先塋禮也以　公之家祖勳特於時道敷於俗降及　公之惠化黎甿[illegible][illegible]鰥寡之德宜碩其位眉其壽嗚呼報施之道乖盭難質奄忽長逝天神何知澗郎　公之表甥重以姻好備詳世德誌之玄礎銘曰

大夜昏昏　泉臺冥冥　形骨下歸　精魄上征　變化而蟬　子孫明靈　以似以續　世載其貞　刊石以紀　万古休聲

唐故江陵府司録参军韦府君墓誌铭并序

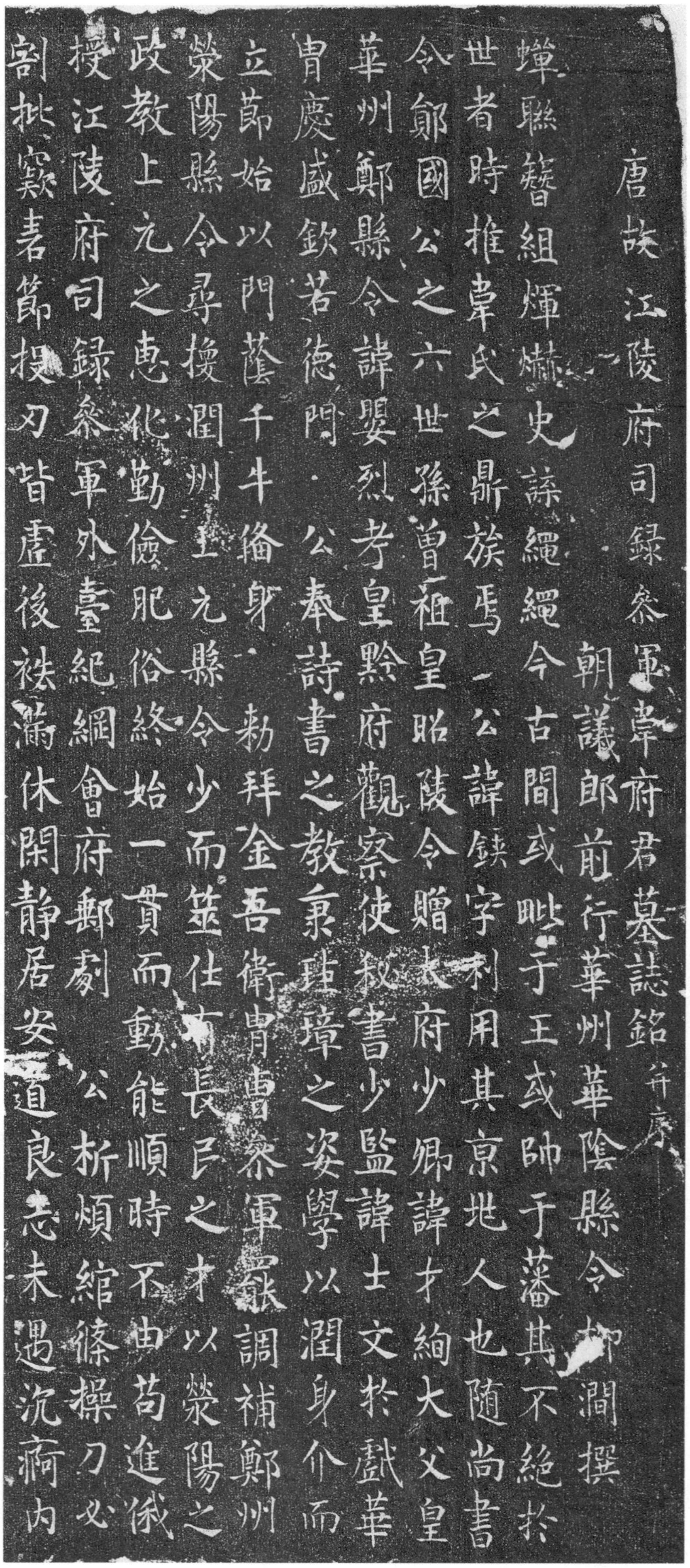

唐故江陵府司録參軍韋府君墓誌銘并序
朝議郎前行華州華陰縣令柳澗撰
蟬聯簪組輝爀史諜繩繩今古間或毗于王或師于藩其不絕於
世者時推韋氏之鼎族焉　公諱鍈字利用其京兆人也隨尚書
令鄖國公之六世孫曾祖皇昭陵令贈太府少卿諱才絢大父皇
華州鄭縣令諱嬰烈考皇黔府觀察使秘書少監諱士文於戲華
冑慶盛欽若德門　公奉詩書之教秉珪璋之姿學以潤身介而
立節始以門蔭千牛備身　勅拜金吾衛胄曹參軍歷調補鄭州
滎陽縣令尋授潤州上元縣令少而筮仕有長民之才以滎陽之
政教上元之惠化勤儉肥俗終始一貫而動能順時不專苟進儀
授江陵府司録參軍外臺紀綱會府郵劇　公析煩綰絛操刃必
剖批竅害節投刃皆虛後祛滿休閑靜居安道良志未遇沆痾內

上半闕

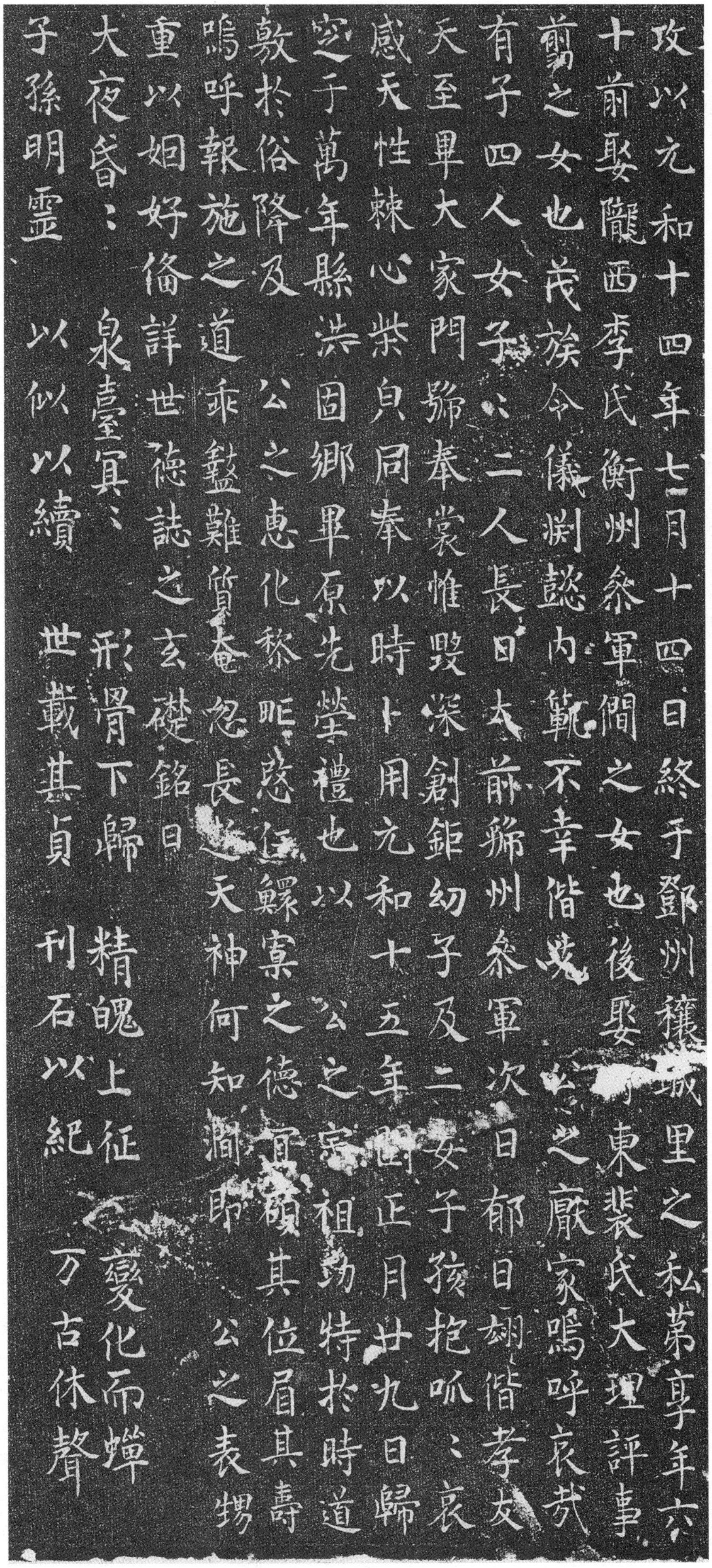
攻以元和十四年七月十四日終于鄧州穰城里之私第享年六
十前娶隴西李氏衡州參軍僴之女也後娶河東裴氏大理評事
翦之女也茂族令儀淑懿內範不幸偕歿 公之廞家嗚呼哀哉
有子四人女子子二人長曰太前鄧州參軍次曰郁曰翃偕孝友
天至畢大家門鄧奉裳帷毀深劇鉅幼子及二女子孩抱呱呱哀
感天性棘心煢負同奉以時卜用元和十五年閏正月廿九日歸
窆于萬年縣洪固鄉畢原先塋禮也以 公之宗祖勳特於時道
敷於俗降及 公之惠化黎甿慈仁鰥寡之德宜稱其位眉其壽
嗚呼報施之道乖盭難質奄忽長逝天神何知淵郎 公之表甥
重以姻好備詳世德誌之玄礎銘曰
大夜昏昏 泉臺冥冥 形骨下歸 精魄上征 蘷化而蟬
子孫明靈 以似以續 世載其貞 刊石以紀 万古休聲

下半闕

唐孝廉薛居方墓誌（八二四）

概述

該墓誌爲覆斗式蓋，頂面每邊長二十四厘米，陰文楷書三行九字：唐河東薛府君墓誌銘。四殺部刻簡單的陰綫雲朵紋。誌石每邊長三十五點五厘米，厚七厘米。四側面亦飾雲朵紋。銘文二十行，每行滿格二十字。

誌文

唐故薛（薛）孝廉（廉）墓誌　母兄循*（循）中篹

吾甞謂蒼蒼者之鑒（鑒），明白為善（善）事，則可倚（倚）。及今，則吾之所謂果謬耶？吾弟年二十一，孝友恭敏，聡（聰）明畏慎，几（凡）舉事無細大、幽顯、顛倒，忍之無遺行。嗚呼，其得謂之吉人耶？非耶？自纫（幼）誦二経（經）學，舉明経（經）科，文無遺音，字無遺畫。又傍通數経（經），皆熟之拎□，甞綴小文，其理要而曠，其辭簡而舉，尤善於詩句。年十六登明經上苐（第），操行益謹，執*（執）業益勤。嗚呼，余以疊逆（逆），家禍仍及汝，銜哀哭（哭）而絶于地者竟日，居踰月而得疾，痛銷其魂，怨磨其骨，不能自勝，以至滅性。其兄循*（循）中，嫘*（嬛）然獨立，疢絶□心，承季父之命，力疾扶羸刻辭于石，以識其墓。嗚呼昊天，不自前吾生，不自後吾死，奈何！吾何忍心銘汝耶。汝名居方，生二十一年而終，終于長慶四年六月之乙酉，權窆于其月之丙申，袝于萬年縣洪固鄉先營之兆（兆）。曾（曾）祖紘，皇工部侍郎。祖珏*（珏），皇京（京）兆（兆）尹。父元慶，監察御史。銘曰：

保善（善）而生兮（兮），夭善以夭*（夭）。孝友畏慎兮（兮），由是而病。哭（哭）過呼哀兮（兮），食絶于口。欒*欒*（欒欒）其容兮（兮），棘（棘）實滅性。嗚呼，吾謂天無宰，神無靈（靈），不然，何折汝如是耶。吾自是無心於善（善）矣。嗚呼，終天其不復見耶，終天其不復見耶。

考釋

誌文作者薛循中，是誌主薛孝廉居方的同母哥哥，該兄弟没有功名，與做過監察御史的父親薛元慶，俱不見於史籍。惟祖父薛珏，《舊唐書》卷一百八十五下、《新唐書》卷一百四十三有傳。河中寶鼎人，字温如，以蔭爲懿德太子廟令，累遷乾陵臺令，以清白聞，課第一。建中初召拜中散大夫，除司農卿。時詔舉堪刺史縣令者百人，宰相欲校以文辭，珏曰：『求良吏不可貴文學，宜以愛人之心爲本。』宰相多采其計，所用皆稱職。歷官至嶺南觀察使。此誌載：『曾祖纮，皇工部侍郎。祖玨，皇京兆尹。』考《舊唐書·薛玨傳》：『祖寶胤，邠州刺史。父纮，蒲州刺史。…（玨于）貞元五年（七八九），拜京兆尹。…八年（七九二），坐竇參改太子賓客。無幾，除嶺南節度觀察使。以疾卒，年七十四。廢朝一日，贈工部尚書。有子存慶，自有傳。』

誌主的父親名元慶，官監察御史，當與存慶爲兄弟行。此誌證明，兩唐書薛玨傳的記載是真實可信的，能夠與出土誌石相互印證。

誌主薛居方于長慶四年（八二四）六月去世，同月葬于萬年縣洪固鄉。得年二十一歲。

孝廉是孝順親長，廉能正直，而非官職。釁逆，過失。誌文作者檢討自己因犯錯，家禍導致誌主傷心損害健康以至毀滅。

唐河東
薛府君
墓誌銘

唐河東薛府君墓銘 蓋

唐故薛孝廉墓誌

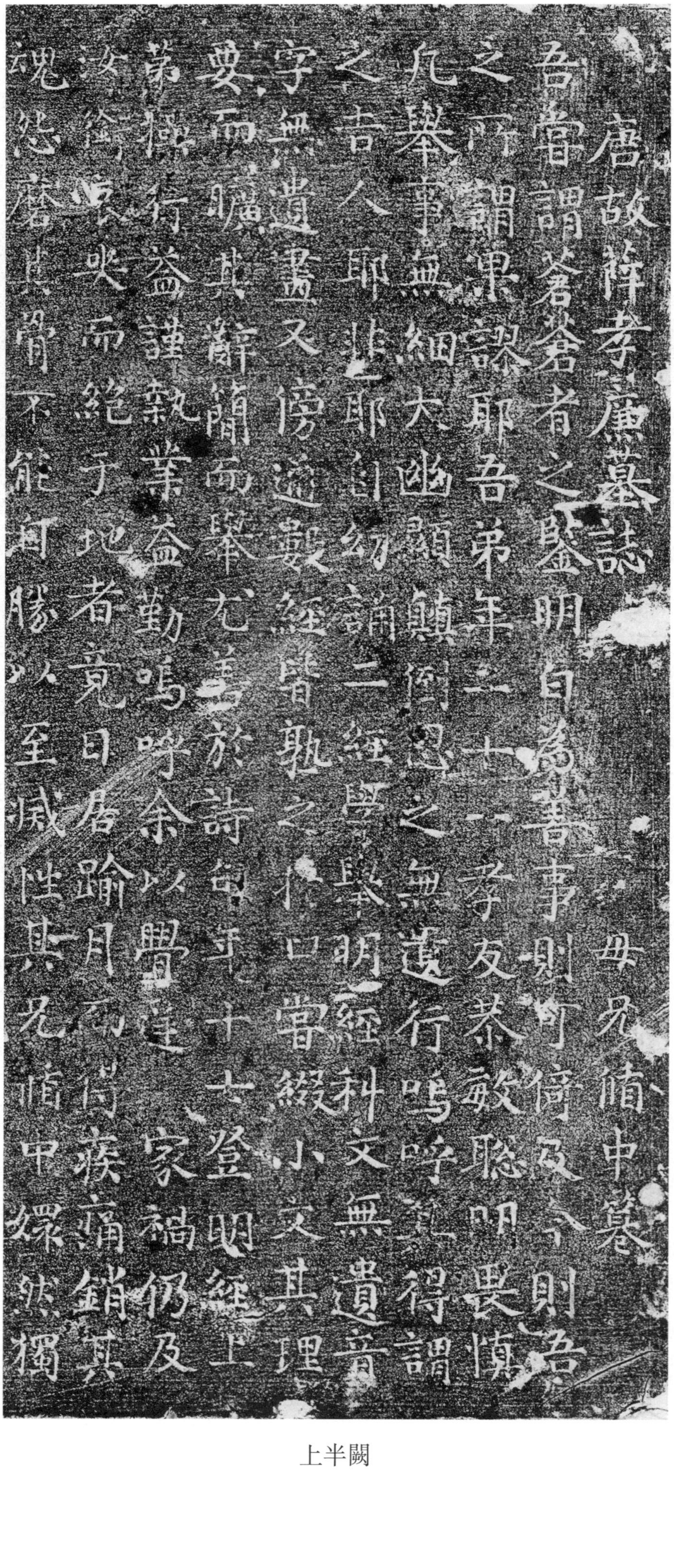
唐故薛孝廉墓誌　母兄脩中撰
吾嘗謂蒼蒼者之鑒明白爲善事則可倚及今則吾
之所謂果謬耶吾弟年二十一孝友恭敏聰明畏慎
凡舉事無細大幽顯顛倒思之無遺行嗚呼豈得謂
之吉人耶非耶自幼誦二經學舉明經科文無遺音
字無遺畫又傍通數經皆熟之於口嘗綴小文其理
要而曠其辭簡而舉尤善於詩自年十七登明經上
第操行益謹執業益勤嗚呼余以嘗遂家禍仍及
汝從哀哭而絕于地者竟日居踰月而得疾痛銷其
魂怨磨其骨不能耐勝以至滅性其兄脩中纍然獨

上半闕

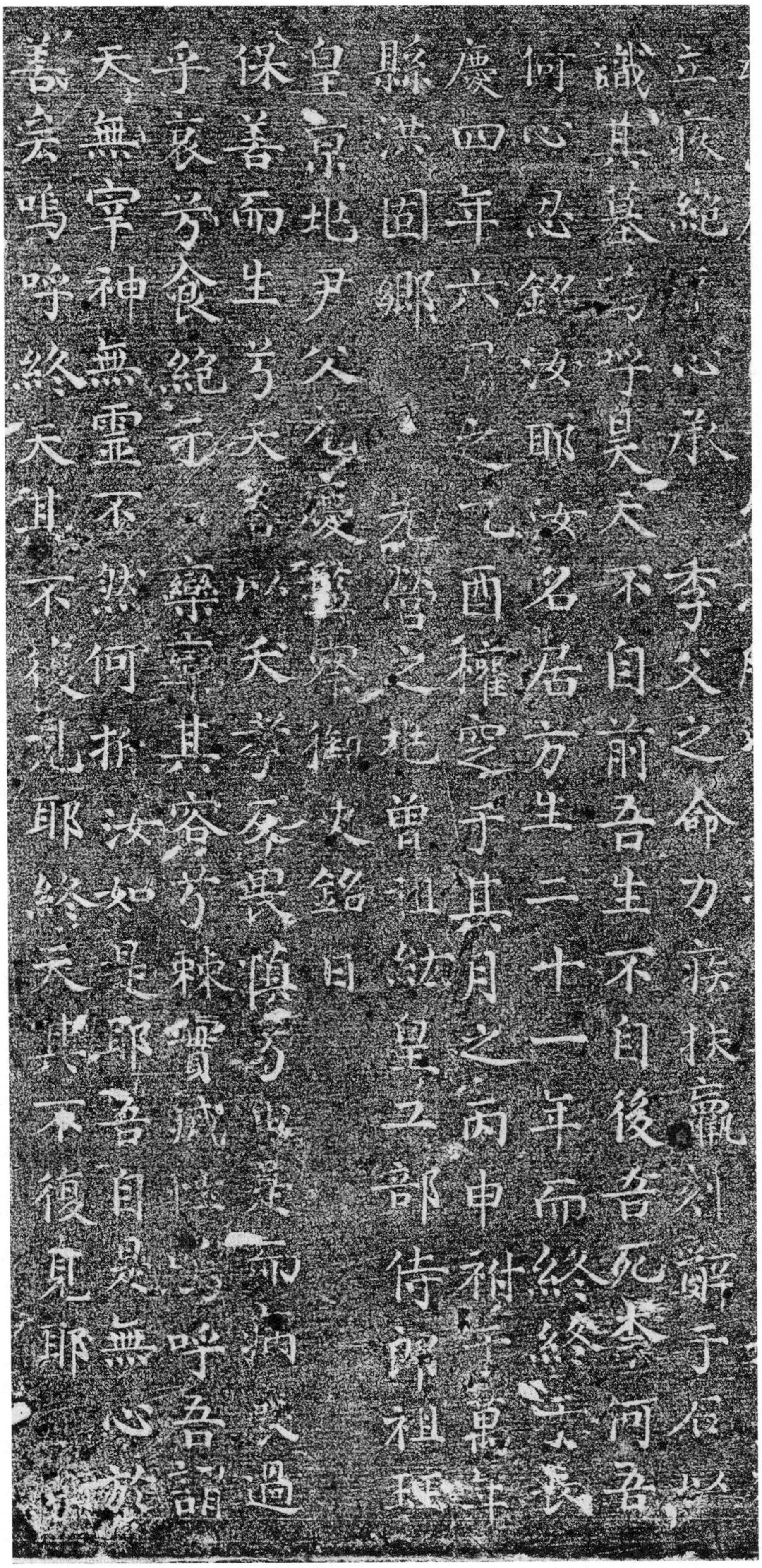

下半闕

唐中散大夫守衛尉卿贈左散騎常侍栢元封墓誌（八三二）

概述

唐柏元封墓誌，一九八九年冬出自武警黃金十四支隊基建工地十九號墓。方向一百八十五度，土坑直壁洞室墓。土坑長二點六七米，寬一米至一點一六米，深六點零六米至八點一三米，底部有四臺階。甬道長二點五八米，寬一點一二米，洞口高一點六米。墓室縱長邊長三點一六米，另一邊有一曲折，橫寬二點九八米，略高于甬道。地鋪方磚，墓誌與蓋分置于甬道和墓室内。有部分骨骸（圖三十五）。誌石豐碩，青石質，正方形，每邊長九十厘米。蓋厚十二厘米，平頂覆斗式，刻篆體陰文四行十六字：唐故衛尉卿贈左散騎常侍栢公墓誌銘。四周飾兩圈繁縟的陰綫花紋，内圈每面各刻一朵盛開的荷花，四角爲旋渦形水波紋；外圈爲四神像：上爲朱雀，下玄武，右青龍，左白虎，分别以雲紋填地，顯得格外富麗生動。誌厚十四厘米，四側各刻三個人身獸首的十二生肖，穿開領寬袖長袍，側身跪坐在團雲紋中，雙手持笏做朝拜狀；上側面爲蛇、馬、羊，右爲猴、鷄、狗，下是猪、鼠、牛，左是虎、兔、龍。誌面刻字三十七行，每行滿格四十八字。撰誌者郭捐之，自稱是死者兒子的舅氏，即元封妻郭氏的兄弟。郭氏家世後叙之。誌文楷書，筆法圓潤秀美，肌豐骨匀，功力卓然，出自進士郭康復之手，斯人史無傳記。誌文内容凡在上、詔、皇、唐、朝、憲宗、闕廷、社稷等字前空出一至二格，『世』字作『廿』，『民』作『巳』，避太宗世民諱故耳。

誌文

唐故中散大夫守衛尉卿、上柱國、賜紫金臭（魚）袋、贈左散騎（騎）常侍、魏郡栢公墓誌銘并叙

承務郎守監察御史褁*（裹）行驍騎*（騎）尉郭捐之撰

公諱元封，字子上，其先晉（晉）伯宗之後，始伯宗祖父食菜於伯，因伯為氏*（氏），及三郄宫（害）伯宗，伯宗死，其子周黎（黎）竄於楚，易人從木，至裔孫鴻，仕漢*（漢）為魏郡守，子孫留（留）而不還，遂為魏郡人焉。曾（曾）高祖季纂，在隋為祁令，入唐為工部尚書。高祖敬仁，蕲州長史。王父謇，贈（贈）大理少卿。大父造，贈（贈）鄧州刺（刺）史。父良器（器），平原郡王，贈（贈）司空。公生有殊狀，幼（幼）有老風，天資聪（聰）明，性本忠孝。七歲（歲）就（就）學，達詩書之義理，十年能*（能）賦，得體物之玄微，十五以司空武功授太僕（僕）寺丞。公曰：『予家廿（世）儒也，昔予大父以射策甲科授獲嘉縣令，禄山陷東都，圍獲嘉，持印不去，為賊所害（害），故吾父痛吾祖之不終，遂學劔（劍）從戎，將復讎（仇）以快寃*（冤）叫（叨），今吾父武功立，予不可不守吾廿（世）業而苟且於宦（宦）達也，遂請授其弟。』下帷讀書，不窺（窺）園林者星周於天，業成名，光登太常苐*（第），休*（休）

問傍暢，播（播）於藩方。故薛*（薛）太保平為汝州刺（刺）史，辟*（辟）署防禦判官。公以有禮而就（就）授祕書省校書郎，府罷*（罷）還京（京）。時韓公皐（皋）保釐（厘）東都，袁公滋鎮白馬，任迪簡代薛*（薛）太保刺（刺）汝州，盧（盧）從史帥澤潞，皆慕公聲猷*（猷），辟*（辟）書繼至，公以袁公德可依，諾其請。奏授左金吾衛兵曺（曹）条（参）軍，充節度推官。尋以嘉畫轉支使，明年遷（遷）觀察判官。而薛*（薛）太保復代袁公鎮白馬，乞留（留），公以舊知不去，職亦不改。會（會）鎮帥*（帥）王士真死，男承宗盜據（據）其地，憲宗皇帝命中貴人承璀帥*（帥）師*（師）以征，詔潞将從史合兵而進，從史持貳心，陰（陰）与承宗比，承璀無功，乃請先誅從史，後討承宗。上可誅從史奏，遂擒送闕廷*（廷）。復念承宗祖父有破朱滔安社稷*（稷）之勳，釋其罪，詔承璀還師。路出於魏，魏将田季安屈強（强）不順，亦内与承宗合，承璀不敢以兵出其境，請由夷儀*（儀）嶺趍（趨）太原而来，上以王師迃（迂）道而過，是有畏於魏也，何以示天下？計未出，公使来京（京）師，上召對以問之，公曰：『非獨不可以示天下，且魏鎮軍心益不安，而陰（陰）結愈固矣。臣願*（願）假天威，将本使命諭季安，使以壺漿迎師。』上喜，即日遣之，駐承璀軍以須，公乃將袁命至魏，語季安以君臣之礼，陳王師過郊之儀，季安伏其義，且請公告承璀無疑，師遂南轅。上謂丞相曰：『承璀不北出并而還，元封之謀也。用其謀不可不賞其力，宜*（宜）進秩以勞之，無拘常限。』遷（遷）大理評事，攝監察御史。故其制曰：『録以殊勞，豈限彝叙。』明年轉監察御史裹*（裏）行，充節度判官，尋加殿中侍御史，内供奉，仍賜緋魚袋。府罷（罷）授京（京）兆府渭南縣令，彈琴無為，民（民）自知化。時汴帥韓弘入覲，其妻継来，僕隸（僕隸）輿馬，殆千數乘（乘）。監軍轉公食於卸（御）驛，自梁扺（抵）華，無以非法草*（革）之者，畏韓之勢也。公遂停給，以正條令，君子推其能。會（會）夏大旱，穀不登，黎人告損，内史崔元略不欲損以希上旨（旨），又将衆以入公，他縣無敢逆其意者，懼崔之威也。公獨正色陳民（民）之困，詞訖不迴，竟罷（罷）衆而減其常賦，他縣咸頼，民（民）用不饑，君子嘉其道矣。天平軍節度馬公緫聞其事，樂其賢，表請為節度判官，撿挍（檢校）兵部員（員）外郎，兼侍御史，仍知州事。先是天平自李師古不率法度，朝廷*（廷）之制不行于軍，師古死，其弟師道継其勃*（勃），憲宗含垢未誅，日稔其悪（惡），盈*（盈）不可赦，遂命征之。既伏其罪，授馬公鉞，畀（卑）革其風。公既至，馬公委政与公，嘉畫密謀，内陳外施，其俗大變*（變），其政日新。以能*（能）遷（遷）副使，賜紫金魚（魚）袋。公性和易以与人好施而樂善（善），自将校至走卒，暨州縣達鄉間，咸歌咏其德。公以人情太盛，思去圖安，乃以誠告于馬公，馬公感其意，薦刺（刺）濮*（濮）州，詔許之。既下車，聞有僧道巒*（巒），属火於頂，加鉗於頸，以苦行惑民（民），人心大迷信，脫*（脱）衣輟飡，竭産施与，甚為民（民）病，公付吏以鞫之，果驗姦（奸）穢（穢），遂扙殺以釋民（民）惑。未幾薛*（薛）司空復鎮平盧，表為軍司馬，詔授撿挍（檢校）職方郎中兼御史中丞，充其職。公從容中道，人望日崇，徵拜陳州刺（刺）史，兼官如故。

於是申教明令，撿（檢）身滅私，吏不敢欺，流庸歸復，政既大行，聲*（聲）馳上國，轉蔡州剌（刺）史，兼龍陂監牧使。蔡地富*（富）而人強，有兵而無節，當吴少誠時，平不知天子之威，師不奉朝廷*（廷）之制，少誠死，少陽紹其惡（惡），少陽死，其子元濟又襲之，元濟誅，始裂其地而破其号，故人心猶未知禮。軍雖散而多藏刃於私家，農雖耕*（耕）而少安業于壠*畝（畝），往往群聚望軍門以嘘嚱（嘘戲），歎旌旗之不見，竊語念乱，負氣而驕*（驕），故前為郡者，皆懼以過，時而莫能（能）絶其萌。公於是以法臨之，以恩養之，明君臣之道以訓之，章*（章）逆順之理以教之，不奪其利，不禁其欲，人大和悦*（悦），軍縣咸化。詔加左庶子以寵之，且惜其才，將授兵柄*（柄），召拜太子賔（賓）客兼御史大夫，分司東都，俟東諸侯之可換*（換）以備用也。將壇（壇）未登，二豎成疾，沉痼不損，綿于歲時，相臣聖心，猶為可任，思視其力，遂拜衛尉卿以來之。病益篤（篤），以大和六年六月廿一日啓（啓）手足于河南縣履*（履）信里之寓居，享年六十有五。

皇上悼惜，罷朝，追贈*（贈）左散騎*（騎）常侍。是年十一月，其子虔仲，筍籀等（等）護其喪，歸葬萬年縣洪固鄉畢陌原，從先司空之塋，禮也。夫人郭氏*（氏）祔焉。夫人其先太原人，隴右節度贈*（贈）太子太傅知運玄孫，儀州剌（刺）史英蕚孫，伯祖英乂右僕（僕）射，劔（劍）南兩川節度使。父涔，同州夏陽縣令。自歸于公，貞以自閑，敬以事上，順以承夫，孝以睦親，百為合禮，四德不爽（爽）。常自嗟不迨事舅姑，不得展婦道，會（會）公啓（啓）三代之殯歸于故鄉，几（凡）所禮物衣衾之具，必躬親之，薦祭酒食之饌，必親執之，隣里感其行，内外稱其德。天不福善（善），先公而終。有子八人，女六人，長適滎陽鄭氏*（氏）。長男虔仲，始窋（宦）天平軍節度巡官。筍籀*（籀），虔季，咸學文應進士舉，符通，壽楚，皆幼（幼）而有立。君子謂栢氏*（氏）代必有人也。公以捐之親則男之舅也，情則交之契也，生不相薄，歿*（歿）不相忘，遺言叙述，泣能（能）而書，其辭（辭）曰：

抑抑栢（柏）公，天鍾粹和。依仁游*（游）道，百行無他。雄文奥學，注若江波。貢藝春官，名擅*（擅）甲科。五叅（參）戎晝，三剌（刺）郡城。功被于物，德無可名。昔宰*（宰）渭南，人伏其明。及拜賔（賓）客，大振休聲*（聲）。繩*（繩）家以孝，從政以貞。温温其風，睠睠其情。用之不竭，資之不盈。進退語默*（默），雅合度程。時相知能（能），天子注意。方倚（倚）大用，命不云遂。才也未申，德而不試。古人所痛，半途殞墜。彼美（美）夫人，令德之胤。克佐君子，婉孌*（孌）淑（淑）慎。動為母儀，非礼不進。草樹蒼蒼，高墳巍巍。百歲（歲）之後，九原同歸。陵谷有變*（變），風猷不衰。積善（善）流慶，子孫宜（宜）之。

内弟鄉貢進士康復書

考釋

誌文長達兩千餘言，内容豐富，涉及面廣，具很高的歷史價值，彌足珍貴。首先，它追溯柏姓爲氏來源與死者家族世系。柏氏源遠流長，出自周朝，爲晋伯宗之後，伯宗祖父食菜于伯，因以爲氏，《左傳·僖公五年》：『江、黄、道、柏，方睦於齊。』注：柏，國名，汝南西平縣有柏亭，即古柏國地。『及三郄害伯宗』，郄即郤字，三郤乃郤犨，郤至，郤錡，并爲晋大夫，害死伯宗。伯宗之子周黎亡命于楚，始易人從木，因姓柏①，其後裔伯鴻仕漢爲魏郡太守，子孫留而不還，遂家於此而爲魏郡人。伯鴻不見于史，魏郡，漢置，治鄴在今河北臨漳縣西北四十里。

依誌文，墓主柏元封的世系官職有如下表：

伯宗……周黎……鴻……季纂——敬仁——謇——造——良器——元封
柏國國君　漢魏郡太守　隋祁令　唐工部尚書　蘄州長史　大理少卿　獲嘉令　鄧州刺史　左領軍衛大將軍　平原郡王　衛尉卿　上柱國

元封之子：
虔仲（天平軍節度巡官）
筠籀（進士）
虔季（進士）
符通
壽楚

柏良器，《新唐書》有傳，其子者，并見兩唐書。《新唐書·柏良器傳》：『字公亮，魏州人，父造，以獲嘉令死安禄山難』。魏州，後魏置，隋改武陽郡，故城在河北大名縣東。據本誌，籍貫魏郡，史誤爲魏州。父造，以射策考試成績優异得中甲科而授獲嘉令。安禄山叛亂，于天寶十四載（七五五）末攻陷東都洛陽，圍獲嘉，造不降遇害，追贈鄧州刺史。獲嘉故城在今河南新鄉市西。良器爲報父仇，乃學劍術，從戎爲李光弼部將，平山越，解寧陵圍，録功封平原郡王，終左領軍衛大將軍，贈陝州大都督。誌云：『贈司空』，爲史書所缺。安史之亂，是唐朝由盛轉衰的樞紐，這方墓誌記載了誌主祖孫三代在這一巨大變故中的作爲事功。祖父柏造不爲安禄山逆焰所屈，以身殉職。父良器在平亂和與藩鎮勢力的鬥争中屢建奇功，得封郡王。誌主元封雖未入史傳，而其與梟帥王承宗，田季安折衝樽俎，片言安邦的事迹，更是感人至深，可謂一門忠烈，勠力朝廷。如此重要的史實，賴此誌得以揭發，彰顯于世，從而爲唐史研究增添了許多難得的資料。

據誌文，元封幼年入學習詩賦，年十五以父蔭授太僕寺丞，督弟讀書，使之成名，『光登太常第，休問傍暢，播於藩方』。按其弟應是柏耆，《舊唐書》本傳稱『柏耆者將軍良器之子，素負志略，學縱横家流，會王承宗以常山叛，朝廷厭兵，欲以恩澤撫之，於蔡州行營以畫干裴度，請以朝旨奉使鎮州，乃自處士授左拾遺，既見承宗，以大義陳説，承宗泣下，請質二男獻兩郡，由是知名』。元封爲諸路將帥所器重，聘書紛至，惟先後從袁滋，薛平鎮守白馬津（河南省滑縣北），授左金吾衛兵曹參軍，節度推官，遷觀察判官。

左金吾衛兵曹參軍，爲十六衛屬官，正九品上，掌翊府、外府武官，兼掌獵師②。

會鎮帥王士貞死，男承宗盜據其地，憲宗皇帝命中貴人承璀帥師以征，詔潞將從史後兵而進……

元和四年（八〇九）三月，成德軍節度使王士貞死，子承宗嗣位，于十月反叛朝廷。成德軍本史朝義所置恒陽節度使，割據恒（河北省正定縣）、定（河北省定縣）、易（河北省易縣）、深（河北省深縣）、冀（舊冀縣）、趙（舊趙縣）等州，治所恒州。節度使張忠志降，賜名李寶臣，名其軍曰成德。寶臣死，子惟岳叛，裨將王武俊殺之。興元元年（七八四），武俊去僞號，詔拜恒、冀、深、趙節度使，琅邪郡王。貞元十七年（八〇一）死，長子士貞襲位，歲貢數十萬緡，比諸鎮爲恭。士貞死，子承宗于元和四年（八〇九）十月叛，執保信軍節度使薛昌朝。憲宗命宦官吐突承璀爲行營兵馬招討處置使討伐之，詔潞帥盧從史合兵進攻。承璀豎人，昧于韜略，盧從史又私通承宗，勒兵不進，以致期年無功，于是計擒從進，送朝廷。憲宗皇帝念及承宗祖父王武俊有破朱滔功而釋其罪。事見兩唐書王武俊，朱滔傳。先是武俊與田悦擅稱王…國號趙，以恒爲真定府，封建百官。興元元年（七八一）去僞號，拜恒、冀、深、趙節度使，加司空，琅邪郡王。武俊與李抱真合兵擊朱滔，滔大敗，遁歸幽州。承宗因乃祖有此平叛亂安社稷之功而獲『釋其罪』。

『詔承璀還師。路出於魏，魏田季安屈强不順，亦内與承宗合。承璀不敢以兵出其境，請由夷儀嶺趨太原而來…公曰：「…臣願假天威，將本使命諭季安，使以壺漿迎師。」…季安伏其義，…師遂南轅』

此段述王師伐趙（王承宗）返回的詳細過程，生動具體，爲唐書有關列傳所漏載。王承宗拒命，朝廷令吐突承璀將左右神策軍率河中、河陽、浙西、宣歙兵討伐，神策大將酈定進戰死，神策軍本由市井販夫組成，不堪戰陣，適河東兵攻下一屯，小有斬獲，武義軍節度使張茂昭又敗其于木刀溝，承宗懼而上書謝罪，時宿師無功，餉糈不繼，帝憂之，遂罷兵，盡以原領地畀承宗。師還，『路出于魏』。魏，即魏博鎮，從田承嗣始，割據魏、博（山東省聊城市）、貝（河北省清河縣）、磁（河北省磁縣）、洺（河北省邯鄲市東）等七州，鎮治在魏州（河北省大名縣東）。時魏將田季安，乃承嗣孫，擁兵自雄，不順朝廷，亦暗與承宗朋比自固，由是承璀不敢率兵過其境，打算繞道夷儀嶺奔太原而歸。夷儀嶺在河北邢臺縣西，此道迂遠不説，且示魏鎮以怯，有礙皇家體面，故憲宗猶豫不決。會元封公差到京，皇上召見問計，他説，如果那樣，不但有失體統，還可能導致魏鎮的割據勢力更加囂張，陰謀紐結的更爲緊密。于是他奉命北上，『語季安以君臣之禮，陳王師過郊之義』，終于説服季安，使王師得以過境而南，這是元和五年（八一〇）秋冬間事。元封因是功而遷大理評事，攝監察御史。爲正八品下，掌分察百僚，巡按州縣等職事。

> 時汴帥韓弘入觀，其妻繼來，僕隸輿馬，殆千數乘。監軍轉公食於御驛。自梁抵華，無以非法革之者，畏韓之勢也，公遂停給，以正條令，君子推其能

元和十四年（八一九）七月，淮西諸行營都統，許國公韓弘，以汴、宋、亳、潁四州獻歸有司，入京朝覲，汴之牙校千餘人扈從，獻馬三千，絹五十萬。沿途地方當局，懾于弘的權威，供食驛站，無敢違者。時元封爲渭南縣令，當入覲必經之地，竟停止供給，以正法令，人推其能。據《新唐書·韓弘傳》：『弘自汴來朝，獻馬三千，絹五十萬，絁綿彩二三萬』。從《舊唐書》本傳：『盡携汴之牙校千餘人入覲，…進絹三十五萬匹，絁三萬匹，銀器二百七十件』來看，此誌所記『僕隸輿馬，殆千數乘』是符合事實的，至于弘妻繼之而來，以及他們給沿途地方帶來的沉重負擔，在史書上却没有記載。

> 先是天平自李師古不率法度，朝廷之制不行于軍，師古死，其弟師道繼其勃，憲宗含垢未誅，日稔其惡，盈不可赦，遂命征之，既伏其罪，授馬公鉞，卑革其風。公既至，馬公委政與公，嘉畫密謀，内陳外施，其俗大變，其政日新

天平軍，即平淄青鎮帥李師道後，析鄆（山東省東平縣）、曹（山東省曹縣）、濮（山東省鄄城）等地爲一道，授馬摠爲節度使，賜號天平軍。淄青鎮系安史之亂後節度使李正已割據淄（山東省淄川鎮）、青（山東省益都）等十五州，囊括山東全境，與魏博鎮帥田承嗣、相衛鎮薛嵩、鎮冀鎮李寶臣、山南東道梁崇義輔牙相倚，遥相應助，形成時而聯合對抗唐朝中央，時而又互相攻殺的方鎮割據勢力。他們的節度使之職或父子相繼，或由兵將擁立，只是由朝廷加以認可而已。

李正已死，子納立與魏鎮田悦等連横反唐，稱齊王，置百官。貞元八年（七九二）納死，子師古自稱留後，招降納叛，陰結死士，德宗之喪，遽出兵欲掠州縣，聞順宗立，始罷兵。元和元年（八〇六）師古死，部屬擁其弟師道而奉之，仍行不法，宰相杜黄裳欲削其權，憲宗以用兵川蜀，剿滅劉辟叛軍，未遑休整之故而隱忍未發。而師道越發猖狂，沮阻王師伐蔡（河南省汝南縣），與蔡帥吴元濟互相呼應，暗地勾結。派人焚燒河陰倉錢米，刺殺宰相武元衡，傷中丞裴度。元和十二年（八一七）王師克蔡，吴元濟伏誅。師道懼。割地、質子予朝廷，復悔背約，憲宗怒，削其官，下令諸道兵進討，武寧節度使李愿首破其衆，略地至平陰（山東省平陰縣），横海節度使鄭權、宣武節度使韓弘、淮南節度使李夷簡、魏博節度使田弘正及陳許節度使李光顔等各軍亦連戰克捷，拔考城（河南省蘭考縣），收東海（江

蘇省東海縣），取金鄉（山東省金鄉縣），戰東阿（山東省東阿縣）。當大軍四合遍地楚歌之際，其内部迅速分化，大將劉悟擒殺師道父子，傳首京師。時爲元和十四年（八一九）四月。盤據山東五十餘年的這一割據勢力，至是蕩平。遂分淄青鎮爲泰寧、天平兩軍。

天平軍節度使馬揔得到柏元封的襄助，使重歸王有的這一地區風俗大變，政治一新，上下和睦，誌主因而被薦任濮州刺史。

轉蔡州刺史兼龍陂監牧使。蔡地富而人强，有兵而無節，當吴少誠時，平不知天子之威，師不奉朝廷之制。少誠死，少陽紹其惡，少陽死，其子元濟又襲之，元濟誅，始裂其地而破其號，故人心猶未知禮：

蔡州（河南省汝南縣），即原淮西方鎮所轄之地，淮西鎮自李希烈起，割據申（河南省信陽市）、蔡（河南省汝南縣）、光（河南省潢川縣）等州，自稱天下都元帥（建興王）。貞元二年（七八六）李希烈被其部將陳仙奇毒殺，别將吴少誠又殺仙奇而有其地，自置將吏，不供貢賦，攻臨潁（河南省臨潁縣），圍許州（河南省許昌市），德宗命十六道兵合力進討，竟爲所敗，遂赦少誠，還其官爵。元和四年（八〇九）死，弟少陽殺少誠子元慶自立。少陽聚斂無度，劫掠商賈，招集亡命，擴充軍力，不肯朝覲。九年（八一四）死，子元濟未得任命，分兵四出，焚掠舞陽（河南省舞陽縣）、襄城（河南省方城縣）等地，唐廷乃命烏重胤、李光顔、嚴綬分領諸軍進討，綬屯蔡西境，雖小勝而終敗，光顔敗敵于時曲（河南省商水縣西南），復與重胤合力敗敵于小殷河，元濟軍數潰，重兵守洄曲，以疲弱守蔡州。十二年（八一七）十月，唐將李愬搗其空虚，以精騎夜襲蔡州，下之，執元濟獻俘長安，徇斬于市。

《舊唐書·馬揔傳》：『揔以申、光、蔡等州久陷賊寇，人不知法，威刑勸導，咸令率化：淮西賊之僞迹，一皆削蕩』。《新唐書·吴少誠傳》：『自（李）希烈以來，申、蔡人劫於苛法而忘所歸，及耆長既物故，則壯者習見暴掠，恬於搏鬥』。誌云：『蔡地富而人强，有兵而無節：不奉朝廷之制』。元濟伏誅，然『人心猶未知禮，軍雖散而多藏刃於私家，農雖耕而少安業于壠畝，往往群聚望軍門以嘘戲，歎（嘆）旌旗之不見，竊語念亂，負氣而驕』。活畫出被叛軍割據數十年剛剛光復的這一地區法令廢弛，治安混亂，兵痞横行，民不安生的社會現狀，較之史傳尤爲真切詳備。元封莅宰斯土威恩并施，『明君臣之道以訓之，章逆順之理以教之，不奪其利，不禁其欲，人大和悦，軍縣咸化』。使前任歎（嘆）爲難治的這一地區，重新恢復了唐朝的法統理教。龍陂在河南鄭縣東南，監牧使主管牧養國馬。

大和六年（八三二），柏元封死于河南縣（河南省洛陽市西）履信里寓，年六十五，同年歸葬于長安縣西韋村。

元封祖父柏造，當安史亂，不屈見殺。父良器，領兵救寧陵（河南省寧陵縣），敗淮西鎮帥李希烈，俱見《新唐書》本傳。元封雖未列史傳，而生當德宗、憲宗時期，在唐中央與方鎮割據鬥争中，他縱横捭闔，摇唇鼓舌，奔走游説，又連任地方行政長官，有所建樹，與其有關諸人如薛平、韓皋、袁滋、吐突承璀、王承宗、韓弘、崔元略、馬揔及李師道、吴少誠輩，兩唐書皆有傳，足證誌文之不虚，且其叙述之詳細過程正可補史書之所缺，所以這方墓誌是很有意義的。

元封妻族郭氏，依誌文可列表如下：

隴右節度使
太子太傅　郭知運——儀州刺史，英萼——涔，同州夏陽縣令——郭夫人（栢元封妻）

知運，《舊唐書》本傳言爲瓜州常樂人，《新唐書》説系瓜州晉昌人，故地皆在今甘肅省安西縣境，誌云『其先太原人』，由是得知他們原籍太原，後遷至瓜州。知運以抗擊突厥與吐蕃功，封太原郡公。開元六年（七一八）六胡州（陝西省靖邊縣境内）康待賓反叛，知運率將軍王皎討平之，拜武衛大將軍，九年（七二一）卒，贈涼州都督。兩唐書均如是説，而誌載『贈太子太傅』，是史傳所没有的。知運子英義，即元封妻郭氏的伯祖，亦武勇有名，在任劍南節使期間，爲政苛暴，卒爲部屬崔寧攻殺。英義弟英萼和英萼子涔，亦即郭夫人的祖與父，未見于史。

注釋

爲避太宗李世民諱，誌文之民寫作『巳』。

①趙嘉樹等編《千家姓查源》（吉林人民出版社，一九九八年）謂『到了春秋時候，（柏國）被楚國滅掉』。史如是説，而據此誌，滅柏國者實乃晋大夫三卻，《左傳》成十七『必老三卻，族大爽怒』。伯宗之孫逃難至楚，而非爲其所滅。

②《新唐書》卷四十九上《百官四上》。

③《舊唐書》卷一七七、《新唐書》卷一三三《郭英乂傳》。

原載《考古與文物》一九九二年二期。

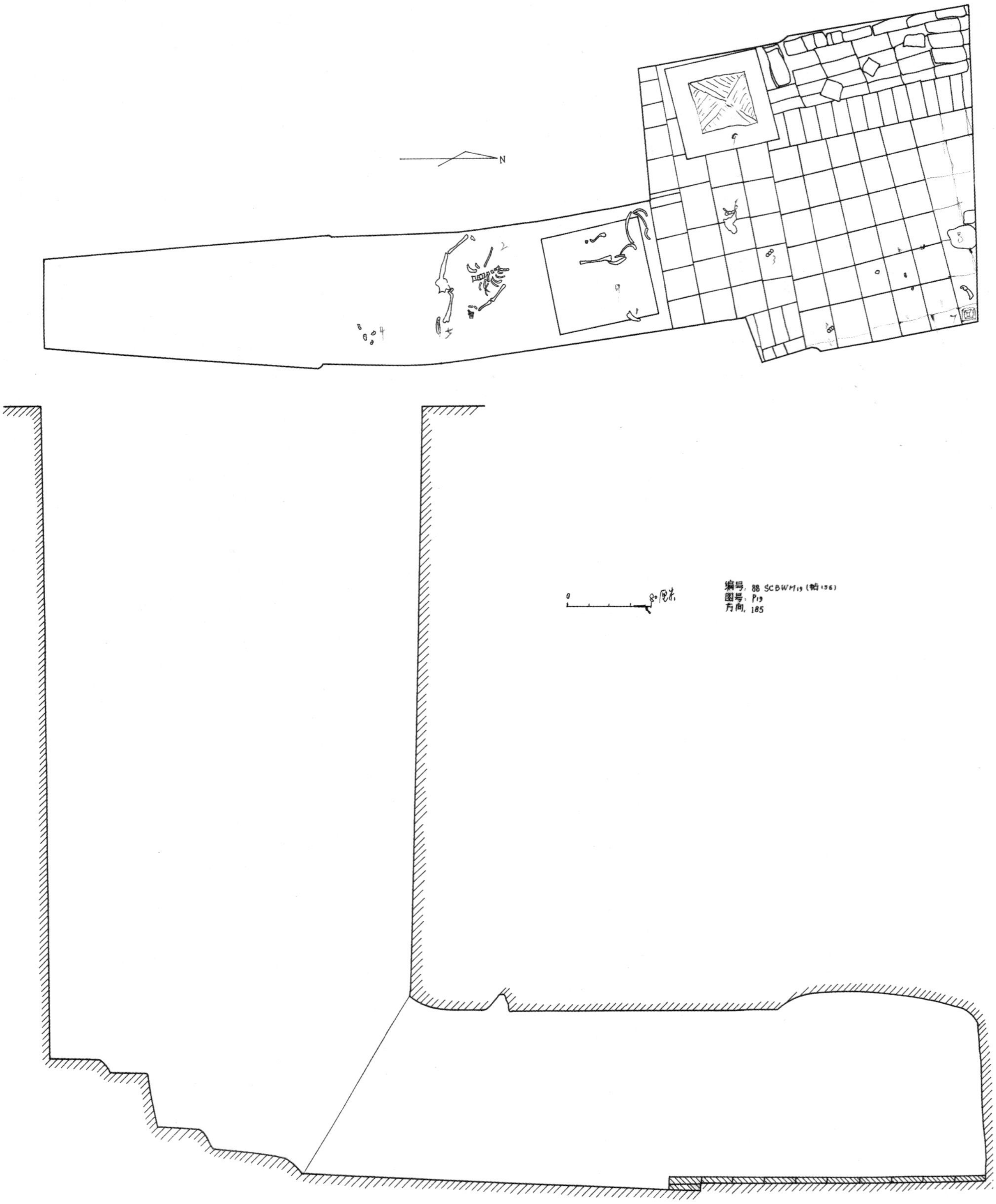
N
0
80厘米
编号: 88 SCBWM19
图号: P19
方向: 185

圖三十五 栢元封墓平面剖面圖

唐故衛尉卿贈左散騎常侍栢公墓誌銘

唐故衛尉卿贈左散騎常侍栢公墓誌銘 蓋

唐故中散大夫守衛尉卿上柱国赐紫金鱼袋赠左散骑常侍魏郡栢公墓誌铭并叙

唐故中散大夫守衛尉卿上柱國賜紫金魚袋贈左散騎常侍魏郡栢公墓誌銘并敘
承務郎守監察御史裏行驍騎尉郭揖之撰
公諱元封字孑上其先晉伯宗之後始伯宗祖父食菜於伯因伯為氏及三郤害伯宗伯宗死其子周犁竄於楚易人從木至
裔孫鴻仕漢為魏郡守子孫留而不還遂為魏郡人焉曾高祖季纂在隋為祁令入唐為工部尚書高祖敬仁蘄州長史王
父謇贈大理少卿大父造贈鄧州刺史父良器平原郡王贈司空公生有殊狀幼有老風天資聰明性本忠孝七歲就學達詩
書之義理十年能賦詩體物之玄微十五以司空武功授太僕寺丞公曰予家世儒也昔予大父以射策甲科授獲嘉縣令祿
山陷東都圍獲嘉持印不去為賊所害故吾父痛吾祖之不終遂學兵從戎將復讎以快寃叫今吾父武功立予不可不守吾
世業而苟且於官達也遂請授其弟下帷讀書不窺園林者三周於天下業成名光登太常第休問傍暢播於藩方故薛太保平
為汝州刺史辟署防禦判官公以有禮而就授秘書省校書郎府罷還京時韓公皐保釐東都表公滋鎮白馬任迪簡代薛太
保刺汝州盧從史帥澤潞皆慕公德辟書繼至公以袁公德可依諾其請奏授左金吾衛兵曹參軍充節度推官尋以嘉畫
轉支使明年遷觀察判官而薛太保復代袁公鎮白馬乞留公以舊知不去職亦不改會鎮帥王士真死男承宗盜據其地
憲宗皇帝命中貴人承璀帥師以征詔潞將從史合兵而進從史持貳心陰与承宗比承璀無功乃請先誅從史後討承宗
上可誅從史奏遂擒送闕廷復念承宗祖父有破朱滔安社稷之勳釋其罪詔承璀還師路出於魏魏將由季安屈強
未順亦內与承宗合承璀不敢以兵出其境請由東儀嶺起太原而來上以王師迂道而過是有畏於魏也何以示天下計
未出公使來京師上召對以問之公曰非獨不可以示天下且魏鎮軍心益不安而陰結愈固矣臣願假天威將本使命
諭季安使以壺漿迎師上喜即日遣之駐承璀軍[illegible]公將[illegible]命至魏語季安以君臣之礼陳王師過郊之儀季安伏其
義且請公告承璀無疑師遂南轅上謂丞相曰承璀[illegible]此并而還元封之謀也用其謀不可不賞其力宜進秩以勞之無
拘常限遷大理評事攝監察御史改其制曰録以殊勞豈限[illegible]明年[illegible]監察御史裏行充節度判官尋加殿中侍御史內供
奉仍賜緋魚袋府罷授京兆府渭南縣令彈琴無為民自知化[illegible]韓弘入覲其妻繼來僕隸輿馬殆千數乘監軍轉公
食於郵驛自梁抵華無以非法革之者畏韓之勢也公遂停給以[illegible]令為[illegible]推[illegible]能會夏大旱穀不登黎人告損內史崔
略不欲損以希上旨又將余以入公他縣無敢逆其[illegible]者懼崔之[illegible]也公獨正色陳民之困詞氣不迴竟罷余而減其常賦
他縣咸賴民用不饑君子嘉其道天平軍節度馬公[illegible]聞其事[illegible]請為節度判官檢校[illegible]部員外郎兼侍御史仍知州
事先是天平自李師古不率法度朝廷之制不行于軍師古死其弟道繼其勳憲宗含垢未誅日稔其悪盈不可

上半闕

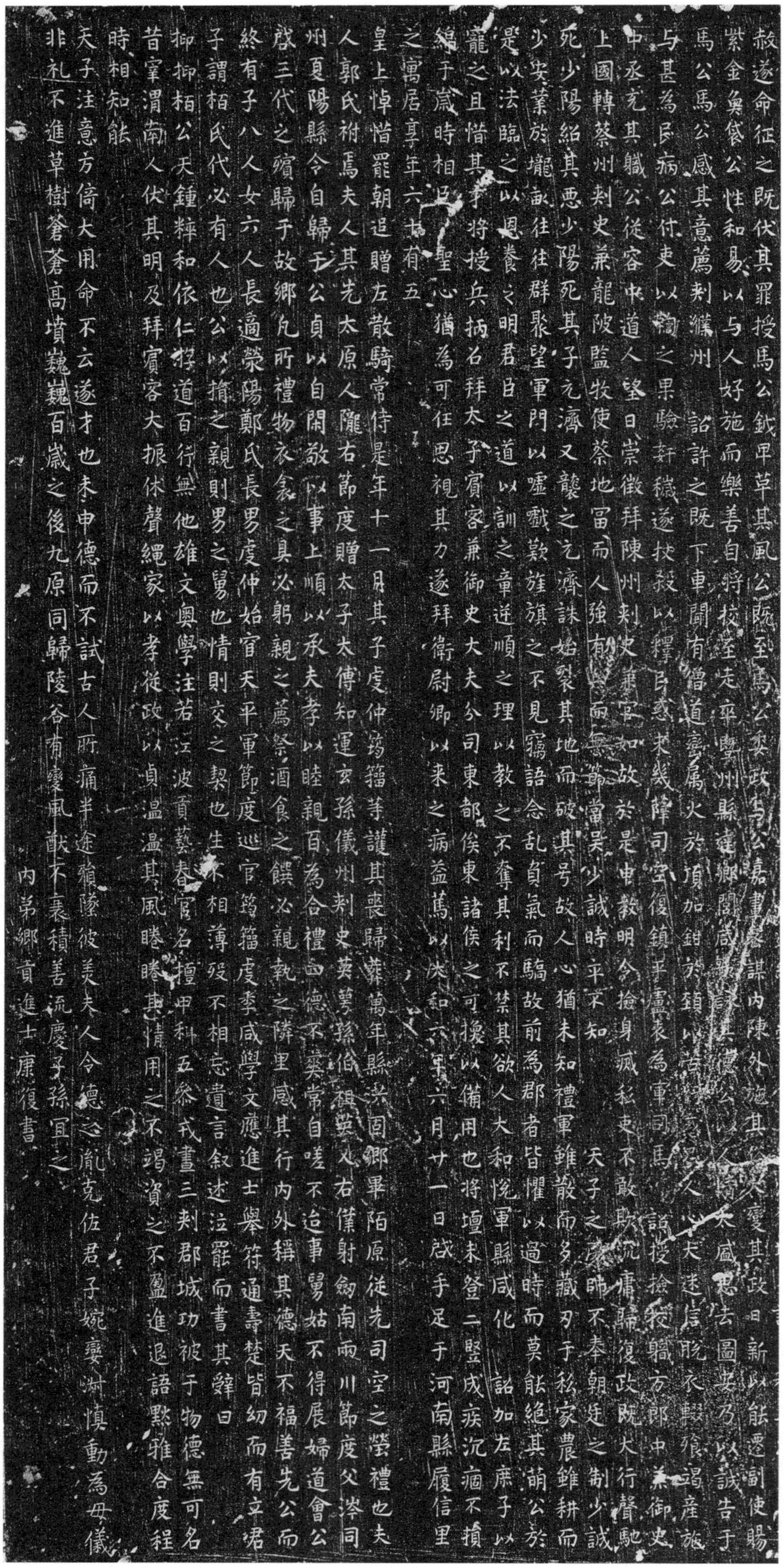

赦遂命征之既伏其罪授馬公鈇甲草其風公既至馬公委政焉公嘉畫密謀内陳外施其□□變其政日新以能遷副使賜
紫金魚袋公性和易以与人好施而樂善自將校至走卒擧州縣達鄉閭咸□□其德公以人情大感恩法圖要乃以誠告于
馬公馬公感其意薦剌濮州詔許之既下車聞有僧道惑衆火於頂加鉗於頸以苦□□人□□大迷信脫衣毀殘竭產施
与甚爲民病公付吏以鞫之果驗姦穢遂杖殺以釋民惑未幾障司空復鎮平盧表爲軍司馬詔授檢校職方郎中兼御史
中丞充其職公從容中道人望日崇徵拜陳州剌史兼宮如故於是申教明令撿身戢私吏不敢欺流庸歸復政既大行聲馳
上國轉蔡州剌史兼龍陂監牧使蔡地富而人強有□而無節當吳少誠時平不知 天子之□睎不奉朝廷之制少誠
死少陽紹其惡少陽死其子元濟又襲之元濟誅始裂其地而破其号故人心猶未知禮軍雖散而多藏刃于私家農雖耕而
少安業於壠畝往往群聚望軍門以嚧戲歎旌旗之不見竊語念乱負氣而驕故前爲郡者皆懼以過時而莫能絕其萌公於
是以法臨之以恩養之明君臣之道以訓之章逆順之理以教之不奪其利不禁其欲人大和悅軍縣咸化詔加左庶子以
寵之且惜其才將授兵柄召拜太子賓客兼御史大夫分司東都俟東諸侯之可擾以備用也將壇未登二豎成疾沉痼不損
絳于歲時相□聖心猶爲可任思視其力遂拜衛尉卿以來之病益篤以大和六年六月廿一日啟手足于河南縣履信里
之寓居享年六十有五
皇上悼惜罷朝追贈左散騎常侍是年十一月其子虔仲竊貓等護其喪歸葬萬年縣洪固鄉畢陌原從先司空之塋禮也夫
人郭氏祔焉夫人其先太原人隴右節度贈太子太傅知運玄孫儀州剌史英□孫伯祖英乂右僕射劍南西川節度父岑同
州夏陽縣令自歸于公貞以自閑敬以事上順以承夫孝以睦親百爲合禮四德不爽常自嗟不逮事舅姑不得展婦道會公
啟三代之殯歸于故鄉凡所禮物衣衾之具必躬親之薦祭酒食之饌必親執之隣里感其行内外稱其德天不福善先公而
終有子八人女六人長適滎陽鄭氏長男虔仲始宦天平軍節度巡官竊貓虔季咸學文應進士舉符通壽楚皆幼而有立婿
子謂栢氏代必有人也公以揖之親則男之舅也情則交之契也生不相薄歿不相忘遺言叙述泣罷而書其辭曰
抑抑栢公天鍾粹和依仁游道百行無他雄文奧學注若江波貢藝春官名擅甲科五參戎畫三剌郡城功被于物德無可名
昔宰渭南人伏其明及拜賓客大振休聲繩家以孝從政以貞溫溫其風睠睠其情用之不竭資之不盈進退語默雅合度程
時相知能
天子注意方倚大用命不云遂才也未申德而不試古人所痛半塗殞隧彼美夫人令德之胤克佐君子婉孌淑慎動爲母儀
非禮不進草樹蒼蒼高墳巍巍百歲之後九原同歸陵谷有變風猷不襄積善流慶子孫宜之
内弟鄉貢進士康復書

下半闕

唐朝請郎守太子中舍人分司東都韋師素墓誌（八五六）

概述

該墓誌出自武警黄金十四支隊基建工地十號墓，方向一百八十度，土坑洞室墓。土坑長二點四六米，寬零點八米至一點三二米，深四米至五點二米，底部有四臺階。甬道長一點六六米，寬一點二八米，甬道高一點七二米。墓室略呈梯形，縱長二點八二米，横寬二點二米至二點七米。高與甬道口同。甬洞口磚砌隔墻封閉，上部被盗洞破壞。墓室地面鋪磚，尸骨淩亂。兩方墓誌蓋均未扣誌石上（圖三十五）。韋師素墓誌，青石質正方形，做工粗糙，覆斗式蓋，每邊長十九厘米，篆書陰文三行九字：大唐故韋府君墓誌銘。圍以幾何紋和牡丹紋框邊。四殺部飾流雲紋。誌石每邊長四十一點五厘米，厚八厘米。四側面飾雲朵紋。誌面銘文二十九行，每行二十九字。

誌文

唐故朝請郎、守太子中舍人、分司東都韋府君墓誌銘

東都畿汝州都防禦巡官、試秘書省挍（校）書郎獨孤霖撰

将仕郎、試祕書省挍（校）書郎劉駕書并篆

韋氏之先，以氏*（氏）為姓，自啇*（商）已降，代為顯族。晉卿之述，楚傅之詩，詳矣。以至于□君之七代祖孝寛*（寬），仕周有大玏（功），封鄖國公。其後以國為房，鄖公為房之宼（最）。六代祖壽*（壽），京（京）兆尹。五代祖義節，歷工部、刑部、禮部侍郎。高祖慎惑，右金衛大将軍，皆以才徳（德）顯。曽（曾）祖諱遠奢，寧州叅（參）軍。王父諱著，京（京）兆府盩厔*（厔）縣丞，皆位不稱徳（德）。故復鍾大于皇考少保公。少保諱長，文宗朝居九列，以政事聞，累遷（遷）京（京）兆尹。豪族軍㝵（疑），屏祐如弱巳（民），府縣無礙正苦，上深知之。會（會）江陵（陵）闕，即以廉車授之。嚴*（嚴）而無遷（遷），慈而無阿，要戾于不私，而中（如字——原注）荆人便之。數年三川*（川）守闕，難其人，上曰：『東西京（京），一也。選尹豈有別戕（哉）！前為京（京）兆之能者，可復使□。』宰臣得盲（旨），即除河南尹。雍洛治殊，居二年，盡殊之理，拜平盧軍節度使。二年，累表請休，除檢校兵部尚書，兼（兼）太子賔（賓）客、分司東都。薨，贈太子少保。

府君諱師素，字，少保第一子也。少以仁敏為内外之知，舉明経（經），釋褐授鄭州中牟縣尉。轉太常侍協律郎，充渭槗（橋）給納巡官。職罷，復選授京（京）兆府醴泉縣尉，吏巳（民）畏而□之。上侍中智興師汴，聞其名，辟為觀察支使，拜監察御史裏行，又

選授洛陽縣丞，以少保在河南，改授太府寺丞、河南掾。除東縣令，不務治聲*（聲），出於他邑，而潛察下之不便（平聲——原注）者，亟更之。始無朗教平*（卒）而盡得其便，由是大治。百姓*（姓）相率詣府乞留（留），河南尹奇（奇）之，以聞，會（會）已有代，拜太子中舍人、分司東都。官清無入扃，未嘗雜出，与鄙者游（游），常以貞静自處（處），洛人稱不及。大中十年二月八日，遘疾，終于尊賢里苐（第）。年若干，凢（凡）再娶，夫人皆博陵（陵）崔氏。以鼎（鼎）族名緒，配我令門，以淑（淑）行柔儀，合我清範。

有子五人，長曰貞，兗（兗）州中都縣主簿。次曰回，鄭州叅（參）軍。次言，次咼，舉進士。小曰収（收），曺（曹）州文學，皆勇於善（善）而急於學，千里可知於一步也。女六人，長適前同州白水縣令令狐納。次適河南府倉曺（曹）叅（參）軍李台符。次適前鄭州管城縣主簿常蘊。三人尚幼（幼）。前夫人先君而終，葬于京（京）兆府萬年縣，以今七月祔君于夫人之塋。貞等*（等）将護喪（喪）自洛赴京（京）。請余為誌，誌且銘曰：

後亡之慶，必復之榮。傳承既肖，綆蔓（蔓）誰京（京）？佐邑有績，參幕以名。昔惠赤子，今也流聲*（聲）。昇朝分務，豈用金籯。以受以遺，時惟我経（經）。後風可扇，永揚素清。

考釋

朝請郎，文散官名。隋始置，在八郎（見『朝議郎』）中位第三，煬帝時罷。唐、宋無，均文官第十八階，正七品上。元豐改制用以代前行員外郎、侍郎史，後定爲第二十階。金、元均不置。

太子舍人，官名，初設置于秦朝，是執掌東宫宿衛的，後來也兼管秘書、侍從之職。太子舍人至宋遼時期歷朝歷代幾乎都有設置，其中絶大多數時期定品較低，爲七品，北魏時定爲五品中，爲歷朝代最高。太子舍人字面易視作太子屋下之人，始爲宿衛之用。自漢開始，也會選擇德行高尚之人任太子舍人之職，目的是讓其陪伴在太子身邊，以其人高尚的修養品行影響太子。由于官品不高，其中不乏一些名臣，後來調任『太子洗馬』（三品）等職。例如，蜀漢四相中的董允、費禕。

分司東都，唐東都，即洛陽。由于唐高宗、武后時多居東都洛陽，玄宗以後諸帝雖然都居住長安（除短期避亂外），但洛陽原來那一套略同于長安的職官建置并没有省去，凡在那裏任職的，叫做分司東都，或稱爲分司，這些官員都由東都留守總之。分司各官署往往空存其名，于是朝廷常以貶降或閑廢的官員安置在此。這裏的官員一般是除按期拜表行香外，只領俸而不任事。

防禦巡官，唐宋防禦使簡稱防禦使，官名。唐代開始設置的地方軍事長官。唐代防禦使全稱爲防禦守捉使。有都防禦使、州防禦使兩種。州防禦使最早見于聖曆元年（六九八），唐朝以夏州都督領鹽州防禦使。開元二年（七一四），又授薛訥爲隴右防禦使。唐玄宗李隆基爲平定安禄山的叛亂，天寶十四載（七五五）十一月詔令在軍事衝要地區置防禦使，次年正月以許遠爲睢陽郡太守兼防禦使，隨後期在河南、河北、河東、關内、山南、劍南等地設置。至德元年（七五六）後，置于中原大都、軍事要地，掌管軍事由刺史兼任，後又常與團練使互兼。肅宗寶應元年（七六二）五月，詔停諸州防禦使。但不久，代宗又復置，并一直延續到唐末五代。

將仕郎，文散官名。隋始置，唐爲文官第二十九階，即最低一階，從九品下。唐代自開府至將仕郎，爲文散官，共二十九階。見《新唐書・百官志一》。唐宋從九品下爲將仕郎，金升爲正九品，元升爲正八品，明爲正九品初授之階。唐韓愈《與于襄陽書》：『將仕郎守國子四門博士韓愈，謹奉書尚書閣下』。

秘書省校書郎

秘書省，是我國古代專門管理國家藏書的中央機構。從東漢後期設立秘書監起，到南北朝升爲秘書省，金元時期再降爲秘書監，至明初被撤銷，其歷史長達一千二百餘年之久。秦始皇焚書後，天下藏書幾爲一燼。再加上手抄方式和簡帛載體的限制，對于普通人來説，圖書是至爲珍貴的物品。西漢以來，朝廷曾多次下詔求書，藏于宮内秘府，等閑人難得一見，『秘書』一詞即由此而來。在這種特定的歷史環境下，秘書省自然備受重視，享有較高的地位。随着歷史的發展和社會的進步，秘書省也經歷了一個由興而盛、由盛而衰的過程。唐宋以後，印刷出版技術逐步成熟起來，圖書數量越來越多。很多地方都出現了官府和私人設立的書院、藏書樓等，即使在中央，藏書機構也不僅限于秘書一府了。在政治、經濟等諸多因素的影響下，秘書省的重要性逐漸削弱，最終被其他機構取代。秘書省的興廢過程，在一定程度上反映了我國古代官方圖書館事業的發展歷史。

校書郎，官名。掌校讎典籍，訂正訛誤。東漢朝廷藏書于東觀，置校書郎中。後魏秘書省始置校書郎，唐秘書省與弘文館皆置，宋屬秘書省，遼屬秘書監著作局，金、元屬秘書監。元并掌鑒定書畫。明清廢。

工、刑、禮部侍郎，唐中央政府設有尚書省及吏、户、禮、兵、刑、工六部。工部掌百工之事。刑部佐主刑邦國，主斷獄。禮部掌祭祀、典命，主吉凶禮制。部之長爲尚書，侍郎其副也。

侍郎，官名。漢代郎官的一種，本爲宫廷的近侍。東漢以後，尚書的屬官，初任稱郎中，滿一年稱尚書郎，三年稱侍郎。自唐以後，中書、門下二省及尚書省所屬各部均以侍郎爲長官之副，官位漸高。相當于現在的部長、副部長級別。

太子少保、太師、太傅、太保，都是東宮官職。太師教文，太傅教武，太保保護其安全。少師、少傅、少保均是他們的副職。

誌文首先揭示其門第世系，誌主韋師素是孝寬七世孫。排如下表：

韋孝寬，鄖國公——壽，京兆尹——義節，工、刑、禮部侍郎——慎惑，右金衛大將軍——遠奢，寧州參軍——著，盩厔縣丞——長，太子少保——師素，分司東都——貞、回、啚、收；及女兒六人。

廉車，指觀察使、廉訪使、按察使等赴任時所乘的車子。『即以廉車授之』，是授以上述官員的代稱。宋孫光憲《北夢瑣言》卷三：『廉車發日，自霸橋乘肩輿，門生咸在。』

教卒，指受過教育訓練的兵卒。《吕氏春秋·簡選》：『齊桓公良車三百乘，教卒萬人，以爲兵首，橫行海內，天下莫之能禁。』

誌主韋師素出身豪門，以明經入仕，初授中牟縣尉，數遷至監察御史。縣令，更改不便于民之政令，壤境大治，以至百姓乞留。後任太子中舍人，分司東都。以大中十年（八五六）二月八日逝于洛陽尊賢里第。兒子貞等護送靈柩由洛赴京，于同年七月祔葬于萬年縣其夫人之塋。誌主凡兩娶，皆博陵崔氏女，前夫人先其去世，葬京兆府萬年縣。師素于兹來祔葬一起。

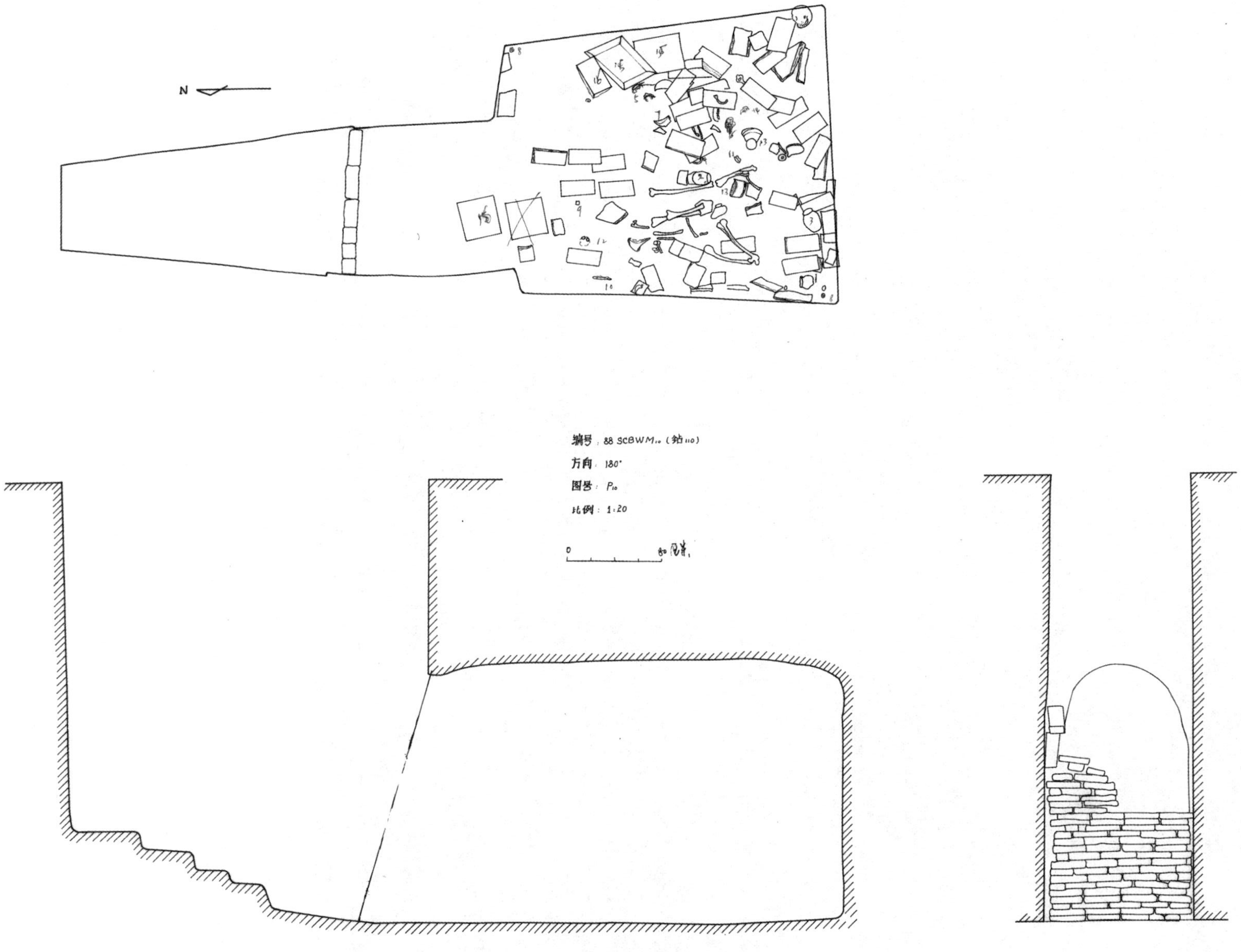
N
编号：88 SCBWM10（鉆110）
方向：180°
图号：P10
比例：1:20
0
80

圖三十五 韋師素夫婦合葬墓平面剖面圖

大唐故
韋府君
墓誌銘

大唐故韋府君墓誌銘 蓋

唐故朝請郎守太子中舍人分司東都韋府君墓誌銘

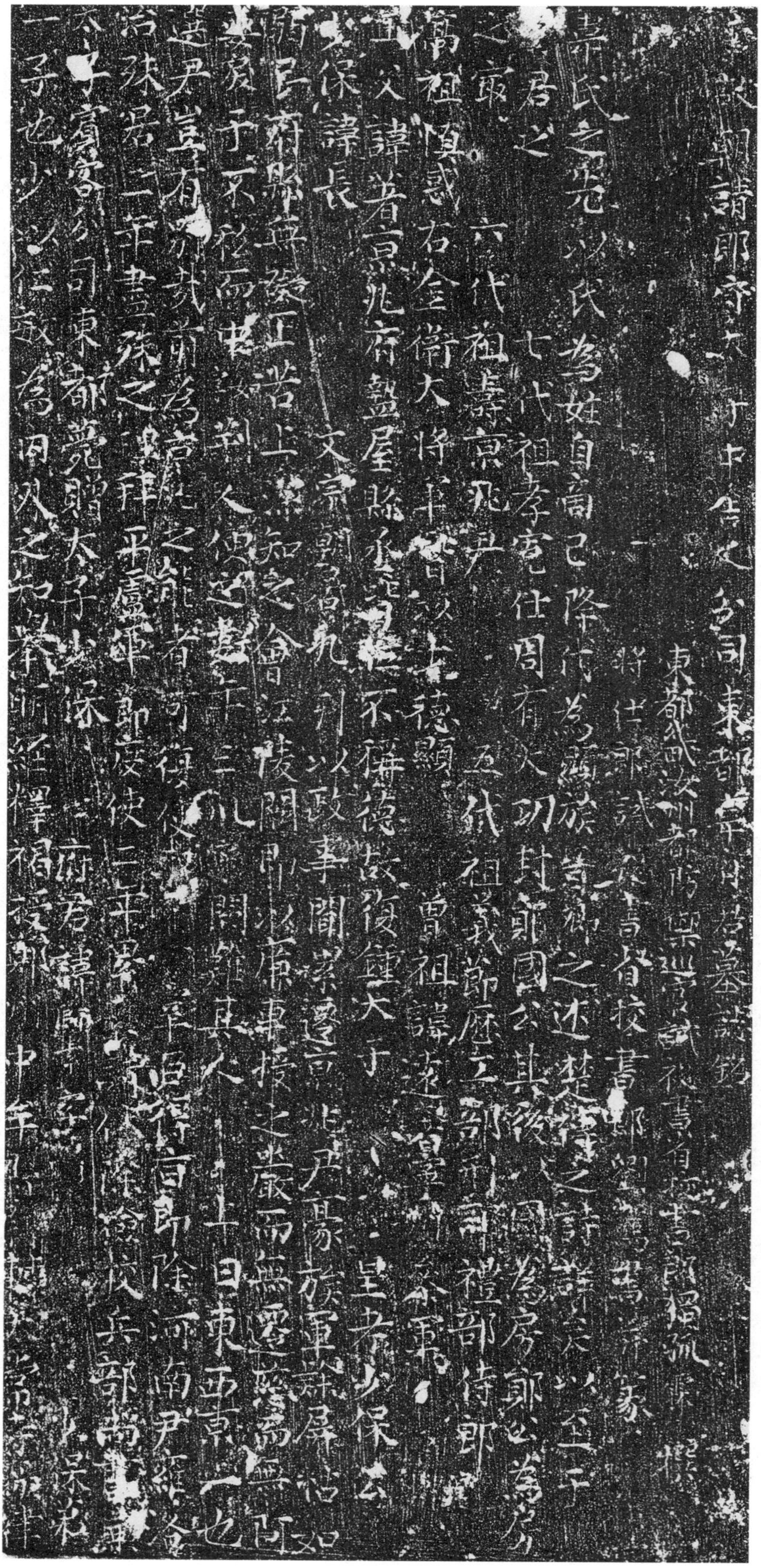

上半闕

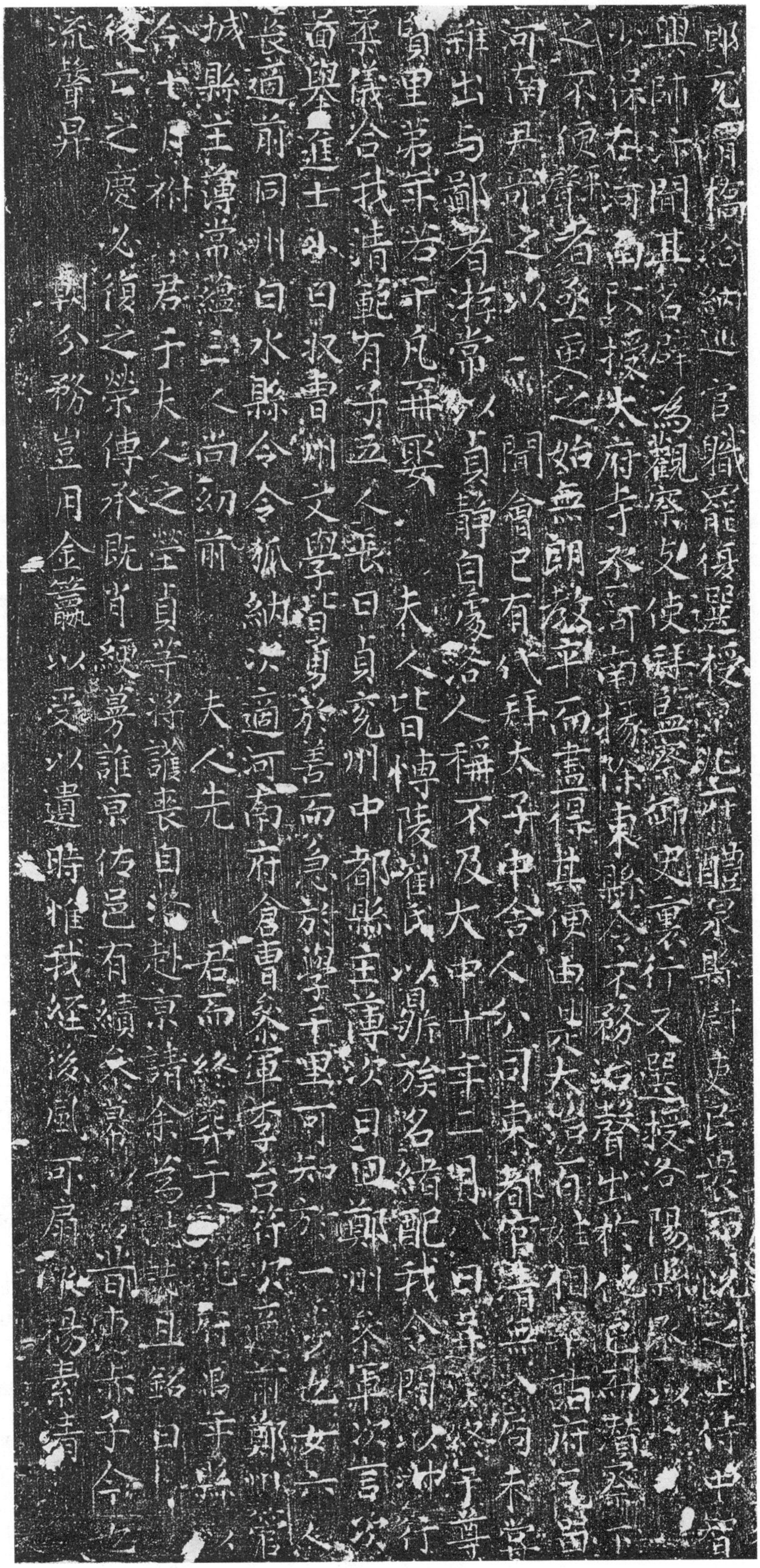

下半闕

唐韋師素妻崔氏墓誌（八三九）

概述

該墓誌同夫誌都出自武警黄金十四支隊基建工地十號墓。覆斗式蓋，頂部每邊長二十厘米，蓋面中央有行書三行九字：故夫人博陵崔氏墓誌。周圍加刻半日形紋飾。四殺部各一團花紋。誌石每邊長三十四厘米，厚五點二厘米。銘文二十五行，每行滿格二十五字，書法秀媚。

誌文

唐守大府寺丞分司東都韋師素

故夫人博陵崔氏*（氏）墓誌銘

将仕郎前試左武衛兵曺（曹）叅（參）軍韋同撰

夫人崔氏*（氏），博陵茀*（第）五房。曽（曾）祖仙童，皇京（京）兆（兆）府士曺（曹）、太子司議郎。祖㓜（幼）簡，皇進士及第、殿*（殿）中侍御史、賜緋魚（魚）袋。父珦，皇河南府永寧縣丞。鼎（鼎）族之大，廿（世）業公侯，軒冕聯（聯）綿，千歳（歲）不絶，當朝而重，赫赫弈弈焉。夫人即丞公之長女也。夫人四德既備，孝敬兼全，肅*（肅）雍鏘鏘，咸和睦睦。年及初笄，歸于我宗門之族，配疋君子，琴瑟既調，和鳴有序，理家整齊，孰（孰）敢不正？及乎夫丞舅命，授官從（從）職，支*（支）離一方，不得盡其色養，常悒結心胸。去歳（歲）喜舅改官東府尹，葺（葺）王畿。此時得行乎婦道，問安寢*（寢）膳，晨昏之儀，益乎荘（莊）敬。尚未歲周，崔氏俄有崩禍。夫人凶絻未訃，家信不通，孝本因心，憂灼纒綿，寤寐（寤寐）之間，神理彰異，奄忽淪亡。嗟*（嗟）乎蕣英，朝啓（啓）輝艶，始乎陽春，風燭不畱（留），飊悲代謝。開成四年已未歳（歲）正月廿一日沒*（没）于尊賢里之私第，享年廿九。有子三人，有女三人，嗣子一人，嗣女三人。嗣女適江陵府叅（參）軍李中立。子女皆㓜（幼）稚，不勝其喪*（喪）服，呱呱哀哀，𧝑褓號啼。孰（孰）不悽惻，聞者亽（亦）悲。其年二月癸丑朔八日帰（歸）祔于上京（京）萬年畢原先塋之*（次），禮也。悲夫！異室之義，期乎偕老，痛一劒（劍）之先沉，惜鋒鋩之巨鈌（缺）。良人之自護，望日西轅，旅櫬飄飄，帰（歸）魂千里，庭*（庭）宇狼藉。閨門静寮，明鏡塵埃，繐*（繐）幃風掃，玄門一閇（閉），終天不開。紀石蒼苔，屢乎海變（變）。其銘曰：

夭*夭*（夭夭）桃蕣，灼灼青春。貞松難比，孟母為隣。婦德四備，迎帰（歸）百兩。畢以和睦，孝忠事上。和鳴鏘鏘，恭謙（謙）敬讓。奄忽淪沒*（没），音容不忘。幽途永隔*（隔），寘寞茫茫。㓜（幼）稚嗚咽，帰（歸）魂舊鄉。月弔夜臺，松柏蒼蒼。貞石永鎮，終閇（閉）

玄堂。

考釋

大府寺丞，官名。即『太官丞』。秦漢少府屬官，太官令副貳，東漢有左丞、甘丞、湯官丞、果丞各一員，三國魏沿置。南朝宋置一員，隸侍中；南齊一員，隸尚書省；梁、陳改隸門下省。北魏隸光禄卿。北齊置爲光禄寺太官署次官。隋、唐沿置，隋朝八員，正九品下；唐朝四員，從八品下。明洪武八年（一三七五）光禄寺置爲次官，曰大官丞，一員，從七品，後增爲四員。清順治元年（一六四四）光禄寺大官署置爲次官，滿洲一員，康熙三十八年（一六九九）增一員；漢一員，康熙十五年省。初爲正六品，康熙九年定從七品。

左武衛，十六衛制度，是衛府制的高級階段，是隋唐府兵制的結晶。衛府制的建立，是北周武帝和隋文帝加强中央集權的措施之一，它將禁兵和府兵系統融合爲一。這種衛既是府兵的基層組織——軍府的領導機構，也是掌管京城宿衛的機構。

兵曹參軍，官名。漢司隸校尉屬官有兵曹從事史，有軍事則置之以主兵事。北齊各州有中兵、外兵、騎兵等參軍，郡有兵曹掾佐。隋各州及左右衛等軍府有兵曹參軍。唐諸衛府、東宫諸率府、王府、京府、都督府、都護府均稱兵曹參軍，諸州稱司兵參軍，掌軍防烽驛門禁田獵儀仗等事。《隋書》、兩唐書記此官，『參軍』下有『事』字，《通典》、《通考》無『事』字。

京兆府士曹，京兆府，唐朝開元元年（七一三）設置的府，這是府作爲行政區劃的開始。京兆府不同于地方的是，該行政機關可以不受逐級上訴的約束，凡經證實證據確鑿的案件案犯是可以當堂判死刑的。

士曹，官署名。東漢末曹操丞相府屬諸曹之一，以屬爲長官。晋代沿置。南朝宋公府，北魏州，東魏公府，北齊三師二大三公府、諸州府，隋州（郡）府、王府、大將軍府皆置。長官因時而异，有參軍、行參軍、從事、佐等。隋開皇三年（五八三）改名爲司士。唐三都、諸州、都督府、王國復置，掌土功、公廨、津梁、舟車、工藝等，長官爲士曹參軍事或司士參軍事。宋代于開封府、應天府及次府置，初掌官員到任、罷任之批書，後掌士人婚姻、田土、鬥訟。大觀二年（一一〇八）天下州郡并置，以參軍爲長官。

太子司議郎，官名。唐太宗貞觀十八年（六四四）于太子門下坊置，員二人，正六品上，掌東宫侍從規諫，駁正啓奏，并記注皇太子出入動静及宫内祥瑞、宫長除拜、死喪等事，歲終送史館。高宗龍朔二年（六六二）改門下坊爲左春坊，遂隸之，并分置左、右，咸亨元年（六七〇）復舊，不分左右；睿宗景雲二年（七一一）又改隸左春坊，職比給事中。遼朝南面官東宫左春坊亦置。

進士及第，中國古代科舉制度中，通過最後一級中央政府（朝廷）考試者，稱爲進士。進士是科舉考試的最高功名。及第，指科舉考試應試中選。科舉殿試時，録取分爲三甲：一甲三名，賜『進士及第』的稱號，第一名稱狀元（鼎元），第二名稱榜眼，第三名稱探花，三者合稱『三鼎甲』；二甲若干名，賜『進士出身』的稱號；三甲若干名，賜『同進士出身』的稱號。二、三甲第一名皆稱傳臚，一、二、三甲統稱進士。其中，科舉考試的第一名『狀元』這個稱號，也一直保留到了現在。凡是在文科理科考試中考得第一名的人，都稱爲『狀元』。

殿中侍御史，據《舊唐書·職官三》：『殿中侍御史六人，從七品下，掌殿廷供奉之儀式。凡冬至、元正大朝會，則具服升殿。若郊祀、巡幸，則于鹵簿中糾察非違，具服從于旌門，視文物有所虧闕，則糾之。凡兩京城内，則分知左右巡，各察其所巡之内有不法之事』。《新唐書·張行成傳》：『召補殿中侍御史，糾劾嚴正。太宗以爲能。』

歷史沿革

兩晋南北朝沿置。隋改稱殿内侍御史。煬帝時省。

唐復置殿中侍御史，掌糾察朝儀，兼知庫藏出納。

誌主娘家世系如下圖：

崔仙童，京兆府士曹、太子司議郎——幼簡，進士及第、殿中侍御史——珣，縣丞——崔氏（韋師素妻）。

據誌文，誌主崔氏于唐文宗開成四年（八三九）正月廿一日病逝，享年廿九歲。以同年二月歸祔畢原。而誌石與夫誌同出于武警黄金十四支隊基建工地十號墓，可知葬韋師素時，她們才葬歸于同穴。

兹根據韋師素夫婦的這兩方墓誌，并參照韋壽墓誌，其世系當如下圖：

韋壽——寶鸞
寶鸞
三岳——義節——慎惑——遠奢——著——師素——男 貞 回 言 畐 收；女六人
崔氏——師素

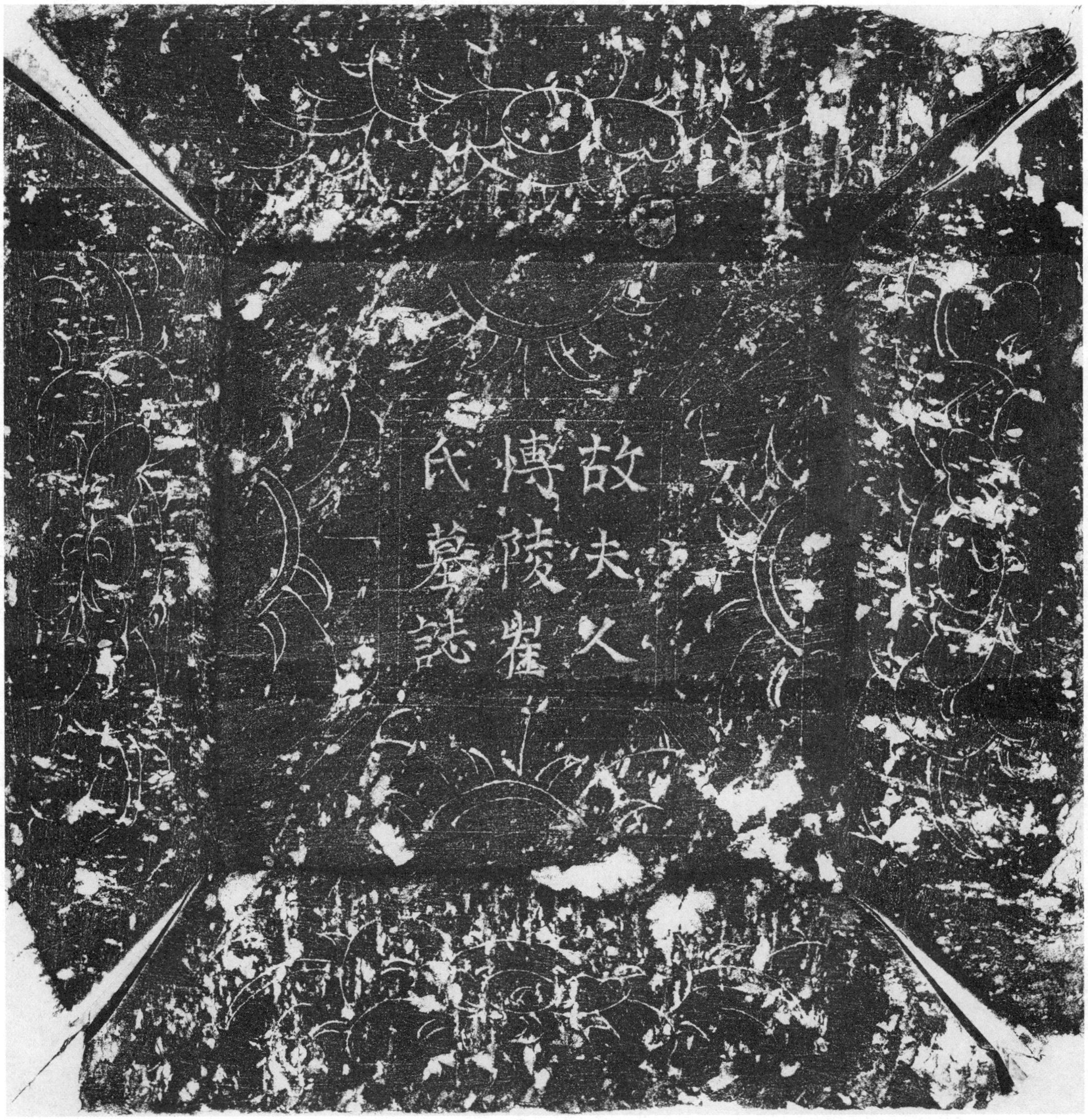
故夫人
博陵崔
氏墓誌

故夫人博陵崔氏墓誌 蓋

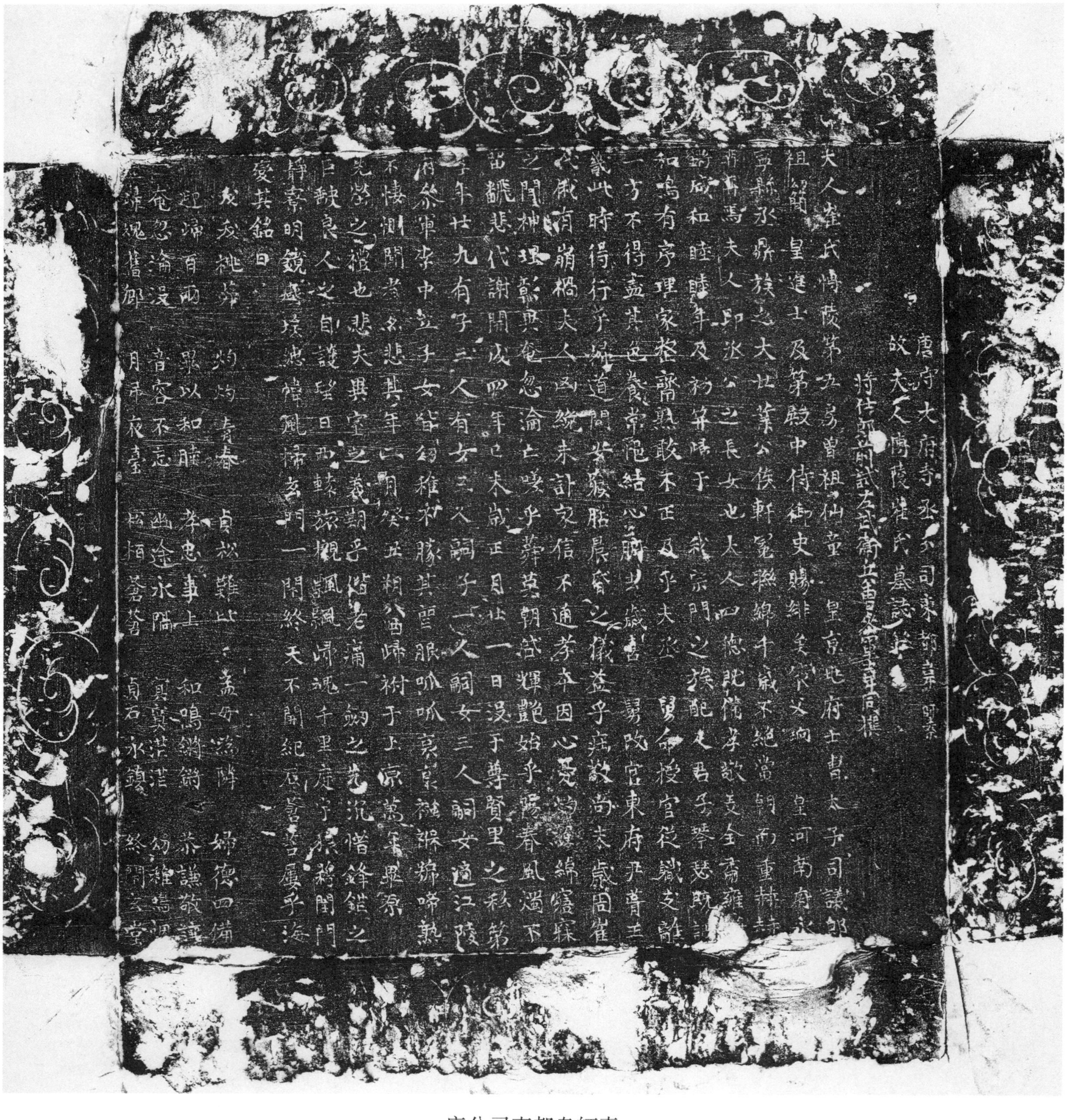

唐分司東都韋師素

故夫人博陵崔氏墓誌

唐守大府寺丞兼司東都畿察
故夫人博陵崔氏墓誌銘
侍從郎前試右武衛兵曹參軍盧后撰

夫人崔氏博陵第五房曾祖仙童
祖簡皇進士及第殿中侍御史賜緋皇京兆府士曹太子司議郎
考昇皇朝散大夫行河南府士曹參軍
烈考咸和夫人即郊之長女也太夫人四德比𠢕孝敬朝夕琴瑟既諧
鍛咸和睦暌年及初笄于歸宗門之姨配建君乎夫人全蕭雍載
有鴻有序埋家叅齊熟政不正及乎夫承命授官東府參戰支離
一方不得盡其色養常飽結心胸廿歲暑易改官尚太歲固崔
歲此時不得行苦妹道間安疲胼之儀鎰子庭散尚夫歲綿𥺩塚
飞歲倚崩檔太人圖繚未計家信不通苓本因忘覺鶺蜺綿𥺩塚

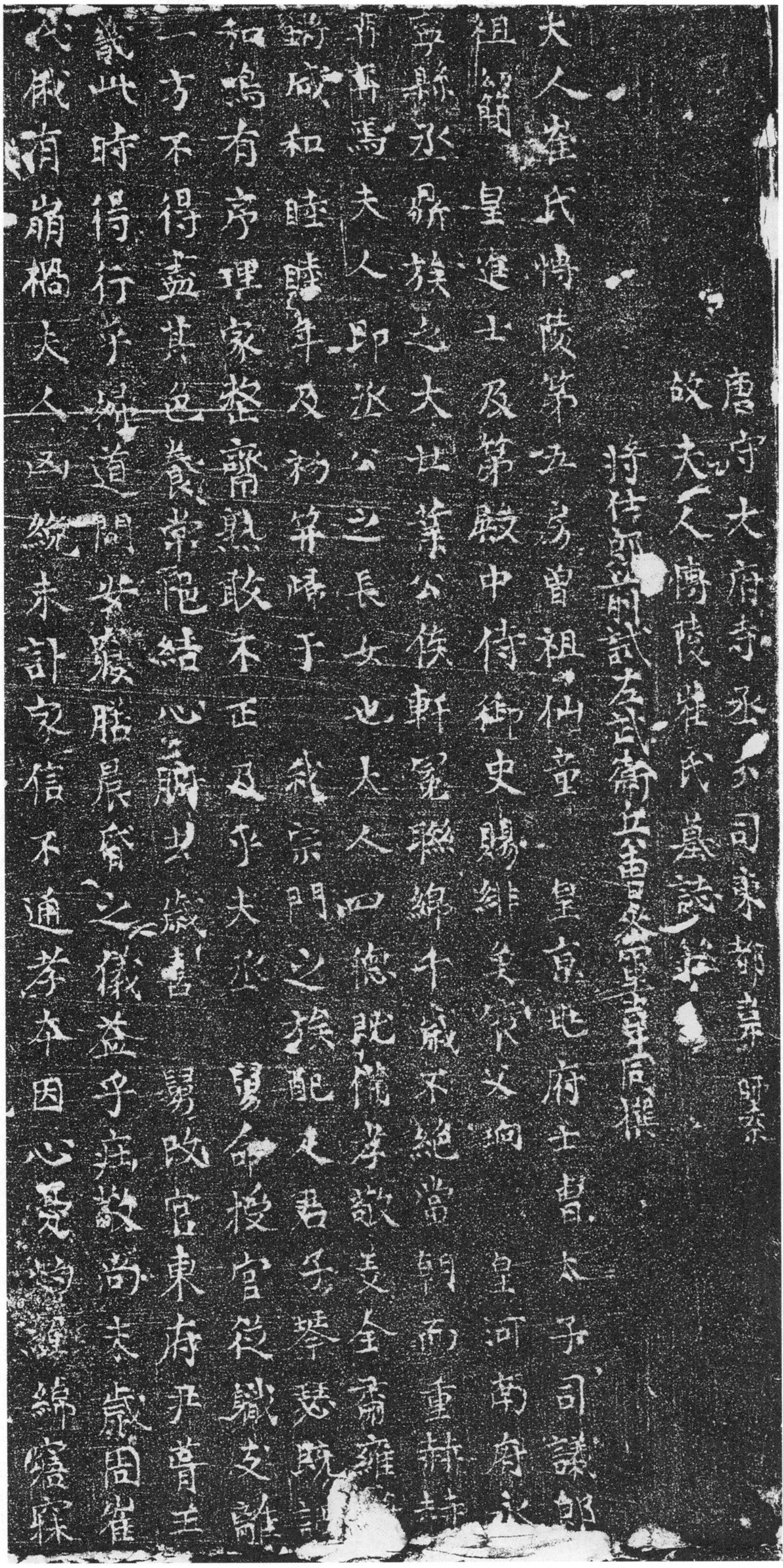

上半闕

之間神理奄忽淪亡葬英朝歲輝艷始乎陽春風遒下
閒悲代謝開成四年乙亥歲正月一日歿于尊賢里之秋第
齔軍李中立子三人有女二人嗣子一又嗣女迺江陵
不懷測聞荷名子女皆幼稚於滕其曾服呱呱哀啼熟
先縈之禮也悲夫其年八月癸丑朔公窗歸祔于上京萬象
日飲泉人之自護望曰西轅朝乎偕考涌之花泥惜
靜素明鏡瑩想悼悵風歸者門飄風歸魂千里定
愛其銘曰一閒終天不開紀石菩薩
發挑萼灼灼青春貞松難比
銘迎歸百兩 孝忠事上慈和鳴鏘鏘
奄忽淪沒 幽途永隔 貞石永
魂歸舊郎 鬱鬱松烟
音容永夜不忘 蒼蒼
月乎臺

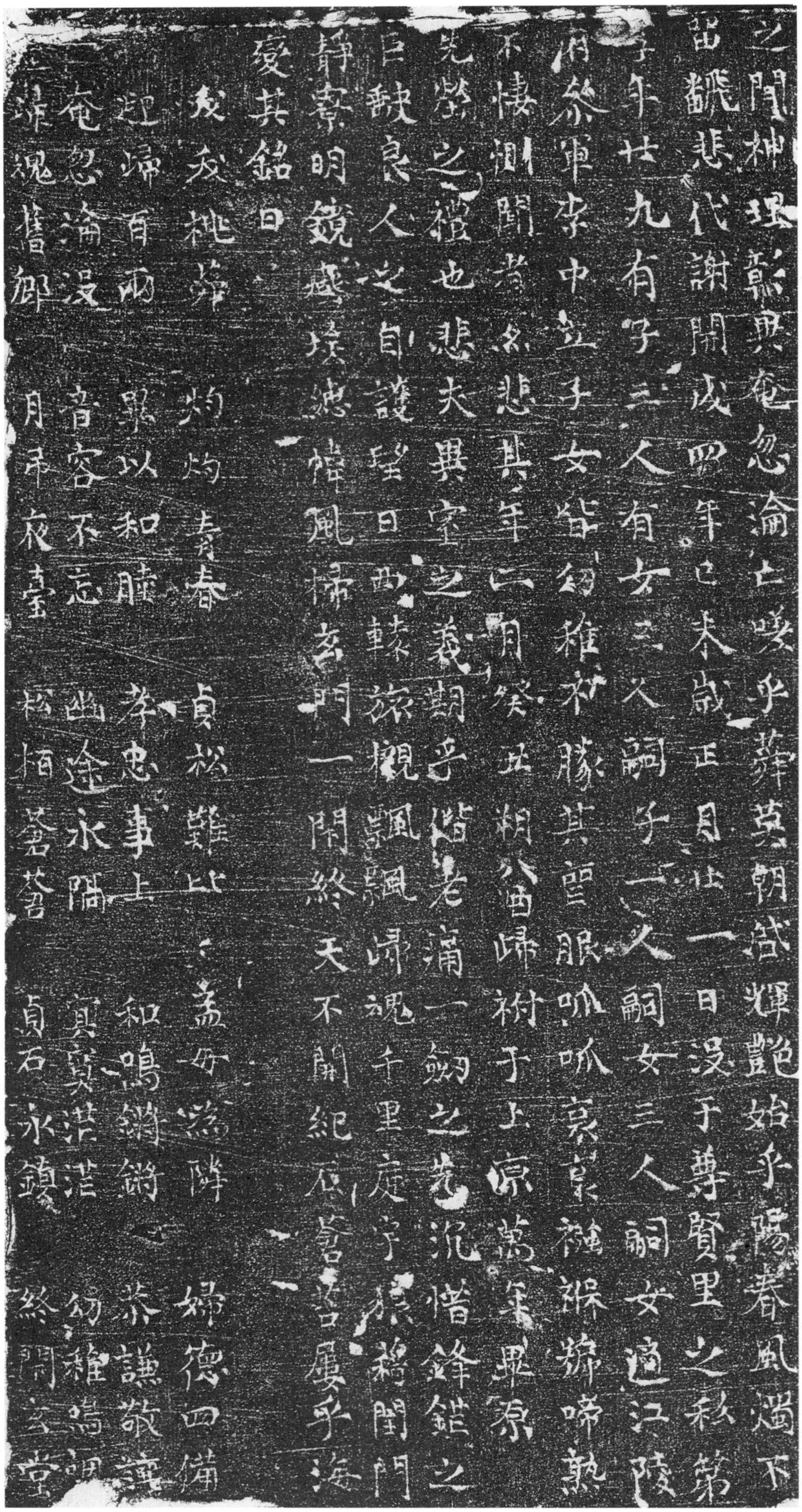

河東薛氏長殤女墓誌（八五九）

概述

該墓誌出自武警黄金十四支隊基建工地三十一號墓。方向一百八十度，土坑洞室墓，呈刀把形。土坑長四點四六米，寬一米至一點五五米，深四點一米至四點三米，坑底有一臺階。墓洞室縱長四米，横寬二點二七米至一點五二米，後壁比洞口一邊窄短。墓洞口高一點七七米。地面鋪磚，有縱横方形枕木各三根，分别長出墓壁，朽没後留下洞窩。尸骨散亂，陶器破碎。墓誌置墓室中（圖三十六）。覆斗式蓋，工藝粗糙，頂部每邊長二十一點五厘米，蓋面篆書陰文三行九字：大唐故薛氏長女墓誌。四殺部有細綫紋飾。方形誌石每邊長三十三厘米，厚六厘米。銘文二十一行，每行滿格二十一字。

誌文

河東薛*（薛）氏長殤女墓誌銘并序

鄉貢進士韋詢撰

薛*（薛）氏*（氏）分泒（派），始自臯陶，鼎*（鼎）盛扵時，輝焕圖譜。曽（曾）王父諱承矩，皇大理寺丞。王父諱昱，皇鳳翔少尹，賜緋魚袋。父凌，前任衛尉少卿，賜緋魚袋。女即少卿之殤長也。嗚呼！女生及笄，方議良配，不幸丁其外艱*（艱），至性自哀，銜哀扵内，水浆杜*（杜）口，號叫（叫）無時，苫塊未除，柴毁*（毁）已甚。少卿常自撫而勉之曰：『天奪尔恃，誠則不仁，越制違経（經），扵吾何有？』女則强自整*（整）飾，欲解*（解）慈顔，晝或節哀，夜常悲泣，由是氣息缊惙，疾疹大侵，報本遺（遺）形，終期迫□，雖乖喪*（喪）紀，固在不移。以大中十三年八月十三日殁于親仁里之□□（僦舍）地，始年二十二。以其季（年）十月十五日窆于長安萬年縣洪固鄉胄貴里北韋曲原，權袝于外氏*（氏）之封域，從其志也。少卿雖（雖）過而未娶，常卜姓宜吉*（吉），娉（娉）于張氏*（氏）夫人。女有二兄二妹，皆同器，昆與妹也。每晨昏之外，怡怡自親，訓導多方，綽有裕，遽*（遽）成長夜，永閟冥鄉。哀叫（叫）之聲，痛如刀鋸。少卿即詢之外兄，也嘗因造慰，泣叙悲懷，寃叫而言，感慟鄰里。请为铭誌，兔谢不从，陵谷虞迁，剋石誌墓，乃為铭曰：

嗚呼！豈競無歸而命之使脩*（脩）耶，將有適而命之使短耶？不然，何脩*（脩）短之分，成倚（倚）□之數窮耶！

考釋

鄉貢進士。撰誌文者韋詢，不見于史。但據以可知，韋氏是誌主的舅家，故其（權袝于）葬于韋氏墓地。

皋陶，傳説舜時的司法官。《書·舜典》：『帝曰：皋陶，蠻夷猾夏，寇賊奸宄，汝作士。』《論語·顏淵》：『舜有天下，選於衆，舉皋陶，不仁者遠矣。』

大理寺丞，在北齊時爲七品。隋時爲正七品下。唐時爲從六品上。唐朝的大理寺丞，相當于現在的最高法院下的分管副院長。大理寺，官署名。相當于現代的最高法院。

鳳翔少尹，鳳翔縣今隸寶鷄市，地處關中平原西部，南瀕渭河。少尹，官名。唐初諸郡皆置司馬，開元元年改爲少尹，是府州的副職。唐杜甫有《赴青城縣出成都寄陶王二少尹》詩。至宋，名存實亡。後爲州縣輔佐官，如縣丞、典史、吏目、巡檢之類的別稱。

賜緋魚袋，是指皇帝賞賜緋衣與魚符袋的意思。舊時皇帝一般給予某個大臣獎勵，就根據此大臣的相應品級賜予相應的服飾，名曰：某魚袋。此處被賜緋魚袋者，爲五品以上朝官。

衛尉少卿，官名。北魏置，隋、唐、五代爲衛尉寺次官。協助衛尉卿掌供宫廷、祭祀、朝會之儀仗帷幕，通判本寺事務。隋初置一員，正四品上，煬帝加一員，從四品。唐代爲從四品上。高宗、武后時，皆随本寺改稱司衛少卿，後復舊。

薛氏長殤女，誌諱其名。曾祖父薛承矩，官至大理寺丞，爲高級司法官員。祖父昱，官鳳翔少尹，賜緋魚袋。父親淩，前衛尉少卿。均史籍無名。誌主因遭祖父喪事，哀傷過度，日夜悲泣，以至于大中十三年（八五九）八月十三日病逝于親仁里之□□地，年方二十二歲，尚未出嫁。同年十月十五日葬于長安萬年縣洪固鄉胄貴里北韋曲原，權祔于舅家之墓地。

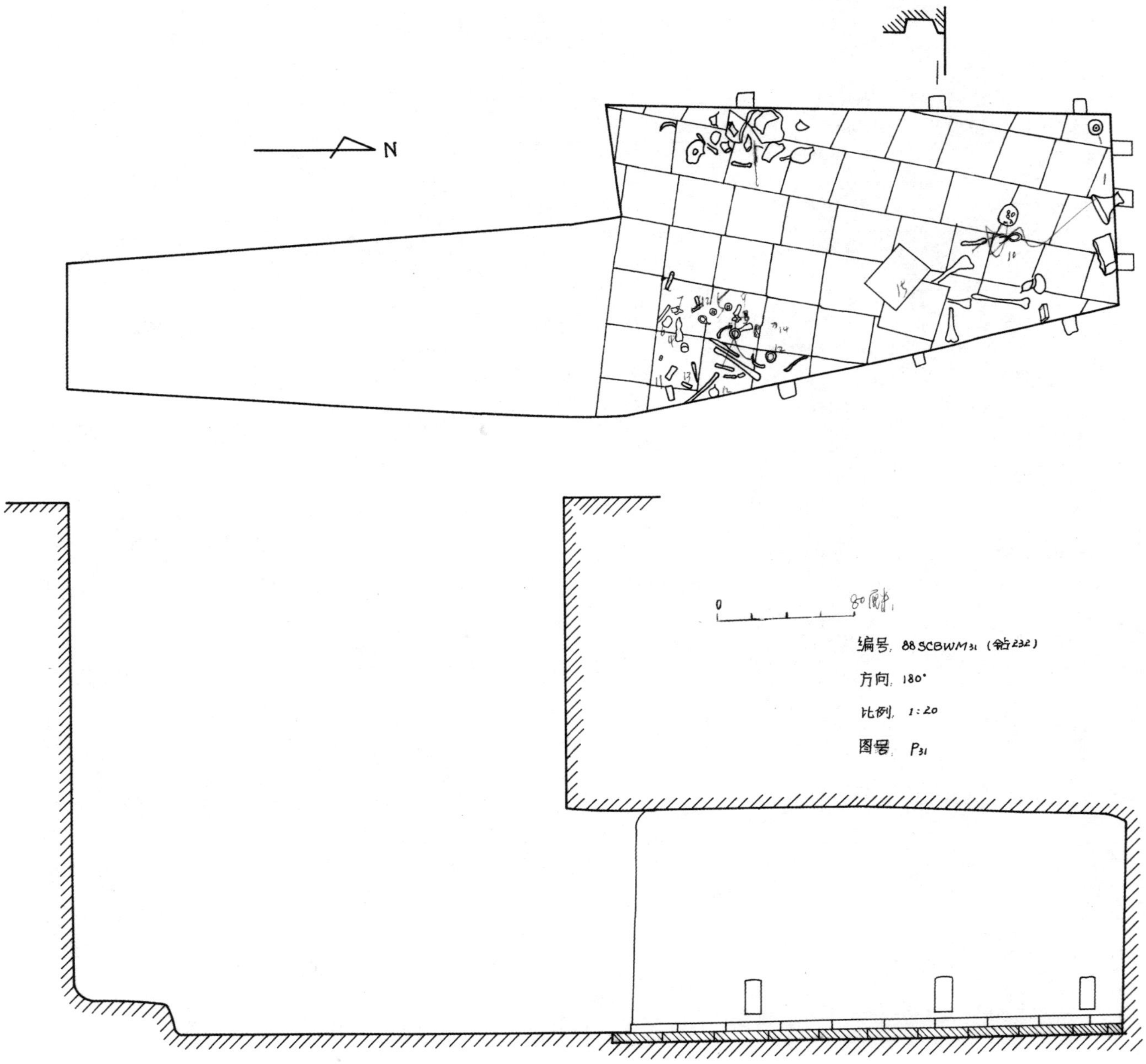
N
0
编号. 88SCBWM31 (
方向. 180°
比例. 1:20
图号. P31

圖三十六　薛氏長女墓平面剖面圖

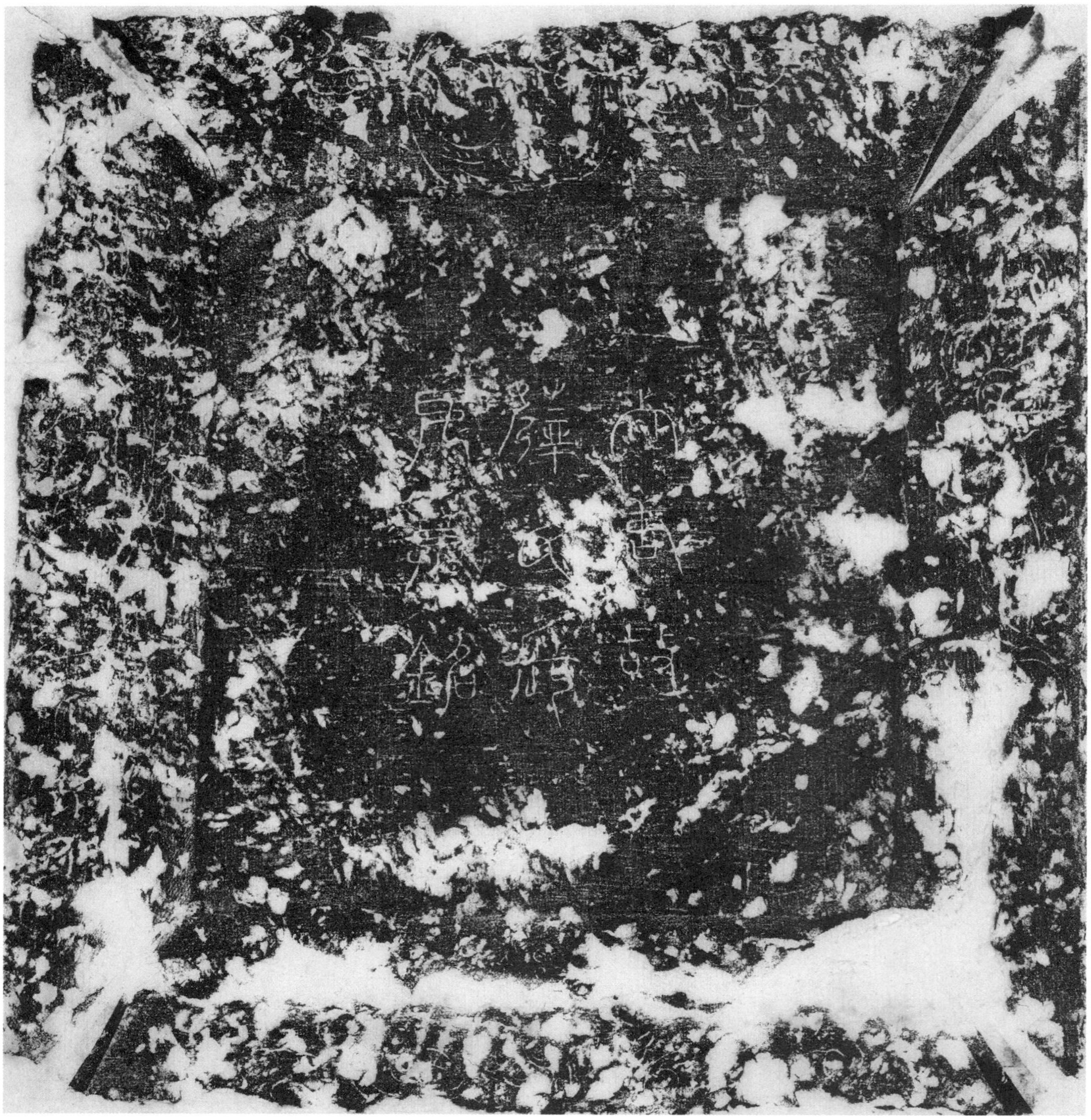

大唐故薛氏長女墓铭 蓋

河东薛氏长殇女墓誌铭并序

唐薛氏次殤女墓誌（八五九）

概述

該墓誌出自武警黄金十四支隊基建工地三十號墓，與乃姊薛氏長女三十一號墓東西并列，位稍偏南，相距三米。方向一百八十五度，墓的形狀與大小幾乎與三十一號墓相同，惟墓坑較深，爲六點三二米，坑底無臺階，棺下也未鋪墊枕木。曾經盗擾，殘存随葬物有鐵剪、陶罐、破碎陶俑及數十枚銅錢（圖三十七）。墓誌置墓洞口，青石質正方形，覆斗形蓋，頂部每邊長二十二厘米，面刻篆書陰文三行九字：大唐故薛氏次女墓銘。誌石每邊長三十二厘米，厚五點二厘米。銘文二十行，行二十字。

誌文

河東薛（薛）氏次殤女墓誌銘并序

鄉貢進士韋詢撰

有唐大中十三年九月五日，女□□十六殁于親仁里之僦舍，其年十月十五日□□長安萬年縣洪固鄉冑貴里北韋曲原，權祔于外氏之封域，與□□姉（姊）之隣闕，從其志也。薛（薛）氏之門，弈代軒冕，女之冑胤，扵此不書。曾王父諱承矩，皇大理丞。王父諱昱，皇鳳翔少尹、賜緋魚袋。父凌，前任衛尉少卿，賜緋魚袋。女即少卿之次殤也。女未及笄，丁其外艱，未幾而又喪其愛姊，銜哀靡訴，晝夜悲啼。生性自天，動合经制，視之孩紹，喪亡不□。少卿方軫闈房之悼，而又喪其長女，念其遺露，鍾愛特深，誘諭多方，終難解釋。久嬰宿疢，遂至彌留，親侍毉方，待其少嗟（瘥），湯藥稍進，眄（眠）卧似安，倉卆（卒）之間，奄然而往。少卿即詢之外兄也，□往吊焉，悲叙哀懷，欲有其請，曰：『卜宅宜吉，連舉二喪，淚眼將枯，警魂已矣。觸情傷悼，生意全無。追往念存，所懷難遣。輀車并駕，丹旐雙驅。既往何知，戕生莫甚。申哀瀉恨，宜有其文。託此悲誠，吁謝無已。』是虞遷谷，敢此直書。銘曰：

在家孝，出嫁豈無天，洲（淑）慎其德，永閉窮泉，權窆異鄉。

考釋

據誌文，河東薛氏雖然是名門望族，但誌主的曾祖父薛承矩，祖父薛昱，父親薛凌都不見于史籍。

兩誌主系姊妹倆，都是衛尉少卿薛凌的女兒。兩墓相鄰，方向一致，形制、規模與陪葬物不分軒輊，連各誌撰寫都由同一人韋詢包攬。只是妹墓早發掘兩天，編爲三十號墓，姊墓晚出，爲三十一號墓。這裏爲行文方便，仍將長殤女排序于前，其人生前本來多病，復遭祖父或外祖父之喪（丁外艱），絕食號哭不止，于大中十三年（八五九）八月十三日去世，年二十二歲，尚未出閣，『方議良配』之時。唐代普遍早婚，十三、十四、十五、十六歲就結婚了，二十二歲已是大齡剩女。更不幸的是『久嬰宿疾』十六歲的妹妹，在痛失愛姊後，日夜悲泣，病情加重，也于九月五日『奄然而往』。同年十月十五日薛凌連舉二喪，將長、次殤女同時安葬，作爲父親，白髮人送黑髮人，情何以堪，難怪其『泪眼將枯』、『生意全無』了。

該二少女没有出嫁，和經受不了失去親人的打擊，以致在二十多天内相繼死亡，殆與其疾病纏綿、體質虚弱大有關係，可能在其親族中有某種傳染病發生。研究醫學與衛生史者，殊堪注意。

河東（今山西省）薛氏二女『權祔（葬）于外氏之封域』的這一事例，正好説明『大曆十才子』之首的著名詩人、范陽人盧綸的父母盧之翰與韋夫人，與其少子，綸之弟弟盧綬夫妻的坟墓，爲什麽會在韋氏家族墓地被發現?原來出嫁的韋家姑娘，其本人與夫婿子女，也可以祔葬在韋氏家族墓地裏的。這真是雄風萬里的大唐大家族風範！

僦舍，指租賃之屋。唐蘇鶚《杜陽雜編》卷中：『（王沐）遂跨蹇驢，至京師索米僦舍。』宋歐陽修詩：『一從僦舍居城南，官不坐曹門少客。』

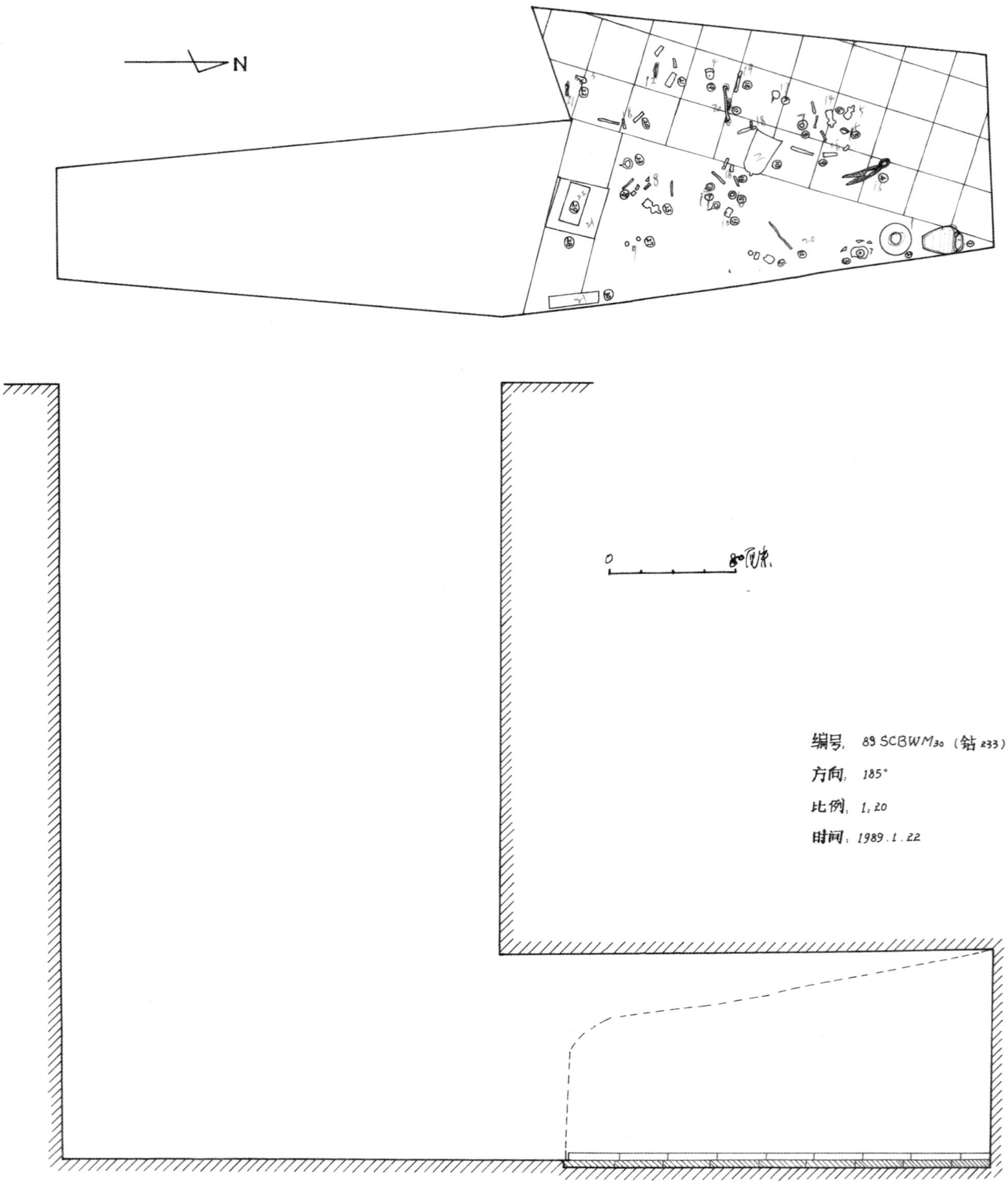
N
0
80厘米
编号, 89 SCBWM30 (鈷 233)
方向: 185°
比例: 1:20
时间: 1989.1.22

圖三十七　薛氏次女墓平面剖面圖

大唐故薛氏次女墓銘 蓋

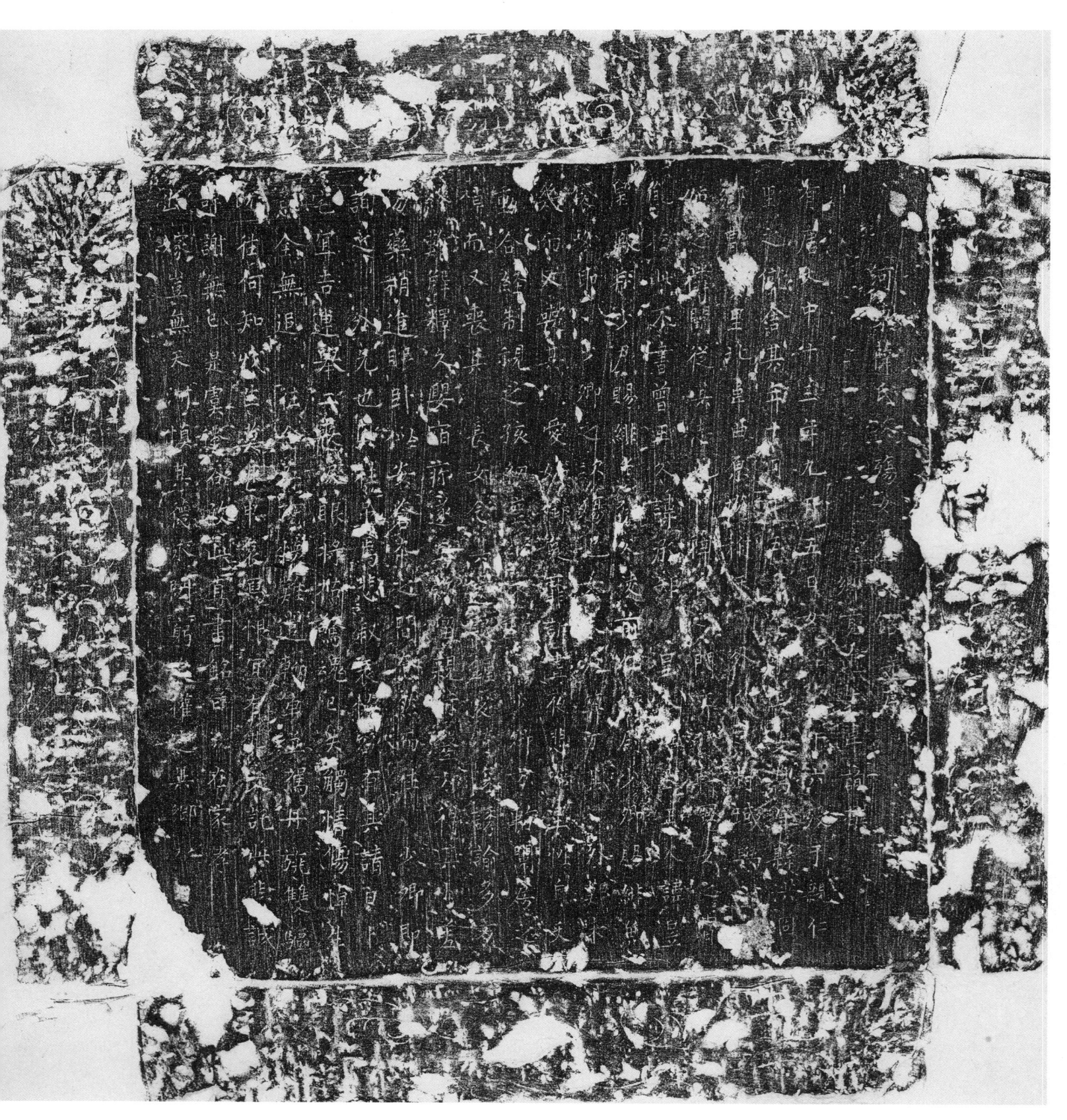

河東薛氏次殤女墓誌銘并序

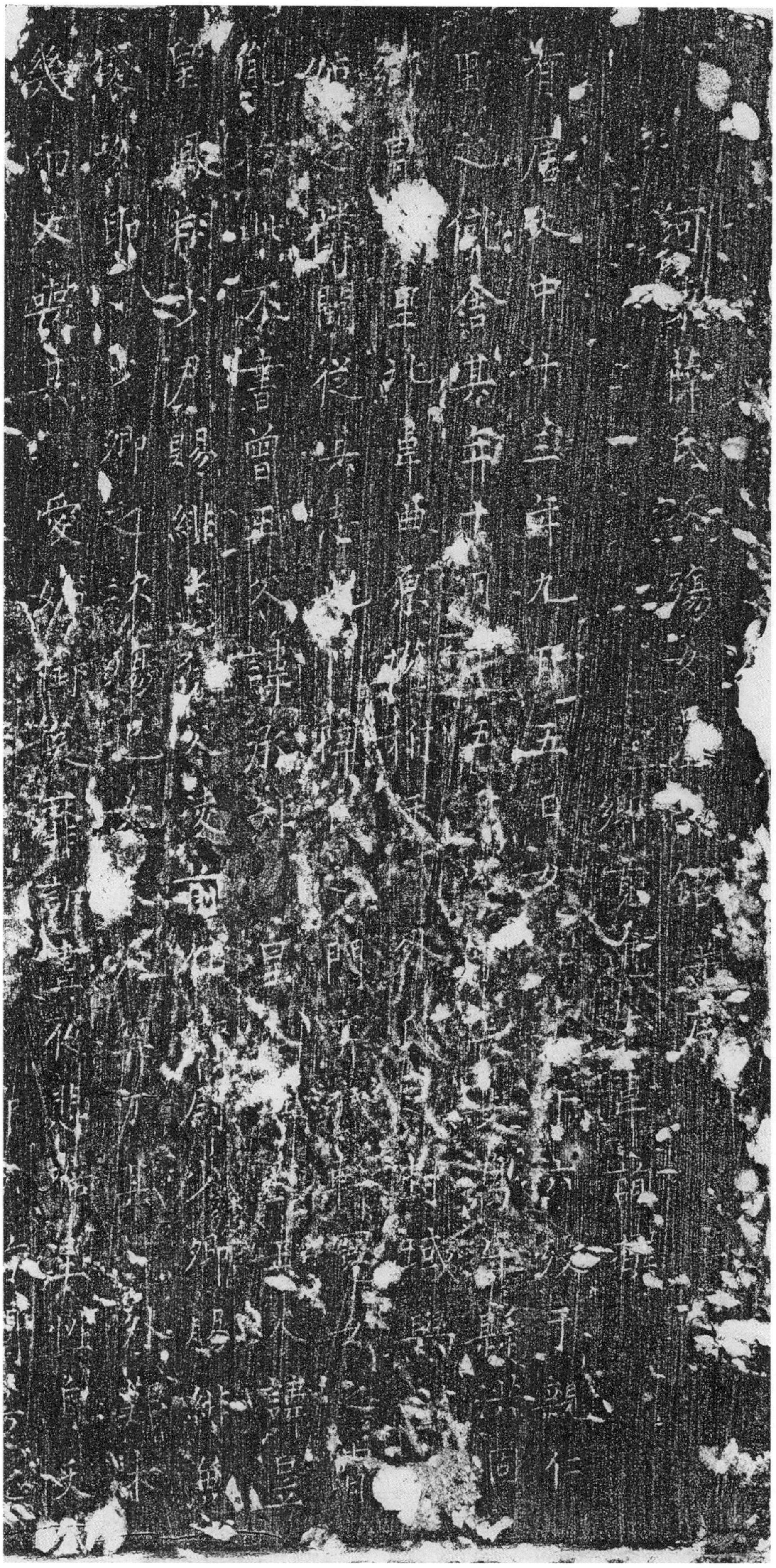

上半闕

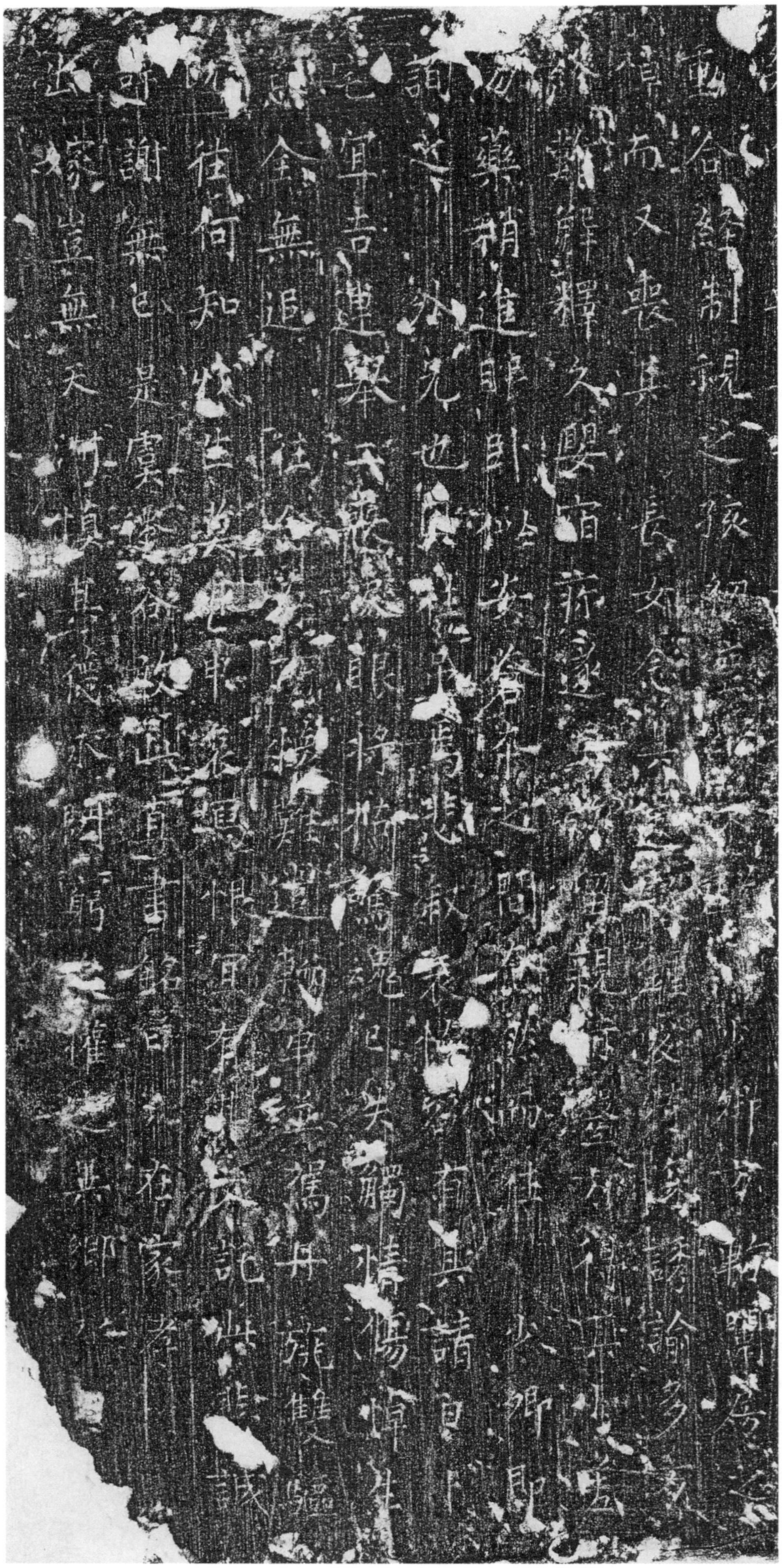

下半闕

唐廬州長史嗣澤王李彦回墓誌（八六八）

概述

該墓誌出自武警黄金十四支隊基建工地三十五號墓，一九八八年冬季發掘。部分墓道因被界墻占壓，僅發掘了一個天井和墓室。方向一百八十度，斜坡墓道，殘長二點七八米，寬一點五七米，深三點四米。天井長一點三九米，寬零點九六米。甬道長一米，略窄于墓道，洞口高一點六米。墓室縱長二點九六米，横寬二點二六米，高一點六六米，平磚鋪地，上有縱横各三條方形枕木，頭端伸進墓壁，朽没後留下坑窩。僅存部分尸骨和兩陶罐。墓誌置墓洞口部（圖三十八），青石質正方形，無蓋，每邊長三十三點五厘米，厚十點五厘米。四側面的紋飾爲細綫十二生肖像。誌面有銘文二十七行，每行滿格二十六字，在『帝』、『相國』等字前空三或二格。

誌文

唐故廬州長史嗣澤王墓誌銘并序

鄉貢進士高焜撰

世崇外誼，道貴内融，純懿（懿）發自於中，明慶固傅*（傳）於厚德。人之達此，不曰韙歟？治中諱彦回，字匡輔。丕承帝系，高宗六代之嫡孫，玉菜（葉）金莖（莖），家門實旌於國諜（諜），此略不書。曾王父溥，皇秘書監。大父潤，皇宗正少卿，兼（兼）右千牛衛将軍。烈考溶，累拜權知殿*（殿）中監、佐遷（遷）揚州左司馬。皆居官有政，傅*（傳）慶生。公外宗河南于氏*（氏），先夫人即國初燕公之胄胤*（胤），今相國之諸姑。公文學生□，英邁竒（奇）特，才超賈馬，業懋王楊。行表潔清，氣含貞粹，兩舉進士，三場焕然。春官遺賢，時輩歸望，榮及具慶，色養朝昏，冲茂含章，無喜愠而怡然順理，出言有則，秉德不回，将範儒林，断心筮仕。端莊履直，於聲利而澹若□懷。大中九祀十月丁司馬憂，哀毁*（毁）柴立，慟聞天聽，今上御極，聞斯行諸，朱紱金章，錫襲舊國。尋加王府諮議。弘（弘）輝王度，克嗣家聲*（聲）。以遠高堂，求移外任，禄貴及膳，特授廬州長史。首尾二載，滲隨無虧，亦足以盡私懇。洎秩滿，復了外疚，終制舊宅。時相中外延仰邀招，方将優授專*（專）城，暴疾俄從大夜，咸通九年七月五日，殁*（殁）于永崇里之稅*（稅）苐*（第）。噫，惜哉，命矣夫！享年五十一。娶博陵（陵）崔氏*（氏）女，早世，餘一紀。有子四人：曰恩、桂、詵、賀，承嫡曰桂。室女二人：長曰師娘，次曰妙娘，皆切號殞，有如卞孺（孺），令季彦温，金玉其人。塤篪（篪）迭韻，感同氣之分重，惜諸姑之藐（藐）離，哀毁*（毁）萎摧，所不勝忍。奔馳上國，營護窀穸，問龜□其年後十二月十七日，歸窆萬年縣洪固鄉東韋曲村辟原上，祔從王父之櫝，禮也。虞其谷變（變），冝（宜）誌玄宫。煰早陪與遊，備熟馨德，願旌懿行，實録於斯，握管泫然。銘曰：

浮世渾渾，天道寧論。覺疑在夢，晝惑為昏。德歸於善（善），善（善）必宜尊。顔何生促，跖何壽存？祖風祢嗣，帝子王孫。期藩茅土（土），以大乹（乾）坤。何謂蕣華，□迫樗根。薤露風咽，□里雲屯。能襲先德，冀昌于門。□流亹亹，慶在後昆。

考釋

秘書監，官名。東漢延熹二年（一五九）始置，屬太常寺，典司圖籍。後省。魏文帝又置，掌世文圖籍，初屬少府。晋初并入中書。永平（二九一）時又置，并統著作局，掌三閣圖書。宋與晋同。梁爲秘書省長官，北朝亦置。隋煬帝時曾稱秘書省令。唐高宗時曾改稱太史，旋復舊。西夏、金秘書監爲官署秘書監長官。元、明不設，遂廢。

宗正少卿，官名。北魏、北齊爲『大宗正少卿』的省稱。隋、唐、五代爲宗正寺次官，亦稱『宗正寺少卿』，通判本寺事務。隋初置一員，正四品上；煬帝增爲二員，從四品。唐初一員，後增爲兩員，從四品上。高宗、武則天時曾隨本寺改名司宗少卿、司屬少卿，尋各復舊。初或任外姓，玄宗開元二十年（七三二）後由宗室專任。北宋前期爲四品寄禄官，真宗大中祥符九年（一〇一六）以後又爲差遣，由給、舍以下兼少卿，神宗元豐（一〇七八—一〇八五）改制後復爲職事官，從五品，協掌宗正寺事務。當時別有『大宗正司』管理皇族親屬，本寺爲事務機構，職權較輕，故不專用宗姓。南宋寺卿不常置，少卿初以太常少卿兼任，高宗紹興三年（一一三三）始專置，主持寺務。遼朝爲南面朝官，無實際職掌。參見『宗正寺』。

右千牛衛將軍，始于唐代，正式名稱爲左右千牛衛。在唐代，左右千牛衛是大唐南衙『十六衛』中的兩衛，不領府兵，專責『掌執御刀宿衛侍從』，是皇帝内圍貼身衛兵。晚唐以後，隨着『府兵制』的瓦解、『南衙十六衛』的衰敗，『左右千牛衛』也逐漸變得徒有虛名，變成了虛銜的一部分。五代、宋、遼、金，皆是如此。

權知殿中監，權知謂代掌某官職。《新唐書·西域傳上·党項》：『（拓拔思恭）俄進四面都統，權知京兆尹』。宋王君玉《國老談苑》卷一：『太祖嘗語趙普曰：「唐室禍源在諸侯難制，何術以革之？」』普曰：『列郡以京官權知，三年一替，則無虞，因從之。』殿中監，官名。三國魏置，晋、南北朝沿置，南朝宋爲七品。北魏亦設。北齊以殿中局爲官署名，設監四人。隋稱殿内局，有監二人。煬帝升局爲省，主官稱殿内監。唐改爲殿中省，主官爲殿中監。唐殿中監地位上升，爲從三品。北宋殿中監僅存虛名。殿中監掌朝集禮儀之事，南北朝時期接管少府部分職責，兼管皇帝起居。

揚州左司馬，揚州刺史屬官。司馬，官名。西周始置，與司徒、司空并稱『三有司』。軍政與軍賦，爲朝廷大臣，常統率六師或八師出征。諸侯國與卿大夫也都設有『三有司』。春秋時諸侯多設置，宋有大司馬、少司馬。楚有大司馬、左右司馬，其職位僅次于令尹。卿大夫亦有司馬或馬正，爲武職。戰國時魏、燕有司馬，楚有左右司馬。戰國時爲掌管軍政、軍賦的副官。隋唐時是州郡太守（刺史）的屬官。在古代戰争中，戰車不管如何先進，它的機動性還是受地形道路限制。所以，行軍需要隊形整齊。交戰也一樣，嚴謹的車陣是士兵依托的基礎，使勇敢者和怯懦者都不能獨自前進或後退。在戰國時期，晉軍首先特設司馬一職，專門糾察隊列秩序，這也是『司馬』一姓的來歷。

王府諮議，（唐）王府諮議參軍簡稱。其職爲備諮詢、謀議軍事，正五品上。《新唐書·上官儀傳》：『始，（故太子）忠爲陳王時，（上官）儀爲諮議，與王伏勝同府』。

廬州長史，廬州牧屬官。長史，官名，其執掌事務不一，但多爲幕僚性質的官員。長史最早設于秦代，當時丞相和將軍幕府皆設有長史官，相當于現在的秘書長或幕僚長，將軍下的長史亦可領軍作戰，稱作將兵長史（著名的班超即是將兵長史）。除此之外，邊地的郡亦設長史，爲太守的佐官。參閲《漢書·百官公卿表上》、《後漢書·百官志一》。魏晋南北朝時，州郡官員底下多設長史。唐代州刺史下亦設立長史官，名爲刺史佐官，却無實職。但大都督府的長史則地位非常高，相當于上州刺史，甚至會充任節度使。明清時代的長史設于親王、公主等府中，執管府中之政令。參閲《通志·職官六》、《清通典·職官十》。

嗣澤王，高宗第三子澤王李上金，爲武則天所惡，出爲隨州刺史。載初元年（六八九），武承嗣唆使酷吏周興誣告上金和許王李素節謀反，召至都，囚于御史臺。上金懼，自縊死。子七人流放顯州，死。神龍（七〇五—七〇七）初，追復上金官爵，封庶子義珣爲嗣澤王。有人告義珣不是上金子，假冒襲爵，義珣不能自明，復流嶺外。開元（七一三—七四一）初，封素節子璆爲嗣澤王，繼上金後。開元十二年（七二四），玉真公主上表稱義珣實上金遺胤，由是削璆王爵，復召義珣爲嗣澤王，拜率更令（《舊唐書》卷八十六《高宗、中宗諸子》）。至四代之後，復由誌主李彦回繼承王爵。

才超賈馬

漢賈誼、司馬相如的并稱。二人均以辭賦著名。《晋書·文苑傳序》：『自時已降，軌躅同趨，西都賈、馬靈蛇於掌握，東漢班、張發雕龍於綈槧，俱標稱首，咸通雄伯』。

業懋王楊

業，事業；懋，同茂，繁榮昌茂。王楊，漢文學家王褒與揚雄的并稱。宋王安石《送文學士倅邛州》：『文翁出治蜀，蜀士始文章。司馬唱成都，嗣音得王揚』。

朱紱金章

朱，紅色。紱，同綬，黄金印上的紅色綬帶。古代相國、丞相、太尉、大司空、太傅、太師、太保、前後左右將軍及六宫后妃所掌。亦爲表示品級之服飾。魏晋以後，光禄大夫得假金章紫綬，因以稱金紫光禄大夫。後用以代指高官顯爵。

顔何生促，跖何壽存

顔，指顔回，孔子弟子，姓曹，字子淵，魯國人，孔門七十二賢之首。早逝，孔子哀之，感嘆道：『斯人也，有斯疾也。』跖是盜跖，姬姓，名跖大盜。《莊子·盜跖》説他率盜匪數千人横行天下。

據誌文，誌主李彦回，字匡輔，是唐高宗的六世孫，澤王上金的後代。以輩分當爲五號墓主李字符（唐高宗七世孫）的族叔。曾祖父李溥，祖父名潤，父親溶和誌主彦回，都在朝廷做官。大中九年（八五五）十月，爲揚州左司馬的乃父去世，他非常悲痛，皇帝讓他承襲嗣澤王爵位，特授廬州長史的官職。不幸于咸通九年（八六八）七月五日去世，享年五十一歲。夫人博陵崔氏先他而去，已一紀（十二年）多了。該年十二月七日，安葬于萬年縣洪固鄉東韋曲村辟原上。

祖風祢嗣

父死，神主入廟後稱祢。漢何休注《公羊傳·隱公元年》：『生稱父，死稱考，入廟稱祢。』意爲弘揚祖風，继承父志。

誌主世系列表如下：

唐高宗李治——澤王李上金——嗣澤王李義珣——秘書監李溥——宗正卿、右千牛衛將軍李潤——殿中監、揚州左司馬李溶——嗣澤王、廬州長史李彦回（誌主）——恩、桂、詵、賀四男，與師娘、妙娘二女。

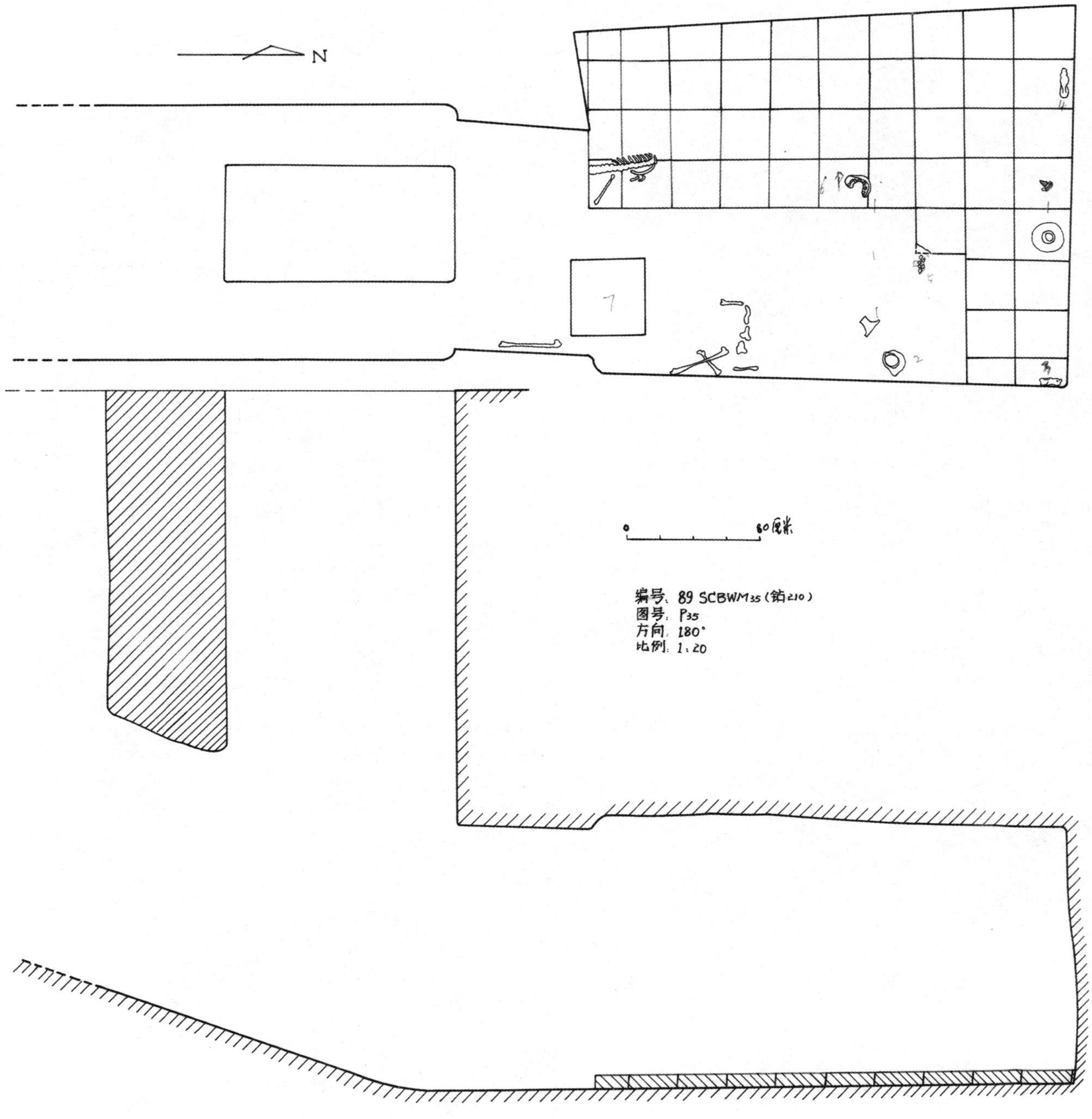
N
0
80厘米
编号、89 SCBWM35（鉛210）
图号：P35
方向：180°
比例：1：20

圖三十八　李彦回墓平面剖面圖

唐故廬州長史嗣澤王墓誌銘并序

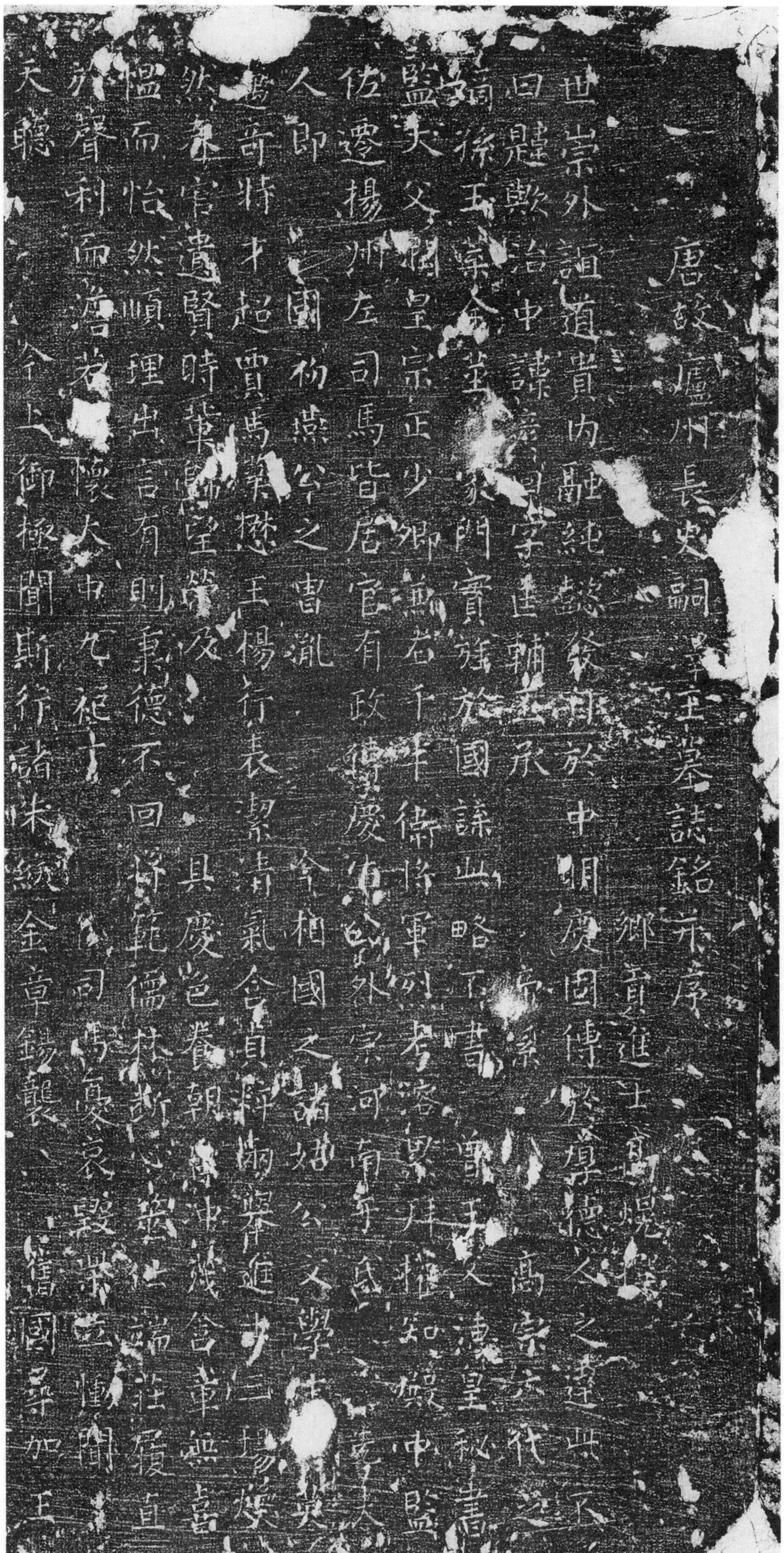

上半闕

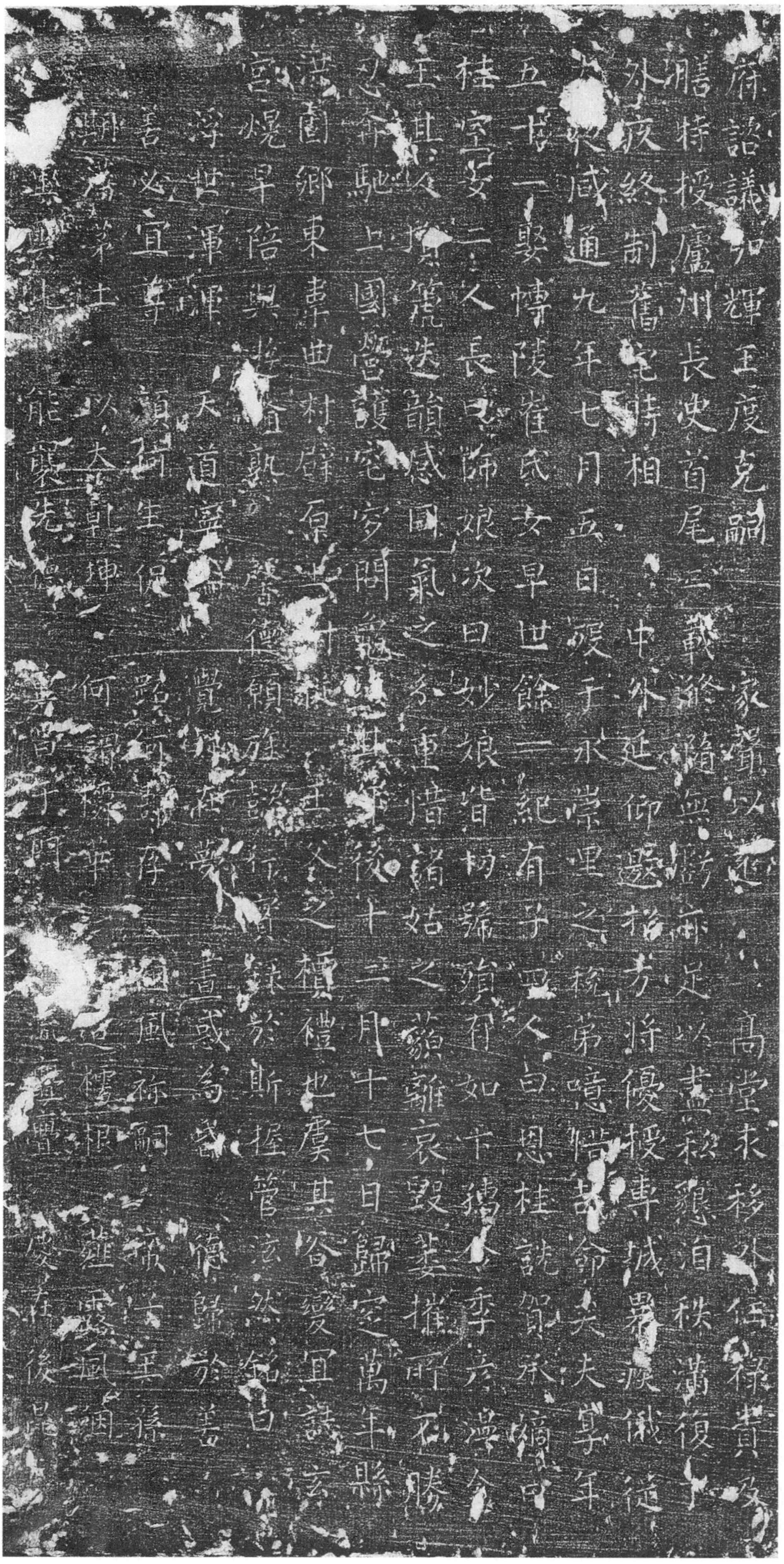

下半闕

唐京兆杜公故夫人滎陽潘氏墓誌（八七一）

概述

該墓誌出自地質七隊基建工地十三號墓，方向五度。呈刀把形，土坑加洞室結構。土坑與墓室一長邊，平面爲一條長弧綫，成刀把與刀背狀，墓室另一長邊則成刀刃，較短邊的墓室頂端，酷似刀的頭端。坑底有兩臺階加一段緩坡。形制、大小與同型墓相若。墓誌蓋與誌石未扣合，分開放在墓洞口内外（圖三十九）。誌蓋頂部每邊長二十九厘米，誌面中心刻篆書陰文三行九字：唐故夫人潘氏墓誌銘。文字周圍有幾何紋和雲朵紋框欄。四殺部飾四神圖像。誌石每邊長五十三厘米，厚八厘米。四側面刻細綫雲朵中有十二生肖圖像。誌面銘文二十五行，每行滿格二十四字。書法硬朗嚴正。

誌文

大唐京（京）垗（兆）杜*（杜）公故夫人滎陽潘*（潘）氏墓誌銘并序

鄉*（鄉）貢進士劉希顔述　堂兄前元陵（陵）臺令玄景（景）書

夫人姓潘*（潘）氏，其先滎陽人也。即皇明（明）經（經）及第*（第）諱希古府君之曾（曾）孫，皇左領軍衛兵曺（曹）諱逰*（庭）晈府君之孫，廣王府諮議則府君之次女，今昌州刾（刺）史泫玘之妹。並積德（德）秉*（秉）猷，嚮方植*（植）禮，時稱茂族，廿（世）謂慶門。夫人繁祉效靈，穠華挻*（挺）質，誕有淑（淑）德（德），既美（美）且都。非禮不行，惟善（善）是慎。夫人早失慈訓*（訓），内式自成，昌州念之，特選懋（懋）德（德）。年十九歸我杜*（杜）氏，克持婦道，是佐君子，薦羞無闕，澣濯有常。自諧如樂之和，式盡如賔（賓）之敬，閨門之内，穆穆雍雍。杜*（杜）公禮樂生知，英明（明）神授，悌于兄弟，信及友朋。太中時甞應五経（經），數*（數）隨鄉*（鄉）賦，春闈兩戰，皆敗垂（垂）成。惜烖（哉）！藝出衆人，名屈於廿（世），囙（因）投*（投）班筆，遂別董帷。持身而清慎保安，奉職（職）而恪勤*（勤）有立，成令夫之美（美）矣，亦良媛之助焉。嗚呼！韶景（景）方穠，蕣華忽墜，金飃纔動，蘭芳已凋，逡隟（隙）如飛，逝波難駐。綏福之况，謂偕老而有徵，仁壽之期，嗟與善（善）而奚爽（爽）？以咸通十一年十一月十六日終于京（京）垗（兆）府頒政里第*（第），享齡三十。有子三人，長曰大都，仲曰小都，季曰四都。年雖冲幼（幼），皆習詩書。啼憶遺音，髣*髴*（髣髴）疑在。粤明（明）年辛夘（卯）冬十月十有八日庚申，窆于萬年縣洪固鄉*（鄉）北韋村，禮也。杜*（杜）氏*（氏）廿（世）居富平，以不宜（宜）迩祔，故宅于兹矣。杜*（杜）公欲皷（鼓）莊盆，傷恨難已，頋*（願）勒*（勒）貞石，用紀餘芳，率爲其詞，要當實録。銘曰：

於戲夫人兮（兮），容範難儔。克配君子兮（兮），威儀仇。

謙謙積德兮（兮），壽（壽）宜（宜）永保。蒼蒼福善（善）兮（兮），禍復何早。

其室唯迩兮（兮），怨（怨）極神傷。其人已亡兮（兮），魂消恨長。

幽室一閇（閉）兮（兮），終天永隔。雪涕迴瞻兮（兮），蕭蕭松栢。

考釋

明經，是唐朝考試的一科，指通明經術，參加考試在當時稱爲應明經舉。唐代的科舉制度，承襲了隋朝傳下來的人才選拔制度，并做了進一步的完善。由此，科舉制度逐漸完備起來。在唐代，考試的科目分常科和制科兩類。每年分期舉行的稱常科，由皇帝下詔臨時舉行的考試稱制科。常科的科目有秀才、明經、進士、俊士、明法、明字、明算等五十多種。其中明法、明算、明字等科，不爲人重視。俊士等科不經常舉行，秀才一科，在唐初要求很高，後來漸廢。所以，明經、進士兩科便成爲唐代常科的主要科目。唐高宗以後，進士科尤爲時人所重。唐朝許多宰相是進士出身。常科的考生有兩個來源，一個是生徒，一個是鄉貢。由京師及州縣學館出身，而送往尚書省受試者叫生徒；不由學館而先經州縣考試，及第後再送尚書省應試者叫鄉貢。由鄉貢入京應試者通稱舉人。州縣考試稱爲解試，尚書省的考試通稱省試，或禮部試。禮部試都在春季舉行，故又稱春闈，闈也就是考場的意思。

明經、進士兩科，最初都只是試策，考試的内容爲經義或時務。後來兩種考試的科目雖有變化，但基本精神是進士重詩賦，明經重帖經、墨義。所謂帖經，就是將經書任揭一頁，將上下兩邊蒙上，中間只開一行，再用紙帖蓋三字，令試者填充。墨義是對經文的字句作簡單的筆試。帖經與墨義，只要熟讀經傳和注釋就可中試，詩賦則需要具有文學才能。進士科得第很難，所以當時流傳有『三十老明經，五十少進士』的説法。

王府諮議，王府諮議參軍簡稱。其職爲備諮詢、謀議軍事，爲正五品上。《新唐書·上官儀傳》：『始，（故太子）忠爲陳王時，（上官）儀爲諮議，與王伏勝同府。』《唐六典》卷二九《諸王府公主邑司》：『隋三公府及諸王府，各有諮議參軍，正五品上。皇朝因之。』

五經，指儒家典籍《詩經》、《尚書》、《禮記》、《周易》、《春秋》的合稱。《詩》温柔寬厚。《書》疏通知遠，廣博易良。

《易》潔靜精微。《禮》恭儉莊敬。《春秋》屬詞比事。

穠華，指女子青春美貌。語本《詩·召南·何彼穠矣》：『何彼穠矣，唐棣之華。』鄭玄箋：『何乎彼戎戎者，乃栘之華。』興者，喻王姬顔色之美盛。』也代指公主和繁盛艷麗的花朵。

班筆，典出《後漢書·班超傳》：『（超）家貧，常爲官傭書以供養。久勞苦，嘗輟業投筆嘆曰：「大丈夫無它志略，猶當効傅介子、張騫立功异域，以取封侯，安能久事筆研間乎！」』後以『班筆』比喻文書瑣事。

董帷，典故名，典出《漢書》卷五十六《董仲舒傳》。『（董仲舒）下帷講誦，弟子傳以久次相授業，或莫見其面，蓋三年不窺園，其精如此。』後因以『董帷』指授課之處。

據誌文，杜公潘夫人，祖藉河南滎陽，十九歲嫁于杜公。克盡婦職，杜公雖才藝出衆，鄉試却連續失敗，遂絶意功名，持身清慎。誌主潘氏于咸通十一年（八七〇）十一月十六日病逝，年僅三十歲。育有三子，年幼，皆習詩書。杜公，富平人，不宜迩祔，故葬于此。遂于明年辛卯（八七一）冬十月十八日葬于萬年縣洪固鄉北韋村。

誌文略去誌主夫婦名諱。潘氏世系列如下：

潘希古，明經及第——庭皎，左領軍衛兵曹——則，廣王府諮議——潘夫人。

夫人祖上，未著于史。

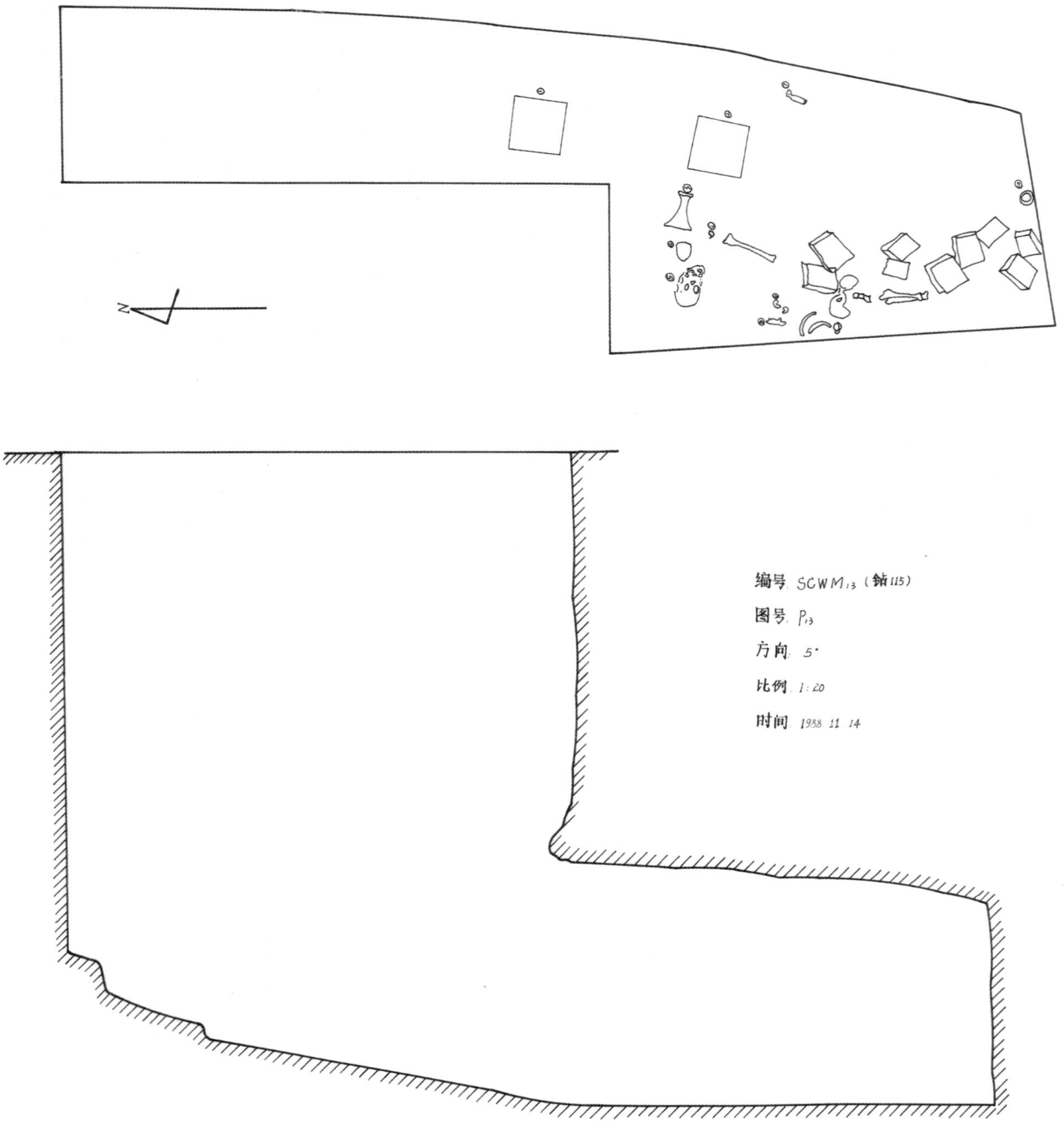
N
编号 SCWM13（鈷115）
图号 P13
方向 5°
比例 1:20
时间 1988.11.14

圖三十九　潘氏墓平面剖面圖

唐故夫人潘氏墓誌銘 蓋

大唐京兆杜公故夫人滎陽潘氏墓誌銘并序
鄉貢進士劉希顏述 堂兄前 元陵臺令 玄景書
夫人姓潘氏其先滎陽人也即皇明經及第諱希古府君之曾
孫皇左領軍衛兵曹諱庭晈府君之孫 廣王府諮議則府君
之次女今昌州刺史玄玘之妹並積德秉猷嚮方植禮時稱茂
族世謂慶門夫人繁祉效靈穠華挺質誕有淑德既美且都非
禮不行惟善是慎夫人早失慈訓內式自成昌州念之特選
懿德年十九歸我 杜氏克持婦道是佐君子薦蕃無闕幹濯
有常自諧如樂之和式盡如賓之敬閨門之內穆穆雍雍杜公
禮樂生知英明神授悌于兄弟信及友朋太中時嘗應五經數
隨鄉賦春闈兩戰皆敗垂成惜哉藝出衆人名屈於世回投班
筆遊別董帷持身而清慎保安奉職而恪勤有立成令夫之美
矣亦良媛之助焉嗚呼韶景方穠蕣華忽墜金飈纔動蘭芳已
凋逝隟如飛逝波難駐綏福之況謂偕老而有徵仁壽之期嗟
與善而冥爽以咸通十一年十一月十六日終于京兆府須政
里第享齡三十有子三人長曰大都仲曰小都季曰四都年雖
沖幼皆習詩書啼憶遺音縣歸疑在粤明年辛卯冬十月十有
八日庚申定于萬年縣洪固鄉北韋村禮也杜氏世居富平以
不宜近祔故宅于茲矣杜公欲鼓莊盆傷恨難已願勒貞石用
紀餘芳牽爲其詞要當實錄銘曰
於戲夫人兮容範難儔 克配君子兮威儀好仇
謙謙積德兮壽宜永保 藹藹福善兮禍復何早
其室唯近兮悉極神傷 其人已亡兮魂消恨長
幽堂一閉兮終天永隔 雪涕迴瞻兮蕭蕭松栢

大唐京兆杜公故夫人滎陽潘氏墓誌銘并序

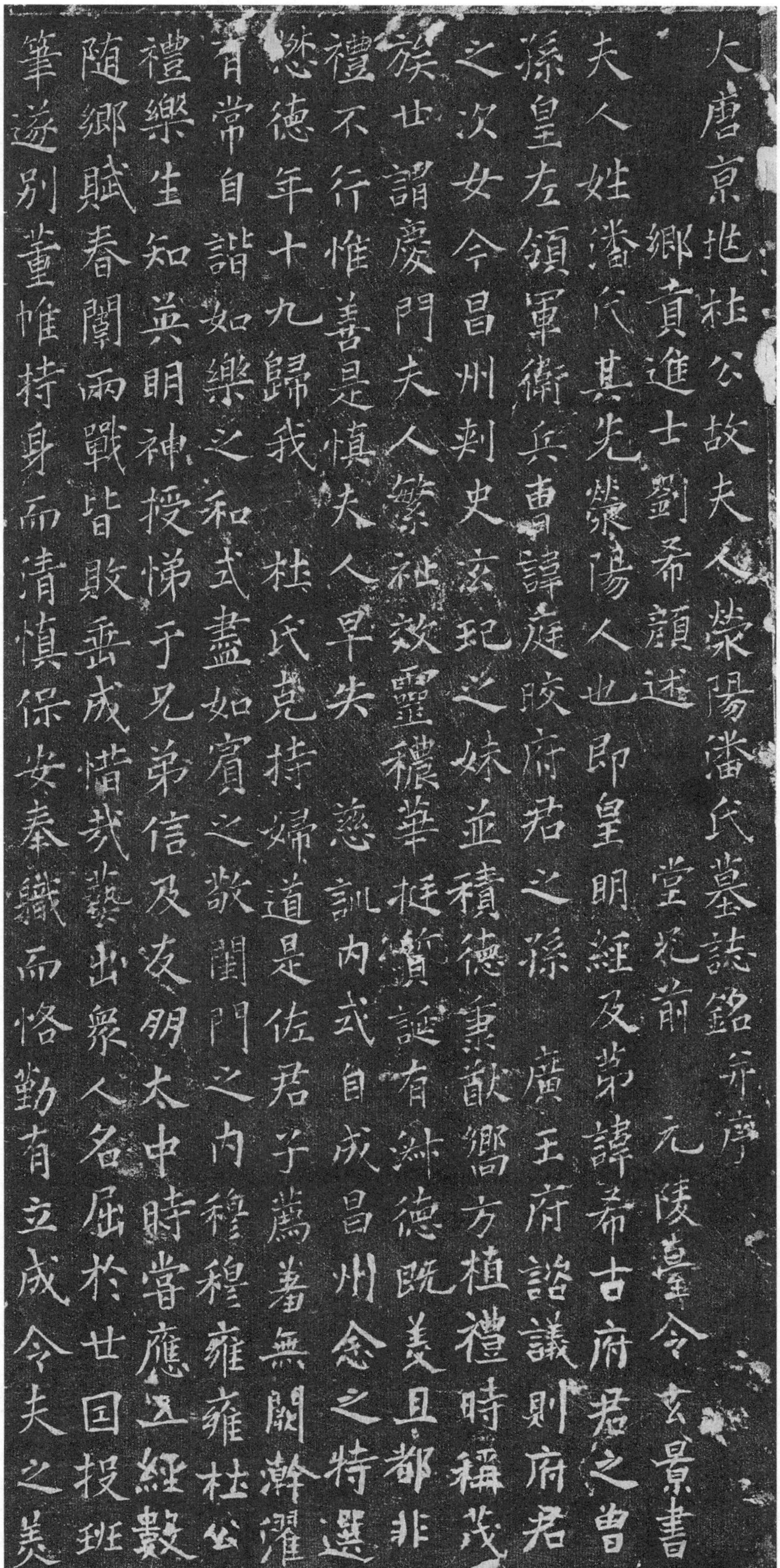
大唐京兆杜公故夫人滎陽潘氏墓誌銘并序
鄉貢進士劉希顔述　堂兄前　元陵臺令玄景書
夫人姓潘氏其先滎陽人也即皇明經及第諱希古府君之曾
孫皇左領軍衛兵曹諱庭晈府君之孫　廣王府諮議則府君
之次女今昌州剌史玄玘之妹並積德熏猷嚮方植禮時稱茂
族世謂慶門夫人繁祉效靈穠華挺質誕有淑德旣美且都非
禮不行惟善是慎夫人早失　慈訓內式自成昌州念之特選
懿德年十九歸我　杜氏克持婦道是佐君子薦蕃無闕蘋藻
有常自諧如樂之和式盡如賓之敬閨門之內穆穆雍雍杜公
禮樂生知英明神授悌于兄弟信及友朋太中時嘗應五經數
隨鄉賦春闈兩戰皆敗垂成惜哉藝出衆人名屈於世因投班
筆遊別董帷持身而清慎保安奉職而恪勤有立成令夫之美

上半闕

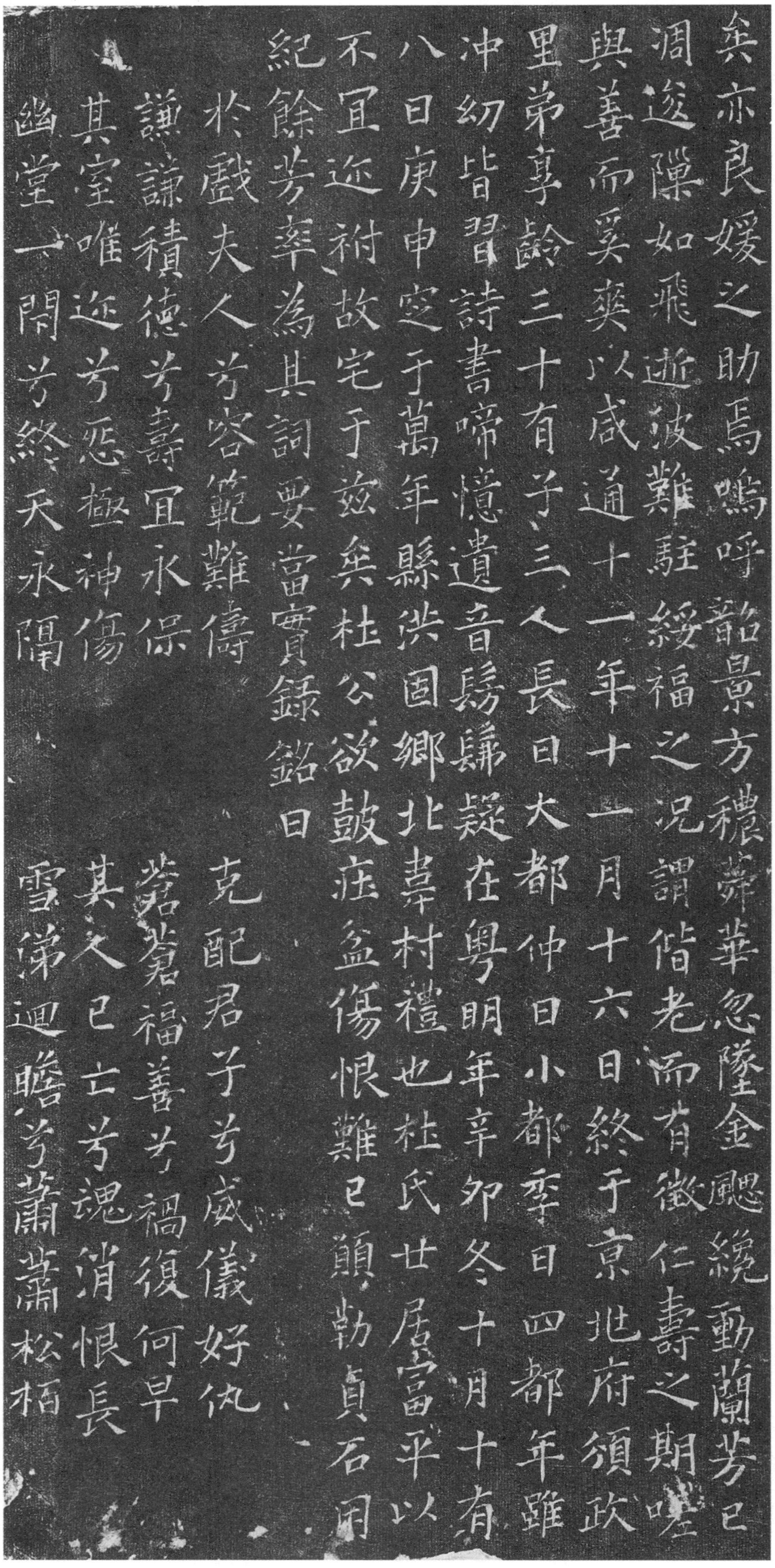
矣亦良媛之助焉嗚呼韶景方穠蕣華忽墜金飈繞動蘭芳已
凋遊隟如飛逝波難駐綏福之況謂偕老而有徽仁壽之期嗟
與善而奚爽以咸通十一年十一月十六日終于京兆府頒政
里弟享齡三十有子三人長曰大都仲曰小都季曰四都年雖
冲幼皆習詩書啼憶遺音髣髴疑在粤明年辛卯冬十月十有
八日庚申窆于萬年縣洪固鄉北韋村禮也杜氏世居富平以
不宜逆祔故宅于茲矣杜公欲鼓莊盆傷恨難已顧勒貞石用
紀餘芳辛為其詞要當實錄銘曰
於戲夫人兮容範難儔　克配君子兮威儀好仇
謙謙積德兮壽宜永保　藹藹福善兮禍復何早
其室唯邇兮愿恧極神傷　其人已亡兮魂消恨長
幽堂一閉兮終天永隔　雪涕迴瞻兮蕭蕭松栢

下半闕

唐歸州刺史韋公夫人滎陽鄭霞士墓誌（八七四）

概述

該墓誌出自韋氏墓地。覆斗式蓋，蓋頂部每邊長二十九厘米。蓋面中央篆書陰文三行九字：唐故滎陽鄭氏墓誌銘。四周各飾一弧形巨蟲紋。四殺部飾近似抽象的四神：青龍、白虎、朱雀、玄武圖形紋。誌石每邊長四十三厘米，厚八厘米。四側面的紋飾爲簡化的十二生肖圖像。誌面銘文二十六行，每行滿格二十六字。每在『夫人』、『祖』、『考』字前空格二字。書法雄渾，顔真卿體。

誌文

唐故尚書乇*（屯）田貟（員）外郎、歸州剌（刺）史韋公夫人滎陽鄭氏*（氏）墓誌銘并序

子聟朝議郎、守河南縣令、柱國、賜紫金魚袋張讀撰

滎陽鄭氏，爲世冦（冠）族，不待紀述。惟夫人祖先泒源則詳在家諜（諜），皆可略不載。夫人諱霞士，曽（曾）祖彭州九隴縣丞，諱千尋。祖鄂州唐年縣令，贈*（贈）著作郎，諱迪。考監察御史、河南府功（功）曹叅（參）軍，諱素。外族韋氏。夫人少孤，依從父姉氏*（氏），姉聟。中書舍人韋公詞，又諸舅也。內外慈撫，廹于既（既）笄，有歸於京（京）兆（兆）韋公，諱端符，大和末以乇*（屯）田貟（員）外郎、史館修（修）撰，爲權倖惡（惡）嫉，出牧歸州。未幾（幾）而（卒），夫人抱晝哭（哭）之慼，處（處）喪執禮，稱重姻（姻）族。數歲（歲），自荆峡携諸孤来京（京）師，誨其子昌，後未冦（冠）而有文，舉進士，籍甚名公卿。他人雖老（老）於文學，咸許其先。不幸志未就*（就），竟夭*（夭）歿。

夫人生五女，率授以詩書，故皆有才德。長女嫁河南于珪，以御史從事浙右府。次女嫁常山張讀。又次繼好于張氏*（氏），皆賢而不壽*（壽）。二女未有歸而夭*（夭）。

夫人始以淑（淑）質懿（懿）範嬪（嬪）于太君子，及亡所天，以嚴明（明）治家政，以德義訓孤子女，以仁恵（惠）厚親黨。寓居長安，貨粧奩衣玩，俾（俾）其子饋賔（賓）友，將有俟於振大韋氏*（氏）。既而天奪之，卒不克，凢（凡）七年。繼哭（哭）其子及四女。唯長子長安縣尉，汰及于氏*（氏）女，養膝下，無何，又哭（哭）其長子。噫！生人之痛，未斯之酷也。涕感行路，矧爲慈親之心戋（哉）。

夫人嬰疾數*（數）歲（歲），以咸通十五年七月卅日遘禍于長安永寧里，享年六十九。以其年十月廿九日，歸祔于京（京）師南之

畢原。初，夫人未疾，几（凡）釋氏*（氏）預〈修（修）追往之詋*（説），追衣衾之制，無遺事在後人，斯可謂達識矣。常以讀再㓾*（齒）姻（姻）末，特厚慈愛，言託刋紀，志在詳實。属官守洛下，有乖臨奉，承計悲涕，寄*（寄）刻墓銘。其辭曰：

夫人生於清門，歸于哲人。婦德母儀，克光以聞。子才女賢，惟誨之𠢕*（勤）。貴赫養榮，冝（宜）誰与（與）倫。蘭委（萎）珠沉，忽亐（兮）如焚。福善（善）寧究，寃哀孰論？永抱痛傷，竟奪*（奪）眉壽*（壽）。祭哭（哭）無主，天道何有。秦城南直，封樹斯久。刻寘貞珉，兹焉不朽。

考釋

尚書屯田員外郎，東漢末年曹操接受其部下棗祗的屯田建議，設『典農中郎將』，招募百姓屯田許昌城下。晋代于尚書省設屯田曹。唐在尚書省工部設屯田郎中一員，秩從五品上，屯田員外郎一員，秩從六品上。其職爲郎中、員外郎掌天下屯田之政令。屯田郎中雖爲尚書省工部四司之一，但久已有名無實，各地軍事區域進行屯田時，皆由各地長官主持。

朝議郎，文散官名。隋文帝開皇六年（五八六）置，爲八郎之首（餘七郎爲通議、朝請、朝散、給事、承奉、儒林、文林），秩正六品上，煬帝時罷。唐爲文官第十四階，正六品上。宋廢。

柱國賜紫金魚袋，唐朝時上柱國是一種勛職，多授予軍功卓著的將軍們，爲從一品，而這些人的實職往往在三四品以下。唐朝官制三品以上紫袍，佩金魚袋，五品以上緋袍，佩銀魚袋；六品以下緑袍，無魚袋。官吏有職務高而品級低的，仍按照原品服色。對一些品級低的官員皇帝可以賜穿紫袍、賜佩金魚袋。

著作郎，官名。三國魏明帝始置，屬中書省，掌編纂國史。其屬有著作佐郎（後代或稱佐著作郎）、校書郎、正字等。晋元康中改屬秘書省，稱爲大著作。唐代主管著作局，亦屬秘書省。宋元因之，惟宋别有國史院，故著作郎僅參與匯編『日歷』（每日時事）等。明代廢。亦省稱『著作』。

監察御史，官名，掌管監察百官、巡視郡縣、糾正刑獄、肅整朝儀等事務。隋文帝開皇二年（五八二）始設，改檢校御史爲監察御史。唐御史臺分爲三院，監察御史屬察院，品秩不高而權限廣。宋元明清因之。明清廢御史臺設都察院，通常彈劾與建言，設都御史、副都御史、監察御史。監察御史分道負責，因而分别冠以某某道地名。

《新唐書·百官志三》：『監察御史十五人，正八品下。掌分察百僚，巡按州縣，獄訟、軍戎、祭祀、營作、太府出納皆莅焉；知朝堂左右廂及百司綱目。』

功曹參軍，官名。功曹之長。南朝宋將軍兼刺史者置一員，爲僚屬，位記室下、户曹上，掌糾駁獻替。北魏二大、三公、皇子、將軍、蕃王諸府置，北齊三師、二大、三公、護軍府、諸州置，六品上至七品下。隋朝左右衛、武侯、武衛、領軍府、太子左右衛、宗衛、虞候率府，親王、三公、上柱國至開府儀同三司、諸州，皆置，從六品下至從八品下；文帝開皇三年（五八三）改名司功參軍事，煬帝大業三年（六〇七）又改司功書佐。唐高祖武德（六一八—六二六）中復舊，諸王府置一員，正七品上，掌文官簿書、考課、陳設；大都督府置一員，正七品上；中都督府所置從七品上，下都督府所置七品下；大都護府置一員，正七品下；上都護府所置從七品上。宋朝開封府置一員，正八品。

中書舍人，官名。舍人始于先秦，本爲國君、太子親近屬官，魏晉時于中書省内置中書通事舍人，掌傳宣詔命。

史館修撰，唐代起用的官職名，又稱國史館修撰，負責掌修國史。貞觀三年，唐太宗下令將史館從秘書省分離出來，使其取代著作局的修史之職，置于禁中使之成爲獨立的修史機構。唐代著名文學家杜牧和宋代著名文學家歐陽修等都曾經擔任過史館修撰一職。

據誌文，誌主鄭霞士，出身滎陽望族。曾祖父彭州九隴縣丞鄭千尋，祖父唐年縣令、贈著作郎鄭迪。父親是監察御史、河南府功曹參軍鄭素，母親韋氏，早逝。誌主少孤，依從父姊氏，姊聓。從父即堂叔父，姊，即姊，意爲堂叔父家姐姐，名聓，與做官中書舍人的舅父韋詞共同撫養，以至結婚。嫁給京兆韋端符爲妻。大和（八二七—八三五）末年，任屯田員外郎和史館修撰的韋端符，受到權奸們的嫉妒、排擠，下放爲歸州牧，不久便去世了。夫人哀傷，處喪執禮，姻族稱之。越數歲，夫人領着失去父親的子女們，取道荆峡來到京城定居，教誨兒子韋昌，他年紀很輕就有很好的文學造詣，考中進士，揚名公卿名人間。别的人雖老于（精通）文學，咸自覺不如遠甚。可惜這個兒子竟然壯志未酬就早逝了。

誌主生育了五個兒女，都教以詩書，所以個個有才藝、文化和修養。長女嫁給河南人于珪，以御史從事浙右府。次女嫁常山張讀，未出嫁而殁，繼以三女嫁張讀。只可惜這幾個女兒都很賢惠而命不長，過早地去世了。四女、五女更不到結婚年齡就夭折了。

夫人以高貴品質，堪爲典範的操守，嫁到韋家。及至丈夫亡故，她治家嚴明，教育子女得法，能睦鄰惠友。寓居長安，靠做妝奩衣玩小生意過活，支持兒子饋結親友，欲以光大韋氏家業。但迭遭變故，七年之間，連喪兒子和四個女兒。唯做長安縣尉的長子獨存，他將于家失去母親的外甥女收養膝下。可是，没過多長時間，該長子也死了。這一連串失去親人的打擊，命運之酷虐，連路人都非常沉痛，何況生養他們的母親，情何以堪！

夫人患病數載，于咸通十五年（按：咸通年號僅十四年，十五年當爲僖宗乾符元年，即八七四年）七月卅日逝世于長安永寧里，年六十九歲。同年十月廿九日，祔葬在城南畢原韋氏墓地。

本誌撰文人，是夫人的女婿、守河南縣令張讀。他對岳母生平、際遇與作爲，當然瞭解感受最深，夫人篤信佛教，對張讀再婚特厚慈愛，表現出非凡的氣度與胸懷。『夫人生於清門，歸于哲人。婦德母儀，克光以聞』，當是出自作者的感受與內心的表白，非獨汎汎的溢美死者的具文而已哉。

誌主鄭霞士，與丈夫韋端符，系姑舅表親，七年之中，五個子女全死光了。這是否是近親結婚釀成的惡果呢！

誌主世系爲：

鄭千尋，九龍縣丞——迪，唐年縣令——素，監察御史——霞士
　素——韋氏
　霞士——韋端符，屯田員外郎，歸州牧

誌主鄭氏丈夫韋端符，出牧歸州。歸州，唐置，治秭歸縣。尋改州曰巴東郡。復曰歸州，清屬宜昌府，即今湖北省秭歸縣。鄭氏携諸孤護喪回長安，由水路順長江而下，過西陵峽，然後北上。

唐故滎陽鄭氏墓誌銘 蓋

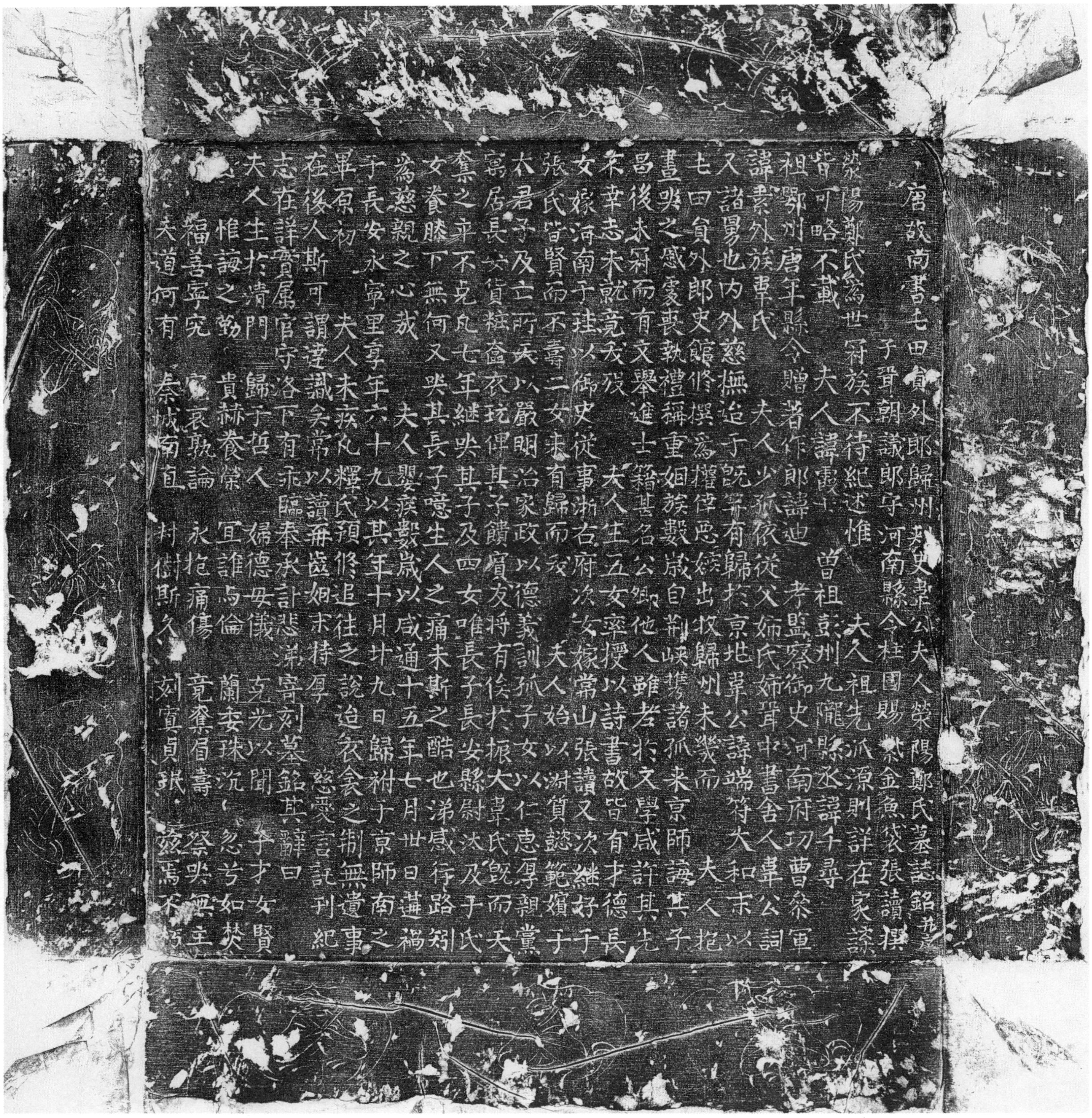

唐故尚書屯田員外郎歸州刺史韋公夫人滎陽鄭氏墓誌銘并序

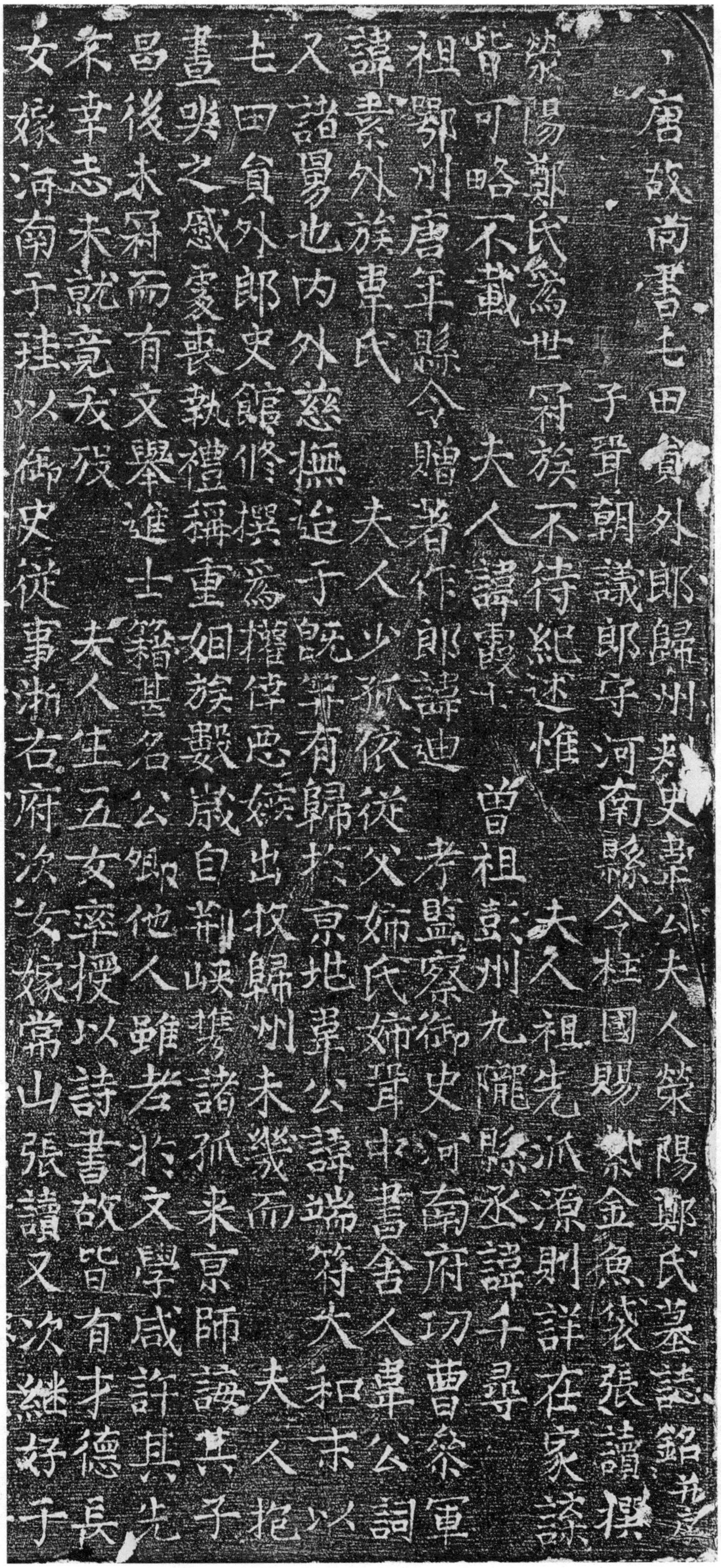

唐故尚書屯田員外郎歸州刺史韋公夫人滎陽鄭氏墓誌銘并序
子婿朝議郎守河南縣令柱國賜緋金魚袋張讀撰
滎陽鄭氏爲世冠族不待紀述惟 夫人祖先派源則詳在家諜
皆可略不載 夫人諱叚[illegible] 曾祖彭州九隴縣丞諱千尋
祖鄂州唐年縣令贈著作郎諱迪 考監察御史河南府功曹參軍
諱素外族韋氏 夫人少孤依從父姊氏姊婿中書舍人韋公詞
又諸舅也內外慈撫迨于既笄有歸於京兆韋公諱端符大和末以
屯田員外郎史館修撰爲權倖惡緣出牧歸州未幾而 夫人抱
晝哭之感爰喪執禮稱重姻族數歲自荊峽携諸孤來京師誨其子
昌後未冠而有文舉進士籍甚名公卿他人雖老於文學咸許其先
不幸志未就竟夭歿 夫人生五女率授以詩書故皆有才德長
女嫁河南于珪以御史從事浙右府次女嫁常山張讀又次繼好于

上半闕

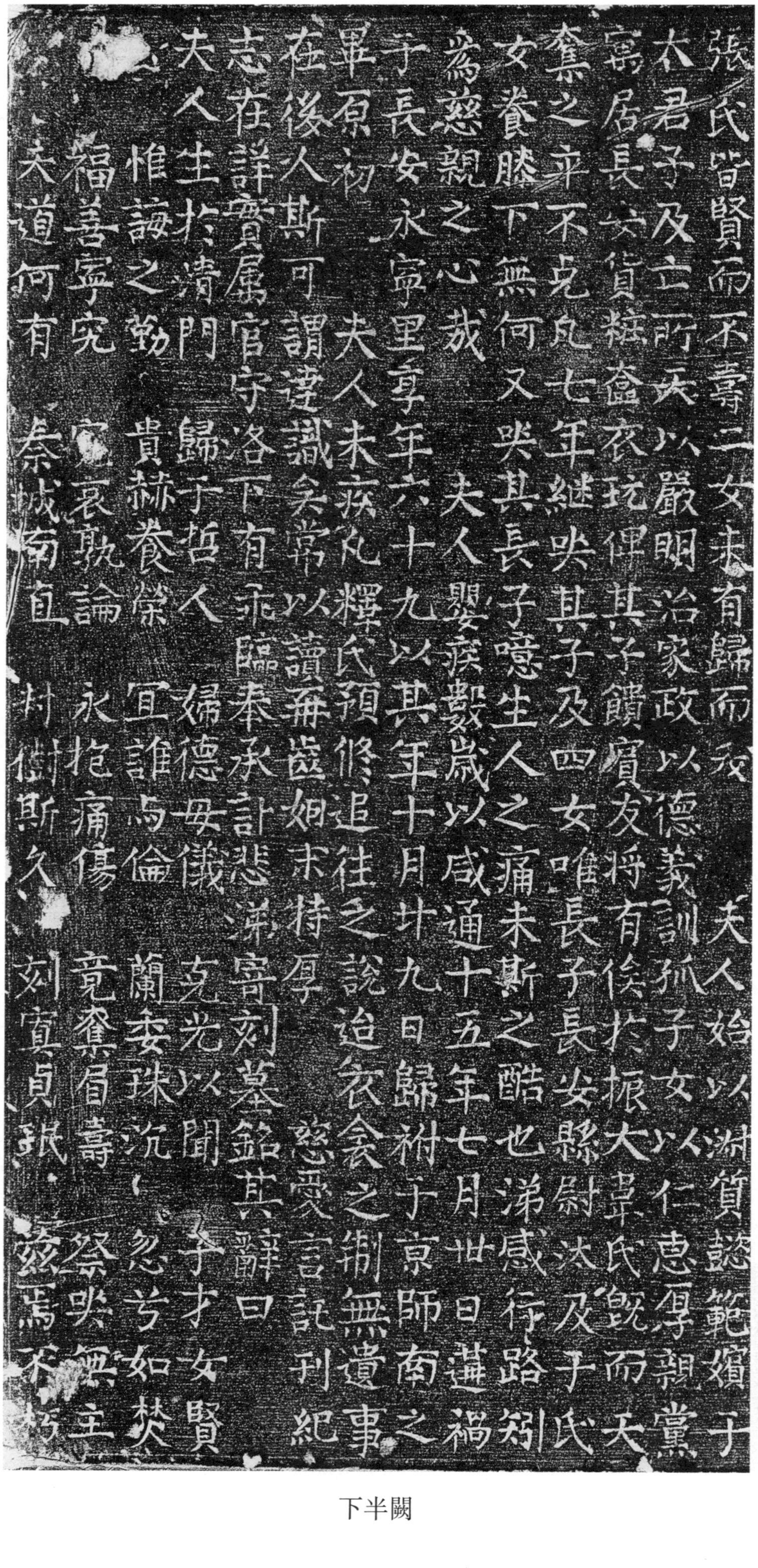
張氏曾賢而不壽二女未有歸而歿 夫人始以淑質懿範嬪于
太君子及立所夭以嚴明治家政以德義訓孤子女以仁惠厚親黨
寡居長安貧粧奩衣玩俾其子鬻質友將有俟於振大韋氏既而天
奪之辛不克凡七年繼哭其子及四女唯長子長安縣尉汰及子氏
女養膝下無何又哭其長子噫生人之痛未斯之酷也涕感行路刹
爲慈親之心哉 夫人嬰疾數歲以咸通十五年七月廿日遘禍
于長安永寧里享年六十九以其年十月廿九日歸祔于京師南之
畢原初 夫人未疾凡釋氏預修追往之說追衣衾之制無遺事
在後人斯可謂達識矣常以讀爺齒姻末持厚 慈愛言託刊紀
志在詳實屬官守洛下有乖臨奉承訃悲涕寄刻墓銘其辭曰
夫人生於清門歸于哲人婦德母儀克光以聞 子才女賢
之 惟誨之勤 貴赫養榮宜誰爲倫蘭委珠沉 忽兮如焚
福善寧究 寃哀孰論永抱痛傷竟奪眉壽祭哭無主
夫道何有 秦城南直封樹斯久刻寘貞珉玆焉不朽

下半闕

京兆府醴泉縣丞李宇符墓銘（八七四）

概述

該墓誌出自武警黄金十四隊基建工地五號墓，方向一百八十五度。斜坡墓道，三天井。墓道口長三點五六米，寬零點六六米至零點九米，深二點三三米，斜坡墓道有三個臺階。三個天井分别長零點八米、零點六九米和零點八米，寬零點四五米、零點三米和零點四五米。斜坡墓道總長八點五八米，墓深四點零七米。第二天井下方的墓道兩壁上各鑿有一小龕。甬道很短，僅長零點四六米。墓室略呈梯形，長二點一五米，寬一點四二米。地面鋪三層磚，棺材下墊有枕木痕迹，墓壁上留有長方形坑窩。墓洞口高一點零九米，寬零點八四米，砌墻封閉，上部有盜洞。兩方墓誌置于墓室右後方（圖四十）。李宇符墓誌蓋頂部每邊長二十七厘米，頂面刻幾何紋與團花紋各四個而無文字，四殺部亦飾團花紋。誌石每邊長四十三厘米，厚九厘米。四側各飾簡單的團花紋。銘文二十七行，每行滿格二十五字。

誌文

故京垗（兆）府醴泉縣丞李府君墓銘并序

前知度支攉（榷）嘉分巡院将仕郎、前試太常寺協律郎裴灌*譔（撰）

府君姓李氏*（氏），諱宇符，聖九廟近属，即澤王之嗣，乃高宗七代孫。其本枝*（枝）沠（流）别，俻（備）載國史，此不復云。曾祖湜*（洹），官至秘書監，贈（贈）楊州大都督。祖潤，博通羣史，知百氏*（氏）源流，官至少宗正，贈（贈）絳州剌（刺）史。皇考德（德）茂，名清，官列九寺，多權謀，善（善）變*（變）通，兩為出壃（疆）使，盡得黠*（黠）虜情實。聞扵朝庭（廷），自殿*（殿）中監領衛尉卿，咸稱嗣王。武皇帝之築仙臺也，急徵五百伇*（役）夫，食扵寺，遽*（遽）不能辨，得罪，出為明（明）州司馬，復移楊州司馬，卆（卒）官。太夫人河南于氏*（氏），即賛（贊）善（善）大夫謡之女，生三男，府君即其次也。纫（幼）而好學，能為七言五字詩，雅善（善）音律，雖（雖）金石絲竹，咸盡其妙。舉進士，辛勣*（勤）名塲（場），幾廿（二十）載，志業不就，一旦乃愷然歎（嘆）曰：『大丈夫榮辱窮達，命也。誰能孜孜一名，使骨肉終日栖苦哉（哉）！當謀代耕（耕）之禄。』遂以舊銜赴集。咸通十五年夏四月，吏部指（指）授京垗（兆）府醴泉縣丞，未及謝，遘*（遘）疾。其夏六月廿五日，終于上都邸*（抵）福里，饗年五十二。以府君之得（德）行文學，不振扵一官*（官），以府君之禮義仁信，不濟扵中壽*（壽），誰能知之？噫！孔丘聖人也，不能致*（致）其身扵上位，孟軻賢人也，窮厄扵四海，盖名位之不繫賢愚壽*（壽）夭*（夭），不在善（善）悪（惡），今右（古）而然烖（哉）。不獨李生明（明）矣！

府君娶河東裴氏，即某官某之女，先府君而終，生一女年尚幼（幼）。府君之来娶前，有一男曰某，早歲（歲）在淮海主别業，今之不及喪也。夫人歿浚*（後），納良家子張懿*（懿）川，生一女曰契兒，始三歲（歲），一男曰禿兒，始再歲（歲）。家窮，喪葬唯懿*（懿）川与僕（僕）者史□主之。衣衾棺殯（殯）祭葬墳墓而無闕也。□□其年四月十五日葬府君扵上都城南某鄉*（鄉）某村先夫人之墓，禮也。今与□望遊，其疾*（疾）也，無藥石之救，其終也，無粟帛之贈（贈），盖力之窮也。悲夫！

徵古人託孤之義，余亦有心，時之未偶也，徒虚語耳。其孤来請銘，亦幸託其誠而刊諸石。乃為銘曰：

良玉易碎（碎），利劒（劍）易折。命也如斯，惜烖（哉）貞節*（節）。春去秋來，天長地闊。幽壤一閉，音徽（徽）永决。白楊悲風，青山明月。人生到此，孰為賢哲！

考釋

知度支權嘉分巡院將仕郎。知，主持，執掌。度支使，官名。度支，原意是量入爲出。唐代官制規定，户部的度支司掌管國家的財政收支，郎中和員外郎分掌收入與支出，户部侍郎則檢查押署賬目。開元時始用他官判度支。唐中葉，安史之亂後，以軍事供應浩繁，而多以户部尚書、侍郎，或他官兼領度支事務，稱度支使或判度支、知度支事。與鹽鐵使、判户部或户部使合稱爲『三司』。後唐時并爲一職，稱三司使。度支分巡院使，官職名。唐代宗寶應（七六二—七六三）中劉晏爲度支鹽鐵轉運使，自淮北列置巡院，搜擇能吏以主之，使江淮錢米轉運入京。德宗貞元（七八五—八〇五）初一度廢，八年張滂爲轉運使，復置江淮各巡院。其後置使以主巡院事。僖宗乾符三年（八七六），李仲章曾充任度支分巡院使，遷建州刺史。

太常寺協律郎，官名。太常寺屬于九寺之一。秦署奉常，漢改太常，掌宗廟禮儀，至北齊始有太常寺，清末廢。協律郎，漢稱協律都尉，武帝以李延年善新聲，爲之置此官。晋改稱協律校尉。北魏以後各朝設有協律郎，掌管音律，屬太常寺。唐因之，掌舉麾節樂，調和律吕，監試樂人典課，爲正八品上。明爲正八品。清在樂部設協律郎，後廢。

秘書監，一爲官名。東漢延熹二年（一五九）始置。屬太常寺，與司圖籍。後省。魏文帝又置，掌世文圖籍，初屬少府，晋併入中书。永平元年（二九一）时又置，并統著作局，掌三閣圖書。宋與晋同。梁爲秘書省長官，北朝亦置。隋煬帝時曾稱秘書省令。唐高宗時曾改稱太史，旋復舊。西夏、金秘書監爲官署秘書監長官。元、明不設，遂廢。二爲官署名。遼、夏、金、元秘書監掌經籍圖書。遼長官爲郎，下設著作局等官署。夏、金以監爲長官，下有少監等官，金下設著作局等官署。元以卿爲長官，下設太監、少監等官。

揚州大都督。揚州，古稱廣陵、江都、維揚。建城史可上溯至公元前四八六年，首批國家歷史文化名城。大都督，魏晋南北朝稱『都督中外諸軍事』或大都督者，即爲全國最高之軍事統帥。南宋時亦偶有用都督、同都督，督視各路兵馬等，爲執政官出任臨時統帥之稱。

少正卿，官名。西周始置。爲六卿之長『正』的副職。《書・酒誥》：『厥告毖庶邦庶士，越少正卿事，朝夕曰祀兹酒。』孫星衍疏：『少正者，正人之副。』

列九寺，位列、名列于九寺。九寺，指九卿的官署。《隋書・百官志中》：『太常、光禄、衛尉、宗正、太僕、大理、鴻臚、司農、太府，是爲九寺。』宋高承《事物紀原・會府臺司・九寺》：『漢以來，九卿所治之府，謂之九寺，後魏始有三府、九寺之稱，然通其名，不連官號。其以官名寺，自北齊始也。』

殿中監，官名。三國魏置，晋、南北朝沿置，南朝宋爲七品。北魏亦設。北齊以殿中局爲官署名，設監四人。隋稱殿内局，有監二人。煬帝升局爲省，主官稱殿内監。唐改爲殿中省，主官爲殿中監。唐殿中監地位上升，爲從三品。北宋殿中監僅存虚名。殿中監掌朝集禮儀之事，南北朝時期接管少府部分職責，兼管皇帝起居。

衛尉卿，官名。東漢、魏、晋多爲衛尉尊稱。南朝梁正式定爲官稱，十二班，位列十二卿。職掌宫門宿衛屯兵，巡行宫外，糾察不法，管理武器庫藏，領武庫、公車司馬令。陳沿置，三品，秩中兩千石。北齊置爲衛尉寺長官，位列九卿。主管宫殿、京城諸門禁衛及武器、儀仗庫藏。隋初撤，開皇十二年（五九二）復置，惟掌儀仗帷幕供應、武器庫藏等事務，政令則服從兵部。唐、五代因之。遼代南面官亦置。北宋初年爲三品寄禄官，不預本寺公事。元豐改制後，始成爲職事官，從四品。南宋建炎三年（一一二九）罷。

九廟，古時帝王立廟祭祀祖先，有太祖廟及三昭廟、三穆廟，共七廟。王莽增爲祖廟五、親廟四，共九廟。後歷朝皆沿此制。

黠虜，古代對邊疆少數民族的蔑稱。

據誌文，李宇符乃唐高宗七代孫，兹據誌文誌主世系可列表如下：

唐高宗李治——澤王李上金——義珣（嗣澤王）——□□——洹（秘書監、揚州大都督）——潤（少正卿）——清（列九寺、出疆使、殿中監、衛尉卿）——宇符（醴泉縣丞）——廷敏、廷夢。

誌主多才多藝，好學，能七言五言詩，又雅善音律，于各種樂器咸盡其妙。可惜久困科場，苦讀二十載功名志業不成。咸通十五年

（按：懿宗咸通只有十四年，八六〇—八七三，此十五年當爲僖宗乾符元年，即八七四年）夏四月，吏部授其爲醴泉縣丞，未及謝而于六月二十五日病逝，享年五十三歲。使誌文作者裴灌非常感慨！

誌主在娶裴夫人前，當還有兩段婚姻，生子廷敏、廷夢和兩個女兒。八六〇年埋葬裴夫人後，其又續娶張懿川，生一女一子。誌文謂裴夫人爲某官某人之女，是他爲人低調，不事張揚。裴氏實際是憲宗皇帝女兒陳留公主所生，可見在唐代，雖貴爲皇帝外孫女，公主的女兒，也能填房給李宇符這個落魄王孫爲妻。誌主窮困潦倒，賴夫人張懿川和僕人史某張羅，才把他葬入先夫人裴損之墓，時爲乾符元年（八七四）十月十五日。

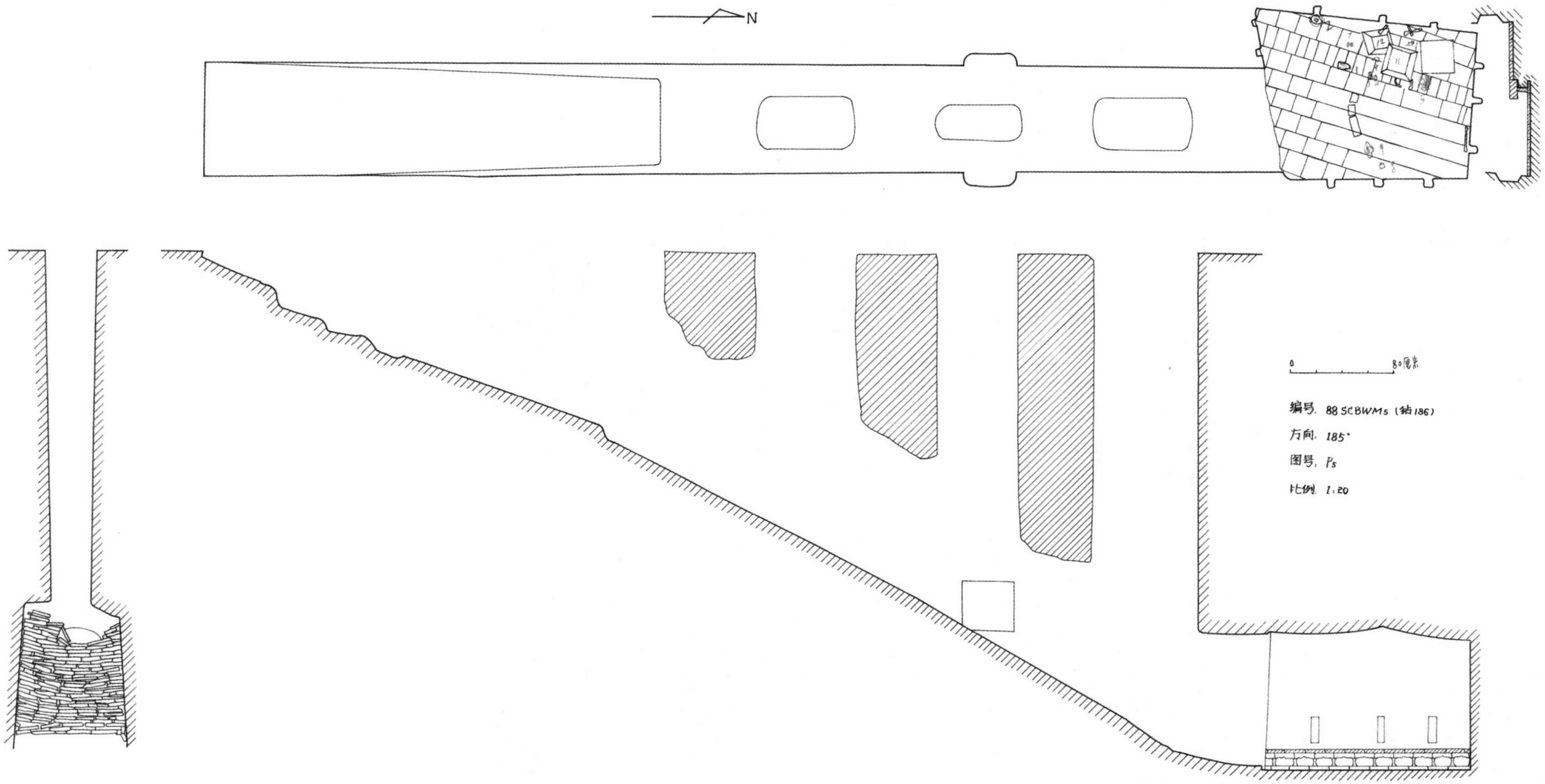
N
0 80厘米
编号. 88 SCBWM5（钻186）
方向. 185°
图号. P5
比例 1:20

圖四十 李宇符墓平面剖面圖及洞口磚封圖

墓誌蓋（無字）

故京兆府醴泉縣丞李府君墓銘并序

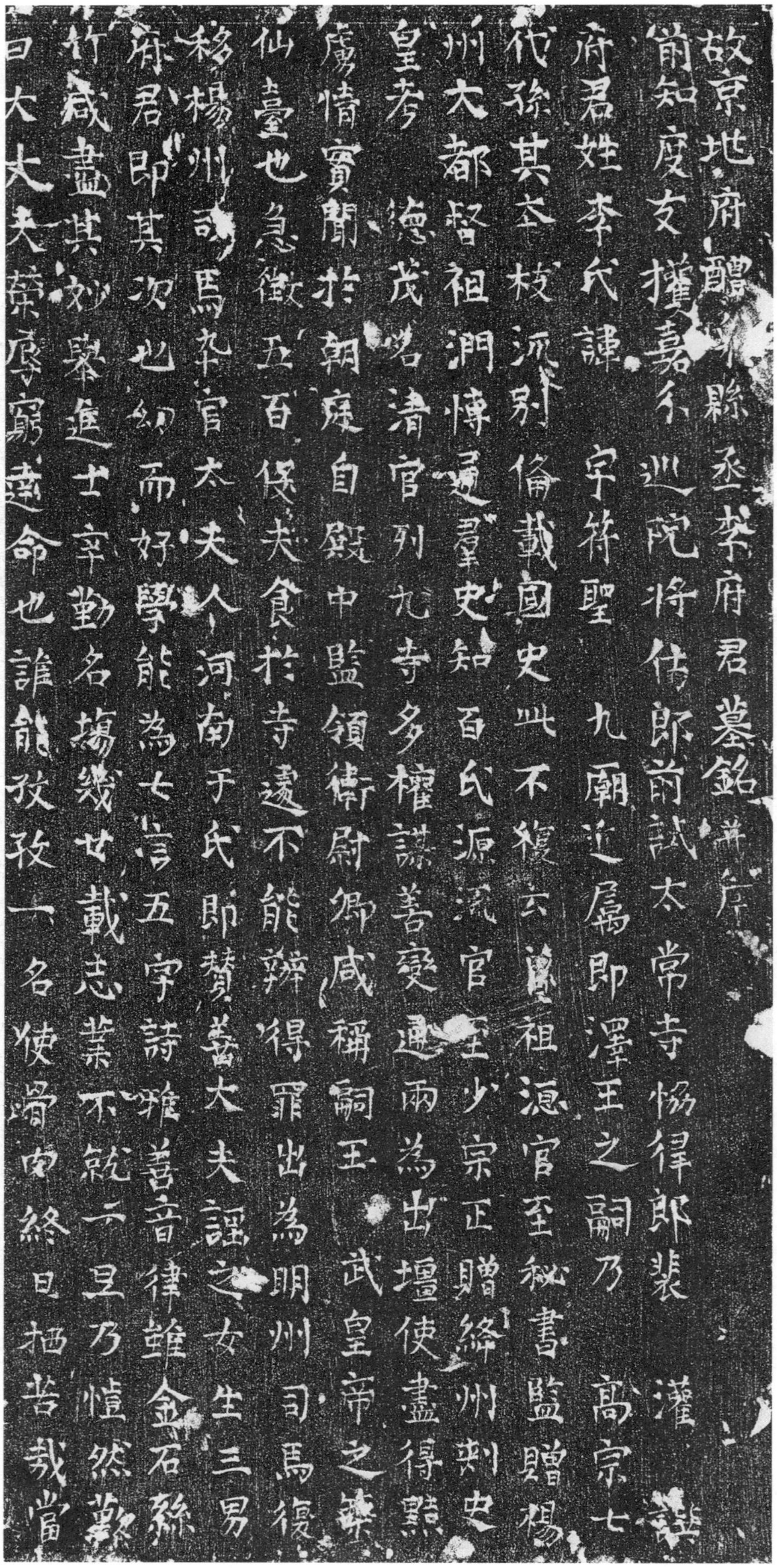
故京兆府醴泉縣丞李府君墓銘并序
前知度支擭嘉興巡院將仕郎前試太常寺協律郎裴　瓘　撰
府君姓李氏諱　字符聖　九廟近屬即澤王之嗣乃　高宗七
代孫其本枝派別備載國史此不復云　曾祖源官至秘書監贈揚
州大都督祖澗傳通羣史知百氏源流官至少宗正贈絳州刺史
皇考德茂名清官列九寺多權謀善變通兩為出壇使盡得黠
虜情實聞於朝廷自殿中監領衛尉卿咸稱嗣王　武皇帝之華
仙臺也急徵五百侯夫食於寺遠不能辨得罪出為明州司馬復
移楊州司馬卒官太夫人河南于氏即贊善大夫謜之女生三男
府君即其次也幼而好學能為七言五字詩雅善音律雖金石絲
竹咸盡其妙舉進士辛勤名場幾廿載志業不就一旦乃愷然歎
曰大丈夫榮辱窮達命也誰能孜孜一名使嘗中終日栖苦哉當

上半闕

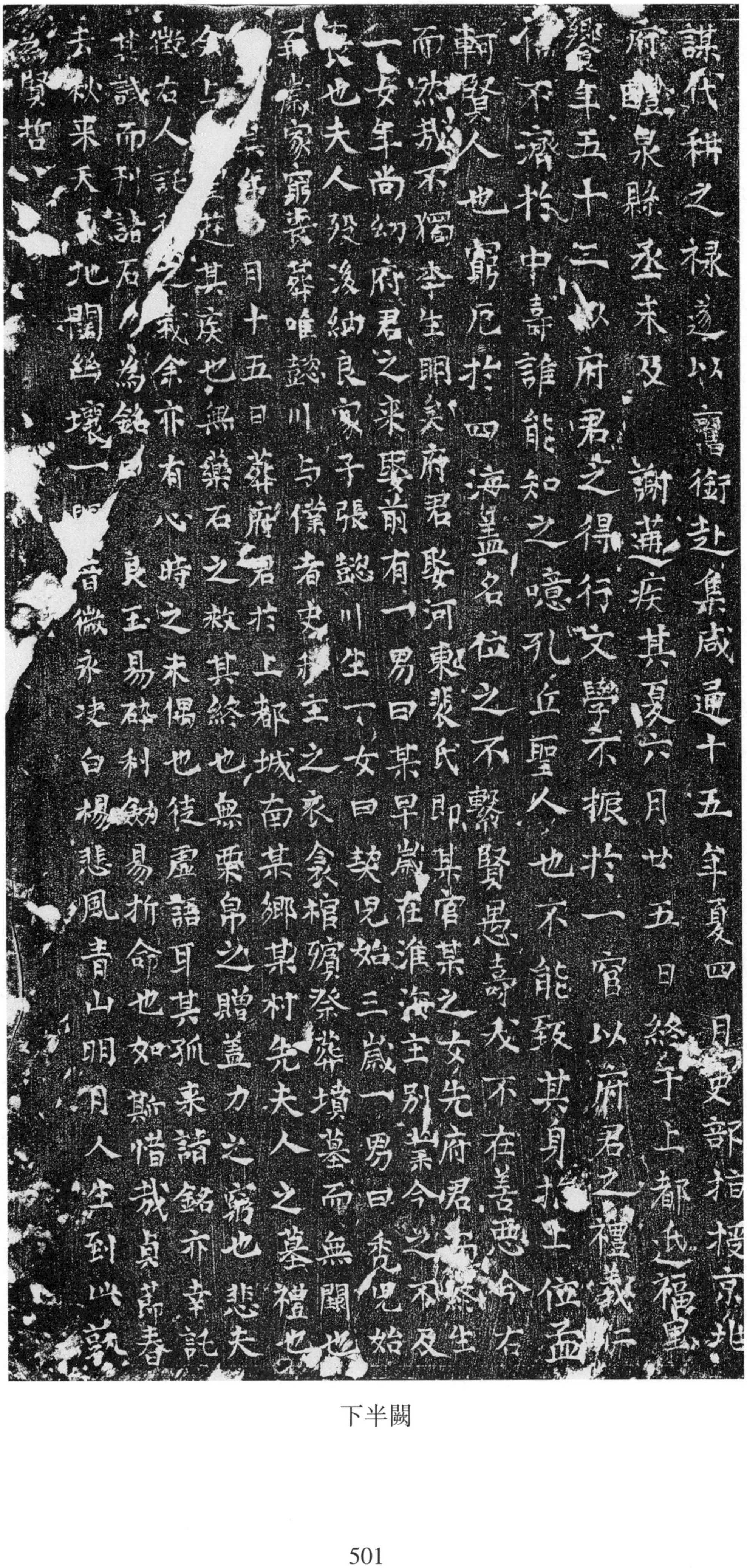
謀代耕之祿遂以舊衘赴集咸通十五年夏四月吏部擬授京兆
府醴泉縣丞未及謝薦遘疾其夏六月廿五日終于上都延福里
饗年五十二以府君之得行文學不振於一官以府君之禮義仁
信不濟於中壽誰能知之噫孔丘聖人也不能致其身於王位孟
軻賢人也窮厄於四海蓋名位之不繫賢愚壽夭不在善惡今右
而然哉不獨李生明矣府君娶河東裴氏即某官某之女先府君□□生
一女年尚幼府君之來娶前有一男曰某早歲在淮海主別業今之不及
長也夫人歿後納良家子張懿川生一女曰契兒始三歲一男曰禿兒始
□歲家窮喪葬唯懿川与僕者吏□主之衣衾棺殯祭葬墳墓而無闕也
□年□月十五日葬府君於上都城南某鄉某村先夫人之墓禮也
令与□□遘其疾也無藥石之救其終也無粟帛之贈蓋力之窮也悲夫
徵右人託□之哉余亦有心時之未偶也徒虛語耳其孤來請銘亦幸託
其識而刊諸石□為銘□良玉易碎利劍易折命也如斯惜哉貞節春
去秋來天□地閟幽壤一□音徽永浚白楊悲風青山明月人生到此孰
為賢哲
下半闕

唐李秀士故夫人河東裴損墓誌（八六〇）

概述

該墓誌銘與其夫李宇符墓誌銘，同出自武警黄金十四支隊基建工地五號墓。正方形青石質，覆斗式蓋，蓋頂部每邊長三十厘米，篆書陰文三行九字：唐故裴氏夫人墓誌銘。周飾綫刻雲朵花紋。四殺部飾四神圖像和雲朵紋。誌石每邊長四十九厘米，厚八厘米，四側面各飾三隻團花紋。誌面有銘文三十一行，每行滿格三十一字。

誌文

唐李秀士故夫人河東裴氏墓誌銘并序

秘書省著作佐郎李黄文撰

夫人諱損（損），字濟川，姓裴氏*（氏），河東人也。裴本作蜚。蜚始得姓因秦非子之後封於蜚鄉，後徙封解*（解）邑，字乃從衣，故曰裴氏*（氏）。至東漢*（漢）燉煌太守遵，徙居河東，故代爲河東人。裴氏*（氏）自東晋（晋）後分爲三眷，仕燕者，燕在東，稱曰東眷，樂浪太守嶷之後是也。仕涼*（凉）者，涼*（凉）在西，稱曰西眷，武都太守嗣之後是也。嗣苐*（第）三子奣之孫處（處）東西之間，遂別稱曰中眷。夫人其西眷也。皇朝以来，實稱盛門。曽（曾）大父諱淑，太子司議郎，贈（贈）大理卿。大父諱常棣，太子右庶子，贈（贈）禮部尚書。皇考諱損（損），秘書少監，駙馬都尉。皇妣以憲宗皇帝苐*（第）九女，封陳留公主，贈（贈）趙國長公主。謚曰恵（惠）昭。夫人即都尉次女也。寔出于恵（惠）昭，外則憲*（憲）宗之孫，穆宗、宣宗之甥，今皇帝之中表。內則故御史臨爲季父，今冬官尚書泰章*（章）爲貳從尗（叔）。夫人生於綺*（綺）羅金翠*（翠）之地，長於科苐*（第）軒冕之門。不以戚里自矜（矜），不以華族爲恃。其在家也，凢（凡）女工必偹（備），及出適，凢（凡）婦道克全。良人李彦温常衔其私（私）論曰：『爲婦不親侍姑奉伯，孰知吾孝敬耶？爲母不躬訓男撫女，孰知吾慈仁耶？今公之太夫人及伯氏，公之素所有之息嗣，咸在廣陵（陵），雖*（雖）家止云久且卑濕，不若京（京）華之安。矧公名官身，吾址基繫*（繫）固不可一日離長安城，顧*（顧）罄*（罄）資用，與公築室儲糧，馳使賫（賚）金，請伯氏*（氏）白大家徙屋（居）上國。俾（俾）吾上獲申孝敬，下得行慈仁，誠甘望也。抑便公之仕*（仕）進乎！』噫，天之高，神之玄，不展夫人之志。爰乖李君之望。太夫人方議餙（飾）装，而夫人因誕嬰疾纔踰月，竟終于上都靖安里第，行年三十四。時大中己卯歲（歲）建子月下旬之四日也。夫人自去歲（歲）秋仲適于李氏*（氏），僅歷四時，遽*（遽）成千古。誠生死常理，脩（脩）短定分，奈杖周嗚嗚，襁褓呱呱，何奈親屬增（增）傷，臧獲如狂何？即以来年正月十日，歸*葜（葬）于京（京）兆府萬年縣東韋曲故嗣澤王大塋之側，禮也。

夫人之子未齔眴，而非己之出者，元子曰*廷（廷）敏，次*廷（廷）夢，與室女二人。長子雖（雖）志學，長女雖（雖）初笄，秦吴路睽，皆不逮事。余又聞夫人當屬纊之前，顧謂兄姊（姊）曰：『即身後侍郎，宜（宜）愈今日也。仍親密科名人故舊貴達處（處），悉（悉）導遺言，蕪*（無）忘薦郎於主司，雖（雖）瞑目猶能（能）結草尒（尔）！』豈不賢哉（哉）斯言歟？由是李君益非莊子之歌，弥過潘*（潘）仁之悼。将欲自誌，姑慮内寢厥德。以余宗黨熟故，盡授其端，請余染翰，意者欲彰美（美）於外焉。於戲（戲），初李君於余也，以俱近属，謂房從未遠，俾（俾）夫人垂（垂）帛而傳禮，今又見託斯文，是始終於余矣，其可辝（辭）而不銘之耶！銘曰：

松栢開貞兮（兮），桃（桃）李云質。生于戚里兮（兮），儷于宗室。其名既貴兮（兮），其福宜（宜）全。厥德如斯兮（兮），厥*壽（壽）而然。貞石深*鎸（鐫），美（美）著芳傳，後之人将識其賢，觀乎斯文。

考釋

據誌文，誌主裴損，字濟川。世系職官列如下：（秦）非子…（漢）敦煌太守裴遵…（唐）太子司議郎裴淑——太子右庶子裴常棣——駙馬都尉裴損——誌主裴濟川。爲李宇符妻。

敦煌太守，官名。敦煌，位于河西走廊的最西端，地處甘肅、青海、新疆三省（區）的交匯處。敦煌是絲綢之路的節點城市，以『敦煌石窟』、『敦煌壁畫』聞名天下，是世界遺産莫高窟和漢長城邊陲玉門關、陽關的所在地。

太守，是秦朝至漢朝時期對郡守的尊稱。漢景帝更名爲太守，爲一郡的最高行政長官，除治民、進賢、決訟、檢奸外，還可以自行任免所屬掾史。

太子司議郎，官名。唐太宗貞觀十八年（六四四）于太子門下坊置，員二人，正六品上，掌東宫侍從規諫，駁正啓奏，并記注皇太子出入動静及宫内祥瑞、宫長除拜、死喪等事，歲終送史館。高宗龍朔二年（六六二）改門下坊爲左春坊，遂隸之，并分置左、右，咸亨元年（六七〇）復舊，不分左右；睿宗景雲二年（七一一）又改隸左春坊，職比給事中。遼朝南面官東宫左春坊亦置。

贈太理卿。贈，封贈、追認，非實職。大理卿，即大理寺少卿，官職名。大理寺，官署名。相當于現代的最高法院，掌刑獄案件審理。秦漢爲廷尉，北齊爲大理寺，歷代因之，清爲大理院。

太子右庶子，官名。北齊始置，爲典書坊的主官。唐代置右庶子二人，正四品下，掌侍從、獻納、啓奏；中舍人爲之副職。皇太子監國，下令書則畫日，至春坊則庶子宣傳，中舍人奉行。見《隋書·百官下》、《新唐書·百官四上·右春坊》。明清時稱右春坊右庶子。見『典書坊』、『右春坊』、『太子右春坊』。

秘書少監。唐代官制中，掌經籍圖書的秘書省設秘書監一人，從三品。秘書少監二人，從四品上。秘書丞一人，從五品上。

駙馬都尉。駙馬，是古代帝王女婿的稱謂。又稱帝婿、主婿、國婿等，皆因駙馬都尉得名。漢武帝時始置駙（副）馬都尉，駙，即副。駙馬都尉，掌副車之馬。到三國時期，魏國的何晏，以帝婿的身份授官駙馬都尉，以後又有晉代杜預娶晉宣帝之女安陸公主，王濟娶司馬昭（文帝）之女常山公主，都授駙馬都尉。魏晉以後，帝婿照例都加駙馬都尉稱號，簡稱駙馬，非實官。以後駙馬即用以稱帝婿。清代稱額駙。

餙裝，當爲飭裝，整理行裝。

杖周，居喪持杖周年。

臧獲，古代對奴婢的賤稱。

誌文首述裴姓淵源，系秦非子之後，封于裴，原字爲『非』字下加『邑』字，後徙封解邑，改從衣爲裴氏，以及裴姓分爲三眷的原因與各眷地望。誌主裴損爲西眷一系，字濟川，是唐憲宗第九女陳留公主的女兒，穆宗和宣宗的外甥女。出身官宦人家，曾祖父裴溆，祖父常棣，父損都做大官。父親更是當朝駙馬都尉兼秘書少監，考《新唐書》卷八十三《諸帝公主》：『陳留公主，下嫁裴損。損爲太子諭德。』誌文與史籍無异，至于誌載詔贈趙國長公主，謚惠昭，則可補史籍疏失。

誌主裴夫人于大中十二年（八五八）秋季與李宇符結婚，僅及一年即大中己卯歲（十三年，即八五九年）建子月（夏曆十一月）下旬之四日，産後才踰一個月，便去世了，年僅三十四歲。次年即（八六〇）正月葬于東韋村嗣澤王大塋之側。令人稱奇的是，誌主與生父同名，這與古人避諱習俗不合。豈其父以自己之名諱取爲愛女之名歟？據筆者所知，西方社會有人以祖母名，作爲愛女之名者，難道我國唐代也可以父女同名麽？余也淺陋，質之方家。

唐故裴
氏夫人
墓誌銘

唐故裴氏夫人墓誌銘 蓋

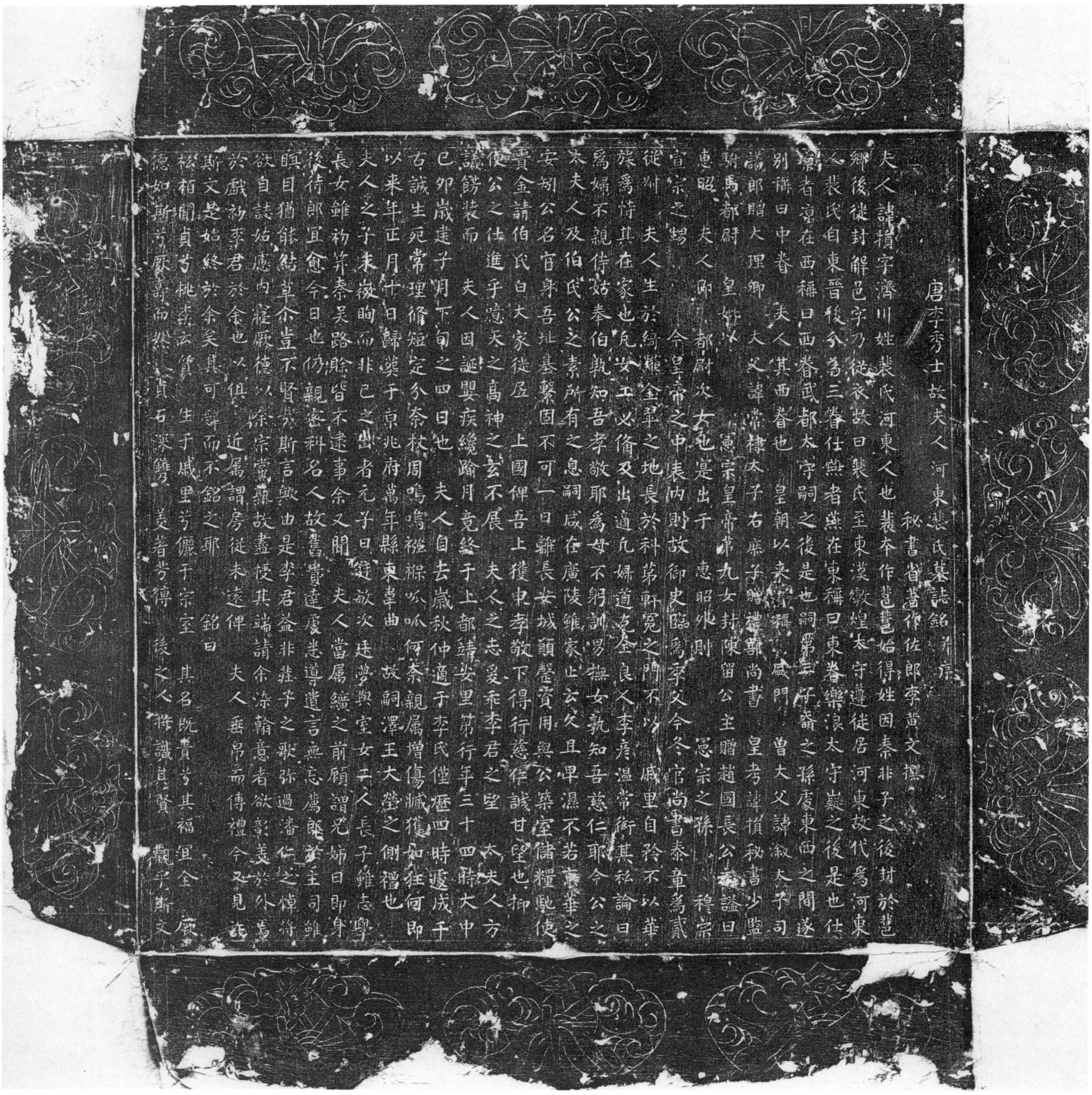
唐李秀士故夫人河東裴氏墓誌銘并序

唐李秀士故夫人河東裴氏墓誌銘并序

唐李秀士故夫人河東裴氏墓誌銘并序

秘書省著作佐郎李黄文撰

夫人諱楨字濟川姓裴氏河東人也裴本作𨛬𨛬始得姓因秦非子之後封於𨛬鄉後徙封解邑字乃從衣故曰裴氏至東漢燉煌太守遵徙居河東故代爲河東人裴氏自東晉後分爲三眷仕燕者燕在東稱曰東眷樂浪太守嶷之後是也仕涼者涼在西稱曰西眷武都太守嗣之後是也嗣第三子裔之孫慶東西之間遂別稱曰中眷夫人其西眷也　皇朝以來□稱盛門曾大父諱潊太子司議郎贈大理卿大父諱常棣太子右庶子贈禮部尚書　皇考諱損秘書少監駙馬都尉　皇妣以　憲宗皇帝第九女封陳留公主贈趙國長公主謚曰惠昭夫人即　都尉次女也寔出于　惠昭外則　憲宗之孫　穆宗宣宗之甥　今皇帝之中表内則故御史臨爲季父令冬官尚書泰章爲貳從姊夫人生於綺羅金翠之地長於科第軒冕之門不以　戚里自矜不以華族爲恃其在家也凡女工必備及出適凡婦道克全良人李彦温常銜其私論曰爲婦不親侍姑奉伯孰知吾孝敬耶爲母不躬訓男撫女孰知吾慈仁耶今公之太夫人及伯氏公之素所有之息嗣咸在廣陵雖家止云久且卑濕不若京華之

上半闕

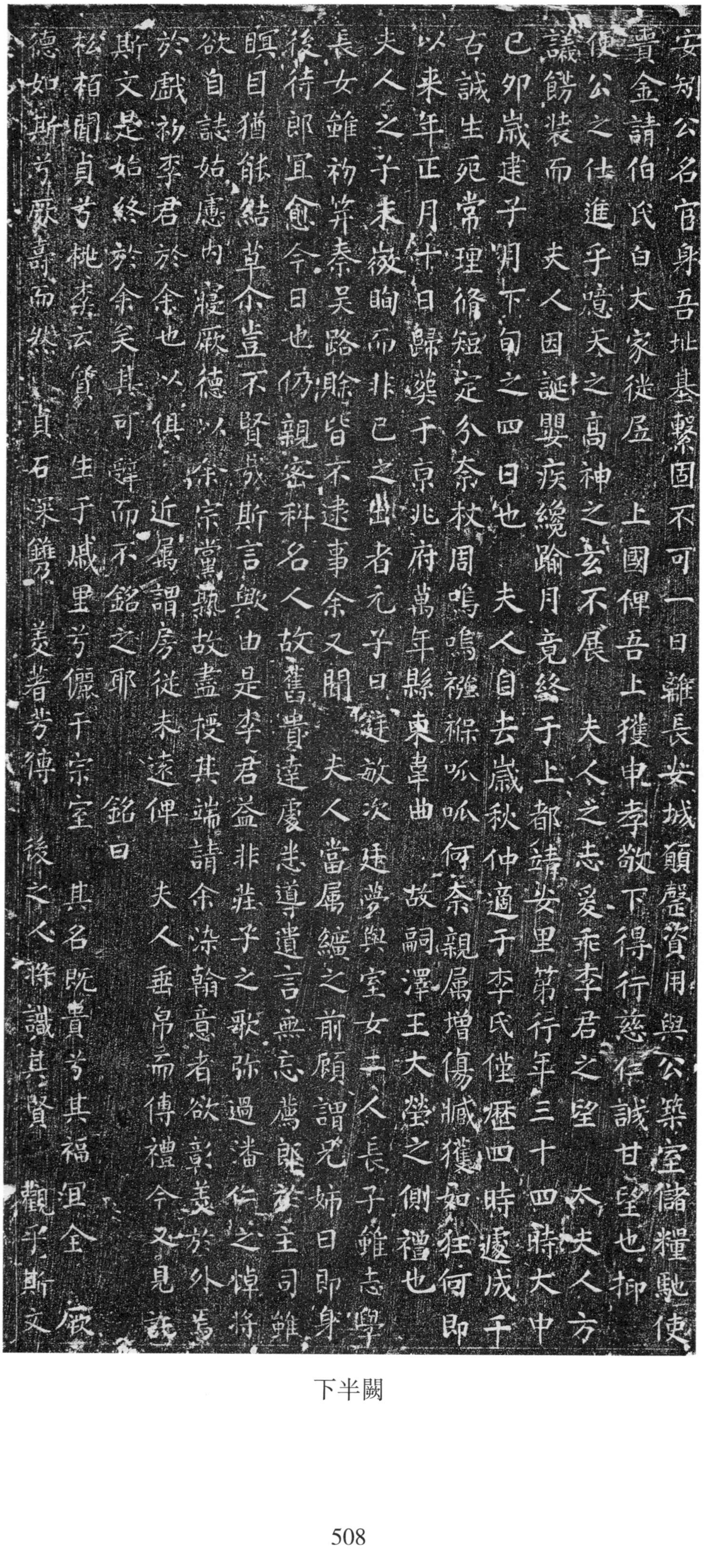
安知公名宦身吾址基繫固不可一日離長安城頗罄資用與公築室儲糧馳使
賫金請伯氏白大家從屈上國俾吾上獲申孝敬下得行慈仁誠甘望也抑
使公之仕進乎噫天之高神之玄不展夫人之志爰乖李君之望太夫人方
議餝裝而夫人因誕嬰疾纔踰月竟終于上都靖安里第行年三十四時大中
己卯歲建子月下旬之四日也夫人自去歲秋仲適于李氏僅歷四時遷戌于
古誠生死常理脩短定分柰杖周鳴鳴禮禖呱呱何柰親屬增傷臧獲如狂何即
以来年正月廿日歸窆于京兆府萬年縣東韋曲故嗣澤王大塋之側禮也
夫人之子未歲晦而非己之出者元子曰鏈敘次廷夢與室女王人長子雖志學
長女雖初笄秦吳路賒皆不逮事余又聞夫人當屬纊之前顧謂兄姊曰即身
後待郎宜愈令日也仍親密科名人故舊貴達慶悲導遺言無忘薦晦主司雖
瞑目猶能結草尒豈不賢哉斯言歟由是李君益非莊子之歌弥過潘仁之悼將
欲自誌姑慮內寢厥德以除宗黨熟故盡授其端請余染翰意者欲彰美於外焉
於戲初李君於余也以俱近屬謂房從未遠俾夫人垂帛而傳禮今又見詭
斯文是始終於余矣其可辭而不銘之耶銘曰
松栢聞貞兮桃李云質生于戚里兮儷于宗室其名既貴兮其福宜全厥
德如斯兮厥壽而終貞石深鐫美著兮傳後之人將識其賢觀乎斯文

下半闕

宋故安定程樞墓誌（一〇七八）

概述

該墓誌出自長安路西〇六七基地工地，失蓋。正方形誌石，每邊長四十三厘米，厚十厘米。四側面樸素無紋飾。誌面銘文二十一行，每行滿格二十一字。書法工整稍顯刻板，遜于唐誌。誌末刻有刊者工匠姓名。

誌文

宋故安定程君墓誌銘

前将仕郎、試祕書省挍（校）書郎、權彰武軍莭*（節）度推官斿（游）師雄撰

承奉郎、守祕書省著作佐郎、直集賢院權撿（檢）詳、樞密院兵房文字范育書

将仕郎守耀州雲陽縣令蘇晦篆蓋

熙寧中，予仲妹及笄，而友人范巽之謂予曰：『為君家擇壻（婿），莫如程氏子善（善），其為人孝悌端愨，可妻也。』先子許之。姻（姻）期未卜而先子去世。後君既*（既）娶女，未廟見而君遘（遘）疾，伯兄榷（權）、仲兄極友愛素篤，捄療無所不至，以元豐元年五月十日卒，享年二十有六，其年七月一日癸酉，葬于祖塋之次，以先娶王氏祔焉。前期二兄屬予曰：『知我弟，無如吾子，願得子之文，以銘其墓。』予方哀之，其忍*（忍）辤？

君諱樞，字審言，其先寧州真寧人。曾祖諱元義，祖諱煥*（煥），皆不仕。父諱希道，終祕書丞。自其祖徙葬于長安城南鳳栖原，故今著籍京兆之萬年。君為人志意坦然，無所蔽匿，奉其親能竭力，事其兄能盡恭，與人交一以信。下至僕夫野叟，遇之皆有恩（恩）意，用是人皆愛慕，多得其驩。性厚於親族，錐（雖）貧，遇其乏絶者，必盡力賙恤。其處事審*（審）諦中理，與人謀必忠。嗚呼，天姿至粹，使之久於其學，将亡媿於古之善（善）人、吉士者矣。不幸短命，重可哀也。銘曰：

樊川北，韋曲東。祖之域，厝爾躬。悲何寓，白楊風。

刊者李仲甫、武德讙

考釋

將仕郎，文散官名。隋始置，唐爲文官第二十九階，即最低一階，從九品下。見《新唐書·百官志一》。唐宋從九品下爲將仕郎，

金升爲正九品，元升爲正八品，明爲正九品初授之階。唐韓愈《與于襄陽書》：『將仕郎守國子四門博士韓愈，謹奉書尚書閣下。』宋同。徽宗崇寧二年（一一〇三）用以代軍巡判官。司理、司法、司户參軍，主簿，縣尉。政和六年（一一一六）改迪功郎。改定爲第三十七階，仍爲最低階。南宋于迪功郎下，再增置通仕、登仕、將仕三郎，以奏補未出身官人。金正九品下。元升爲正八品。明正九品下。元升爲正八品。明爲正九品初授之階。金、元、明將仕郎下，尚有登仕佐郎、將仕佐郎兩階。

彰武軍，五代方鎮名。五代唐同光元年（九二三）以忠義軍改名，治延州（今陝西省延安市）。領延、丹二州。轄境約當今陝西省志丹、子長縣以南，黄龍山以東，宜川縣以北地區。北宋太平興國二年（九七七）後名存實亡。

節度推官，官名。唐末、五代爲藩鎮幕職官，多由藩鎮自辟置。宋朝改由朝廷除授，選士人充任，用爲選人階官。神宗元豐（一〇七八—一〇八五）改制，定爲從八品。徽宗崇寧二年（一一〇三）重定選人階官，换文林郎。

游師雄，傳列《宋史》卷三百三十二。京兆武功人，理學家張載學生，第進士。趙卨帥延安，辟爲屬。時夏人擾邊，多有獻議，邊備益固。元祐（一〇八六—一〇九三）初爲宗正寺主簿，著《分疆録》。吐蕃寇邊，詔師雄便宜行事，大破之，擒其酋鬼章，遷陝西轉運判官。夏人侵涇原，復入熙河，師雄建言于定西、通渭築三栅及護耕七堡。拜祠部員外郎，加集賢校理，陝西轉運使，召詣闕，哲宗慰勞，拜衛尉少卿。出知邠州，改河中府，進直龍圖閣，知秦州，未至，詔攝熙州。持重，築堡固邊。徙知陝州，卒，年六十一歲。師雄慷慨豪邁，有志事功，議者以用不盡其材爲恨。

隋唐時，承奉郎是文散官的一種，隋煬帝時置。唐代爲從八品上，爲文官第二十四階。宋前期同樣從八品上，元豐官制改革後爲從八品。

著作佐郎，官名。東漢末始置，屬中書省，爲編修國史之任。晉惠帝時起，改屬秘書監，稱大著作郎。南朝末期爲貴族子弟初任之官。至唐代，主管秘書省屬下之著作局，高宗龍朔間一度改稱司文郎中。其下設著作佐郎、校書郎、正字等官。宋代沿置，掌修纂『日歷』。明代廢。《晋書·職官志》：『著作郎，周左史之任也：魏明帝太和中，詔置著作郎，于此始有其官，隸書二年，詔曰：「著作舊屬中書，而秘書既典文籍，今改中書著作爲秘書著作。」于是改隸秘書省。後别自置省而猶隸秘書。著作郎一人，謂之大著作郎，專掌史任，又置佐著作郎八人。于是改隸秘書省。著作郎始到職，必撰名臣傳一人。』《新唐書·百官志二》：『著作局。郎二人，從五品上；著作佐郎二人，從六品上；校書郎二人，正九品上；正字二人，正九品下。著作郎掌撰碑志、祝文、祭文，與佐郎分判局事。』

直集賢院，官名。五代南唐置，以朝士充任。北宋太宗淳化元年（九九〇）再置，以朝官充任。仁宗天聖十年（一〇三二），始以特恩加授外官，遂兼爲貼職。神宗元豐（一〇七八—一〇八五）改制，三館并入秘書省，用爲貼職。哲宗紹聖二年（一〇九五），并入直秘閣。

檢詳，官名。宋置，掌審定樞密院諸房公文。《宋史・職官二・檢詳官》：『熙寧四年置，視中書檢正官。元豐初定以三員。』

樞密院，封建時代中央官署名，五代至元的最高軍事機構，唐始設樞密使，掌文書，以宦官任之。後唐時樞密使輔佐宰相，分掌軍政。宋設樞密院與『中書』分掌軍政大權，號稱『二府』。遼代按南北面官設北樞密院和南樞密院。元代，樞密院主管軍事機密事務、邊地防務、并兼禁軍。明代，朱元璋廢之，改設大都督府統軍。樞密院的設置削弱了相權，加强了皇帝對軍權的直接控制。

兵房，官署名。宋代，分隸門下、中書、尚書三省。中書省原設兵部禮房，後分設兵、禮二房，掌行尚書省六部二十四司所上除授諸藩國王爵、官封之事。兵房文字系掌兵房文書事務者。

范育，《宋史》卷三百三有傳。字巽之，第進士，爲涇陽令。以養親謁歸。從張載學。薦授崇文校審，監察御史裏行。育請用大學誠意正心以治天下，因薦載等數人。西夏人入環慶，詔育行邊，還言邊事，皆從之。又使河東，論韓絳築啰兀二砦，革除積弊。坐劾李定親喪匿服，罷御史。檢正中書户房，固辭，乃知韓城縣。詔往鄜延議畫疆界，知河中府，加直集賢院，徙鳳翔，以直龍圖閣鎮秦州。元祐初召爲太常少卿，改光禄卿，樞密都承旨。出知熙州，終户部侍郎。高宗紹興中，採其抗論弃地及進築之策，贈寶文閣學士。

廟見，古婚禮，婦入夫家，若公婆已故，則于三月後至家廟參拜公婆神位，故名。《禮記・曾子問》：『三月而廟見，稱來婦也。』孔穎達疏：『此謂舅姑亡者，婦入三月之後而於廟中以禮見於舅姑。』漢劉向《列女傳・齊孝孟姬》：『三月廟見，而後行夫婦之道。』

本誌頗有意思，誌主程樞是誌文作者游師雄的妹夫，而撮合這門親事的是與游師雄同在朝當官的范育，亦即本誌的書寫者。誌文説，熙寧（一〇六八—一〇七七）中，雄的二妹到了談婚論嫁的年齡，范育前來家提親，説君家要選女婿，莫如程家少子名樞，孝敬父母，友愛兄弟，端莊忠厚，人品又好，最爲合適。雄父便答應了這門親事。但還没有選定結婚的日期，老人家就去世了。及至完婚後，不到三個月，新婚夫婦還未到廟見亡父母的日期，新郎就病倒了。他兩個哥哥權、極雖遍請名醫，誌主却治療無效，于元豐元年五月十日身亡，得年二十六歲。同年七月一日，葬其于韋曲北原祖塋之次，其前妻王氏祔焉。

程樞，字審言，原籍寧州真寧縣（今甘肅正寧縣）。曾祖名元義，祖焕，皆無官職，是平民。父名希道，終秘書丞。自其祖父遷葬于長安城南鳳栖原後，其家即落户長安萬年縣，成萬年縣人。

誌主下葬前，他的兩個哥哥央請游師雄爲亡弟撰寫墓誌文，由范育書丹。誌主程樞雖籍籍無名，但誌文作者與書寫者游師雄和范育，則都是曾師從關學祖師、一代大儒的張載橫渠先生。她倆在乃師的理學倫理和『爲天地立心，爲生民立命，爲往聖繼絶學，爲萬世開太平』的偉大精神教育下，在神宗、哲宗兩朝，爲保衛大宋王朝，于西北邊防建設和與西夏人鬥争中，卓有貢獻，是彪炳史册的大名人，因而很有歷史價值，值得珍視。

此外，身爲官員胞妹的黄花閨女，嫁給喪偶、年齡大了許多歲且没有功名的誌主程樞，可見宋人的婚姻觀念與門第意識，和北周、隋、唐時比，發生了相當大的變化。本誌就是這種大變化的見證。

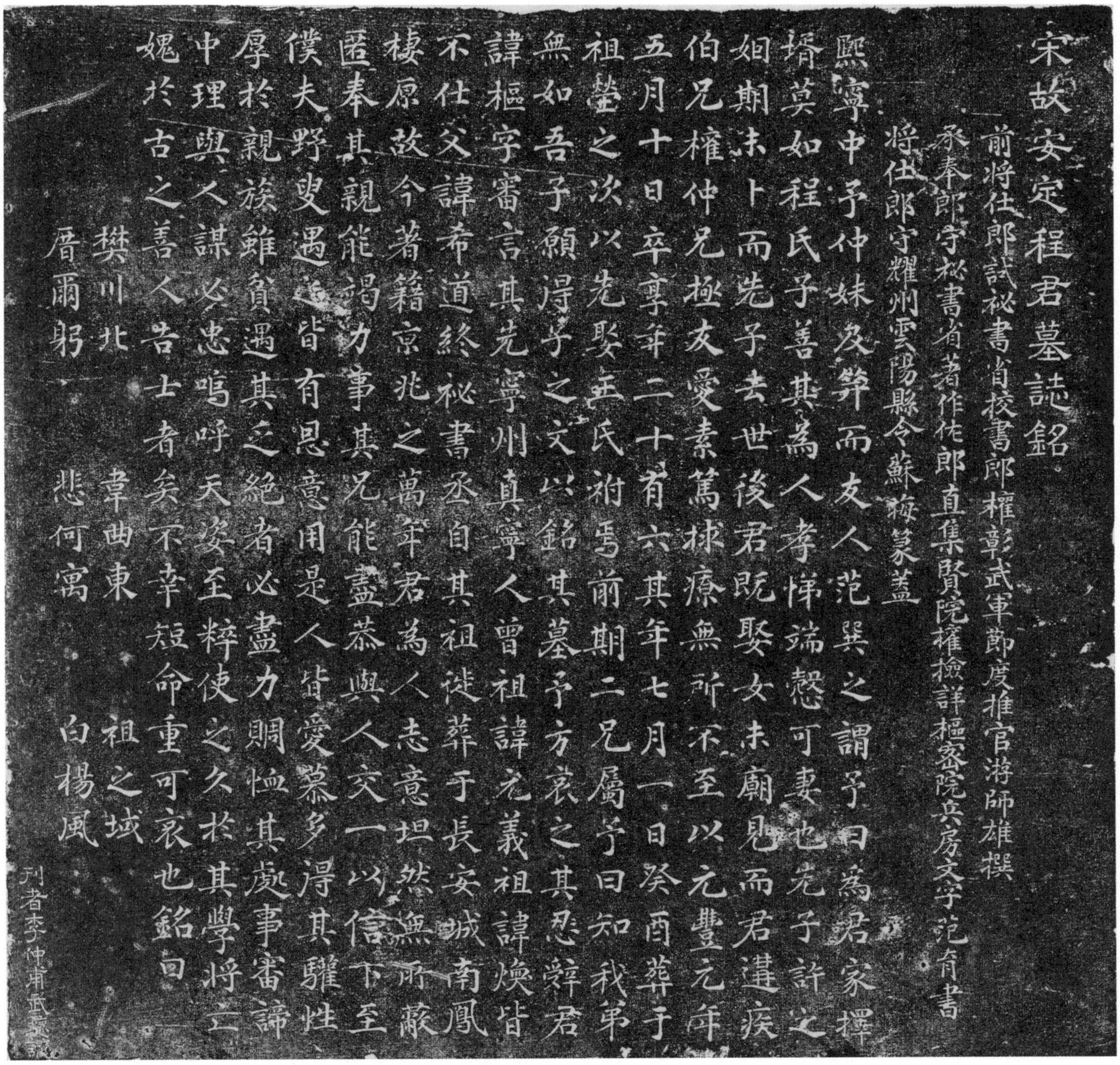

宋故安定程君墓誌銘

前將仕郎試祕書省校書郎權彰武軍節度推官游師雄撰

承奉郎守祕書省著作佐郎直集賢院權檢詳樞密院兵房文字范育書

將仕郎守耀州雲陽縣令蘇梅篆蓋

熙寧中予仲妹及笄而友人范巽之謂予曰爲君家擇
壻莫如程氏子善其爲人孝悌端慤可妻也先子許之
姻期未卜而先子去世後君既娶女未廟見而君遘疾
伯兄權仲兄極友愛素篤捄療無所不至以元豐元年
五月十日卒享年二十有六其年七月一日癸酉葬于
祖塋之次以先娶王氏祔焉前期二兄屬予曰知我弟
無如吾子願得子之文以銘其墓予方哀之其忍辭君
諱樞字審言其先寧州真寧人曾祖諱允義祖諱煥皆
不仕父諱希道終祕書丞自其祖徙葬于長安城南鳳
棲原故今著籍京兆之萬年君爲人志意坦然無所蔽
匿奉其親能竭力事其兄能盡恭與人交一以信下至
僕夫野叟遇之皆有恩意用是人皆愛慕多得其驩性
厚於親族雖貧遇其乏絶者必盡力賙恤其處事審諦
中理與人謀必忠嗚呼天姿至粹使之久於其學將亡
媿於古之善人吉士者矣不幸短命重可哀也銘曰

樊川北　韋曲東　祖之域
厝爾躬　悲何窮　白楊風

刊者李仲甫武[illegible]

宋故安定程君墓誌銘

編後感言

一九六一年，戴應新先生畢業于西北大學，後一直在陝西省考古研究所從事田野考古工作和研究。二十世紀七八十年代在陝北考古期間，發現石峁遺址，測繪統萬城、銀州城，踏勘調查了府谷㹀牛川秦長城遺址，發掘五代北宋時期，世襲知府州事，統馭河西麟、府、豐三州軍政大權的折氏家族的墓地等重大項目。

戴老退休以來仍筆耕不輟，并一直與我保持聯係，二〇一五年，我們合作出版了《大夏國與統萬城》一書，入選陝西出版集團重大項目。還合作了《米脂縣誌》（清康熙、光緒）舊誌整理。也是一次偶然的機會，兩人又説起了『古籍整理』，戴老言，手頭有一九八九年至一九九五年在長安鳳栖原考古的韋氏家族墓地的資料。我聽了很是興奮，這不正是大家苦苦尋找的韋氏家族的第一手資料嗎，未曾想就在眼前！但他提出得先付一些經費，用于碑拓、文字考釋等。對于此要求，領導們頗費躊躇，通過全盤考量，覺得在經濟效益和社會效益之間不好做出判定，認爲有一定風險，幾乎要放弃！竊以爲，如此有價值的文獻不面世，不僅可惜，亦愧對後人。老人家的這點要求可以理解，畢竟是八十多歲的人了。倘若没入選，怎忍心讓他無代價地勞動呢。于是，我找了一位投資商先墊資，讓戴老開始整理，同時在産品設計製作方面做好走市場的準備。令人高興的是，這個項目果然獲得了二〇二〇年度國家古籍整理資助。

《長安鳳栖原韋氏家族墓地墓誌輯考》之所以能成國家級項目，就是因爲它的史料價值極高，匡補了史書之不足。在六十三方墓誌誌主或誌裏有關人物中，史有專傳或見于其他古籍文獻者，殆有八成之多。經過了兩年多反復地輯考、校訂，該書終于即將面世，也讓人感慨良多。戴老先生雖已届耄耋之年，仍思維清晰，老當益壯，確保了這一『搶救性』工程的順利完成。真乃我之大幸，學界之大幸。

這是一部來之不易的史料，是一部極其有價值的文獻，特別是對研究北周隋唐史者。讓我們且看且珍惜吧！

二〇二一年三月